Allegría

Die Autorin

Dr. phil. Claudia Urbanovsky arbeitete nach ihrer Promotion an der Friedrich-Schiller-Universität Jena mehrere Jahre für die Industrie und internationale Organisationen. Heute lebt sie auf ihrem Bauernhof in der Normandie, wo sie nach den Richtlinien der biologischen Landwirtschaft Heilkräuter anbaut und ihre Kenntnisse über die Anwendung von Heilkräutern vermittelt. Außerdem arbeitet sie mit mehreren holistisch orientierten Tierärzten zusammen. Sie ist praktizierende Druidin und beschäftigt sich seit über 20 Jahren mit dem wissenschaftlichen Studium keltischer Heilmethoden. Ihr Buch entstand in enger Zusammenarbeit mit dem Arzt und Keltenforscher **Dr. Gwenc'hlan Le Scouëzec,** der die erste wissenschaftliche Studie über druidische Heilverfahren aus medizinischer Sicht schrieb. Gwenc'hlan Le Scouëzec (1929–2008) war der 5. Erzdruide der (neuzeitlichen) Bretagne. Die „Bruderschaft der Druiden, Barden und Ovaten", der „Gorsedd" der Bretagne, repräsentiert das klassische, auf freimaurerischen Grundlagen beruhende wiederbelebte Druidentum.

Weitere Informationen über die Heilkräuter und Kursangebote von Claudia Urbanovsky erhalten Sie bei claudia.urbanovsky@laposte.net

Dr. Claudia Urbanovsky
Dr. Gwenc'hlan Le Scouëzec

Der Garten der Druiden

Das geheime Kräuterwissen der keltischen Heiler

Ullstein

Besuchen Sie uns im Internet:
www.ullstein-taschenbuch.de

Allegria im Ullstein Taschenbuch
Herausgegeben von Michael Görden

Dieses Taschenbuch wurde auf FSC-zertifiziertem Papier gedruckt.
FSC (Forest Stewardship Council) ist eine nichtstaatliche, gemeinnützige
Organisation, die sich für eine ökologische und sozialverantwortliche
Nutzung der Wälder unserer Erde einsetzt.

Ullstein Taschenbuch ist ein Verlag der Ullstein Buchverlage GmbH
Neuausgabe im Ullstein Taschenbuch
1. Auflage März 2010
© der deutschsprachigen Ausgabe 2008 by
Ullstein Buchverlage GmbH, Berlin
Umschlaggestaltung: FranklDesign, München
Titelabbildung und Illustrationen im Farbteil:
BnF/Banque d'images
Satz: Keller & Keller GbR
Gesetzt aus der Baskerville
Papier: Pamo Super von Arctic Paper Mochenwangen GmbH
Druck und Bindearbeiten: GGP Media GmbH, Pößneck
Printed in Germany
ISBN 978-3-548-74486-5

Alles ist Gift,
Alles ist Medizin,
Allein die Dosis macht es aus!

(Paracelsus, 1493–1541)

Drei die niemals vollkommen
belohnt werden können:
Die Eltern,
ein weiser Lehrer
und die Götter.

INHALT

Vorwort 13
Einführung 25

ERSTER TEIL
HISTORISCHER UND SPIRITUELLER HINTERGRUND 39

1 Wo die alten Götter weiterleben 41
2 Drouiz – die geheimnisvollen Herren des Eichenhains 52
3 Rom contra Druiden – oder: Wie eine Weltanschauung
 »trotzdem« ein Weltreich überleben kann! 65
4 Die Weltanschauung der Druiden 97
 Die Unsterblichkeit der Seele 98
 Die Weisheit der Triaden 104
 An Avallach – die Insel im Westen 110
 Exkurs: Die Trinität der Druiden und die Gesetze
 der Natur 113
 Die Natur der Dinge – Druiden und Zeit 117

ZWEITER TEIL
DIE DRUIDEN ALS ÄRZTE UND HEILKUNDIGE 119

5 Druidische Heilkunst 121
 Exkurs: Anne, die »kleine« Herzogin, und das große
 Wissen um die alte Heilkunst 127
6 Therapieformen und Arbeitsgebiete der
 Druiden-Ärzte 133
 Die heilenden Wasser der Druiden – Thermalkuren
 und Kraftquellen 134
 Der Druiden-Arzt als Chirurg 135
 Der Druiden-Arzt als Psychiater – Schamanismus und
 therapeutische Magie 137

Der Druiden-Arzt und die Pflanzenheilkunde 140
Exkurs: Pflanzenzauber und Sammelrituale der
Druiden-Ärzte 142

DRITTER TEIL
DER GARTEN DER DRUIDEN 149

7 Heilkräfte der Natur – heilige Kräfte der Pflanzen 151
8 Der Garten von An Avallach – heilige Kräuter und
Pflanzen der Druiden 160
  Der Heilkräutergarten der Druiden 169
    Ackergauchheil 169
    Andorn 172
    Baldrian 176
    Beinwell 178
    Brechwurz 183
    Brennessel 185
    Brunnenkresse 189
    Efeu 191
    Eisenkraut 195
    Fenchel 198
    Frauenmantel 200
    Heiderose 203
    Huflattich 205
    Hundsrose/Hagebutte 208
    Johanniskraut 210
    Kamille 218
    Katzenpfötchen (Zweihäusiges) 220
    Klatschmohn 222
    Klette (Große) 226
    Kohl (Wilder) 229
    Kornblume 231
    Mädesüß 233
    Mangold 239
    Malve (Wilde) 241
    Melisse 245
    Mistel 247
    Exkurs: Die Mistel in der Krebstherapie 252

Minze 253
Odermennig 256
Schafgarbe 260
Schlangen-Knöterich 265
Schöllkraut 269
Spitzwegerich 271
Thymian (Wilder) 274
Wermut 276
Exkurs: Gemeiner Beifuß 281
Zittergras 283
Der Giftgarten der Druiden 285
   Aronstab 285
   Bilsenkraut, Schwarzes 288
   Eisenhut, Blauer 292
   Fingerhut, Roter 300
   Nieswurz, Stinkende 303
   Seidelbast 306
   Tollkirsche 309
   Exkurs: Warum die Alraune in diesem
   »Giftgarten der Druiden« fehlt 313
Der heilige Hain der Druiden – Bäume der Kraft 318
   Eberesche 321
   Eibe 325
   Esche, Gewöhnliche 331
   Feldahorn 335
   Holunder, Schwarzer 337
   Schwarzerle 341
   Silberweide/Weißweide 346
   Stechpalme 349
   Stieleiche 352
   Weißbirke 355
   Weißdorn 360
   Wildapfel 363
   Exkurs: Der Baum, der kein Baum ist, sondern
   höchstens ein Strauch – oder warum die echte
   »Rose der Druiden« nur eine ganz banale
   Hagebutte war! 369

VIERTER TEIL
DIE APOTHEKE DER DRUIDEN 371

9 Wundersame Rezeptsammlung aus vormittel-
  alterlicher Zeit 373
  Einige nicht ganz alltägliche Gesundheitstipps aus dem
  Werk des Marcellus Empiricus 377
  Das Leydener Manuskript: aus der Apotheke der
  Druiden-Ärzte 380
10 Rezepte für die Hausapotheke – Bewährtes für
  Mensch und Tier aus meinem »Garten der Druiden« 384
  Grundsätzliches 387
    Herstellung und Anwendung von
    Heilkräutermischungen 387
    Schwangerschaft 390
    Zubereitung von Heilkräutern im allgemeinen 390
    Getrocknete oder frische Kräuter? 392
  Traditionelle Heilkräuterzubereitungen 393
    Allergien 393
      Kräuterteemischung bei Heuschnupfen und
      allergischer Rhinitis 394
      Vereinfachte Kräuterteemischung bei
      Heuschnupfen 394
    Probleme der Blutzirkulation 395
      Kräuterteemischung zur Stimulation der arteriellen
      Durchblutung 396
    Hautprobleme 396
      Kräuterteemischung bei Hautausschlägen
      vom Typ Nesselsucht 397
      Alternative Mischung bei Nesselsuchtausschlägen 397
      Lindernde und beruhigende Salbe, auch bei
      Insektenstichen 397
      Lindernde und beruhigende Salbe, auch bei
      Verletzungen der Oberhaut infolge von Kratzen 399
      Heilkräuteröl für die schnelle Linderung von
      Insektenstichen 399
      Tinktur zum Desinfizieren kleiner Verletzungen
      und zum Beschleunigen des Heilungsprozesses 400

Verdauungsprobleme	401
Mein Haustee gegen Blähungen und Darmträgheit	402
Meine »Chartreuse des Druides«	403
Nervosität, Schlafprobleme und Streß	406
Beruhigungs- und Schlaftee, auch für Schwangere und ihre lebhaften Babys	407
Arthritis und Arthrose, Probleme des Bewegungsapparats, Verstauchungen, Prellungen etc.	408
Arthritis und Arthrose	408
Teerezept 1	411
Urtinktur	412
Teerezept 2	413
Alterserscheinungen am Bewegungsapparat	413
Misteltee	413
Verstauchungen/Verzerrungen/Prellungen	414
Einfache Pomade bei Verstauchungen und Prellungen	414
Meine gute Beinwell-Pomade	415
Erkältungskrankheiten, Probleme der Atmungsorgane	416
Mein Wintertonikum	417
Hustensirup bei verschleimtem Husten	418
Sirup bei trockenem Reizhusten	418
»Tisane des quatre fleurs« – Vier-Kräuter-Haustee	419
Gurgellösung bei Halsschmerzen	420
Tee zur Vorbeugung gegen Erkältung	420
Brustsalbe	421
Fiebertee	422
Exkurs: Rezept, um die Symptome von Lungenemphysem zu lindern	423
Schwangerschaft	424
Morgendliche Übelkeit und Magenschmerzen	424
Migräne und Kopfschmerzen	424
Apfelknospenöl	425
Wasseransammlungen	425
Vaginitis	426
Geburtsvorbereitung	426
Geburtsnachbereitung	426
Menopause	427
Teemischung für die Wechseljahre	429

Spannung in der Brust ... 430
Juckreiz in der Scheide ... 430
Sexuelle Unlust ... 431
Multi-Sanostol ade! – Gesunde und leckere Fitmacher
aus dem Garten der Druiden ... 433
   Dunkler Fruchtsaft für den Winter ... 433
   Hagebuttenmarmelade für den Winter ... 433
   Schlehenmarmelade für kleine Frühstücksmuffel
   und appetitlose Altvordern ... 434
Aus dem »Weinkeller« der Druiden ... 435
   Absinthwein – bei körperlicher Ermattung und
   schmerzhaften Monatsblutungen ... 435
   Engelwurzwein – bei Blutarmut, Appetitlosigkeit
   und allgemeinen Ermattungszuständen ... 436
   Melissenwein – gegen Nervosität, nervöse Depression,
   innere Unruhe und Schwindelgefühle ... 437
   Königskerzenlikör – bei schweren Erkältungen,
   Husten und Bronchitis ... 437
   Mein Wildapfelessig – fast ein Allheilmittel ... 438
   Hausgemachtes Bilsenkrautbier ... 440
Heilzauber: Besprechen und Wegsprechen von
Krankheiten ... 442

Epilog – Und so sprach die Erzengelwurz zum
Wissenschaftler: eine zeitgenössische Druidenweisheit ... 446

Anhang ... 448
   Druidische Jahreskreisfeste und der Mondkalender ... 448
   Druidische Jahreskreisfeste und das Mondjahr ... 449
   Fußnoten ... 450
   Bibliographie ... 491

VORWORT

I amar prestar aen ... The world is changed.
han mathon ne nen ... I feel it in the Water,
han mathon ne chae ... I feel it in the Earth,
a han noston ned ›wilith ... I smell it in the Air.
Much that once was is lost. For none now live who remember it.
And some things that should not have been forgotten were lost.
History became legend, legend became myth and for two and
a half thousand years, the Ring passed out of all knowledge.
Until, when chance came, it ensnared a new bearer.

Die Welt hat sich verändert.
Ich spüre es im Wasser,
ich fühle es in der Erde,
ich kann es in der Luft riechen.
Vieles von dem, was einst gewesen ist, wurde verloren,
denn keiner, der sich noch erinnert, lebt mehr.
Und manche Dinge, die niemals in Vergessenheit hätten
geraten dürfen, haben sich verloren.
Aus Geschichte wurden Legenden und die Legenden wurden
zu Mythen und für mehr als zweitausend Jahre hat sich der Ring
aller Wissenschaft entzogen, bis es ihm gelang, eines Tages und
rein zufällig einen neuen Träger in seinen Bann zu ziehen.

(Galadriels Eröffnungsmonolog aus »The Fellowship of the Ring«, ein Film
von Peter Jackson, New Line Cinema/Wingnut Films Production,©2001)

Ein Buch über den Garten der Druiden und das geheime Kräuterwissen der keltischen Heilkundigen, das sich dem Leser über den unvergleichlichen Eröffnungsmonolog von J. R. R. Tolkiens (1892–1973) weiser Elbenfürstin Galadriel in der Romanverfilmung von Peter Jackson öffnet?

Warum nicht! Wie viele, die das Legendarium einer vergessenen Welt und Zeit lieben, konnte auch ich nicht widerstehen, das Werk des englischen Philologen und Schriftstellers um die phantastische

Mythenwelt von Mittelerde ganz verstohlen und mit einem wissenden Schmunzeln in meinem Bücherschrank neben dem Nibelungenzyklus, der Artus-Gralssaga, den angelsächsisch-nordischen Mythen oder dem walisischen Mabinogion aufzustellen. Denn irgendwie schien das alles »zu passen« und sich in eine vorzeitliche Logik einzuordnen, die so schlecht nun auch nicht war. Und manch einer hat in jenen berüchtigten nächtlichen Diskussionsrunden bei denen in zigarettengeschwängerter Luft und unter dem Einfluß mehr oder weniger alkoholischer Getränke die Welt verändert wird, schon haarsträubende Thesen von Chanelling, Reinkarnation und früheren Leben in den Raum geworfen, die den einen oder anderen Autor zu einem ganz bestimmten Werk geradezu zwanghaft stimuliert haben mögen.

Es sich «von der Seele schreiben» nenne ich das, auch wenn der Teufel des wissenschaftlichen Geistes, der mich auch beim Verfassen dieses Buches immer wieder kräftig geritten hat, mir jedes Mal hinterhältig ins Ohr flüstert, daß wir beide an einen solchen Unfug doch nicht plötzlich glauben werden!

Sei's drum, Teufel der Wissenschaft und hinterlistiger Geist der Aufklärung; auch wenn ich mich wohl nie vollständig von dir werde befreien können, die ersten Worte dieses Buches sollen trotzdem einer imaginären Lichtgestalt aus dem Werk eines englischen Romanautors in der Verfilmung eines neuseeländischen Regisseurs und Filmproduzenten gehören. Denn besser als Galadriel hätte niemand die Thematik des geheimen Kräuterwissens der Druiden auf den Punkt bringen können.

»Vieles von dem, was einst gewesen ist, ging verloren, denn keiner, der sich noch erinnert, lebt mehr. Und manche Dinge, die niemals in Vergessenheit hätten geraten dürfen, haben sich verloren.« Dies klingt geradezu wie ein Epitaph der westeuropäischen heil- und kräuterkundlichen Geschichte.

Das 6. bis 8. Jahrhundert der Zeitrechnung[1] tauchte Europa ins Chaos. Es war die Zeit der Völkerwanderung, als germanische Völker fremde Länder eroberten und das Zeitalter der antiken Hochkulturen ablösten. Die Menschen lebten in primitivsten Verhältnissen, kulturelle und wissenschaftliche Errungenschaften der Römer und Griechen gingen verloren, viele Schriften verloren ihre Bedeutung, da die wenigsten Menschen noch lesen konnten. In dieser unruhigen Zeit erwiesen sich in erster Linie die Klöster als die Bewahrer von Kunst und Wissenschaft.

Nahezu 500 Jahre lang war das Studium, die Fähigkeit zu lesen und zu schreiben, an Klöster gebunden. In mühevoller Arbeit schrieben Kopisten alte Werke ab und tauschten sie mit anderen Klöstern aus. Ohne die sorgfältige Arbeit der Mönche würden wir heute die großen Werke der Griechen und Römer nicht mehr kennen. Sie schufen auf diese Weise die Grundlagen der modernen Medizin. Die Ordensleute studierten das Wissen der antiken Heilkunde, vertieften ihre Kenntnisse durch eigene Forschungen und unterwiesen sich gegenseitig. Dieser Klostermedizin verdanken wir uralte Erkenntnisse der Heilkunde, die außerhalb der Klostermauern längst vergessen worden wären. Aber es sind eben nicht die Erkenntnisse, die sich aus der Heilkunde und dem Kräuterwissen unserer ureigenen kontinentaleuropäischen Vorfahren ableiten.

Dieses Heil- und Kräuterwissen hat sich an anderen Orten erhalten und fortgesetzt, allerdings in einem Umfeld, das vielfach sehr schreibfaul oder oftmals auch einfach schreibunkundig war; bei den weisen Männern und Frauen dörflicher Gemeinschaften, fern ab der in mittelalterlicher Zeit zu Macht und Einfluß aufsteigenden Städte. Und dieser »hinterwäldlerische« Aspekt zusammen mit den brutalen politischen Machtspielen zwischen weltlichen Fürsten und Klerikern der römischen Kirche sorgte am Ende dafür, daß neben jener berühmten wissenschaftlichen und schriftlich übermittelten Klostermedizin eben nur noch eine gelegentlich belächelte, oft nicht sonderlich ernstgenommene Volksmedizin bis in unsere Zeit auf einer der Öffentlichkeit zugänglichen Ebene vorgerückt ist.

Gerade dieses Gefälle zwischen der in Schriftform tradierten sogenannten Klostermedizin, der Überlieferung des Wissens der großen griechischen und römischen Ärzte und später auch der Araber wie Avincenna, die ab dem 13. Jahrhundert über das maurische Spanien nach Mittel- und Westeuropa kamen, hat mich dazu verleitet, zusammen mit Dr. Gwenc'hlan Le Scouëzec dieses Buch über die Druiden und ihre Wissenschaft zu schreiben.

Gwenc'hlan ist nicht nur approbierter Mediziner, der lange Jahre als Arzt tätig war, sondern auch der fünfte Großdruide[2] des bretonischen Gorsedd seit dessen Neugründung am 1. September 1900 in

Guingamp. Zusammen mit Yann Choucq und Xavier Grall gründete er außerdem 1969 den Skoazell Vreizh, eine humanitäre Organisation mit gemeinnützigem Status, die sich dank ihrer fünf Komitees in Nantes, Rennes, Lannion, Saint-Brieuc und Paris seit nunmehr fast 40 Jahren um notleidende und bedürftige Familien kümmert.

Als Sohn des expressionistischen Malers Maurice Le Scouëzec, der vor allen Dingen durch seine maritimen Bilder und seine farbenprächtigen Werke von den französischen Inseln im südlichen Pazifik bekannt wurde, teilte sich Gwenc'hlans Kindheit zwischen Madagaskar und der heimatlichen Bretagne auf. Nach Abschluß seines Studiums an der Pariser Sorbonne diente er während des Algerienkrieges als Offizier in der französischen Fremdenlegion, bevor ihn sein Wirken als Professor des Institut Français nach Griechenland führte. Anfang der 70er Jahre kehrte er in die heimatliche Bretagne zurück und praktizierte als Arzt in Quimper. Diese Rückkehr veranlaßte Gwenc'hlan dazu, sich mit einem Thema zu befassen, über das in Frankreich dank reichhaltiger archäologischer Funde zwar ausgesprochen viel erhalten geblieben war, das aber noch nie zuvor mit den Augen eines Mediziners betrachtet wurde: der Heilkunde der gallischen Kelten.[3] Dieses Werk, das von der medizinischen Fakultät der Universität Paris ausgezeichnet wurde, ergründete ausführlich über archäologische Fundstücke und Textüberlieferungen den wahren Standard jener gallischen Medizin, die von griechischen und römischen Autoren in ihren Texten gelobt wurde und die bereits in der Zeit vor der römischen Eroberung Galliens zu einer Frühform des »Gesundheitstourismus« aus den Ländern des klassischen Altertums zu den Thermalbädern und Heilstätten der gallischen Kelten geführt hatte.

Aufbauend auf diesem Werk und dem ungewöhnlich positiven Empfang, nicht nur in medizinischen und historischen Fachkreisen, setzte Gwenc'hlan seine Forschungen fort und untersuchte in einem zweiten Buch, »Die Wissenschaft der Druiden«[4], Bereiche wie die Mathematik, die Astronomie, die Baukunst und die Geistes- und Sprachwissenschaften, so, wie sie von seinen keltischen Vorfahren praktiziert und gelehrt wurden. Diese beiden Werke zusammen mit Gwenc'hlans reichhaltigem zusätzlichem Schriftwerk über druidische Traditionen[5] lieferten eines der Fundamente dieses Buches.

An dieser Stelle möchte ich den Leser kurz in die Welt des Druidentums entführen, so, wie es heute in Frankreich praktiziert wird. Es ist den Nachfahren der Kelten auf der anderen Seite des Rheins trotz deutsch-französischer Freundschaft und eines lebhaften Austausches im politischen, wirtschaftlichen und emotionalen Bereich einfach zu fremd und zu unbekannt, um es so im Raum stehen zu lassen. Diese neuere druidische Tradition kann auch nicht mit der der Britischen Inseln verglichen werden. Aber wie kann man diesen Sachverhalt erklären, ohne den an Heilkräutern und ihren Anwendungsmöglichkeiten interessierten Leser zu langweilen?

Vielleicht in zwei kurzen und sehr provokanten Sätzen: Frankreich ist eine Republik – »Fille née de l'Eglise et de la Convention«, die Tochter der Kirche und der revolutionären Konvention (20. September 1792 bis 26. Oktober 1795) – und Frankreich ist eine Republik, die – Europa hin, Europa her – um ihres eigenen Überlebens willen niemals die Eigenständigkeit der Regionen und die Regionalsprachen, von denen wir unzählige besitzen, akzeptieren wird.

Frankreich ist eine Republik, die Kindern noch in den 60er Jahren in der Schule einen Eselshut aufsetzen ließ, wenn sie es wagten, im Schulhof bretonisch oder normannisch zu sprechen! Und Frankreich ist eine Republik, die sich standhaft weigert, die Europäische Charta von 1992, ETS 148, zu unterschreiben, in der sich der Europarat dazu verpflichtet hat, die historischen, minderheitlichen und Regionalsprachen Europas zu favorisieren und zu erhalten.

Andererseits ist dieses Kind der Kirche und der Konvention aber auch ein Land, in dem die römische Kirche so entscheidend in ihrem Einfluß beschnitten wurde, daß heutzutage, 2008, genauso wie im Jahr 1789 jeder glauben konnte, was er wollte, und keine Staatsmacht sich auch nur einen Deut darum scherte. Und dieses Jahr 1789 fällt eben genau in jene Zeit, in der sich das Druidentum, nachdem es lange im Verborgenen existiert hatte, wieder ans helle Tageslicht wagte; nicht nur hier in Frankreich, sondern auch auf den Britischen Inseln und in den deutschen Ländern. Viele Namen aus dieser Zeit werden in diesem Buch erwähnt: John Toland für die Inseln, Villemarque für Frankreich, Goethe und Jakob Grimm für Deutschland.

Darüber hinaus existiert in den keltischen Gebieten Frankreichs wie auf den Britischen Inseln und in der Schweiz eine orthodoxe frühchristliche Kirche, deren Glaubensgrundsätze auf den Konzilen von Nizea (325), Konstantinopel (381) und Ephesus (431) fundiert wurden und die nicht Rom, sondern dem Patriarchat von Antiochia untersteht. Diese keltische Kirche, die den gallischen Ritus zelebriert, hat seit ihren frühesten Anfängen eine enge Beziehung zu den Druiden. Denn wie auch Irland und die Britischen Inseln wurde die kontinentale Bretagne, deren Grenzen in jenen Tagen wesentlich weiter gezogen waren als die des heutigen französischen Departements, von Antiochia und nicht von Rom christianisiert. Diese Christianisierung verlief sanft und gewaltfrei – daraus erklärt sich die verschwindend geringe Anzahl keltischer Märtyrer. Viele Druiden verbanden sich mit diesen Frühchristen, deren Glaubensgrundsätze den ihren in überraschendem Ausmaß glichen. Diese Verbindung ermöglichte einen Transfer druidischer Konzepte in die keltische Kirche hinein, die bis zum heutigen Tage erhalten geblieben sind, denn das frühchristliche Bekenntnis zu akzeptieren hieß nicht, das Druidentum aufzugeben oder abzulegen. Selbst die Tatsache, daß es Rom im Jahre 818 gelang, die klösterlichen Regeln des heiligen Benedikt zu oktroyieren und damit – zumindest auf dem Papier – die keltische Kirche und den keltischen Monachismus auszulöschen, änderte hieran nichts, außer daß die Klöster, die sich der kolumbanitischen Regel beugten, sich ebenso wie die Druiden tiefer in die entlegenen Gebiete des Landes zurückzogen und auf bessere Tage warteten.

Nachdem die protestantische Reformation im 17. Jahrhundert Rom in seinen Grundfesten erschüttert und der Inquisition ihre Substanz entzogen hatte, kehrten diese keltischen Filiationen druidischer und frühchristlicher Couleur wieder ans Tageslicht zurück. Rom musste zu seiner großen Verwunderung feststellen, daß Feuer und Schwert über Jahrhunderte hin offensichtlich keine Wirkung gezeigt hatten: Die kontinentale Bretagne war nämlich so gut wie »dechristianisiert«. Eine eilig ausgesandte Jesuitenmission unter einem gewissen Vater Maunoir konnte im Jahre 1650 nur erschüttert konstatieren, daß die uralten Rituale sowohl druidischen als auch frühchristlichen Ursprungs einfach weitergefeiert wurden. Beflügelt durch die Aufklärung und den Geist der Revolution, der sich überall in Europa hob, zögerte insbesondere die überlebende druidische Filiation nicht, ihre Stimme zu erheben, als 1717 die moderne Freimaurerei das Licht der Welt erblickte. Eine der vier Gründerlogen, die sich am 21. Juni

1717 – Sommersonnwende – in der Londoner Apple Tavern einfanden, war druidisch und wurde durch den extra aus der kontinentalen Bretagne angereisten Aristokraten Pierre Desmaiseaux repräsentiert. Am gleichen Tag, an dem die Große Loge von London eingerichtet wurde, wurde von denselben Gründungsvätern auch der Druid Order zurück in die Öffentlichkeit gebracht.

Ohne sich jetzt in der Verbindung zwischen freimaurerischer Tradition und modernem Druidentum zu verlieren und die Ursprünge des freimaurerischen Ritus und des druidischen sogenannten »rite forestière«, des Rituals des Waldes, zu erklären, nur so viel: Diese ungebrochene Geschichte des Druidentums in den keltischen Gebieten des heutigen Frankreichs, auch wenn sie für die einen über die Freimaurerei und für die anderen über das Episkopat von Antiochia und die keltische Kirche in die heutige Zeit geführt hat, ist eine unleugbare Tatsache.

Nehmen Sie es einfach so hin: Die Grundlagen und das philosophische Erbe gleichen sich, doch der kulturelle Kampf um die Akzeptanz der vorchristlichen und europäischen Fundamente wird und wurde auf eine andere Art und Weise geführt als zum Beispiel auf der deutschen Seite des Rheins!

Heute zählt das Druidentum weltweit rund zwei Millionen praktizierende Adepten, die sich in verschiedene Orden aufteilen. Die größten Orden sind hier der Druid Order auf den Grundlagen der Freimaurerei von John Toland, der Gorseed von Wales, dessen Erzdruide als primus inter pares von den anderen Erzdruiden der Britischen Inseln anerkannt wird, der Gorseed der (kontinentalen) Bretagne mit einem eigenen Erzdruiden – Gwenc'hlan[6] – und der große Gorseed von Cornouailles, der eine eigene Filiation nachweisen kann.

Die anderen seriösen Druidenorden, die außerhalb dieser Gorseed der fünf großen keltischen Länder Europas existieren, werden von diesen gelegentlich anerkannt, oft aber auch nicht.

Doch dies begründet sich weder auf der Filiation ihrer Lehren noch auf ihren Ursprüngen, sondern meist auf Argumenten, die in ein Buch über den »Garten der Druiden« nicht hineinpassen. Ich möchte hierbei mit einem Augenzwinkern auf oben erwähnte politische und regionalsprachliche Gründe zurückverweisen und mit meinem alten Leitsatz abschließen: Ebenso wenig, wie die Kutte den

Mönch macht[7], machen weiße Robe und Sprachkenntnisse in Walisisch, Bretonisch oder irischem Gailtë den Druiden!

Gwenc'hlan ist durch und durch Bretone. Ohne ihn zu beleidigen, kann man ihn als einen bretonischen Nationalisten bezeichnen und das wird er, ohne auch nur eine Sekunde zu zögern, unterschreiben. Ich bin es nicht!

Aber was auch immer unsere politischen und »sprachwissenschaftlichen« Überzeugungen sein mögen, wenn es sich darauf reduziert, unsere philosophischen und historischen Ansätze unter einen Hut zu bringen, sind wir einer Meinung und verstehen einander: Die Heimat meiner Ahnen liegt unweit des Gebietes, das die Wissenschaft als den Osthallstattkreis bezeichnet: Nordösterreich, Südmähren, Südwestslowakei, Westungarn, Kroatien und Slowenien.

Gwenc'hlans Vorfahren kamen mit der Völkerwanderung über Ostfrankreich, Mittel- und Süddeutschland und die Schweiz in die heutige Bretagne. Seine Ahnen vergaßen die ursprüngliche Sprache, in der sie sich vor Beginn der Wanderung auszudrücken pflegten, und absorbierten die Grundlagen der protokeltischen Megalithkultur, die sie an den westlichsten Grenzen Europas antrafen und mit der sie sich vermischten. Meine wohl auch, denn die Zuwanderung anderer Völker, die noch weiter aus dem Osten und aus den Steppen Asiens kamen, haben auch die zentral- und osteuropäischen Sprachen tiefgreifend verändert.

Wir haben dieses Buch zusammen geschrieben, und vor allen Dingen – wie man in Frankreich so gerne sagt: »avec nos tripes« – mit unseren Eingeweiden! Es kommt aus unserem tiefsten Inneren, aus unserer familiären Geschichte, unserem genetischen Material, unseren Erinnerungen und Erfahrungen, den Überlieferungen unserer Familien, dem Wissen unserer Alten und den Erfahrungen, die wir beide im Laufe vieler Jahre mit diesem heilkundlichen Wissen gemacht haben. Es kommt auch aus unseren tiefsten Überzeugungen!

Galadriel berichtet:

»Aus Geschichte wurden Legenden und die Legenden wurden zu Mythen und für mehr als zweitausend Jahre hat sich der Ring aller Wissenschaft entzogen, bis es ihm gelang, eines Tages und rein zufällig einen neuen Träger in seinen Bann zu ziehen.«

Gwenc'hlans Wissenschaft, sein Ring, diese Doktorarbeit mit dem Titel »La Médecine en Gaule«, hatte mich in ihren Bann gezogen, als meine Professoren von mir noch zu Recht erwarten durften, daß ich mich mit Vertrags- und Patentrecht befasste, und hat am Ende auch dazu geführt, daß ich mich entschlossen habe, die in unserer Familie seit jeher überlieferten heilkundlichen Traditionen nicht nur durch das Auge des Wissenschaftlers kritisch zu betrachten, sondern auch endlich niederzuschreiben und als das zu akzeptieren, was sie sind: die Erkenntnisse der Heilkunde und des Kräuterwissens unserer keltischen Vorfahren und ihrer Druiden-Ärzte!

Es hat lange gedauert, bis ich zugeben konnte, daß dieses Kräuterwissen, das mir von meinen Altvordern mitgegeben wurde, keine bekannte Volksmedizin war, sondern etwas ganz Besonderes. Ich war in den langen Jahren meiner wissenschaftlichen Tätigkeit eigentlich immer davon überzeugt, daß jeder diese Sachen kannte und absolut nichts »Überlieferswertes« dahintersteckte.

Ich hielt mich damals für meine Firma in Moskau auf: Der Kommunismus hatte sich gerade von der Bühne der Weltgeschichte verabschiedet und die Stadt befand sich im Aufbruch in den Westen. Aus irgendeiner seltsamen Laune heraus konnte ich einfach ohne Pferde nicht mehr weiterleben und mein Gehaltsscheck gestattete es mir, endlich wieder ein eigenes Pferd zu halten. Wie der Zufall es wollte, lernte ich damals über das Olympiazentrum im Park von Sokolniki eine dunkelhaarige, energische und reichlich beleibte Dame kennen, die sich am Ende als achtfache sowjetische Meisterin im Dressurreiten entpuppen sollte und mich unter ihre Fittiche nahm.

Da ich sowohl russophon als auch russophil war und meine polnischen, slowakischen, ungarischen und böhmisch-mährischen Vorfahren auch äußerlich nicht zu verleugnen mochte, vergaßen meine Reiterfreunde in Sokolniki ziemlich schnell, daß Claudia Petrowna eigentlich die »Westlerin« war. Und eines Tages stand da ein hübsches hellbraunes Pferd, dem aus einer bösen Schürfwunde am Bein der Eiter floß, daß es einen nur so schauerte. Der Tierarzt hatte sich ins Wochenende verabschiedet und das arme Tier litt wirklich. Und weil in dieser kleinen Gemeinschaft der ehemaligen sowjetischen Berufsreiter eben jeder jeden kannte, wurde auch mir die ganze Katastrophe vorgeführt!

Irgendwie habe ich damals gar nichts begriffen, sondern im Reflex aus der »Medizinfrau-Kiste« meines eigenen Pferdes einen Topf mit essigsaurer Tonerde geholt und diese mit dem reichlich vorhandenen guten russischen Beinwell, der direkt vor der Tür des Olympiazentrums wuchs, ganz im Stil meines braven polnischen Großvaters zu einem dicken Umschlag gemischt und das klebrige Zeug aufgelegt. Drei Tage später war der Fuchs wieder in Form und das Trauerspiel hatte sich zu einem bräunlichen Schorf ohne weitere Konsequenzen verflüchtigt.

In den nächsten acht Jahren meines Moskauer »Zwischenspiels« gewöhnte ich mich dann unbewußt daran, daß die beiden staatlich anerkannten Tierärztinnen des Olympiazentrums mich regelmäßig besuchten und mich ganz scheinheilig nach den Familienrezepten für Vierbeiner ausfragten. Im Rußland kurz nach dem Zusammenbruch der UdSSR herrschte bei Medikamenten, besonders in der Tiermedizin, großer Mangel und Importe aus dem Westen waren unerschwinglich teuer.

Als dann 1999 der Kosovokonflikt hochschwappte und mein damaliger Arbeitgeber es für vernünftig hielt, mich aus der ehemaligen Sowjetunion abzuziehen (einschließlich reitbarem Untersatz natürlich), führte uns der Weg zurück in die wahlheimatliche Normandie. Der reitbare Untersatz wurde bei einer guten Freundin mit Reitstall verstaut, meine eigene Wenigkeit in einem klugerweise einige Jahre zuvor erstandenen alten Bauernhof. Die Geschichte über die erstaunliche Wirkung eines banalen Beinwell-Tonerde-Umschlags auf ein stark entzündetes Pferdebein war natürlich schon längst wieder vergessen, genauso wie die langen und intensiven Gespräche mit den Moskauer Tierärztinnen. Weiß doch jeder! Oder nicht?

Da stand dann das brave Monster[8] und harrte der Fertigstellung seines eigenen Stalles und dem Absetzen seines künftigen Kumpels Ivanhoe, der immer noch an den Zitzen seiner Mama nuckelte. Weil der Reitplatz eben neu und der Sand viel zu tief war, flammten etliche Pferdesehnen und der halbe Stall meiner Freundin Barbara Capellini humpelte lahm über die Koppel. Monster ging es natürlich wie allen anderen, aber dank einer teuflisch stinkenden altväterlichen Weißkohltherapie lief das Pferd eben wieder, während die anderen noch Entzündungshemmer vom Tierarzt einnehmen mußten.

Und als dann nach meiner besten Freundin noch ein ganzer Schwung anderer »Leidtragender« vor meiner Tür stand und sich nach dem »Wundermittel« erkundigte, wurde mir plötzlich und sehr verspätet klar, daß dieser von meinem Vater immer als »leicht verstaubter Aberglaube« abgetane Familienschatz vielleicht doch nicht so allgemein bekannt und auch kein »Aberglaube« war. Außerdem war es in meiner normannischen Wahlheimat auch nicht ganz so verfänglich, sich als Kräuter- und Heilkundiger einer gerne als untergegangen beschriebenen Tradition zu outen, die in dem beruflichen Umfeld, in dem ich mich damals bewegte, gerne als esoterisch und damit als »ein bißchen sehr exzentrisch« belächelt wurde.

In der Welt meiner Arbeitgeber gab es für diese Art der Glaubensbekundung keinen Platz und es wurde nicht sonderlich geschätzt, sich außerhalb des geschäftsmäßig gesetzten Rahmens zu bewegen. In dieser Zeit fing ich an, meine »Doppelexistenz« zu führen und auf meinem Hof einen druidischen Kräutergarten anzulegen. Dessen Flora beschränkte sich anfangs auf unsere eigene familiäre Tradition. Sie wurde allerdings im Lauf der Zeit in immer größerem Ausmaß um die über die normannische und bretonische Überlieferung erhaltenen Heilpflanzen der Druiden bereichert.

Viele dieser Heilpflanzen und auch die Geschichte ihrer Anwendung wurden mir durch in meiner Gegend praktizierende »rebouteux« und »sorciers« eröffnet, die im Lauf der Zeit ihre Scheu ablegten und mit der »Reingeschmeckten« diskutierten. Schließlich kamen auch noch jene Pflanzen hinzu, die sich aus den langjährigen Forschungsarbeiten von Gwenc'hlan herausdestilliert hatten. Dank dieses »Gartens der Druiden«, der aktiven Arbeit mit den dort gezogenen Kräutern, der Erfahrungen mit in Vergessenheit geratenen Anwendungen bei Menschen und Tieren und Gwenc'hlans tatkräftiger fachlicher und moralischer Unterstützung wurde dieses Buch schließlich Realität.

Kurz und gut: Beide Autoren haben versucht, auf den Grundlagen der in den keltischen Ländern erhaltenen Wissensschätze, sowohl aus der mündlichen als auch aus der schriftlichen Tradition, für den Leser den Garten der Druiden und das verborgene Wissen der keltischen Heiler zurück ans Tageslicht zu bringen. So soll es ihm ermöglicht werden, für sich selbst und seine Familie aus dieser uralten rein europäischen Kräuterlehre zu schöpfen, ohne dabei die langen und oftmals verschlungenen Wege unserer Forschungsarbeiten nachvollziehen zu müssen.

Dieses Buch erhebt keinen Anspruch auf Vollständigkeit und möchte auch nicht als abschließend betrachtet werden. Vielmehr ist es ein Stein in einem größeren Gebäude, das sowohl die Heil- und Kräuterkunde als auch andere Wissenschaften umfasst: die Astronomie und den Einfluß der Kräfte der Erde auf Menschen, Tiere und Pflanzen, die Philosophie und die Geschichte und die spürbaren Auswirkungen dessen, was einst war, auf unsere heutige Zeit, die exakten Wissenschaften Mathematik, Physik, Chemie, die in der einen oder anderen Form genauso alt sind wie die Welt, in der wir leben, und die Tradition, das Unterbewußte, das in jedem von uns schlummert und nur darauf wartet, aus dem Gefängnis des Rationalismus in eine offenere und vorurteilsfreie Welt entlassen zu werden, in der eine friedliche Koexistenz zwischen weisen Frauen und Männern und approbierten Medizinern genauso möglich ist wie ein aufgeschlossenes Zusammenleben von Naturreligion und institutioneller Amtskirche.

Heugon, Trinox Samoni Sindiu 4382 M. T
(9. November 2007[9])

Einführung

Es ist außergewöhnlich schwierig, wenn nicht gar unmöglich, vollkommen unbefangen über die Druiden und ihr Heilwissen zu schreiben. Jeder, der sich an dieses Thema wagt, bewegt sich historisch und auch wissenschaftlich auf recht dünnem Eis, und das Risiko, nicht nur seine Glaubwürdigkeit zu verlieren, sondern sich gleichzeitig im Reich der eigenen frommen Wunschvorstellungen zu verlaufen, darf nicht unterschätzt werden. Außerdem besteht die Gefahr, der Versuchung zu erliegen, aufgrund einer eher spärlichen Quellenlage zwanghaft Fakten zurechtzubiegen, bis diese den eigenen Ansichten entsprechen.

Um diese Gefahren, wenn schon nicht völlig aus dem Weg zu räumen, aber vielleicht doch ein wenig zu mindern, möchte ich Sie zuerst zu einer kurzen Reise in das Reich der harten wissenschaftlichen Fakten einladen:

Es mag ungewöhnlich erscheinen, ein Buch über den Kräutergarten der Druiden mit einem Ausflug in die Sprachwissenschaften zu beginnen, aber er ist insofern sinnvoll, als sie es letzten Endes waren, die uns erlaubten, Zusammenhänge zu erkennen und zu behaupten, daß das Heilwissen der Druiden ganz und gar nicht verschwunden ist, sondern höchst lebendig, und – auch wenn in etwas nebulöser Form – die Jahrhunderte fast unbeschadet überdauern konnte.

Ein Wort der Warnung zum Anfang: Auch im deutschsprachigen Raum hat sich die geschichtliche Bewertung der keltischen Kulturen lange an den zeitgenössischen Sichtweisen der Franzosen und der Engländer orientiert, sofern dieser Aspekt der europäischen Kultur überhaupt ernsthaft und nicht bloß anekdotenhaft zur Kenntnis genommen wurde. Auch stand und steht teilweise heute noch in den Geschichtsbüchern Europas im wesentlichen die Geschichte der

»Sieger«! Die oben angedeutete spärliche Quellenlage ist außerdem lückenhaft, in keinem Fall absolut ursprünglich und stets in irgendeiner Weise römisch oder christlich verzerrt, entstellt oder überlagert.

Dem zu Trotz sind außergewöhnlich viele Parallelen zwischen den keltischen Ländern zu verzeichnen, nicht zuletzt das Einsetzen einer keltischen Renaissance, die bereits in das ausgehende 18. Jahrhundert zurückdatiert werden kann. Diese Renaissance führte zu einer sehr positiven Entwicklung in den überlebenden keltischen Sprachgemeinschaften der sechs Länder des »keltischen Gürtels« im äußersten Westen unseres Kontinents: Irland, Cornwall, Schottland, Wales, die Isle of Man und die Bretagne.[10]

Die keltischen Stämme haben in der Zeit ihrer höchsten Blüte[11] einen riesigen Raum in Europa besiedelt: Sie lebten in Portugal, Spanien, in der norditalienischen Po-Ebene, in einem Teil der Türkei, in der Schweiz, in Österreich, in Tschechien, in einem Teil Polens, in Frankreich, Luxemburg, in den Niederlanden bis zur Mündung der Rheinausläufer ins Meer, in halb Deutschland bis zum nördlichen Rhein, in Belgien, Ungarn, Rumänien, der Slowakei und auf den Britischen Inseln. Man stelle sich einmal die Größe des von ihnen besiedelten Gebietes vor!

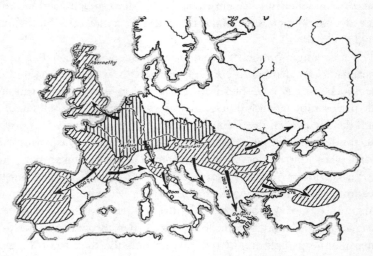

Das Ausbreitungsgebiet der Kelten
in der Zeit ihrer höchsten Blüte 600–100 vor der Zeitrechnung

Die Kelten sind von den Römern niemals vernichtet worden! Daran ändern weder Alesia, Julius Cäsar und das Jahr 58 vor der Zeitrechnung noch Suetonius Paulinus, 61 der Zeitrechnung und das Massaker der Druiden auf der Insel Anglesey (Ynis Môn) während des Ikeneraufstandes unter Königin Boudica etwas.

Die Nachfahren von Vergingetorix und Boudica leben heute noch und erfreuen sich bester Gesundheit! Der allergrößte Teil der Mitteleuropäer und viele Zentraleuropäer haben keltisches Blut in den Adern und keltische Vorfahren im Stammbaum.

Durch die gewaltsame Romanisierung der keltischen Welt ist insbesondere die ursprüngliche keltische Sprache untergegangen, diese Sprache, die genauso wie das keltische Glaubenssystem der wichtigste Einheitsfaktor der auf riesigen Gebieten weit verstreut lebenden Stämme, Clans und Großfamilien gewesen war. Und da die Kelten nicht als ein geeinigter, militärisch organisierter Staat oder Staatenbund aufgetreten waren, hat sich im Verlauf der Romanisierung ebenfalls die traditionelle Staats- und Regierungsform der Kelten verwässert oder ist von anderen, moderneren Staats- und Regierungsformen aufgesogen worden. Es ist eben diese untergegangene keltische Sprache, in der sich die Druiden auszudrücken pflegten. Diese Lingua franca ermöglichte es erst einem Schüler aus dem Velay im französischen Zentralmassiv oder aus der italienischen Po-Ebene, bei einem Meister – einem Ollamh – auf der Druideninsel Ynis Môn (Anglesey) zu studieren.

An dieser Stelle soll kurz auf die Expansion der Kelten eingegangen werden, bevor sie ihrer politischen Uneinigkeit und Individualität zum Opfer fielen: Im 1. Jahrtausend vor der Zeitrechnung erreichten keltiberische Stämme das Gebiet des heutigen Spaniens, als »Gallier« zusammengefaßte Stämme weite Teile Westeuropas und mit »Galater« bezeichnete Gruppen den Balkan. Etwa um 600 vor der Zeitrechnung setzten die ersten keltischen Stämme über den Ärmelkanal und assimilierten oder verdrängten die dortige Urbevölkerung.

Wann sich die keltische Lingua franca in einen brythonischen und einen goidelischen Sprachenzweig auseinander entwickelte – ob vor oder erst während der Ausbreitung der keltischen Kultur auf den Britischen Inseln –, ist auch heute noch nicht abschließend geklärt.

Doch aus diesen beiden Sprachenzweigen heraus haben sich sämtliche heute noch lebendigen keltischen Sprachen entwickelt.

Wenn man lediglich davon ausgeht, daß die Übermittlung druidischen Wissens in der urkeltischen Sprache erfolgte, also jener Lingua franca, die vor der Sprachverzweigung ins Brythonische und Goidelische existierte[12], dann müsste man sich eigentlich dem Allgemeingut anschließen, daß bis zum heutigen Tag noch nicht ein einziger Quellentext aus dem Bereich der Heilkunde gefunden wurde, der eindeutig einem druidischen keltischen Verfasser zugeordnet werden kann. Die Druiden haben ihr Wissen und ihre Wissenschaft in der vollständigen Form nur mündlich an auserwählte Schüler weitergegeben, vermutlich in einer Form der Mnemotechnik.

Wenn wir also um unserer wissenschaftlichen Glaubwürdigkeit willen diesem traditionellen Leitmotiv der Schriftlosigkeit druidischen Wissens folgen wollten, müßten wir logischerweise unser Buch hier an dieser Stelle sofort wieder beenden und es als eine gegebene Tatsache hinnehmen, daß es unmöglich ist, guten Gewissens über eine Heilkunst zu schreiben, von der nichts Konkretes überliefert werden konnte. So, wie wir auch akzeptieren müßten, daß die Kelten, deren wissenschaftliche und spirituelle Elite die Druiden waren, ein »verschwundenes Volk« sind, genauso wie die Etrusker oder die Maya, Azteken und Inka. Das gute Gewissen könnte noch dadurch verstärkt werden, daß im 5. Jahrhundert der Zeitrechnung das in Agonie liegende Römische Reich von plündernden, eroberungswütigen Völkerschaften überrannt wurde. Diese Vandalen gaben sich nicht nur damit zufrieden, zu morden und zu brandschatzen, sondern plünderten auch Kunstschätze und vernichteten dabei wertvolle Schriftrollen, die in ihren Augen keinen materiellen Wert besaßen. Sie zerstörten also quasi die gesamte klassische Zivilisation Westeuropas in einem gewaltigen Rundumschlag und nicht umsonst nennt man die Zeit nach dem Untergang des Römischen Reiches im englischen Sprachraum gerne »The Dark Ages« – »Die Dunkle Zeit«. Es ist also möglich, daß, falls entgegen aller wissenschaftlicher Fakten doch von Druiden verfaßte Schriften oder Überbleibsel solcher Schriften aus der Glanzzeit ihrer Macht über die keltischen Stämme existiert haben sollten, diese letztendlich und mit allergrößter Wahrscheinlichkeit zum Zeitpunkt des Vandalensturms zerstört worden wären.

Oder vielleicht doch nicht?

Da geht zum einen die Geschichte, daß mit dem Einsickern des Christentums in die keltischen Länder das Verbot der Aufzeichnung von Texten – vielleicht aus Gründen einer bösen Vorahnung der Druiden gepaart mit einem gesunden Selbsterhaltungstrieb – aufgehoben wurde und daß somit ein großer Teil ihres Wissens im 3. und 4. Jahrhundert der Zeitrechnung schriftlich vorhanden gewesen war. Diese Texte sowie auch noch ältere Aufzeichnungen, möglicherweise in der von den Druiden so geschätzten griechischen Schrift, vielleicht aber auch in einer ihnen eigenen Schrift, wären aber in der nachfolgenden Zeit von übereifrigen Neuchristen als heidnisches Gedankengut vernichtet worden, wo auch immer sie auf solche Schätze stießen. Selbst der heilige Patrick soll im 9. Jahrhundert in seinem missionarischen Eifer insgesamt 180 Schriften mit druidischem Wissen den Flammen übergeben haben. Doch trotzdem überlebte noch etliches und wurde in Sammlungen auch immer wieder neu herausgegeben, wie etwa im Leabhar Buidhe Lecain, dem sogenannten »Gelben Buch von Lecon«, aus dem 14. Jahrhundert.

Vom europäischen Festland waren in der Zeit zwischen dem langen Untergang des Römischen Reiches und dem Aufbruch aus der dunklen Zeit ins Mittelalter Wissenschaft und Gelehrsamkeit so gut wie verschwunden. Doch auf den Britischen Inseln sah dieser Tage die Situation etwas anders aus: Rom, die Vandalen, die Völkerwanderungen und der ganze Aufruhr waren weit weg. Irland ist niemals von den Römern besetzt und damit niemals romanisiert worden. Die kontinentale Bretagne hat es aufgrund ihrer geographischen Lage »weit ab vom Schuß«, ihrer schweren Zugänglichkeit und eines Mangels an großen und wirtschaftlich reizvollen Bevölkerungszentren fertiggebracht, eine intensive Romanisierung zu entmutigen.

Der letzte römische Legionär verließ im Jahre 423 der Zeitrechnung die britische Hauptinsel! In der kontinentalen Bretagne hatten seine Urenkel zu dieser Zeit bereits vergessen, daß Urgroßvater unter dem Namen Gaius oder Cassius eigentlich den Adlern Roms gedient hatte, wenn er überhaupt jemals wirklich irgendeinen Anspruch auf römische Vorfahren hatte erheben können.

Schriften, die vor den anstürmenden Vandalen gerettet wurden, wurden in diesen Tagen des qualvollen Untergangs des Römischen Reiches in großem Ausmaß auf dem sicheren Seeweg auf die Britischen Inseln und dort hauptsächlich nach Irland gerettet. Dort entwickelte sich eine von Rom unabhängige und eigenständige Form des Christentums, die das Druidentum in sich aufnahm, anstatt danach zu streben, es zu vernichten und die alten Vorstellungen, Bräuche und Sitten abzuschaffen. Die Männer, die aufgebrochen waren, Irland das Wort vom Gottessohn zu bringen, waren nämlich nicht von Rom losgeschickt worden, sondern vom Patriarchat von Antiochia, das nach der Legende etwa im Jahre 34 der Zeitrechnung vom Apostel Petrus gegründet worden war und sich im 5. Jahrhundert der Zeitrechnung aufgrund von erheblichen Meinungsverschiedenheiten zum Glaubensdogma von Rom abspalten sollte.

Dieses eigenständige irische Christentum basierte folglich nicht auf den von Rom so geliebten hierarchischen Strukturen, sondern auf einer Einsiedler- und Mönchsgesellschaft und auf Klöstern, die in ihrer Lebensweise den druidischen Gemeinschaften ähnlich waren. Diese irischen Mönche[13], die von ihrer Insel dann in die kontinentale Bretagne aufbrachen, kann man heute ohne zu übertreiben als christliche Druiden bezeichnen. In ihren Klöstern wurden in dieser Zeit der großen Umwälzungen auf dem Kontinent nicht nur die gesamte gerettete lateinische Literatur des untergehenden Römischen Reiches kopiert, sondern auch in der altirischen Landessprache geschrieben.

Während der heilige Columba, der von einem Druiden großgezogen worden war und selbst stark in der Druidentradition stand, eine Schlüsselfigur der Rettung der klassischen abendländischen Literatur war, waren es die zahllosen unbekannten Eremiten und Mönche, die in ihrer eigenen altirischen[14] Sprache die vorchristlichen Überlieferungen zu Papier brachten – auch wenn die Helden und Elfenkönige in diesen Sagas aus Irland (aber auch aus Wales) nur noch andeutungsweise die Götter erkennen lassen, die sie in den früheren religiösen Mythen der Druiden gewesen waren.

Nichtsdestotrotz bieten diese Schriften noch bis zum heutigen Tage die beste Textquelle zur Rekonstruktion der keltischen Spiritualität und damit auch zum druidischen Wissensschatz. Daneben boten die Sagas den ersten Chronisten auch Raum, viele wichtige Details des druidischen magischen Wissens und Heilwissens in oftmals ziemlich unverschlüsselter Form einfließen zu lassen. Natürlich sind diese Druidenüberlieferungen dann im Laufe der Zeit von den auf die ursprünglichen Chronisten folgenden Generationen von Schreibern und Kopisten schließlich doch fast bis zur Unkenntlichkeit bearbeitet worden – manchmal gewiß mit Absicht, oft wohl auch nur durch reine Nachlässigkeit. Und trotzdem: Wenn man sich die Mühe macht und aufmerksam die Texte des Mabinogion oder die der »Welsh Triads«[15] liest, so entdeckt man immer noch die ursprünglichen Druidenberichte hinter den Rittererzählungen und Rittergestalten wie auch hinter den Göttergestalten.

Manche der Ritter, selbst noch jene der Tafelrunde des Artus, die ab dem 11. Jahrhundert[16] der Zeitrechnung durch Chretien de Troyes, den »Roman de Brut« des Anglonormannen Robert Wace und die »Historia Regum Britanniae« des Godefroi de Monmouth die größte Popularität erlangten, verfügen über wunderbare, magisch anmutende Fähigkeiten oder sie sind weise Ratgeber und in den Fragen der Rechtsprechung bewandert.

Die Verwandlungen, die von Gwydion, Arianrod etc. berichtet werden, sind mit den Druidenwundertaten zu vergleichen, über die die irischen Mönche so gerne berichteten, wenn sie dazu ansetzten, vom Kampf des Christentums gegen das (druidische) Heidentum und seinem anschließenden Sieg zu erzählen. Ja selbst die Wundertaten, die sie ihren christlichen »Kämpfern«, wie z. B. Columba, selbst zusprechen, ähneln in Umfang und Aufmachung jenen der »heidnischen«, druidischen Widersacher und Gegner.

Die wandernden Kelten setzten im 6. Jahrhundert vor der Zeitrechnung über den Ärmelkanal auf die Britischen Inseln und nach Irland über. Rund tausend Jahre später zwangen sie die Umstände dazu – dieses Mal in Form von über die Nordsee hereinfallenden kriegerischen germanischen Stämmen –, auf dem gleichen Weg, auf dem sie einst gekommen waren, von der Hauptinsel und dort insbesondere aus Cornwall, dem heutigen Devon bis zum Severn und Somerset, wieder in die auf dem Kontinent liegende Bretagne – damals Armorica (»Land vor dem Meer«) – zurückzufahren. Man nimmt an, daß es zwei große Phasen der Abwanderung gab: eine erste vom frühen Ende des 4. bis zur Mitte des 5. Jahrhunderts und eine zweite im 6. und 7. Jahrhundert.

Die Urform des heutigen Bretonischen – Brezhoneg – wurde von diesen keltischen Völkerstämmen, die vor den Sachsen, den Nordmännern und den sehr heftigen Auseinandersetzungen der einzelnen Völkerstämme zurück auf den Kontinent nach Armorica flohen, mit übers Wasser gebracht und gehört dem brythonischen, inselkeltischen Sprachenzweig an. Sie ist aber dem ausgestorbenen Kornischen näher verwandt als dem Walisischen und unterscheidet sich ganz deutlich vom Altirischen. Darüber hinaus wird heute angenommen, daß Reste der keltischen Tradition der Gallier noch in der armoricanischen Kultur auf dem Festland überlebt hatten und diese nun mit der Kultur der Inselflüchtlinge verschmolz.

Im Gegensatz zum restlichen Gallien ist das als Armorica bezeichnete Land am Meer durch seine besondere geographische Lage jedoch niemals vollständig romanisiert worden. Diese neue Bretagne – Britannia minor –, die nun hier entstand, war über viele Jahrhunderte hinweg ein Sammelsurium selbständiger Königreiche und Herzogtümer, gelegentlich auch ein großes Königreich oder Großherzogtum. Erst im 16. Jahrhundert fiel sie durch die erzwungene Heirat von Herzogin Anne de Montforzh mit zwei französischen Königen (nacheinander!) nach deren Tod vollständig an Frankreich. Und selbst nach dieser erzwungenen Union können die Bretonen noch heute unabhängig von Paris und der zentralen politischen Macht gewisse eigene Prärogative beibehalten.

Und obwohl der zentralistische französische Nationalstaat seit der Französischen Revolution bis zum Ende der 50er Jahre aggressiv sämtliche Regionalsprachen und ganz besonders die bretonische bekämpft hat, konnte sich diese doch bis zum Ende des Zweiten Weltkrieges als die dominante Umgangssprache im westlichen Teil des Landes behaupten. Heute verzeichnet sie wieder – nach einem Einbruch in den 60er und 70er Jahren – stark ansteigende Tendenzen, vor allem in der jüngeren Bevölkerungsgruppe entwickelt sich wieder ein sehr ausgeprägtes bretonisches Nationalbewußtsein.

Der Punkt an dieser Stelle ist, daß wir das Fragment eines Manuskripts in altbretonischer Sprache[17] aus der Regierungszeit von König Nominoë (8. Jahrhundert der Zeitrechnung[18]) in Händen halten, in dem nicht verschlüsselt, sondern in klarer und geradliniger, fast wissenschaftlich anmutender Form das Thema der Heilkunde und der Kräuterkunde behandelt wird.

Dieses einzigartige und wertvolle Manuskript befindet sich heute in den Niederlanden, in der Bibliothek der Universität von Leiden, was ihm auch seinen Namen einbrachte: das »Leydener Manuskript«.[19] Es handelt sich hierbei um ein Fragment – bestehend aus zwei großen Velum-Blättern – aus einem medizinischen Werk, dessen Ursprung eindeutig nicht klassisch griechisch-römisch und auch nicht orientalisch ist. Der Text wird in etwa auf das Jahr 750[20] datiert und ist damit fast ein Jahrhundert älter als der älteste erhaltene romanisch-französische Text, die Straßburger Eide[21], der aus dem Jahre 842 stammt. Die Besonderheit des Manuskripts von Leyden besteht darin, daß die lateinisch verfaßten Textpassagen eine sehr genaue Bestimmung der in altbretonischer Sprache bezeichneten Heilpflanzen und damit ihrer Einsatzgebiete zulassen.

Genau wie bei den Kelten auf der anderen Seite des Meeres – in Irland – waren in den Tagen des Leydener Manuskripts die Zentren der Bewahrung und der Verbreitung der Kultur in den Klöstern angesiedelt. Die bretonische klösterliche Tradition ist auf den gleichen Grundlagen gewachsen wie die irische. Alle bedeutenden Klostergründungen wie Dol, Landevennec, Plean oder Redon gehen auf irische keltische Missionare zurück. Diese Einrichtungen bewahrten genauso wie ihre irischen Schwestern Handschriften der Antike auf und vervielfältigten diese. Daneben waren sie selbst literarisch höchst aktiv und verfaßten eigene Handschriften in altbretonischer und auch lateinischer Sprache, die sie mit kunstvollen Miniaturen schmückten. Die Christianisierung Armoricas verlief ähnlich wie die von Irland verhältnismäßig gewaltlos.

Nach anfänglichem Widerstand und Zweifeln öffnete sich der Druidenorden, vielleicht aus Berechnung, vielleicht aus der Not heraus, auch auf dem Kontinent der neuen Religion. Vielen Druiden gelang es, ebenso wie in Irland, hohe Ämter in der neuen kirchlichen Ordnung zu übernehmen, bei der – unabhängig von Rom und von der römischen Doktrin – die Klöster im Mittelpunkt des religiösen und geistlichen Lebens standen. Genauso wenig wie die Christianisierung Irlands hat die Christianisierung Armoricas echte Märtyrer hervorgebracht. Aber die armoricanischen Druiden brachten wie ihre irischen Brüder ihr über Jahrtausende gesammeltes und mündlich überliefertes Wissen ein; ein Wissen, das sich nicht nur auf religiöse Dinge beschränkte, sondern alle Gebiete berührte: von der Philosophie über die Dichtkunst, die Musik, fremde Sprachen und

Geschichte bis zu den klassischen naturwissenschaftlichen Disziplinen wie Mathematik, Physik und Astronomie.

Vor allem aber bereicherten sie die Klöster mit ihren außergewöhnlichen Kenntnissen in der Botanik, der Biologie und der Medizin. Und sie brachten dieses Wissen nicht nur mit und ließen zu, daß uralte Kenntnisse in schriftlicher Form festgehalten wurden. Genauso wie in Irland waren die bretonischen Klöster gleichzeitig auch Universitäten, die die gesammelten Kenntnisse und Erkenntnisse weitervermittelten. Auf diese Art und Weise setzte sich die druidische Lehrtätigkeit über die Epoche der offiziellen Christianisierung Armoricas hinaus ungestört und wohl organisiert fort.

Als die Druiden, die großen Weisen Armoricas, in die neuen Klöster des keltischen Christentums eintraten, schworen sie weder ihren keltischen Gottheiten noch ihren philosophischen und religiösen Vorstellungen ab, genauso wenig wie sie ihre Bräuche und Traditionen aufgaben. Sie integrierten diese einerseits einfach in das neue Glaubenssystem und beeinflußten es grundlegend[22], andererseits überlebte auch die reine und unverfälschte Weisheit der Druiden und ihre alte Religion im Schutz dieser monastischen Gemeinschaften. Oftmals führten die Druiden im Inneren einer columbanitischen Gemeinschaft ein richtiges Eigenleben, getrennt von den christianisierten Brüdern – Stab und Kreuz, so, wie es sich heute noch im Rahmen der orthodoxen keltischen Kirche fortsetzt, in der druidische und christische[23] Würdenträger und Adepten respektvoll und friedlich koexistieren.

Diese columbanitischen Gemeinschaften siedelten bezeichnenderweise regelmäßig an oder unweit von ursprünglichen heiligen Stätten der Druiden; neben besonderen Quellen oder Seen, im Herzen bestimmter riesiger, undurchdringlicher Waldgebiete, die Armorica zu dieser Zeit überwiegend bedeckten, in der Nähe des heutigen Mont Saint Michel und auf dem Tombelaine selbst, auf die kaum zugänglichen Monts d'Arée oder entlang der zerklüfteten Küstenlinie des Atlantiks, direkt am Meer. Auch heute noch befindet sich der Sitz des Erzbischofs der orthodoxen keltischen Kirche in Sainte-Dolay, unweit des den Druiden heiligen Mont Dol im Morbihan.

Erst zu Anfang des 10. Jahrhunderts der Zeitrechnung wurde diese religiöse »Idylle« gestört, als die Normannen, von Rom angestachelt, in die Bretagne einfielen, die Bevölkerung so gut sie konnten massakrierten oder verjagten und die keltischen Klöster bis auf die Grundmauern niederbrannten. Das tiefgreifendste Ergebnis dieses normannischen Wütens war allerdings nicht etwa der Verlust der Unabhängigkeit und Souveränität Armoricas, denn im Jahre 937 gelang es König Alain Barbetorte, die Eindringlinge zu vertreiben und seine Herrschaft wiederherzustellen. Es war nicht einmal die physische Vernichtung der Druiden selbst. Aber die wunderbaren und wertvollen Handschriften, die in den keltischen Klöstern von christlichen Mönchen und christisierten Druiden hergestellt worden waren, waren zum allergrößten Teil unwiederbringlich verloren: zu Asche verbrannt und nur noch eine Erinnerung im Gedächtnis der Überlebenden der Massaker. Diese zogen sich aus ihren gut organisierten »Kloster-Universitäten« wieder in die Wälder und abgelegene Gebiete zurück, wo es eben keine Infrastrukturen für eine gezielte wissenschaftliche und Lehrtätigkeit mehr gab.

Nur eine kleine Anzahl von handschriftlichen Fragmenten hat das Wüten der Eindringlinge überlebt. Vor etwa einem Jahr tauchte bei einer archäologischen Ausgrabung in der Bretagne ein neues Manuskriptfragment auf, das höchstwahrscheinlich aus derselben Zeit stammt wie das Leydener Manuskript, vielleicht aber auch ein wenig älter ist. Allerdings wurde von der Grabungsleitung über den Inhalt bis jetzt noch nichts Konkretes veröffentlicht, da das Vellum erst restauriert werden muß.

Neben dem Leydener Manuskript existiert eine weitere Schrift von herausragender Bedeutung. Sie stammt aus dem 4. Jahrhundert der Zeitrechnung und trägt den Titel »De Medicamentis Empiricis Physicis ac Rationalibus«. Der Autor dieses Werkes, Marcellus Empiricus oder auch Marcellus Burdigalensis genannt, war ein hoher Beamter des Kaisers Theodosius. Es ist immer noch eine Streitfrage, ob Marcellus Arzt war oder nur ein medizinisch interessierter Laie. Unumstritten ist jedoch seine keltische Muttersprache, die im Text »De Medicamentis« ständig durchschlägt.

Im Jahre 1847 veröffentlichte Jacob Grimm seine Abhandlung über diesen Marcellus Burdigalensis, in der er die damals ältesten bekannten keltischen Sprachzeugnisse erklärte. Zusammen mit seinem Bruder Wilhelm, der 1813 »Drei Altschottische Lieder« und 1826

»Irische Elfenmärchen« veröffentlichte, war er einer der wichtigsten Impulsgeber der modernen keltischen Philologie. Die Brüder Grimm pflegten nicht nur Kontakte nach Schottland zu Sir Walter Scott und nach Irland zu Crafton Croker, sondern auch in die Bretagne mit De la Villemarque, dem Chronisten der »Barzaz Breizh«. Jacob Grimm war bereits seit 1811 korrespondierendes Mitglied der Keltischen Akademie in Paris.

Grimms Arbeit über Marcellus' »De Medicamentis« ist die Grundlage, auf der die ersten historischen Grammatiken der keltischen Sprache, wie die von Johann Caspar Zeuß, aufbauen konnten. Sie eröffnete auch den ersten echten Einblick in das überlieferte heilkundliche Wissen der keltischen Druiden, ihre Tradierung in der Volksmedizin und ihr Überleben in der medizinischen Praxis sowohl der gallischen Ärzte als auch der einfachen Heilkundigen. Daneben unterstreicht der im »De Medicamentis« überlieferte Wissensschatz noch deutlich die Tendenz, sich an praktischen Mitteln zu orientieren und vorchristliche, gerne als abergläubisch bezeichnete Mittel und Praktiken zu integrieren.

Diese Tendenz läßt sich bei der medizinischen Literatur der ausgehenden Antike, die aus dem Osten des Römischen Reiches und aus dem Orient stammt, nicht in so klarem Maße nachweisen, was darauf hindeutet, daß die ursprünglichen Quellen örtlichen und damit keltisch-druidischen Ursprungs gewesen sein müssen. Wenn man nämlich den Marcellus zwei zeitgleichen Werken gegenüberstellt – Cassus Felix' »Über die Medizin« und Theodorus Priscianus' »Leicht beschaffbare Heilmittel« –, die aus griechischen Quellen schöpfen, dann sind es genau diese Unterschiede, die zuerst ins Auge springen.

Marcellus' Werk ist ein außergewöhnliches Zeugnis der Naturphilosophie. Obwohl er an einer Stelle schreibt: »Barmherzigkeit empfängt man am besten von Gott«, was darauf hindeuten könnte, daß er vielleicht Christ war, ist seine Materie doch durch und durch mit heidnischem, pantheistischem Gedankengut durchsetzt. Er zitiert in den Quellen, die er für sein Werk verwendet hat, neben Apuleius, Plinius, Celsius, Eutopius und seinem Zeitgenossen Ausonius auch Patera von Bayeux, den Druiden, der zu dieser Zeit Professor für Heilkunde in Bordeaux war, und Phebicius, einen weiteren heilkundigen Druiden, der ebenfalls in Bordeaux lehrte, aber gleichzeitig auch Hüter des dortigen Heiligtums des Belenos war. Der Leser sollte an dieser Stelle nicht vergessen, daß wir uns im 4. Jahrhundert der Zeitrechnung befinden und Marcellus' Herr, Kaiser Theodosius, gerade außergewöhnlich gewalttätige Edikte sowohl gegen die Heiden als auch gegen Magier aller Art erlassen hatte! Trotzdem zitiert Marcellus freimütig an vielen Stellen die Druiden Patera und Phebicius in seiner heilkundlichen Schrift, von der heute manche sagen, sie wäre nichts anderes als ein haarsträubendes Sammelsurium aus der Drecksapotheke.[24]

Auch der Poet und Rhetoriker Decimus Magnus Ausonius, ein Zeitgenosse von Marcellus, zitiert Patera, schreibt mit Hochachtung über ihn sowie über Phebicius und rühmt sich, mit diesen Gelehrten befreundet zu sein. Ebendieser Ausonius ist der Lehrer von Paulinus, dem künftigen Bischof von Nola. Und Paulinus selbst wird nur wenige Jahrzehnte später der Lehrer des künftigen römischen Kaisers Gratian sein.

ERSTER TEIL

HISTORISCHER UND SPIRITUELLER HINTERGRUND

I

WO DIE ALTEN GÖTTER
WEITERLEBEN

I.

er sich die Mühe macht, westlich von Pleumeur-Boudou, einem kleinen Ort an der bretonischen Nordküste, durch die einsame Heidelandschaft zu wandern, der kann dort ohne Schwierigkeiten einen etwa acht Meter hohen geglätteten Felsbrocken finden, auf dessen Spitze ein Kreuz thront. Die Oberfläche des langen Steines, eines Menhirs, ist unterhalb dieses Kreuzes mit einer Vielzahl christlicher Motive bedeckt: Lanzen, die Werkzeuge der Folter Jesu Christi, Maria, der Hahn auf dem Geißelpfahl.

An sich sind Menhire in der Bretagne nichts Besonderes. Das ganze Land scheint mit Relikten aus grauer Vorzeit übersät zu sein. Allein Carnac besitzt fast 3000 stehende Steine an mehreren Stellen und ist somit weltweit einer der bedeutendsten Zeugen der vorzeitlichen Megalithkultur. Um diese Megalithen ranken sich auch heute noch unzählige Geheimnisse, aber im Laufe der Zeit wurden viele von ihnen zerstört und entziehen sich somit einer tiefgreifenden wissenschaftlichen Untersuchung. Sie fielen dem Kirchen-, Festungs- und Hafenbau zum Opfer, wurden – wie zum Beispiel in Norddeutschland – zum Deichbau abgetragen oder zerkleinert mancherorts gar als Straßenpflaster verwendet. Doch dieses Schicksal oder der Blitzeinschlag, der nach der Legende den größten bekannten Monolith der Welt[25] – Le Grand Menhir de Locmariaquer – dereinst hinstreckte, sind ein gnädigeres Los im Vergleich zu dem, was so manchem überlebenden Monument der Megalithkultur im Verlauf der letzten paar hundert Jahre zugestoßen ist!

Es wird vermutet, daß heute in manchen Gebieten nur noch etwa fünf Prozent der ursprünglichen Objekte überhaupt erhalten sind. Nach langer Verteufelung fing man erst im 17./18. Jahrhundert wieder an, sich für die Megalithenanlagen zu interessieren. Aus dieser Zeit, in der Interesse beinahe über Nacht in rasende Begeisterung umschlug, stammt gleichfalls der Mythos, daß diese rätselhaften Bauwerke auf die Druiden der Kelten zurückzuführen seien.

Die Christianisierung des Steins von Pleumeur-Boudou ging nämlich keineswegs mit der offiziellen Bekehrung des Landes zum Christentum einher. Diese galt ja – zumindest nach der Geschichtsschreibung – bereits im 7./8. Jahrhundert als abgeschlossen, in jener Zeit also, als das Manuskript von Leyden von seinen unbekannten Verfassern höchstwahrscheinlich in einem der keltischen Klöster des Landes niedergeschrieben wurde, während sich gerade in seiner direkten Nachbarschaft die Klosterregel des heiligen Benedikt von Nursia mit Feuer und Schwert durchzusetzen suchte. Die barbarischen und geschmacklosen Steinmetzarbeiten, die den Menhir von Saint-Duzec verunstalten, wurden jedoch erst im Jahre 1674 vorgenommen! Offensichtlich muß es also irgendein katholischer Geistlicher noch im späten 17. Jahrhundert für bitter nötig gehalten haben, die Überreste einer scheinbar seit langem erloschenen heidnischen Naturreligion auszumerzen und dieses Relikt aus der Steinzeit der Leitlinie der römisch-katholischen Kirche anzupassen.

Die ganze Sache wird noch interessanter, wenn man sich auf einen Ausflug in den Norden von Nantes begibt. Dort ist es noch nicht einmal 100 Jahre her, daß der Abbé Jacques Cotteux aus dem kleinen Örtchen Luisfert einen wahren Kreuzzug ausrief, um dem heidnischen Aberglauben in seiner Gemeinde endlich ein Ende zu setzen. Seine doch recht spät anmutenden Versuche, die Bretonen zu christianisieren, arteten geradezu in wilden Vandalismus aus! Er ließ systematisch sämtliche Megalithen in seinem gesamten Amtsbezirk zerstören. Im Anschluß daran zwang er die ihm anvertrauten Schäfchen dazu, ihm dabei zur Hand zu gehen, diese »massakrierten« Megalithen zu einem enormen Hügel übereinanderzuschichten. Auf dessen Spitze stellte er eigenhändig drei Kreuze, verschiedene kitschige Heiligenstatuen im Geschmack der Jahrhundertwende sowie Schiefertafeln mit erbaulichen religiösen Versen auf. Nachdem der Abbé vor seinen Schöpfer getreten war, wurde er selbst gar im Herzen dieses unglaublich geschmacklosen Beispiels religiösen Fanatismus zur letzten Ruhe gebettet!

II

Glücklicherweise sind zahllose andere steingewordene Erinnerungen an die uralte europäische Verehrung der allmächtigen Natur und ihrer Personifizierung, der »Großen Göttin«, dem geradezu lächerlich anmutenden, verkrampften, missionarischen Eifer der katholischen Un-Geistlichkeit entgangen. Heute können wir endlich aufatmen und die erhaltenen Megalithenbauten als endgültig für die Nachwelt gerettet betrachten. Viele von ihnen wurden in den letzten 30 oder 40 Jahren liebevoll restauriert, unter Denkmalschutz gestellt und die spektakulärsten, wie zum Beispiel Carnac, mit so hohen Zäunen umgeben, daß weder der neugierige Tourist noch der wahre Suchende auf Armeslänge an sie herankommt.

Trotz erheblicher Kosten werden Megalithen beim Bau neuer Straßen inzwischen entweder weit umgangen oder unter großem Kosten- und Zeitaufwand an eine andere Stelle umgesiedelt.[26] Gewiß ist eine solche Umsiedlung nicht so ganz im Sinne der Erfinder der Megalithkultur. Nichtsdestoweniger ist dieser Umgang mit den Relikten der Vorzeit respektvoller als ihre gewaltsame Zerstörung und Unterdrückung! In der an die Bretagne angrenzenden

Normandie ging der Conseil Régional gar so weit, Landwirten bei Strafe zu untersagen, auf ihren Äckern befindliche Megalithen zu entfernen.

Doch nicht nur die stehenden Steine und andere vorzeitlichen Denkmäler der Megalithkultur erinnern beim Durchwandern der Bretagne und der angrenzenden Normandie (aber auch der Auvergne, des Languedoc, der nördlichen Verwaltungsbezirke Frankreichs etc.) auf Schritt und Tritt an vorchristliche Traditionen. Da gibt es zahllose Bräuche an kirchlichen Feiertagen, die ihre Herkunft aus den Fruchtbarkeitsriten, aus dem Sonnenkult oder aus der noch weiter zurückliegenden Verehrung der Großen Mutter nicht verleugnen können. 7777 Heiligen sollen in der Bretagne verehrt werden, rund 4500 in der angrenzenden Normandie. Und die Menschen kümmert es dabei nur wenig, daß der Papst in Rom die allermeisten ihrer Heiligen überhaupt nicht anerkennt, wohl wissend, daß sich hinter den meisten irgendwelche heidnischen Gottheiten verstecken, oder die weisen druidischen Hüter einer Quelle, einer Furt oder eines anderen Naturheiligtums.

In zahllosen alten Kirchen Frankreichs und insbesondere in denen der Bretagne und der Normandie sind die alten Götter als Skulpturen oder symbolisch in Hülle und Fülle präsent; nackte, gehörnte Frauen- und Männergestalten, keltische Kreuze in einem Kreis der Unendlichkeit, Sirenen und Sonnenräder, der Hirschgott Cernunnos, Ankou, der Herrscher über Leben und Tod, und die Große Mutter der uralten matriarchalischen Kultur, kaum verhüllt vom – sonderbar archaisch und unchristlich anmutenden – blauen Mariengewand! Selbst in ihren Namen tragen diese christlichen Kirchen noch die uralte Verehrung der Göttin – Notre-Dame!

Beim Besuch bretonischer Gotteshäuser erwacht sowieso schnell der Eindruck, daß die Religion des (römischen) Patriarchats eine ziemliche Schlappe erlitten haben muß. Wo sonst verehren sogenannte katholische Gläubige eine Darstellung der Jungfrau Maria – wie in Kermaria-en-Isquit oder Fougères, unweit der administrativen Grenze zur Normandie –, die dem Jesuskind die unbedeckte Brust anbietet?

Auf dem Kreuzweg der Kirche Notre-Dame de Tronoën in Saint-Jean-Trolimon findet der aufmerksame Betrachter sogar eine Maria, die mit aufgelöstem Haar und nacktem Oberkörper lasziv auf einem

Bett liegt. Nirgendwo hat das matriarchalische Verständnis der Frau klarere Formen angenommen als in der Madonna von Saint-Matthieu de Morlaix, einer Statue aus dem 15. Jahrhundert. Diese Maria läßt sich öffnen und in ihrem Inneren birgt sie Gottvater, die Taube des Heiligen Geistes und das Kreuz als Attribut Jesu. Auf diese Weise ist die gesamte Dreifaltigkeit im Schoß der Mutter enthalten und selbst Gottvater geht hier aus der Frau hervor.

Vor allem aber lebt die Große Mutter der Urzeit in einer Heiligen fort, die nirgendwo so sehr geliebt und verehrt wird wie in den keltischen Ländern und der Bretagne: Anna, die »Großmutter« Jesu! Die Bretonen behaupten gar steif und fest, daß Anna eine der ihren war: In Auray geboren, floh sie vor einem grausamen Ehemann und ging nach Galiläa, wo sie Joachim heiratete und Maria zur Welt brachte. Nach der Kreuzigung sei Anna gemeinsam mit Josef von Arimathäa und dem Heiligen Gral in die heimatliche Bretagne zurückgekehrt. Ihre Statuen sind zahlreich und ähneln einander aufs Haar. Meist wird Anna als weise alte Frau dargestellt, die der jungen Maria das Lesen und Schreiben beibringt!

Anna als Bretonin betrachtet? Es ist nicht einmal abwegig! Der Kult um die heilige Anna ist ein Teil der bretonischen Nationalidentität.

Natürlich wurden eines Tages plötzlich ihre Reliquien entdeckt, wie es heißt, im Beisein von Karl dem Großen selbst im Jahre 801, und Papst Urban VI. autorisierte 1382 die Heiligenverehrung. Die angebliche Großmutter Jesu – denn nur die Apokryphen erwähnen Anna als Mutter Mariens – ist heute die Nationalheilige der Bretagne! Auch diese »wichtige« Entdeckung fällt in die Zeit, in der die neobretonische medizinische Handschrift niedergeschrieben wurde, die man heute in Leyden bestaunen kann.

Die Mutter der Götter der Druiden heißt Anna, Ana oder auch Dana. Die Iren bezeichnen diese alten Götter als die Túatha Dé Danaan, die Kinder von Ana! War es für die Bretonen, diese keltischen Enkel von Ana, vielleicht einfacher, die neue Religion aus dem Orient zu akzeptieren, indem sie Jesus in die Ahnengalerie ihrer eigenen alten Götter einreihten? Genauso wie es offensichtlich jene Druiden zu tun wußten, die sich entschlossen hatten, aus den Waldheiligtümern in die keltischen Klöster zu gehen, um dort ihr Wissen und ihre Kenntnisse weiterzugeben und zu bewahren? Sind hier im äußersten Westen Frankreichs an der Atlantikküste die vorchristlichen Kulte vielleicht weitaus weniger rigoros ins kollektive Unterbewußtsein verdrängt worden als anderswo in Europa?

III

Legenden über den heldenhaften Kampf eines christlichen Heiligen gegen den Leibhaftigen oder gegen einen feuerspeienden Drachen sind überall dort besonders zahlreich und lebendig, wo sich die alte Religion lange und entschlossen der Zwangschristianisierung widersetzen konnte.

Den bretonischen Drachentötern – Saint-Pol Aurélien, Saint-Derrien, Saint-Armel oder Saint-Neventer – ist es allen Anschein nach nicht so ganz gelungen, dem feuerspeienden Untier Herr zu werden. Und auch der heilige Samson und der berühmteste aller Drachentöter, Michael, waren offenbar weniger erfolgreich im Kampf gegen ihre Hörner tragenden, geschuppten Widersacher, als viele Legenden dies glauben machen wollen. Geschichten über den »Sieg« des Christentums häufen sich insbesondere im Osten der Bretagne, an der heutigen administrativen Grenze zur Normandie. Drei weithin sichtbare Erhebungen liegen dort ganz nahe beieinander: der Mont Tombe, der Mont Dol und der weltberühmte Mont Saint-Michel. Alle drei verfügen über solch gewaltige kosmisch-tellurische Strahlungen, daß selbst die Wissenschaft diese nicht zu leugnen vermag.

Insbesondere der Mont Saint-Michel, einst hieß er Mons vel Tumba Beleni – Berg des Belenos – und in noch früherer Zeit Mons Kronan, nach dem vorzeitlichen Gott, der über die Phasen des Lebens herrschte, ist ein wertvoller Zeuge der Verteidigung! Der wundersame Berg im Meer diente in früheren Zeiten als Sonnenheiligtum der Druiden. Sie selbst lebten im Wald von Scissy, der den Berg umgab, bevor er vom Kontinent abgeschnitten wurde. In gallo-römischer Zeit – so sagt man – wurden dort gleichfalls weibliche Priester der alten Religion ausgebildet, die genauso wie ihre Schwestern auf der Ile de Sein – Sena – im Ruf standen, Stürme und Wogen heraufbeschwören oder besänftigen zu können.

Die von zahlreichen Wissenschaftlern gemessenen Kraftfelder des Mont Saint-Michel reichen sowohl weit in die Bretagne als auch tief in die Normandie hinein. Der Berg ist erst sehr spät – wohl nach der großen Flutkatastrophe, die ihn 709 vom Festland trennte – von christlichen Priestern in Besitz genommen worden. In genau diesem Augenblick beginnt die Legende von Saint Michel, dem Drachentöter. Hier, wie auch am nahe gelegenen Sonnenheiligtum Mont-Dol, bewahren Legenden die Erinnerung an das brutale Aufeinanderprallen der alten und der neuen Religion, der Druiden und der christlichen Priester. Nur ein paar Kilometer weiter, am Mont Tombe, erinnert ein weiterer christianisierter Menhir ähnlich dem von Pleumeur-Boudou daran, daß es mit der Auseinandersetzung um den Mont Saint-Michel und den Mont Tombe für den heiligen Michael und Samson noch lange nicht vorbei war! Diesen Menhir soll nämlich Satan selbst, der Gehörnte, aus Wut über seine Niederlage in der Auseinandersetzung um den Mont Tombe geschleudert haben.

Ob der alte Hirschgott, der Gefährte der Großen Mutter, dem die christlichen Priester den Stempel Satans aufdrückten, allerdings wirklich eine Niederlage erlitt, darüber mag der Leser sich selbst Gedanken machen! Vom Giebel des Beinhauses neben der Kirche von Commana unweit Mont Tombe schaut nämlich heute immer noch provozierend der Kopf eines gehörnten Mannes gen Westen, dorthin, wo für die Druiden das Jenseits, die Anderswelt, An Avallach, liegt. Und im Inneren der Kirche von Pleyben finden wir einen weiteren gehörnten Mann, der seinen Blick hinüber in die weiße Welt des Gwenved richtet. Auf dem Kreuzweg von Lannédern, direkt unter dem gekreuzigten Jesus, reitet Saint-Edern – der Papst und die römische Kurie haben gewiß noch nie von ihm gehört – auf einem weißen Hirsch. Der weiße Hirsch von Brocéliande, Symbol des Druiden Merlin, ist gar auf einer modernen Freske in der Kirche von Tréhorenteuc abgebildet. Auch sie liegt gerade einmal anderthalb Stunden mit dem Auto von Mont Tombe entfernt.

Selbstverständlich war der 1942 an diesen gottverlassenen Ort am Rande des Zauberwaldes Brocéliande strafversetzte Abbé Henri Gillard kein besonders herausragender Sohn der katholischen Kirche. Doch als sich ihm beim ersten Gang durch den Ort der Eindruck aufdrängte, daß dessen 120 Einwohner lediglich existierten, wohl aber kaum lebten – der Verfall der Gegend war trotz harter Arbeit überall sichtbar, weil Landwirtschaft in solchen Randlagen kaum noch lohnte –, erkannte er doch intuitiv, fast wie ein weiser Mann, daß den ihm anvertrauten Schäflein die inneren Kräfte für eine Wandlung ihrer ausweglosen Situation fehlten.

In seinem Bestreben, zu helfen und die Menschen dort zu verstehen, setzte er sich abends mit ihnen zusammen. Abbé Gillard sprach nur wenig, dafür hörte er aber viel zu. Und so erfuhr er von den Legenden! Man berichtete ihm ängstlich, zögernd von Zeiten, in denen dieses Gebiet kein hoffnungsloses Jammertal gewesen war, sondern das Zentrum einer reichen Kultur. Fasziniert suchte Gillard die abgelegenen mythischen Orte auf, die man ihm beschrieben hatte. Er fand die rätselhaften Steine der Megalithkultur und eine Gralsüberlieferung, die um vieles älter war als die von den Britischen Inseln. Seine Begeisterung für diese alten Schätze griff auf die Gemeinde über und die Menschen von Tréhorenteuc erwachten. Es war so, als ob ein uralter mächtiger Zauber aus vorchristlicher Zeit das Dorf berührt hätte. In Stein gemeißelt finden sich die Symbole des alten Weges am Eingang der Kirche, in leuchtenden Fresken schmücken sie ihr Inneres. Zwei deutsche Kriegsgefangene malten den Kreuzweg. Tréhorenteuc ist der einzige Ort des christlichen Abendlandes, wo Jesus auf seinem Weg nach Golgatha Druiden, Feen, keltischen Göttern und Fabelwesen begegnen darf!

Und war es nicht auch einer jener geheimnisvollen weißen Brüder, der an einem anderen bedeutenden Locus fortis Galliens – Carnabum, dem heutigen Chartres – etwa 100 Jahre vor Christi Geburt nach einer Vision prophezeite, eine Jungfrau, »virgo paritura«, werde dem Einen Gott einen Sohn gebären? Um nicht weiter auszuschweifen, sei dazu nur so viel gesagt: In der keltischen Mythologie, wie auch in vielen anderen Mythologien, ist die Geburt einer herausragenden Heldengestalt immer eine außergewöhnliche Geburt und oftmals eben auch eine »jungfräuliche« Geburt nach einem nicht konventionellen Zeugungsakt.

Man denke hierbei nur an Taliesin, den berühmten walisischen Barden, der wohl im 6. Jahrhundert lebte, und an die ungewöhnliche Art seiner Zeugung und Geburt, die im »Hanes Taliesin«[27] – der Sage von Taliesin – beschrieben wird: Taliesin ist der jüngste Sohn der Göttin Karid'wen und trägt noch den Namen Gwion Bach. Seine göttliche Mutter trägt ihm auf, auf den magischen Kessel aufzupassen, in dem sie einen Trank für ihren älteren Sohn, den häßlichen

Afagddu, braut, der alles Wissen dieser Welt enthält. Der Junge ist jedoch unvorsichtig, verbrennt sich beim Umrühren den Finger und lutscht diesen trotz des mütterlichen Verbotes ab. Dadurch erhält er das Wissen dieser Welt und die Inspiration. Doch der Trank für Afagddu ist durch Gwion Bachs Unvorsichtigkeit unbrauchbar geworden. Seine erzürnte Mutter will Gwion bestrafen, der jedoch die Flucht ergreift. Während dieser wilden Jagd kommt es zu einer ganzen Reihe von magischen Verwandlungen der beiden. Schließlich verwandelt sich Gwion in ein Weizenkorn und Karid'wen in eine schwarze Henne. Diese pickt das Korn auf und frißt es. Doch neun Monate später gebärt Karid'wen einen Knaben. Eigentlich will sie ihn – ihr Zorn auf Gwion ist noch immer nicht verraucht – sofort töten. Doch das Kind ist so schön, daß die wütende Göttin es nicht übers Herz bringt. Stattdessen setzt sie es in einem offenen Boot auf dem Meer aus. An einer Schleuse findet schließlich der Fischer Elphin den Knaben, nimmt ihn an Kindes statt bei sich auf und nennt ihn Taliesin. Das Kind wächst zu einem wunderschönen jungen Mann heran, dessen Gesänge und Gedichte Zauberkraft besitzen. Schließlich endet Taliesin – inzwischen berühmt geworden – am Hofe König Artus.

Ähnliche Erzählungen über außergewöhnliche Heldengeburten findet man auch im Legendenschatz der Bretagne und der anderen auf dem Kontinent gelegenen keltischen Gebiete Europas.[28]

IV

Um so öfter ich die Bretagne und die angrenzenden Gebiete der Normandie durchstreife, desto mehr habe ich den Eindruck, daß die Zeit der alten Götter und der Druiden längst nicht so weit zurückliegt, wie die offizielle Geschichtsschreibung es uns glauben machen will. Vielleicht haben die Druiden dem erstarkenden Christentum, ganz ähnlich wie der mit Waffengewalt durchgeführten Romanisierung Galliens, ja aus der Gewißheit heraus keinen ernsthaften Widerstand geleistet, daß sie immer unterschwellig wirken würden – nämlich im kollektiven Bewußtsein der Menschen, die diese keltischen Länder bevölkern – und daß ihre Zeit wiederkommen würde, sobald eben diese Menschen erkannten, daß eine Zivilisation, die auf einem rein materialistischen Weltbild aufgebaut wurde, sich am Ende selbst zerstören muß. Vielleicht haben sie sich aber auch einfach nur aus dem Rampenlicht zurückgezogen, weil ihnen wohl bewußt war, daß das Christentum nach Kaiser Konstantin aus schlauem Kalkül zur Staatsreligion des Römischen Reiches stilisiert worden war, nämlich als ein äußerst wirksames politisches und ideologisches Instrument der Staatsführung. Und dem konnten sie bereits – ohne gewaltiges Blutvergießen zu provozieren – von dem Augenblick an nichts mehr entgegensetzen, als die Römer mit der Eroberung der Ostalpen (16/15 vor der Zeitrechnung) den dortigen Druiden und Druidinnen die weitere Ausübung ihrer Ämter verboten.

Durch dieses »Berufsverbot« wurde die zentrale Funktion für die Ausübung und den Bestand sowohl der keltischen Kultur als auch des keltischen Glaubenssystems bereits in einem Teilgebiet der keltisch besiedelten Länder brutal abgeschafft und damit in den Untergrund gezwungen. Den Höhepunkt dieser Unterdrückung kann man rund 70 Jahre später, im Jahr 61 der Zeitrechnung, festschreiben: Der römische General Suetonius Paullinus stürmte mit Truppenteilen aus der Legion XIV Gemina und der XX Valeria Victrix die Insel Mona (Anglesey), auf der sich die zu dieser Zeit wohl bedeutendste Druidenschule der keltischen Welt befand, und ließ dort sämtliche Druiden und Druidinnen, deren man habhaft werden konnte, hinrichten. Schließlich schändete man alle sakralen Orte auf der Insel und machte sie so weit wie irgend möglich dem Erdboden gleich. Dieser grausame Akt hatte bezeichnenderweise einen rein politischen Hintergrund und war darauf ausgerichtet, das politische Element der geistigen Führungselite der Kelten endgültig zu brechen, nachdem Rom bereits mehrfach schmerzhaft erfahren mußte, in welchem Maße die Druiden an der Vorbereitung und Durchführung diverser Aufstände[29] gegen ihre Herrschaft beteiligt gewesen waren.

Die große Schwäche der Kelten, die schließlich zur Unterwerfung und Unterdrückung ihrer Kultur führte, war die Tatsache, daß sie niemals das politische Ordnungsdenken der Römer besessen hatten und daraus resultierend über keine zentrale politische Macht verfügten. Als das Römische Reich ab der Mitte des 6. Jahrhunderts der Zeitrechnung endlich zerfiel, waren die alten Stammesstrukturen schon zu sehr aufgelöst worden, um in einem gemeinsamen Kraftakt der Kelten von dieser Situation profitieren zu können und sich noch einmal – aus der Asche Roms – zu altem Ruhm aufzuschwingen. Es wäre ein Krieg an vielen Fronten geworden, nicht nur gegen das in Todeszuckungen liegende Reich, sondern insbesondere gegen die fast übermächtig anmutenden, anstürmenden germanischen Franken. Dies waren jene Merowinger, die den Römern so lange Zeit militärische Hilfstruppen gestellt hatten und von deren Reichtümern so geblendet worden waren, daß sie nun selbst in die Fußstapfen ihrer ehemaligen Dienstherren treten wollten.

Lediglich im Nordwesten der ehemaligen gallischen Provinzen des Römischen Reiches gelang es den Kelten – verstärkt durch ihre Verwandten, die vor den Angeln und Sachsen aus Britannien zurückströmten –, ein eigenständiges Staatsgebilde zu errichten. Armorica – die Bretagne – war bis zum Ende des 16. Jahrhunderts sowohl als Herzogtum als auch als Königreich unabhängig. Doch sie litt, sozusagen vom Augenblick ihrer Geburt an, unter genau derselben Krankheit, die der keltischen Nation beim Auftauchen der Römer zum Verhängnis geworden war und die auch ihr am Ende zum Verhängnis wurde: übermäßiger Individualismus, Uneinigkeit der Barone untereinander, interne Streitereien und Bruderkämpfe und ein Mangel an gemeinsamen Machtstrukturen.

Natürlich gelang es immer wieder der einen oder anderen historischen Führerpersönlichkeit – Conan Meriadec, Riothomas, Judicaël, Nominoë, Alain dem Großen, Yann dem Eroberer[30], Yann dem Weisen[31] oder Arzhur dem Rächer[32] –, dem Land oder Teilen des Landes Macht, Einfluß und Stabilität zu geben. Doch diese »goldenen Zeiten« der keltischen Bretagne waren leider immer nur kurze Zwischenspiele in einem langen und grausamen Kampf ums Überleben, den das »Land vor dem Meer« in dem Augenblick endgültig verlor, als die kleine Herzogin Anne mit Waffengewalt an die Seite des französischen Königs Karl VIII. vor den Traualtar gezwungen wurde.

2

DROUIZ –
DIE GEHEIMNISVOLLEN
HERREN DES EICHENHAINS

I

er waren nun eigentlich diese sagenhaften keltischen Druiden? Für gewöhnlich wählen Autoren entweder die Definition, die Plinius der Ältere in seiner »Naturalis Historia« (16, 95) geprägt hat, oder sie versuchen, sich dem Gelehrtenstand der Kelten über die Etymologie und die indogermanische Sprachwissenschaft zu nähern.

Plinius schrieb: »Die Druiden verrichten kein Opfer ohne das Laub [des Eichenbaumes], so daß sie ihren Namen nach einem griechischen Wort erhalten haben könnten.« Er stellt hier den Bezug her zwischen »drys«, was aus dem Griechischen übersetzt Eiche bedeutet, und Druide als Eichenkundigem oder »einem, der in den Dingen der Natur kundig ist«, und »eidon«, »ich erblicke/ich erkenne«.

Auch bei der Annäherung über die Etymologie und die indogermanische Sprachwissenschaft landet man wieder bei der Eiche – hier »dru« – und dem Eichenkundigen oder demjenigen, »der von den Gesetzen der Natur weiß«, und »weid« als »derjenige, der erkennt« oder »derjenige, der [etwas] erblickt/sieht«. Nach Ansicht vieler heutiger Gelehrter ist dieser Ansatz über »drys« und »dru« und »eidion« und »weid« zwar nicht falsch, denn sowohl die alten Kelten als auch die antiken griechischen und römischen Autoren können »Druide« wegen des Zusammenhangs mit dem heiligen Baum Eiche und ihres Rufs größter Gelehrsamkeit und außergewöhnlicher Wissenschaft durchaus so verknüpft haben. Aber ihnen erscheint die Übersetzung »Druide« = »Weisheit« trotzdem die logischere.

Nach dem, was wir aus verschiedenen antiken Quellen über die Druiden erfahren können – auch wenn ihre Verfasser keine intimen Kenner der keltischen Gesellschaft und Psyche waren, sondern eher an den möglichsten und unmöglichsten Dingen interessierte Reisende und Universalgelehrte (Plinius der Ältere, Poseidonius) oder politisch ambitionierte Staatsmänner und Kriegsherren (Julius Cäsar) –, sind beide Erklärungen schlüssig und im großen und ganzen auch zufriedenstellend. Dies vor allem, wenn man sich noch ein paar andere sprachwissenschaftliche Feinheiten vor Augen führt:

Im Altirischen existiert zum Beispiel in der Form des Wortes »drui« = »Zauberer« ein – wenn auch christlich verfärbter – Zusammenhang. Im Walisischen kennt man den Begriff »dryw«, der ebenfalls als »Zauberer« oder »Seher« oder auch »Zaunkönig« übersetzt wird. Das neuirische »draoi« = »Hexer« ist gleichfalls bezeichnend! Dies alles zeugt von einem sehr alten lexikalischen Bezug, der selbstverständlich im Rahmen der seriösen Erforschung, insbesondere der keltischen Religion, nicht vernachlässigt werden sollte. Im Zusammenhang mit unserer Arbeit über das Heilwissen der Druiden und sein Überleben bis hin in die Neuzeit scheint mir dieser Ansatz jedoch ein bißchen zu trocken und zu wissenschaftlich.

Aus diesem Grund möchte ich den Leser zu einem weiteren kurzen Ausflug in die Geschichte einladen. Doch dieses Mal begeben wir uns nicht zurück in längst vergangene Tage, sondern in eine Zeit, die der unseren sehr nahe liegt und deren Dichter, Philosophen und Gelehrte unsere heutige Welt, so, wie wir sie sehen und begreifen, tief beeinflußt haben: die Zeit der Aufklärung!

Als »Aufklärung« bezeichnet man jene Epoche in der geistigen Entwicklung der westlichen Gesellschaft im 17. und 18. Jahrhundert, die besonders durch das Streben geprägt war, das Denken mit den Mitteln der Vernunft von althergebrachten, starren und überholten Vorstellungen, Vorurteilen und Ideologien zu befreien und Akzeptanz für neu erlangtes Wissen zu schaffen.

Ich bin davon überzeugt, daß die weißen Brüder (und Schwestern!), die am Anfang aller Dinge hinauf zu den Sternen sahen, um die besten Zeiten von Aussaat und Ernte zu bestimmen, die mit Hilfe von Heilpflanzen mit betäubender Wirkung kleine Löcher in den menschlichen Schädel bohren konnten, um den bösen Geist ausfahren zu lassen, der ihren Patienten schreckliche Anfälle von Tobsucht verursachte, sich außergewöhnlich gut mit Männern wie Jean-Jacques Rousseau, Paul Heinrich Dietrich Baron von Holbach, Christoph Martin Wieland oder Immanuel Kant verstanden hätten!

Immanuel Kant hat gesagt, daß die Aufklärung der Ausgang des Menschen aus seiner selbstverschuldeten Unmündigkeit sei, und Unmündigkeit als den Zustand definiert, in dem der Mensch es nicht vermag, sich ohne die Leitung eines anderen seines Verstandes zu bedienen. Und selbstverschuldet war diese Unmündigkeit insbesondere dann, wenn die Ursache dieses Unvermögens nicht im Mangel des Verstandes lag, sondern im Mangel der Entschlußkraft und des Mutes, sich seiner ohne Leitung zu bedienen. Diese Definition ist so schön, so sauber und so logisch, daß sie beinahe schon an einen Lehrsatz erinnert, den jeder weiße Bruder seinem neuen Schüler am ersten Tag ihrer Zusammenarbeit beigebracht haben könnte!

Die moderne europäische Aufklärung begann mit der Wiedergeburt – Renaissance – des antiken Geistes. Diese und die Reformation bildeten zusammen das Vorspiel für das Zeitalter der Aufklärung. Da zwischen diesen beiden Epochen allerdings der Dreißigjährige Krieg lag, wird die Aufklärung auch gerne als die »Fortsetzung der Renaissance« bezeichnet. Dieser lange Prozeß war ganz besonders von einer Bewegung der Säkularisierung und einer Abkehr von der absolutistischen Staatsauffassung geprägt. Auch hier wieder hätten die weißen Brüder und Schwestern keine großen Schwierigkeiten gehabt, den Zeitgeist dieser einschneidenden Epoche der Veränderung und Erneuerung Westeuropas zu erfassen. Die »Staatsauffassung« der Kelten – wenn man das etwas unübersichtlich anmutende

Stammesgewirr mit dem Druidismus und einer Lingua franca als solcher bezeichnen darf – war allem historischen Anschein nach eher von demokratischen als von absolutistischen Prinzipien geprägt.
Die Aufklärung ging hauptsächlich von vier Ländern aus: Großbritannien, Frankreich, Polen und Deutschland! Die wichtigsten Voraussetzungen für ihren Erfolg waren neben der vorausgegangenen Renaissance noch die neuen Entdeckungen in Übersee und das hieraus entstandene neue Weltbild der Menschen, die Vereinfachung der Papierherstellung und der Buchdruck. Damit wurde erst die weite Verbreitung von Wissen in Form von Büchern und ihr Erwerb durch ein ständeübergreifendes Publikum möglich und ein Verlagswesen mit Buchmarkt und Zeitungsproduktion entstand.

Natürlich wird der Leser jetzt sofort einwerfen: Wie kann dies alles nur mit den Driuden zu tun haben! Waren sie es nicht, die uns heute das Leben so schwer machen, weil sie das geschriebene Wort verschmähten? Haben sie uns nicht im Regen stehen lassen, weil sie alles immer nur ins Ohr ihres nächsten Schülers flüstern mußten? Sind sie nicht selbst daran schuld, wenn wir sie heute als legendär, geheimnisumwoben und kaum faßbar beschreiben müssen? Haben wir es nicht ihrer ureigensten Unart zu verdanken, daß alles, was je über sie geschrieben wurde oder auch noch geschrieben wird, immer vom Schatten des »Zweifels« überlagert sein muß?

Gewiß hat der Leser an dieser Stelle Recht. Aber dem zu Trotz können auch die Autoren einen Punkt für sich notieren: Gegen Ende des 17. Jahrhunderts kam die sogenannte »Reiseliteratur« in Mode. Hatten die Menschen im alten Europa sich zuvor in ihrer Unwissenheit und intellektuellen Abgeschiedenheit den Europäer (und guten Christenmenschen!) als überlegen vorstellen dürfen, so wurden sie nun mit Ungläubigen oder Andersgläubigen wie den Chinesen, Persern oder den Indern konfrontiert, die sehr wohl hohe ethische Prinzipien und eine eigene Hochkultur besaßen! So übte die populäre Reiseliteratur Tag für Tag in der westeuropäischen Gesellschaft der Aufklärung eine mehr oder weniger offene, aber doch recht deutliche Kritik an dieser! In solchen fiktiven Reiseberichten, wie den berühmten »Lettres Persanes«, den »Persischen Briefen« von Montesquieu, in denen zwei ungläubige Fremde (Perser in diesem Fall) Europa bereisen, wird den Menschen der Aufklärung außerdem noch ihre Welt durch die Augen der anderen vorgeführt ... in der Form der Satire. Schon die alten Griechen wählten die Satire, um auf Mißstände aufmerksam zu machen. Auch die Druidenkaste der Kelten hatte Spezialisten, die mit Hilfe von Lächerlichmachung und Spott die Verbohrten und Unflexiblen mit der Nase auf ihre Fehler und Schwächen zu stoßen vermochten: die Barden![33]

II

Die Menschen der Aufklärung – sie war vor allem eine Sache der Wohlhabenden, des sogenannten Bildungsbürgertums – beflügelte der Glaube, daß die Vernunft und die Freiheit die Menschheit in absehbarer Zeit von Unterdrückung und Armut erlösen würde. Auch glaubten viele an ein Leitmotiv, das geradeheraus druidischem Gedankengut entsprungen scheint: »Sapere Aude!« – »Wage den Verstand!«[34] – oder auch »Wissen ist Macht!«, wie es Francis Bacon lieber formulierte.

Und dann kam der große Schock! Die Aufklärung war natürlich nicht die einzige Ursache der Französischen Revolution, sie hat jedoch viele ihrer Aspekte tiefgreifend geprägt. Die Führer dieser Revolution, radikale Anhänger der Aufklärung, schafften den Einfluß der Kirche ab und ordneten den Kalender, die Uhr, Maße, Gewichte, das Geldsystem und die Gesetze anhand rein rationaler Kriterien neu. Die Französische Revolution markiert gemeinhin das Ende der Aufklärung! Und wie alles Extreme führte die extreme Betonung von Ratio und Objektivität der Aufklärung zu einer Gegenbewegung: der Romantik. Die Romantik betonte die Individualität und die subjektive Erfahrung des Einzelnen und betrachtete den Menschen, der in einer Welt lebte, die einzig nach den Kriterien der Vernunft bestimmt wurde, als einen armen Gefangenen. Im deutschsprachigen Raum finden wir in dieser romantischen Gegenbewegung als eine weitere – diesmal literarische – Gegenbewegung den sogenannten »Sturm und Drang«.

In dieser unter anderen von Schiller und Goethe vertretenen literarischen Epoche wurde die althergebrachte Gesellschaft zwar auch kritisiert, allerdings anstelle der Vernunft das »Genie« besonders betont. Auch einige nicht-rationale Bewegungen wie der »Mesmerismus«[35], die sogenannte »Celtomania« oder auch das neuzeitliche Druidentum[36] entstanden aus der Aufklärung und ihrer anschließenden romantischen Gegenbewegung.

Als Vater dieses neuzeitlichen Druidentums müßte eigentlich ein gewisser John Aubrey gelten, auch wenn vielen Kennern der »Szene« an dieser Stelle eher der Name John Toland (1670–1722) oder Edward Williams alias Iolo Morganwg (1747–1826) in den Sinn käme.

John Aubrey (1626–1697) war durch und durch ein Geschöpf jener fabelhaften Epoche der Aufklärung. Er war eine Art Universalgelehrter und hat in einer Zeit, in der das Wort »Archäologie« noch nicht einmal erfunden war, archäologische Feldstudien in und um Stonehenge durchgeführt und Avebury entdeckt.[37] John Aubrey kam bei seiner Feldarbeit um Stonehenge in den Sinn, daß es möglicherweise die rätselhaften und legendären Druiden der Kelten gewesen sein könnten, die zu Kultzwecken dieses monumentale Bauwerk errichtet hatten. Im Verlauf der Jahrzehnte, die seiner Erforschung des Ortes folgten, erwähnte er diese Hypothese immer wieder im Schriftverkehr mit anderen Gelehrten. Sie befindet sich gleichfalls in den Fußnoten zu seinem unveröffentlichten Werk »Templa Druidim«.

Knapp 20 Jahre nach Aubreys Tod bekam ein anderer Archäologe – man nannte diese Männer jener Tage »Antiquare« – eine Abschrift von »Templa« in die Hand. Sein Name war William Stukeley (1687–1765). Er fand den Ansatz seines Vorgängers, daß Stonehenge ein Druidentempel gewesen war, absolut »umwerfend« und machte sich daran, die Idee nach allen Himmelsrichtungen hin intensiv auszuspinnen. Alles ging weit über Aubreys Ursprungsgedanken hinaus und nahm gewaltige Proportionen an, die sich heute noch in so manchem Werk über die Megalithkultur widerspiegeln. John Stuckeley wußte seinerzeit schon, wie man erfolgreich eine wissenschaftliche Arbeit an den Mann brachte. Im Umfeld seiner Arbeit entwickelte sich mit erstaunlicher Geschwindigkeit eine Art von »Druidentum als Modeerscheinung«.

Die Jahre nachdem Stuckley erstmals mit Aubreys Arbeit in Berührung gekommen war und angefangen hatte, selbst intensiv in diese Richtung zu arbeiten, sahen eine rasante Entwicklung: Mehrere Druidenorden wurden ins Leben gerufen. John Toland veranstaltete eine Versammlung von Druiden und Barden aus Wales, Cornwall, Irland, Schottland, der Insel Anglesey und der Bretagne und schuf den sogenannten Universellen Druidbund (Universal Druid Bond). Der Reverend Henry Rowland (1655–1723) erfand – möglicherweise von Stukeleys Stonehenge-Forschung inspiriert – den steinernen Opferaltar, den er in seinem monumentalen Geschichtswerk »Mona Antiqua Restaurata« verewigte. In einem einzigen gigantischen Schritt traten die seit ewigen Zeiten verschwunden geglaubten weißen Brüder wieder aus dem Schatten der Geschichte ins helle Tageslicht.

Die Druiden, die Rowland in seinem Enthusiasmus beschrieb, ähnelten biblischen Patriarchen und ihre Altäre waren die »cairns« und die Dechsteine der »cromlechs«. Zumindest gestattete er den Weisen und Gelehrten der Kelten, ihren Gottesdienst weiterhin im Eichenhain zu versehen, anstatt ihnen auch noch die Errichtung gigantischer Tempel aus Stein zuzuschreiben. Doch auch seine Beschreibung – teils Enthusiasmus, teils historische Fehlinterpretation und teils blühende Phantasie – hat bis zum heutigen Tag das Bild vom Druiden geprägt. Wer kennt nicht jene »Images d'Epinal«, die Kupferstiche, die im 19. Jahrhundert insbesondere in der französischen Stadt Epinal hergestellt wurden, um populäre Geschichtswerke oder Schulbücher zu bebildern, und von denen Generationen geprägt wurden: ehrwürdige bärtige Männer in langen Gewändern, mit bauchlangen Bärten, die über einem auf einem steinernen Altar niedergestreckten Kriegsgefangenen inmitten einer andächtigen Schar von schnurbärtigen, breitschultrigen, waffenstrotzenden, zöpfchentragenden und Torques-behängten keltischen Kriegerschar den Dolch heben, um Dis Pater – Teutates – ihr (menschliches) Blutopfer zu bringen ...

III

Aubrey, Stuckley, Toland und Rowland sind die bedeutendsten Vertreter der druidischen Renaissance in Großbritannien. Doch die »Celtomania« hat zeitgleich auch auf der anderen Seite des Ärmelkanals Männer ergriffen, die von der Aufklärung zutiefst beeinflußt waren: Jean Martin präsentierte 1727 den Franzosen ihre sagenbehafteten keltischen Priester in seiner »Religion des Gaulois«. Während man diesseits und jenseits des Wassers die Vorfahren plötzlich neu und mit großem Enthusiasmus entdeckte, beschrieb er sie seinen Landsleuten als patriotische Heldengestalten und Christen vor der Zeit des Christentums, die sich mit äußerster Tapferkeit und Schlauheit dem römischen Usurpator Julius Cäsar entgegengestellt hatten. Dagegen wurden sie in Großbritannien von vormals ungewaschenen, abergläubischen und blutrünstigen Barbaren zu den größten Mystikern der Weltgeschichte hinaufstilisiert, vor deren Wissen und Weisheit sich ein Pythagoras und ein Aristoteles tief verneigt hatten und die gar einen Jesus von Nazareth auf seiner imaginären Reise als Jugendlicher in die keltischen Lande in ihre Mysterien eingeweiht haben sollten.

Goethe verewigte in seiner »Ersten Walpurgisnacht« 1799 dieses neu entdeckte und von der Aufklärung ebenso wie von der Romantik geprägte Bild der Druiden in jenem Wechselgesang zwischen ihnen, den Leuten aus dem Volk und den christlichen Wächtern.

Ein Druide
Es lacht der Mai,
Der Wald ist frei
Von Eis und Reifgehänge.
Der Schnee ist fort,
Am grünen Ort
Erschallen Lustgesänge.
Ein reiner Schnee
Liegt auf der Höh;
Doch eilen wir nach oben,
Begehn den alten heilgen Brauch,
Allvater dort zu loben.
Die Flamme lodre durch den Rauch!
So wird das Herz erhoben.
Die Druiden
Die Flamme lodre durch den Rauch!
Begeht den alten heilgen Brauch,
Allvater dort zu loben!
Hinauf! hinauf nach oben!

Einer aus dem Volke
Könnt ihr so verwegen handeln?
Wollt ihr denn zu Tode wandeln?
Kennt ihr nicht die Gesetze
Unserer harten Überwinder?
Rings gestellt sind ihre Netze
Auf die Heiden, auf die Sünder.
Ach, sie schlachten auf dem Walle
Unsre Weiber, unsre Kinder.
Und wir alle
Nahen uns gewissem Falle.
Chor der Weiber
Auf des Lagers hohem Walle
Schlachten sie schon unsre Kinder.
Ach, die strengen Überwinder!
Und wir alle
Nahen uns gewissem Falle.
Ein Druide
Wer Opfer heut
Zu bringen scheut,
Verdient erst seine Bande.
Der Wald ist frei!
Das Holz herbei!
Und schichtet es zum Brande.
Doch bleiben wir
Im Buschrevier
Am Tage noch im stillen,
Und Männer stellen wir zur Hut
Um eurer Sorgen willen.
Dann aber laßt mit frischem Mut
Uns unsre Pflicht erfüllen.
Ein Wächter
Diese dumpfen Pfaffenchristen,
Laßt uns keck sie überlisten!
Mit dem Teufel, den sie fabeln,
Wollen wir sie selbst erschrecken.
Kommt! mit Zacken und mit Gabeln
Und mit Glut und Klapperstöcken

Lärmen wir bei nächtger Weile
Durch die engen Felsenstrecken.
Kauz und Eule
Heul' in unser Rundgeheule!
Ein Druide
So weit gebracht,
Daß wir bei Nacht
Allvater heimlich singen!
Doch ist es Tag,
Sobald man mag
Ein reines Herz dir bringen.
Du kannst zwar heut
Und manche Zeit
Dem Feinde viel erlauben.
Die Flamme reinigt sich vom Rauch:
So reinige unseren Glauben!
Und raubt man uns den Brauch,
Dein Licht, wer will es rauben?
Ein christlicher Wächter
Hilf, ach, hilf mir, Kriegsgeselle!
Ach, es kommt die ganze Hölle!
Sieh, wie die verhexten Leiber
Durch und durch von Flamme glühen!
Menschenwölf und Drachenweiber,
Die im Flug vorüberziehen!
Welch entsetzliches Getöse!
Laßt uns, laßt uns alle fliehen!
Oben flammt und saust der Böse,
Aus dem Boden
Dampfet rings ein Höllenbroden!
Chor der christlichen Wächter
Schreckliche verhexte Leiber,
Menschenwölf und Drachenweiber!
Welch entsetzliches Getöse!
Sieh, da flammt, da zieht der Böse!
Aus dem Boden
Dampfet rings ein Höllenbroden!
Chor der Druiden

Die Flamme reinigt sich vom Rauch:
So reinige unseren Glauben!
Und raubt man uns den alten Brauch,
Dein Licht, wer kann es rauben!

Johann Wolfgang von Goethe! An dieser Stelle? Nun, man darf nicht vergessen, daß Goethe »auch« ein Dichter war! Daneben befaßte er sich in hochprofessioneller Art und Weise mit diversen anderen Wissenschaften! Im großen und ganzen haben wir es hier mit einer Art Universalgenie zu tun ... so etwas wie einem Druiden! Dachte er also, als er seine (nur wenig bekannte) »Erste Walpurgisnacht«[38] schrieb, als Goethe der Dichter oder dachte er als Goethe der Wissenschaftler ... oder schrieb er als Kind seiner Zeit – einerseits beflügelt vom Geiste der Aufklärung und andererseits abgestoßen von ihrer ernüchternden Kultur der reinen Vernunft?

Selbstverständlich wäre es aufs Äußerste verwegen, diese Fragen mit der Behauptung zu beantworten, daß Goethe, das Universalgenie, diese Zeilen im Geiste und in der Tradition der keltischen Druiden verfaßte. Und es wäre noch viel verwegener, an dieser Stelle zu konstatieren, daß man Goethe, das Universalgenie, einfach auf die Liste der rechtmäßigen Nachfolger der keltischen Druiden setzen müsse, wenn man in der Logik ihres Überlebens bis hin in die Neuzeit bleiben wolle ... und dann nicht nur einfach als einer unter vielen, sondern gar als das »perfekte Beispiel« eines wahren Druiden im ausgehenden 18. und frühen 19. Jahrhundert!

Warum eigentlich nicht, fragen sich hier die Autoren und nehmen es auf sich, von der Leserschaft zerrissen, kritisiert, verflucht oder auch schlichtweg nur für verrückt erklärt zu werden. Aber die Analogie ist einfach zu verführerisch und aus diesem Grunde möchten wir das Kapitel über die geheimnisvollen Herren der Eichenhaine entgegen aller wissenschaftlicher Vernunft und Praxis mit ein paar weiteren Bemerkungen zu und Zitaten von Johann Wolfgang von Goethe, dem Druiden, beschließen:

»Dergleichen liegt sehr wohl in der Natur, wenn wir auch dazu noch nicht den rechten Schlüssel haben. Wir wandeln alle in Geheimnissen ... so viel ist wohl gewiß, daß in besonderen Zuständen die Fühlfäden unserer Seele über die körperlichen Grenzen hinausreichen können und ihr ein Vorgefühl, ja auch ein wirklicher Blick in die nächste Zukunft gestattet ist ... auch kann eine Seele auf die andere durch bloße stille Gegenwart einwirken ... unter Liebenden ist die magnetische Kraft besonders stark und wirkt sogar sehr in die Ferne. Ich habe in meinen Jünglingsjahren Fälle genug erlebt ...«

Diese Worte des großen Mannes umreißen, was Gegenstand dieses Nachtrags zum ersten Kapitel sein soll: sowohl eigene parapsychologische Erlebnisse des Meisters Goethe wie auch seine Ansichten darüber und die Gegenüberstellung dieser Reflexionen nicht nur mit Ergebnissen und Theorien der heutigen Parapsychologie, sondern auch mit Grundfragen der Wissenschaft überhaupt! Dem Künstler Goethe läßt sich der Denker, der Forscher, der Philosoph und der Naturwissenschaftler Goethe gegenüberstellen. Hier, beim Denker Goethe, aber ist der Platz, auf seine Ansichten vom Fortleben nach dem Tode hinzuweisen!

Der österreichische Parapsychologe Daniel Walter sprach in diesem Zusammenhang einmal von einem naturhistorischen Weltbild, dem der Unsterblichkeitsglaube als organischer Bestandteil fest eingegliedert worden ist.[39] Damit trifft er genau den Punkt und wir selbst gestatten uns, auf den Unsterblichkeitsglauben der Kelten und ihrer Druiden zu verweisen, so, wie er uns von antiken Autoren überliefert wurde.[40] Dabei erweist sich Goethe auch auf diesem Gebiet als ein Mann der Ausnahme, und zwar insofern, als er fremde Anschauungen über das Fortleben nach dem Tode, wie er sie bei Paracelsus, Giordano Bruno und später auch bei Spinoza, Leibniz, Lessing und Herder fand, dazu benutzte, seine eigenen Grundanschauungen, wie sie ihm organisch erwuchsen, gelegentlich sozusagen philosophisch herauszuputzen und durch andere Autoritäten zu stützen. Er entlehnt auch ab und zu fremde Ausdrucksweisen, wie z. B. philosophische Fachausdrücke, und erfüllt sie dann mit seinem Geiste, damit sie dem Zweck dienen konnten, seine eigenen Anschauungen gewissermaßen in ein ihn wissenschaftlicher dünkendes Gewand zu kleiden. Diese Vorgehensweise Goethes verleitet fast schon zu der Annahme, als ob sein innerer Druide sich davor fürchtete, den Wissenschaftler und Gelehrten Goethe einfach offen und ohne Umschweife sagen zu lassen, daß das originäre Band zwischen Vergangenheit und Gegenwart Realität ist.

Darum wollen wir ihm hier ein bißchen Hilfestellung leisten und zum Schluß noch ein paar kurze Überlegungen zu Goethe, dem Naturwissenschaftler, anstellen. Dabei geht es nicht um seine Leistungen, sondern lediglich um seine prinzipielle Einstellung[41] dazu, wie Wissenschaft funktionieren sollte, um Erkenntnisse von der Natur gewinnen und vermitteln zu können. Vor allem an seiner Farbenlehre, teils auch an seinen Pflanzenmetamorphosen und seiner Suche nach der »Urpflanze« hängen Wissenschaftshistoriker den Unterschied der goetheschen Naturwissenschaft zu der heute betriebenen Naturwissenschaft auf. Sie koppeln dabei gerne die Gegensätze Goethe und Newton und »bedeutungslos« und »erfolgreich«.

In der Gegenwart gibt es denn auch mehrfach Ansätze zur Vermittlung der Gegensätze: etwa in der Frage des Physikers Prof. Dr. Herbert Pietschmann[42], wie wir heute den von der Wissenschaft geschaffenen Widerspruch zwischen Objektivität und Subjektivität wieder integrieren können in eine Neukonzeption der Wissenschaft, die die anstehenden Probleme lösen kann. Ein Spiegel für diese Subjekt-Objekt-Spaltung ist die Differenz zwischen der rein subjektiven Methode eines Goethe und der objektiven Methode Alexander Newtons. Jedoch ging auch Goethe durchaus objektiv vor, verzichtete dabei aber auf den zerstörenden Eingriff in die Natur und beschränkte sich im weitesten Sinne auf das Schauen, Erkennen, Sehen.

An dieser Stelle schließt sich der Kreis und wir können endlich an den Ausgangspunkt zurückkehren: »Eeidon« – »ich erblicke/ich erkenne«, »Weid« – »derjenige, der erkennt« oder »derjenige, der [etwas] erblickt/sieht«, »Druide« – »derjenige, der etwas in der Natur erblickt... erkennt... begreift«. Der Ausflug in die Sprachwissenschaften und in die Geschichte geht zu Ende.

Genauso wie den Druiden und den Etymologen, die das Wort »Druide« im Verlauf einer langen, langen Zeit in seine Einzelteile zu zerlegen versuchten, um es richtig zu deuten, ist es auch Goethe gelungen, den Aspekt der Subjektivität des Wahrnehmenden in das Gesamtphänomen zu integrieren. Das bedeutet eine ungeheure Aktualität dieses Denkansatzes, der gerade von wissenschaftstheoretisch eher progressiv eingestellten Kreisen – freilich ohne Goethe je zu nennen – in der heutigen Zeit vehement vertreten wird. Die Autoren hoffen, daß auch ihnen – auf den Spuren des Heilwissens der Druiden – dies gelingen wird.

3

ROM CONTRA DRUIDEN – ODER: WIE EINE WELTANSCHAUUNG »TROTZDEM« EIN WELTREICH ÜBERLEBEN KANN!

 ie früheste literarische Nennung der Druiden stammt möglicherweise von dem Geschichtsschreiber Timaios von Tauromenion[43], der auf Sizilien geboren, jedoch hauptsächlich in Athen wirkte und auch dort sein 33-bändiges Geschichtswerk verfaßte. Diese Arbeit ist leider nicht erhalten geblieben, doch viele spätere Chronisten benutzten sie als Referenzwerk. Aus diesem Grund haben sich bis zum heutigen Tag zahlreiche Timaios-Zitate erhalten.

Wenn man sich nun auf Hekaitos von Milet oder auch auf Herodot beziehen möchte, dann läßt sich sogar ein noch früheres Datum für eine literarische Erwähnung des Druidentums vorbringen[44], auch wenn in diesen Quellen für die gelehrte Klasse der Kelten die

Bezeichnung »Druiden« noch nicht verwendet wurde. Es ist allerdings von Interesse, daß die Schriftzeugnisse von Hekaitos und Herodot fast zeitgleich mit der sogenannten La-Tène-Kultur zusammenfallen.[45] Insbesondere Herodot stellte den Bezug her zwischen Kelten/Galliern und der heute als La-Tène bezeichneten materiellen Kultur, die sich sowohl auf den heutigen deutschen und französischen Raum als auch auf die Schweiz, Österreich und das zentraleuropäische Donaugebiet erstreckte. Neben den frühen griechischen Quellen über die Kelten/Gallier sowie ihre Gesellschaftsstruktur und ihre intellektuelle Führungselite (Druiden) sind für unsere Arbeit vor allen Dingen ausgrabungsgeschichtliche Details interessant, die sehr deutlich belegen können, daß ihr »Niveau« – allgemein gesprochen – nicht das von grobschlächtigen Barbaren war, sondern jenes eines »Kulturvolkes«, das in keiner Weise den etruskisch/frührömischen oder griechischen Nachbarn unterlegen war.[46] Die Tatsache, daß ihre Chronisten sie trotzdem regelmäßig als »Barbaren« bezeichneten, darf also in diesem Kontext nicht wörtlich genommen werden, sondern nur im übertragenen Sinne.

In seiner griechischen Form grenzt der Barbarenbegriff lediglich die nicht griechisch sprechenden oder nicht in der griechisch-religiös bestimmten Kulturtradition stehenden Völkerschaften aus. Der von den Römern, d. h. von den römischen Autoren lateinischer Sprache, übernommene griechische Barbarenbegriff hat eine analoge, aber auch etwas veränderte Funktion. In erster Linie grenzt dieser nämlich zwischen einer zivilisierten und von der sogenannten »Pax Romana« befriedeten Welt und einer »barbarischen« und noch nicht von römischer Regierungsform und Dominanz bestimmten Welt ab. Sobald eine Kulturgemeinschaft (oder eine Kultgemeinschaft!) der »Pax Romana« und damit der zentral gesteuerten militärischen und politischen Dominanz Roms und dem »Roman Way of Life« unterworfen ist, verschwindet die Bezeichnung »Barbar« für die jeweils Betroffenen umgehend aus dem Schriftwerk der römisch latinisierenden Autoren. Der römische Barbarenbegriff – im Vergleich zum griechischen – hat also prinzipiell etwas Pejoratives und sein enger Zusammenhang mit den Problemen dauernder römischer Kriegsführung gegen die Völker außerhalb der jeweiligen Reichsgrenze und die Notwendigkeit einer fortwährenden Grenzsicherung gegen sie wird deutlich.

Einerseits hatten also die Druiden der Kelten bei vielen antiken griechischen Autoren und sogar bei einigen römischen Geschichtsschreibern eine ganz ausgezeichnete »Presse«. Sie werden dort als Philosophen gezeichnet, die den zeitgenössischen griechischen Philosophen in nichts nachstehen: »Meister der Weisheit«[47], tiefsinnige Denker, ausgezeichnete Naturwissenschaftler und Gelehrte. Ihnen wird sogar zugesprochen, mit ihren Lehren Pythagoras selbst beeinflußt zu haben!

So berichtet uns zum Beispiel Strabon[48] von Abaris, dem Druiden, der nach Athen reiste, um mit dem großen Mathematiker zu disputieren. In den Augen von Aristoteles[49] war es gar der Verdienst der Druiden, daß philosophisches Gedankengut überhaupt existierte. Und Ammianus Marcellinus zitiert Timagenes[50], der im 1. Jahrhundert vor der Zeitrechnung lebte.

Andererseits stoßen wir aber auch auf eine ganz beträchtliche Anzahl von antiken Quellen, in denen die Autoren die Druiden als eine barbarische und abergläubische Priesterschaft beschreiben, die Menschenopfer darbringt und geheimnisvolle, finstere Kulthandlungen in abgeschiedenen Hainen im tiefsten Walde vornimmt.

Plinius bezeichnet die Druiden abfällig als »Hexer«[51] und ihre »Gläubigen« als Mörder und Menschenfresser[52]. Lukan[53] beschreibt in blutrünstigem Detail »abscheuliche« Riten und Tacitus[54] überliefert, wie sie beim Endkampf um Ynis Mōn gegen Suetonius Paulinus und seine heranstürmenden römischen Heerscharen »... mit wallenden Haaren, Fackeln tragend oder die Arme zum Himmel reckend...«, ganz wilde, zügellose Barbaren, »... grauenhafte Verfluchungen und Verwünschungen ausstießen«.

Auch die Beschreibung von Pomponius Mela in seiner »De Chorographia«[55] ist hier äußerst interessant. Einerseits ist er es, der den Druiden den ehrenvollen Titel »Meister der Weisheit« zugesteht und davon schreibt, wie sie selbst nicht nur eine 20-jährige Lehrzeit durchlaufen müssen, um erst zu solchen »Meistern« zu werden, sondern gleichfalls die Aufgabe innehaben, der Jugend ihres Volkes Bildung einzutrichtern. Auch schreibt er von ihrem Glauben an die Unsterblichkeit der Seelen, der so groß und stark ist, daß ein Kelte ohne zu zögern einem Stammesgenossen Geld ausleiht, wenn dieser ihm verspricht, die Schulden im »nächsten« Leben zu begleichen. Auf

der anderen Seite erzählt Mela aber auch in allen grausigen Details über die blutigen Menschenopfer, die die Druiden in verschwiegenen Waldlichtungen ihren schrecklichen Göttern darbringen!
Wo liegt nun die Wahrheit? Bei jenen Autoren, die uns die Druiden als wissenschaftliche Autoritäten von antikem Weltrang schildern, oder bei denen, die sie uns als blutrünstige, unzivilisierte und gewalttätige, vom Obskurantismus umnebelte Wilde und Hexenmeister darstellen? Bevor wir diese Frage beantworten, um uns dann den Grundlagen der druidischen Doktrin zuzuwenden, müssen wir noch ein paar Schritte weiter auf der Straße des antiken Quellenmaterials und der Geschichtsschreibung gehen:

Sowohl von Suetonius als auch von Tacitus und Plinius dem Älteren erfahren wir, daß die römischen Kaiser des 1. Jahrhunderts der Zeitrechnung das Druidentum mit allergrößtem Argwohn betrachteten und zu zerstören versuchten. Plinius erwähnt zum Beispiel ein Edikt von Kaiser Tiberius, das die »... Klasse der Weissager und Heiler in Gallien...« vollständig abschaffen sollte. Und gemäß Suetonius verbot Kaiser Claudius in Gallien »... die grausamen, barbarischen, religiösen Gebräuche...« der Druiden vollkommen. Plinius wiederum berichtet, wie ein gallischer Häuptling in Rom hingerichtet wird, weil er während eines Rechtsgeschäfts dabei erwischt wird, einen druidischen Talisman bei sich zu tragen.[56]

Neben diesen rechtshistorischen Details über kaiserliche Edikte und Erlasse, um die Druiden aus der Welt zu schaffen, und den etwas pikanteren Details des Skandalschreibers Suetonius stößt der geduldige Forscher bei diesen antiken Autoren allerdings auch noch auf eine der »schmutzigen« Kulissen der Weltgeschichte. Im neuamerikanischen Sprachgebrauch verwenden die Zeitungen oder auch ungehaltene Kongreßabgeordnete immer wieder gerne die Bezeichnung »black ops« – schwarze, düstere und geheimnisumwitterte Operationen –, wenn sie von einer moralisch überaus zweifelhaften Aktion eines der zahlreichen US-Geheimdienste sprechen. Und die spannungsgeladene Beziehung zwischen den gallischen Druiden und der römischen Besatzungsherrschaft stinkt geradezu nach einer solchen »schwarzen, düsteren und geheimnisumwitterten Operation«!

Tacitus enthält uns nicht einmal vor, daß die mit etlichen Verboten und Erlassen geschlagenen Druiden der von Rom unterdrückten keltischen Welt noch in der Zeit Kaiser Neros und während des berühmten Bouddica-Aufstandes (60/61 der Zeitrechnung) als Sammelpunkt des keltischen Nationalismus und politische Agitatoren teuflisch aktiv und höllisch erfolgreich gewesen sein müssen. Und noch im Jahr 69 der Zeitrechnung, nachdem der berühmt-berüchtigte Suetonius Paulinus, den wir nun schon so oft erwähnt haben, mit Hilfe eines Verräters und seinen Legionen die Druideninsel Mona dem Erdboden hatte gleichmachen können, gelingt es noch den gallischen Druiden, sämtliche keltischen Stämme auf dem Festland zu einem Massenaufstand gegen Rom aufzustacheln.

Auch ein kurzer Blick in und um den »De bello gallico« von Gaius Julius Cäsar läßt nur eine einzige Schlußfolgerung zu, nämlich die, daß die – insbesondere – römische Hetzpropaganda[57] gegen die Druidenklasse der Festlandkelten (und in geringerem Maße der Inselkelten, wenn man vom Massaker von Mona absieht) mit einem ganz präzisen politischen Ziel im Hinterkopf »angeleiert« wurde: der absoluten Unterwerfung eines besetzten Landes unter die römische Herrschaftsstruktur und der vollständigen Ausrottung jeglicher politisch relevanter nationaler Führungselite!

Es wurde schon früh von Cäsars Übersetzern festgestellt und von den meisten Lateinlehrern auch hervorgehoben, daß die »Commentarii de bello gallico« vor allem den Zweck verfolgen, dem römischen Volk die Leistungen des Autors als Statthalter Galliens vorzustellen. Die »Commentarii« sind also keine reine unparteiische Berichterstattung, sondern die Darstellung und Profilierung der Person Cäsars im Senat und bei den Adelskreisen in Rom. Für seinen Ehrgeiz war es unbedingt nötig, sich mittels seiner Statthalterschaft in Gallien für weitere Ämter in Rom zu qualifizieren. Andererseits fällt auf, daß Cäsar eigene Fehler gut zu verbergen oder als unumgänglich darzustellen weiß. An dieser Stelle stolpert der aufmerksame Leser insbesondere über seine Darstellung der Schlacht gegen die Belger, die zu Anfang katastrophal für Rom verläuft und aus der der Autor – obwohl er Hauptakteur dieses militärischen Zusammentreffens war – sich in seinen »Commentarii« so lange herauszuhalten versteht, bis sich das Kriegsglück wieder zu seinen ganz persönlichen Gunsten wendet.

So zeigt sich eindeutig, daß Cäsar niemals ein neutrales Geschichtswerk schreiben wollte und gewiß auch nicht geschrieben hat – er war weder Ethnologe noch Historiker noch gelehrter Vergnügungs- und Bildungsreisender –, sondern eine Schilderung der Geschehnisse mit dem ständigen Blick auf sein Image in der römischen Öffentlichkeit daheim in der Hauptstadt des Imperiums. Vor diesem Hintergrund gesehen kann man also auch annehmen, daß alle seine Informationen über die Druiden von den gleichen politischen Beweggründen übertüncht wurden wie seine Informationen über Kriegsgeschehnisse. Und Cäsar stand mit seinen Nöten der »Schönfärberei« und der »Propaganda« in dem erfolgsorientierten römischen System selbstverständlich nicht allein! Plinius der Ältere war ein Vertrauter von Kaiser Vespasian und begleitete diesen auf seinen Feldzügen nach Germanien. Er war daneben selbst ein Soldat von hohem Rang und Politiker, dem man als »prokurator« die Regierungsgewalt über verschiedene römische Provinzen[58] anvertraute, bevor er im Jahre 79 der Zeitrechnung beim Ausbruch des Vesuv ums Leben kam. Kurz zuvor hatte Kaiser Titus, Vespasians Sohn, den großen und gelehrten Mann und Freund seines Vaters zum Präfekten der römischen Flotte in Misenum ernannt. Tacitus entstammte (höchstwahrscheinlich) einem bedeutenden römischen Adelsgeschlecht. Sein Vater war »prokurator« von Germanien und von »Belgica« gewesen, seine Gemahlin Julia war die Tochter des berühmten Generals Agricola. Er selbst diente Kaiser Titus als »quaestor« und »praetor«, bevor er schließlich zu einem der fünfzehn Wächter der »Sybillinischen Bücher« ernannt wurde – ein de facto hoher religiöser Posten in Rom. Außerdem hat er möglicherweise in einer hohen politischen Funktion ebenfalls eine römische Legion befehligt!

Diese beiden kurz angerissenen Biographien von Plinius und Tacitus und das Altbekannte über Gaius Julius Cäsar dürfen ausreichen, um dem Leser ein Bild davon zu übermitteln, was die antiken römischen Autoren vor allem waren, die den Druiden der Kelten ihre »schlechte Presse« besorgten: Staatsmänner, Politiker und im Herzen der Macht – Rom – ehrgeizig und auf ihr eigenes Fortkommen bedacht.

Im gleichen Maße, wie Cäsar, Plinius, Tacitus und Konsorten keine neutralen Geschichtswerke und damit keine neutralen Bilder der Druiden vorgelegt haben, haben auch die bekannten griechischen Autoren und insbesondere Poseidonis von Apameia – ein wahrer Keltomane vor der Zeit –, dessen Schriften leider nicht mehr im

Original, sondern nur noch als Zitate in den Werken späterer Autoren erhalten geblieben sind, keine neutralen Bilder überliefert: So zeichneten sie ein hellenistisch-idealisiertes Bild von den Druiden als Philosophen im Stil ihrer eigenen Philosophen auf.

Damit können wir an dieser Stelle für die Druiden folgendes »Berufsbild« als historisch gesichert übernehmen, da es von der Pro-Druiden- wie auch von der Anti-Druiden-Fraktion überliefert ist: Sie waren »sacerdotes« (Priester), Philosophen, Psychologen, Rechtsgelehrte, Lehrer/Universitätsprofessoren[59] und politische Berater. Außerdem deckten sie auch noch das gesamte naturwissenschaftliche Spektrum als Mathematiker, Physiker, Astronomen, Botaniker, Mediziner/ Psychiater, Landwirtschaftsexperten[60] und Architekten ab und betätigten sich gleichfalls als Historiker, Dichter und Musiker. Im großen und ganzen handelt es sich also um sämtliche Wissenschaften, die heutzutage von den Universitäten als traditionelle Studiengänge angeboten werden! In einem kulturellen Vergleich lassen sich die Druiden wohl am ehesten mit den indischen Brahmanen oder den römischen Flamines vergleichen, obwohl das Ausbildungsspektrum letzterer wesentlich weniger weit reichte als das druidische oder brahmanische.

Im Unterschied zu den Brahmanen und Flamines waren sie allerdings keine homogene, in sich geschlossene Kaste. Jeder, der die notwendigen Anlagen, die entsprechende Begabung und die vorausgesetzte Ausdauer für etwa 20 Jahre Studium hatte und höchstwahrscheinlich irgendwelche Abschlußprüfungen bestand, die ihn dazu befähigten, die nächste Etappe des Studiums in Angriff zu nehmen, konnte ungeachtet seiner sozialen Herkunft Druide werden und so in den hochgeachteten Gelehrtenstand der keltischen Gesellschaft aufsteigen und sämtliche hiermit verbundenen Privilegien genießen. Ausgeschlossen wurden eindeutig lediglich Unfreie bzw. Sklaven, wobei nicht einfach festzustellen ist, wer im keltischen Stammessystem »unfrei« war: Gefangene aus anderen Völkerschaften, Kriegsgefangene, Kelten, die ihre »Bürgerrechte«[61] verwirkt hatten?

Druiden waren folglich all jene, die ein höheres Studium hinter sich gebracht hatten, wenngleich in der keltischen Gesellschaft alle Kinder des Adels einen allgemeinen und möglicherweise sogar verpflichtenden Grundunterricht unter druidischer Aufsicht genossen.

Strabo, der sich hier auf Poseidonius beruft, hat uns folgende

Unterteilung der keltischen Gelehrtenklasse hinterlassen, die man aufgrund späterer irischer Quellen als richtig ansehen darf: Auf der höchsten Rangstufe befanden sich die eigentlichen Druiden, gefolgt von den Vates/Ovaten, die eine sehr naturwissenschaftlich ausgerichtete Schulung hatten und daneben noch Seher und Wahrsager waren. Auf der untersten Stufe fanden sich die Barden, die höchstwahrscheinlich entweder als Musiker, Dichter und Träger des historischen Wissens spezialisiert waren oder aber einfach den Sprung zu den nächsthöheren, naturwissenschaftlichen Studiengängen nicht geschafft hatten.

Natürlich sind die Aussagen der »enthusiastischen und unkritischen« griechischen Gallientouristen ein bißchen weniger problematisch und einfacher in das Gesamtbild der Druiden zu integrieren als jene der erfolgs- und karriereorientierten römischen Berufssoldaten und Politiker! Wo die griechischen Reisenden, die das Gallien zur Zeit der höchsten Macht der druidischen Herrschaft kennenlernten, frei heraus aufzeichnen durften, welche Eindrücke sie persönlich von der Priesterkaste der Kelten hatten, musste ein Mann wie Cäsar in Betracht ziehen, daß Rom eher geneigt sein würde, gegen bestialische Barbarei als gegen eine ebenbürtige hohe Kultur vorzugehen. Also musste sich seine Propaganda eben auf diese »barbarischen« Gesichtspunkte, seien sie nun wahr oder übertrieben, konzentrieren. Wer versteht, aus welchen Gründen Cäsar in seiner expansionistischen Politik das keltische Gallien dem keltischen »Germanien« vorzog, begreift auch, wo die Grenzen seiner Glaubwürdigkeit angesiedelt sind.

Obwohl wir uns im Rahmen dieses Buches redlich darum bemühen, unsere eigenen »Glaubensgrundsätze« nicht zum Maß aller Dinge zu machen, ist völlige Neutralität unmöglich: Die Aufzeichnungen antiker griechischer Autoren erscheinen uns, dadurch, daß sie vor einem unpolitischen Hintergrund verfasst wurden, glaubwürdiger als jene der »anderen Seite« – in diesem Falle sowohl römische Aufzeichnungen wie »De bello gallico« von Cäser als auch spätere Überlieferungen von Vertretern der jungen römischen Amtskirche und ihrer Bürokratenriege.

Das Druidentum läßt sich jedoch nicht ohne die Betrachtung eines zweiten Schriftkorpus ausreichend darstellen. Bei diesen Werken handelt es sich vor allem um die Sagen aus Wales[62] und Irland und die »Lais« der französischen Troubadoure, so, wie sie u. a. von Marie de France (ca.1130/40–1200) und am Hof der Eleanore von Aquitanien (1123–1204) niedergeschrieben wurden. Sie wurden für erstere in der walisischen und irischen Volkssprache anstatt im gängigen Latein verfasst. Letztere sind hauptsächlich in der sogenannten »Langue d'Oïl«[63] geschrieben, aus der sich später das Standardfranzösisch entwickelte. Es existieren auch verschiedene Überlieferungen in der südfranzösischen Langue d'Oc (dem Provenzalischen), deren Einflußbereich[64] ebenfalls »Druidenland« umfaßte. Die walisischen und irischen Sagen wurden meist irgendwann zwischen dem 7. und dem 12. Jahrhundert der Zeitrechnung niedergeschrieben, beruhen aber – genauso wie die »Lais« – auf wesentlich älteren mündlichen Überlieferungen und enthalten vermutlich die frühesten Sagentexte. Die (endgültigen und verfügbaren) Niederschriften in der Langue d'Oïl stammen meist aus dem 10. bis 12. Jahrhundert.

Die Ursprünge dieser keltischen Mythologie sind mit Sicherheit in den religiösen, wahrscheinlich animistischen und totemistischen Vorstellungen der mitteleuropäischen Bronzezeit zu suchen. Weitere lokale Einflüsse unterschiedlicher Art wurden von den Kelten während ihrer Ausbreitung in die von den Protokelten bevölkerten Gebiete integriert. Darüber hinaus können wir zwischenzeitlich endlich wieder guten Gewissens auf das sogenannte »Liederbuch der Bretagne«, das »Barzaz Breizh«[65], zurückgreifen, das am 24. August 1839 in Paris von Theodor Hersart de la Villemarqué fast zeitgleich mit Jacob Grimms Studie über Marcellus Burdigalensis und die Grundlagen der keltischen Sprache veröffentlicht wurde. Das »Barzaz Breizh« umfasst Aufzeichnungen eines reichen kontinentalkeltischen Sagenschatzes[66] mit einem zweiten Schwerpunkt auf der Merlin (Marzhin/Varzhin)-Saga und dem Artus-Zyklus.

II

Falls die römischen Herren jemals wirklich ernsthaft daran dachten, das druidische »Übel« in Gallien an der Wurzel auszureißen, dann ist ihnen dies allen Anschein nach nicht gelungen. Im 3. Jahrhundert der Zeitrechnung stoßen wir in der »Historia Augusta« auf druidische Seherinnen, die sowohl für Kaiser Severus als auch für Diokletian »tätig« wurden. Ausonius (309–385) berichtet über Druiden in Armorica und im heutigen Aquitanien. Insbesondere geht er auf Delphidius aus dem nordgallischen (heute normannischen) Bayeux ein, der an der Universität[67] von Bordeaux (Burdigalla) tätig war und dessen Urgroßvater als Priester und Arzt im Belenos-Tempel gewirkt hatte, bevor auch er einen Ruf an die Universität annahm. Ebenfalls bei Ausonius finden wir Hinweise auf Delphidius' Sohn Attius Patera, der wie sein Urgroßvater und Großvater Patera ein berühmter Rethoriker, Arzt und Lehrer an der Universität von Bordeaux war.[68]

Es handelt sich hier entweder um Attius Patera oder den Großvater Patera (möglicherweise 337/340 der Zeitrechnung geboren), auf den sich auch Marcellus Burdigalensis beruft. Was Ausonius in bezug auf Patera ganz besonders hervorhebt, ist sein Ruf als berühmter Redner und Rhetoriker. Damit steht Patera ganz in der Tradition der Druiden, als Wahrer der mündlichen Überlieferung. Und offensichtlich genossen sie in diesem Zusammenhang im 4. Jahrhundert der Zeitrechnung immer noch ein hohes Ansehen, auch wenn sie im Bereich ihrer Tätigkeit als politische Berater unabhängiger Stammesfürsten ihre Stellung und Macht nach der Niederlage und Unterwerfung des Vergingetorix und der Romanisierung Galliens wohl rasch umgehend und vollständig eingebüßt hatten. Die deutliche Hervorhebung der »medizinischen« Kompetenzen in Pateras Familie läßt außerdem den Rückschluß zu, daß der naturwissenschaftliche Teil des druidischen Kompetenzspektrums auch im 4. Jahrhundert der Zeitrechnung nicht nur großes Ansehen einbrachte, sondern gleichfalls ein hochgeachtetes »Beschäftigungsfeld« war, das gar eine Aufwärtsmobilität in den sozialen Strukturen des (west-)römischen Reiches einschloß.

Selbstverständlich darf man sich die höheren Bildungsanstalten dieser Zeit nicht so vorstellen wie unsere heutigen Universitäten[69], deren Geschichte erst im späten Mittelalter beginnt. Vielmehr sollte man sie sich als Privatinitiative von Gelehrten[70] denken, die gegen entsprechende Bezahlung ihr Wissen an Interessierte weitergaben. Allerdings benötigten besagte Gelehrte in dieser Zeit schon einen recht guten Ruf in ihrem Tätigkeitsfeld, um von zahlenden Schülern, die von allerorts zu ihnen kamen, auch vernünftig leben zu können! Mit dem endgültigen Zusammenbruch Westroms und der völligen Auflösung der Herrschaft im 5. Jahrhundert der Zeitrechnung enden auch die antiken literarischen Primärquellen über die Druiden. An dieser Stelle übernehmen die »neueren« schriftlichen Überlieferungen[71] aus Britannia Major und Britannia Minor (Irland, Wales, Bretagne etc.) das Steuer. Sie erstrecken sich bis hinein ins Hochmittelalter. Insbesondere das irische Quellenmaterial ist hier voller Anspielungen auf die berühmten gelehrten Männer der Kelten. Der »Ulster-Zyklus« oder der »Mythologische Zyklus« enthalten viele Aussagen über die Druiden in ihrer Funktion als Propheten. Das zuvor erwähnte Fragment von Leyden übermittelt uns solide Aussagen über den »Stand der Heilkunde«. Daneben haben wir auch noch den gallischen Autor Marcellus Burdigalensis, der uns eine außergewöhnlich reiche Überlieferung medizinischer magischer Praktiken hinterläßt und im Zusammenhang mit diesen auch den reichen keltischen Wortschatz, aus dem Jacob Grimm schöpfen konnte!

Alle diese Quellen werden wir so unbefangen wie möglich vorstellen, während wir den Leser dazu einladen, mit uns zusammen in das geheimnisvolle Reich der Druiden einzutreten, in dem sich Heilwissen, Magie und Religion in der Form von »Weltanschauung« zu einem Ganzen vermischen. Diese Vermischung, vor der Arzel Even[72] bereits 1951 in seinem grundlegenden Aufsatz über keltische Magie und Wahrsagung warnte, hat im Verlauf der letzten Jahrzehnte in der Kelten- und Druidenforschung[73] immer wieder zu Mißverständnissen geführt, insbesondere zu dem, Magie und Religion miteinander zu einer Einheitsdefinition zu verbinden und zu erklären, daß die Kelten und ihre Druidenklasse lediglich über einen bunten Mischmasch magischer Praktiken und über einen Glauben verfügt hätten, dem jegliche »Systematisierung« abging! Arzel Even war es, der bezüglich der Magie sehr zu Recht feststellte, daß diese keineswegs irrational ist. Magie ist immer nur für diejenigen irrational, die sie nicht praktizieren!

III

Für jene, die wie die Druiden der Kelten Magie praktizier(t)en, war und ist die Magie sowohl rational als auch real. Sie hat(te) ihre Motivationen und Gründe und folglich auch ihre eigene Logik! Außerdem war und ist die druidische Magie der sichtbarste und am stärksten veräußerlichte Aspekt des tieferen, inneren Wissens und der noch tiefer liegenden und noch stärker verinnerlichten Erfahrung des »Heiligen«, sprich »Religiösen«.

Allerdings stellt uns die wahre druidische Magie – allein und ohne das druidische Heilwissen betrachtet – vor ein noch größeres Problem als ihre Praktiker – die Druiden! Wo schon das Quellenmaterial über die Druiden spärlich ist und immer mit dem kritischen Auge des Zweiflers betrachtet werden muß, um nicht irgendwelchen Illusionen oder »Kurzschlüssen« auf den Leim zu gehen, da läßt uns die Magie der Druiden – nicht in ihrer Existenz, sondern in ihren Praktiken und Ritualen – ohne eine einzige ernstzunehmende schriftliche Quelle.

Nicht einmal die frühmittelalterlichen Heiligenbiographien von genauso heiligen Zeitgenossen helfen uns hier weiter: Adomnan von Iona beschreibt zwar, daß die beiden Druiden des Hochkönigs Lòegaire mac Neill, mit denen sowohl der heilige Patrick als auch Columba ihren Ärger hatten, im Rahmen der Schlacht von Culdremne (561) »airbe dritiad«-schützende magische Barrieren um die Armee ihres Herrn heraufbeschwören, aber nicht, wie! Und Saint Quen erzählt in seiner Vita des Saint Eloi von der Kräutermagie der Druiden und erwähnt in diesem Zusammenhang sogar Beschwörungen und Zauberformeln, aber keine einzige davon im Volltext!

Nichts von dem, was bis dato vorgelegt wurde, ist a priori »falsch«! Alles, was zur keltischen und druidischen Magie[74] geschrieben wurde, könnte – gerade weil wir keine nachweisbaren Primärquellen über die echte und wahre druidische Magie haben – genauso gut vollkommen richtig, aber auch völlig verrückt und an den Haaren herbeigezogen sein. Vieles, was in Arbeiten über druidische Magie auftaucht, läßt sich in den Bereich der überlieferten Volkstraditionen zurückverfolgen und kann aus diesem Grund durchaus auf historischen Tatsachen beruhen, auch wenn die Zeit, die Überlieferung und das Wegbrechen der ursprünglichen Druidenschulen als feste Einrichtungen im Laufe der Jahrhunderte alles verwässert, abgeschwächt und oftmals gar ins Lächerliche gezogen hat. Und gewisse magische Praktiken mögen zusätzlich bestimmte Kräfte, Orte, Zeitpunkte voraussetzen, um in ihrer ganzen Macht zu wirken, über die wir nur rätseln können, auch wenn uns eben diese Praktiken bis zu einem bestimmten Grad ganz gut gelingen.

Marcellus Empiricus – Marcellus Burdigalensis – war möglicherweise lediglich der Chronist der Praktiken, die er uns überliefert hat, aber nicht ihr Anwender! Er war doch nicht einmal Arzt, sagen viele, sondern bloß ein »magister officiorum« unter Kaiser Theodosius mit einem etwas kauzigen Steckenpferd. Was kann er schon für eine Ahnung von der Materie gehabt haben? Marcellus ist nicht Guy de Chaulliac (1298–1368).[75] Andere wiederum schwören auf Marcellus und sagen ohne zu zögern, daß die in seinem »De Medicamentis« niedergelegte Darstellung die richtige und wahrhaftige Darstellung zum Sachstand der Heilkunde in Gallien in der Zeit des ausgehenden Römischen Reiches und der Christianisierung ist. Aber auch Marcellus lässt uns über das Wie der magischen Handlungen im Dunkeln.

Alles wahr! Oder auch alles falsch?

Wir wissen heute einfach immer noch nicht, wer Marcellus Empiricus wirklich war und welche Ausbildung ihm seinen gutbezahlten und gesellschaftlich höchst achtbaren Job als »magister officiorum« in Bordeaux einbrachte! Noch wissen wir, warum er sein »De Medicamentis« verfaßte und dabei so sorgfältig eindeutig heidnisches und pantheistisches Glaubensgut für die Nachwelt festhielt. War er Arzt oder war er »bloß« Schreiber, Romancier oder schlimmer noch ... ein volkskundlich interessierter Laie, dem es in seiner freien Zeit Spaß machte, mit den alten Leutchen auf dem Land zu tratschen, ein Gläschen vom »Hausgebrannten« zu schlucken und ihre Bauernweisheit als Gutenachtgeschichten für seine Kinder aufzuzeichnen?

Was über Marcellus Empiricus als Quelle gesichert ist, ist die Zeit, zu der er in Bordeaux – Burdigalla – lebte, nämlich im ausgehenden 4. und frühen 5. Jahrhundert der Zeitrechnung, im Dienst des Kaisers stand, offensichtlich christlich informiert oder annähernd christianisiert war und »Marcelli de medicamentis libris« verfaßte. Die Form des Lateinischen, derer Marcellus sich hierbei bediente, wird im wissenschaftlichen Sprachgebrauch als »Hisperisch« bezeichnet.

Hisperisch ist eine literarische »Kunstsprache«, deren Form lateinisch ist, das Vokabular jedoch Griechisch, Hebräisch und auch Syrisch enthält. Hisperische Autoren waren allgemein ziemlich gebildet, aber keine Berufskleriker, sprachen erwiesenermaßen irgendeine Variante des Keltischen als Muttersprache[76], hatten einfachen Zugang zu ursprünglichem Quellenmaterial (mündlich oder schriftlich) und inkorporierten aus diesem Grund viele keltische und auch altenglische/ sächsische Worte in ihren Schriften, die gerne als »Leihen«, im Französischen »Lei«, im Altenglischen »Lay« bezeichnet werden. Das Zentrum der schriftstellerischen Aktivität war Irland, aber auch in Wales, in Cornwall, in der Bretagne und auf den anglonormannischen Inseln wurde viel aufgezeichnet. Hisperisch wurde auf den Britischen Inseln von den Laien der keltischen Stämme in die angelsächsischen Klöster hinein tradiert, als England im Zuge der Christianisierung auf das bereits zuvor christianisierte Irland zurückgriff. Obwohl schon wesentlich früher im Gebrauch (Marcellus), begann der Zeitraum der Blüte des Hisperischen im 7. Jahrhundert der Zeitrechnung (Manuskript von Leyden). Die wichtigsten Werke stammen aus dem 8. und 9. Jahrhundert, als Fremdsprachen wieder in größerem Ausmaß studiert wurden und die Waghalsigsten zu Reisen aufbrachen, die die enge Welt ihres Geburtsortes überschritten.

In England war diese seltsame Verformung und Anreicherung des Lateinischen noch bis weit ins 10. Jahrhundert im Einsatz. Seine Verwendung ist in der heutigen Wissenschaft eines der wichtigsten Elemente, um einen Rückschluß darauf zu ziehen, daß etwas Aufgeschriebenes und Beschriebenes von der keltischen und/oder angelsächsischen Bevölkerung als außergewöhnlich wichtig und ... magisch angesehen wurde.

Mit diesen Informationen zu Marcellus Empiricus im Hinterkopf kann man also wenigstens ausreichend sicher behaupten, daß die magische Tradition im »De Medicamentis liber« eindeutig aus keltisch-gallischer und damit höchstwahrscheinlich auch aus echter druidischer Tradition stammt. Deshalb kann dieses Werk als seriöses Quellenmaterial für die Ausführungen über das Heilwissen der Druiden gelten.

Dies läßt sich noch zusätzlich mit einer Forschungsarbeit von Dr. Charles Singer zu angelsächsischer Magie und angelsächsischem

Heilwissen untermauern. Was für die angelsächsischen vorchristlichen Überlieferungen seine Richtigkeit hat, dürfte auch für die insel- und kontinentalkeltischen nicht durchweg falsch sein. Die Beurteilung, was ursprüngliches Material war und was nicht, stellte in der Forschung seit jeher eine der Hauptschwierigkeit dar. Primitive Elemente fanden Eingang in späteres Material und viele frühe Dokumente wurden in zahlreichen Überarbeitungen christianisiert und verformt. Christianisierte Dokumente ihrerseits wurden erneut mit primitivem Material ausgestattet und so verfälscht und verformt. Ein zusätzliches Problem betraf auch den Bedeutungsgehalt des gefundenen Materials.

Magie ist gemäß Singer[77] bei allen, aber in ganz besonderem Maße bei den nordischen Völkern, zu denen man auch die Kelten zählt, ein äußerst synkretischer Prozeß, der von allen Formen des kulturellen Einflusses am schnellsten tradiert wurde. Der Bedeutungsgehalt des Entstehungskontextes kann somit sehr stark von demjenigen des tatsächlich aufgefundenen Materials abweichen. So kann z. B. eine besondere Fähigkeit einer Person in einer bestimmten Kultur bei einer anderen sozialen Klasse dieser Kultur oder bei einer in diesem Bereich nicht so »handwerklich geschickten« Zivilisation sehr schnell als magische Kraft interpretiert werden. Rückschließend hierauf ist es also möglich, daß sich in aufgefundenem Material ein Bedeutungswechsel von »Fähigkeit« zu »magischer Kraft« oder »Magie« vollzogen hat.

Bis zu Dr. Charles Singer ging die Forschung in dem für uns interessanten Bereich der Heilkunde immer von der Annahme aus, daß nicht eindeutig antikes griechisches und römisches Material in christlichen Klöstern von Klerikern verfaßt und von diesen angewendet worden war. Nach Singer handelt es sich allerdings beim größten Teil des vorhandenen, insbesondere angelsächsischen Materials um Übersetzungen und Kopien, deren Originale weder christianisiert noch vom Klerus beeinflußt worden waren.

Diese Auffassung vertreten z. B. in neuester Zeit für das Manuskript von Leyden auch Faideyev und Owen! Die (Neu-)Verfasser und Kompilatoren dieser Manuskripte waren Laien.[78]

Ebenso wie die Autoren waren auch die Benutzer dieser Manuskripte keine Kleriker, da einerseits in Abbildungen der »Leeches« diese häufig nicht tonsuriert waren, andererseits bei vielen Handlungen der Zuzug eines Priesters ausdrücklich verlangt wurde, was beim ausschließlichen Gebrauch des Materials durch Kleriker nicht so deutlich hätte formuliert werden müssen.

Hieraus zieht Charles Singer den Schluß, dem auch wir folgen, daß medizinisch-heilkundliche Handschriften[79] vom Klerus der Amtskirche weitaus weniger beeinflußt worden waren als sämtliche anderen schriftlichen Quellen aus der Zeit der Christianisierung und des Mittelalters.[80] Von Klerikern verfaßte zeitgleiche Werke mit dem Leydener Manuskript zeichnen sich im Regelfall durch einen höheren philosophischen Anspruch und eine weitaus geringere Praxisorientierung aus. Ein sehr gutes Beispiel ist hier der »Hortulus« des Abtes Walahfrid Strabo von Reichenau aus dem Jahre 827.

Eine kurze Gegenüberstellung zweier Textauszüge aus dem »Hortulus« und dem Leydener Manuskript ist aufschlußreich: Wir befinden uns im Frühjahr, die kalte, dunkle Zeit ist vorüber und alles wächst und gedeiht. Die Erde befindet sich im Aufbruch und die ersten warmen Sonnenstrahlen bringen allem Leben neue Kraft.

Walahfrid Strabo, der Abt von der Insel Reichenau, schreibt:

»Wenn der Winter, dies Abbild des Alters, des jährlichen Kreislaufs Magen, der gierig die reichen Früchte der Arbeit verzehret, durch das Kommen des Frühlings vertrieben, sich birgt in der Erde tiefstem Versteck, und der Lenz die Spur der verwüsteten Jahrzeit auszutilgen beginnt im Wiedererwachen des Lebens, und der ermatteten Flur ihre frühere Schönheit zu bringen, Frühling, du Anfang des kreisenden Jahrs und Schmuck seines Laufes!

Wenn dann reinere Lüfte die heiteren Tage eröffnen, Kräuter und Blumen, vom Zephyr geweckt, ihre schüchternen Triebe aus den Wurzeln senden zum Licht, die im finsteren Schoße lang sich verbargen, scheuend und hassend die eisigen Fröste, wenn die Wälder mit Laub und die Berge mit üppigen Kräutern, lachende Wiesen schon grünen mit Gras, eine Weide der Augen, dann haben Nesseln den Raum überwuchert, der vor meiner Türe östlich zur Sonne sich wendet als Garten auf offenem Vorplatz, und auf den Flächen des Feldchens ist übles Unkraut gewachsen, Pfeilen vergleichbar, verderblich bestrichen mit ätzendem Gifte.

Wie dem zu wehren?

So dicht war durch unten verkettete Wurzeln alles verwachsen, gleichwie im Stalle der Wärter ein grünes Flechtwerk verfertigt, kunstvoll gewirkt aus biegsamen Ruten, wenn die Hufe des Pferds in gestaueter Feuchtigkeit leiden, weich und morsch wird der Hornschuh, den schwammigen Pilzen vergleichbar.

Ungesäumt greife ich an mit dem Karst, dem Zahn des Saturnus, ruhende Schollen, breche das leblos starrende Erdreich auf und zerreiße die Schlingen der regellos wuchernden Nesseln, und ich vernichte die Gänge, bewohnt von dem lichtscheuen Maulwurf, Regenwürmer dabei ans Licht des Tages befördernd. Dann im Südhauch, bestrahlt von der Sonne, erwärmt sich das Gärtchen, und ich umzäume mit Holz es im Viereck, damit es beharre, über dem ebenen Boden ein wenig höher gehoben. Allerwärts wird dann die Erde mit krummer Hacke zerkleinert, Gärstoff des fetten Düngers darauf gestreut in den Boden. Manche Kräuter sucht man aus Samen zu ziehen, durch alte Stecklinge andere zu frischem Keimen und Wachsen zu bringen ... «[81]

Einer der höchstwahrscheinlich vier namentlich unbekannten Autoren des Leydener Manuskripts schreibt:

»Und hier kommen wir zu den Regeln, die über das ganze Jahr hin beachtet werden sollen:

Im Monat März laß den Patienten süße Getränke zu sich nehmen, laß ihn Odermennig-Tee trinken und schwarzen Rettich kauen. Mache ihm ein Schwitzbad, aber reinige noch nicht sein Blut, denn das Purgieren[82] selbst macht kalt. Dann gib ihm Liebstöckl- und Weinrauten-Tee zu trinken, und zwar am dritten und am neunten Tag, bevor der Monat endet.

Im April dann reinige sein Blut und lasse ihn zur Ader. Er soll frisches Fleisch essen, aber keine Wurzelgemüse, denn diese werden Hautausschläge und Juckreiz verursachen. Gib ihm Anis- und Heilziest-Tee zu trinken und tue dies am dritten und am elften Tag, bevor der Monat endet ... «[83]

Einerseits das poetische Lehrgedicht, andererseits der doch sehr praxisorientierte Leitfaden für den Arzt oder Heiler. In Walahfrid Strabos Versen steckt natürlich genauso viel Wahrheit wie in der Behandlungsanweisung von Leyden: Was der Abt über das Unkrautjäten, Umgraben und Düngen vor der Heilkräuteraussaat zu sagen hat, spricht von genauso großer Gelehrsamkeit wie die Warnung des Leydener Autors vor dem Verzehr von Wurzelgemüse, denn eines der damals am weitesten verbreiteten Wurzelgemüse, die Pastinake, kann aufgrund ihres Inhaltsstoffes Cumarin bei stärkerer Sonnenbestrahlung, wie im Frühjahr, tatsächlich zu sehr unangenehmen Hautausschlägen und Juckreizen führen. Vor allem wenn diese Person schon den ganzen Winter übermäßig viel von dieser Feldfrucht verzehrt hat! Aber trotzdem ist die eine Schrift ein höchst poetisches Lehrgedicht, während die andere eben doch »nur« ein Praxishandbuch ist!

IV

Zuletzt noch ein kurzes Wort über die Religiosität der Kelten im allgemeinen und die Weltanschauung der Druiden im besonderen. Die keltische Religion ist nicht Quintessenz dieses Buches, sie hat aber trotzdem ausreichend Einfluß auf vieles, was noch folgen wird, so daß ein Überblick sinnvoll erscheint. Der vielzitierte römische Skandalautor Lukan, der eigentlich ansonsten immer sehr »rauh« mit der intellektuellen Elite der Kelten umsprang, hinterläßt uns folgenden schönen Satz, der die meisten Dinge auf den Punkt bringt:

»Euren Lehren zufolge, ihr Druiden, steigen die Seelen weder in die stillen Wohnungen des Erebos noch in die Tiefen der blassen Königreiche des Pluto hinab. Es belebt sie in einer anderen Welt der gleiche Atem; und wenn eure Gesänge Wahrheit enthalten, ist der Tod nur die Mitte einer lange währenden Existenz.«

Die Druiden sind nach heutigem Stand der Wissenschaft keine Institution der Kelten gewesen, sondern galten bereits in protokeltischer Zeit als die Hüter und Bewahrer des heiligen Wissens von Volk, Stamm und Familie. Genauso »unbekannt« wie der eigentliche Ursprung der Druiden ist auch der eigentliche Ursprung ihrer Lehre, die Lukan so trefflich (wenn auch ein wenig unvollständig) zusammenfaßte.

Die Kelten haben die Institution der Druiden ebenso wie die Inhalte derer Lehren von jenen Urbewohnern übernommen, die sie im Verlauf ihrer Ausbreitung gen Westen[84] und auf die Britischen Inseln zuerst überrannt und dann absorbiert haben. Diese Urbewohner waren mit größter Wahrscheinlichkeit die Erbauer der Megalithengräber und Steinkreise, die die Antiquare des frühen 18. Jahrhunderts den Druiden der Kelten zuschrieben. Heute nennt man diese Megalithenbauer auch gerne die »Protokelten«.

Die Definition »Germanen«, die eine scheinbare Unterscheidung zu den Kelten hin trifft, ist nicht »ganz« zutreffend, sondern eine römische Erfindung.[85] Auch die Kelten, die in dem später von den Römern »Germania« genannten Gebiet ansässig waren, verfügten über eine druidische intellektuelle Elite, die jedoch unter der Bezeichnung »Goden« bekannt wurde. Ihre Lehre und Weltanschauung entsprachen im großen Rahmen denen der als »Druiden« bezeichneten gallischen und auf den Britischen Inseln anzutreffenden intellektuellen Elite.

Der bemerkenswerteste Erfolg der Druiden, woher auch immer sie eigentlich stammen, bestand darin, dem in zahllose Clan- und Stammeseinheiten zersplitterten keltischen Volk einen weltanschaulichen inneren Zusammenhalt und damit eine Ausrichtung auf ein Lebensziel zu geben. Ihr großer Mißerfolg war, daß ihnen das gleiche in Hinsicht auf einen übergreifenden politischen Zusammenhalt des keltischen Volkes und ein gemeinsames politisches Ziel nicht gelungen ist!

Der Kernpunkt der keltisch-druidischen Weltanschauung, so, wie Lukan sie zusammenfaßte, entspringt einem Nichtvorhandensein von Vergangenheit, Gegenwart und Zukunft, also sprichwörtlich einer »Negation« der Zeit. Diese Negation der Zeit tritt hier als der Glaube an eine Ganzheit auf – eine zentrale Komponente in vielen Weltreligionen übrigens! Aus dieser Perspektive heraus gab es im druidisch-keltischen Kulturkreis auch keine Verträge oder Daten, die es verdienten, festgehalten zu werden. Was auch immer der eigentliche Grund für die Ablehnung der Schrift gewesen sein mag – sakral oder praktisch –, dies galt auch für Verträge: Verträge wurden immer mündlich abgeschlossen, genauso wie das druidische Wissen immer mündlich weitergegeben wurde.

Die Kelten glaubten, daß »alles«, was »ist«, nicht einfach vergeht und verschwindet, sondern einem Prinzip der ewigen Veränderung und Bewegung unterliegt: Ohne Ende und ohne Anfang folgte »alles« einem ewigen Rhythmus von Leben, Tod, Schöpfung, Zerstörung, Aufgang und Untergang. Alles, also auch der Mensch, war in dieser Weltanschauung durch mannigfache Wechselbeziehungen miteinander verknüpft. Und da nichts endgültig verging, war auch die menschliche Seele unsterblich. Das Leben war für die Druiden und Kelten immer nur eine Durchgangsphase und der fleischliche Tod die Mitte einer zeitlos lange währenden Existenz. Hinter der sichtbaren Welt verborgen gab es die Realität anderer, zeitlich und räumlich unbegrenzter Welten, die rational zwar nicht faßbar waren, aber trotzdem existierten. Zwischen diesen Welten gab es Verbindungen und Wechselbeziehungen und innerhalb dieser Welten galt der Rhythmus, die ständige Bewegung, als höchstes Prinzip, als das Göttliche.

Wie alle anderen religiösen Philosophien hatte auch das Druidentum seine »göttlichen Wesen«, wobei diese »Anderswelt der göttlichen Wesen« die irdische Realität in einer seltsamen Gleichzeitigkeit und permanenten Anwesenheit durchdrang.

Obgleich es einige göttliche Wesenheiten gab, die sehr weit verbreitet waren, geht man doch heutzutage im allgemeinen eher von kleineren, lokal gebundenen Kultgemeinschaften aus, die die Anderswelt gemäß ihrem Geschmack und ihren Bedürfnissen füllte. Die Archäologie bestätigte dies im großen und ganzen, denn die meisten der bekannten Götternamen sind jeweils auf eher kleine geographische Räume begrenzt.

V

Was Gallien angeht, ist es wieder einmal Gaius Julius Cäsar, der uns Zeugnis liefert, auch wenn dieses weder vollständig noch korrekt ist. Da sein »Gallischer Krieg« für ein römisches Publikum geschrieben wurde, zog er zwischen dem keltischen Pantheon und dem römischen Verbindungen, um für seine Leser »zu Hause« das Verständnis zu erleichtern. Er wollte die wichtigsten keltischen Götter nach dem Muster der fünf den Römern vertrauten Grundtypen klassifizieren. Diese wären Merkur als Erfinder der Künste und Patron des Handels, Mars als Kriegsgott, Minerva als Patronin des Handwerks und der Kunst, Apollo als Gott der Heilkunst und schließlich Jupiter als Herrscher im Himmel. In diesem Zusammenhang möge seine Simplifizierung genügen und auch uns eine Aufschlüsselung des keltischen Partheons in leichter verständliche und übergreifende Konzepte ermöglichen:[86]

»Als Gott verehren sie besonders Merkur.[87] Von ihm gibt es die meisten Bildnisse, ihn halten sie für den Erfinder aller Künste, für den Führer auf allen Wegen und Wanderungen, ihm sprechen sie den größten Einfluß auf Gelderwerb und Handel zu. Nach ihm verehren sie Apoll[88], Mars[89], Jupiter[90] und Minerva[91]. Von diesen haben sie ungefähr dieselben Vorstellungen wie die anderen Völker. Apoll soll die Krankheiten vertreiben, Minerva die Grundelemente des Handwerks und der Künste lehren, Jupiter die Herrschaft über die Götter ausüben, und Mars soll die Kriege führen.«[92]

Es waren höchstwahrscheinlich erst die verstärkten Kontakte mit den Griechen und insbesondere mit den Römern, die den Kelten überhaupt suggerierten, göttlichen Wesenheiten eine Menschengestalt »überzustülpen«. Inwieweit dieses »Überstülpen« mit der Unterdrückung der politischen und religiösen Funktionen der keltischen Druiden durch die römische Oberherrschaft zusammenfiel, kann nur vermutet werden. Allerdings ist historisch und vor allem durch archäologische Funde verbrieft, daß die Verehrung dieser neu gestalteten und oftmals »romanisierten« göttlichen Wesenheiten die gesamte Zeit der römischen Herrschaft über Gallien gedauert hat und von den römischen Oberherren kritiklos geduldet wurde.[93]

Über die frühesten keltischen Gottheiten weiß man leider nur wenig, denn die Kulturen der megalithischen Epoche stellten ihre Gottheiten niemals in irgendeiner konkreten Form dar. Steine, Grotten, Quellen, Bäume und Flüsse waren wichtige und ausreichend konkrete Symbole und repräsentierten die ihnen eigenen Qualitäten. Auch aus der frühkeltischen Zeit stammen lediglich symbolische Darstellungen. So waren zum Beispiel die Symbole der Sonnen- bzw. Lichtgottheiten, die für die Kelten wie auch für andere indoeuropäische Völker ein himmlisches Feuer verkörperten, ein vierspeichiges Rad oder konzentrische Kreise.

Es ist nicht notwendig, die druidischen und keltischen göttlichen Wesenheiten im Detail abzuhandeln, aber sie übergreifend als »Konzepte« vorzustellen ist interessant, denn es macht die unglaubliche Namensvielfalt und »Ortsgebundenheit« ein wenig einfacher durchschaubar. Dieses Verständnis ist auch insofern nützlich, als die überlieferten gallisch-keltischen Namen vieler Heilkräuter oftmals einen direkten Bezug zu druidischen göttlichen Wesenheiten haben.

Sehr weit verbreitet war also das Konzept eines »Himmelsgottes«, der später – wie auch bei Cäsar – häufig mit dem römischen Jupiter gleichgesetzt wurde. Die bekanntesten keltischen Himmelsgötter im gallischen Gebiet sind Taranis als Donnergott, meist mit Rad und Donnerkeil versehen, sowie Cernunnos, der als Gott der Fruchtbarkeit ein Hirschgeweih trägt und eine Widderkopfschlange hält.[94] Gelegentlich wurde Cernunnos allerdings auch mit einem Beutel oder Füllhorn dargestellt, während er Getreide oder Regen an Rinder und Hirsche ausschüttet. Keltische Münzdarstellungen zeigen ihn zudem mit dem Radsymbol zwischen seinen Hörnern. Als Wohnstätten des Himmelsgottes galten ebenfalls hohe Berge, weswegen die römischen Chronisten gelegentlich lokale Berg- oder Paßgottheiten wie Poeninus[95] fälschlicherweise mit Jupiter gleichsetzten. Himmelsgottheiten der Kelten sind mehrheitlich solare göttliche Wesenheiten.

Cernunnos ist in sich als Konzept des »Himmelsgottes« interessanter als Taranis, denn er ist ein Überbleibsel aus der sogenannten »alten Religion« der paläolithischen Frühsteinzeit, eine waschechte Naturgottheit also. Dieser Cernunnos ist es, der die schlafenden Kräfte wieder zum Leben erwecken kann und ihnen dann zusammen mit der Erdgöttin Anu/Ana/Dana – dem weiblichen Überbleibsel aus der alten Religion der paläolithischen Frühsteinzeit – in der Großen Hochzeit – hieros gamos – Form verleiht. Er ist es, der die Säfte in den Pflanzen hochsteigen läßt und die Kräfte in den Lebewesen regeneriert. Er ist im weitesten Sinne der Gott des Lebens, des Wachstums, der Fruchtbarkeit, der Bewegung – und der Druiden.

Meine persönliche Auffassung ist, daß Cernunnos in Gänze eine Mondgottheit ist und von den Druiden aufgrund seines protokeltischen Ursprungs auch als solche angesehen wurde. Die Ansicht, daß lunare göttliche Wesenheiten immer weiblich sein müssen, entspringt nicht der westeuropäischen archaischen Kultur, sondern wurde aus der orientalischen und hellenistischen eingeführt.

Dieser Cernunnos sollte als der »schlüssigere« Kandidat als Taranis für den von Cäsar beschriebenen »Allvater« – »Dis Pater« – angesehen werden. Und dieser Cernunnos macht auch in der Gegenüberstellung mit dem irischen »Dagda« des »Túatha Dé Danaan«-Zyklus[96], insbesondere mit der Überlieferung der zweiten Schlacht von Mag Tured gegen die Fomoré und der Überlieferung über den »Dagda«, selbst Sinn. Bei ihm befindet sich auch fast immer eine gehörnte Schlange, die sich vor dem Cernunnos in zwei großen, kraftvollen Schwingungen aus der Erde emporwindet. Sie steht als das Symbol für die Erdkräfte[97] und bedeutet die Vereinigung des männlichen und weiblichen göttlichen Prinzips und das mystische Erwachen der Natur im Frühling. Der Dis Pater gehörte selbstverständlich der Kriegerklasse an und seine Waffe war eine mächtige Keule. Diese ist als Symbol mehrfach zu deuten. Einerseits vermag der »Allvater« durch ihren Schlag den Tod zu bringen, andererseits hat sie aber auch die Macht, Tote wieder zum Leben zu erwecken. Diese zwei Aspekte sind beim Gott der Druiden – Cernunnos – von zentraler Bedeutung und charakterisieren sein Wesen. Sie erklären auch einige Bräuche der gallischen Festlandkelten, insbesondere den durch den sogenannten Kalender von Coligny überlieferten Brauch, alle Zeiträume nach der Zahl der Nächte und nicht der Tage zu berechnen.

Die gallischen Festlandkelten und ihre Druiden hatten ein ganz besonderes Verhältnis zum dunklen Teil in diesem göttlichen Allvater. Am wichtigsten war für sie die Vorstellung einer Muttergottheit Erde, verbunden mit einem Mondkult. Diese Gottheit war dreigestaltig, repräsentiert durch das heiratsfähige Mädchen, die Mutter und die alte weise Frau, während die Repräsentationen des männlichen Gottes einerseits der Gott der Sonne und des Lichtes und andererseits der dunkle Magier und Herr über das Totenreich waren. Diese fünf Inkarnationen bildeten erst zusammen ein Ganzes, das männlich und weiblich zugleich war.

Man muß sich an dieser Stelle vor Augen halten, wie in der Wirklichkeit der gallischen Kelten und ihrer Druiden die Bereiche des Heiligen und Profanen untrennbar miteinander verbunden waren und in welchem Maße die Frage nach dem Sinn des Daseins für sie Bedeutung hatte. Ihre Antwort auf diese Frage fanden sie in der fortgesetzten Erneuerung des Lebens, dem Beweis der Unsterblichkeit der Seele, einem ewigen Kreislauf von Zeugung, Leben, Tod und Wiedergeburt, der sich in den dreifachen Aspekten der göttlichen Wesenheiten, in den Dreiersymbolen und in den druidischen Triaden manifestiert. Neben der Drei ist die Eins von größter Wichtigkeit in der gallisch-keltischen Weltanschauung. Mit dem göttlichen Allvater ist es das »Eine«, das Unaussprechbare, aus dem die Schöpfung emporsteigt. Der Allvater der Kelten ist Schöpfer und Zerstörer zugleich, Sonnenscheibe und Mondsichel, Tag und Nacht, Leben und Tod. Er ist der Seelenträger und Seelengeleiter, der die Kräfte der Seele durch den Umlauf des kosmischen Wassers vermittelt. Es ist diese Vereinigung der Gegensätze, die im Denken der Kelten und ihrer Druiden in jeder Beziehung die erste. Stelle einnimmt. Aus diesem Grund bin ich davon überzeugt, daß Cernunnos nicht nur ein Aspekt einer dreischichtigen göttlichen Wesenheit ist, sondern die urschöpferische, kreative Wesenheit, aus der alles hervorging, hervorgeht und hervorgehen wird!

Was bezüglich Taranis interessant ist, sind im eben erwähnten Zusammenhang seine Symbole: die Triskele und die Spirale, die beide für das Konzept der Unsterblichkeit der Seele stehen, für diesen den Kelten so wichtigen Kreislauf ohne Ende, in dem Leben und Tod nur Durchgangsphasen sind.

Bis auf den heutigen Tag haben sich, gewöhnlich zur Mitsommerzeit, Taranis geweihte Bräuche wie das »Scheibenschlagen« oder das »Rollenlassen« brennender Strohballen oder mit Stroh umwundener Räder im ehemaligen Gallien, aber auch im heutigen Luxemburg, in Belgien und der Schweiz erhalten. Dieses Ritual hat immer noch den Sinn, das himmlische Feuer zur Befruchtung des irdischen Wassers zu schicken und so die Fruchtbarkeit der Felder zu gewährleisten, also nach dem winterlichen Tod neues Leben hervorzubringen, in einem Kreis ohne Ende!

Das zweite Hauptkonzept der göttlichen Wesenheiten war die Verehrung eines Kriegsgottes, von den Römern zumeist mit Mars gleichgesetzt: Unter den zahlreichen überlieferten Namen tauchen Teutates, Camulos[98], Belatucadrus, Leucetius, Nodons, Neto, Meduris und für das südliche Gallien Segomos[99] in literarischen Quellen oder auf archäologischen Fundstücken am häufigsten auf. Dabei halten Teutates und Camulos den absoluten Rekord und können somit wohl als »überregionale« göttliche Wesenheiten definiert werden. Dieses Konzept eines Kriegsgottes wurde gewöhnlich als ein bewaffneter, behelmter Krieger mit Speer und Schild dargestellt, auf den Britischen Inseln auch gerne mit kurzen Hörnern. Sein Symbol war der Eber, gelegentlich auch der Widder. Interessanterweise war eine Hauptfunktion dieses Kriegsgottes auch die Heilung!

Ein besonders wichtiges Konzept für die Kelten und ihre Druiden erscheint ebenfalls im Gott des Lichtes, von den Römern zumeist mit Apollo identifiziert, obwohl dies in unseren Augen eine extreme Vereinfachung ist. Die bekannten Namen für den Gott des Lichtes sind Belenus, Bormo, Grannus[100], Maponos und Atepomaros[101]. Der Gott des Lichtes war auch häufig gleichzeitig ein Gott der heißen Quellen und der Heilung und galt als der Vertreiber der Seuchen. Wie die erhaltene Literatur zeigt, war er auch ein wichtiger Gott der Vorfahren und spielte in der Abstammung berühmter Familien oftmals eine Rolle. Dargestellt wurde der Gott des Lichtes meist als schöner Jüngling oder als Krieger mit einer Strahlenkrone. Eine Darstellung zeigt den Lichtgott auch als Lenker eines Streitwagens.

Der Cäsars Interpretation zufolge wichtigste Gott der gallisch-keltischen Religion war der Gott der Wege, Beschützer des Handels und Erfinder aller Künste, der von ihm als Mercurius identifiziert wurde. Mit seiner Wertung erlag Cäsar selbstverständlich einem Irrtum. Die bekanntesten Namen dieses Gottes in Gallien sind Esus, Matunus und – interessanterweise – Artaios.[102] Der Gott der Wege war vermutlich weit weniger ein Gott der weltlichen Straßen als ein Psychopompos, d. h. der Geleiter der Verstorbenen in das Totenreich.[103]

Cäsar hat dieses Detail verkannt oder einfach falsch interpretiert. Der gallische Gott Esus hat Ähnlichkeit mit dem germanischen Wodan. Er wurde auch als bärtiger Mann mit muskulösem, nacktem Oberkörper dargestellt, der kraftstrotzend einen Baum fällt oder sich energisch mit einem Schnittermesser durchs Geäst kämpft. Esus ist Teil des gallisch-keltischen Dreiergespanns Taranis-Teutates-Esus. Spätere Darstellungen zeigen Esus in Anlehnung an die römischen Vorstellungen als einen jungen Mann mit Schlapphut und Wanderstab, einige Figuren tragen zusätzlich noch Bockshörner. Sein Name hat unter den Keltologen einige hitzige Diskussionen hervorgerufen, da es ihnen lange nicht möglich schien, diesen logisch aus dem Indogermanischen, Griechischen, Etruskischen, Sanskrit, Walisischen,

Italienischen oder einer anderen Sprache abzuleiten! Schließlich gelang es ihnen doch und sie kamen zu dem Schluß, daß Esus sich sowohl mit »guter Herr« als auch mit »schrecklicher Mensch« übersetzen läßt. Dies hat natürlich sofort zu weiteren sehr hitzigen Diskussionen geführt, deren Ausgang den Autoren zu dieser Stunde allerdings noch nicht bekannt ist!

Zur gallo-römischen Zeit galt Kaiser Augustus als Inkarnation des Mercurius und er ließ sich in Gallien als Sohn des Himmelsgottes Taranis verehren.

In der gesamten keltischen Welt waren die göttlichen Wesenheiten, die mit handwerklichem Schaffen in Verbindung gebracht wurden, ein weiteres wichtiges Konzept. Entgegen der Auffassung von Cäsar gibt es allerdings keine wirkliche keltische Entsprechung für einen Vulcanus oder Hephaistos.

Dazu waren diese Gottheiten in ihrem »Verantwortungsbereich« einfach zu beschränkt, zu »kleinlich«. Die keltischen göttlichen Wesenheiten waren – ähnlich wie die Druiden – eher Multitalente mit einer sehr umfassenden »Bildung«, eher Leonardo de Vinci als Rembrandt! Neben einer Anzahl von keltischen Darstellungen, die einen göttlichen Schmied oder Metallschmelzer zeigen, gab es auch einige (stark latinisierte) Namen wie Carpentus, der ein Gott der Zimmerleute war, oder Lugos, auch in der Mehrzahl als Lugoves erscheinend, die für das Schusterhandwerk zuständig schienen und mit dem inselkeltischen Lichtgott Lugh nichts zu tun haben. Einige Male ist auch der Name Gobannos oder Gobinos belegt, was als »Großer Schmied« gedeutet[104] und manchmal für den Namen einer Gottheit gehalten wird.

Laut Cäsar verehrten die Gallier einen Gott, von dem ihr Volk abzustammen glaubte, und auch nach griechischen Quellen hatten die Kelten namensgebende Heroen. Cäsar erwähnt keinen Namen. Er identifiziert diesen göttlichen Ahnvater der Kelten lediglich mit dem römischen Dis Pater. Laut antiker griechischer Autoren war dieser Ahnvater der Kelten »Galates« oder »Keltos«, ein Sohn der Nymphe Galateia oder Keltina mit entweder Apollo, Hercules oder dem Zyklopen Polyphemos.

Außer ein paar späten gallo-römischen Darstellungen dieses zusätzlichen Dis Pater gibt es allerdings keinerlei Darstellungen, die nachweislich einen keltischen Gott der Nacht und der Ahnen zeigen, was die beiden Autoren in ihrer Interpretation des Dis Paters Cernunnos bestärkt.

Eine Reihe keltischer göttlicher Wesenheiten stellte Beschützer oder Herren der Wälder und der Natur und Tiere dar. Sie wurden von den Römern natürlich ohne zu zögern mit Faunus und Silvanus gleichgesetzt. Der bekannteste Name ist hier vor allem Sucellos, aber auch Vinotanus, Medugenus und Cranus. Sucellus wurde oft und gerne als bärtiger Mann mit einem kleinen Topf in der einen und einem mächtigen Hammer in der anderen Hand dargestellt. Die Namen aller vier überlieferten Götter lassen vermuten, daß sie auch mit Wein und Met zu tun hatten und eventuell Götter der Fruchtbarkeit oder des Rausches gewesen waren.

Zu den bekanntesten weiteren männlichen Gottheiten der Kelten zählen die berühmten Flußgötter von Donau und Rhein, Danuvius und Rhenus. Eine weitere Gottheit im Zusammenhang mit Wasser war der mit Neptun identifizierte Benacus und ein mit Saturn bzw. Chronos identifizierter Alus/Arvalus könnte eine Ernte- oder Jahreszeitengottheit gewesen sein. Daneben wird – allerdings nur einmal – Abellio erwähnt, der ein Gott der Apfelbäume oder des Lebens war. Dieser Abellio hat in der gallisch-keltischen Sprache und im heutigen Bretonischen seinen Namen in dem Wort für Apfel – »aballo«, »abal« und »aval« – und auch für die berühmte Insel der Glückseligkeit, »Ynis Avallach«, hinterlassen!

Neben den mit dem männlichen Aspekt assoziierten Wesenheiten war für die Kelten und ihre druidische Elite das Konzept einer großen Götterkönigin oder Muttergottheit von herausragender Bedeutung. Dargestellt wurde diese zumeist thronend und Gaben im Schoß haltend als Erdmutter, auf den Britischen Inseln gelegentlich auch gehörnt oder mit einem mondbarkenartigen Kopfschmuck in einer stärker lunaren Ausprägung. Der ursprüngliche Name der Großen Mutter war Ana, Anu, Dana oder Annea. Genauso wie ihr Gefährte (und Vater!) Cernunnos ist Ana protokeltischen Ursprungs und wurde bereits von den Erbauern der Hügelgräber und Steinkreise verehrt.

Die Römer setzten sie der Juno gleich. Wohl gesichert aus späterer und gallo-römischer Zeit sind ebenfalls die Namen Rigani oder Rigantona und ebenso häufig Epona.[105] Besonders wichtig und hervorzuheben ist neben der Götterkönigin, der Großen Mutter aller, die Göttin des Landes und des Stammes. Häufig galten solche Göttinnen nicht nur als Mütter des nach ihnen benannten Stammes, sondern auch als die Verkörperung eines speziellen Gebietes. Diese Funktion, wie auch die des männlichen Stammesgottes, überschnitt sich häufig mit einer zweiten, als Schlachten- oder Kriegsgottheit. Häufig aber wurden die Landesgöttinnen auch mit bestimmten für den jeweiligen Stamm wichtigen Flüssen oder Quellen assoziiert. Sowohl Brigantia als auch Karnuntia, Sequana, Noreia und Mattica waren Göttinnen, die den Namen von Stämmen trugen. Grundsätzlich war es jedoch ein und dieselbe Kraft, die sich unter all diesen Namen und Aspekten herauskristallisieren konnte und überregionalen und- weltlichen Charakter hatte, die Götterkönigin, die Große Erdmutter!

Die gallischen Kelten legten großen Wert auf ihre Verehrung, die den zentralen Kern ihrer matriarchalischen Religion bildete. Es gab zahlreiche magische Kultplätze, an denen sie gefeiert und angerufen wurde. Als solche Verehrungspunkte wurden häufig Quellen, Haine, Berge oder Teiche herangezogen, da sie als Zentren weiblicher Kraft galten und heilig waren. Bei jeder alten Siedlung gab es eine solche Kultstätte. Mit höchster Wahrscheinlichkeit übernahm die christliche Religion sämtliche »greifbaren« magischen Kraftpunkte, die der Götterkönigin geweiht waren, und ließ diese innewohnende mütterliche Qualität weiterleben, indem sie diese Zentren zu Kapellen, Kirchen oder heiligen Grotten umfunktionierte und den Marienkult dort bisweilen im Extrem förderte. Die Kelten bezeichneten ihre religiösen Kraftorte selbst als Betplätze. Bis zum heutigen Tage tragen viele französische Ortsnamen noch unverändert diese »Bet«-Namen: Bêthun, Bethancourt und Bêdarieux sind Beispiele für keltisches Kulturgut in der Gegenwart.

Die Präsenz der Götterkönigin und Erdmutter umfaßte alle Lebensbereiche der gallischen Kelten, vom Ackerbau bis zum Lehrwesen, vom religiösen bis zum philosophischen Denken und Handeln. Heute noch manifestiert sich diese Präsenz in einem ausgeprägten Marienkult und zahllosen Kirchen und Kathedralen, die Nôtre Dame – Unserer (lieben) Frau – geweiht sind.

Das wohl eindrucksvollste Relief der manifestierten Muttergottheit stammt aus Vertillium, dem heutigen Vertault im Département Côte d'Or und zeigt die drei Aspekte der Erdmutter, wie sie sitzend und mit entblößter Brust ein Kind pflegen und ernähren. Viele der erhaltenen Darstellungen erinnern stark an spätere Marienstatuen, was die oben hergestellte Verbindung zwischen dem Kult der Erdmutter und dem Marienkult noch zusätzlich unterstreicht!

An dieser Stelle ein kurzer Ausflug zurück zu Epona: Bei den gallischen Kelten war der Aspekt der dreifachen Gottheit von höchster Wichtigkeit, wie bereits bei den männlichen göttlichen Wesenheiten angeführt. Epona, die von den Römern vereinfachend als Pferdegöttin angesehen und von den Legionären der römischen Reitertruppen gerne als solche verehrt wurde, verkörpert eine solche dreigestaltige Muttergöttin im Detail. Sie ist dadurch vielleicht gar die bedeutendste gallische weibliche Gottheit als die dreigesichtige Mond- oder Muttergöttin. Epona leitet sich aus dem gallisch-keltischen »epo« ab, was in der Tat »Pferd« bedeutet. Dem angehängt steht die Endung »ona« für »Göttin«, womit Epona zu »göttliches Pferd« wird. Sehr wahrscheinlich ist, daß Epona eine Göttin der Fruchtbarkeit war und die Aufgabe hatte, alle Lebewesen zu schützen, zu nähren und gesund zu erhalten. Je eine Weiheinschrift aus Gallien, Rumänien und England sprechen sie in der Dreiheit an. All dies deutet darauf hin, daß Epona eine wirklich vollwertige Muttergottheit war und als solche verehrt wurde. Vielleicht war sie der jungfräuliche Teil der muttergottheitlichen Trinität, mit der Cernunnos sich in der Großen Hochzeit unter den Feuern von Beltane vereinigte, um neues Leben zu zeugen.[106]

Während im allgemeinen die großen Götter der Kelten auf Bergen oder in Eichenhainen verehrt wurden, lag der Sitz der Göttin Epona immer »unten im Tal«, umgeben von den Weiden der Pferde. Sie symbolisierte in dieser Beziehung als Erdgöttin nicht nur ihre tiefe Verbundenheit mit dem Stammesterritorium. Tatsächlich war ihre Funktion als Schutzgottheit der Reiterei und der Pferdezucht in der keltisch-gallischen Kultur sehr wichtig. Ihre ältere Bedeutung als Muttergöttin und Erdgöttin ging jedoch weit über diese hinaus. Die Ähnlichkeit mit der bei den keltischen Galatern so beliebten Kybele weist noch zusätzlich auf eine gewichtige Himmels- und Schöpfungsgottheit hin und nicht auf eine einfache Schutzgöttin für Tiere.

In ihrem kriegerischen Aspekt wurde Epona auch als unbekleidete Frau mit langem Haar auf einem galoppierenden Pferd dargestellt, allerdings sind ihre bekleideten Darstellungen mit einer Stute und einem Fohlen sowie oft auch einem Korb voller Gaben zahlreicher. Die Figur einer reitenden Gottheit mit den Symbolen von Sonne und Mond in den Händen, wie sie auf einigen gallischen Münzen gefunden wurde, wird bisweilen mit Epona in Verbindung gebracht. Da jedoch auf einigen dieser Münzen die Trägerin des Mond- oder Sonnensymbols dreigehörnt ist oder einen Zentauren reitet – was von Epona sonst nicht bekannt ist –, kann es sich hier nur um eine Fehlinterpretation handeln.

In Gallien weit verbreitet war auch eine göttliche Wesenheit, die von den Römern mit ihrer Venus gleichgesetzt wurde. Allerdings sind für diese keine sicheren einheimischen Namen überliefert. Durch verschiedene sogenannte Zaubertafeln ist jedoch bekannt, daß diese keltische Venus auch eine Göttin der Frauen und für Geburt, Liebe und besonders für Gesundheit und Heilung zuständig war. Darstellungen von ihr sind häufig aufgefunden worden, zumeist in Form einer jungen, unbekleideten Frau mit langem Haar. Der auffällige runde Bauch einiger dieser archäologischen Funde suggeriert, daß die keltische Venus in Gestalt einer Schwangeren verehrt wurde.

Eine weit verbreitete Vorstellung war die einer Göttin des Lichts als weibliches Gegenstück zum männlichen Lichtgott. Diese »Sonnengöttin« wurde als Göttin von Handwerk und Künsten, aber auch als Göttin des Feuers, von den Römern mit ihrer Minerva identifiziert. Der Name der gallisch-keltischen Göttin Sulis, der etymologisch mit dem lateinischen »sol« und dem germanischen »sól« verwandt ist, deutet jedoch eher auf eine echte Sonnengöttin hin, zumal die Sonne als weiblich angesehen wurde. Wahrscheinlich war diese Sulis eine Göttin des Zentralfeuers, der Heilung, der Wärme und der Thermalquellen.[107] In Gallien verbreitete Namen für diese Sonnengöttin waren vor allem Belissama[108], manchmal Amalia und selten Indennica. Dargestellt wurde sie meist als eine stehende ernst blickende Frau im besten Alter, mit langen Gewändern und gelegentlich mit einem Helm und einem langen Stab »bewaffnet«. Unter Umständen war ihre symbolische Darstellung das Auge, das man gelegentlich auf keltischen Münzen fand, insbesondere vor dem Hintergrund, das »sulis« auch als »Auge« übersetzt werden kann. Damit stünde es vielleicht stellvertretend für die Sonne.

Die weibliche göttliche Wesenheit der Wildnis ist historisch gesehen ein eher weniger bekanntes keltisches Konzept, obwohl Archäologen einige gallo-römische Darstellungen von jagenden Göttinnen oder Göttinnen mit Pfeil und Bogen, eine davon auf einem Eber reitend, fanden. Gleichgestellt haben die Römer diese Gottheit zumeist mit Diana. Überlieferte Namen sind hier Abnoba, Mattica, Rotona und Sirona. Auch die Bärengöttin Artio und Arduinna, die die Ardennen verkörpert, entsprechen dem Konzept einer Jagd- oder Naturgottheit. Abnoba war die Göttin des Schwarzwaldes, Sironas Name bringt sie mit Rehen oder Hirschen in Verbindung und Rotonas Name zeichnet sie als »Radgottheit« aus. Artio wurde immer als thronende Muttergottheit mit einem Bären dargestellt.

Eine wichtige und sehr weit verbreitete Vorstellung der Kelten war die einer weiblichen Schlachtengottheit. Gleichgesetzt wurde diese von den Römern mit Victoria. Überlieferte Namen sind Cassibodua/ Catubodua, aber auch Andarta und Andraste. Andraste ist insbesondere durch ihre Verbindung mit der Keltenkönigin Bouddica und dem Ikeneraufstand bekannt. Die Legende will, daß Bouddica vor dem entscheidenden Zusammenstoß mit dem römischen Feind einen Hasen laufen ließ, um aus seinem Lauf den Ausgang der Schlacht herauszulesen.

Ebenso wie der Rabe oder die Krähe war auch der Hase ein beliebtes Symbol für diese göttliche Wesenheit. Zumeist wurde die Schlachtengöttin in Gestalt einer bewaffneten kriegerischen Frau mit Schild, Speer und Helm verehrt, die gallisch-keltische Göttin Cassibodua[109] ist noch zusätzlich mit den Darstellungen einer Krähe auf zahlreichen keltischen Münzen in Verbindung zu setzen. Die Darstellung der Gottheit als Aasvogel sowie die Bedeutung ihres Namens »Schlachtkrähe« deuten auf eine weitere Funktion als Totengottheit und Überbringerin der Seelen der Gefallenen ins Reich der Toten hin.

Zusammenfassend sei gesagt, daß sowohl die weltanschaulichen Konzepte als auch die göttlichen Wesenheiten im Heilwissen der festlandkeltischen Druiden insoweit von großer Bedeutung waren, als dieses Heilwissen sich schlüssig und bündig in ihr gesamtreligiöses Weltbild einfügte. Der in der heutigen Deontologie der Ärzte so wichtige Aspekt des individuellen Dialogs zwischen Arzt und Patient war für die Druiden-Ärzte und ihre Patienten unbedeutend: Der Druiden-Arzt wurde als Vermittler zwischen dem Patienten und jener göttlichen Wesenheit bemüht, die dem Kranken Heilung oder Linderung versprechen konnte, wenn er sich nur in der richtigen Form und im korrekten Rahmen mit ihr in Verbindung setzte.

Diese Verbindung herzustellen war die wirkliche Aufgabe des Druiden-Arztes, der in seiner übergreifenden Rolle als Mittler zwischen dem Menschlichen und dem Göttlichen immer auch Priester war. Daneben kann nicht genug der unerschütterliche Glaube der Druiden an die Unsterblichkeit der menschlichen Seele und die immerwährende Wiedergeburt hervorgehoben werden, ein Glaube, den sie den keltischen Völkerschaften aufs trefflichste vermittelten. Durch diesen Glauben hatten die Druiden-Ärzte ein ganz spezielles Verhältnis zum Sterben und Tod! Er beeinflußte im höchsten Maße ihre medizinische Praxis, die Diagnose und die Vermittlung des Krankheitszustandes an den Patienten, ihre Einstellung zur Euthanasie! All diese Details erfaßten sie grundsätzlich unterschiedlich von heutigen Ärzten und sie beeinflußten grundlegend ihre Arbeitsweise.

Die Weltanschauung der Druiden

 m das druidische Heilwissen im Kontext der druidischen Weltanschauung zu verstehen, ist es an dieser Stelle notwendig, mit zwei vorgefaßten Meinungen oder »Legenden« über die Kelten im allgemeinen und die Druiden im besonderen kurz aufzuräumen.

Die erste Legende ist selbstverständlich die von der Unsterblichkeit der Seele! Dieses Konzept ist die eigentliche Grundlage nicht nur der keltischen, sondern insbesondere der druidischen Weltanschauung. Die zweite Legende erzählt von der »Weisheit der Triaden«, dem sogenannten »druidischen« Dreizeiler. Die Kenntnis dessen soll dem Adepten sowohl den Hintergrund des keltischen Glaubens als auch die Geisteswelt der Druiden erschließen, die ja gleichfalls für deren Einstellung zu Krankheit und Heilung von Bedeutung ist.

Die Unsterblichkeit der Seele

Wie wir bereits festgestellt haben, verfügten die Kelten über ein solches Konzept. Ihr starker Glaube daran trug gewiß in nicht unerheblichem Maße dazu bei, daß sie sich im Kampf als außergewöhnlich furchtlose Krieger erwiesen oder ihren Schuldnern eine Rückzahlung von geliehenen Geldern im »nächsten« Leben zugestanden. Die überaus häufige Erwähnung dieses Konzepts in den antiken griechischen und römischen Quellen unterstreicht zudem noch seine Bedeutung für die Druiden und ihre Kelten. Allerdings betrachteten alle antiken Autoren ohne Unterschied den druidischen Glauben an die Unsterblichkeit durch eine ganz spezielle Brille: die Brille des Pythagoras!

Natürlich wissen wir alle, daß Pythagoras Grieche war und uns in unserer Schulzeit ganz besonders mit seinem berühmten Lehrsatz $a^2+b^2=c^2$ zu schaffen machte – die Summe der Kathetenquadrate ist das Hypotenusenquadrat! Den meisten von uns gelingt es auch Jahrzehnte nach der Schulzeit, diesen Leitsatz zusammenzubringen, aber nur wenigen ist noch bewußt, daß dieser Mann eigentlich nur nebenher Mathematiker war. Sein größter und weltgeschichtlich wichtigster Verdienst ist die Gründung einer philosophisch-religiösen Schule, die der Pythagoreer. Von seinen Zeitgenossen im 4. Jahrhundert vor der Zeitrechnung wurde er als Prophet betrachtet und verehrt. Pythagoras lehrte, daß das eigentliche gute, angenehme und erstrebenswerte Leben erst nach dem Tod, also nach dem Ende des irdischen Lebens begänne. Dann finge erst das Leben der Seele an, die zuvor im Körper gefesselt gewesen sei. Der Mensch solle den Körper als das Gefängnis der Seele verachten und die Reinheit der Seele verehren. Die Seele selbst brauche dann keinen Körper für ihre Existenz, könne aber verschiedene Körper verschiedener Wesen des Kosmos (einschließlich animalischer Lebensformen) gemäß der Reinheit des irdischen Lebens wählen. Für Pythagoras und seine Anhänger war es der absolute Leitsatz, durch die Gestaltung seines irdischen Lebens danach zu trachten, daß die Seele beim Verlassen der irdischen Hülle in höherer Gestalt wiedergeboren würde. Dieser Erklärungsansatz des Pythagoras ist die erste philosophische Entfaltung der orphischen Lehre von der Seelenwanderung.

Gemeinhin wird an dieser Stelle die korrekte Parallele mit der brahmanischen Karmalehre aus dem orientalischen Fundus der

Weltanschauungen gezogen. Was Pythagoras betrifft, muß man folglich von einer Lehre der Metempsychosis[110] sprechen. Aus dieser mystischen Lehre des Pythagoras entwickelte sich – man kann heute nicht mehr sagen, was wirklich von ihm selbst stammt und was von seinen zahlreichen Schülern – die exakte Wissenschaft. Dies wurde dadurch möglich, daß Pythagoras zwar mit seiner Lehre zuerst einmal an die Lehren des Anaximander und des Apaeiron anknüpfte, in diese aber – sozusagen als seinen ganz persönlichen Touch – die Zahl als ein zusätzliches Prinzip einführte. »Alles ist Zahl!«, schreibt man ihm als Leitmotiv zu. Mit diesem Leitmotiv wird erstmals in der Geschichte der griechischen Philosophie die Zahl als eine die gesamte Natur konstituierende Kraft angesehen.

Um Pythagoras und die Legende vom keltisch-druidischen Konzept der Unsterblichkeit der Seele leichter zu verstehen, ist eine kleine Anekdote über den großen Gelehrten, Philosophen und Mystiker angebracht: Es heißt, ein Schüler des Pythagoras mit Namen Hippasos entdeckte eines Tages an einer geometrischen Figur inkommensurable[111] Strecken. Dafür wurde er auf Pythagoras' Anweisung ertränkt, weil der große Gelehrte einfach nicht zugeben mochte, daß eben doch nicht alles Zahl ist, sondern manche Dinge dem Chaos entspringen!

Die Existenz inkommensurabler, also nicht mit einem gemeinsamen Maß meßbarer, Strecken war eine mit dem oben ausgeführten Weltbild der Pythagoreer unvereinbare Entdeckung, denn sie bedeutete, daß es Strecken gab, für die das Verhältnis der Längen nicht durch natürliche Zahlen ausgedrückt werden konnte, deren Verhältnis zueinander also nicht rational, sondern irrational war.

Auch wenn es auf den ersten Blick seltsam erscheinen mag: Hippasos' Entdeckung und seine Schlußfolgerung, die ihm nach der Anekdote den Tod im Wasser brachte, beschreibt exakter das druidische Konzept von der Unsterblichkeit der Seele als seitenlange gelehrte Ausführungen und hunderte von Quellennachweisen oder Zitaten. Die Weltsicht der Druiden akzeptierte das Chaos als Schöpferkraft genauso wie den Zugriff auf das Unterbewußte, auf Kräfte, Energien, Geister und Wesenheiten als Quelle magischer Kraft.

Hätten die gelehrten Köpfe der griechischen und römischen Antike das druidische Weltbild nicht durch die Brille des Pythagoras, sondern durch die des Hippasos betrachtet, sie hätten ohne große Schwierigkeiten deren Kern verstanden!

Über die druidische Auffassung von der Unsterblichkeit der Seele hat sich dieser »Anti-Pythagoras« bis in die heutige Zeit insbesondere in der alten magischen Tradition des Volksglaubens gewisser Gegenden bewahrt, deren Ziel darauf gerichtet ist, bewußt oder unbewußt den Bund mit der Natur und den alten göttlichen Wesenheiten wiederherzustellen. Die Rituale und Gebräuche dieser Form der Magie sind darauf gerichtet, eine Wiedervereinigung mit der Lebenskraft der Natur stattfinden zu lassen, sowohl hier in unserer Welt als auch in den uns umgebenden Welten. Zu diesem Zweck treffen sich immer noch Männer und Frauen bei Vollmond oder zu den Equinoxen. Diese Menschen verstehen sich im druidischen Sinne als Hüter der Erde und Diener der Großen Mutter. Genauso wie in der druidischen Weltanschauung glauben sie, daß göttliche Wesenheiten sich durch die Natur selbst manifestieren, daß aus diesem Grund die Welt, die Natur, heilig ist und daher geehrt, geachtet und geschützt werden muß gegen den Zerstörungsdrang ihrer eigenen Kinder.

Das auch in der neueren Literatur überall wiederzufindende Mißverständnis bezüglich der druidischen Doktrin der Unsterblichkeit der menschlichen Seele entspringt allerdings nicht nur dem traditionellen Blick durch die Brille des Pythagoras während des Studiums des antiken griechischen und römischen Quellenmaterials selbst. Vielmehr ist es auch zurückzuführen auf eine Fehlinterpretation von ganz besonders beliebten frühmittelalterlichen irischen oder walisischen Quellen, wie dem »Kat Godeu« – dem Kampf der Bäume des walisischen Barden Taliesin –, und das ständige Durcheinanderbringen von Metempsychosis, Transmigration, Reinkarnation[112] und Metamorphose!

Viele antike Autoren, so zum Beispiel der christliche Autor Hippolith von Rom[113] oder Ammianus Marcellinus, fordern durch ihre schriftlichen Hinterlassenschaften diese Verwechslungen und die Verwirrung geradezu heraus.

Hippolith schrieb: »... die Druiden haben die Lehren des Pythagoras durch die Vermittlung seines Sklaven Zalmoxis von Trakhien übernommen ...« Ammianus Marcellinus behauptete: »Die Druiden, Männer von großem Geist und verbunden mit der kleinen Anhängerschaft des Pythagoras ... menschlicher Angelegenheiten uneingedenk, erklärten die Seele für unsterblich ...« Diodorus[114] zitiert Polyhistor: »... die pythagoreische Lehre von der Unsterblichkeit der Seele ist bei den Galliern allgemein anerkannt.... Sie [die Druiden] lehren, daß die Seele des Menschen unsterblich ist und nach einer bestimmten Anzahl von Jahren in einem anderen Körper wiederkehrt.«

Natürlich ist keine dieser Aussagen vollkommen falsch! Aber keine von ihnen ist vollkommen richtig! Wer sich an die Geschichte von Taliesin – Hanes Taliesin – zurückerinnert, wird bereits ahnen, worauf wir hinauswollen: Der Unterschied zwischen der pythagoreischen und der druidischen Weltanschauung ist von allerhöchster Wichtigkeit für das Verständnis des Heilwissens, der heilkundlichen Praktiken und der für die Krankenheilung eingesetzten Hilfsmittel der Druiden.

Als die Magierin Ceridwenn Gwion Bach verfolgt, der entgegen ihres Gebots von ihrem Zaubertrank genascht hat, verwandeln sich beide in verschiedene Tiere. Schließlich springt Gwion in einen Haufen frisch geschlagenen Getreides und verwandelt sich in ein Getreidekorn. Ceridwenn wird daraufhin zu einem Huhn, das alle Körner aufpickt und Gwion verschluckt. Neun Monate später gebiert sie aus Gwion, dem Getreidekorn, einen Knaben, der so schön ist, daß sie ihn nicht zu töten vermag. So setzt sie ihn auf dem Meer aus. Ein Fischer findet das Kind und nimmt es auf. Hier beginnt die Geschichte von Taliesin, dem großen Barden und Ratgeber von Königen!

Gwion Bach sowie Ceridwenn durchlaufen Metamorphosen – körperliche Verwandlungen magischer Art! Der keltische Legendenschatz, in dem Metamorphosen die Schlüsselrolle spielen, ist geradezu unendlich.[115] Die Metamorphose ist eine uralte rituelle und magische Technik, die sich zum Beispiel auch in Bildern steinzeitlicher Höhlenmalereien wie in Lascaux, Cussac, Niaux oder Arcy-sur-Cure widerspiegelt.

Diese Kunstwerke geben über den Glauben und die Kultur unserer Vorfahren wertvolle Hinweise, Hinweise, die auch mit Bezug auf die Druiden nicht außer acht gelassen werden dürfen. Verschiedene Höhlenmalereien zeigen ganz deutlich halb menschliche, halb tierische Gestalten, Gestalten, von denen in der Wissenschaft angenommen wird, daß sie steinzeitliche Schamanen darstellen, die für den Verlauf eines bestimmten magisch-religiösen Rituals die Gestalt eines Tieres annehmen, also selbst eine Metamorphose durchmachen und für den Verlauf dieses Rituals zu der dargestellten Tierfigur werden.

Andererseits existieren im keltischen Legendenfundus Überlieferungen einer doppelten Geburt – menschlich und göttlich. Diese doppelte Geburt ist keine Metamorphose, sondern ein Wechselzustand. Der mythologische irische Held Cuchulainn zum Beispiel wird einmal in der Anderswelt geboren, ein zweites Mal erblickt er als Sohn des Gottes Lugh das Licht der Welt, hier in seiner irdischen Gestalt als Avatar und Held, ein drittes Mal kommt er endlich wirklich auf die Welt, gezeugt von König Conchobar mit seiner Schwester Deichtire. Natürlich hat die irische klösterliche Überlieferungstradition schnell die Geburt von Cuchulainn aus geschwisterlichem Inzest abgewandelt und Conchobar seine Schwester Deichtire mit Fergus ap Roech verheiraten lassen. Trotzdem: Dies war die Art und Weise, wie die Druiden sich einen Halbgott vorstellten, die Vereinigung einer göttlichen Wesenheit mit einem sterblichen Partner. Man könnte an dieser Stelle gleichfalls die bretonische Tradition der Geburt des Merlin anbringen, der einer ebenso sagenhaften göttlich-menschlichen Vereinigung entsprang, auch wenn die christianisierten Überlieferer wie Godefroi de Monmouth[116] seinen Vater schnell zum Teufel selbst machten, während seine Mutter eine von ihm verführte christliche Nonne wurde!

Aber auch all dies hat absolut nichts mit der Metempsychose der pythagoreischen Doktrin zu tun, genauso wenig wie mit irgendeiner Seelenwanderung oder Reinkarnation!

Die seltenen keltischen Metempsychosen, die sich im Legendenschatz finden lassen, waren eindeutig kein »Importprodukt« oder irgendwie von Pythagoras und seiner Gefolgschaft beeinflußt, sondern den Insel- und Festlandkelten eigen. Natürlich läßt diese Spitzfindigkeit der Autoren nicht zu, die Annahme zu verwerfen, daß die Druiden den Kelten traditionell die Doktrin der Unsterblichkeit der Seele und des Weiterlebens in der »Anderswelt« vermittelten, aber sie läßt folgende Unterscheidung zu:

Einerseits die Unsterblichkeit, die im druidischen Weltbild und im Glauben der Kelten das übliche Schicksal der menschlichen Seele war, und andererseits die Metempsychosis, die das außergewöhnliche Schicksal einiger ganz weniger höchst außergewöhnlicher Individuen war. Daneben die Metamorphose, die »Verwandlung«, die zu den üblichen, ganz alltäglichen magisch-religiösen und auch magisch-therapeutischen Techniken der Druiden-Ärzte zählte und überhaupt nichts Ungewöhnliches in sich hatte! Diese Metamorphose – selbstverständlich im übertragenen Sinne – ist eine klassische schamanistische[117] Arbeitstechnik, bei der in einem ekstatischen Zustand Kontakt mit Geisterwesen aufgenommen wird. Diese sind einerseits Naturgeister, aber auch Geister der oberen und unteren Welt, Seelen Verstorbener oder hinter Krankheiten körperlicher oder geistiger Art vermutete Schadensgeister.

Auch wenn das Phänomen des Schamanismus hauptsächlich über die Erforschung sibirischer Völker und nordamerikanischer Indianerkulturen in das westliche Bewußtsein gelangte, so ist es doch kein begrenztes Phänomen, sondern im Substrat vieler Religionen zu finden: Selbst in der christlichen Religion und im Zusammenhang mit der katholischen Amtskirche existiert dieses schamanistische Element noch im sogenannten Exorzismus.

Aufgrund neuerer Forschungsarbeiten wird heute verstanden, daß das schamanistische Weltbild sich in Schichten gliedert, und statt des einfachen dreischichtigen Weltbildes kommen gar sieben- oder neunschichtige Modelle vor. Der Schamane steigt hier, unterstützt von einem oder mehreren Hilfsgeistern und für die Zeit des Rituals, in einer Tiergestalt, die er meist durch das Umlegen von Fellen annimmt, an einem Weltenbaum auf und ab. Seinen Zustand der Ekstase, der notwendig ist, um mit den Bewohnern der anderen Welten in Kontakt zu treten, führt er durch Meditation, mit Hilfe von Musik, über rituelle Tänze oder auch über halluzinogene Drogen herbei und in die Kulthandlung werden – zumindest passiv – sämtliche dem Ritual beiwohnenden Personen miteinbezogen. In der schamanistischen Vorstellung verläßt die Seele den Körper des Schamanen, um die anderen Welten zu betreten, oder aber er wird von einem Geist aus einer dieser anderen Welten, der durch ihn spricht, »besessen«.

Vom heutigen Kenntnisstand her gesehen ist es äußerst schwierig zu sagen, inwieweit im Kreise der Druiden, wie bei den erforschten Schamanen der sibirischen Völker und der nordamerikanischen Indianer, die Berufung zur Heilkunde im vollen Ausmaß ein eher unfreiwilliger Akt war, der dadurch zustande kam, daß ein bestimmter Geist sich ein bestimmtes Medium aussuchte. Doch da auch bekannt ist, daß schamanistische Fähigkeiten genauso gut über Weitergabe von Wissen oder aber über direkte Vererbung an blutsverwandte Nachkommen zustande kommen, ist eine Hypothese so gut wie die andere.

Da die Existenz von »Druiden-Schulen« überliefert ist, muß das »Erlernen« der Heilkunst bei den Kelten, höchstwahrscheinlich gepaart mit einer natürlichen und früh entdeckten Begabung und persönlichem Interesse bei den Schülern, eine weitaus größere Rolle gespielt haben als die für die asiatischen Schamanen so typische übernatürliche »Berufung« zum Geisterheiler.

Was man aus den oben aufgeführten Quellentexten genauso gut wie aus anderen bekannten, aber nicht erwähnten Materialien allerdings zusätzlich herausdeuten kann, sind sehr klare Beschreibungen von schamanistischen Initiationsritualen, die sich – wie bei den Sibiriern und Indianern Nordamerikas – als Vorerleben des eigenen Todes samt Auflösung des Körpers und darauffolgenden Verwandlungen magischer Art in eine andere Körperlichkeit gestaltet haben müssen. Alles deutet darauf hin, daß entweder der vollständig befähigte Druiden-Arzt oder zumindest gewisse spezialisierte Druiden-Ärzte genauso wie die Schamanen zuerst für ihr altes Leben sterben mußten, um anschließend erfolgreich zwischen den Welten wandeln und mit den Geistern Kontakt aufnehmen zu können. Hierbei kann auch angenommen werden, daß diese Druiden-Ärzte im Rahmen ihrer Arbeit schamanistische Techniken verwendeten, um gewissen Krankheiten ihrer Patienten auf den Grund zu gehen, insbesondere solchen, bei denen sie vermuteten, daß andersweltliche Wesenheiten diese ausgelöst hatten. Die Druiden glaubten folglich nicht an die Unsterblichkeit (einer Seele), sondern an deren Ewigkeit!

Die Weisheit der Triaden

Wenden wir uns nun der zweiten Legende zu. Diese geistert seit dem ausgehenden 18. Jahrhundert herum und hat die Phantasie sowohl der Keltologen als auch der Keltomanen beflügelt, wenn vom druidischen Heilwissen und ihrer Heilkunde die Rede ist: die sogenannte Weisheit der Triaden.[118]

Als Beispiele »druidischer« beziehungsweise »bardischer« Triaden, die sozusagen das geheime Wissen in Versen zusammenfaßten, die den Druiden-Schülern einerseits das Auswendiglernen erleichtern sollten, andererseits aber auch der magischen Weitergabe dienten, werden hier oftmals Verse aus der Feder von Edward Williams zitiert, der unter dem Namen »Iolo Morganwg« im ausgehenden 18. und frühen 19. Jahrhundert auf sich aufmerksam machte.

Ein paar dieser bekannten sogenannten »neodruidischen« Leitsätze – sie tauchen immer wieder in der Literatur auf – sind:

Die drei Attribute Gottes

— Vollkommenes Leben
— Vollkommenes Wissen
— Vollkommene Macht[119]

Die drei Zeugnisse Gottes in seinen Werken

— Unendliche Macht
— Unendliches Wissen
— Unendliche Liebe[120]

Die drei Kreise des Seins

— Der Kreis von »Keugant«, wo es weder Totes noch Lebendiges gibt außer Gott
— Der Kreis von »Abred«, wo das Tote stärker ist als das Lebendige und Existenz sich aus dem Tod ableitet
— Der Kreis des »Gwenved«, wo das Leben stärker ist als der Tod und jede Existenz sich aus dem Lebendigen und dem Leben ableitet[121]

Die drei Kreise der lebendigen Schöpfung

— «Anwn«, wo ihr Anfang liegt
— «Abred«, den sie durchquert, um Weisheit zu erlangen
— «Gwenved«, wo sie in der Fülle der Macht, des Wissens und der Güte endet[122]

Außer diesen theologischen »Triaden« existiert noch eine Fülle anderer »Leitsätze« philosophischer, aber auch wissenschaftlicher Natur.[123] Insbesondere solche »Leitsätze«, in deren Mittelpunkt der Kalender, die Jahreszeiten und die Einteilung des Jahres stehen, haben einen hohen Bekanntheitsgrad erlangt. Jene, die sich mit dem Menschen und seinen Bestandteilen beschäftigen[124], sind den meisten am Kelten- und Druidentum Interessierten allerdings weniger vertraut – obwohl die hier niedergelegten Grundprinzipien geradezu Schlüsselcharakter für sämtliche Werke über die Heilkunde und das Pflanzenwissen der Kelten und ihrer Druiden haben. Oftmals taucht in diesem Zusammenhang ein noch viel »geheimnisumwitterteres« walisisches Manuskript aus dem frühen 16. Jahrhundert auf, das sogenannte »Book of Pheryllt«. Als Autorität für die Authentizität dieses »Book of Pheryllt« wird hierbei die berühmte walisische Prosaerzählung »Hanes Taliesin«[125] ins Spiel gebracht.

Edward-Iolo war ein walisischer Geschäftsmann, der seine berufliche Laufbahn als Steinmetz begann. Er gehörte verschiedenen, damals sehr populären Freimaurerlogen an und gründete das erste Barden-Konvent[126] (Gorsedd Beirdd Ynys Prydain) der Neuzeit. Er verlegte auch Literatur, die darauf anspielte, daß die druidische und bardische Tradition in Wales sowohl den Einfall der Römer als auch die Christianisierung sowie die Unterdrückung durch Königin Elisabeth I. von England unbeschadet überlebt hätte. Ein zusätzliches Ziel von ihm war die Förderung und Erhaltung der walisischen Sprache. Seine bekanntesten Werke sind die sogenannten »Barddas«, das »Gebet des Druiden« – »Gweddi'r Derwydd« bzw. »Gweddi'r Orsedd«, sowie »Cyfrinach Beirdd Ynys Prydain«, »Die Geheimnisse der Barden der Britischen Insel«.[127] An dieser Stelle sei allerdings angemerkt, daß die Mehrzahl von Edward-Iolos Werken erst nach seinem Tod veröffentlicht wurde. Er starb im Jahre 1826. Die Erstveröffentlichung von den »Geheimnissen der Barden« datiert auf 1829, die des ersten Bands der »Barddas« auf 1862, die des zweiten auf 1874. Veröffentlicht wurden Edward-Iolos Werke von der höchst respektablen Welsh Manuscripts Society[128], einer Gesellschaft, deren Mitgliederliste für das ausgehende 19. Jahrhundert sich liest wie ein Auszug aus dem britischen Adelsregister und die unter der Patronage von Königin Victoria selbst stand!

Genauso wie in Frankreich und im Deutschen Reich fand im Großbritannien des »Empires« und der skrupellosen territorialen Expansion das Gefallen an allem »einheimischen mysteriösen Vorzeitlichen«, das schon in den letzten Jahren des 18. Jahrhunderts eingesetzt hatte, seinen brillanten Höhepunkt. Dieser geschichtliche

Hintergrund soll aber keinesfalls den Wert der Triaden Edward-Iolos in Frage stellen, sondern sie lediglich in den Kontext bringen und dem druidischen Konzept von Triade – Trinität – Drei entgegenstellen.

Iolo Morganwg hat durch seine Schriften das antike Druidentum in bemerkenswerter Weise erneuert. Genauso wenig wie man im Fall des »Barzaz Breizh« von de la Villemarque ausschließen durfte, daß die Quellen des Autors wirklich Primärquellen waren, darf man dies bei den »Trioedd Barddas« tun. Die Zeit und die wissenschaftliche Kuriosität irgendeines Interessierten können oft Wunder wirken ... oder auch Authentifizierbares, verschollen Geglaubtes zum Vorschein bringen!

Allerdings sind diese sogenannten bardisch-druidischen Triaden aus Wales mehr mnemotechnisches Lehrinstrument, ähnlich dem, das die antiken Druiden selbst verwendet haben dürften, als die Quintessenz der wahren druidischen Philosophie. Außerdem spiegelt sich in den »Trioedd Barddas« von Edward-Iolo neben dem stark christlichen Einschlag, insbesondere im Vokabular des Originaltextes, eine eher zweidimensionale Denkweise wider, wohingegen die antiken Druiden dreidimensional dachten. Himmel und Hölle einander als Gwynfyd und Annwn gegenüberzustellen oder auch die Einführung des »Abred« – des Ortes der Transmigration der Seelen, also einer Art Fegefeuer – entstammen klar den rigorosen Moralvorstellungen der christlichen Kirche im 18. Jahrhundert und nicht einer organischen religiösen Philosophie, die sich aus den frühesten Wahrnehmungen der Menschen von der Welt und ihrer Wechselwirkung zu dieser entwickelte und der das Konzept von Schuld, Sünde und Sühne fremd war. Auch ist die Idee befremdlich, daß die Druiden, die sich als Mathematiker und Astronomen über das gekrümmte Universum durchaus im Klaren waren, ihr Weltbild plötzlich in der für die Zeit des 18. Jahrhunderts noch recht typischen Kreisform ausgelegt hätten: dem Kreis des Ceugant[129], wo es nichts außer Gott gibt, weder lebendig noch tot.

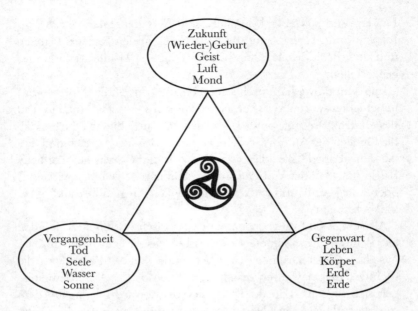

Diagramm 1: Beispiele der »Kraft der Drei« in der druidischen Philosophie

> Die Triade ist die Zahl des Ganzen, insofern sie einen Anfang, eine Mitte und ein Ende hat (Aristoteles).
>
> Die »Kraft der Drei« ist universell und die dreigeteilte Natur der Welt sowohl in der druidischen Philosophie als auch in der zahlreicher anderer Kulturen: Himmel, Erde und Wasser; der Mensch als Körper, Seele und Geist; die Geburt, das Leben und der Tod; der Anfang, die Mitte, das Ende; Vergangenheit, Gegenwart, Zukunft, die drei Mondphasen usw.
>
> Die Drei ist die »himmlische« Zahl, die die Seele darstellt.
>
> Die Drei stellt die allumfassende Gottheit dar – der große Geist, die schöpferische göttliche Wesenheit aus der alles kommt, ist eine Dreiheit aus Sonne, Mond und Erde, aus Vergangenheit, Gegenwart und Zukunft, aus Geist, Charakter und Körperlichkeit.
>
> Während »einmal« oder »zweimal« möglicher Zufall ist, bedeutet »dreimal« Gewissheit und damit Macht.
>
> Es gibt unzählige Dreiheiten von Mächten, und dreieinige göttliche Wesenheiten männlicher und weiblicher Natur sind in der keltischen religiösen Philosophie von Bedeutung; sie sind die verschiedenen Aspekte oder Möglichkeiten dessen, was die Urschöpfung hervorgebracht hat, genauso wie ein Teil des Menschen und der Welt selbst.

Die Trinität des Menschen wird unabhängig von Glauben und Religion durch die Natur bezeugt: die drei angeborenen Denkkategorien, welche bereits für die ersten lebenden Urzellen als Abgrenzung, Durchlässigkeit und Stoffwechsel prinzipielle Gültigkeit hatten und sich als »Erkennen – Unterscheiden – Auswählen« zusammenfassen lassen. Darüber hinaus unterstreichen die drei in sich abgeschlossenen Entwicklungsstufen des Denkvermögens mit Stammhirn, Zwischenhirn und Großhirnrinde als »Ahnung – Glauben – Denken« die natürliche Dreieinigkeit, auf die die druidischen Triaden anspielen. Dies gilt auch für die drei Schritte der Entwicklung als biologische Steuerung durch Rückkopplung, »Vergangenheit – Gegenwart – Zukunft«, oder vereinfacht »Zwei Schritte vor, einer zurück«!

Während die Triaden, ob nun die »echten« druidischen oder diejenigen, die uns der »Trioedd Barddas« oder teilweise auch das »Barzaz Breizh« präsentieren, Mnemotechniken darstellen, handelt es sich bei der »Drei« der »Trinität« der druidischen Weltanschauung um eben jene Grundlage jeder organischen Religion[130], die die Wahrnehmung der Menschen von der Welt und der menschlichen Wechselwirkung mit dieser reflektiert. Mit der Zwei ist die Einzigartigkeit der Eins überwunden, doch erst die Drei bildet als Synthese die Lösung dieser Antithese! Die Drei hat Anfang, Mitte und Ende, genauso wie die Welt als dreidimensional empfunden wird, was sie »komplett« macht.[131] Fehlt eine Dimension, dann ist die Wirklichkeit verkürzt. Jedes Zeitmaß wird durch die Dreiheit begrenzt, nämlich durch Vergangenheit, Gegenwart und Zukunft; ebenso jede Größe durch Linie, Fläche und Körper. Drei Dimensionen hat jeder Körper: Länge, Breite und Dicke. Drei Akkorde enthält die Harmonie: die Oktave, Quinte und Terz. Als feine Beobachter verstanden die Druiden, genauso wie die griechischen Mathematiker, daß die Drei in jeder Beziehung der Inbegriff der Vollkommenheit ist.

Zusammenfassend läßt sich sagen, obwohl dieser Satz eigentlich dem Hermes Trismegistos in den Mund gelegt wurde: »Durch die Zahl Drei besteht die Welt: durch das Schicksal, die Notwendigkeit und die Ordnung!«

Diese Aussage bringt meiner Meinung nach die Weisheit der druidischen Triade(n) so genau auf den Punkt, daß sie es jedem, der guten Willens und aufmerksam ist, gestattet, die Weisheit seines eigenen

»inneren« Druiden zu entdecken. Dabei braucht er sich nicht verpflichtet zu fühlen, die neodruidischen Triaden von Iolo Morganwg oder auch die weniger bekannten Triaden des »Barzaz Breizh« zu einer Art »heidnischem« Glaubensbekenntnis zu stilisieren.

An Avallach – die Insel im Westen

Im ausgehenden 18. und im 19. Jahrhundert sprossen die Übersetzungen von ursprünglich in einer keltischen Sprache verfaßten Werke sowohl auf den Britischen Inseln als auch in Frankreich und Deutschland wie Pilze aus dem Boden. Manche dieser Übersetzungen stammten von Handschriften, die oft jahrhundertelang in den hintersten Winkeln von Universitätsbibliotheken oder berühmten Privatsammlungen verstaubt waren. Andere wiederum von Manuskripten, die – sozusagen – überraschend aufgefunden worden waren. Einige nahmen für sich in Anspruch, die ersten schriftlichen Niederlegungen einer über Jahrhunderte in oraler Tradition bewahrten vorchristlichen Tradition zu sein, die dem Autor mündlich von den letzten Bewahrern dieser Tradition übermittelt worden seien.

Was die Authentizität jener Handschriften angeht, auch wenn diese nur die spätmittelalterlichen Kopien von frühmittelalterlichen Kopien der weit vor dem Mittelalter datierenden Originalhandschrift darstellen, so ist es doch möglich, Transkriptionsfehler und eigene Inspirationen irgendwelcher Kopisten in Kauf genommen, zu sagen: Gut, hier haben wir etwas in der Hand!

Was allerdings die Authentizität jener Werke betrifft, die lediglich eine Aufzeichnung oral erhalten gebliebener Traditionen darstellen, so existiert und existierte schon damals ein oftmals wilder Streit zwischen Experten – Historiker und Sprachwissenschaftler – um die Frage, ob wir mit einer ganz besonders wilden und schlauen Fälschung konfrontiert werden oder ob an diesen Werken wirklich »etwas dran« ist.

Die Idee der schlauen und wilden Fälschung geht auf das Jahr 1760 zurück: Unter dem Titel »Fragments of Ancient Poetry« oder »Bruchstücke alter Dichtung, in den Hochlanden gesammelt, aus dem Gälischen oder Ersischen übersetzt« gab Hugh Blair in diesem Jahr in Edinburg die von James MacPherson, einem jungen schottischen Theologen, zu Papier gebrachten Texte heraus, die gemeinhin als »Der Ossian« bekannt wurden. Obwohl MacPherson zwei Jahre später von Samuel Johnson angelastet wurde, der »Ossian« sei nicht authentisch, und das Pariser »Journal des Savants« ihm 1764 gar »pure Hochstapelei« vorwarf, begeisterten sich Dichtergenerationen weit über die Grenzen Schottlands hinaus für diese scheinbar »alten gälischen Gesänge«.

Herder brachte seinem Schützling Goethe den »Homer des Nordens« nahe, der ihn wiederum im »Werther« zitierte. In Frankreich zählten sowohl Madame de Stael als auch Napoleon Bonaparte zu den Lesern und Bewunderern des Werkes, das die »Keltenromantik« des 19. Jahrhunderts auslöste Die Anfälligkeit bereits der vorromantischen Zeit für alles Düstere und Vorzeitliche ließ die Leser des »Ossian« die Legende seiner Authentizität nur zu bereitwillig glauben. Und diese Leser verlangten nach mehr.

Im gleichen Zeitgeist verfaßte Edward Williams alias Iolo Morganwg die »Barddas«, die von einigen bis heute als eine authentische Kompilation walisischer Bardentexte angesehen wird.[132] Viele andere dagegen halten sie für eine äußerst elegante und sehr geschickte Fälschung von Edward Williams. Williams-Morganwgs Werke waren zweifelsohne der Auslöser für die Gründung des »Ancient Order of Druids« durch Henry Hurle. Und er gilt als der »Ideologe« der Bewegung der »Neuen Druiden«, der sogenannten »Neodruiden«, die ihre Wurzeln u. a. auch in der damals höchst populären Freimaurerei hat.

Der interessanteste Punkt in bezug auf sowohl die »Barddas« als auch sämtliche anderen Schriften von Edward Williams alias Iolo Morganwg ist sein Quellenverweis: Er beruft sich auf einen gewissen Llywelyn Sion of Llangewydd als die ursprüngliche Quelle aller Weisheiten und bardischen Gesänge, die er aufzeichnete: Als historische Daten von Llywelyn Sion of Llangewydd gibt er seine Geburt zwischen ca. 1515 bis 1517 und seinen Tod zwischen 1615 bis 1617 an. Dieser Mann – ein gemeinhin respektierter Schriftsteller und »Antiquar«[133] – hatte offensichtlich Zugang zu verschiedenen Sammlungen alter walisischer Manuskripte im Besitz von u. a. Sir Edward Mansell und Sir William Herbert, dem Earl of Pembroke und Eigentümer von Rhaglan Castle. Selbstverständlich wurden sämtliche Manuskripte, mit denen Llywelyn Sion of Llangewydd gearbeitet hatte, in der Zeit der Schreckensherrschaft des Puritaners Oliver Cromwell vom Feuer zerstört!

Während Edward-Iolos Aufzeichnungen in den Tagen ihrer Erstveröffentlichung durch die Welsh Manuscripts Society[134] und auch noch viele Jahre danach völlig unkritisch für bare Münze genommen wurden, ruht über ihnen heute der düstere Schatten des Zweifels! Insbesondere in den letzten 40 oder 50 Jahren wurde versucht, Edward-Iolo zu einem »Fälscher« in der gleichen Kategorie wie James MacPherson hochzustilisieren. Gleichzeitig wurden natürlich auch jene berühmten »Triaden« in Zweifel gezogen, in denen sich die Weisheit und die Geisteswelt der Druiden finden lassen und die in so vielen Werken über die Kelten und die Druiden, im Regelfall ohne irgendeine Quellenangabe, zitiert werden, meist um die große magische Bedeutung der Zahl »Drei« oder die Existenz der »drei Welten« – Anwn, Abred, Gwenved – in der Geisteswelt der Kelten und ihrer Druiden zu untermauern. Am häufigsten werden diese »druidisch/bardischen Triaden« allerdings dann bemüht, wenn es darum geht, das Verständnis der Kelten und ihrer Druiden von der Zeit, den Jahreszeiten und dem Jahreskreislauf zu vermitteln.[135] In wissenschaftlichen Werken über die Magie, die Heilkunst und die Zukunftsdeutung der Druiden, wie z. B. denen von Prof. Christian Guyonvarc'h[136] und Dr. Francoise LeRoux, werden sie wohl aus diesem Grund nicht einmal in Form irgendeiner Fußnote erwähnt, um sie entweder zu diskreditieren oder zu integrieren.

Obwohl wir nicht so weit gehen möchten, die »Weisheit der Druiden«, so, wie sie von Iolo Morganwg niedergelegt wurde, zur eklatanten Fälschung zu erklären, fällt es uns doch sehr schwer, diesen »Triaden« irgendeinen Beitrag zum besseren Verständnis der druidischen Heilkunst abzuringen oder in ihnen irgendwelche Schlüssel zu finden, die die Fortsetzung jener alten Tradition bis in unsere Zeit untermauern würden.[137] Selbst unter der Annahme, daß nicht alles von A bis Z von Iolo-Edward erfunden wurde und vieles wohl wirklich auf der ehrlichen Überlieferung von Gedankengut aus der alten Zeit der Kelten und ihrer Druiden basiert, bleibt davon lediglich die Tatsache übrig, daß für unsere Vorfahren die Harmonie aller Dinge[138] von höchster Bedeutung war: der Einklang zwischen Mensch, Natur und höheren Mächten!

Für das Veständnis des Heilwissens der Druiden und ihrer Pflanzenkunde sind diese »Triaden« nicht notwendig. Sie gewähren jedoch in wesentlich einfacherer Form als die in der Wissenschaft[139] verwendeten sprachlichen Quellen den Zugriff auf und den Einblick in den keltischen Jahreskreis.

Exkurs: Die Trinität der Druiden und die Gesetze der Natur

Die sogenannten »Druidischen Triaden« oder »Bardischen Triaden«, ob sie letztendlich das philosophisch-religiöse Feingefühl eines Mannes aus dem ausgehenden 18. Jahrhundert widerspiegeln oder die erfolgreiche Niederschrift einer über Jahrhunderte fortgesetzten mündlichen Tradition sind, haben für jeden von uns den Wert, den wir ihnen beimessen möchten. Manchen fällt es leichter, in etablierten, bekannten Worten ihrer Überzeugung Ausdruck zu verleihen, während andere es vorziehen, aus dem Grund ihrer eigenen Erfahrungswelt zu schöpfen und selbst in Worte zu fassen, was sie glauben, fühlen und denken.

Die Trinität als solche ist allerdings ein ganz anderes Kapitel der Geschichte. Die christliche Lehre von der Dreieinigkeit – Trinität oder Trinitas – ist das Ergebnis einer fast wissenschaftlich anmutenden Dogmenentwicklung. Und sie widerspricht den Aussagen in der Bibel als solche!

Einige wenige christliche Theologen räumten und räumen dies auch ein: Das Dogma von der Dreieinigkeit, Dreifaltigkeit oder Trinität[140] wurde nicht auf der sogenannten »Heiligen Schrift« der Christen aufgebaut, sondern ist eine intelligente Mischung von christlichen, heidnischen und philosophischen Elementen. Trotz dieser in instruierten Kreisen seit langem bekannten Tatsache wurde diese Trinität quasi zum Grundpfeiler der christlichen Lehre und des christlichen Glaubens.

Wie konnte so etwas geschehen? Wie konnte ein raffiniertes Mixgetränk zum allgemein anerkannten Allheilmittel der offiziell abgesegneten Heilslehre der Diener der römischen Kirche werden? Ganz einfach darum, weil die nach dem endgültigen Zusammenbruch des weströmischen Reiches zu missionierenden Bevölkerung der keltischen und germanischen Gebiete mit dem Monotheismus der Bibel nichts anzufangen wusste! Zur Anpassung an die philosophisch-religiöse Geisteshaltung der zu missionierenden Gebiete, die sich um vieler politischer Gründe willen um jeden Preis durchsetzen mußte, wurde hemmungslos die gerade erst zusammengefummelte »Bibel«, die heilige Schrift der Anhänger des paulinischen Christentums, abgeändert, indem das berühmte Comma Johanneum eingefügt wurde. So viel Macht, so viel Einfluß, so viel Leid in einem so kleinen unscheinbaren Schriftzeichen, eingebettet in das »Neue Testament«:

Das Comma Johanneum
Originaltext 1. Joh. 7,8:
»Da drei die Bezeugenden sind: der Geist und das Wasser und das Blut.«
Fälschung 1. Joh. 7,8:
»Drei sind es, die das Zeugnis ablegen im Himmel: der Vater, das Wort und der Heilige Geist und diese drei sind eins. Und drei sind es, die Zeugnis ablegen auf der Erde; der Geist und das Wasser und das Blut, und die drei stimmen überein.«

Zum Dogma erhoben wurde diese im ursprünglich »christlichen« Sinne falsche Lehre von der Trinität auf den berüchtigten ökumenischen Konzilien von Nicäa im Jahre 325 der Zeitrechnung und Konstantinopel im Jahre 381 der Zeitrechnung. In Nicäa wurde gleichzeitig auch noch praktischerweise aus dem tapferen Widerstandskämpfer gegen die Allmacht der römischen Schwerter, Jesus von Nazareth, ganz im Sinne von Athanasius, DER Sohn Gottes gemacht – per Mehrheitsbeschluss, in offener Wahl und mit gehobener Hand der Wählenden.

Eine Stimme war es, die dem antiken »Che Guevara in Sandalen« diese zweifelhafte Ehre einbrachte ... eine Ehre, die der Mann selbst, hätte er eine Stimme auf dem Konzil gehabt, höchstwahrscheinlich händeringend abgewehrt hätte. Denn die Thora schreibt, daß jeder fromme Jude, ja das ganze Volk Israel selbst, »Gottes Sohn« ist. Daneben existieren noch die spärlich beschriebenen »Gottessöhne«, engelähnliche Wesen, die allerdings nicht die Stellung des »Sohnes Gottes« haben!

Die Art der Fälschung, das »Comma Johanneum« – diese drei sind eins –, weist ganz klar auf den trinitären Monismus der Druiden/Goden hin – Anfang, Mitte, Ende –, der den keltischen und germanischen Völkern in Fleisch und Blut übergegangen war und der dadurch mit dem fremden Gedankengut aus der Wüste in Übereinstimmung gebracht und für sie »akzeptabel« gemacht wurde.

Eine Dreieinigkeit im Original des keltischen Ursprungs ist überliefert im »Liber Scivias«, dem »Buch Scivias«, der Hildegard von Bingen (1098–1179)[141]: Die Vision der Äbtissin vom Disibodenberg[142] wurde im Jahre 1147 von Papst Eugen III. autorisiert. Ein paar Jahrhunderte später wäre Hildegard höchstwahrscheinlich umgehend als Hexe verbrannt worden.

Die Vision

»Es gibt drei Kräfte im Stein, drei in der Flamme und drei im Wort.

Im Stein ist feuchte Grünkraft, greifbare Festigkeit und glänzendes Feuer. Er besitzt aber die feuchte Grünkraft, damit er sich nicht auflöse und auseinanderfalle, die greifbare Festigkeit jedoch, damit er Wohnung und Schutz biete, ferner das glänzende Feuer, damit er sich erwärme und dauerhaft festige.

Die Flamme besteht aus hellem Glanz, purpurfarbener Grünkraft und feuriger Glut. Sie hat aber den hellen Glanz zum Leuchten, die purpurfarbene Grünkraft zum Lebendigsein und die feurige Glut zum Brennen.

Im Wort ist Klang, Kraft und Hauch. Es hat aber den Klang, damit man es hört, die Kraft, damit man es versteht, und den Hauch, damit es ans Ziel gelangt.

Wie deshalb im Stein keine feuchte Grünkraft ohne greifbare Festigkeit und glänzendes Feuer und die greifbare Festigkeit nicht ohne feuchte Grünkraft und glänzendes Feuer und das glänzende Feuer nicht ohne feuchte Grünkraft und greifbare Festigkeit da ist und wirkt; und wie in der Flamme kein heller Glanz ohne purpurne Grünkraft und feurige Glut und die purpurne Grünkraft ohne hellen Glanz und feurige Glut und die feurige Glut ohne hellen Glanz und purpurne Grünkraft nicht da ist und wirkt; und wie im Wort ohne Kraft und Hauch kein Klang und ohne Klang und Hauch keine Kraft und ohne Klang und Kraft kein Hauch da ist und wirkt, sondern alle bei ihrem Werk untrennbar zusammenhängen, so bleiben auch diese drei Teile der wahren Dreifaltigkeit untrennbar und werden nicht geschieden.«

So, wie Hildegard von Bingen hier zu ihren immer noch monistisch denkenden Zeitgenossen spricht, haben auch die Druiden die Mystik einer dreifach großen Trinität verwendet, die einen Hauch von Hermetik in sich hält. Und eben diese dreifach große Trinität hat noch heute – fernab der christlichen Kirche und ihrer Dogmen – immer noch uneingeschränkte Richtigkeit: im Bereich der »exakten« Naturwissenschaften, wo die Druiden selbst meisterlich bewandert waren, wie dieses Buch unterstreicht!

Der Glaube, das Gefühl und das Denken sind als verschiedene Ebenen im Menschen selbst angelegt und bewirken vereint seinen persönlichen Zustand der Trinität, die Seele! Und völlig unabhängig von Glauben und Religion wird diese Trinität des Menschen von der Natur bezeugt, wie es bereits weiter oben dargelegt wurde: die drei angeborenen Denkkategorien, die drei Entwicklungsstufen des Denkvermögens und die drei Schritte der Entwicklung.

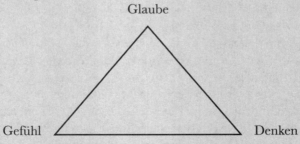

Diagramm 2: Glaube, Gefühl und Denken sind im Menschen als verschiedene Ebenen angelegt und bewirken vereint einen persönlichen Zustand der Trinität, die Seele

> So einfach, die monistische Dreieinigkeit der Druiden in der Natur des Menschen selbst. Wir brauchen keine ausgeklügelten Triaden, die es auswendig zu lernen gilt, um den Kern der Dinge zu begreifen, nur ein bißchen gesunden Menschenverstand. Wir sind, alles ist: drei!

Die Natur der Dinge – Druiden und Zeit

Die Naturerkenntnis der Druiden-Ärzte war in das unmittelbare Naturgeschehen eingebettet und beruhte auf einer Beobachtungsgabe, die man vielleicht eine »mystische Schau« nennen kann. In der Welt der Kelten gab es genauso wenig eine übergreifende Kirche, die eine »wahre Lehre« verwaltete, wie es eine übergreifende Staatsorganisation gab, die die Stämme verband. Ähnlich wie die hinduistische Spiritualität heute, war die keltische dezentralisiert und schöpfte ihre Inhalte aus der umliegenden Natur. Ebenso wenig wie einen keltischen Staat oder eine keltische Religion gab es den keltischen Kalender.

Was in Coligny im französischen Département Aisne gegen Ende des 19. Jahrhunderts gefunden wurde, waren die Fragmente eines druidischen Kalenders aus dem 1. Jahrhundert der Zeitrechnung.[143] Vermutlich war er ebenso wie das mit ihm gefundene Götterbild in einem lokalen Heiligtum aufgestellt, wo er auch kultischen Zwecken gedient haben könnte. Alledings gibt der Kalender von Coligny weder über die religiösen Feste der in dieser Gegend ansässigen Kelten noch über die bei ihnen gebräuchlichen Götternamen Auskunft.[144]

Aber es gab in der tausendjährigen Geschichte der Kelten und in der wahrscheinlich noch viel längeren des Druidentums auch viele andere Systeme der Zeiteinteilung, die alle ihren guten Sinn und ihre Rechtfertigung in örtlichen Umständen hatten.

Die Zeit der Kelten war dehnbar; der Druide vermochte sie zu beschleunigen oder zu verlangsamen. Besonders in der Anderswelt gab es keine feste Zeit mehr: Ein Tag konnte ein Jahr oder auch ein Jahrhundert lang sein! Wie die meisten anderen naturverbundenen Völker auch empfanden die Kelten die Zeit als einen Kreis und nicht wie wir heute als etwas Lineares. Innerhalb des Jahreskreises kreisten Monatskreise, in denen wiederum Tages- und Stundenkreise kreisten. Jede Generation beschrieb einen Kreis. Jeder Kreis war in eine helle und eine dunkle Seite eingeteilt. Ebenso wie die Zeit waren die Stunden der Kelten flexibel. Im Sommer waren die Nachtstunden kürzer, im Winter länger! Diese vom gesunden Menschenverstand diktierte Zeiteinteilung ist auch in heutigen Tagen noch in ländlichen Gegenden üblich: Bauern beginnen mit dem ersten Hahnenschrei und dem ersten Tageslicht ihren Arbeitstag und hören mit der Arbeit auf, sobald das Tageslicht es nicht mehr zuläßt, oder pflanzen bzw. ernten in ihren Gemüsegärten entsprechend dem Mondzyklus. Dieses Einbeziehen des Mondzyklus im Gartenbau ist inzwischen wieder weit über die traditionellen ländlichen Kreise hinaus bekannt.

Die Beachtung dieser einfachen Regeln und des Prinzips der Harmonie aller Dinge reicht im großen und ganzen schon aus, um aus dem in diesem Buch beschriebenen Kräuterwissen der Druiden-Ärzte zu schöpfen. Denn ebenso wie die Fauna hat es auch unsere Flora vorgezogen, sowohl der klassischen Antike als auch der Scholastik und der Aufklärung die kalte Schulter zu zeigen und nach wie vor dem Einklang und der Harmonie des Seins unserer keltischen Vorfahren und ihrer Druiden zu folgen.

ZWEITER TEIL

DIE DRUIDEN ALS ÄRZTE UND HEILKUNDIGE

5

DRUIDISCHE
HEILKUNST

I.

 sklepios, im Lateinischen Äskulap genannt, war der Sohn des Hyperboreers Apollo und der Gott der Heilkunst. Asklepios selbst hat gemeinsam mit seiner Schwester Artemis den Zentauren Chiron die Heilkunst gelehrt und Chiron wurde wiederum der Lehrmeister des Asklepios.

Hippokrates stammte in der 17. oder vielleicht auch in der 19. Generation von Asklepios ab. Durch diese Abstammung verbindet er sich mit jener Tradition der Hyperboreer, die sechs Jahrhunderte vor seiner Zeit im antiken Griechenland eingeführt wurde.

Der byzantinische Gelehrte Johannes Tzetzes (ca. 1110–1180 der Zeitrechnung) berichtet uns, daß Asklepios der Vater eines Helden des Trojanischen Krieges, Podalire, war. Und Podalire wiederum war der Vater des Hippolochus, Vater des Sostrates, Vater des Dardanus, Vater des Crisamis, Vater des Cleomyttades, Vater des Theodorus, Vater des Sostartes II, Vater des Crisamis II, Vater des Theodorus II, Vater des Sostrates III, Vater des Nebrus, Vater des Gnosidicus, Vater des Hippokrates, Vater des Heraklides, Vater des Hippokrates II.

Homer erwähnt die Söhne des Asklepios, Podalire und Machaon, im Lager jener Griechen, die sich am Trojanischen Krieg beteiligten. Diese Erwähnung der Söhne des Asklepios durch Homer bringt uns zu Apollo, seinem Vater, zurück, jenem Apollo des 7. Jahrhunderts vor der Zeitrechnung. Dieser Apollo, Vater des Asklepios, ist höchstwahrscheinlich ein Avatar, die körperliche Manifestation des viel älteren Gottes Apollo des Hyperboreers!

Nach Auffassung von Èmile Littré[145] existierten drei Quellen für die griechische Heilkunst: Die erste Quelle waren jene Kollegien von Priester-Ärzten[146], die Tempel des Asklepios. Allerdings begeht Littré den Fehler, diese Tempel in der orientalischen Tradition der Priester-Ärzte Ägyptens zu sehen, während uns die griechischen Legenden selbst deutlich machen, daß sie jener der Priester-Ärzte des Okzidents, sprich der Druiden, nähergestanden haben.

Der zweite Ursprung der griechischen Heilkunst liegt in der Naturphilosophie, Physiologia genannt. Diese Physiologia entspricht, wie wir in diesem Fall Cicero entnehmen dürfen, genau dem naturwissenschaftlichen Ansatz der Druiden.

Im 1. Jahrhundert vor der Zeitrechnung schreibt Cicero an seinen Bruder Quintus Tullius folgendes: »Gallien hat seine Druiden. Ich selbst habe den Häduer Diviciacus kennengelernt, eben jenen Mann, der heute Dein Gast ist und der Dich in hohen Tönen lobt. Er [Diviciacus] behauptet, die Naturphilosophie zu kennen, die von den Griechen als Physiologia bezeichnet wird ...«

Die dritte Quelle der griechischen Heilkunst sind die »Gymnasien«. Hier sagt uns Littré, daß die Leiter jener Institutionen den größten Wert auf Fragen der Gesundheit, den Einfluß von Leibesübungen und Ernährung legten. Es handelt sich hierbei um eine Form und einen Ansatz der Medizin, die gewiß »erdgebundener« sind als die Naturphilosophie oder gar diejenigen, die in den Akademien der Asklepios-Tempel praktiziert wurden.

In Anbetracht dieser drei Ursprünge der griechischen Heilkunst erscheint es uns als wohl dargelegt, daß die Heilkunst des Hippokrates in gerader Linie von eben jener Heilkunst der Protokelten abstammt, so, wie sie am Ende der Megalithkultur und zu Beginn der minoischen Zivilisation ins griechische Gebiet eingeführt wurde.

II

In der »Vita Merlini« von Goddefroi de Monmouth begleitet Morgane König Artus zur Insel Avallon. Mit Hilfe verschiedener Heilmittel behandelt sie dort seine Verletzungen und stellt seine Gesundheit wieder her. Morgane handelt in diesem Augenblick als Druide.[147] Sie ist Arzt, sie meistert die Kunst der Transformation: Das Übel wird in Gutes verwandelt, das schadenbringende Symptom wird ausgemerzt oder zumindest geschmälert, die Lebenskräfte werden gestärkt.

Wie auch immer! Hippokrates war hyperboreischer Abstammung. Von Apollo bis zu Hippokrates haben in gerader Linie Priester-Ärzte die Flamme der Medizin hochgehalten, jener druidischen Kunst par excellence. Wird man deshalb sagen, daß die europäische medizinische Tradition druidischen Ursprungs ist?

Hippokrates[148] war der größte Arzt der Frühzeit. Der Bretone René-Théophile-Hyacinte Laënnec[149], Erfinder des Stethoskops und »Vater« der Auskultation und medizinischen Semiologie, der Lehre von den Kennzeichen der Krankheiten, insbesondere im Bereich der Herz- und Lungenkrankheiten, war vielleicht der größte Arzt seit Hippokrates, zweifelsohne aber war er der Erfinder der modernen Medizin. War der bretonische Mediziner Laënnec ein Druide?

Wir wissen es nicht! Was wir allerdings wissen, ist, daß Laënnec Erbe einer uralten Tradition war, die ohne irgendeine Unterbrechung seit dem Anbeginn der Zeit in Armorica existierte. Er trug in sich das Erbe der Heilkundigen, aber auch der Gelehrten dieses abgelegenen Teils Europas. Die medizinische Tradition der Bretagne kann seit den Tagen der Antike mühelos durch Ausgrabungen mannigfaltigen medizinischen Geräts nachvollzogen werden.

Lange vor Laënnec, in jener dunklen Zeit, in der der Westen vom Barbarentum heimgesucht wurde und wo lediglich noch in Schottland, Irland und der Bretagne eine Flamme der Zivilisation brannte, verfaßt eine kleine Gruppe gelehrter Männer das in diesem Buch schon mehrfach zitierte Manuskript von Leyden in altbretonischer Sprache. Die davon übriggebliebenen Fragmente überliefern uns nicht nur verschiedene Krankheiten, sondern auch 70 Heilpflanzen, die zu ihrer Behandlung eingesetzt wurden. Und noch einmal 400 Jahre vor dem Leydener Manuskript, am Ende des Imperium Romanums, schreibt in Bordeaux Marcellus Empiricus das große Kompendium des gesamten gallischen Heilwissens, »De Medicamentis«. Die 1800 in »De Medicamentis« niedergelegten Rezepturen stellen den Hauptteil einer keltischen Pharmakopöe dar, einschließlich der keltischen therapeutischen Magie. Allein der Teil von »De Medicamentis«, der sich mit Wasser als Heilmittel befaßt, deckt 50 Thermalstationen in Gallien ab.

Ebenfalls im Bordeaux des 4. Jahrhunderts der Zeitrechnung preist der Arzt und Poet Ausonius die Wohltaten einer Heilquelle mit dem keltischen Namen Divonne – »Quelle der Götter«. Und nur wenige Jahre vor Ausonius' Lobgedicht, im Jahre 309, unternimmt der römische Kaiser Konstantin eine Pilgerfahrt zum Ursprung dieser Quelle im Tempel des Grannos, um von einem Leiden geheilt zu werden. Und nicht nur hochgestellte Persönlichkeiten wie Konstantin besuchten die gallischen Thermen und konsultierten die gallischen Ärzte. Patienten aus Griechenland sind genauso überliefert wie Kranke aus Rom und anderen Gebieten des Imperiums.

Man kann ohne Frage von einer keltischen Heilkunst sprechen, die genauso bedeutend und fortschrittlich war wie die eines Hippokrates oder Galen. Und es ist eher verwunderlich, daß dem Inhalt dieser Heilkunst in der heutigen Zeit nur wenig Aufmerksamkeit gewidmet wird – trotz vieler wichtiger und erstaunlicher archäologischer Funde aus der Keltenzeit an französischen Thermalstationen und zwei wissenschaftlicher Publikationen[150] zu diesem Thema.

Neben der Pflanzenheilkunde und Augenheilkunde ist in Frankreich insbesondere die Wassertherapie ein Manifest der Überlieferung dieses Wissensschatzes bis in die jüngste Zeit. In der reichhaltigen Literatur des 19. Jahrhunderts zur Anwendung der Wassertherapie läßt sich nicht nur die alte Tradition bis zu den Druiden-Ärzten zurückverfolgen, sondern auch die Weiterentwicklung dieses Wissens durch deren Nachfolger.

Sicher ist, daß sich die gesamte Heilkunst des Westens aus der Heilkunst der Hyperboreer entwickelt hat. Wir haben zuvor aufgezeigt, wie Asklepios und Hippokrates aus dieser Tradition hervorgingen, genauso wie Apollo, der Avatar des uralten Lichtgottes, der insbesondere in der Form des Belenos für die Druiden von herausragender Bedeutung war.

Marbode (1035–1123), der Bischof von Rennes, interessierte sich – seinem christlichen Amt zum Trotz – für die Heilwirkung von Halbedelsteinen und verfaßte hierzu gelehrte Aufzeichnungen. Er steht eindeutig in der druidischen und monastischen Tradition der Bretagne, Irlands und Schottlands, aus der heraus sich sowohl die Auffassung eines Pelagius als auch die keltische Kirche[151] entwickelt haben, die bis zum heutigen Tage in ihren Leitlinien in Opposition zur römischen Amtskirche stehen. Marbode betont zum Beispiel die Wirkung des Achats, der von Schlangenbissen heilt und Schlangen selbst vertreibt. Für ihn war der Smaragd der Stein des Redners und des Juristen und auch ein wertvolles Hilfsmittel für divinatorische Zwecke. Ein erstaunliches Beispiel aus dem Wissensschatz von Marbode, in dem sich Petrographie, Astrologie und Magie begegnen, ist der Selenit – der Mondstein. Dieser Stein, der dem grünen Jaspis ähnelt, entwickelt sich mit den Mondphasen, er vergrößert sich mit zunehmendem Mond und verkleinert sich mit abnehmendem Mond. Der Jaspis selbst, der Stein, aus dem der Ring gemacht war, den Tristan nach der Legende Isolde schenkte und der beiden als ihr Erkennungszeichen diente, ist für den alten Bischof von Rennes der Stein, der vor Gefahren schützt und Phantome und Spektren in die Flucht schlägt.

Noch 500 Jahre nach Marbode schreibt Paracelsus, daß »... die Magier Steine oder andere Objekte so bereiteten, daß diejenigen, die sie bei sich trugen, sowohl das Fieber als auch andere Krankheiten verschwinden sahen ...«

Auch Hildegard von Bingen, die Äbtissin vom Disibodenberg und Zeitgenossin von Godefroi de Monmouth, glaubte an die Heilkraft der Steine. In den neun Büchern ihrer »Physica« findet man neben 230 Heilpflanzen und Tieren, deren »Bestandteile« heilende Wirkung haben sollten, sowohl Halbedelsteine als auch verschiedene

Metalle. Hildegard betrachtete die Therapie in Bezug auf die kalten und die warmen Qualitäten ihrer Elemente und aufgrund ihrer Feuchtigkeit. Die Quellen ihres sogenannten Wissensschatzes liegen im Dunkeln verborgen, denn sie beruft sich weder auf Hippokrates noch auf Galen oder auf Marcellus Empiricus. Aber eine genauere Analyse der Hildegard-Pharmakopöe gestattet dennoch, die gleichen Wurzeln zu finden wie bei den drei erstgenannten:

Hildegard stammte aus einem keltischen Land, einem Land, in dem seinerzeit die Trever beheimatet waren. Von Grand nach Trier sind es nur rund zweihundert Kilometer, und man kann sich die Frage stellen, ob die Äbtissin vom Disibodenberg nicht aufs Engste mit den in Grand ansässigen berühmten Mönchen in Verbindung gestanden und von ihnen Wissen übernommen hatte. Möglicherweise beruht der Wissensschatz aber auch auf Überlieferungen, die im Zuge der Missionierung durch irische Mönche[152] rund 600 Jahre zuvor eingeführt und bis zu den Niederschriften der Äbtissin mündlich tradiert worden waren.

Am entgegengesetzten Ende Europas und 400 Jahre später stoßen wir auf Anne, Herzogin der Bretagne, in der Magie bewandert, eine Wissende umgeben von Wissenden. In ihrem Auftrag wird eines der wunderbarsten Werke der Miniaturmalerei des ausgehenden Mittelalters geschaffen – »Les Grandes Heures de Bretagne«![153] Ein großes Werk zur Botanik und Heilpflanzenkunde, sorgfältig verborgen hinter dem Paravent eines Stundenbuches, zur intellektuellen Ertüchtigung ihres Sohnes Francois, des künftigen französischen Königs!

Die Illustrationen dieses Stundenbuches sind von großer Vielfalt; nur 46 von ihnen haben ein religiöses Motiv. Aber sie sind so großformatig, so bunt und so prächtig, daß sie ohne jeden Zweifel das Auge jedes Kirchenmannes, jedes Inquisitors sofort auf sich zogen und damit von den anderen ablenkten, jenen Sternkreiszeichen, esoterischen Symbolen und traditionellen Heilpflanzen der keltischen Druiden-Ärzte, die mit ihren altfranzösischen und lateinischen Namen den Rest des Manuskripts schmücken. Die »Grandes Heures de Bretagne« der Herzogin Anne sind die lückenlose Fortsetzung des bretonischen Medizinhandbuches, das hier als Leydener Manuskript Codex Vossius Lat 97 zitiert wird, und des Werkes von Marcellus Empiricus, »De Medicamentis«.

Exkurs: Anne, die »kleine« Herzogin, und das große Wissen um die alte Heilkunst

Bereits in früheren Kapiteln wurde gelegentlich Anne de Montfort erwähnt, die letzte Herzogin einer freien, unabhängigen Bretagne. Vielen Lesern ist sie vielleicht nur als eine Fußnote der Geschichte bekannt, als ein politisches Pfand, das, ohne gefragt zu werden, im Alter von sieben Jahren dem Kaiser Maximilian von Habsburg anverlobt wurde. Manche Leser erinnern sich vielleicht noch dunkel, daß der französische König diese Allianz zwischen der Bretonin und dem Kaiser des Heiligen Römischen Reiches »Teutscher« Nation so sehr fürchtete, daß er ihre Hauptstadt Rennes erbarmungslos belagerte, bis Annes Heirat[154] mit Maximilian aufgelöst wurde und sie bereit war – um nicht noch mehr Blut ihrer Landeskinder zu vergießen –, ihm selbst das Eheversprechen zu geben. Durch Waffengewalt gezwungen, unterschrieb Anne einen Ehevertrag, der festhielt, daß sie im Falle von Charles' Tod sich nur mit dem König von Frankreich – also seinem Nachfolger – vermählen könnte. Da sämtliche Kinder aus Annes Ehe mit Charles starben, wurde diese Hinderungsklausel trotzdem eine Realität, denn die kleine bretonische Herzogin heiratete Charles' Nachfolger und Cousin, Louis XII.

Auf der Ehe von Anne und Charles VII. – so munkelte man – lag ein unheimlicher Fluch: ein Fluch, der von François de Paule ausgestoßen wurde, dem Gründer des Minoritenordens, der zwar während des bretonisch-französischen Krieges eben diese eheliche Verbindung so hoch gelobt hatte, aber andererseits nicht umhinkam, die notwendige Auflösung der Verlobung von Charles VIII. mit Margarete von Österreich zu verdammen. François de Paule legte seinen Fluch nicht auf Anne, sondern auf Charles VIII., der zwei Mal den Eid gebrochen hatte!

Ein paar Leser schmunzeln vielleicht, sich an ihr Jurastudium erinnernd – denn es war jene Anne de Montfort, deren schlaue Rechtsprechung es bis heute nicht ermöglicht, auf Autobahnen in der Bretagne irgendeine Form des Wegegeldes[155] zu erheben!

Herzogin der Bretagne und zwei Mal Königin der Franzosen! Ein außergewöhnliches Schicksal für eine außergewöhnliche Frau, über die die Geschichte beinahe im gleichen Atemzug viel Gutes und viel Schlechtes berichtet. Von den Bretonen selbst verklärt und quasi zur Heiligen erhoben, halten sich französische Historiker wie Jean Minois nicht zurück, Anne de Montfort als Intrigantin, skrupellose Politikerin und egozentrische Powerfrau zu beschreiben. Wie immer und überall dürfte auch hier die Wahrheit in der Mitte liegen. Denn es ist gewiß, daß in dieser Zeit des ausgehenden Mittelalters, in der Politik mit brutalsten Mitteln betrieben wurde und Giftmorde zum Alltag gehörten, ein schwaches, wankelmütiges und beeinflußbares Geschöpf nur wenig Überlebenschancen inmitten eines Wolfsrudels gehabt hätte. Anne de Montfort verteidigte ihre Stellung und ihre Macht mit allen ihr zur Verfügung stehenden Mitteln und dürfte wie ihre mächtigen männlichen Kollegen dabei nicht die geringsten Skrupel gezeigt haben. Da die Bretagne keine salische Thronfolge kannte, sondern immer der Erstgeborene – männlich oder weiblich – den Herzogtitel bekam, wurde Anne de Montfort vom Tag ihrer Geburt an auf ihre künftige Rolle als Herrscherin vorbereitet und erhielt nicht nur im Hinblick auf die Politik eine ausgezeichnete Ausbildung!

Doch dieses Buch handelt nicht von Politik und Macht, sondern vom Überleben des druidischen Heil- und Kräuterwissens bis in die Tage der Neuzeit. Was uns an dieser Stelle viel mehr interessiert, ist die Frage, warum eine Frau in dieser Stellung zu Anfang der Renaissance die Wahl trifft, eines der kostbarsten Stundenbücher Frankreichs[156] ausschließlich Heilkräutern, Pflanzen, Insekten, Kleintieren und bestimmten esoterischen Motiven wie Sternzeichen zu widmen.

Insgesamt 329 Pflanzen mit ihren lateinischen und altfranzösischen Namen zieren die »Grandes Heures«. Die Art, wie die Pflanzen dargestellt wurden, weist darauf hin, daß Anne kein reines Zierwerk im Kopf hatte, sondern ein Handbuch, das eine »wissenschaftliche« Bestimmung der Pflanzen in ihrer Blüte, also in der besten Zeit zu ihrer Ernte, ohne Zweifel möglich macht.

Genauso exakt wie die Pflanzen sind auch die Tiere dargestellt. Es bereitet keine Mühe, die Insekten eindeutig zu identifizieren. Häufig handelt es sich hier um den Hauptschädling der Pflanze oder um den Hauptbestäuber! Ein seltsamer Zufall? Was das Stundenbuch zusätzlich noch so ungewöhnlich macht, ist die Tatsache, daß man, um mit seiner Hilfe Pflanzen zu bestimmen, nicht schriftkundig sein muß. Die »Grandes Heures« schließen sich an jene älteren Codices »vor der Schrift« an und die Herzogin hat viel Mühe und Geld investiert, um diese Tradition fortzusetzen.

War Anne selbst in das Heilwissen der Druiden initiiert? Unser Wissen über die bretonische Herzogin läßt diesen Schluß zu und ihr Stundenbuch – ein Buch des Heilkräuterwissens der keltischen Druiden-Ärzte – unterstreicht diese Annahme noch zusätzlich. Einer ihrer herausragendsten Züge war, daß sie alle jene, die ihr nahestanden, ihre königlichen Ehemänner genauso wie ihre Damen und Vertrauten oder selbst ihre Dienerschaft, immer eigenhändig und mit Hilfe von Heilkräutern behandelte. Dies mag einerseits darauf hinweisen, daß das Mißtrauen gegenüber Giftmischern, die sich im Auftrag politischer Gegner oftmals auch in der Person von Ärzten oder Heilkundigen an ihre Opfer heranschlichen, enorm war. Die Tatsache, daß Annes erster Gemahl, Charles VIII., einer vergifteten Orange zum Opfer fiel, die ihm der florentinische Botschafter im Garten von Amboise geschenkt hatte, wäre hier ein Indiz. Doch dies ist in unseren Augen nicht ausreichend, um die ausgeprägte Neigung zu heilen und die hohe Kunstfertigkeit im Umgang mit Heilsubstanzen zu erklären. Anne war eine hochgebildete Frau. Anne wurde nicht nur, wie so viele Frauen jener Zeit, in Lesen, Schreiben, Frömmigkeit und Hauswirtschaft instruiert, sondern auch in den Wissenschaften und in der Kunst der Sterndeutung, der Herstellung von Talismanen und der Heilung durch das Auflegen von Edel- und Halbedelsteinen. Es ist eine historische Tatsache, daß Anne zeit ihres Lebens den Doctores der Medizin mißtraute und regelmäßig die Ammen ihrer beiden überlebenden Töchter instruierte, solche nicht an die Kinder heranzulassen. So, wie sie für sich und die ihren jene Heilkunde beschwor, die dank Paracelsus und Thritemius bis in die heutige Zeit als spagyrische Heilkunde praktiziert wird, bedachte sie all jene, die sie liebte, mit magischen Amuletten, die zu tragen sie sie beschwor.

Noch auf ihrem Totenbett rang Anne ihrer älteren Tochter Claude das Versprechen ab, sich niemals von einem Jaspisamulett zu trennen, das sie ihr als Schutz gegen Gifte und Schlangenbisse im Kindesalter um den Hals gelegt hatte. Anne ging noch weiter in ihrer Liebe zur Wissenschaft und in ihrer Gier nach Wissen: Im Schloß von Blois richtete sie sich in ihrem Pavillon ein eigenes alchimistisches Laboratorium ein. Dort umgab sie sich mit Adepten dieser Wissenschaft und mit Männern aus dem Orden des von ihr so bewunderten Heiligen Franz von Assisi – des Mannes, der mit den Vögeln sprach und in sich so sehr das Wissen der Druiden und die frühe Auffassung des christlichen Glaubens vereinte.

Anne hielt in den kurzen Jahren ihres Lebens nicht nur eine schützende Hand über ihre geliebten Bretonen, sondern auch über zahlreiche Adepten der alchimistischen Wissenschaften und Astrologen, wie den großen Simon de Phares, der nur dank ihres königlichen Schutzes den Inquisitoren entkommen konnte. Und sie war eine wahre Meisterin in der damals so populären Kunst der Kryptographie. Sie verstand es zu verschlüsseln und zu entschlüsseln und wußte ganz genau um die Idiome der geheimen Wissenschaften, die sie schlau und kenntnisreich einsetzte.

Viele werden an dieser Stelle vielleicht nur kopfschüttelnd lächeln und denken, wie sehr Magie und Medizin in jener Zeit des ausgehenden Mittelalters miteinander verwoben waren, wie abergläubisch die Menschen doch waren und welcher modische Aspekt doch der Alchimie in den höheren Gesellschaftsklassen ganz Europas beigemessen wurde. Natürlich ist dieser Rückschluß nicht falsch und von unserem heutigen Standpunkt aus betrachtet ist auch jene hochgebildete und in der Wissenschaft ihrer Zeit bewanderte Bretonin vielleicht nichts anderes als eine abergläubische und dem Okkultismus verfallene Frau. Doch sich allein auf diesen Leitsatz zu berufen und die Seiten bis zum nächsten Kapitel zu überspringen hieße, Anne und ihren »Grandes Heures« keine Gerechtigkeit widerfahren zu lassen: Die bretonische Herzogin war eine »Wissende«, die sich nicht nur mit jenen anderen Wissenden austauschte, die sie an ihren Hof holte und unter ihren persönlichen Schutz nahm. Eine innige Freundschaft verband sie mit dem nur wenige Jahre jüngeren Heinrich Cornelius Agrippa von Nettelsheim. Mit ihm unterhielt sie einen regen Schriftwechsel und dessen okkulte Arbeiten dürften sie im großen Rahmen beeinflußt haben.

Ungewöhnlich für ihre Zeit war, daß Anne als Herzogin der Bretonen deren Erbe in großen Ehren hielt, insbesondere das keltische und druidische Erbe. Ihre zweite Tochter benannte sie in franzisierter Form nach dem keltischen Druiden und Eremiten Ronan. Sein Talent als Kräuterarzt und Meister der Naturkräfte ließ seinerzeit die Bretonen in so große Bewunderung verfallen, daß er sich mit der sogenannten Christianisierung des Landes als einer ihrer wichtigsten Heiligen – Saint Ronan – wiederfand! Anne begab sich häufig in die Bretagne, um an jenen Pilgerfahrten teilzunehmen, deren Aspekte immer noch stark von vorchristlichen druidischen Riten geprägt werden: den Tro-Breiz, die »Tromenien« von Locronan, den »Grand Pardon de Guingamp«. Alle diese Pilgerfahrten – »Pardons« genannt – existieren in ihrer vorchristlichen und von nicht-christlichen Riten geprägten Form bis heute. Wer sich einmal die Mühe macht, einen dieser »Pardons« mitzuverfolgen, wird feststellen können, wie oberflächlich doch der Einfluß der römischen Kirche auf diese Hohemessen bretonischer Frömmigkeit ist. Anne betete zu den schwarzen Madonnen ihrer Heimat in Guncamp und Locronan, um für ihren kranken Gemahl Charles VIII. Heilung zu erflehen. Sie hielt ihre schützende Hand über die Frérie Blanche, die »Weißen Brüder«, die höchstens durch ihr frei gewähltes Eremitenleben im heiligen Wald von Brocéliande an einen christlichen Mönchsorden erinnerten und die unter der bretonischen Devise »Fun Trineud a vec'h ez torrer«[157] das vorchristliche Glaubensgut und den Kampf gegen die Mächte des Bösen zelebrierten.

Anne hielt nicht nur ihre schützende Hand über die »Weißen Brüder«, die auch jenes Einverständnis zwischen der »Dreieinigkeit« der drei bretonischen Stände – Geistlichkeit, Adel und Volk« – im alten Stil der keltischen »Demokratie« bewahrten, sie praktizierte jene Demokratie auch gemäß der Tradition einmal im Jahr in Guincamp, wo die drei Stände traditionsgemäß ihr Recht sprachen. Anne war die Herzogin der Bretagne und zwei Mal Königin von Frankreich, aber vor allem war sie die Letzte hohen Standes, in der sich öffentlich die alte druidische Tradition mit weltlicher Macht vereinte. Ihr Rang erhob sie über sämtliche Anschuldigungen und Verfolgungen einer vernagelten und machthungrigen römischen Kirche. Ihre Stellung schützte sie und so lebte und wirkte sie als eine Wissende. Nach ihrem frühen Tod kannte die Bretagne lange Jahrhunderte nur noch Unterdrückung und Demütigung.

Das Volk wandte sich vom franzisierten Klerus ab, um weiterhin – trotz Gefahr für Leib und Leben – die alten vorchristlichen Riten zu praktizieren, jene Riten, die das Volk der Auvergne und des Vendome und der Normandie genauso gegen Fürst und Klerus aufrechterhielt und die dank des Mutes der kleinen Leute bis zum heutigen Tag überlebt haben.

Und mit den »Grandes Heures de la Bretagne«, einem Kunstwerk, das zu schänden oder zu bannen nicht einmal dem unerbittlichsten Vertreter der römischen Kirche in den Sinn gekommen wäre, ist es der »kleinen Fürstin in Holzschuhen«, wie ihr eigenes Volk sie immer noch liebevoll nennt, gelungen, die Heilkräuter jener keltischen Druiden-Ärzte bis in unsere Zeit zu bewahren und in ihrer ganzen Pracht und Kraft zu beschreiben.

Gemeinsam mit »De Medicamentis Libri« von Marcellus Burdigalensis, auch Empiricus genannt, und den Fragmenten des heilkundlichen Werkes der vier unbekannten bretonischen Druiden-Ärzte aus den Tagen von König Nominoë erlaubt es vor allem das Stundenbuch der Anne von Montfort, das Heilwissen der Druiden und ihre Kräuterkunde vollständig zu rekonstruieren.

6

THERAPIEFORMEN UND ARBEITSGEBIETE DER DRUIDEN-ÄRZTE

ufgrund von Ausgrabungen von Skeletten und Funden sogenannter »Exvoto«-Gaben an heiligen Orten der Kelten, wie beispielsweise Quellen, Seen, Höhlen, oder auch Ausgrabungen in der Nähe der Thermalbäder Galliens sind viele damals geläufige Krankheitsbilder wohlbekannt. Allerdings kann man lediglich bei Knochenfunden mit Bestimmtheit auf das handwerkliche Geschick der Druiden-Ärzte im besonderen und der gallischen Ärzte im allgemeinen schließen. Darum wissen wir auch heute, daß diese sehr geschickte Knochenchirurgen waren und auch die Schädeltrepanation[158] erfolgreich praktizierten.

Die Funde eines reichhaltigen und sehr fortschrittlichen Instrumentariums sowohl chirurgischer als auch augenheilkundlicher Geräte und noch versiegelter Augensalbentöpfchen[159] lassen ebenfalls Rückschlüsse zu. Den Erfolg und die Kunstfertigkeit der Druiden-Ärzte Galliens in Bereichen, die nicht an Skelettfunden sichtbar sind, z. B. Hautkrankheiten oder Erkrankungen der Atemwege, kann man lediglich aus den überlieferten Rezepturen wie denen in »De Medicamentis« von Marcellus Empiricus nachweisen.

Die heilenden Wasser der Druiden – Thermalkuren und Kraftquellen

Neben chirurgischen Eingriffen und dem Einsatz medikamentöser Substanzen, insbesondere von Präparationen auf der Basis von Heilkräutern, arbeiteten die Druiden-Ärzte Galliens noch mit einer magisch-religiösen Therapieform, die heute gemeinhin als Schamanismus bezeichnet wird. Die vierte Therapieform, deren große Bedeutung und Tradition sich bis zum heutigen Tage fortsetzt, ist die Wassertherapie. Zeugnis hiervon legen die unzähligen in Frankreich existierenden Thermalbäder und Heilquellen ab, die häufig völlig problemlos bis zur rein keltischen Epoche, vor der Eroberung Galliens durch Rom, zurückdatiert werden können. Griechische Schriftsteller berichten von einem regen »Gesundheitstourismus« und zahlreichen Reisenden aus den südlichen Reichen der antiken Welt, die es ins Land der Druiden zog, um dort diverse Krankheiten in den berühmten Thermalbädern auszukurieren.

Insbesondere das Herzland Galliens, in dem die keltischen Averner und Biturgen ansäßig waren, verfügt über Heilquellen und Thermen, deren Namen so gut wie jedem geläufig sind: Vichy, Châteauneuf-les-Bains, Beaune, Le Vernet oder Saint Maur. Heute werden die heilkräftigen mineralstoffreichen Wasser in großem Rahmen im französischen Inland und auch im Ausland vertrieben. Die Thermen haben sich zu beliebten Urlaubsorten für gestreßte Manager auf der Suche nach Gesundheit und Wellness entwickelt.

Man kann mit großer Sicherheit sagen, daß im keltischen Gallien 760 große Kultstätten existierten, an denen sich alles um das heilkräftige Wasser drehte.[160] Nicht alle waren Thermalbäder, aber sämtliche identifizierten Örtlichkeiten haben eine Heilquelle. Insbesondere in der Bretagne hat sich diese Tradition der religiösen Kultstätte direkt neben einer Heilquelle insoweit fortgesetzt, als die meisten Kirchen, die man heute bewundern kann (und die über keltischen Kultstellen errichtet wurden), immer noch eine Quelle heilkräftigen Wassers besitzen.

Was die Thermalbäder betrifft, so fand zum Beispiel der heilige Columban, als er im Jahr 590 der Zeitrechnung nach Gallien kam, in Luxeuil[161] noch die Statuen der alten Religion vor, die von der Bevölkerung verehrt wurden. Hat er dort auch Druiden-Ärzte angetroffen? Es darf angenommen werden!

Die Thermen von Aachen und die des benachbarten Grand waren Grannos geweiht. Sie zählen zu den ältesten bekannten Wasserheiligtümern der Kelten und verfügten damit seit jeher auch über die entsprechende »medizinische Infrastruktur« mit heilkundigen Männern und Frauen, die sich um die von weit her angereisten Patienten kümmerten. Es ist durchaus möglich, daß ein großer Teil des von Hildegard von Bingen im 12. Jahrhundert in ihrer »Physica« niedergelegten Heilwissens ursprünglich aus diesen beiden Orten stammte.

Bei den salzigen Quellen in der Nähe von Vezelay in der Bourgogne fand man insgesamt elf mit Eiche ausgekleidete, sehr gut erhaltene Badebrunnen, die eindeutig aus der Zeit vor der römischen Invasion Galliens stammten. Die gleichen eichenverkleideten Badebrunnen wurden auch in Vichy gefunden, zusammen mit Exvoto-Gaben aus der Keltenzeit, die darauf hinweisen, daß das heilende Wasser hier vor allem bei Krankheiten des Bewegungsapparats eingesetzt wurde. Wenn man sich die Mineralstoffliste des Wassers aus Vichy ansieht, leuchtet dies ein: Sodiumkarbonat, Magnesium und Kalzium!

Der Druiden-Arzt als Chirurg

Natürlich fehlen uns an dieser Stelle häufig greifbare Beweise. Abgesehen von den an Skelettfunden identifizierten ordentlich geheilten Knochenbrüchen bzw. Trepanationen ist es schwierig, zum Beispiel über die chirurgischen Eingriffe bei Kriegs- oder Berufsverletzungen Auskunft zu geben. Die Wunddesinfektion dürfte keine große Rolle gespielt haben, da die Hygiene in der Chirurgie erst zu Beginn des

20. Jahrhunderts wirklich Einzug hielt. Allerdings weisen Funde von medizinischen Geräten aus der keltischen Zeit darauf hin, daß Wunden kauterisiert, d. h. durch Ausbrennen desinfiziert und geschlossen, wurden. Daneben dürften Alkohol zur Reinigung von Verletzungen und Honig, um sie von der Luft und damit vor Verunreinigungen zu bewahren, bereits eine Rolle gespielt haben. Die Tradition, Honigumschläge auf spezifische Verletzungen[162] anzulegen, hat sich bis heute in der Volksmedizin in den von den Kelten bewohnten Gebieten Frankreichs erhalten und findet auch in der alternativen Veterinärmedizin wieder verstärkt Anwendung.

Den Alkohol haben die Druiden-Ärzte in der Chirurgie gewiß auch zu Zwecken der Anästhesie verwendet. Noch während der napoleonischen Kriege verabreichte Napoleons Starmilitärmediziner, der Chirurg Larrey, jedem seiner Patienten einen Liter Alkohol, bevor er ihm einen Arm oder ein Bein abnahm! Aber neben dieser reichlich »rüden« Methode verfügten die Druiden-Ärzte noch über wesentlich feinere Möglichkeiten, um ihre Patienten während der Operation ruhigzustellen. Sie setzten in starkem Maße Tinkturen auf der Basis von Nachtschattengewächsen ein, vor allem Belladonna, deren Giftigkeit vertretbar ist, die aber einen stark halluzinogenen Effekt hat. Auch Schlafmohnauszüge waren »zur Narkose« bekannt und im Einsatz.

Die wohl häufigste »große« Operation dürfte die Schädeltrepanation gewesen sein. Man findet diese Form des chirurgischen Eingriffs bereits zur Zeit der Megalithkultur des Neolitikums, ohne daß wir eine Erklärung für das Warum haben. Vielleicht gab es eher religiösmagische als medizinische Gründe für den Eingriff.[163] Allerdings bestätigt die Existenz von Trepanationen bereits in der Megalithkultur die Präsenz der Druiden-Ärzte in dieser protokeltischen Zeit und unterstreicht damit, daß die Druiden[164] keine rein keltische Institution waren, sondern schon sehr viel früher existiert und im weiten Rahmen gewirkt hatten.

Der Druiden-Arzt als Psychiater – Schamanismus und therapeutische Magie

Dem Schamanismus wurde 1980 von der Weltgesundheitsorganisation in der Behandlung psychosomatischer Krankheiten der gleiche Stellenwert zuerkannt wie der westlichen Medizin!

Der Schamanismus ist das älteste der Menschheit bekannte Heilungssystem. Er ist, einfach ausgedrückt, der Erfahrungsschatz vieler Generationen, um die Heilkräfte der Natur, die Elemente der Erde, die Kräfte von Pflanzen, Tieren und Steinen wahrzunehmen, zu lenken und zum Wohle der Menschheit einzusetzen.

Entstanden ist der Schamanismus wohl aus der Erfahrung, daß Krankheit immer eine Disharmonie zwischen Mensch, Natur und Kosmos sein muß. Die Druiden, die um das Gleichgewicht aller Dinge und die Harmonie in der Natur wußten, waren genauso wie die gelehrten Männer und Frauen zahlloser anderer Kulturen in der Lage, durch ihre spezifischen Kenntnisse das Gleichgewicht wiederherzustellen und so die Disharmonie zwischen ihrem Patienten, der Natur und dem Kosmos wieder aufzulösen. In dieser Hinsicht waren sie nicht nur die Priester oder Philosophen, als die sie gerne dargestellt werden, sondern vor allem eine westliche Erscheinungsform von Schamanen, die als solche Beziehungen zum Übernatürlichen, Geheimnisvollen, Unverständlichen und Unzugänglichen hatten. Diese Therapieform dürfte wohl besonders bei Krankheitsformen angewandt worden sein, bei denen kein äußerer Auslöser für den Druiden-Arzt bzw. seinen Patienten faßbar war. Im heutigen Sprachgebrauch sind dies die psychosomatischen Krankheiten.

Daneben hat uns Marcellus Empiricus in seinem Werk »De Medicamentis« noch eine weitere Form der therapeutischen Magie überliefert, hauptsächlich in Form von heute einfach nicht mehr verständlichen »Heilzaubersprüchen«[165], die allerdings größtenteils eindeutig keltischen Ursprungs sind. Solche »Heilzauber« sind auch aus dem angelsächsischen Bereich und aus dem Norden in großer Vielfalt erhalten geblieben. Ihre Tradition wird durch die »Guerisseurs« und die »Rebouteux« der ländlichen Gegenden Frankreichs lückenlos fortgesetzt, auch wenn sich vielfach im Verlauf von Jahrhunderten und unter dem Druck der Amtskirche christliche Heiligennamen ein-

geschmuggelt haben, wo vormals eine keltische Gottheit, ein Naturgeist oder einfach ein Element der Natur angerufen wurde.
Bei Blähungen verwenden zum Beispiel normannische und bretonische »Guerriseurs« noch heute folgenden Heilzauber:

»Borborygme stagnant, je borborygmocéderai. Des bergers
te trouveront. Sans les mains, ils te ramasseront. Sans feu,
ils te cuiront. Sans dents, ils te mangeront. Trois vierges au
milieu de la mer avaient une table de marbre posée,
deux tordaient dans un sens et une dans l'autre, de même
que cela ne s'est jamais fait, que de même la noble Gaia Seia
ne connaisse la douleur du borborygme!«

Dieser Heilzauber entstammt der Sammlung von Marcellus Empiricus und läßt sich frei wohl am ehesten so übersetzen:

«Ständig gebläht, ich werde von den Blähungen geplagt.
Die Hirten werden dich finden und sie werden dich aufsammeln.
Ohne Feuer werden sie dich kochen. Ohne Zähne werden sie
dich auffressen. Drei Jungfrauen mitten im Meer, sie hatten
zwischen sich eine Marmortafel, und zwei drehten sie in die eine
Richtung und eine in die andere Richtung, und obwohl all dies
niemals geschah, so kannte doch die edle Gaia Seia[166] nicht den
Schmerz von Blähungen!«

Ein anderer, immer noch gebräuchlicher Heilzauber – dieses Mal für Ohrenschmerzen – lautet: »*Soksokam sukuma!*« Dieser ist nicht übersetzbar, denn diese beiden Wörter ergeben weder im Bretonischen noch im Normannischen, weder im Lateinischen noch im Altkeltischen irgendeinen Sinn, werden sie drei Mal wiederholt.

Die Verständlichkeit der Heilzauber aus dem Werk von Marcellus hat sich im Laufe der Jahrhunderte und trotz gelegentlicher Adaptation an die »Minimalanforderungen« der Amtskirche nicht erhöht. Allerdings können wir zumindest, was das Besprechen von Warzen angeht, aus eigener Erfahrung bestätigen, daß es funktioniert. Auch der von Marcellus vorgeschlagene Heilzauber bei Zahnschmerzen scheint »recht handlich«: Die Tatsache, daß man sich ziemlich konzentrieren muß, um seine Litanei drei Mal hintereinander korrekt aufzusagen, scheint sowohl für den Besprechenden als auch für den von Zahnschmerzen Geplagten einen ausreichend großen Placeboeffekt zu haben, um wenigstens für ein paar Stunden den Griff nach der Schmerztablette vergessen zu machen!

Ein Manuskript aus dem 12. Jahrhundert, das an der medizinischen Fakultät der berühmten Universität von Montpellier aufbewahrt wird, enthält zwei Anrufungen, eine an die Erde und die andere an die Kräuter. Diese beiden Anrufungen sind dazu bestimmt, sich zum einen die Gunst der Erde zu sichern, von der man sich anschickt, ihre Kinder – die Kräuter – zu pflücken, und zum anderen, um zu gewährleisten, daß diese Kräuter auch heilkräftig sind. Beide Anrufungen werden in diesem Manuskript den »alten Heiden« zugeschrieben, ohne irgendeine Entschuldigung oder Ausrede hinzuzufügen, die diese schriftliche Niederlegung nicht-christlichen »Zaubers« vor den Vertretern der Amtskirche rechtfertigt!

Während es dem Schamanismus gelungen ist, seine Probe aufs Exempel als wirkungsvolle Therapie bei psychosomatischen Leiden zu bestehen, und sich immer mehr Ärzte heute für diese Behandlungsform interessieren, kann man dies von den zahlreichen überlieferten Heilzaubern nicht behaupten. Sie werden belächelt oder dienen im besten Fall den Sprachforschern in ihrer Arbeit. Höchstwahrscheinlich war diese Form der therapeutischen Magie zur Zeit der Druiden-Ärzte weitaus wirkungsvoller als heute, da ihre Patienten noch nicht von einem rationellen und an der Quelle der Scholastik genährten Geist geplagt wurden und der »Placeboeffekt«, ausgelöst durch die Hochachtung vor dem Druiden-Arzt und seinen für den Laien nur schwer faßbaren Fähigkeiten, außergewöhnlich groß gewesen sein muß.

Aber selbst in einem seriösen französischen Lehrbuch der Pharmakologie, das im ausgehenden 19. Jahrhundert veröffentlicht wurde, findet sich noch der durch solche Heilzaubersprüche verkörperte Begriff der Transmutation, die Verwandlung von Leib und Seele, durch die Medizin und den Mediziner wieder!

Der Druiden-Arzt und die Pflanzenheilkunde

Paracelsus sagte:
»Alle Berge, Hügel und Matten sind Apotheken!«

Damit reihte er sich übergangslos in die Tradition der Druiden ein, die über eine erstaunlich reichhaltige Pharmakopöe verfügten. Nicht nur reichhaltig, sondern auch wirkungsvoll! Vor allem wenn man bei antiken Autoren Rezepturen auf Heilpflanzenbasis findet, bei denen sie die ursprünglichen keltischen Pflanzennamen mit angaben, wissen wir, daß es sich um »Originalrezepte der Druiden-Ärzte« sozusagen mit Qualitätszertifikat handelt. Ein großer Teil dieser so durch griechische oder römische »Experten« abgesegneten Heilpflanzen wird auch heute noch verwendet und ist Träger wissenschaftlich nachgewiesener therapeutischer Elemente.

Auch wenn wir zuvor gesondert den Bereich der therapeutischen Magie der Druiden-Ärzte aufgeführt haben: Zwischen Medizin und Magie besteht kein Unterschied! Alles, was verwandelt und umwandelt, ist die Kunst des Druiden und die Kunst des Druiden ist immer auch Magie! Die Astronomie entwickelt sich weiter, aber man hat keinen Einfluß auf sie. Dies ist der Wille der göttlichen Wesenheiten, genauso wie bei Überschwemmungen, Erdbeben oder Vulkanausbrüchen. Im Gegenteil, hierzu sind die Architektur, das Schmiedehandwerk, die Töpferei, ja die Kunst im allgemeinen große Formen der Verwandlung und Umwandlung, der Transmutation. Ob man einen Tempel errichtet, einen Krug töpfert oder das rotglühende Eisen mit dem Hammer schlägt, ob man aus Holz einen Kochlöffel oder einen Zauberstab schnitzt, immer ist hier zuerst der Geist am Werk, bevor sich die Hände an die Arbeit machen.

Die Zeit ist der große Veränderer aller Dinge: Selbst Menhire und Dolmen leiden unter der Erosion und verändern so ihre Form. Von den schätzungsweise 5000 Steinen, die einst in Carnac in Reih und Glied standen, existieren heute noch rund 2600. Die Pyramiden Ägyptens haben ihre äußere Hülle eingebüßt und Angkor ist nur noch ein Ruinenkomplex.

Das Ziel der Pharmakologie ist es, eine Therapie umzusetzen, folglich einen Menschen zu »verändern«. Aber sie kann weder den Alte-

rungsprozeß noch den Tod aufhalten. Weder das eine noch das andere ist der Zweck der Medizin.
Die Arzneimittelherstellung ist eine subtile Technik, die mit Respekt und Achtung und im Gebet praktiziert wird. Man ist im direkten Kontakt mit den Kräften der Natur! Betrachtet man die traditionelle tibetische Zivilisation und beobachtet, mit welcher Hochachtung und inneren Hinwendung die dortigen Ärzte ihre Medikamente zubereiten, die auf Heilpflanzen und zu Staub zerstoßenen Mineralien basieren, wird einem bewußt, in welchem tiefem Einklang mit der Natur sich diese Menschen noch befinden.

In welchem Maße vergewaltigen wir heute doch die Natur!

Auch die Magistralzubereitungen, die wir in der westlichen Welt einst gut kannten, sind Mischungen von Mineralien, Pflanzen und Komponenten von Lebewesen. Ruscus aculeatus – Mäusedorn, Bimsstein-Pulver und gestoßenes Hirschhorn: Alle drei Reiche der Welt sind präsent!

«De Medicamentis» von Marcellus Empiricus ist eines der Monumente der universellen Pharmakopöe. Man findet rund 500 Medikamente in 36 therapeutische Kapitel unterteilt:

– die pflanzlichen Medikamente in ihrer natürlichen Form (Spitzwegerich, Wasserkresse, gewöhnliches Seifenkraut etc.) oder in ihrer verarbeiteten Form (Opium, Weihrauch etc.)

– die mineralischen Medikamente (Kupferoxid, Arsensalze, Hemimorphite etc.)

– die Medikamente aus Lebewesen (Hirschhorn, Viper, Stierhoden etc.)

– die Exkremente von Lebewesen (Roßäpfel, Kinderurin etc.)

– die Nahrungsmittel (Honig aus Attika etc.)

Auch das sogenannte Leydener Manuskript enthält Rezepturen dieser Art: caes sceau, caes spern, caes dar, caes cornucaveri, caes colaenn, caes aball – Holunder, Weißdorn, Erle, Eiche, Stechpalme, Apfel; caprinus fimus, cornua arietis, leporis uenticulum, ungulas caprinas, lapilli, lotium infantis – Ziegenmist, Widderhorn, Hasenmagen, Ziegenhuf, Steine, Säuglingsurin etc.

Die Kelten Galliens hatten außerordentliche Kenntnis von den Pflanzen und ihren therapeutischen Qualitäten. Insbesondere die Tatsache, daß sowohl Dioscorides als auch Pseudo-Apuleius in ihren Werken über die Pflanzenheilkunde so häufig die keltischen/gallischen Namen von Heilpflanzen neben den griechischen und lateinischen Bezeichnungen verwenden, weist auf das große Renommee der Druiden-Ärzte, die Bedeutung der keltisch-gallischen Pharmakologie und die Fortschrittlichkeit ihrer phytotherapeutischen Mittel in der Antike hin. Die Druiden-Ärzte waren Meister in der Pflanzenheilkunde. Ihre Meisterschaft ist uns nicht nur in Form von Referenzen in medizinischen Klassikern aus Griechenland und dem Römischen Reich erhalten geblieben, sondern auch in einer westeuropäischen pflanzenheilkundlichen Literatur, die sich vom Untergang des Weströmischen Reiches über die sogenannte »Dunkle Zeit« des frühesten Mittelalters bis in die Anfänge der Renaissance hinein erstreckt. Darüber hinaus haben sich noch unendlich viele pflanzenheilkundliche Erkenntnisse der Druiden-Ärzte in einer rein oralen Kultur bis in unsere Tage tradiert. Diese »Hausrezepte« oder »Remèdes de Bonnes Femmes« lassen sich allerdings dank der antiken und mittelalterlichen schriftlichen Überlieferungen wiederum bis zu den Druiden-Ärzten zurückverfolgen, manche von ihnen mit absoluter Sicherheit.

Genauso wie die Zeit für die Kelten und ihre Druiden ein Kreis war, ist die westeuropäische Tradition der Heilpflanzen ein Kreis!

Exkurs: Pflanzenzauber und Sammelrituale der Druiden-Ärzte

Erstaunlicherweise existieren noch heute für eine Vielzahl von Heilpflanzen in der Volksmedizin fest eingebürgerte Sammelrituale. Sie erscheinen einem so ursprünglich, daß man sie aus dem Bauch heraus und ohne größeres Zögern gerne den Druiden-Ärzten der Kelten zuordnet, wenn man sich für diese ursprüngliche Variante der westlichen Spiritualität und Philosophie interessiert oder sich ihr verbunden fühlt.

Vor allem der von Plinius überlieferte Schnitt der Mistel und das Zeremoniell um die Ernte von Verbena officinalis – Eisenkraut – durch die Druiden sind hier ein gesundes Argument, das immer wieder hervorgebracht wird, um auch anderen überlieferten Sammelritualen und Pflanzenzaubern Europas ihre Authentizität zu geben. Doch ganz so einfach ist die Sache nun auch wieder nicht. Der Leser dieser Zeilen möge sich vor Augen halten, daß sich in den überlieferten Riten genauso viele verbergen, die ganz und gar nichts mit den Druiden zu tun haben, sondern aus anderen der Pflanzenheilkunde eng verbundenen Kulturen nach Europa eingeführt und schließlich eingebürgert wurden. Manche Riten wiederum lassen sich eindeutig dem aufstrebenden Christentum zuordnen und haben lediglich mittelalterliche Wurzeln.

Ein kleiner Ausflug in die Geschichte soll dem Leser hier helfen, für sich selbst zu entscheiden, welche der überlieferten Pflanzenzauber und Sammelrituale die größte Chance haben, tatsächlich druidischen Ursprungs zu sein.

In der »Odyssee« des Homer finden wir eine Textpassage, in der der Götterbote Hermes dem Helden Odysseus ein magisches Kraut[167] schenkt, das ihn gegen die Verzauberung durch Circe beschützen möge. Unter den Augen des Odysseus vollzieht Hermes ein komplexes Sammelritual, und dieser erklärt an dieser Stelle dem Leser, daß eine Handlung, die für die Götter einfach ist, für die gewöhnlichen Sterblichen große Schwierigkeiten in sich birgt. Die Schwierigkeit – was das Zauberkraut gegen die Macht der Circe betrifft – liegt darin, das Kraut in einer solchen Art und Weise zu ernten, daß es all seine Kraft und Macht behält.

Auch in den »Metamorphosen« des Ovid wird detailliert ein kompliziertes Sammelritual beschrieben, das Medea ausführt, um mit magischen Kräutern Jasons Vater, Eson, zu verjüngen. Dabei geht es nicht lediglich darum, die Kräuter zu finden und zu ernten, sondern sie müssen in einer ganz bestimmten Weise geerntet werden, damit sie ihre ganze »Kräutermagie« behalten und Jasons Vater tatsächlich wieder jung machen.

Medea macht sich für das Kräutersammeln in einer Vollmondnacht allein auf den Weg. Zuerst löst sie ihr Haar von allen Bändern und läßt es frei und offen, dann löst sie den Gürtel, der ihr

Gewand hält. Schließlich hebt sie ihre nackten Arme hinauf zu den Sternen und dreht sich dreimal um die eigene Achse. Als nächstes vollzieht sie im fließenden Wasser eines Stroms eine rituelle Reinigung ihres Körpers, bei der sie mehrfach einen dreifachen rituellen Ruf ausstößt. Alsdann kniet sie nieder und richtet ihre Worte an die Nacht, die Sterne, Hekate und Mutter Erde, die die Mutter aller heilenden und magischen Kräuter ist. Sie schließt mit einem inbrünstigen Gebet – eher einer Aufforderung, ihr zur Seite zu stehen – an alle Gottheiten der Natur. Nachdem die Devotionen vollzogen sind, begibt sie sich auf die klassischste der klassischen Hexenreisen, die uns aus der mittelalterlichen Zeit überliefert sind: Sie hebt sich auf einem von Drachen gezogenen Wagen in die Lüfte. Dieser Wagen trägt Medea in das Land Thessalien, wo sie die Wurzeln ausreißt und mit einer silbernen Mondsichel die oberirdischen Pflanzenteile schneidet. Insgesamt neun Tage und neun Nächte dauert ihre Ernte der magischen Kräuter für Esons Trank. Als sie schließlich nach Iolcos zurückkehrt, vermeidet sie jeden menschlichen Kontakt und betritt erst wieder eine menschliche Behausung, nachdem sie den Verjüngungstrank fertiggestellt hat.

Die Gesten der Medea, ihre rituellen Handlungen, Anrufungen und Gebete sind nicht der Phantasie des Ovid entsprungen, wie so oft behauptet wurde. Man möge sich auch hüten zu behaupten, der Dichter habe eine Vielzahl von Praktiken miteinander vermischt und diese in seiner Geschichte aus Gründen der Dramaturgie als ein einziges Ritual den Lesern verkauft.

Was wir in den »Metamorphosen« so detailliert finden, ist in der Tat die Gesamtheit der klassischen Riten, die dem Herbalisten die heilende Kraft und magische Macht der von ihm begehrten Pflanzen sicherstellen sollten. Um dies zu akzeptieren, genügt es schon, Ovids Beschreibung mit den vielen anderen von antiken und mittelalterlichen Autoren zum Zeremoniell der Heilkräuter zu vergleichen. Zum Beispiel finden wir das gleiche Vorgehen der Medea, diesmal zusammen mit einer Gruppe von Herbalisten, in einem der seltenen erhaltenen Fragmente aus den Schriften des Sophokles.[168]

Genauso wie im westeuropäischen Raum, wo die zugewanderten Kelten das Erbe der Megalithkultur antraten, indem sie zusätzlich zu ihren eigenen Bräuchen und Traditionen jene der ursprünglichen Bewohner ihrer Wahlheimaten integrierten und absorbierten, verlieren sich im antiken Griechenland die Ursprünge der Pflanzenheilkunde in der fernsten Vergangenheit, am Anfang der Zeit! Die überlieferten Kenntnisse werden in ihren Ursprüngen regelmäßig auf Götter oder längst vergangene Helden zurückgeführt. In der »Ilias« ist es Péan oder Péon, der der Arzt der Götter ist. In der »Odyssee« wird er als der Vater der Medizin beschrieben. Nach Solon ist er der Schutzpatron der Ärzte und Heilkundigen. In anderen Schriften des klassischen Altertums ist es Apollo, der sowohl die Heilkunde als auch die Pflanzenheilkunde erfindet, und Péon ist lediglich diese heilende und kundige Manifestation des Lichtgottes Apollo. Apollo schließlich lehrt seine Kunst den Asklepiaden und instruiert die Nymphe Oenone.[169] Die dritte Schiene schließlich macht Asklepios zum Erfinder der Medizin und der Kräuterheilkunde und bestimmt seine Söhne – gezeugt mit sterblichen Müttern, Machaon und Podalire, sowie deren Schwestern mit den höchst sinnbildlichen Namen Iaso, Akséo, Panacée, Hygie und Aiglé – zu ihren Verbreitern. In dieser Liste dürfen wir selbstverständlich nicht den Zentauren Chiron vergessen, der in der »Ilias« als Lehrer des Äskulap und des Achilles auftaucht. Eine Familie berühmter Kräuterheiler vom Berg Pélion[170] behauptete gar, Chiron wäre ihr Urahn. Diese Familie deutet nicht nur stolz auf einen »fast göttlichen« Stammbaum, sondern versorgte – eine Ehrensache sozusagen – die Kranken umsonst! Im keltischen Einflußgebiet existieren noch heute die Kräuterheiler von Myddfai, die einen ähnlichen Ursprungsmythos für sich in Anspruch nehmen.[171]

Wenn man hier das klassische griechische Altertum und die keltischen Ursprungsmythen miteinander vergleicht, kommt man zu einer außergewöhnlich großen Übereinstimmung. Das heißt allerdings nicht, daß die einen von den anderen abgeschrieben haben. Vielmehr bedeutet dies, daß im Bereich der Pflanzenheilkunde die Wurzeln in allen Zivilisationen so ursprünglich und uralt sind, daß sich aus einer Vielzahl ähnlicher Elemente des Glaubens und der Philosophie eine Reihe von Rückschlüssen ziehen läßt, die bei der Identifikation von Sammelritualen und magischen Praktiken auf weit in der vorchristlichen Zeit liegende Quellen deutet.

Sowohl der griechischen Antike als auch einem vielfältigen klassischen und frühmittelalterlichen Quellenmaterial aus dem westeuropäischen Verbreitungsgebiet der Kelten läßt sich entnehmen, daß die Pflanzenheilkunde immer zwei Schutzpatrone hatte – einen hellen, lichten und wohltätigen und einen dunklen, zwiespältigen und gefährlichen Patron. Den Griechen waren dies Hermes und Hekate, den Kelten der lichte, strahlende Belenos und die winterliche, Vergehen und Tod bringende Manifestation der Großen Mutter – Morrigú, Morrigan, die schwarze Ana, Hel.[172] In neuerer Zeit brachte Paracelsus diese Tatsache auf einen einfachen Nenner: Alles ist Medizin, alles ist Gift!

Die überlieferten Sammelrituale, die

- eine Erdung des Sammelnden (nackte Füße, rituelle Nacktheit, gelöstes Haar, lockere Gewänder ohne einschränkende Gürtel),
- eine Reinigung vor dem Sammeln,
- Anrufungen der Natur (dies kann auch die Form eines christlichen Gebetes haben, da diese oftmals für vorchristliche heidnische Anrufungen substituiert wurden),
- eine Bitte oder einen Befehl an die Pflanze, bei diesem oder jenem Leiden zu wirken, und
- eine Form der Opfergabe[173] an die Pflanzen-Wesenheit als Entschädigung dafür, daß man den korporellen Teil an sich genommen hat,

beinhalten, sind mit allergrößter Wahrscheinlichkeit archaisches Erbe, so, wie es auch von den keltischen Druiden-Ärzten praktiziert wurde.

Sammelzeiten, die für heilende und kraftspendende Pflanzen die Sonne (meist die Sommersonnwende) ins Spiel bringen, während das Sammeln von giftigen, narkotisierenden (oder für todbringende Zwecke eingeforderten) Pflanzen entweder in den Nachtstunden oder an der Grenze zwischen Tag und Nacht erfolgt, sind ebenfalls archaischer Natur.[174]

Rituale, die allerdings eine zu starke Akzentuierung auf bestimmte astrologische Details legen[175], sind jüngerer Natur und entstammen dem orientalischen Einfluß auf die europäischen Hermetiker, womit man sie meist auf das 14. bis 15. Jahrhundert datieren kann.

Halten Sie sich am besten an das wenige, das nachweisbar und in sich schlüssig und logisch ist: Die Mondphasen und das Sonnenlicht bzw. das Mondlicht haben einen großen Einfluß auf die Qualität der Heilpflanze. Der Respekt vor der Natur – nur so viel zu nehmen, wie man wirklich braucht, sich bei der Pflanze zu entschuldigen und ihr zu sagen, warum man sie nimmt und ihr ephemeres Leben verkürzt, das Opfer, für die genommene Pflanze ein Samenkorn, Wasser oder eine andere belebende Flüssigkeit auf Mutter Erde zu gießen – ist notwendig, um nicht in kürzester Zeit wildwachsende Pflanzen auszurotten oder seinen eigenen Garten zu entvölkern. Bestimmte Pflanzen nicht mit gewissen Metallen in Berührung zu bringen, die chemische Prozesse auszulösen vermögen, die die eigentliche Wirkung der Pflanze ändern oder gar pervertieren, ist klug und vernünftig.

Wenn Sie es über sich bringen, ohne Schuhwerk auf die Suche nach den von Ihnen begehrten Heilkräutern zu gehen, werden Sie – eine gewiße Feinfühligkeit vorausgesetzt – feststellen können, daß der direkte Kontakt mit Mutter Erde und den stärkenden und belebenden Strahlungen der Erde der Kräuterheilkunde durchaus nicht abträglich ist. Und da wir ja nicht wissen, wer »da oben« wirklich das Sagen hat, kann es auch nicht schaden, den Naturgottheiten in einer Ihrem Charakter entsprechenden Form einen Dank zu schenken.

Machen Sie sich diese archaischen Sammelrituale, diese uralte Pflanzenmagie, zu eigen und vergessen Sie komplizierte, haarsträubende und kuriose Anleitungen, die Sie anderswo gelesen haben. Öffnen Sie Ihre Augen für die Zeichen der Erde und der Sterne und sehen Sie in der Pflanze mehr als nur eine sprachlose und wesenlose Lebensform der Erde. Dann können Sie nicht viel falsch machen und sind möglicherweise näher an der Wahrheit der Druiden-Ärzte unserer keltischen Vorfahren dran als so mancher besessene Autor, der, koste es, was es wolle, etwas zu erfinden und als Wahrheit zu verkaufen sucht, was eigentlich nur seinem eigenen Wunschdenken entspringt.[176]

Dritter Teil

DER GARTEN
DER DRUIDEN

7

HEILKRÄFTE DER NATUR – HEILIGE KRÄFTE DER PFLANZEN

I.

 it dem Schmelzen der Eisdecken und dem Ansteigen der Meere, die riesige Landmassen unter ihren Wassern begruben, sahen unsere Vorfahren sich vor etwa 10.000 Jahren gezwungen, ihren Lebensstil einschneidend zu verändern, um zu überleben. Aus den wandernden Jägern und Sammlern wurden seßhafte Hirten und Bauern. Diese neue Seßhaftigkeit sicherte ihnen zwar erneut eine Existenz, brachte ihnen aber auch neue Gefahren, insbesondere in Form von Krankheitserregern, die durch die neuen Haustiere – Geflügel, Pferde, Rinder und Schweine – übertragen wurden. Und durch die plötzliche ständige Nähe zum Menschen gelangte gleichfalls Tierkot ins Trinkwasser – eine Quelle für neue Infektionskrank-

heiten wie Cholera oder Typhus. Vermutlich waren die Reaktionen auf diese neuen Gefahren der Seßhaftigkeit die ersten Anfänge gezielter Heilmethoden, die aus einer Anwendung von Heilkräutern, magischen Praktiken und schamanistischen Ritualen bestanden.

Die ersten Aufzeichnungen über angewandte Therapien und medizinische Praktiken stammen von den Sumerern in Mesopotamien und werden auf rund 3000 Jahre vor der Zeitrechnung datiert, sie sind heute also 5000 Jahre alt. Die Assyrer, die an den Ufern des Tigris seßhaft wurden, hinterließen auf Keilschrifttafeln gleichfalls medizinisches Wissen. Bereits 800 Jahre vor der Zeitrechnung wurde im Garten des Königs von Babylon, Marduk, eine Heilpflanzenzucht angelegt, die neben Knoblauch und Zwiebel auch Schlafmohn, Myrrhe, Kümmel und Fenchel enthielt.

Zur Anwendung von Heilpflanzen durch die ägyptische Hochkultur geben der berühmte Ebers-Papyrus und der Smith-Papyrus Auskunft. Der Smith-Papyrus stammt aus einer Entdeckung in der ersten Hälfte des 18. Jahrhunderts und behandelt Wunden, Abszesse, Knochenbrüche und deren medizinische Versorgung. Der im 19. Jahrhundert entdeckte 20 Meter lange Ebers-Papyrus listet 880 Rezepte und Heilmittel auf und wurde etwa 1800 Jahre vor der Zeitrechnung geschrieben, ist heute also beinahe 4000 Jahre alt.

Im Laufe dieser Jahrtausende kannte die Naturmedizin große kulturelle Höhepunkte, aber auch wilde Irrwege. Da es damals nicht die Möglichkeiten gab, durch chemische Verfahren und Analysen herauszufinden, welche Bestandteile eine Pflanze hatte, wurden Selbstexperimente durchgeführt. Viele solcher Versuche endeten erfolglos, genauso viele höchstwahrscheinlich mit dem Tod des Experimentierenden. Andere wurden zwar nicht von dem erwarteten Erfolg gekrönt, zeigten aber trotzdem Wirkungen, die entweder größte Verwunderung oder tiefen Respekt hervorriefen. Aus diesem Grund wird auch an dieser Stelle gewarnt, allzu große Experimentierfreude zu entwickeln, ohne sich über die Gefahr der Wirkungsweise bewußt zu sein!

Für unsere Vorfahren, die eines Tages die Blätter oder Blüten des Mädesüß – Filipendula ulmaria L. – kauten, war sicherlich die plötzliche Erkenntnis erstaunlich und verwirrend, daß diese Pflanze, die in ihrer täglichen Umgebung wuchs, eine Wirkung ausübte, die heute entzündungshemmend, harntreibend und fiebersenkend genannt wird. Zu dieser Zeit war niemandem bekannt, daß Filipendula ulmaria L. Acetylsalicylsäure, Gaultherin und Heliotropin enthält, Bestandteile, die sich heutzutage vor allem in fiebersenkenden und schmerzstillenden Mitteln wie Aspirin finden lassen.

Es gilt als erwiesen, daß die Druiden zumindest eine ebenso große Anzahl von Heilpflanzen kannten wie die Ägypter oder die griechischen, römischen, chinesischen und arabischen Ärzte der Antike. Insbesondere Apuleius[177] und Pedianos Dioscorides[178] nahmen in ihren medizinischen Werken direkt Bezug auf viele dieser von den Druiden eingesetzten Pflanzen und verwendeten gar neben den lateinischen und griechischen Bezeichnungen deren keltisch-gallische Namen. Auch Marcellus Burdigalensis zitiert in seinem Werk[179] noch die keltisch-gallischen Namen der Heilkräuter. Eine solche Anhäufung von Fachausdrücken in einer Sprache, die nicht die Muttersprache der jeweiligen Autoren war – insbesondere bei Ärzten, die das Renommee eines Dioscurides oder Apuleius besaßen –, unterstrich in jener Zeit den hohen wissenschaftlichen Standard der Druiden auf dem Gebiet der Medizin und der Pharmakologie. Fachausdrücke werden für gewöhnlich nur dann in anderssprachliche Werke aufgenommen, wenn die dortigen Wissenschafter anerkannte Autoritäten des jeweiligen Gebietes sind!

Das druidische Verständnis von der Wirkung einer Heilpflanze war zwar dem der Griechen und Römer nicht unähnlich, doch ein ganz anderes als das der heutigen Phytotherapeuten und Ärzte. Diese setzen Pflanzen von Ausnahmen abgesehen in erster Linie dazu ein, um gegen etwas zu wirken. Damit unterstreichen sie insbesondere deren grobstoffliches Potential, ähnlich, wie es auch Plinius der Ältere bereits im Einführungstext für den 20. Band seiner »Historia Naturalis« – »Von der Tugend der Pflanzen« – tat.

«Hier wollen wir einige der wunderbarsten Produkte der Natur studieren. In dieser kurzen Abhandlung werden wir mit dem Menschen über diese Lebensmittel und ihre Kräfte auf eine solche Weise reden, daß er wird sehen können, wie groß seine Unwissenheit über Dinge ist, die ihm das Leben möglich machen und die ihm die Krankheiten, die ihn befallen, behandeln helfen . ... Ich werde über Abneigungen und Bindungen zwischen Dingen reden, die stumm sind und keine Gefühle haben und bei denen der Mensch – was ihn sicher erstaunen und verwundern wird – zum Schluß stets der Nutznießer ist. Es handelt sich um das, was die Griechen Sympathie und Antipathie nannten.«[180]

Heilpflanzen werden in der Pharmaindustrie heute lediglich als eine Art chemische Fabrik angesehen, die bestimmte Inhaltsstoffe produzieren kann, die wiederum eine bestimmte Wirkung auf den menschlichen Körper haben. Die aktuelle Phytotherapie, d. h. der Gebrauch von Arzneimitteln mit Substanzen pflanzlicher Herkunft, ist nicht das Gegenteil der Chemotherapie mit ihren synthetischen Wirkstoffen, sondern ihre Ergänzung und Erweiterung. Beide bauen auf den gleichen chemischen Wirkprinzipien auf. Die moderne Phytotherapie ist vollkommen frei von allen philosophischen Aspekten und muß als reine Naturwissenschaft angesehen werden. Sie unterscheidet sich hier tiefgreifend von der Anthroposophie eines Steiner oder der Homöopathie eines Hahnemann, obwohl die verwendeten pflanzlichen Wirkstoffe oftmals dieselben sind.

Für die Druiden hatten Heilpflanzen jedoch neben diesem grobstofflichen Potential auch noch ein energetisches und damit feinstoffliches Potential, das im Labor nicht erfaßt werden kann. Heilpflanzen enthalten zwar chemische Stoffe genau wie synthetische Arzneimittel. Aber man hat es immer mit einer Art »Kombinationspräparat« zu tun, was die Druiden auf ihre Weise auch genau erkannten. Dieses »Kombinationspräparat« bestand auch in ihrem Weltbild aus einer Mischung von bestimmten Stoffen, die sich gegenseitig in ihrer Wirkung ergänzen oder das Präparat für den Menschen verträglicher machen. Allerdings lag hier der Schwerpunkt eben auf der Kombination grobstofflicher und feinstofflicher Elemente. Insbesondere dieses feinstoffliche Potential einer Heilpflanze hatte für die Druiden-Ärzte der Protokelten und Kelten aber oftmals eine größere Bedeutung als ihre chemisch wirksamen Inhaltsstoffe!

Viele Heilpflanzen dienten den Druiden nicht nur in der Medizin, wo sie z. B. als Tee oder Pulver eingenommen wurden oder in Bädern, Abreibungen und Umschlägen Verwendung fanden, sondern gleichzeitig als magische Amulette – auf die kranke Stelle aufgelegt, ständig am Körper getragen oder an einem für den Patienten wichtigen Ort angebracht (z. B. im Haus, über einer Schlafstätte).

Die Druiden sahen Krankheiten immer auch als Übel an, die mit dem Einwirken feindlicher dämonischer Kräfte zusammenhingen, denen man ebenbürtige positive Kräfte entgegensetzen mußte. Ihre Form der ganzheitlichen Medizin besaß einen ausgesprochen starken magischen Bezug: Krankheit, Behandlung, Heilung und Magie waren für einen Druiden immer untrennbar miteinander verwoben. Darum war es für ihn undenkbar, nur das grobstoffliche Element einer Pflanze in Betracht zu ziehen, wenn er gegen eine starke feindlich gesinnte Kraft ankämpfen mußte, die dem Patienten Schaden zufügte. Wenn der Druide folglich eine oder mehrere Pflanzen einsetzte, dann setzte er hier – gegen den Feind Krankheit – auch den oder die freundlich gesinnten Wesenheiten ein, die in seinem Weltbild die Essenz der Pflanzen ausmachten.

Die Druiden hatten bei ihren schamanistischen Reisen in die Geisterwelt erkannt, daß jede Pflanze außer ihrem chemischen Inhaltsstoff auch noch einen Energiekörper besitzt, der zusätzliche heilende Kräfte ausstrahlt. In späterer Zeit, als das alte Wissen in einen christlichen Mantel gepackt werden mußte, tradierte man diesen Energiekörper gerne als Fee, Elfe oder ein anderes sagenhaftes Geschöpf und versteckte die heilende Eigenschaft der Pflanze in einer meist noch viel sagenhafteren Erzählung, die allerdings für den Eingeweihten bis in die heutige Zeit noch immer verhältnismäßig leicht zu deuten ist, wenn er zwischen den Zeilen zu lesen vermag.

Wolf-Dieter Storl, der im Allgäu lebende Ethnobotaniker und Kulturanthropologe, bezeichnet dieses feinstoffliche Element, den Energiekörper der Heilpflanze, in einem seiner Bücher als »Pflanzendeva«[181] – Pflanzengottheit. Mit diesem Ausdruck trifft Storl natürlich den Kern der Sache und darum hat sich dieser Begriff auch gemeinhin eingebürgert. Doch mir persönlich ist er zu »orientalisch«. Ich ziehe es vor, wie Philipus Theoprastus Bombast von Hohenheim – Paracelsus[182] – von der Pflanzenseele zu sprechen.

Genauso wichtig, wie den Druiden der ganzheitliche Charakter der Heilpflanzen war, sollte er auch uns wieder sein. Heute steht die Naturmedizin nicht am Ende einer langen Tradition, sondern ist in eine neuen vielversprechenden Phase getreten. Möglich wurde dies nicht zuletzt durch neue Labortechniken wie Chromatographie oder Photometrie, aber auch und nicht zuletzt durch ein gesteigertes Gesundheitsbewußtsein in der Bevölkerung. Der Kreis schließt sich!

Natürlich entsprechen viele der traditionellen Heilpflanzen nicht den Ansprüchen der modernen Medizin, da die von den Laboratorien der Pharmakonzerne isolierten Inhaltsstoffe entweder unwirksam sind oder sogar gesundheitsschädlich sein könnten. Der Echte Beinwell z. B. ist eine sehr alte Heilpflanze und seine wundheilende, astringierende Wirkung beruht besonders auf seinem Allantoingehalt. Neuere Untersuchungen haben allerdings gezeigt, daß er auch Pyrrolizidinalkaloid enthält, das mutagen bzw. kanzerogene Effekte haben könnte. Der Echte Beinwell hat zwar nur eine Konzentration von etwa 0,02 bis 0,07 % dieser Pyrrolizidinalkaloide, was nach volksmedizinischer Tradition weit unterhalb der Grenze liegt, die für den Menschen als gefährlich betrachtet werden muß. Schulmedizinisch wird seine innerliche Anwendung bei enzündlichen Magen-Darm-Beschwerden jedoch trotzdem nicht mehr empfohlen. Manche europäische Länder gehen gar so weit, den Echten Beinwell auf die schwarze Liste zu setzen.

Die US-amerikanische Food And Drugs Administration (FDA) hat im August 2001 nicht gezögert, die Pflanze gar zur Giftpflanze zu erklären. Die kanadische Federal Trade Commission (FTC) ging gar auf gerichtlichem Wege gegen einen Hersteller von phytotherapeutischen Produkten auf Beinwellbasis vor. In Frankreich, dessen freie Liste für Heilpflanzen mit nur 37 Pflanzen die restriktivste von ganz Europa ist und wo nicht gezögert wird, einen Verkäufer von Zinnkrauttee, der nicht Apotheker ist, wegen unerlaubter Ausübung der Heilkunde vor Gericht zu zerren und zu verurteilen[183], ist Beinwell verschreibungspflichtig. Dem zum Trotz, die Giftigkeit der Pflanze Beinwell konnte bis heute nur in solch haarsträubenden Dosen nachgewiesen werden, daß es für einen normalen Menschen geradezu unmöglich ist, sie zu sich zu nehmen, nicht einmal im Rahmen einer Roßkur! Ähnliches gilt in der alternativen Tiermedizin, wo Beinwellumschläge gerne bei schlecht heilenden Knochenbrüchen oder Wunden eingesetzt werden. Solange man sich also an die alte Maßregel hält, Beinwell innerlich nicht über einen längeren Zeitraum als vier bis sechs Wochen einzunehmen und auch nur dann, wenn man kein Nierenleiden hat, muß man weder mit größeren Risiken noch mit irgendwelchen Nebenwirkungen rechnen. Und bei äußerlicher Anwendung, in Form von Pomaden, Cremes oder Umschlägen, ist Beinwell geradezu ein Wundermittel gegen Verstauchungen, Prellungen und Zerrungen – ein preisgünstiges Wundermittel ohne jegliche Nebenwirkungen!

Auf der anderen Seite fand man aber auch bis jetzt unbekannte Heilpflanzen oder grub vergessene wieder aus, die z. B. gegen Erkältungen oder Heuschnupfen sehr wirksam sind. Als kurzes Beispiel an dieser Stelle sei die Pestwurz – Petasites officinalis – genannt, die gegen Heuschnupfen genauso gut hilft wie die herkömmlich eingesetzten Antihistaminika. Dies wurde von Schweizer Ärzten im Jahre 2005 in einer Vergleichsstudie ausgetestet. Die Schweizer scheinen, was ihr Ärztekorps angeht, im Bereich der Verabreichung von Heilpflanzen statt allopathischer Mittel sowieso eines der experimentierfreudigsten Völker zu sein: Bei dem oben erwähnten Versuch erwies sich das Pestwurzpräparat auch noch als besonders gut verträglich, denn keine der 70 Versuchspersonen klagte über Müdigkeit, eine der bekanntesten und unangenehmsten Nebenwirkungen vieler chemischer Antihistaminika.

II

Von den schätzungsweise 400.000 Pflanzenarten, die auf unserer Erde wachsen, wurden bis heute nur etwa 10 Prozent auf ihre Inhaltsstoffe untersucht. Dieses enorme genetische Potential ist eine echte Herausforderung an die Wissenschaft, um neue biologisch wirksame Substanzen zu finden, und gleichzeitig eine Hoffnung im Kampf gegen bis jetzt unheilbare Krankheiten.

Eine Heilpflanze besitzt nicht nur pharmakologische Eigenschaften und chemisch wirksame Inhaltsstoffe. Das beste Beispiel hierfür sind die zahllosen kommerziellen Produkte auf der Basis von Johanniskraut – Hypericum perforatum –, die in einer Studie des Instituts für Pharmazeutische Chemie der Universität Frankfurt unter Professor Manfred Schubert-Zsilavecz durchgefallen sind. Nur eines von zwölf getesteten gängigen Hypericumpräparaten entsprach in der Wirkstoffzusammensetzung annähernd den gesetzlichen Anforderungen, die Wirksamkeit, Qualität und Unbedenklichkeit definieren. Alle anderen Mittel waren hoffnungslos unterdosiert. Selbst bei den hochdosierten kam es durch die Lagerung der Pillen zu einer erheblichen Veränderung der Inhaltsstoffe.

Gerade pflanzliche Heilmittel können in ihrer Zusammensetzung stark variieren, weil die Herstellung nicht nur ziemlich komplex, sondern auch von vielen anderen Faktoren abhängig ist. Manche dieser Faktoren sind mit den Mitteln der Wissenschaft einfach nicht greifbar! Selbstverständlich könnte man jetzt kontern, daß die elf in der oben genannten Untersuchung durchgefallenen Produkte eben einfach nicht genügend Hyperforin enthalten – jenen chemisch erfaßten grobstofflichen Bestandteil von Hypericum, der im Gehirn die stimmungsaufhellenden Prozesse in Gang setzt, die aus dieser Heilpflanze bei leichten bis mittelschweren Depressionen, bei Nervosität und Angstzuständen einen selbst von der Schulmedizin anerkannten nebenwirkungsfreien Helfer gemacht haben. Aber darauf allein beschränkt sich die mangelnde Wirksamkeit eben nicht.

Johanniskraut hat als Sonnenpflanze, die Belenos, dem Strahlenden, geweiht ist, auch einen ganz betont energetischen Charakter. Wer einmal die Möglichkeit hatte, gegen seine winterliche Depression Johanniskraut einzunehmen, das zur Zeit des höchsten Sonnenstandes im Jahreskreis[184] gesammelt wurde, wird dies ohne zu zögern bestätigen können. In der druidischen Tradition wurde Hypericum immer nur genau zu diesem Zeitpunkt abgesammelt[185], in dem das feinstoffliche Element – die Pflanzenseele – aufs engste mit der Sonne, ihrem Schöpfer Belenos, verbunden ist. Diese Verbindung ist es, die die Heilkraft von Johanniskraut ganz entscheidend stärkt!

Solche Details stellten das eigentliche geheime Wissen der Druiden-Ärzte dar, die sich darauf spezialisierten, mit Hilfe von Pflanzen den Energiekörper des Patienten wieder deckungsgleich mit seinem physischen Körper zu machen. Viele davon haben sich – wenn auch oft leider nur in verfremdeter oder karikaturartiger Form – in der Volks- und Bauernweisheit erhalten. Manche, die besonders unausrottbar erschienen und im Volk einfach zu fest verankert waren, wurden gar von der christlichen Kirche in Bräuche an speziellen Festtagen integriert, um ihnen den rechten »doktrinären« Anstrich zu verpassen.

Auch wenn wir oftmals im Stillen bedauern, wie die Vertreter der römischen Kirche in ihrem Wahn vorgegangen sind, der ganz besonders von der Feindschaft gegen die Sinnlichkeit und Lebensfreude der Natur als solcher geprägt war, so macht es uns doch schmunzeln, wie viel »Heidnisches« gerade im Bereich der Heilkräuter überlebt hat. Wer sich einmal die Mühe macht, Eva Aschenbrenners »Die Kräuterapotheke Gottes«[186] zur Hand zu nehmen oder einen Blick auf Maria Trebens fast schon legendäre »Gesundheit aus der Apotheke Gottes«[187] zu werfen, wird dies auch für sich selbst feststellen können.

Im Vorwort zu ihrem Buch schreibt Maria Treben, daß sie bei ihren Erfahrungen mit Heilkräutern das Gefühl hatte, eine höhere Macht würde sie lenken und leiten. Es ist nur wenig verwunderlich, daß sie diese höhere Kraft für sich selbst ohne zu zögern und umgehend als Maria, die Gottesmutter, identifiziert. Genauso wie Eva Aschenbrenner, die aus dem oberbayerischen Kochel am See im Landkreis Tölz stammt, war Maria Treben eine tiefgläubige Katholikin. In gleicher Weise war sie das Produkt einer Region, in der der Marienkult seit Jahrhunderten ganz besonders dominant ist. Und dieser Marienkult ist tief in der vorchristlichen Religiosität verwurzelt und ein deutliches Merkmal all jener Gegenden, in denen das einfache Volk trotz der Vernichtung der keltischen Hochkultur und der Vertreibung ihrer wichtigsten Vertreter – der Druiden – in den Untergrund nur ganz allmählich zum Christentum bekehrt werden konnte. Maria als Gottesmutter und Himmelskönigin ist hier einfach an die Stelle der keltischen Göttin, der Großen Mutter, getreten. Der Kulturanthropologe Robert Redfield[188] bezeichnet diese Volkskultur im Gegensatz zur Hochkultur – »big tradition« – als die »little tradition«. Und in ihr ist praktisch die ungebrochene Kontinuität der keltischen Gebräuche und Weisheiten der Druiden bis zum heutigen Tag gewährleistet.

In den Kräutern ist die ganze Kraft der Welt enthalten. Wer ihre geheimen Fähigkeiten kennt, ist allmächtig, so heißt es bereits in den vedischen Hymnen, den ältesten Schriften der Inder. Dasselbe Leitmotiv darf auch für die Druiden Galliens gelten, die sowohl als Ärzte als auch als Kräuterkundige in der antiken Welt einen herausragenden Ruf besaßen.

8

Der Garten von
An Avallach –
heilige Kräuter
und Pflanzen
der Druiden

 bwohl die Wissenschaft ermittelte, daß unsere protokeltischen und keltischen Vorfahren in den Tagen der Steinkreise und später, in den Tagen der druidischen Herrschaft, über weite Teile der europäischen Welt gesünder waren, als wir es heute sind – besonders in bezug auf die sogenannten »Zivilisationskrankheiten« –, gehen wir davon aus, daß es ein Leben ohne Krankheit niemals gegeben hat. In der Abiturprüfung 2006 schrieb ein französischer Schüler gar folgenden Satz, der so denkwürdig oder vielleicht auch komisch war, daß er Einzug auf die berühmte Internetseite der »Perles du Bac« (»Abitur-Perlen«) fand: »Au Moyen Age, la bonne santé n'avait pas encore était inventée!« – Im Mittelalter hatten sie die gute Gesundheit noch nicht erfunden!

Tiefgründige Einsicht oder Lapsus linguae? Unerheblich! Unser französischer Abiturient 2006 hat Recht: Wo wir heutzutage von Rückenleiden durch übermäßig langes Sitzen am Computer, von Übergewicht und Herzproblemen durch Bewegungsmangel oder schlicht und einfach von Depressionen durch den Druck in der Arbeitswelt oder infolge menschlicher Isolation in Großstädten gequält werden, sorgten bei unseren protokeltischen und keltischen Vorfahren feindliche Nachbarn, wilde Tiere, Kälte, Nässe oder irgendwelche Seuchen für Ärger mit der Gesundheit. Und bei ihren mittelalterlichen Nachfahren sah die Sache auch nicht viel besser aus.

Und manch einem zarter besaiteten keltischen Ahnen mögen in seiner Welt, in der die guten und bösen Geister als real empfunden wurden, diese Mächte ausreichend Angst eingeflößt haben, um sich Tür und Tor zu Leiden zu öffnen, die man in der heutigen Welt als psychosomatische Krankheiten bezeichnen würde. Auch dem hinkelsteintragenden Obelix, dem großmäuligen Majestix und dem wackeren Krieger Asterix waren depressive Zustände, Schlafstörungen oder Nervenzusammenbrüche nicht fremd, obgleich sie diesen Krankheitsbildern gewiß andere und höchstwahrscheinlich viel poetischere Namen gaben!

Wenn unsere Vorfahren also in einer solchen Situation vertrauensvoll den örtlichen Druiden-Arzt aufsuchten, dann wandten sie sich nicht nur an einen Wissenschaftler und Gelehrten im heutigen Sinne, sondern auch an einen Menschen, dessen Weltsicht magisch geprägt war und der wie sie selbst von der realen Existenz der Geisterwelt ausging. Vermutlich führten die Erkrankten ebenso wie der zuständige Druiden-Arzt das psychische oder physische Leiden darauf zurück, daß der Leidende in irgendeiner Weise ein Tabu übertreten oder die Geisterwelt gekränkt oder erzürnt hatte. Oder aber – wenn beide sich sicher sein konnten, daß dies nicht der Fall war – es wurde höchstwahrscheinlich erst einmal ein böser Zauber für die Krankheitserscheinung verantwortlich gemacht.

Einiges deutet darauf hin, daß es unter den Druiden-Ärzten zwar auch Spezialisierungen gab, die meisten von ihnen aber doch als »Allgemeinärzte« arbeiteten, die Krankheiten sowohl schamanistisch als auch mit gewöhnlichen Mitteln behandelten. Es ist sehr wahrscheinlich, daß der jeweilige Ansatz eines Druiden-Arztes – genauso wie bei heutigen Praktikern – von seiner Diagnose abhing.

Wenn eine »normale« Ursache, z. B. Hitze, Kälte, Verletzung, Schwangerschaft/Geburt, Überlastung, Bakterien oder Viren, Ernährungsfehler etc., hinter einem Leiden steckte, kamen »normale« Heilkräuter und/oder chirurgische Eingriffe zur Anwendung. Wurde eine paranormale, übernatürliche Ursache angenommen, also psychische Leiden wie Schwermut oder Besessenheit, die im Zusammenhang mit der Geisterwelt stand, ging der Druiden-Arzt schamanistisch vor und setzte Pflanzen ein, die in seinem Weltbild eine stark magische Natur hatten.

Die heiligen Pflanzen und Kräuter der Druiden werden in drei Gruppen eingeteilt vorgestellt:

– Zuerst jene, die von Plinius dem Älteren in seiner »Historia Naturalis« gelobt wurden: Dies sind traditionelle klassische Heilpflanzen, wenn auch einige von ihnen heute eher in den Bereich der »vergessenen Heilpflanzen« entrückt sind und nur noch sehr selten Anwendung in der Schulphytotherapie und »Schulnaturmedizin« finden. Dies ist die Welt der Eva Aschenbrenner und Maria Treben, der »Bona Fama«-Heilmittel »guten Rufes«, umgangssprachlich auch Altweibermittel genannt, oder hier im Normannischen »Remèdes de Bonne Femme«. Dies soll aber ihre Zauberkraft nicht abwerten, wenn man darunter die Wissenschaft versteht, die von den Druiden-Ärzten unserer Vorfahren praktiziert wurde und deren hohe Kunst darin bestand, die dem großen Heilkräutergarten der Natur entnommenen Elemente zum Nutzen anderer einzusetzen. Es sind einfach die gebräuchlichsten Heilpflanzen[189] der druidischen Tradition.

> Obwohl keine dieser Heilpflanzen bei vernünftigem und verantwortungsvollem Gebrauch gefährlich ist und Sie sie alle bedenkenlos für Ihre Kinder und/oder Haustiere im Garten ansiedeln können, doch ein kurzes Wort der Warnung: Konsultieren Sie bitte stets einen kompetenten Arzt oder Heilpraktiker bzw. Tierarzt oder Tierheilpraktiker, der Ihre Befindlichkeit oder die Ihrer vierbeinigen Freunde an einer Untersuchung überprüfen und einschätzen kann, ob die von Ihnen in Erwägung gezogene Heilpflanze in Ihrem Fall die wirkungsvollste und verträglichste ist.

Und machen Sie nicht den Fehler, synthetische Arzneimittel rundherum zu verwerfen, nur weil zunehmende Erregerresistenzen, unerwünschte Nebenwirkungen oder immunsuppressive Wirkungen dieser Mittel oftmals geradezu schockierend von den Beipackzetteln ins Auge springen: Im Falle akuter Erkrankungen ist es oftmals nur das gezielt eingesetzte Antibiotikum oder der Entzündungshemmer, der darüber entscheidet, ob die betroffene Person bzw. das betroffene Haustier seine Gesundheit jemals wieder in vollständigem Maße zurückerlangen kann.

Wir selbst haben es uns zur goldenen Regel gemacht, Heilpflanzen insbesondere bei leichteren Erkrankungen, längerfristig bei chronischen Leiden oder aber zur Prophylaxe einzusetzen und zu empfehlen.

Diese goldene Regel gilt sowohl für den Menschen als auch in der Tierheilkunde: Ein Kind, das sich beim Spielen die Knie blutig geschlagen hat, braucht keinen Arzt, sondern nur die liebevolle Hand der Mutter, sauberes Wasser und einen Umschlag mit essigsaurer Tonerde oder ein bißchen Honig über dem Wehwehchen. Ein Kind, das fiebrig heiß und mit glasigen Augen nach Hause kommt, gehört zum Arzt!

Einem Fohlen, das nervös herumtänzelt und leichten Durchfall bekommt, weil es Angst davor hat, in einen Pferdeanhänger verladen zu werden, helfen Sie mit Melisse, Lavendel, Hopfen und Kamille ein paar Stunden vor der großen Reise wirklich. Es braucht keine einschläfernden synthetischen Arzneimittel, die sein zentrales Nervensystem fast vollständig außer Gefecht setzen. Einem Pferd, das sich vor Kolikkrämpfen windet und dessen Leben von der raschen Verabreichung einer krampflösenden Spritze und der genauen Einschätzung seines Zustandes durch einen Fachmann abhängt, helfen Sie nur, wenn Sie sofort und ohne zu zögern den Tierarzt anrufen!

Tun Sie sich und uns den Gefallen und halten Sie sich an unsere goldene Regel und Sie werden mit den Rezepten und Hausmitteln, die wir am Ende dieses Buches vorstellen, viel Freude haben und Ihrer zwei- und vierbeinigen Familie Gutes tun.

— An zweiter Stelle möchten wir den Leser zu jenen Pflanzen führen, die außergewöhnliche Kräfte besitzen und deren Zauberwirkung je nach Zeitalter, Glauben und Gebrauch mit übernatürlichen, göttlichen oder teuflischen Kräften in Verbindung gebracht wurden. Diese Pflanzen werden wir als den »Giftgarten der Druiden« vorstellen. In der Tat sind alle Pflanzen, die in dieser Kategorie behandelt werden, sogenannte psychoaktive und gleichzeitig Giftpflanzen. Aus diesem Grund sind sie dem großen Publikum eigentlich nur noch als gefährliche Rauschmittel bekannt oder erscheinen auf Listen, die vor der »tödlichen Gefahr für Kinder im Garten und in Parkanlagen« warnen, wo sie niemals gepflanzt oder geduldet werden sollten.

Vor Jahrzehnten wurde bereits der wissenschaftliche Nachweis erbracht, daß Pflanzen ihre Umwelt unseren Empfindungen entsprechend erleben können. Sie zeigen sogar Schock- oder Angstreaktionen, unter Umständen auch bezogen auf ganz bestimmte Personen oder sogar auf die bloße Absicht, ihnen Schaden zuzufügen. Und sie gedeihen auf das prächtigste unter liebevoller Zuwendung. Ich unterhalte mich schon seit vielen Jahren regelmäßig und lebhaft mit allem, was in meinem Garten wuchert, wächst, blüht und gedeiht. Meine Pflanzen und Bäume scheinen diese Aufmerksamkeit und Sorge um ihr Wohlbefinden wirklich zur Kenntnis zu nehmen, denn ich habe selbst mit in der Normandie schwierig zu haltenden Gewächsen und den etwas kapriziöseren Vertretern der grünen Welt große Erfolge.

Die Kommunikation der Pflanzen scheint über Schwingungen und elektromagnetische Felder zu erfolgen, möglicherweise auch über Feuchtigkeits- oder Wärmeaustausch. Wissenschaftler forschen seit langem in diese Richtung. Der Nachweis der allen Organismen eigenen Aura mittels der hochfrequenten Hochspannungsphotographie, der Kirlianphotographie[190], ist nur ein Beispiel dieser Forschung.

In der Kindheit und Frühgeschichte der Menschheit gab es durchaus andersgeartete Einschätzungen und Verhaltensweisen den Pflanzen gegenüber als heutzutage. In zahlreichen Mythologien – europäischen und außereuropäischen – findet sich eine Würdigung dieser Lebewesen. Pflanzen, die auf das menschliche Bewußtsein einwirken, sind in fast jeder Zeit und in jeder Kultur von großer Bedeutung gewesen. Sie haben die parapsychologischen Fähigkeiten unserer Ahnen verstärkt und gleichzeitig ihre Phantasie beflügelt. Sie haben ihnen Erfahrungen ermöglicht, die sonst nur unter Hypnose oder im Traum zu erlangen waren oder einzelnen begnadeten »Mystikern« zuteil wurden. Es waren nicht tierische Substanzen, die den Menschen über Jahrtausende Visionen schenkten, sondern pflanzliche. Unzählige Initiationsriten in allen Kulturen der Welt haben mit pflanzlicher Hilfe Reifung und Weitsicht ermöglicht. Außer in wenigen, heute vom Aussterben bedrohten archaischen Stammesgemeinschaften erfährt der Heranwachsende keine echte Initiation mehr. Die Begegnung mit der Existenz, dem Großen Geheimnis des Lebens, des Sterbens und der Wiedergeburt, zählt nicht mehr zu den wesentlichen Erfahrungen der menschlichen Entwicklung.

Mit ihren ausdruckslosen Ritualen und starren Dogmen kann die heute auf dem europäischen Kontinent etablierte Hauptreligion den seelischen Hunger der Menschen schon lange nicht mehr stillen. Unvorbereitet und hungrig bleibt manchen Suchenden nur die Welt der Drogen. In unserer Zeit scheint sich die Mystik auf den Genuß, den Konsum reduziert zu haben. Eine Menge der unterschiedlichsten Substanzen stehen dem modernen Menschen zur Verfügung. Und doch hat er in der Regel den hier möglichen Zugang in die Ganzheit, die Ekstase, das Heraustreten aus der begrenzenden Individualität verloren. Die Pflanzen und ihre machtvollen Substanzen – Drogen genannt – sind nicht für diese Entwicklung verantwortlich, sondern nur das unvorbereitete, nicht initiierte Bewußtsein der Konsumenten, die so eine Ersatzbefriedigung und Betäubung oder Nervenkitzel und Genuß suchen.

Wir sollten uns an dieser Stelle an unsere Vergangenheit und an unsere Ahnen erinnern: Ein respektvoller, wenn nicht gar liebevoller Umgang galt als wichtige Voraussetzung für einen Kontakt mit der Existenz, der Macht, der Geisterwelt, unserem tiefsten ureigenen Wesen. So verstanden, waren in jenen Tagen unter den Pflanzen nicht nur Schönheiten und Nahrungsspender zu finden, sondern auch mächtige magische Verbündete.

Bitte halten Sie sich bei der Lektüre des »Giftgartens der Druiden« ganz klar vor Augen, daß Heilpflanzen im allgemeinen »Arzneipflanzen« sind und aus diesem Grund nur bei ganz genauer Kenntnis über deren Wirkung und Anwendungsweise und nach eingehender Rücksprache mit dem behandelnden Arzt eingesetzt werden sollten. Auf keinen Fall sollten Sie irgendwelche »Experimente« mit den hier vorgestellten Pflanzen anstellen. Giftigkeit ist in ihrem Fall ein relativer Begriff, weil sich die Grenze zwischen Heilkraut und Giftpflanze verwischt. Eben jene giftigen Inhaltsstoffe sind heute bei der Behandlung vieler Krankheiten von unschätzbarem Wert. Ein unkontrollierter Verzehr von Digitalis purpurea – Fingerhut – führt zu schweren Herzrhythmusstörungen und schließlich zum Tod. In Tablettenform dosiert hilft Digitalis allerdings mit genau denselben Wirkstoffen unzähligen herzkranken Patienten. Alle Informationen zum Einsatz dieser Pflanzen bei gesundheitlichen Störungen erhalten Sie bei Ihrem Arzt oder Heilpraktiker!

– An dritter Stelle laden wir Sie zu einem Spaziergang in den Heiligen Hain der Druiden ein. Archäologen fanden überall innerhalb keltischer Viereckschanzen Spuren von Kultbäumen. In der Literatur der Griechen und der Römer über die Kelten und ihre Druiden nehmen die Bäume einen genauso wichtigen Platz ein wie in ihren eigenen Mythen, Sagen und Dichtungen. Bereits die gerne gebrauchte, wenn auch nicht unumstrittene Übersetzung von »Druide« – »dru« von dem indogermanischen Wort für »Eiche« und »weid« vom indogermanischen »weit sehend, weit blickend« –, die durch die Beschreibung von Plinius dem Älteren geprägt wurde, läßt die Annahme zu, daß die Druiden den Bäumen im allgemeinen und der Eiche im besonderen eine große Bedeutung beimaßen, auch wenn wir uns eher der neueren Auffassung anschließen, daß die korrektere Übersetzung für »Druide« lediglich »Weiser« oder »Gelehrter« ist!

Die Kelten brachten bestimmten Bäumen bzw. denen mit ihnen in Verbindung gebrachten Gottheiten oder Geistwesen Opfergaben. In ihrer Weltanschauung galten Bäume allgemein als beseelt und man mußte ihnen mit Respekt und Ehrfurcht begegnen. Auch in späteren Jahrhunderten konnte sich diese Praktik der Verehrung bestimmter Bäume als eine Tradition im Volk halten, obwohl die christlichen Kirchenmänner sie immer aufs heftigste bekämpften und schon von den ersten Tagen der Christianisierung Galliens an mit Axt und Säge gegen die heiligen Bäume vorgingen – insbesondere gegen Eichen –, um damit der druidischen Kultur ihren Boden zu entziehen.

Der als »heiliger Martin« bekannte Bischof Martin von Tours, der sich als Apostel Galliens seinen Platz im ökumenischen Heiligenkalender sichern konnte, rief im 4. Jahrhundert der Zeitrechnung ganz gezielt zu einem Kreuzzug gegen die heiligen Bäume der Gallier auf und setzte ein Beispiel, indem er eigenhändig Hand an eine heilige Eiche in der Nähe des heutigen Chartres anlegte. Ungeachtet dieser radikalen Form des »Waldsterbens« von christlicher Missionarshand existieren verschiedene alte Baumkulte – wenn auch zwischenzeitlich mit kirchlichem Segen – bis zum heutigen Tag. Das in vielen Regionen praktizierte Setzen eines Maibaums ist der Rest eines Kultes zu Ehren des Belenos. Der Maibaum, meist rot und weiß mit Stoffbahnen umwunden, symbolisierte ursprünglich einen Phallus als Objekt der Fruchtbarkeit, das die Natur unter den Feuern von Beltane aus ihrem Winterschlaf weckte und die Gebärfähigkeit der im Boden schlummernden Kräfte wecken und fördern sollte.

Für die Druiden, als Philosophen mit tiefer Einsicht in die Symbole der Natur, war der Baum gleichfalls ein Abbild des Universums, die kosmische Eiche oder Welteneiche.[191] Jeder Stamm und jedes Dorf hatte einen Vertreter dieser Welteneiche, genauso wie jede Gegend ihren heiligen Hain, den »Nemeton«, in einem nahegelegenen Wald hatte. Dieser heilige Hain diente einerseits den Druiden als Versammlungs- und Weiheort, andererseits hielten sie dort auch ihre Lehrveranstaltungen ab, sozusagen eine »Open Air«-Schule. Die keltische »Religion« war ebenso dezentralisiert wie die keltische staatliche Organisation. Der Weltenbaum, die Welteneiche, als solcher befand sich folglich nicht nur an einem einzigen, fest definierten Ort – so, wie wir dies von den allerwichtigsten Heiligtümern der heute etablierten Religionen kennen –, sondern immer in der unmittelbaren und damit erlebbaren Nähe einer keltischen Lebensgemeinschaft. Für die Druiden als Ärzte waren die Bäume über diesen spirituellen Ansatz hinaus aber auch immer in hohem Maße mit dem Thema Heilung verbunden.

In diesem dritten Teil über die Heilkräfte der Natur, so, wie sie von den Druiden genutzt wurden, werden wir vor allem jene Bäume ausführlicher besprechen, die in den von uns untersuchten heilkundlichen Schriften und Herbarien am häufigsten aufgeführt wurden, aber gleichzeitig auch in der Volksmedizin die stärkste Anwendung finden. An dieser Stelle werden wir keine Kategorisierung in Bäume und Sträucher vornehmen, sondern beide gemeinsam behandeln, um dem Leser einen leichteren Überblick und schnelleren Einblick in die druidische Heilkunde zu ermöglichen.

Wie schon für die beiden vorhergehenden Kategorien – die gebräuchlichsten Heilpflanzen aus druidischer Tradition und den Giftgarten der Druiden – sind auch die Bäume der Kraft gemäß ihrer volkstümlichen Namen aufgelistet, dem sich die lateinische botanische Bezeichnung gemäß der Klassifizierung von Linné anschließt. Es folgen, sofern eindeutig identifiziert, der gallisch-keltische und der altbretonische oder bretonische Name der jeweiligen Pflanze sowie ein kurzer aktueller Kenntnisstand zur Botanik und wissenschaftlichen Phytotherapie. Im Anschluss daran wird der Einsatz der Pflanze in der druidischen Heilkunde und der Volksmedizin beschrieben, wobei auch auf die magische Verwendung Bezug genommen wird.

Da es in unseren Augen ein Schwachpunkt vieler Bücher zur Volksmedizin ist, auf Kulturpflanzen zurückzugreifen, die erst in nachkeltischer Zeit nach Westeuropa eingeführt wurden und daher unmöglich in der druidischen Pharmakopöe Verwendung gefunden haben können (was ihrer Wirksamkeit allerdings keinen Abbruch tut!), handelt es sich bei sämtlichen hier aufgeführten Pflanzen um solche, die aus Textvergleichen zwischen dem »De Medicamentis« (430 der Zeitrechnung), dem Manuskript von Leyden (ca. 790 der Zeitrechnung) und dem Stundenbuch der Anne de Bretagne (15. Jahrhundert) übereinstimmend entnommen werden konnten.

Das Buch schließt mit Rezepten für die Hausapotheke ab, die auf den gebräuchlichsten Heilkräutern und Bäumen der druidischen Medizin basieren. Rezepturen, die sich auch gut für Haustiere eignen, zeichnen wir als solche aus, das gleiche gilt für traditionelle Rezepturen für landwirtschaftliche Nutztiere.[192]

Der Heilkräutergarten der Druiden

 Heilpflanze wurde 100 % von den Druiden eingesetzt

 Heilpflanze wurde wahrscheinlich von den Druiden genutzt

 Heilpflanze wurde höchstwahrscheinlich nicht oder nur in ganz begrenztem Maße von den Druiden-Ärzten eingesetzt

 Ackergauchheil

Volkstümlich: Faules Lieschen
Botanisch: Anagallis arvensis L.
Gallisch-keltisch: Sapana
Altbretonisch: Gulaed
Bretonisch: Gwleizh

- Botanisch wird Anagallis arvensis L. den Primulacea, den Primelgewächsen, zugeordnet. Es ist eine etwa 10 cm hohe, kriechende, einjährige und ausdauernde Pflanze mit seitlich verzweigten Stengeln und stiellosen, eiförmigen Blättern, die manchmal gegenständig, manchmal quirlförmig angeordnet sind. Sie blüht in einem zarten Ziegelrot, und man trifft sie sowohl in Gärten, wo sie häufig als Unkraut behandelt wird, als auch auf Feldern und im Brachland. Die Blüten erscheinen achselständig, gestielt und bisweilen als lockere Trauben angeordnet. Der Kelch ist zum Grunde fünfteilig, die Krone radförmig oder radförmig und glockig. Die Blütezeit dauert von Juni bis Oktober. Die insgesamt 24 bekannten Arten von Anagallis sind über die ganze Erde verbreitet.

- Anagallis arvensis L. enthält Flavonoide, Saponine, Bitterstoffe, Gerbstoffe, zwei glukosidische Verbindungen, bei denen man vermutet, daß sie den Quillaia-und Polygalasäuren ähnlich sind, und eine fungitoxisch wirkende Substanz. Aus der Wurzel von Anagallis arvensis L. isoliert man Cyclamin. Die Pflanze ist giftig! Neueste Forschungen behaupten, daß Kraut und Wurzel Cucurbitacine enthalten, wie sie auch bei Bryonia dioica L. vorkommen.

- Ihr aktuelles Einsatzgebiet ist lediglich noch die Homöopathie.

- Bekannte Nebenwirkungen der Pflanze sind Vergiftungserscheinungen, u. a. starke Diurese, breiiger und wäßriger Stuhl, Gastroenteritis (auch bei Hunden und Pferden nachgewiesen), Erscheinungen am zentralen Nervensystem. Die Blätter können allergische Hautreizungen hervorrufen, die Samen sind toxisch und rufen insbesondere bei Geflügel Entzündungen in den Verdauungsorganen hervor, worin solche volkstümlichen Namen wie »Roter Hühnerdarm« oder »Vogeldarm« gründen.

Im angelsächsischen Sprachraum trägt diese kleine Pflanze den volkstümlichen Namen »The Scarlet Pimpernel«. Fast jedes Kind kennt dort noch den Abenteuerroman der Baroneß Emmuszka Orczy aus dem Jahre 1905: Eine Gruppe verschworener Freunde um den jungen britischen Adeligen Sir Percy Blakeney, dessen Wappen eben jener unscheinbare Ackergauchheil ist, macht es sich zur Aufgabe, mit List und Tücke und Mantel und Degen Unschuldige vor dem sicheren Tod auf den revolutionären Guillotinen Frankreichs zu retten. Der seltsam anmutende deutsche Name und die Maske der

Narretei und des blasierten Dandytums, mit der Sir Percy und seine Freunde sich im Roman der Baroneß Orczy schmücken, erklären jedoch sehr genau, in welchem ursprünglichen therapeutischen Spektrum Anagallis arvensis L. von unseren Vorfahren eingesetzt wurde: »Gauch« ist ein veralteter Ausdruck für »Narr«, und im antiken Griechenland verwendete man die Pflanze bei Geisteskrankheiten, Tobsucht und schwerer Melancholie, quasi als Psychopharmakum. »Anagalao« heißt, aus dem Altgriechischen übersetzt, »ich lache«. Auch Plinius erwähnt die Pflanze in diesem Zusammenhang.

Später beschreibt Leonard Fuchs Ackergauchheil aber nicht als Psychopharmakum, sondern als schmerzlindernd, und gibt an, Umschläge zum Säubern von Wunden anzulegen oder um Fremdkörper wie Dornen und Splitter zu ziehen. Genauso wie die griechischen Ärzte verwendete Fuchs Anagallis arvensis L. auch bei der Behandlung bösartiger Geschwüre. Anagallis arvensis L. wird heute in der Schulmedizin wegen ihrer Giftigkeit nicht mehr eingesetzt, findet aber in der Homöopathie bei Psorias, Hautjucken und Geschwüren Verwendung und oftmals auch bei rheumatischen Erkrankungen in der Potenz D3.

Von einer Verwendung der Pflanze, selbst in Form des gelegentlich gegen Sommersprossen gepriesenen Gesichtswassers, raten wir wegen der erheblichen Kontaktallergien, die Anagallis arvensis L. auslösen kann, genauso dringend ab wie von anderen Experimenten mit der Pflanze. An dieser Stelle sei angemerkt, daß Indianerstämme Nordamerikas die dort vorkommende Variante des Ackergauchheils als Pfeilgift verwendeten. Den Druiden diente Anagallis arvensis L. genauso wie den Griechen zur Heilung von Geisteskrankheiten, aber insbesondere als Wetterpflanze, da sich die Blüte für gewöhnlich erst am Vormittag öffnet und bei Aussicht auf Regen lieber gleich geschlossen bleibt. Als »Zauberpflanze« eingenommen, gestattete Anagallis den »Blick in die Zukunft«, möglicherweise gerade durch die Vergiftungserscheinungen, die sich nicht nur auf das zentrale Nervensystem, sondern auch auf das Gehirn übertrugen.

Wie und in welcher Dosierung die Druiden Ackergauchheil einnahmen, kann heute nicht mehr schlüssig ermittelt werden. Lediglich die Sammelvorschrift für die Pflanze ist noch bekannt: Sie mußte mit bloßen Füßen und nüchternem Magen gesammelt und sofort nach dem Pflücken – wie alle anderen Primelarten auch –

unter dem Gewand verborgen werden, um ihre Heilwirkung und Zauberkraft zu bewahren. Wie alle anderen Primulacea-Gewächse auch wird Anagallis als eine besonders von den Elfen, Undinen und Najaden beschützte Pflanze angesehen, als ein Schlüssel zu verborgenen Schätzen und Geheimnissen. Diese besondere Rolle erkennt man noch sehr deutlich in den alten Volksmärchen, unter anderem in den Überlieferungen der Gebrüder Grimm.

Andorn

Volkstümlich: Gottvergessen, Mariennessel, Dorant
Botanisch: Marrubium vulgaris L., Marrubium rafanum L.
Gallisch-keltisch: Marrubium, Domae
Altbretonisch: Guorthasaer

- Marrubium vulgare L., der Weiße Andorn, gehört zur Familie der Lamiaceae. Genauso wie der Beifuß, die Katzenminze und der Wermut zählt Andorn seit der Jungsteinzeit zu den Kulturbegleitern menschlicher Siedlungen.

- Das ausdauernde, schwach nach Thymian duftende Kraut wird 40 bis 60 cm hoch und hat eine spindlige Wurzel mit mehrköpfigem Wurzelhals. Die Stengel sind vom Grund an ästig, mit bogig abstehenden Ästen, stumpf vierkantig und wie die Blätter lockerflaumig, in der Jugend spinnenwebartig weiß behaart. Die Laubblätter sind gestielt mit unscharf abgesetztem Stiel. Die Spreite ist am Rand ungleich gekerbt, von den oberseits vertieften, unterseits stark hervortretenden Nerven stark runzlig, anfangs dicht weißwollig, später nur locker behaart und oberseits oft kahl. Die kurz gestielten Blüten sind 5 bis 7 mm lang und stehen in dichten, reichblütigen, fast kugeligen, blattachselständigen Scheinquirlen mit linealen, herabgebogenen, dicht behaarten Vorblättern. Der Kelch ist röhrig und von lockeren Sternhaaren weiß-filzig, mit 10 Zähnen, die nach dem Abfallen der Krone krallenartig zurückgekrümmt sind. Der Kelch hält durch den dicht behaarten Schlund die Nüßchen zurück und fällt mit diesen ab. Die Krone ist weiß, flaumig behaart. Die Oberlippe gerade aufgerichtet, der Mittelzipfel der Unterlippe etwa dreimal so lang wie die seitlichen.

- Die Blütezeit des Andorns erstreckt sich von Juni bis September. Die beste Erntezeit liegt wie bei so vielen Heilkräutern zwischen der Sommersonnwende und Mitte August. Die Pflanze wird während der Vollblüte abgeschnitten, gebündelt und im Schatten an der Luft getrocknet. Die derben unteren Stengelteile sollte man als Droge nicht mitverwenden. Daher werden die Blätter und Blüten nach dem Trocknen am besten abgerebbelt und die zarteren oberen Stengelteile kleingeschnitten.

- Da Marrubium früher systematisch als Heilpflanze kultiviert wurde, findet man es heute verwildert auf trockenen Weiden, Schutthalden, in Magerwiesen, an Dorfwegen, auf Ödland und an Viehlagerplätzen. Es ist eine klassische »Dorfpflanze« und gedeiht am besten auf stark gedüngtem Boden. Lassen Sie sich trotzdem nicht dazu hinreißen, wildwachsenden Andorn zu ernten, denn er steht in Deutschland auf der roten Liste der vom Aussterben bedrohten Arten.

- Allerdings lässt er sich ohne große Mühe im eigenen Garten ziehen und dort werden Sie auch eine weitere Besonderheit dieser Heilpflanze feststellen: das gänzliche Fehlen von Parasiten und Schädlingen. Dies ist wohl mit ihrem außergewöhnlich hohen Gehalt an Bitterstoffen zu erklären.

- Der Weiße Andorn beinhaltet außer den Bitterstoffen wie Marrubiin (0,3 bis 1 %), Prämarrubiin und Marrubenol Harz, ätherisches Öl, Gerbstoffe (5 bis 7 %), Flavonoide, Kalium, Cholin, Saponine und Schleimstoffe.

- In der Homöopathie wird Marrubium bei Entzündungen der Atemwege eingesetzt, in der Phytotherapie besonders bei Hautverletzungen, Geschwüren und Ekzemen.

- Sein Verbreitungsgebiet erstreckt sich über ganz Mittel- und

Nordeuropa mit Ausnahme der deutschen Alpen und der Mittelgebirge. Des weiteren kommt Andorn kaum in Küstengebieten vor.

Der schon in vorchristlicher Zeit, bei Theophrast und den Hippokratikern, später auch bei Dioscorides, Plinius, Galenus u. a. neben »Prasion« bzw. »Prassium« auftauchende Name Marrubium für verschiedene Marrubiumarten soll sich scheinbar vom Hebräischen »mar« – »bitter« – und »rob« – »viel, sehr« – herleiten. Der Botaniker Linné leitete den Namen allerdings von Maria-Urbs, einer Stadt am Fuciner See im Latium, ab. Albert C. Baugh und Thomas Cable, zwei englische Sprachwissenschaftler, schlagen vor, daß Marrubium vom inselkeltischen »marufie«[193] herrührt, was offensichtlich so viel wie »haarig« bedeutet. Diese Behauptung unterlegen sie mit dem volkstümlichen englischen Namen des Krautes »horehound«, der sich eindeutig vom angelsächsischen »hore« – »haarig« – herleitet. Im Rahmen der Unterdrückung der Kelten durch die Angelsachsen wäre das eine Wort durch das andere ersetzt und erst später wieder als »maruffium« beziehungsweise »marrubium« mit den normannischen Eroberern und Wilhelm auf die Insel rückgeführt worden. Ob Andorn vielleicht eine Verballhornung von »ohne Dornen« ist, bedarf noch der Klärung. Der Sprachwissenschaftler Lehmann glaubt eher, daß Andorn sich von dem Sanskritwort »andhà« – »dunkel, blind« – herleiten könnte.

Auf die Heilkräfte der Pflanze beziehen sich verschiedene volkstümliche Namen, die in Österreich gebräuchlich sind, wie Brustkraut, Helfkraut und Gotteshilfkraut. Für seine Wirksamkeit und seinen traditionellen populärmedizinischen Einsatz gegen Frauenkrankheiten sprechen sowohl der Name »Mutterkraut« als auch »Mariennessel«.

Der Andorn zählt zu den ältesten durch Überlieferung bekanntgewordenen Arzneipflanzen. Im alten Ägypten spielte er bereits eine große Rolle als Antidot sowie bei Krankheiten der Atmungsorgane. Hierauf spielt auch der im Mittelalter für die Pflanze gebräuchliche Name »Same des Horus« an. Nach Dioscorides sind die Samen und die Blätter, mit Wasser gekocht, gut gegen Phthisis, Asthma und Husten, die Blätter mit Honig als heißer Breiumschlag gegen fressende Geschwüre und Seitenschmerzen. Celsus und Alexander von Tralles empfehlen den Andorn gegen Krankheiten der Lungen. Der Arzt Castor Antonius benutzte den Saft mit Honig gegen geschwürige Lungenschwindsucht. Antonius Musa verband Marrubium mit Myrrhe bei inneren Abszessen. Die Kräuterbücher des Mittelalters bezeichnen ihn als Mittel gegen Lungenkrankheiten, Verstopfung, ausbleibende Menstruation, Gelbsucht, Schuppen, Flechten und Seitenstechen. Von Hippokrates wurde der Andorn als Wundmittel gebraucht, während ihn Paracelsus sehr vernünftig als »die Arznei der Lunge« bezeichnet. Die Drüsen der Atemwege werden insbesondere durch den Inhaltsstoff Marrubin zur Sekretion angeregt, allerdings ohne Brechreiz auszulösen. Lonicerus rühmt ihn als Heilmittel gegen die Schwindsucht und ebenfalls als Expektorans. Gleichzeitig warnt er jedoch davor, Marrubium bei Patienten mit Blasenleiden anzuwenden. Auch Bock und Matthiolus schildern seine äußerst vielseitigen Heilkräfte, insbesondere seine Wirkung auf die Atmungsorgane.

Die in der Volksmedizin Südfrankreichs übliche Anwendung bei Wechselfieber/Sumpffieber[194] wurde bereits in den 20er Jahren des 20. Jahrhunderts klinisch als berechtigt bestätigt. Dadurch wurde die Pflanze sogar zu einer Alternative für Fälle, in denen Chinin nicht eingesetzt werden konnte. Gute Erfolge sah man auch bei an Typhus und Paratyphus erkrankten Patienten.

Die Druiden-Ärzte Galliens verwendeten Andorn auch im Bereich der Geburtshilfe. An dieser Stelle möge der Leser sich daran zurückerinnern, daß die Medizin der Druiden eine natur-magische Medizin war und ist: Andorn gehört wie Johanniskraut zu den klassischen Sommersonnwendkräutern der Kelten. Diese Zugehörigkeit und das rein weißmagische Element, das sämtliche Sonnwendkräuter – ungeachtet der Christianisierung – bis zum heutigen Tag behalten haben, läßt diesen Einsatz in der Frauenmedizin noch zusätzlich logisch erscheinen.

Über das Potential von Marrubium, das Ausstoßen der Plazenta[195] zu erleichtern und zu beschleunigen, schreibt noch Dr. G. Madaus in seinem »Lehrbuch der biologischen Heilmittel« von 1935. Vermutlich verwendeten die Druiden-Ärzte, ähnlich wie von Madaus vorgeschlagen, einen Kaltauszug[196], der der Gebährenden eingeflößt wurde, genau so, wie heute viele Geburtskliniken den Müttern systematisch ein Wehenmittel verabreichen, um den Ausstoß der Plazenta zu beschleunigen.

Darüber hinaus wurde Marrubium noch verräuchert, um die Mutter – von den Geburtsanstrengungen geschwächt – und den Säugling vor Behexungen und negativen Einflüssen durch Dritte oder Geister zu beschützen. Dieser Brauch, mit Marrubium Verhexungen und negative Energien auszuräuchern, hat sich bis zum heutigen Tage im Volksglauben vieler Gegenden gehalten.

 BALDRIAN

Volkstümlich: Hexenkraut, Theriakwurz, Katzenbuckel
Botanisch: Valeriana officinalis
Gallisch-keltisch: Uaelaerian
Bretonisch: Uaelaerian

- Die 25 bis 100 cm hohe Staude ist überall in Europa beheimatet. Der kurze, walzenförmige Wurzelstock trägt viele fingerlange, stielrunde, nestförmig zusammengedrängte, braune, innen weißliche Wurzelfasern mit charakteristischem Geruch. Der einfache Stengel ist gefurcht, unten kurzhaarig und oben kahl. Die unpaarig gefiederten Laubblätter sind mit 5 bis 11 Paaren lanzettlichen, linealischen ganzrandigen bis grob gezähnten Fiedern versehen. Die hellrotlila bis weißen Blüten sind zu rispigen Trugdolden vereinigt. Der Baldrian gedeiht unter den verschiedenartigsten äußeren Verhältnissen sowohl an sonnigen als auch an schattigen ebenso an feuchten wie an trockenen Orten, denen er sich durch die mannigfaltige Ausbildung der Laubblätter vortrefflich anpaßt. Je trockener und sonniger der Standort ist, um so schmälere und kleinere Blattabschnitte entwickelt die Pflanze. Die Bergformen sind im allgemeinen aromatischer als die Sumpfformen. Die Blütezeit der Pflanze erstreckt sich von Juni bis August. Allerdings kann man die Baldrianwurzel erst im zweiten Lebensjahr der Pflanze ernten. Es wird nur die Wurzel, »Valeriana radix«, verwendet. Man kann sie entweder im Herbst, nach dem Absterben der Blätter, ausgraben, oder im Frühjahr, bevor die oberirdischen Teile ausschlagen.

- Die oberirdischen Pflanzenteile selbst, die einen sehr spezifischen Duft haben, manche empfinden ihn als ekelerregend, trägt u. a. zur leichten Identifizierung von Baldrian bei, locken Katzen[197] (und wohl auch Fische, wie manche Angler behaupten) an, haben aber ansonsten keine Heilwirkung. Allerdings wird diesen »stinkenden« Blüten im Volksglauben eine »hexenabwehrende« und »teufelsvertreibende« Wirkung zugeschrieben, daher wohl der Name »Hexenkraut«!

Erstaunlicherweise ist es beim Baldrian der Wurzelaufguß als Tee, der die stärkste therapeutische Wirkung hat, während die ätherische Tinktur die schwächste Zubereitung ist!

Valeriana war auch den griechischen und römischen Ärzten bekannt. Genauso wie die Druiden-Ärzte der gallischen Kelten wussten sie um seine beruhigenden, erwärmenden, menstruationsfördernden und harntreibenden Fähigkeiten. Dioscurides beschreibt ihn zusätzlich als hilfreich bei Seitenstechen. Bis weit in die dunkle Zeit hinein muß Baldrian sowohl als schmerzstillendes als auch stark beruhigendes Mittel große Bedeutung besessen haben, worauf auch hindeutet, daß die weißen, stinkenden Baldrianblüten in verschiedenen Gegenden immer noch Bestandteil der Sommersonnwendkränze sind. Darüber hinaus hat sich mancherorts in der feuchten und ausgesprochen baldrianträchtigen Normandie die Tradition gehalten, bei der die Baldrianwurzeln in Wein eingelegt und dann, bei nervösen Zuständen, aber insbesondere bei Hysterie und dergleichen, die eingelegten Wurzelstücke gekaut werden.

In der medizinischen Literatur des Mittelalters findet der Baldrian sich unter verschiedenen Namen wieder, der bekannteste ist wohl »Theriaca« – Allheilmittel. Das Einsatzgebiet der Pflanze war sehr groß. Auffällig ist jedoch, daß in diesen Schriften nirgends die in der Antike und heute wieder so gebräuchliche Verwendung als Nervenberuhigungsmittel erwähnt wird. Lediglich der weitgereiste Paracelsus deutet gezielt auf die Verwendung als Beruhigungsmittel hin. Dagegen scheint man Baldrian im größeren Rahmen als Aphrodisiakum eingesetzt zu haben, denn eine altmittelhochdeutsche Handschrift des 15. Jahrhunderts aus dem Schloss Wolfsthurn bei Sterzing berichtet: »Wilter gute freuntschaft machen under manne und under weibe, so nym valerianum und stosz die czu pulver und gib ins czu trinken in Wein.«

Auf die uralte Verwendung gegen Pest und andere Seuchen nehmen zahlreiche, noch heute im Volk bekannte Sprüche Bezug. So besagt ein Spruch aus »Bald's Leechbook«, daß diejenigen, die Baldrian trinken, »davonkommen« werden, was sich möglicherweise auf die Ansteckung mit Pest bezog.

 Beinwell

Volkstümlich: Wallwurz
Botanisch: Symphytum officinalis L.
Gallisch-keltisch: Alus, Alos, Halus
Bretonisch: Troazur

- Der botanische Name des Beinwells leitet sich vom griechischen »symphein« – zusammenwachsen – ab, da die Pflanze zur Behandlung von Knochenbrüchen eingesetzt wurde. Auch die beiden bekanntesten deutschen Namen »Beinwell« und »Wallwurz« haben diese Bedeutung des Heilens von gebrochenen Knochen in sich: das althochdeutsche »beinwalla«, in dem »wallen« steckt – Zusammenheilen von Knochen.

- Beinwell ist eine kräftige, bis zu 1,50 m hohe ausdauernde Staude. Die dicke, spindelförmige Wurzel ist mehr oder weniger ästig. Sie ist außen schwarz und innen weiß und enthält viel Schleim. In getrocknetem Zustand ist sie von hornartiger Beschaffenheit. Der von unten an ästige Stengel ist mit großen, lang herablaufenden Blättern besetzt. Die unteren sind eiförmig bis länglich lanzettlich, die oberen lanzettlich und wie alle grünen Teile der Pflanze rauhhaarig-borstig. Die trübpurpurnen oder violetten Blüten bil-

Der Heilkräutergarten der Druiden 179

...ggestielte, überhängende Doppelwickel. Der unten ver-
...sene Kelch ist fünfzipflig, die zylindrisch-glockige Krone mit
...rückgekrümmten Zähnen trägt im Innern 5 Schuppen, sie ist
bis 16 mm lang. Bis zu 4 schwarze Samenfrüchtchen befinden
...ch in jedem Blütenkelch. Beinwell ist feuchtigkeitsbedürftig und
gleichzeitig sonnenliebend und wird durch Düngung begünstigt.

- Durch Entwässerung wie auch Beschattung kann die Pflanze nach und nach vertrieben werden. Sie wächst an Bachufern, mit Vorliebe in Streuwiesen.

- Ihre Blütezeit ist Mai bis Juni, die Sammelzeit für die Blätter ist fast ganzjährig und Wurzeln nimmt man am besten in der kalten Jahreszeit zwischen Dezember und März. Der Beinwell ist in ganz Europa beheimatet.

- Zu den Inhaltsstoffen der Pflanze zählen das Allantoin sowie Schleim- und Gerbstoffe, Asparagin, Alkaloide, ätherisches Öl, Flavonoide, Vitamin B12, Harz und Kieselsäure, Pyrrolizidinalkaloide.

Im Jahre 1910 stolperte der britische Mediziner C.J. Macalister über einen Text aus dem frühen 19. Jahrhundert, in dem ein Kollege beschrieb, wie ein bösartiger Tumor bei einem seiner Patienten dank der Behandlung mit Beinwellsalbe vollständig verschwand. Dieser Bericht regte den Arzt zu eigenen Versuchen an und 1936[198] legte er eine vollständige Studie über den Beinwell und die Behandlung von schweren Hauterkrankungen vor. Macalister hielt das Allantoin für einen sehr wichtigen Bestandteil von Symphytum. Von allen von ihm untersuchten Pflanzen war Beinwell die allantoinreichste. Insbesondere in der Wurzel, von Januar bis März geerntet, war der Allantoingehalt am höchsten, allerdings um dann im Laufe des Jahres ständig abzunehmen, so daß bei der ausgewachsenen Pflanze in der Wurzel überhaupt kein Allantoin mehr, wohl aber in den endständigen Knospen, Blüten und jungen Schößlingen nachzuweisen war.

Diese Beobachtungen eines Fachmannes mit den technischen Mitteln der 40er Jahre des 20. Jahrhunderts überschneiden sich exakt mit denen von Medizinern der Antike und den keltischen Druiden-Ärzten, die die Planze nicht nur bei Knochenbrüchen, sondern im großen Stil auch bei Tumoren einsetzten. Bei Marcellus Empiricus finden sich sehr viele Rezepturen, die Beinwell enthalten, nicht nur bei der Behandlung von Knochenbrüchen, Verrenkungen, Verstauchungen und Schlagverletzungen, sondern auch gegen die verschiedensten Hautkrankheiten, Ausschläge und Tumoren. Darüber hinaus taucht die Pflanze, selbstverständlich unter ihrem gallisch-keltischen Namen »Alus«, auch in zahlreichen Rezepturen zur Wundheilung auf. Schon allein die Tatsache, daß die Pflanze so oft in diesem Werk auftaucht, deutet darauf hin, in welchem Maß ihr Einsatz in den keltischen Gebieten Galliens Tradition hatte.

Die antiken griechischen und römischen Autoren dagegen beschreiben Symphytum häufiger im Einsatz gegen innere Abzesse, Wunden und Blutspeien und stellen den Anspruch, zur Heilung von Knochenbrüchen beizutragen, eher in den Hintergrund. Dieser Punkt ist vielleicht weniger wichtig als die Tatsache, daß Römer, Griechen und Kelten sich über die Wirksamkeit gegen Tumoren und Hauterkrankungen einig sind.

Abgesehen von einigen wenigen Ausnahmen, wie Hildegard von Bingen in ihrer »Causae et Curae«, die den Beinwell unter der Bezeichnung »consolida« lediglich als Wundmittel aufführt, ist sein Behandlungsspektrum in sämtlichen kräuterkundlichen Werken bis hin zum klinischen Beweis, warum er überhaupt gegen Tumoren wirkt, durch J. C. Macalister im Jahre 1936 durchgängig und sein Ruf geradezu einzigartig.

Außerdem wurde und wird Symphytum z. B. in Großbritannien gerne als blutreinigendes Gemüse wie Spinat gegessen. In manchen Gegenden Österreichs backt man die Blätter in einer Panade im heißen Öl aus. Als Viehfutterergänzung scheint Beinwell den Milchertrag von Kühen zu erhöhen und bei Pferden ein schönes, glattes Fell zu bewirken. Auch war (und ist) er in der Tierheilkunde innerlich und äußerlich angewandt ein geschätztes Mittel bei Wunden und Knochenverletzungen.

Erst in den letzten Jahren hat sich ein Schatten über die bewährte Heilpflanze gelegt: Im Verlauf von chemischen Analysen wurde eine Substanz – Pyrazolidin – als möglicherweise krebserregend entdeckt.

Eine spektakuläre Publikmachung dieser Entdeckung und eine erbarmungslose Verurteilung des »so gefährlichen« Beinwells gingen einher mit einem Lobgesang auf die hervorragenden und ungefährlichen Heilmittel aus der Pandorabüchse der Pharmaindustrie.

Nach meinem Wissensstand hat man in einem Laborversuch einen isolierten Wirkstoff des Beinwells – eben Pyrazolidin – in übermäßig hoher Dosis an (trächtigen) Ratten und Mäusen getestet, was bei etwa 50 Prozent der Versuchstiere zu Leberschädigungen und Leberkrebs und bei ein paar anderen zu Fehlgeburten führte!

Einen ähnlichen Versuch führten vor zwei, drei Jahren die französischen Gegner der Naturheilkunde (sprich die Pharmaindustrie) mit Kamillenblüten aus. Weil ca. 10 bis 15 Gramm schwere Labormäuse oder Laborratten auf eine brutale Dosis von Kamillenextrakt, die selbst einen Ackergaul in die Knie zwingen würde, nicht sonderlich gut reagierten (allerdings ist keines der armen Viecher gestorben), kamen sie zu dem Schluß, daß Kamillenblüten gefährlich sind und auf die Liste verschreibungspflichtiger Mittel gehörten. Zum ersten Mal zeigte die französische Arzneimittelbehörde, die seit etwa 1941 dank intensiver Lobby der Pharmakonzerne der Kräuterheilkunde im allgemeinen äußerst feindlich gesinnt ist, gesunden Menschenverstand und setzte Kamillentee nicht auf diese berüchtigte Liste.

Die Kommission E des ehemaligen Bundesgesundheitsamts empfiehlt in ähnlicher Weisheit wie die französischen Kollegen die Verwendung von Beinwell also nicht unbedingt, obwohl seine Wirksamkeit erfahrungsgemäß gut ist, weil er Pyrazolidin enthält, das wohl in größeren Mengen leberkrebserregend sein könnte und vielleicht auch erbgutverändernd wirkt, wie an einer Handvoll armer überdosierter Laborratten bewiesen. Ferner weist sie darauf hin, daß er nicht länger als 4 bis 6 Wochen im Jahr eingesetzt werden sollte.

An Pyrrolizidinalkaloiden hat Beinwell eine Konzentration von 0,02 bis 0,07 %. Das ist nach der volksmedizinischen Verwendungstradition weit unterhalb der Grenze, die für den Menschen gefährlich werden kann. Um uns allerdings mit der Liste E in eine Reihe zu stellen und unseren Hut vor den Hütern der Volksgesundheit zu ziehen, würden wir davon abraten, wie bei jedem anderen Kraut auch, es mit Dosis und Anwendungsdauer zu übertreiben, und bei bestehenden Leberleiden und Magen-Darm-Beschwerden wohl auf Beinwell verzichten!

In der tiermedizinischen Anwendung, insbesondere bei Großtieren wie Pferden und Rindern, bezweifle ich, daß eine vernünftige Verwendung von Beinwell, vor allem bei Knochenverletzungen, im Endeffekt irgendwelche größere Schäden verursachen kann. Zum einen ist die Lebensspanne unserer vierbeinigen Freunde erheblich kürzer als unsere; es ist zu vermuten, daß z. B. mit Beinwell behandelte Pferde eher ihrem Alter als einer Leberkrebserkrankung erliegen. Zum anderen ist Beinwell, wie oben angeführt, eine Futterpflanze, die die Tiere auch freiwillig und mit Gusto zu sich nehmen. Für gewöhnlich fressen sowohl Rinder als auch Pferde nichts, was ihnen nicht gut tut. Man nennt dies »Instinkt«, etwas, was wir Zweibeiner im Laufe unserer Entwicklung fast vollständig verloren haben, so daß wir entgegen aller Vernunft eher Dinge tun, essen oder einnehmen, die uns – wissentlich – schaden! Kein Pferd käme auf die Idee, sich die Leber zu ruinieren, indem es sich mit Alkohol zuschüttet, bis die letzte Gehirnzelle im Nichts aufgelöst ist.

Man verwendet also ruhig weiterhin die Blätter zur Wundheilung: als Breiumschläge äußerlich bei Quetschungen, Blutergüssen, Venenleiden, Verstauchungen, Rheuma oder Hautausschlägen und Ekzemen, und gelegentlich als Tee oder als Tinktur innerlich, wenn zum Beispiel die Heilung eines Knochenbruchs beschleunigt werden soll. Beinwell bewirkt außerdem auch, daß die Gelenke wieder »mitmachen«; deshalb sind die Blätter als Badezusatz für die Vitalität sehr zu empfehlen und vollkommen unschädlich!

In der Antike und bei den Druiden-Ärzten der gallischen Kelten wurden vornehmlich die schleimigen Wurzeln abgekocht, um damit Knochenbrüche, Quetschungen, Prellungen, Verrenkungen, aber auch Geschwüre und alte Narben zu behandeln. Dieser schleimige Brei wurde aus klein geschnittenen Wurzeln hergestellt, die man über Nacht in einem Tongefäß im kalten Wasser quellen ließ, bevor man sie – im gleichen Tongefäß – bei kleiner Flamme zu Brei zerkochte. Bei den Kelten wurde in diesen Brei zusätzlich Lehmpulver eingerührt und dann reichlich fingerdick auf die zu behandelnde Stelle aufgetragen. Man ließ den Beinwellbrei-Lehmverband entweder so lange auf der Verletzung, bis er vollständig ausgetrocknet war, oder man erneuerte ihn spätestens nach einer Nacht, also nach etwa 12 Stunden.

Ich habe diese Methode selbst mit großem Erfolg eingesetzt, bin aber zu dem Schluß gekommen, daß es besser ist, den Beinwellbrei-Lehmverband mit Frischhaltefolie zu fixieren und dadurch feucht zu halten und ihn bei Knochen- und Gelenkverletzungen immer lauwarm anzulegen. Statt Beinwellwurzeln, die sehr schwer zu trocknen sind und leicht schimmeln, können auch die Blätter für Umschläge genommen werden.

Am Rande sei hier noch kurz erwähnt, daß Leichtgläubigen im Mittelalter gerne »Beinwellwurz-Männchen« als »Alraunewurz-Männchen« aufgeschwatzt und daß die von ihren kleinen Wurzeln befreiten phallisch anmutenden Hauptwurzeln gelegentlich in Liebeszaubern verwendet wurden. Ansonsten ist in magischer Hinsicht nicht viel über Symphytum officinalis überliefert, vielleicht deswegen, weil man die Heilkraft der Pflanze bei der Behandlung der damals oftmals fatalen Knochenbrüche, auch offenen Brüche, an sich bereits als magisch empfand.

Brechwurz

Lateinisch: Asarum europaéum L.
Weitere deutsche Volksnamen: Nieswurz, Hasenpappel, Gewöhnlicher Haselwurz
Altertümlich: Hexenrauch, Teufelsklaue
Gallisch-keltisch: Bacar

- Botanisch gehört die Brechwurz zur Familie der Osterluzeigewächse (Aristolochiaceae) und zu den Bedecktsamern. Sie ist eine mehrjährige Pflanze und wird 5 bis 10 cm hoch. Die Sproßachse ist kriechend mit 2 bis 3 bräunlich-grünen Niederblättern. Die Blüten stehen einzeln unmittelbar in Bodennähe, sie sind kugelförmig, braunrot mit 3 Zipfeln. Die Pflanze besitzt 12 Staubblätter und 2 immergrüne Laubblätter sind nierenförmig-rundlich und glänzend. Die vorweiblichen (protogynen) Blüten bestäuben sich in der Regel selbst. Die Samen tragen Elaiosome und werden von Ameisen verbreitet.

- Man findet Brechwurz in Laubwäldern, Gebüschen, Au- und Schluchtwäldern vor allem auf feuchten und kalkhaltigen Böden. Ihr Verbreitungsgebiet umfaßt Eurasien bis Sibirien und Europa von Skandinavien bis Südfrankreich, Mittelitalien und Griechenland. Brechwurz riecht intensiv nach Pfeffer. Ihre Blütezeit ist von März bis Mai. Man sammelt den Wurzelstock mit Wurzeln im August. Alle Teile der Pflanze sind schwach, der Wurzelstock ist stärker giftig.

- Die Pflanze enthält in den Blättern bis zu 0,3 % ätherisches Öl. In den Wurzeln kann dieser Gehalt bis auf 4 % ansteigen. Es existieren vier verschiedene Brechwurzsorten. Bei der am häufigsten vorkommenden Art besteht das ätherische Öl zu vier Fünfteln aus alpha-Asaron (sogenanntem Asarumkampfer). Weitere Inhaltsstoffe sind Mono- und Sequiterpenderivate sowie Flavonoide und Phenolcarbonsäureverbindungen.

- Die Pflanze dient auch heute noch als auswurfförderndes Mittel, insbesondere bei trockenen Rachen- und Kehlkopfkatarrhen sowie bei Asthma. Homöopathisch verwendet wird Asarum europaéum L. in entsprechender Verdünnung bei nervösen Reizerscheinungen wie Kopfschmerz mit Übelkeit oder nervösem Erbrechen. Auch bei Hysterie, nervöser Überempfindlichkeit, Lichtscheuheit oder Frostgefühl wird das homöopathische Mittel verabreicht. Außerdem findet man Brechwurz in ganz niederen Dosen noch als Zusatz in Niespulvern und in einem österreichischen Schnupftabak.

In der französischen Sprache hat sich der gallisch-keltische Name der Brechwurz – »bacar« – in einer Verbalhornung als »cabaret« bzw. »asaret« bis zum heutigen Tage gehalten. Schon im Altertum galt die Pflanze als Heilmittel und wurde auch für die Zubereitung von wohlriechenden Salben oder die Herstellung von Kränzen benutzt. Gemeinsam mit dem Efeu und der Echten Nieswurz – Helleborus viridis – war die Brechwurz dem Bacchus geweiht. Dioscorides verwendete die Brechwurz insbesondere als Brechmittel. Außerdem empfahl er die Pflanze gegen Wassersucht und chronischen Ischias.

Darüber hinaus überliefert er uns eine Rezeptur aus Brechwurz und Minze in Honigwasser, die er bei weiblichen Monatsbeschwerden verschrieb.

Allerdings muss an dieser Stelle darauf hingewiesen werden, daß Brechwurz in hohen Dosen abtreibend wirkt. Grund dafür ist das in ihr enthaltene Asaron, das eben nicht nur Brechreiz auslöst, sondern in zu hoher Dosierung und unvernünftig verwendet eben auch zu Gebärmutterentzündung, Nierenentzündung, einer allgemeinen Schwächung des Körpers und schließlich zum Kollaps führt. Schon der »Vater der deutschen Botanik«, Otto Brunfels (1488–1534), beschreibt in seinem dreiteiligen »Herbarum vivae icones« den Einsatz eines solchen aus Brechwurz destillierten Wassers als Abtreibungsmittel, das gerne von »bösen Schlepseck«[199] angeboten wurde.

Brennessel

Botanisch: Urtica dioica L.
Gallisch-keltisch: Tanatt
Bretonisch: Danad

- Die stark variierende Brennessel – Urtica dioica – besitzt einen ausdauernden, kriechenden, stark verästelten Wurzelstock. Ihr 30 bis 150 cm hoher Stengel ist einfach, vierkantig, mit kurzen Borsten und langen Brennhaaren besetzt. Die gegenständigen eiförmigen bis länglichen Blätter sind am Grund herzförmig oder abgerundet und am Rand grob gesägt. Die Blütenzweige tragen in der Regel nur männliche oder nur weibliche Blüten. Diese sind unscheinbar grün und windblütig. Sie haben ein vierteiliges Perigon. In den weiblichen Blüten findet sich ein oberständiger Fruchtknoten mit großen pinselförmigen Narben. Die Frucht ist ein kleines, einsamiges Nüßchen. Die männlichen Blüten enthalten 4 eingebogene Staubgefäße, die beim Öffnen der Blüten, was insbesondere bei klimatischer Erwärmung geschieht, sich ruckartig aufrichten und dabei den Blütenstaub in Form kleiner Wölkchen ausstreuen. Darüber hinaus das Aussehen der Brennessel zu beschreiben ist vielleicht nicht hilfreich: Machen Sie einfach die »Griffprobe«, die schon Carmer im 16. Jahrhundert empfahl. Greifen Sie die Pflanze nächtens mit der nackten Hand an. Wenn's brennt, dann war's eine Brennessel!

- Die Große Brennessel blüht vom Juli bis in den Herbst hinein. Die beste Sammelzeit ist in meinen Augen der Zeitpunkt der Vollblüte, wenn man neben den Blättern gleichzeitig noch von den Nüßchen der weiblichen Nessel profitieren kann, die eine exzellente und sehr gesunde Beimischung für Müslis, Joghurts etc. abgeben.

- Brennesseln sind nahezu weltweit vertreten. Lediglich in Permafrostgebieten fehlen sie. Die Große Brennessel – Urtica dioica – fehlt in den Tropen, in Südafrika, auf Kreta und den Balearen.

- Brennesseln enthalten Kieselsäure, Ameisensäure, Serotonin, Histamin, Acetylcholin und Natriumformiat, darüber hinaus reichlich Vitamin C und Provitamin A, Caffeoyl-Chinasäuren, Mineralsalze, insbesondere Calcium- und Kaliumsalze, Wachs und auch ätherische Öle.

Die Brennessel ist die »Königin der Heilpflanzen« schlechthin: Die Druiden-Ärzte und ihre griechischen sowie auch römischen Kollegen behandelten bereits genau die gleichen Krankheiten mit dem »Wunderkraut«, bei denen es noch heute Anwendung findet. Darüber hinaus verwendete man die Pflanze auch als »Barometer«, um herauszufinden, wie es wirklich um einen Kranken stand: Man legte eine Nessel über Nacht in den Harn des Patienten. War sie am nächsten Morgen noch frisch und grün, dann stand es gut um ihn, war sie jedoch eingeschrumpelt und welkig, dann war alle Hoffnung verloren.

Das weite Anwendungsspektrum der Brennessel ist wohlbekannt. Die Pflanze ist harntreibend, leicht abführend, blutzuckersenkend und entzündungshemmend. Sie ist wirkungsvoll bei Nieren- und Harnwegsentzündung und Leber- und Gallenleiden. Ferner reinigt sie das Blut, fördert den Haarwuchs, dient als Jauche im biologischen Gartenbau von der Insektenvertilgung bis zur Düngung und eignet sich hervorragend als natürlicher Kompostakzelerator.

Der Abt Walahfrid Strabo beschrieb sie als eine »Pflanze, auf deren Blätter Pfeile wachsen mit brennendem Gift«. Wer sich an ihr reibt, sticht sich bekanntlich an ihr, und im Mittelalter wurde in der Brennessel, trotz ihrer heilenden Kräfte, der Wohnsitz eines dämonischen Wesens vermutet. Nach dem, was Strabo schrieb, ging die Meinung, daß nur eine wahrhaftige Jungfrau eine Brennessel anrühren konnte, ohne sich zu verbrennen, was in manchen Gegenden zu ziemlich lächerlichen Jungfräulichkeitstests führte, die so gut wie kein Mädchen unbeschadet überstand. Früher »peitschte« man sich gerne mit Brennesseln, denn dies erzeugt an der betreffenden Stelle ein stundenlanges Wärmegefühl, fördert die Durchblutung und eignet sich deshalb hervorragend bei schmerzenden Gelenken, Rheuma- oder Ischiasbeschwerden. Es kostet nichts, dieses Mittelchen zu versuchen, wenn man nicht gerade hochgradig allergisch ist – höchstens ein wenig Überwindung!

Ein altes Aphrodisiakum sind in Wein gesottene Brennesselnüßchen, die scheinbar zur Unkeuchheit anspornen und in der Liebe feurig machen. Ich habe meine Zweifel, ob das so stimmt. Allerdings wirkt die Nessel in der Tat blutdrucksteigernd, was vielleicht ihren Einsatz als frühzeitliches Viagra erklärt. Ähnlich dem Nesselsamenwein war noch ein anderes Potenzmittelchen beliebt, und zwar Nesselsamen mit gedünsteten Zwiebeln und Salz und Pfeffer vermischt. In der nesselreichen Normandie kursieren allerdings auch ein paar vernünftigere Rezepturen: Ein uraltes volksmedizinisches Mittel gegen Schmerzen in der Herzgegend und Husten ist ein Sirup aus Nesselsamen, Nesselsaft, gutem Honig und gutem Wein, der ausgezeichnet funktioniert. Und natürlich gibt es den berühmten (und bei Kindern verhaßten) Brennesselspinat als Frühjahrskur zur Blutreinigung, den das Leydener Manuskript schon empfiehlt. Paracelsus behandelte mit einer ähnlichen Abkochung von Nesselsamen, Nesselsaft und Ziegenmilch die Gelbsucht erfolgreich.

Die Druiden-Ärzte der Kelten bereiteten aus Brennesselsaft, Distelsaft, Feldzypressensaft und einem schmierigen Trägerstoff, den Niemann als »Schusterschwärze« übersetzt, von dem ich allerdings annehme, daß es sich eher um irgendein pflanzliches Harz handelt, eine wirkungsvolle Salbe gegen geschwollene und tränende Augen zu. Auch bei Husten und Atemwegserkrankungen griffen sie gerne auf die »Königin der Heilpflanzen« zurück und verabreichten ihren Patienten eine Art Suppe aus Brennesseln, Wasserkresse und Knoblauch. Für die Verdauung und zur Blutreinigung gab es einen Brei aus Brennesseln, Sauerampfer und Malvenblüten[200], den auch Marcellus Burdigalensis in seinem Kompendium erwähnt. Gichtige Entzündungen der Gelenke wurden mit einer Einreibung aus Brennesseln, Rosenöl (Rosa gallica) und Iriswurzelöl (vermutlich Iris pseudoacorus[201]) behandelt. Darüber hinaus gibt Marcellus Burdigalensis in seinem »De Medicamentis« noch zahlreiche andere Rezepte der Druiden-Ärzte preis, die er im keltischen Teil Galliens gesammelt hat. Allerdings sind die verschiedenen Bestandteile dieser Kompositionen nicht ganz leicht aufzutreiben. Aus diesem Grund ist es höchstens von anekdotenhaftem Wert, weiter auf sie einzugehen.

Die Beschreibung der »Königin der Heilpflanzen« schließen wir ab mit einem hübschen kleinen Gedicht des Vaters des »Struwwelpeters«, Dr. Heinrich Hoffmann, der nicht nur, was Literatur angeht, ein kundiger Mann war:

Brennessel, verkanntes Kräutlein, dich muß ich preisen.
dein herrlich Grün in bester Form baut Eisen,
Kalk, Kali, Phosphor, alle hohen Werte,
entsprießend aus dem Schoß der guten Mutter Erde.
Nach ihnen nur brauchst Du Dich hinzubücken,
die Sprossen für des Leibes Wohl zu pflücken,
als Saft, Gemüse oder Tee sie zu genießen,
das, was umsonst gedeiht in Wald, auf Pfad und Wiesen,
selbst in noch dürft'ger Großstadt nahe Dir am Wegesrande,
nimm's hin, was rein und unverfälscht die gütige Natur
dir heilsam liebend schenkt auf ihrer Segensspur!

Brunnenkresse

Botanisch: Nasturtium officinalis L.
Gallisch-keltisch: Berula
Bretonisch: Beror oder Beler

- Die in fließenden Gewässern wachsende Brunnenkresse, ein Kreuzblütler aus der Familie der Brassicaceae, ist eine mehrjährige Staude mit kleinen gelblich-weißen Blüten. Sie kann leicht mit dem bitteren Schaumkraut verwechselt werden, besitzt aber im Gegensatz zu diesem einen hohlen Stengel. Medizinisch verwendet werden die zur Blütezeit gesammelten oberirdischen Pflanzenteile. Brunnenkresse dient wegen ihres scharf-bitteren Geschmacks auch als Gewürz.

- Die Brunnenkresse wächst in und an (sauberen) Bächen und Seen. Sie gedeiht nicht nur in der warmen Jahreszeit, sondern fast rund ums Jahr, was sie auch im zeitigen Frühling und Spätherbst zu einem wichtigen Vitaminspender macht. Die Brunnenkresse ist in ganz Europa heimisch. Angebaut wird sie häufig in Wasserbehältern. Die mehrjährige Pflanze wird bis zu 70 cm lang. Die zentralen Stengel kriechen und bilden überall Wurzeln. Die dunkelgrünen Blätter sind rund gefiedert und fleischig. Ihre Oberfläche glänzt. Zwischen Juni und September blüht die Brunnenkresse mit kleinen weißen Blüten. Aus den Blüten entwickeln sich kleine Schoten.

- Mit ihren fleischigen, rundlichen Blättern sieht sie schon sehr saftig aus, was auch auf ihre Eigenschaft als Salatpflanze hindeutet. So wird sie denn heute vor allem für Wildsalate und Kräuterquark verwendet. In dieser Form kann sie nicht nur Frühjahrsmüdigkeit lindern, sondern auch Vitaminmangel beheben.

- Neben ihren mannigfaltigen kulinarischen Qualitäten ist die Brunnenkresse als Heilpflanze ein echter Hansdampf in allen Gassen: Anregend, antibakteriell, blutreinigend, harntreibend und schleimlösend, empfielt sie sich bei Husten, Bronchitis, Erkältung, Halsentzündung, Zahnfleischentzündung, Vitamin-C-Mangel, als Frühjahrskur, bei Verdauungsschwäche, gegen Würmer, bei Gallen- und Blasensteinbeschwerden, zur Senkung des Blutzuckers, bei leichter Diabetes, bei Blasenentzündung, Nierenbeckenentzündung, Rheuma, Gicht, Epilepsie, unreiner Haut und als Umschlag äußerlich bei leichten Brandwunden, Ekzemen und Juckreiz.

- In der Pflanze findet man neben einer kräftigen Dosis Vitamin C, einem natürlichen Antibiotikum, Bitterstoff, Mineralstoffe wie Eisen, Zink, Arsen und Jod, Salicylate, Senföl und ein schwefelhaltiges ätherisches Öl.

- Allerdings hat das Allround-Talent Brunnenkresse einen nicht zu unterschätzenden Nachteil: Da ihre Wirkstoffe durch Trocknung weitgehend verloren gehen, kann man sie eigentlich nur frisch verwenden. Verwendet werden die Blätter, die ganzjährig gesammelt werden können.

Zusammen mit der Mistel, dem Eisenkraut und dem Mädesüß war die Brunnenkresse den Druiden überaus heilig. Ob dies nun an ihrem bemerkenswerten Wirkungsbereich als Heilkraut lag oder andere Gründe hatte, wissen wir nicht. Es ist lediglich überliefert, daß ein Auszug aus Mistel, Eisenkraut, Mädesüß und Brunnenkresse von den Druiden für rituelle Reinigungen verwendet wurde. Da in der irischen Mythologie ein heldenhaftes halbgöttliches Wesen – Suibhne – sich während einer Zeit der Verbannung in der Wildnis von Brunnenkresse ernährte und dadurch überlebte, wäre allerdings anzunehmen, daß es vielleicht genau diese vielfältigen Einsatzmöglichkeiten der Pflanze in der Heilung und Ernährung waren, die ihr im Kräuterparthenon der Druiden einen so hohen Stellwert einbrachten.

Efeu

Lateinisch: Hedera helix L.
Gallisch-keltisch: Bolus, Serron
Bretonisch: Etiar

- Der Efeu – Hederea helix – gehört zu den Araliaceae. Das Verbreitungsgebiet der Pflanze erstreckt sich von Europa über Nordpersien, Armenien, Kurdistan und den Libanon.

- Der Namensursprung von Hedera ist lateinisch. Diesen Namen verwenden schon Virgil und Plinius. Hedera »helix« ist bei Plinius die Bezeichnung des Efeus oder eines efeuähnlichen Gewächses und wird vom griechischen »helíssein« abgeleitet, was wiederum »winden« beziehungsweise »herumdrehen« bedeutet.

- Das kriechende oder kletternde Holzgewächs wird bereits von den antiken Botanikern ausführlich besprochen, denn sowohl die Vielgestaltigkeit der Blätter als auch die Arbeitsteilung der Wurzeln erregte ihr Interesse. Der Efeu ist in Europa der einzige »Wurzelkletterer«, bei dessen Wurzeln es zu einer Arbeitsteilung in Nährwurzeln und Haftwurzeln gekommen ist. Er ist also kein Schmarotzer. Die Blätter der nicht-blühenden Sprosse sind drei- bis fünfeckig gelappt, die der blühenden Sprosse aber sind ei- oder rautenförmig bis lanzettlich. Seine in traubiger Anordnung stehenden Blütendolden erscheinen erstmalig im September des 8. bis 10. Jahres. Der kleine weiß-filzige fünfzähnige Kelch ist mit dem Fruchtknoten verwachsen. Die 5 blaßgelben Kronenblätter stehen abwechselnd mit den 5 Staubgefäßen. Die Früchte, erbsengroße schwarze Beeren, reifen erst im Frühjahr des nächsten Jahres.

- Diese immergrüne Schattenpflanze liebt Kalkböden und ein warmes, feuchtes Klima. Sie meidet gewöhnlich Torf. Häufig trifft man sie wildwachsend in den steinigen Mischwäldern Europas als Begleiter von Eiche und Buche an.

Bereits im klassischen Altertum spielten Efeukränze und Efeublätter eine kultische Rolle und wurden häufig zu ornamentalen Darstellungen benutzt. Im alten Ägypten war der Efeu dem Osiris heilig und bei den Griechen dem Dionysos/Bacchus geweiht. Statuen des Bacchus wurden mit Efeu geschmückt, und dieser erregte daher im Volksglauben auch die »bacchische Ausgelassenheit«, wie dies im Chor bei Sophokles beschrieben wird: »O sehet, es erregt mir den Geist der Efeu, der zum bacchischen Lusttaumel mich entrückt.«

Noch heute hält der Efeu seinen Listenplatz als das pflanzliche Symbol von Geselligkeit, Heiterkeit und Freundschaft.

Die römischen Priester durften die Pflanze nicht berühren, denn man glaubte, der Efeu würde sie gefangen halten. Die keltischen Druiden sahen in ihm ein heiliges Symbol des Lebens, denn Hedera helix ist immergrün und scheint niemals zu sterben. Der Efeu stand gleichermaßen für Unvergänglichkeit, Unsterblichkeit und Wiedergeburt.

In einem der Tumuli von Kleinaspergele[202] wurden in einem Tongefäß Überreste eines mit Efeu versetzten Weines nachgewiesen, der den dort bestatteten keltischen Aristokraten auf seiner Reise ins Jenseits als Trankopfer begleiten sollte.

Darüber hinaus war der Efeu auch eine symbolische Pflanze für den siegreichen Krieger, ähnlich dem im antiken Rom so gebräuchlichen Lorbeerkranz.

Aber auch um die Gottheiten von Quellen und fließenden Wassern gefällig zu stimmen – im Sinne der Kelten bedeutete dies, ein reines und trinkbares Wasser zu erhalten –, war es Tradition, Efeukränze zu opfern. Gelegentlich kann man dieses alte Ritual auch heute noch in der Normandie auf Bauernhöfen mit eigenen Quellen oder Brunnen beobachten, wo die Bauern nach Ende des Winters – aus Gewohnheit und beinahe unbewußt – kleine Efeukränze oder auch nur einen Efeuzweig ins Wasser werfen.

Aber nicht nur im Kult, sondern auch in der Heilkunde fand Hedera helix frühzeitig Verwendung. Bereits in den hippokratischen Schriften sind sowohl die Wurzeln als auch Blätter und Beeren des Efeus als Arzneimittel zu innerem und äußerem Gebrauch genannt. Dioscorides empfiehlt die Blüten, in Wein getrunken, gegen Dysenterie und mit Wachssalbe fein zerrieben als gutes Mittel gegen Milzleiden, während ihr Saft Ohren- und Kopfschmerzen heilen soll und der junge Blättersproß als Emmenagogum verwendet wird. Von Bock und Matthiolus wird Hedera helix als stopfendes, steintreibendes Mittel und gegen Milzsucht und Nasenpolypen gerühmt. Osiander erwähnt Efeu als zuverlässiges Hühneraugenmittel.

Die Druiden-Ärzte der Kelten verwendeten Hedera helix häufig äußerlich als Mittel gegen Kopfschmerz oder auch zur Straffung und Festigung von schwabbelig gewordenem Gewebe. Für eine innerliche Anwendung haben wir keine Spuren gefunden. Entweder ging dieses »Wissen« verloren oder die Druiden-Ärzte waren sich bereits der unguten Auswirkungen auf den menschlichen Organismus bewußt. Hedera helix hat die Eigenschaft, die roten Blutkörperchen zu zerstören. Überdies sind die schwarzen Beeren der Pflanze giftig. Die innerliche Anwendung von Efeu ist auch heute eine überaus diffizile Angelegenheit. Es ist einfacher, gesünder und vor allem ungefährlicher, bei verschleimten Bronchien andere auswurffördernde Heilkräuter zu verwenden!

Was uns aus der Zeit der keltisch-gallischen Druiden-Ärzte zu Hedera helix noch überliefert ist, sind Teile eines Sammelrituals. Offensichtlich schien es die Heilkraft der Efeublätter bei Kopfschmerzen zu erhöhen, wenn diese in einem rot eingefärbten Tuch zuerst gesammelt und dann zerrieben wurden, bevor man sie als Umschlag auf Schläfen und Stirn aufbrachte.

Das aus dem Stamm schwitzende Harz der Pflanze benutzte Alexander Trallianus im Mittelalter in Salbenform gegen Gichtknoten. In den Kräuterbüchern der Renaissance wird das weiche und poröse Holz von Hedera als gut für Milzsüchtige beschrieben. Auch wurden aus ihm Becher zum Filtrieren von Wein gedreht. In der Volksmedizin galten aus Efeuholz geschnitzte Löffel als Schutz vor Halsschmerzen. In Oberösterreich und Salzburg wurde Efeu im 19. und frühen 20. Jahrhundert noch zu tierärztlichen Zwecken angebaut, denn Ziegen, die die Blätter des Efeus fressen, scheinen besonders viel Milch zu geben. Diese Efeufütterung von Ziegen konnten wir allerdings in französischen Gebirgsgegenden nicht nachweisen.

Das ausfließende Harz (Gummiresina hederae) fand in den Anfängen der Zahnheilkunde als Plombiermasse Verwendung. Es gilt in manchen Gegenden auch als Aphrodisiakum. Ein Dekokt aus den Blättern wurde noch in den ersten Tagen des 20. Jahrhunderts in ländlichen Gegenden Frankreichs bei Lungentuberkulose getrunken und der Pflanzenextrakt auf Geschwüre aufgelegt.

Das in den Blättern von Hedera helix enthaltene Glykosid Hederin ruft in kleinen Dosen Gefäßerweiterung, in größeren Dosen eine Verengung der Gefäße bei gleichzeitiger Verlangsamung des Herzschlags hervor. Es wirkt ebenfalls stark hämolytisch. In den Blättern befinden sich insgesamt fünf verschiedene Saponine. Das in den Früchten reichlich vorhandene Harz enthält ebenfalls das Glykosid Hederin (= Helixin). Ferner konnten in der Pflanze nachgewiesen werden: »Hederaglykosid«, Hederagerbsäure, flüssiges und festes Fett, Cholesterin, Chlorogensäure, Pectin, Inosit, Ameisen- und Apfelsäure (2-Hydroxibernsteinsäure).

Grundsätzlich sei zu dieser Pflanze gesagt, daß viele andere Heilkräuter ungefährlicher und einfacher für ähnliche Krankheitsbilder anzuwenden sind und wir aus diesem Grund von »Eigenversuchen« abraten. Wer es trotzdem nicht lassen kann, sollte sich vor Augen halten, daß die maximale orale Tagesdosis für einen erwachsenen Menschen von ca. 80 Kilogramm bei 8 Gramm liegt (als Aufguß in Teeform o. ä.). Bei mehr als 8 Gramm pro Tag setzt die Zerstörung der roten Blutkörperchen ein. Die giftigen Beeren sollte man als Laie überhaupt nicht einnehmen, da ihre Dosierung äußerst schwierig ist.

Dessen ungeachtet möchten wir Ihnen ein Rezept mit auf den Weg geben, bei dem Sie Hedera helix, die so wild und lustig im Garten wächst, verwenden können, ohne dabei gleich Leib und Leben zu riskieren: Wenn Sie schwarze oder dunkelblaue Kleidungsstücke waschen, deren Farben Sie erhalten und pflegen möchten, bereiten Sie aus 2 Handvoll Efeublättern und 2 Litern Wasser eine Abkochung zu (nach dem Kochen noch rund 5 Minuten ziehen lassen, dann abseihen) und nehmen Sie diese statt Weichspüler für den letzten Waschgang in der Maschine (oder aber die Kleidungsstücke 10 Minuten darin einweichen).

EISENKRAUT

Botanisch: Verbena officinalis L.
Gallisch-keltisch: Verbena
Bretonisch: Louzaouenn ar groazh

«... (Das Eisenkraut) wird von den Galliern zum Wahrsagen und Prophezeien benutzt, und die Magi (Druiden) treiben damit wahren Unsinn. Wenn man sich damit salbt, so erlangt man alles, was man will; das Kraut vertreibt Fieber, stiftet Freundschaft und heilt alle Krankheiten. Sie fügen hinzu, man müsse es beim Aufgang des Hundssterns (Sirius) sammeln, wenn weder Mond noch Sonne scheinen; zuvor muß die Erde mit Wachs- oder Honigopfern versöhnt werden. Mit Eisen muß man einen Kreis um die Pflanze ziehen und sie alsdann mit der linken Hand ausgraben und emporheben. Die Blätter, Stengel und Wurzeln müssen getrennt voneinander im Schatten trocknen. Sie sagen auch, daß die Unterhaltung lustiger wird, wenn eine Kline (Liege für Trinkgelage) zuvor mit Wasser, in das diese Pflanze eingelegt wurde, besprenkelt wird. Als ein Mittel gegen Schlangenbiß wird sie auch in Wein ausgequetscht.«[203]

Die mehrjährige Pflanze mit spindelförmiger, ästiger Wurzel war ursprünglich wohl eher in wärmeren Gefilden und im Mittelmeergebiet heimisch. Heute findet man sie allerdings fast über die ganze Erde verstreut. Die 30 bis 75 cm hohen Stengel sind vierkantig und oberwärts ästig, die gegenständigen behaarten Blätter länglich. Die kleinen Blüten stehen in vielblütigen, lockeren Ähren auf rutenförmigen Zweigen, die drüsig behaart sind. Der Kelch ist vier- bis fünfspaltig und röhrenförmig, die blaßlila, stieltellerförmige Blumenkrone hat eine gekrümmte Röhre. Der schief fünfspaltige Saum ist fast zweilippig. Es sind vier Staubgefäße und ein oberständiger Fruchtknoten vorhanden. Da nur spärlicher Insektenbesuch eintritt, ist spontane Selbstbestäubung erfolgreich. Verbena officinalis bedarf zwar Wärme, ist jedoch gegen Beschädigungen, vor allem gegen den Tritt von Weidevieh und Menschen, absolut unempfindlich. Sie gedeiht am besten dort, wo die anderen Pflanzen den Kopf hängen lassen: auf mageren Weiden, in Ritzen zwischen Steinen und an den Rändern der Dorf- und Waldwege. Die Blütezeit der unscheinbaren und vollkommen schmucklosen Pflanze liegt wieder einmal um die Sommersonnwende und endet mit Samhain.

Verbena officinalis war den Druiden höchst heilig, was der Pflanze natürlich in der Zeit der Christianisierung einen Touch als echtes Zauberkraut verlieh. Jacob Grimm übersetzte aus dem »Archidoxa«[204] von Paracelsus:

«Verbena, Agrimonia, Modelger,
Charfreitags gegraben, hilfft dich sehr,
Daß dir die Frauen werden hold,
Doch Daß dir die Frauen werden hold,
Doch brauch kein Eisen, grab's mit Gold.«

Verbena officinalis war im antiken Griechenland Erigineia, der Göttin der Frühe, geweiht. Nach Plinius war sie die berühmteste Pflanze der römischen Flora und als »Herba sacra« lag immer ein Bündel Eisenkraut auf dem Jupiter geweihten Altar. Im alten Ägypten nannte man sie die »Träne der Iris«. Sie wurde bei feierlichen Gelegenheiten verbrannt und galt in sämtlichen antiken Kulturen als das beste Wundmittel bei Verletzungen durch eiserne Waffen. Die hippokratische Schule empfahl bei Unfruchtbarkeit die Verwendung von Verbena officinalis. Flavianus gebrauchte sie gegen Schwindsucht.

Die Druiden wuschen sich mit einem Eisenkrautdekokt und verräucherten Eisenkrautbüschel. Das Sonnenkraut verlieh ihnen nicht nur die Gabe, Dinge in einem klareren Licht zu sehen – ein Kraut der Hellsichtigkeit also. Sie benutzten es auch zur Herstellung einer höchst geheimen Flüssigkeit, eines Lustralwassers mit starken Zauberkräften, das für verschiedene magische Akte und Rituale, unter anderem zur Weissagung, eingesetzt wurde.

Bei den Kelten Galliens wurde Eisenkraut gemeinhin gerne als Glücksbringer getragen, denn mit Hilfe eines Eisenkrautamuletts vertrieb man nicht nur Alpträume, sondern lernte auch schneller.

Eisenkraut war ein Bestandteil fast jedes Heiltranks der Druiden-Ärzte und diente sozusagen als Universalmittel in der Behandlung von so gut wie allen Krankheiten. Die Anhäufung von Rezepturen in Marcellus' »De medicamentis«, die »uerbena« als Bestandteil haben, ist beachtlich und die Rolle, die das unscheinbare Kraut noch heute in der Volksmedizin spielt, unterstreicht seine Bedeutung in der druidischen Heilkunde zusätzlich.

Verbena officinalis gehört zu den Sonnwendkräutern und wurde wie im obigen Plinius-Zitat beschrieben gesammelt, während gleichzeitig die Pflanzengeister mit Opfergaben versöhnt wurden, denn die Kelten und ihre Druiden wußten sehr genau, wie dünn der Schleier zwischen den Welten in jener Zeit der Sommersonnwende war, vielleicht gar noch dünner als unter den Feuern von Beltane oder zu Samhain. Achtlos während der sommerlichen Tagundnachtgleiche auf Johanniskraut zu treten, während man Eisenkraut »stahl«, hatte zur Folge, daß die Elfen einen unverzüglich in ihr Reich brachten, wo man dann für den Diebstahl Rede und Antwort stehen mußte – ein Reich, aus dem es zu Lebzeiten derer, die man in der anderen Welt zurückgelassen hatte, kein Entkommen mehr gab. Genauso wie der unbedachte Tritt auf Johanniskraut konnte die Neugierde dem Eisenkrautsammler zum Verhängnis werden. Wenn er nämlich, statt sich darauf zu konzentrieren, die Pflanzengeister auszutricksen in dieser Mittsommernacht, den unirdischen Klängen der Elfenmusik folgte, trat er genauso unwiederbringlich durch den dünnen Schleier hinüber in das andere Reich.

Sollten Sie aber trotzdem neugierig und außerdem besonders waghalsig sein, können Sie vielleicht, ohne sich der Gefahr auszusetzen, wegen Eisenkraut-Diebstahls Ärger zu bekommen, während der Sommersonnwende doch einen Blick auf die keltischen Elfen werfen: Sie müssen sich hierzu nämlich nur Samen vom Farnkraut – Dryopteris filis-mas – in die Augen reiben und schon wird Ihnen der Wunsch erfüllt. Im Schutz Ihrer pflanzlichen Tarnkappe – Farnsamen machen ja bekanntlich unsichtbar – können Sie die Elfen völlig gefahrlos beobachten, und wenn Sie sich an die Ley-Linien halten, ihnen sogar in ihr Reich folgen und auch wieder daraus zurück in die andere Welt finden. Aber natürlich hat auch diese Sache einen Haken.[205]

Schmiede nutzten das Eisenkraut zum Härten von Metallen. Noch heute haben manche traditionsbewußte Hufschmiede in Frankreich ein paar Zweiglein Verbena officinalis in den Wassereimern, in denen sie ihre frisch geschmiedeten Hufeisen abkühlen.

Fenchel

Lateinisch: Foeniculum vulgaris, Anethum foeniculum L.
Gallisch-keltisch: Sistrameor
Bretonisch: Lost louarn

- Der zwei- oder mehrjährige, stark würzig riechende Gartenfenchel gehört zur Familie der Doldengewächse. Ursprünglich stammt die Pflanze aus dem Mittelmeerraum, heute wird sie allerdings in allen gemäßigten Klimazonen angebaut und kann auch häufig in der freien Natur als verwilderte Pflanze gefunden werden.

- Aus der fingerdicken, spindelförmigen Wurzel von Foeniculum vulgaris treibt im zweiten Jahr ein aufrechter, fein gerillter, verzweigter, stielrunder, markiger oder hohler, nach oben ästiger bis 2 m hoher Stengel. Die unten gestielten und oben sitzenden Laubblätter sind drei- bis vierfach fiederschnittig, die letzten Zipfel sind fädlich und zugespitzt. Die länglichen hautrandigen Blattscheiden sind 3 bis 6 cm lang und an der Spitze erweitert. Die Blüten stehen in hüllenlosen Döldchen mit 4 bis 25 ungleich langen Strahlen. Sie bilden eine bis zu 15 cm breite Dolde. Die breiteiförmigen gelben Kronblätter sind 3/4 bis 1 mm lang und meist etwas breiter. An der Spitze befindet sich ein halb so breiter, fast quadratischer, nach innen gerollter Lappen. Die etwas eingerollten Staubblätter mit den gelben Staubbeuteln überragen die Blütenkronblätter. Die beiden sehr kleinen Griffel biegen sich bei der Reife zurück. Der Fruchtknoten bringt eine länglich eiförmige,

4 bis 10 mm lange und 2 bis 3 mm breite Spaltfrucht hervor, deren Teilfrüchte deutlich kantig vorspringende Rippen und noch stärker hervortretende Randrippen besitzen.

Fenchel ist ein ausgezeichnetes Mittel zur Förderung der Magen-Darm-Mobilität. In höherer Konzentration wirkt das Kraut entkrampfend (spasmolytisch) und seine ätherischen Öle Anethol und Fenchon lösen im Bereich der Atemwege sehr effektiv zähflüssiges Sekret. Für gewöhnlich gilt Foeniculum vulgaris als eine sanfte Heilpflanze ohne Nebenwirkungen. Doch in Einzelfällen scheint es bei der Anwendung schon zu allergischen Reaktionen der Haut gekommen zu sein. Stellen Sie also vor der Verwendung von Fenchel sicher, daß Sie nicht zu diesen seltenen Einzelfällen zählen! Und wenn Sie sich bei Atemwegsproblemen für Fenchelsirup oder Fenchelhonig entscheiden, müssen Sie – falls Sie Diabetiker sind – selbstverständlich den Zuckergehalt und somit die Broteinheiten beachten!

Der Fenchel war eine beliebte und gut dokumentierte Heilpflanze der mittelalterlichen Klostermedizin. Diese Tradition ist allerdings mehr auf den Schriftüberlieferungen aus der griechischen und römischen Antike als auf eine eigene Tradition zurückzuführen, die auf den keltischen Druiden-Ärzten gründet. Die volksheilkundlichen Bräuche im Zusammenhang mit Fenchel, denen wir nachgegangen sind, lassen gleichfalls keinen Hinweis auf druidische Traditionen durchscheinen. Auch seine äußerst spärliche und doch recht hanebüchene Verwendung als Zauberpflanze, um Geistern den Zutritt ins Haus durchs Schlüsselloch zu verwehren, hat uns dazu bewogen, seine druidische Tradition in Frage zu stellen. Allerdings war er den gallischen Kelten als Gemüse- und Würzpflanze wohlbekannt und erfreute sich großer Beliebtheit.

FRAUENMANTEL

Botanisch: Alchemilla vulgaris
Gallisch-keltisch: möglicherweise Adarca oder Adarces

- Der Frauenmantel gehört zur Familie der Rosacea (Rosengewächs) mit ca. 300 schwierig zu unterscheidenden Unterarten, die als Alchemilla bezeichnet werden und in Europa, Amerika und Asien verbreitet sind. Die Bezeichnung Alchemilla vulgaris wird für die 21 Unterarten verwendet, denen Heilkräfte zugesprochen werden. Dieser mehrjährige Bedecktsamer hat krautige dunkelgrüne Blätter mit wasserabstoßender Wachsschicht. Er scheidet in den Blattzahnwinkeln aktiv Wassertropfen aus (Guttation), besonders in schwülen Nächten, um den Saftstrom in Gang zu halten. Daher auch der Volksname »Taumantel«. Er hat kleine schmutziggelbe Blüten und erreicht eine Höhe zwischen 10 und 40 cm.

- Alchemilla vulgaris L. enthält Gerbstoffe, Bitterstoffe, Phytosterin und Glykoside. Wissenschaftlich nachgewiesen ist die Wirksamkeit der Pflanze bei leichten unspezifischen Durchfallerkrankungen.

- Zum aktuellen Einsatzspektrum des Frauenmantels zählen Akne, Darmstörungen, Durchfall, Eiterungen, Hautprobleme, klimakterische und Menstruationsbeschwerden, Mund- und Rachenraumentzündungen, Weißfluß, Wunden.

- Die im Frauenmantel enthaltenen Tannine können bei hohen Dosen und Langzeitanwendung in Einzelfällen zu Leberschäden führen. Alchemilla vulgaris L. sollte nicht während der Schwangerschaft angewendet werden.

- Mittsommer ist die beste Sammelzeit für die Pflanze.

Alchemilla vulgaris ist eine Pflanze, die Botaniker zum Schwitzen bringt, existieren von ihr doch gut und gerne rund 1000 Unterarten, die sich kaum voneinander unterscheiden lassen. Daneben ist der Frauenmantel noch ein wahrer Dinosaurier der Botanik, denn bereits vor etwas mehr als 60 Millionen Jahren machten sich die ersten Sippen in der gesamten nördlichen Hemisphäre heimisch, von wo aus sie sich dann im Laufe der grauen Vorzeit ausgesprochen rasch ausbreiteten. Sogar auf Grönland und im nördlichsten Sibirien lassen sich Alchemilla-Unterarten nachweisen und auch in Asien und in Nordamerika kommt das Kraut vor. Und so unscheinbar die Pflanze auf den ersten Blick wirkt: Sie ist die älteste Schwester der Rose!

Mittelalterliche Alchimisten schrieben insbesondere den Wassertropfen auf ihren Blättern die wundersamsten Kräfte zu. Von dieser legendären Vorliebe für den Frauenmantel rührt natürlich auch der botanische Name Alchemilla – Alchimistenpflanze – her, den Linné als verbindlich festlegte. Die in den frühesten Morgenstunden eingesammelte Feuchtigkeit, auch als das »himmlische« Wasser oder Lebenswasser bezeichnet, wurde in den unterschiedlichsten Versuchen verwendet, insbesondere aber in solchen, die auf die Herstellung von Gold ausgerichtet waren. Auch auf der Suche nach dem »Stein der Weisen« – »Lapis Philosophorum« – oder dem Elixier des ewigen Lebens waren die Guttationstropfen von Alchemilla vulgaris der Alchimisten Begleiter! Am Frauenmantel läßt sich sehr einfach und schnell darstellen, wie vormals nicht erklärbare naturwissenschaftliche Phänomene zur mystischen Verklärung einer Pflanze führten. Selbst in der Übersetzung des alten gallisch-keltischen Namens ist es dieses Guttationsphänomen, das der Pflanze ihren Namen gab. Dies darf wohl so gedeutet werden, daß diese Tautropfen schon für die heilkundigen Druiden von größter Bedeutung waren und möglicherweise als ein entscheidender Faktor für die ausgezeichnete Wirksamkeit – die Zauberkraft – der Pflanze aufgefaßt wurden.

Dagegen spielt die Alchemilla vulgaris in der modernen Pflanzenheilkunde keine Rolle mehr und wird von der Schulmedizin gar als unwirksam verachtet. Und trotzdem ist der Frauenmantel aus der Volksmedizin einfach nicht wegzudenken!

Ein auf den ersten Blick bemerkenswerter Umstand – dieser offensichtlich so tiefe Fall, vor allem in Anbetracht der so unendlich langen Geschichte des scheinbar erfolgreichen Einsatzes dieser Pflanze?

Steht sie nicht bei Hildegard von Bingen auf der Bestsellerliste? Oder waren sich in diesem besonderen Fall die keltischen Druiden-Ärzte und die Biochemiker der heutigen pharmazeutischen Industrie aus Versehen einmal einig, die die der Pflanze zugesprochenen Wirkungen gegen Frauenleiden wissenschaftlich einfach nicht nachweisen können und lediglich darauf hinzuweisen vermögen, daß das Kraut bei leichten Durchfallerkrankungen eine positive Wirkung zu zeigen vermag? Diese Frage läßt sich kurzerhand nur mit einem klaren »Jain!« beantworten.

Ebenso wie das Johanniskraut gehörte der Frauenmantel im gallisch-keltischen Raum zu den dem Sonnengott Belenos geweihten Kräutern und erfreute sich großer Beliebtheit. Allerdings nicht in dem seit dem Mittelalter so berühmt gewordenen Bereich der Frauenheilkunde, von den ersten Menstruationsbeschwerden junger Mädchen bis zu den Problemen der Wechseljahre und vor allem bei der Geburtsvorbereitung und der anschließenden Nachsorge, sondern lediglich als Zauberkraut. Abgesehen von der Verwendung als Wundverband scheint die Pflanze selbst auf medizinischer Ebene kaum Bedeutung gehabt zu haben! Diese Bedeutungslosigkeit von Alchemilla läßt sich zusätzlich noch dadurch unterstreichen, daß sie auch bei den griechischen und römischen Kollegen der gallisch-keltischen Druiden-Ärzte eher mit gerümpfter Nase abgehandelt wurde. Dioscurides widmet ihr in seiner »Materia Medica« gerade einmal eine Anmerkung als Mittel gegen Durchfall. Auch Hippokrates hält sich nicht lange mit ihr auf. Galenus empfiehlt sie höchstens als Umschlag bei Schwellungen und Quetschungen!

In der Übersetzung des alten gallisch-keltischen Namens ist es das zuvor erwähnte Guttationsphänomen des Frauenmantels, das der Pflanze ihren Namen gab: Adarca – Rosentau! Die Druiden begehrten dieses Wasser, denn sie vollzogen damit rituelle Reinigungen vor kultischen Handlungen. Ansonsten verwendeten sie die Alchemilla lediglich als Zauberpflanze, insbesondere zur Wettervorhersage (sich ankündigender Regen läßt sich gut am verstärkten »Schwitzen« der wachsbeschichteten Blätter erkennen) und zusammen mit der Goldrute – Solidago virgaurea – zum Verräuchern als Gegenzauber bei Verwünschungen.

Diese Tradition, Alchemilla gegen Verwünschungen und Verfluchungen zum Einsatz zu bringen, setzt sich bis zum heutigen Tag fort, ganz besonders dann, wenn Vieh davon betroffen zu sein scheint. In der Bretagne und in der Normandie läßt man vor allem Kühen, die zu wenig oder keine Milch geben, immer noch vom örtlichen »sorcier«[206] oder »desenvoûteur« ein Sträußlein Alchemilla verabreichen, meist zusammen mit einem Gewinde aus Farn und den sieben örtlichen »Sonnenkräutern«[207], das dann über der Stalltür aufgehängt wird. Gelegentlich sieht man auch Hufschmiede, die Eisen in Wasser ablöschen, in dem Frauenmantelblätter schwimmen. Dies soll Hufleiden vorbeugen und dafür sorgen, daß die Pferde die Eisen nicht verlieren.

Alchemilla trägt ihren bekanntesten volkstümlichen Namen »Frauenmantel« nämlich erst seit dem ausgehenden Mittelalter, als auch die Mode aufkam, Marienstatuen weite, ausgebreitete und dadurch beschützend wirkende Mäntel zu geben. Die Tatsache, daß die Pflanze sich ganz im Sinne der unbefleckten Empfängnis eingeschlechtlich fortzusetzen vermag, hat wohl auch dazu beigetragen, die älteren, sich immer auf die wundersamen Tautropfen auf den Blättern beziehenden Namen zu verdrängen und – möglicherweise auch – zu glauben, daß ein Bad in einer Abkochung aus Frauenmantelblättern eine verlorengegangene Jungfräulichkeit wiederherstellen kann.

Heiderose

Lateinisch: Calluna vulgaris L., Erica cinerea
Gallisch-keltisch: Uroica, Bruca

- Calluna vulgaris zählt zu den Ericacea (Heidekrautgewächsen).

- Die Heiderose wird nur 10 bis 15 Jahre alt. Ihre ledrigen Rollblätter stellen eher eine Anpassung an stickstoffarme Böden als an Trockenheit dar. Durch die in sämtlichen violetten und rosa Farbabstufungen vorkommenden Kelchblätter hat die Pflanze eine gewisse Schauwirkung.

- Calluna vulgaris L. enthält Arbutin, Querzitrin, Karotin, etwa 7% Katechu-Gerbstoff, Fumarsäure, Gerbsäure, Zitronensäure, Ericolin, Ericinol und Eridonin.

- Den Blüten wird eine leicht narkotische Wirkung nachgesagt. Als beste Sammelzeit empfehlen sich die Monate August bis Oktober.

Die Heiderose wurde und wird in der Volksmedizin in manchen Gegenden gern als harntreibendes und blutreinigendes Mittel empfohlen, obwohl zwischenzeitlich erwiesen ist, daß es zu diesen Zwecken weitaus wirkungsvollere Pflanzen gibt, wie zum Beispiel die in großen Mengen vorkommende Königsbrennessel – Urtica dioica. Zusätzlich hat der Blüteninfus aus Heidekraut noch eine gewisse Bedeutung als Schlafmittel.

Ehemals war die Heiderose – Calluna vulgaris – in ihren Verbreitungsgebieten zur Herstellung von Besen wichtig, was ihr den Ruf als eine Hexenpflanze einbrachte. Wir haben Zweifel, ob sie für die Druiden-Ärzte Galliens als Heilpflanze überhaupt eine Rolle spielte. Dazu kommt sie in einem viel zu geringen Maße in der Bretagne und der angrenzenden Normandie vor. Allerdings ist es durchaus möglich, daß die gallischen Druiden-Ärzte über ihre Verbindungen auf den Britischen Inseln und insbesondere auch nach Schottland über verschiedene Verwendungsmöglichkeiten der Pflanze, die wir heute nicht mehr nachvollziehen können, im Bilde waren.

Hinweis hierauf könnte sein, daß in Gegenden, wo die Pflanze weit verbreitet ist, volksmedizinische Traditionen immer noch auf sie zurückgreifen, wenn es darum geht, Blutungen oder Weißfluß zu stillen, Gicht zu lindern oder Nierensteine auszuschwemmen. Diese Anwendungen ähneln allerdings auch denen, die in den Schriften der Herbalisten des klassischen Altertums erwähnt werden. Allerdings weist vieles darauf hin, daß sie nicht Calluna vulgaris, sondern Erica arborea – Baumheidekraut – meinten, deren Wirkstoffe sich von denen des Gemeinen Heidekrauts doch ziemlich unterscheiden.

Dioscorides empfiehlt ausdrücklich das Laub und die Blüten der Baumheide als Umschlag gegen Schlangenbiß. Die Calluna vulgaris – Gewöhnliches Heidekraut – erwähnt er überhaupt nicht. Und auch Hippokrates erwähnt lediglich die Baumheide – Erica Arborea – als Frauenheilmittel bei Uterusbeschwerden. Matthiolus lobt ihre schweißtreibende Wirkung und empfiehlt sie bei Darmgicht, Milz, Steinbeschwerden, den Saft der Blätter äußerlich gegen Augenentzündungen und -schmerzen, den Saft der blühenden Zweige gegen Geschwülste, die Blüten für Dampfbäder bei Podagra und das Blütenöl schließlich gegen Herpes.

Hieronymus Brunschwygk (1430–1501?) beschrieb als erster Deutscher die Pflanze und ihre Wirkungen, doch erst die Kräuterbücher des 16. Jahrhunderts rühmen das Heidekraut als schleimlösendes, harn- und schweißtreibendes Mittel, das bei Nierensteinkrankheiten, Gicht und Rheumatismus, Augenentzündungen, Leibschmerzen zu gebrauchen sei. Man stellt sich die Frage, ob hier nicht eher Übersetzungsfehler der Texte des klassischen Altertums als eine Tradition der Benutzung der Pflanze durch die Druiden-Ärzte auf dem europäischen Kontinent zu erkennen sind.

Tabernaemontanus schreibt zum Beispiel: »Es werden diese Blümlein gelobet, daß sie den Miltzsüchtigen gar gut seyn sollen. Es sollen auch die Blumen gut seyn wider das Quartanfieber. Das Öl aus den Blumen wird hoch gelobet wider die bösen Flechten, Herpetes genannt, sonderlich unter dem Angesicht.« Diese Ausführungen entsprechen ganz genau jenen von Matthiolus, allerdings ohne zu präzisieren, daß es sich um die Baumheide handelt! Später empfiehlt sogar Kneipp eine Teemischung aus Heidekrautblüten, Wermut und Ginster gegen Rheumatismus.

 Huflattich

Volkstümlich: Pferdehuf, Fohlenhuf
Botanisch: Tussilago farfara L.
Gallisch-keltisch: Calliomarcos
Bretonisch: Alan, Louzaouenn ar paz

* Huflattich ist die einzige Pflanze, die auf reiner Braunkohle wachsen kann. Aus einem tiefgehenden mehrköpfigen Wurzelstock, der horizontale Ausläufer treibt, entwickeln sich bereits im

Februar weißlich-filzige Blütenschäfte, die etwa 15 cm hoch werden. Sie sind mit blattartigen, angedrückten Schuppen besetzt, die lanzettlich, zugespitzt und rötlich gefärbt sind. Zur Fruchtzeit strecken sich diese Schäfte bis zur doppelten Höhe. Jeder Schaft trägt nur ein Blütenköpfchen, das zur Blütezeit aufrecht, sonst hängend ist. Die Scheibenblüten sind röhrig-glockig, fünfzählig und wie die schmalen, zungenförmigen Randblüten gelb gefärbt. Die Früchte tragen einen weißen Haarschopf. Die grundständigen Blätter erscheinen nach der Blüte. Sie sind gestielt, herzförmig rundlich, eckig ungleich gezähnt und unterseits weiß-filzig.

- Tussilago farfara wächst auf Ton-, Lehm-, Tonmergel- und Kalkboden. Wächst die Pflanze auf zinkhaltigen Böden, dann nimmt sie den Zink in sich auf. Häufig trifft man die Pflanze auf brandgerodeten Stellen an.

Der Huflattich ist eines der ältesten und ursprünglichsten Hustenmittel. Bei chronischem Reizhusten verräucherte man in der Antike in südlicheren Gefilden gerne die Wurzeln des Huflattichs auf Zypressenholzkohle. Dioscorides, Plinius und Galenus empfehlen den Rauch der angezündeten Blätter gegen Husten und Schweratmigkeit. Das Verräuchern von Huflattichblättern war auch in den keltischen Gebieten Galliens üblich und Plinius gibt hierzu das dort gebräuchliche Verfahren an. Offensichtlich wurde der Huflattichrauch durch eine Art Trichter inhaliert, was allerdings etwas umständlich ist. Matthiolus, dem dieses Mittel der Druiden-Ärzte bei Atemwegserkrankungen bekannt war, machte in seinem »Neuw-Kreuterbuch« von 1626 hierzu die praktische Bemerkung: »Aber unsere Tabackspfeyfen seyend bequemer darzu!«

Auch Marcellus Empiricus zeichnete viele Rezepturen gegen Brusterkrankungen und Erkrankungen der Atmungsorgane auf, in denen Huflattich als eines der Haupttheilkräuter verwendet wird. Er gibt auch ganz genau an, wie man den Huflattich sammeln muß, damit er seine allerbeste Heilwirkung zeigt: Bei abnehmendem Mond und zurückgehender Flut soll er am Tage des Jupiters[208] gesammelt und getrocknet werden, in einen neuen Topf aus Ton hineingetan werden, dessen oberen Teil man sorgfältig mit Töpfererde verschließt.

Dann muß ein Rohr hineingesteckt werden, durch das die Feuchtigkeit bzw. der Dampf der Wärme in den Mund eingesogen wird, bis er in die ganze Luftröhre eingedrungen ist. Auch bei Pferden, schreibt Marcellus, soll diese Inhalation gar trefflich helfen, wenn diese husten. Darüber hinaus empfiehlt er die Verwendung von Huflattichblättern als Umschlag bei Kopf- und Ohrenschmerzen.

Bis zum Ende des Zweiten Weltkrieges waren Huflattichblätter ein beliebter Tabakersatz. Auch waren bis in die Zeit zwischen den beiden Weltkriegen spezielle »Zigaretten« in Apotheken erhältlich, denen neben Spitzwegerich – Plantago lanceolata – Huflattichblätter zugesetzt wurden, weil diese Mischung die Schleimhaut des harten Gaumens glatt und schlüpfrig macht und eine vermehrte und leichtere Expektoration des Bronchialschleims erzeugt. Diese »Zigaretten« sollten an verschleimtem Husten erkrankten Menschen das Abhusten erleichtern und die Ärzte verschrieben sie gerne. Damals vermutete man, daß dieses Erleichtern des Abhustens auf dem Salpetersalzgehalt des Hufflattichs beruhte. Ähnliche »Abhuste-Zigaretten«, denen allerdings noch andere, mir unbekannte, Kräuter beigemischt sind – die Rezeptur beruht auf indianischem Kräuterwissen –, werden heute offensichtlich noch in Kanada vertrieben, und auch in Österreich[209] scheinen solche »Glimmstengel« noch in Apotheken erhältlich zu sein.

Heute werden hauptsächlich die Blüten des Huflattichs in der Phytotherapie verwendet. Früher verwendete man gerne das ganze Kraut.

Neuerdings ist der Huflattich, wie so viele andere altbewährte Heilkräuter auch, etwas ins Gerede gekommen. Wissenschaftliche Untersuchungen haben ergeben, daß einer seiner Wirkstoffe in hochkonzentrierter Form bei Tierversuchen zu Krebs führte. Allerdings wurde wieder einmal kleinen leichtgewichtigen Laborratten ein Hundertfaches der für Menschen üblichen Dosis in konzentrierter Form verabreicht. Aus diesem Grund ist es heute gar nicht mehr so leicht, Hufflattich im Handel zu finden.

Hundsrose / Hagebutte

Volkstümlich: Schlafdorn
Botanisch: Rosa canina L.
Gallisch-keltisch: Ocroos
Bretonisch: Ogrou, Agroas

- Die verschiedenen Formen des Wortes Rose – lateinisch: »rosa«, griechisch: »rhodon«, altkeltisch: »roschaill«, slawisch: »roža« – stammen wohl alle von dem indogermanischen »vrod« oder »vard« ab, das auch im Sanskrit als »vrad« – zart, biegsam – erhalten ist.

- Die lateinische Bezeichnung »Rosa canina« für die Hundsrose ist eine Übersetzung des griechischen »kynósbatos«, das von »kyon« – Hund – und »bátos« – Dornenstrauch – abgeleitet wird, wohl wegen der vermeintlichen Wirkung der Pflanze gegen Tollwut.

- Der ein bis mehrere Meter hohe Strauch mit überhängenden Ästen und derben sichelförmigen Stacheln trägt fünf- bis siebenzählige drüsenlose Fiederblätter und weiße oder rosarote Blüten. Die kleinen Nußfrüchte werden von dem innen behaarten Kelchbecher umschlossen und bilden mit ihm eine rote Scheinfrucht, die Hagebutte. Den unterirdisch kriechenden Achsen verdankt der in Eurasien und Nordafrika heimische Strauch seine Widerstandsfähigkeit gegen Beweidung und Feuer. Im übrigen verlangt er reichlich Sonne und einen feucht-lockeren, aber fruchtbaren Boden.

- Die Blütezeit liegt zwischen Juni und Juli. Die Hagebutten erntet man am besten vor Anfang des Winters, wobei darauf zu achten ist, reichlich Früchte für die Wildtiere übrig zu lassen, die diese für ihr winterliches Überleben dringender brauchen als wir.

Funde in Pfahlbauten weisen darauf hin, daß bereits die Protokelten Hagebuttenmus zu schätzen wußten! Das Holz der Heckenrose durfte auf den Scheiterhaufen, die zur Verbrennung der Leichen unserer Vorfahren dienten, nicht fehlen, und es wird wohl mit Recht vermutet, daß die Rosengallen, die in der mittelalterlichen Arzneikunde gerne verwendet wurden, in enger Beziehung zum Schlafdorn des nordischen Glaubens[210] stehen, obwohl der eigentlich »druidische« Teil der Hundsrose ursprünglich die Frucht – Fructus Cynorrhodi vel Cynos bati – war, die, wenn man sie mittig durchschneidet, genauso wie der Apfel ein Pentagramm beinhaltet, ein Symbol also für die fünf Elemente Luft, Feuer, Wasser, Erde und (spiritueller) Geist. Wie die Frucht des Apfelbaums galt den Druiden der gallischen Kelten (und höchstwahrscheinlich auch den germanischen Druiden) die Frucht der Hundsrose als Symbol der Vollendung, als das Symbol einer Kraft, die alle Gegensätze und alles Trennende vereinbart: Natur und Mensch, Gut und Böse, Leben und Tod, diese und die »andere Welt«. Sie sahen in der Hagebutte ein Zeichen für die Sehnsucht nach der Vollendung.

In mittelalterlichen Kräuterbüchern werden verschiedene Präparate aus Hagebutten gegen Bluthusten, Erbrechen, Nierensteine und die »Rote Ruhr« genannt.

Tabernaemontanus schreibt: »Der gelbe Saamen ist eine sonderliche Artzney wider das Blutspeyen. Mit Kütten Wasser eingeben stillet es den überflüssigen Weiberfluß. Man bereitet aus solchen Sämlein Zahnpulver um das Zahnfleisch zu stärcken und die Zähn wohl zu befestigen.«

Aus den Blüten wurde ein wohlriechendes Wasser destilliert, das »Aqua rosarum«. Außer den Hagebutten – Fructus Cynorrhodi vel Cynos bati – wurden noch die Wurzeln und die Rosengallen verwendet. Die Wurzeln fanden gegen den Biß tollwütiger Hunde Verwendung, während die Rosengallen – Spongia cynosbati – in Anlehnung an den alten Glauben und die Totenriten der Kelten als Schlafmittel benutzt oder auch einfach unter das Kopfkissen gelegt wurden.

Allerdings sollten Sie beim Sammeln von Hundsrosenblüten und Hagebutten ein bißchen Vorsicht walten lassen: Theophrast sagt, daß die Früchte nur mit abgewandtem Gesicht gepflückt werden sollten, da sonst den Augen Gefahr drohe. Und Matthiolus bemerkt bei der Verwendung der Blüten: »Im Gebrauch aber der Ros sol man das unterste weiße an den Blettern welches der Nagel genannt wird abpflocken und sodann hinwegwerfen.«

JOHANNISKRAUT

Altertümlich: Albenblut, Elfenblut, Wundkraut, Sonnwendkraut
Lateinisch: Hypericum perforatum L. bzw.
Hypericum androsaeme L.
Gallisch-keltisch: Selago
Altbretonisch: Aour-yeoten, Folodenn
Bretonisch: Louzaouenn an diwad

- Hypericum perforatum – Selago, das goldene Kraut der Druiden – ist eine ausdauernde Pflanze mit langlebiger, spindelförmiger, reichästiger Wurzel und ästigem Erdstock. Sie gehört zur Familie der Hypericaceae und erreicht eine Höhe zwischen 20 bis 100 cm. Der Stengel des Johanniskrauts ist aufrecht, im oberen Teil ästig und stielrund mit 2 Längskanten, kahl, bereift und gegen die Spitze zu mit Drüsen besetzt. Die gegenständigen Blätter sind elliptisch-eiförmig, länglich oder lineal, ungestielt, ganzrandig, kahl, durchscheinend punktiert und meist nur am Rand mit schwarzen Drüsen besetzt. Die gelben Blüten stehen an der Spitze der oberen Äste und bilden einen ausgebreiteten ebensträußigen, trugdoldigen Blütenstand. Die Kelchblätter sind eilanzettlich bis lanzettlich, fein zugespitzt und mehr oder weniger reichlich mit hellen und schwarzen, punkt- bis strichförmigen Drüsen besetzt. Beim Zerquetschen der Blüten tritt ein blutroter Saft aus, der die Finger blauviolett verfärbt. Diese Besonderheit der Pflanze hat zu vielen Sagen und mystischen Anwendungen Anlaß gegeben. Die schief-elliptischen Kronenblätter sind goldgelb mit schwarzen Punkten und helleren oder dunkleren Strichen auf der Fläche. Die zahlreichen Staubgefäße stehen in 3 Bündeln. Die Fruchtknoten sind breit- bis schmal-eiförmig mit 3 langen Griffeln.

* Johanniskraut kommt in ganz Europa vor, außerdem ist es in Westasien verbreitet. Am häufigsten findet man es auf ziemlich trockenen Kalk- oder Urgesteinböden, auf trockenen, sonnigen Grasplätzen, auf Hügeln und Bergen, an Mauern und Wegrändern.

* Die Blütezeit der Pflanze erstreckt sich von Juni bis September, allerdings sind die um die Johannisnacht am 24. Juni[211] geernteten Pflanzen jene, denen die Volksmedizin die größte Wirksamkeit beimißt. Ich persönlich halte es eher mit einer Ernte von Hypericum perforatum zum achten Vollmond des Mondjahres, was dem alten keltischen Erntefest Lugnasad[212] gleichkommt.

* Für Hypericum perforatum und aus der Droge hergestellte Zubereitungen (Tinkturen, Öle, Kapseln etc.) liegen zahlreiche ärztliche Erfahrungsberichte vor, die für eine milde antidepressive Wirkung sprechen. Ölige Hypericum-Zubereitungen wirken zusätzlich noch erwiesenermaßen entzündungshemmend (antiphlogistisch).

* Johanniskraut enthält ätherisches Öl, Flavonoide, Gerbstoff und in den frischen Blüten Hyperforin. Der Hauptbestandteil der Pflanze, das sogenannte Hypericin, wird den Monoaminooxydasehemmern zugerechnet.

* In diesem Zusammenhang sei darauf hingewiesen, daß bei der Einnahme von Johanniskraut-Extraktpräparaten in Einzelfällen eine Wirkungsabschwächung anderer Arzneimittel beobachtet wurde, z. B. bei gerinnungshemmenden Arzneimitteln vom Cumarin-Typ, bei Ciclosporin, oralen Kontrazeptiva und auch Indinavir zur HIV-Behandlung. Sollten Sie also derartige Arzneien einnehmen, fragen Sie bitte zuerst Ihren Arzt, ob die Einnahme von Johanniskrautpräparaten möglich ist. Außerdem sollten Sie wissen, daß die Haut durch Hypericin lichtempfindlicher wird.

Eine Überdosierung von Johanniskrautpräparaten kann bei besonders hellhäutigen Menschen zu Hautentzündungen führen. Allgemein ist nicht anzuraten, sich während einer Johanniskrautkur in zu starkem Maß UV-Strahlen auszusetzen. Darunter verstehe ich vor allem stundenlanges Sonnenbaden oder die Benutzung einer Sonnenbank, jedoch nicht das normale bekleidete Sichaufhalten an der frischen Luft!

Man sagt, der lateinische Name des Krauts leite sich eigentlich vom griechischen »hyper eikona« ab, was sich als »derjenige, der die Phantome vertreibt« übersetzen ließe. Ganz aus der Luft gegriffen scheint diese Geschichte der wissenschaftlichen Namensgebung des Johanniskrauts nicht zu sein.

Warum nenne ich es eigentlich Johanniskraut, wo es doch im Volksmund so viele Namen hat, die die Essenz, die Seele dieser Pflanze so viel besser beschreiben? Aus jener Zeit, bevor die Diener der politischen Macht der römischen Kirche sich daranmachten, unseren Vorfahren mit Feuer und Schwert die fehlinterpretierten Weisheiten eines Freiheitskämpfers aus Judäa als allgemeinverbindliche Glaubensdoktrin aufzuzwingen, ist ihm in manchen Gegenden der Name »Sonnwendkraut« geblieben. Dieser Name ist um vieles richtiger und korrekter als jenes »vermaledeite« Johanniskraut, unter dem Hypericum heute überall herumspukt. In der Tat ist diese Pflanze seit uralter Zeit mit der Sommersonnwende verbunden. Dieses Fest wurde vom 14. Tag nach dem sechsten Vollmond des Mondjahres über insgesamt 14 magische Tage bis zum siebten Vollmond des Mondjahres gefeiert. Diese Zeit ist wie die 14 magischen Nächte nach dem zwölften Vollmond des Mondjahres, die Wintersonnwende, eine der großen Nahtstellen, an denen die Anderswelt – der Outre Monde der Sidhe – mit den Menschen zusammenkommen kann. Um den 21. Juni unseres Kalenders herum, an jenem Tag also, an dem die Sonne ihren höchsten Stand hat, ist der längste Tag des Jahres und die kürzeste Nacht. Und dieser Tag wurde und wird immer noch gefeiert, denn er symbolisiert die Verbindung des Lichts mit der Erde. Sonnwendfeuer symbolisierten dabei die unermeßliche Kraft der Sonne. Wer darüber springt, der kann sich von allem Dunklen und von den Krankheiten der Seele befreien.

Wie das Sonnwendfeuer gehörte und gehört eine Reihe von Pflanzen zu diesem längsten Tag des Jahres, die sogenannten »Sonnwendkräuter«. Sie sind alle von leuchtendgelber oder orangeroter Farbe und sie alle tragen in sich die Macht, Dämonen, die wir heute in unserer wissenschaftlichen Sprache so gerne depressive Verstimmungen nennen, zu vertreiben. Die wichtigste und strahlendste dieser Sonnwendpflanzen ist eben Hypericum perforatum, das die Dämonen vertreibt.

Da es im Zuge der Zwangschristianisierung nicht gelingen wollte, die traditionellen und viel geliebten Sonnwendfeiern auszurotten, ließ Rom sich einen schlauen Winkelzug einfallen: Es verlegte das Fest um drei Tage hinter die astronomische Sommersonnwende und weihte den Tag als Johannistag gleich noch Johannes dem Täufer[213], dem es somit den 24. Juni als seinen Geburtstag unterschob! Aus einem Sonnwendkraut – Hypericum – wurde jetzt eben das Johanniskraut und den Schwung anderer Sonnwendkräuter nannte man halt Johannikräuter! Was diese anbetrifft, so scheint alles etwas von der jeweiligen Gegend abzuhängen, wo sie gesammelt werden, um als Johannikränze oder -sträuße oder Einstreu ihre Verwendung zu finden. Manfred Becker-Huberti, ein Kölner Theologe, gibt an, daß die Kränze aus sieben oder neun Pflanzen bestanden, und in seiner Liste finden sich zum Beispiel auch Rosen, Lilien und der Rittersporn wieder. Diese Pflanzen werden allerdings nicht in den Sonnwendkränzen verwendet, wie es zum Beispiel in der Normandie oder der Bretagne traditionell der Fall ist. Einzig Hypericum perforatum taucht unweigerlich in sämtlichen Sonnwendgebinden auf – vom Cap Finistère bis hinauf ins Baltikum, wo die Letten diesen Tag zum Beispiel mit noch größerer Hingabe feiern als Weihnachten!

Kurz und gut, der Johanni- oder Sonnwendkranz enthält immer eine »magische« Anzahl von Kräutern, die zwischen sieben und 77 variieren kann. Ein »Siebenerkranz« besteht ganz häufig aus Johanniskraut, Schafgarbe, Arnika, Königskerze, Wermut und Tausendgüldenkraut. Beim »Neunerkranz« kommen oftmals noch die Kamille, Baldrian, Pfefferminze und die Königskerze hinzu. In den »Fünfzehnerkränzen« kann man auch den hochgiftigen Bittersüßen Nachtschatten, Tormentilla (Teufelsabbiß), Eberwurz, Bibernelle, Weinraute, Fünffingerkraut und Margeriten finden.

Mein ganz persönlicher normannischer und über den Ställen meiner Pferde bewährter Sommersonnwendkranz besteht immer aus Hypericum, Wermut, Arnika, Schafgarbe, Baldrian, Salbei und Kamille. Ich gebe zu, daß ich mich hier, wie alle Tierhalter in meiner Gegend, auch ein wenig von der Tatsache leiten lasse, daß ein frischer, duftender und ansehnlicher Sonnwendkranz einfach unwiderstehlich ist. Sowohl die Gäule als auch die Rindviecher, Schafe oder Ziegen – wenn sie ihren Kranz erreichen können – fressen ihn mit Gusto auf! Die normannischen Landwirte, die ihre Kränze den Rindern um den Hals legen, flechten aus Gründen der Stabilität (trotz seiner Giftigkeit bei innerer Anwendung) gerne auch Adlerfarn mit ein und lassen den Salbei weg, denn in der Volksmedizin ist Adlerfarn ein Wurmkraut. An sich ist diese Variante auch ungefährlich, denn die Rindviecher schaffen es im Regelfall nicht, auch wenn sie sich noch so anstrengen, den Kranz um ihren Hals abzunibbeln – dafür sind die Hälse der weißen Normannen einfach zu kurz und zu dick!

Hypericum perforatum ist mit großer Wahrscheinlichkeit auch das sogenannte »Goldene Kraut« der Druiden, das in der kontinentalkeltischen Sprache »Selago« genannt wurde. Die Kelten sahen in der Pflanze die eingefangene Kraft der Sonne und der Fünfstern der Blüten erinnerte sie an das heilige Symbol der Druiden, das Pentagramm. Mit ihm wurden die Altäre geschmückt und beim Tanz um das Sonnwendfeuer trug man Johanniskrautkränze als Zeichen der Verbundenheit mit den Kräften des Lichtes. Der Kranz selbst war und ist eine symbolische Darstellung der Sonne.

Noch heute existiert in der Basse-Bretagne eine seltsame Legende um das »Goldene Kraut« der Druiden – aour-yeoten –, die den Aspekt von Hypericum als eine ganz besondere und in höchstem Maße magische Pflanze unterstreicht: Inmitten des ganz »normalen« Hypericums soll gelegentlich ein »echtes« Goldenes Kraut stehen, das man daran erkennt, daß es schon aus weiter Entfernung strahlt wie reines Gold. Wem es gelingt, diese eine Pflanze zu finden und zu ernten, der kann sich nach Belieben unsichtbar machen, er wird niemals mehr, egal wie groß die Kraftanstrengung, Müdigkeit und Erschöpfung fühlen, seine körperlichen Kräfte werden sich vervielfachen, er kann mit den Tieren des Waldes kommunizieren und selbstverständlich sich auch in eines dieser Tiere verwandeln, die

Feen sehen und mit ihnen sprechen und dank ihrer Hilfe verborgene Schätze finden, und er wird selbstverständlich nie mehr krank und seine Lebensdauer verlängert sich spektakulär. Natürlich hat die ganze Sache einen Haken: Sobald man sich dieser golden leuchtenden Pflanze nähert, hört sie sofort auf, in dieser ihr so eigenen Art und Weise zu strahlen, und versteckt sich inmitten aller anderen »normalen« Hypericum-Pflanzen, auf daß man sie nicht finde!

Die Christen interpretierten später den pentagrammähnlichen Blütenfünfstern zusammen mit der Besonderheit, daß die Pflanze »blutet«, wenn man die Blüten zerreibt, in die Wunden Christi um! Diese Interpretation bescherte unserer wunderbaren Heilpflanze sofort einen weiteren volkstümlichen Namen – Herrgottskraut beziehungsweise Herrgottswundkraut. Eine weitere – christliche – Legende behauptet, die Pflanze selbst sei aus dem Blut von Johannes dem Täufer entstanden und wäre zum ersten Mal an der Stelle aus dem Boden geschossen, auf die sein Haupt fiel, nachdem Herodes ihm dieses hatte abschlagen lassen!

Im Mittelalter galt Hypericum als eine der wichtigsten Pflanzen gegen Dämonen und Verzauberungen. Sie beschützte das Vieh vor dem Verhexen und in der Bauernstube hing meist ein Büschel Johanniskraut, um bösen Geistern den Zutritt zu verwehren. Nach der Sage (!) soll der Teufel selbst es gewesen sein, der das Johanniskraut durchlöcherte, weil er sich über dessen Heilkräfte ärgerte. Da aber die Pflanze nicht zugrunde ging, wurde sie zu einem zauberlösenden Mittel, das auch den Teufel fernhielt. Die Inquisitoren des Dominikanerordens – »Domini canis«, die Hunde Gottes – waren auch nicht frei von »Aberglauben«, denn sie nannten die Pflanze »Fuga Demonum«, beräucherten mit ihr jene armen Menschen, in denen sie um jeden Preis Hexer und Hexen zu sehen glaubten, und hofften, durch eine solche »gar heidnische Handlung« die Macht des Teufels zu brechen und sich selbst vor Ansteckung durch das Böse zu schützen!

Jacob Theodor, der Arzt und Botaniker, der unter seinem latinisierten Namen Tabernaemontanus bekannt wurde, unterstreicht in seinem »Neuw Vollkommentlich Kreuterbuch«, einem dreibändigen Werk von rund 1600 Seiten, dessen erste Auflage mit 1588 datiert war[214], diese Wirkung des Johanniskrauts als Mittel gegen Teufel und Gespenst in dem berühmten Satz: »Die alte Weiber sagen/das diß Kraut sey für Gespengst/wann man es bey sich trägt/daher es auch FUGA DAEMONUM soll genennet werden.« Paracelsus beschrieb die Pflanze als »Mittel gegen Phantasmata und doll machende Geister«.

Als Heilmittel hat Hypericum in vielen Zivilisationen eine uralte Tradition. Die medizinische Anwendung unterscheidet sich im großen und ganzen nicht von der heutigen: Hypericum ist ein natürliches Antidepressivum, was auch verklausuliert hinter den »Phantasmata« des Paracelsus und dem »Gespengst« des Tabernaemontanus durchscheint, denn was sind Depressionen schon anderes als »dunkle, erdrückende, üble Gespenster und Phantome«, wenn man sich einmal nicht wissenschaftlich ausdrücken möchte!

Schon Dioscorides wußte von vier verschiedenen Hypericumarten zu berichten, die er »hyperikon, askyron, androsomon und koris« nannte. Das »askyron« war wohl mit unserem Hypericum perforatum identisch, denn er empfahl es für das traditionelle Spektrum der Wehwehchen, für die heute noch Johanniskraut gerne verwendet wird: Die Pflanze, mit Honigwasser getrunken, soll gegen Ischias helfen und als Umschlag – gleichfalls mit Honig vermengt – spendet sie Hilfe bei Brandwunden.

In den Kräuterbüchern des Mittelalters findet man die Pflanze überall mehr oder weniger eingehend beschrieben. Nach Konrad von Megenberg kräftigt sie sowohl Herz als auch Leber, reinigt die Nieren, heilt Geschwüre und zieht Gift aus. Außerdem wurde Hypericum noch als Wurm- und Wundmittel verwendet.

Was die Würmer angeht, so fällt es schwer, sich ein Urteil zu bilden, denn ich konnte weder Mischungen noch Hinweise über Dosierungen finden. Die meisten Weidetiere reagieren nicht besonders gut auf sehr hohe Dosen von Hypericin. Insbesondere Pferden und weißen Rindern bekommt das im Volksmund auch »Hartheu«, also »schlechtes Heu«, genannte Kraut absolut nicht in großen Mengen.

Was allerdings Hypericum als Wundmittel betrifft, so ist die heutige Wissenschaft gerade dabei, eine uralte Erkenntnis neu zu entdecken. Aufgrund der Form der Blätter, die irgendwie an Lanzenspitzen erinnern, ist Hypericum in der wilden alten Zeit immer wieder bei Stichwunden zum Einsatz gekommen, offensichtlich auch recht erfolgreich! Heute untersuchen seriöse und ernst zu nehmende Wissenschafter der Hautklinik der Universität Freiburg, wie sich mit einem Extrakt aus dem Johanniskrautwirkstoff Hyperforin Bakterieninfektionen bekämpfen lassen. Für diese Versuchsreihe wählten sie die garstigen Staphylokokken, die zum Beispiel in Krankenhäusern verbreitet sind, so daß so manche Patienten in noch schlimmerem Zustand als vor ihrer Einweisung nach Hause geschickt werden. Im Augenblick ist der Stand der Forschung, daß selbst gegen Penicilin resistente Staphylokokken dem Hyperforin nicht widerstehen konnten und auf dem so behandelten wissenschaftlichen Nährboden einfach und ohne Umschweife das Zeitliche segneten. Die Freiburger Forscher scheinen sehr zuversichtlich, daß der Johanniskrautextrakt auch beim Menschen den gewünschten Effekt erzielen wird. Sie haben bislang allerdings noch nicht die Verträglichkeit untersucht und auch nicht, ob hohe Hyperforin-Dosierungen ungeahnte Nebenwirkungen haben könnten.

Das wohl bekannteste Hausmittel aus Johanniskraut ist das wunderschön blutrote Johanniskrautöl: Es hilft als Einreibung schnell und zuverlässig bei Hautverletzungen, leichten Verbrennungen, blauen Flecken und Stoßverletzungen minderer Art ebenso wie bei leichten Verstauchungen. Ein Tröpfchen ins Ohr lindert schnell Ohrenschmerzen und ein Tröpfchen in der Nase hochgezogen kann verhindern, daß erste unangenehme Symptome in den Nebenhöhlen sich zu einer Stirnhöhlenentzündung entwickeln. Und bei Bronchitis und/oder Sinusitis lohnt es sich durchaus, eine Mischung aus Johanniskraut, Schafgarbe, Thymian und Zinnkraut sieben Tage lang zweimal täglich etwa zehn Minuten lang zu inhalieren. All diese Verwendungszwecke von Hypericum ziehen sich seit Jahrhunderten durch magische und nicht so magische Kräuterbücher. Selbst wenn Sie es vorziehen, in den vorgenannten Fällen Ihren Hausarzt zu konsultieren – wozu wir Sie natürlich wie immer ganz dringlich auffordern –, schadet es dennoch nicht, ein kleines Fläschlein mit dem »Zaubertrank« in der Hausapotheke stehen zu haben.

Dieses Kapitel möchte ich aus diesem Grund auch mit einem Zitat von Paracelsus beenden, der in meinen Augen der Germanen größter Druide der neueren Zeit war:

«Seine Tugend kann gar nicht beschrieben werden, wie groß sie eigentlich ist und gemacht werden kann... Es ist nicht möglich, daß eine bessere Arznei für Wunden in allen Ländern gefunden wird.«

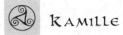 Kamille

Volkstümlich: Drudenkraut, Apfelkraut, Hermelin
Botanisch: Matricaria recuita L.
Gallisch-keltisch: Ouloida
Bretonisch: Louzaouenn ar mammoù

- Die bis zu 50 cm hohe, fast kahle, einjährige Echte Kamille gehört zur Familie der Korbblütler. Römische Kamille wird meist nur 15 bis 30 cm hoch, der Blütenboden ist gefüllt und die Blätter sind flaumig behaart. Das Drudenkraut hat aufrechte, meist verzweigte Stengel, an deren Enden die einzelnen Blütenköpfchen stehen. Die anfangs flachen, sich später kegelförmig erhebenden Scheibenblüten sind von einem Kranz weißer Zungenblüten umgeben, deren Zunge durch die Vergrößerung des Blütenbodens während der Blütezeit bald zurückgeschlagen erscheint.

- Kamillenblüten enthalten ein ätherisches Öl (0,4 bis 1,5 %), das durch das bei der Destillation aus Matricin entstehende Chamazulen charakteristisch blau gefärbt ist.

- Die weiteren Inhaltsstoffe alpha-Bisabolol (Levomenol), Bisabololoxide, nicht-flüchtige Flavonoide wie z. B. Apigenin-Glykoside und Cumarine ergänzen sich im Gesamtextrakt in ihrer krampflösenden, entzündungshemmenden, wundheilenden, antibakteriellen und karminativen Wirkung. Präparate, die mit Ethanolwassergemischen gewonnen werden, enthalten neben dem ätherischen Öl auch die nicht-flüchtigen Bestandteile und sind häufig auf einen bestimmten Levomenol- und Apigeningehalt eingestellt.

- Sie wächst auf Äckern, lehmigen Böden, Waldwiesen, Halden, in Getreide-, Mais-, Klee-, Kartoffel- und Rübenfeldern und wild und ohne große Gärtneranstrengung in jedem guten Bauerngarten Europas bis etwa zum 60 Grad nördlicher Breite. In Nordamerika und Australien wurde die Kamille eingeführt und verbreitet sich seither munter. Doch durch die überhandnehmende Kunstdüngung und chemische Unkrautbekämpfung wird dieses wertvolle und wohltuende einfache Heilmittel immer mehr und mehr verdrängt.

* Von Mai bis August erntet man die Blütenköpfe zur Zeit der Vollblüte, am besten an einem sonnigen Tag in der Mittagszeit. Man trocknet sie in einem luftigen Raum oder bei Temperaturen bis zu maximal 40 Grad C in einem Trockenautomaten für Kräuter/ Pilze. Dabei sollte man die zerbrechlichen Blüten nicht wenden. Die Droge hat einen charakteristischen Geruch und schmeckt aromatisch, wenn auch etwas bitter.

Das Dru(i)denkraut Kamille ist das wohl beliebteste Volksheilmittel mit den verschiedensten Anwendungsbereichen überhaupt, sowohl innerlich als auch äußerlich, in Umschlägen, Salben, Bädern, Tees, Ölen und ätherischen Ölen etc.

Die äußerliche Wirkung der Kamille ist desinfizierend, schmerzlindernd und erweichend, z. B. bei verhärteten Narben als Salbe. Innerlich wirkt unser Dru(i)denkraut hauptsächlich beruhigend, krampfstillend, erwärmend, schweißtreibend und entzündungshemmend, zum Beispiel bei Erkrankungen im Magen-Darm-Trakt oder bei Entzündungen der Schleimhäute. Bei Erkältungskrankheiten kann Kamille zusätzlich noch durch Inhalation der Dämpfe helfen, die abschwellend und desinfizierend auf die Nasenschleimhäute einwirken.

Diese vielseitigen Anwendungen gelten außer für die Echte Kamille – Matricaria recuita – auch für die Römische Kamille – Anthemis nobilis. Allerdings werden bei Anwendung der Römischen Kamille häufiger Allergien beobachtet als bei der Echten Kamille.

Das hübsche und wohlriechende Kräutlein hat als Heilpflanze geradezu Weltruf und man könnte allein über es ganze Bücher verfassen. Die meisten einschlägigen Werke widmen ihm dementsprechend viel Platz und wir können eigentlich nicht mehr viel Neues hinzufügen, ohne sie zu wiederholen.

Vielleicht liegt es am Multitalent der Kamille, daß ihr in der druidischen magischen Therapie ein hoher Stellenwert als Helferin gegen Verwünschungen und andere sich übel auf die Psyche auswirkenden »Hexereien« eingeräumt wurde, auch wenn sich dieser Einsatz heute durchaus schlichtweg mit der wissenschaftlich belegten beruhigenden Wirkung der Pflanze als Tee oder Bade-/Massageöl erklären läßt. Der Volksglaube verschiedener Regionen Frankreichs will es auch, daß man sich vor einem Kartenspiel (um Geld) am besten die Hände in Kamillentee wäscht, denn die »andere« Magie des Pflänzleins ist es wohl, Geld und Glück im Spiel anzuziehen.

Katzenpfötchen (Zweihäusiges)

Altertümlich: Ruhrkraut
Botanisch: Antennaria dioica L., Gnaphalium dioicum L.
Gallisch-keltisch: Gelasonem
Bretonisch: An berr-alan
Französischer Volksmund: Immortelle = Unsterbliche

- Antennaria dioica gehört zur Familie der Asteracea (Korbblütler). Die Blütenkörbchen sind von trockenhäutigen, kahlen Hochblättern umhüllt. Bei den männlichen Pflanzen sind sie meist weiß, bei den weiblichen meist rosa. Der botanische Name des Katzenpfötchens kommt vom lateinischen »antenna« – Fühler – und wie eine kleine Funkantenne sieht das zwischen 4 und 10 cm hohe Pflänzlein auch aus. Die Haarenden der Blütenhaarkronen sind wie die Fühler der Tagfalter keulenförmig verdickt. Der Blütenstand ähnelt der Unterseite einer Katzenpfote.

- Antennaria dioica enthält Karotin, Tannine, Harze, Alkaloide und Spuren von ätherischen Ölen.

- Das Pflänzlein ist eigentlich in ganz Europa verbreitet, auch wenn man es heute immer seltener antrifft, wofür nicht nur Herbizide und die Umweltverschmutzung verantwortlich gemacht werden müssen, sondern auch die Verringerung seines natürlichen Lebensraums. Am häufigsten findet man das Gemeine Katzenpfötchen in lichten, trockenen Wäldern, in lichten Gebüschen, auf Matten und Heiden.

Antennaria dioica ist eine in Vergessenheit geratene Heilpflanze. Sie wird in Deutschland heute in Kräuterteemischungen wegen ihrer attraktiven Farben meist nur noch als Schmuckdroge verwendet. In Frankreich dagegen findet sie noch häufig Verwendung in Hustensirups, denn sie ist eine exzellente auswurffördernde Pflanze, eine Qualität, um die bereits die Druiden-Ärzte der Kelten wußten. Diese Tradition hat sich in einem uralten und in der Normandie weit verbreiteten Hausmittel erhalten, der sogenannten »Infusion aux Quatre Plantes« – »Vier-Kräuter-Tee«.

Dieser »Vier-Blumen-Tee« setzt sich zusammen aus Antennaria dioica (Katzenpfötchen), Verbascum nigrum (Königskerze), Tussilago farfara (Huflattich), Althea officinalis (Eibisch), Malva officinalis (Malve), Papaver rhoeas (Klatschmohn) und Viola odorata (Duftveilchen). Bis zum Jahr 1941[215], als die Vichy-Regierung unter Marschall Petain beschloß, ein Gesetz zu erlassen, dessen Ziel es war, den Herbalistenberuf endgültig zu vernichten, sammelten so gut wie alle normannischen Schulkinder, aber auch Rentner, Taglöhner oder arme Leute, in der Saison diese Pflanzen, um sie dem örtlichen Herbalisten zu verkaufen, der sie dann trocknete und zur berühmten Teemischung für die Bronchien mischte. Natürlich werden Sie, lieber Leser, jetzt einwenden: »Was für ein Unfug! Das sind doch gar nicht vier Kräuter, sondern insgesamt sieben!«

Natürlich haben Sie Recht; denn am Anfang waren es wirklich nur vier »Blumen«, die in der ganz alten Mischung überliefert worden waren: Katzenpfötchen, Klatschmohn, Eibisch und Königskerze! Doch weil die Normannen ein erfindungsreiches Völkchen sind, haben sie eben noch weitere Pflanzen in die Mischung eingebracht. Nein! Es war eigentlich nicht nur Erfindungsreichtum und ein gesundes Gefühl für die Wirkungskraft der drei zusätzlichen Pflanzen. Alles hatte auch mit der Symbolik des Jahreskreises zu tun, denn am Anfang wurde der »Tisane des Quatre Fleurs« im Frühjahr – als erster Farbtupfer nach dem tristen kalten Winter sozusagen – die Blüte von Viola odorata beigemischt. Das Duftveilchen hat in der Normandie schon immer das Ende des Winters und das neue Erwachen der Natur symbolisiert. Viele Landfrauen sammelten diese ersten Blumen des Jahres und legten sie mit Stiel, Blättern und Blüte in mit Wasser gefüllte Schalen, in denen sie frei schwammen. Die nächste Pflanze, die hinzukam, war Tussilago farfara. Die leuchtendgelben Blüten des Huflattichs zupfte man zu Frühlingsanfang. Schließlich folgte die rosafarbene Malvenblüte, die zur Sommersonnwende – La Nuit de la Saint Jean – gepflückt wurde. Die letzte Pflanze, die man erntete, um die »Vier-Blumen-Teemischung« abzurunden, war die immer schon traditionell im Rezept enthaltene Königskerze. Gewöhnlich sammelten die Normannen sowohl ihre schönen gelben und gelegentlich weißen Blüten am Ende des Sommers zusammen mit den seidig behaarten, gräulich wirkenden Blättern der Pflanze, die als Wundermittel gegen den Zahnschmerz begehrt waren.

Heute ist es nach ein paar kurzen Jahrzehnten der Vergessenheit, in denen man Hustensirup auf Krankenschein und aus der Apotheke der »Tisane des Quatre Fleurs« vorzog, wieder in Mode gekommen, seine eigene Mischung mit den hübschen Blumen, die so gut für die Bronchien sind, im Haus zu haben. Die meisten besorgen sie sich allerdings in der Apotheke und nur ein paar wenige, oftmals sehr junge Landfrauen, die das Rezept der Großmutter aus der Nase gezogen haben, stellen sie noch selbst zusammen. Doch die Tendenz ist steigend, denn die Teemischung ist nicht nur sehr wirksam und ohne unerfreuliche Nebenwirkungen. Sie sieht in einem großen Glas auf dem Küchenschrank auch sehr bunt und fröhlich aus.

 KLATSCHMOHN

Botanisch: Papaver rheas
Gallisch-keltisch: Colocantos
Bretonisch: Grevell

● Der Klatschmohn ist eine an Weg- und Feldrändern häufig anzutreffende, bis zu 90 cm hoch wachsende einjährige Pflanze mit leuchtendroten Blüten. Die noch nicht aufgeblühten Knospen hängen an behaarten Stengeln nach unten. Die länglichen Blätter sind einfach bis doppelt gefiedert. Der Fruchtknoten reift zu einer Kapsel. Die Pflanze enthält Milchsaft.

- Die getrockneten Blütenblätter werden heute hauptsächlich zur Verbesserung des Aussehens von Teemischungen verwendet.

- Der Klatschmohn bevorzugt warme, sonnige und trockene Plätze. Er gedeiht am besten auf nährstoffreichen Lehmböden, ist aber im großen und ganzen nicht sonderlich wählerisch. Die Pflanze wächst auf Äckern und Wegrändern. Der Klatschmohn sät sich selbst aus und erscheint jährlich, solange die Bodenoberfläche nicht gestört wird. Blütenökologisch handelt es sich um eine Pollenblume, die keinen Nektar, dafür aber Pollen im Überschuß produziert. Dieser ist reich an Eiweiß, Fett, Kohlenhydraten und Vitaminen und somit ein exzellentes Lock- und Nahrungsmittel für Insekten mit beißenden Mundwerkzeugen. Amüsanterweise vergreifen sich aber auch Bienen, die im Rotbereich so gut wie blind sind, an der appetitlichen Pflanze, von der sie eigentlich nicht angelockt werden sollten. Höchstwahrscheinlich sind es die UV-reflektierenden Pollen im Vergleich zu den kontrastierenden dunklen Saftmalen, die den Bienen den Weg zum »Festmahl« weisen!

- Alle Pflanzenteile des Klatschmohns enthalten das schwach giftige Alkaloid Rhoeadin, insbesondere der weiße Milchsaft der Kapseln. Die Samen sind ungefährlich, nach Verzehr von sehr großen Mengen kann es allerdings zu Bauchschmerzen und Magen-Darm-Beschwerden kommen. Das im Schlafmohn – Papaver somniferum L. – enthaltene Morphin ist im Klatschmohn nicht enthalten. Außerdem finden sich in Mohnsamen ohnehin kaum Alkaloide. Man müßte also schon eine ganz ordentliche Menge Mohnstrudel verdrücken, um bei einer Verkehrskontrolle als vermeintlicher Drogenkonsument aufzufallen!

Wie die meisten Ackerkräuter ist der Klatschmohn nicht seit Urzeiten in Mitteleuropa heimisch. Die Art stammt aus dem wärmeren Mittelmeerraum und drang zusammen mit dem Getreide während der Jungsteinzeit nach Norden, also irgendwann zwischen 4500 und 3000 vor der Zeitrechnung. Heute ist der Klatschmohn weltweit verbreitet, bei uns kommt er bis zu einer Meereshöhe von ungefähr 1000 Metern vor, darüber hinaus wird es ihm zu kalt. Als typischer Getreidebegleiter ist der Lebensrhythmus des Klatschmohns gut an den des Getreides angepaßt.

Klatschmohn ist ein sogenannter Lichtkeimer und benötigt deshalb jedes Jahr aufs neue wieder offene Flächen. Getreideäcker sind da ideal. Jedenfalls waren sie es, bevor die Saatgutreinigung immer besser wurde – so daß immer weniger der feinen Mohnsamen mit dem Getreide zusammen ausgesät wurden – und bevor Pestizide ab den 50er Jahren die Äcker immer »sauberer« machten. Die frühen chemischen Pflanzengifte wirkten als sogenannte Breitbandherbizide meist gegen alle zweikeimblättrigen Arten. Das sind fast alle auf den Äckern vorkommenden Arten, bis natürlich auf das Getreide selbst, das eine Grasart und damit einkeimblättrig ist.

Die Folge war, daß unter anderem der rote Klatschmohn, die violetten Kornraden, die gelben Saatwucherblumen und blauen Kornblumen verschwanden. Die Äcker waren nicht mehr bunt, sondern eintönig. Bald schon besiedelten Wildgräser wie Quecke, Hirsen oder Windhalm die von der bunten Konkurrenz freigespritzten Äcker und bereiteten den Bauern mehr Probleme als der Klatschmohn je zuvor.

Während besonders hochspezialisierte Ackerkräuter wie die Kornrade heute fast ausgestorben sind, hat der Klatschmohn auf zahllosen Ausweichflächen überlebt, denn seine unzähligen winzigen Samen werden vom Wind weit verbreitet, so daß sich immer wieder rasch freie Flächen besiedeln lassen. Das können neu angelegte Straßenböschungen ebenso wie Schutthalden oder Brachen sein. Vor allem seit immer mehr ehemalige Äcker brachliegen, weil Brüssel ja so großzügig Stillegungsprämien zahlt, sieht man wieder deutlich große Klatschmohnbestände.

Aber auch an den lichten Ackerrändern werden die roten Blüten wieder deutlich häufiger. Das liegt an den neuen Pestiziden, die jetzt nicht mehr alles »umnieten«, was grünt und blüht, sondern »selektiv« gegen bestimmte Problemkräuter wirken. Und es liegt auch ein bißchen an den Bauern, bei denen der alte Leitsatz »Viel hilft viel!« zwischenzeitlich einem eher sehr genau kalkulierten Mitteleinsatz von »Chemiekeulen« weicht. Allerdings könnte sich mit der Einführung gentechnisch herbizidresistent gemachter Nutzpflanzen diese Situation schon bald wieder dramatisch verschlechtern.

Die antiken Vorfahren sollen dem Kinderbrei bereits Mohnsaft beigemischt haben, um die lieben Kleinen ruhig zu bekommen. Bis in die Neuzeit erfreuten sich auf dem Land in vielen Gegenden des klimatisch wärmeren Teils von Frankreich hausgemachte »Mohnnuckel« aus einem Stück Baumwolle, gefüllt mit Mohnblüten und Mohnsamen, recht großer Beliebtheit.

Die Blüten selbst des Klatschmohns wirken beruhigend und schmerzstillend. Daher fanden sie Anwendung bei Reizhusten, Asthma, Husten, nervöser Überaktivität, Schlaflosigkeit, Heiserkeit oder allgemeiner Reizbarkeit als Tee oder auch als Sirup.

Diese Verwendung von Klatschmohnblättern als Mittel gegen Nervosität und Schlaflosigkeit läßt sich in der Geschichte weit zurückverfolgen. Marcellus von Bordeaux gibt in vielen der von ihm zusammengestellten Rezepturen Klatschmohn als eine wichtige Komponente an. In einem kleinen Beisatz in seinem Kapitel zu allen plötzlichen, anhaltenden und vielfältigen Kopfschmerzen empfiehlt er ihn, mit Leinsamen zerrieben und mit Öl vermischt, als schnell wirkenden und ungefährlichen warmen Umschlag bei sehr kleinen Kindern, denen der Kopf schmerzt. Eine Variante, bei der Klatschmohnblätter mit Rosenöl – Rosa gallica L. – vermischt werden, schlägt er bei Kopfschmerz infolge von Menstruationsbeschwerden vor. In der Tat sind diese beiden alten Rezepte sehr wirkungsvoll und durch ihre rein äußerliche Anwendung auch völlig ungefährlich.

Aufgrund der Aufzeichnungen von Marcellus nehme ich an, daß die Funktion von Klatschmohn als leichtem Schmerzmittel, Entspannungskraut und Schlafmittel bei den Druiden-Ärzten der Kelten die wohl wichtigste war. Diese hat sich auch in der Volksheilkunde der keltischen Gebiete Frankreichs am besten erhalten.

Der Artenname »rheas« des Klatschmohns stammt vom griechischen »rhoia« für »fließen« und deutet möglicherweise auf den austretenden Milchsaft hin. In der Antike war der Mohn der griechischen Fruchtbarkeitsgöttin Demeter geweiht. Brautpaare wurden gerne mit Mohnblüten überschüttet, ein Brauch, der sich in manchen ländlichen Gegenden bewahrt hat. In der christlichen Bildsprache steht der Klatschmohn zusammen mit reifen Getreideähren für das Blut und den Leib Christi beziehungsweise das Meßopfer.

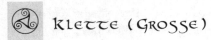 Klette (Grosse)

Botanisch: Arctium lappa L., Lappa officinalis All.
Gallisch-keltisch: Betilolen
Bretonisch: Louzaouenn an tign

- Die Große Klette – Arctium lappa L. – gehört zur Familie der Asteraceae. Der Korbblütler kann bis zu 2 m hoch als zweijährige Staude wachsen. Die Stengel sind aufrecht, längsgefurcht, markig und laufen oftmals rötlich an. Die Blätter sind bis zu 50 cm groß, breit, herzförmig und auf der Unterseite grau und filzig. Die Blüten sind kleine, ca. 3 bis 5 cm breite kugelige Köpfchen von violetter Farbe. Die Röhrenblüten sind etwas größer als die Hüllblätter, die sich an den Spitzen hakig krümmen. Diese Häkchen dienen der zoochoren Verbreitung der Pflanze, denn sie bleiben am Fellkleid vorbeistreifender Tiere (oder den Kleidern von Menschen) hängen. In Westeuropa sind insgesamt 4 Klettenarten heimisch, die sich sehr ähneln und untereinander kreuzbar sind: Arctium lappa L., Arctium minus L., Arctium tormentosum L. und Arctium nemorosum L. Bastardbildungen sind weit verbreitet und für gewöhnlich ist es schwierig, die einzelnen Arten auseinander zu halten.

- Arctium lappa L. bevorzugt einen ammoniakalischen, humosen, basenreichen und lehmigen Boden und kommt aus diesem Grund hauptsächlich im Ödland, an Wegerändern und an Flußufern vor.

- Die Große Klette und ihre engsten Verwandten enthalten alle die Lignane Arctiin und Inulin. Durch die Spaltung des Kohlenhydrats Inulin entsteht im wesentlichen Fructose. Außerdem finden sich in ihnen ätherisches Öl, Gerbstoff und Harz. Die bekannte antibakterielle und fungizide Wirkung der Kletten beruht auf ihren Polyacetylenverbindungen.

- Das aktuelle Einsatzspektrum der Klette umfaßt vor allem die Beseitigung von Gallen- und Harnsteinen. Sie wird auch bei Lebererkrankungen und Magenbeschwerden eingesetzt. Äußerlich hat Arctium lappa L. sich insbesondere als Mittel gegen Akne, Flechten, Ausschläge und Geschwüre bewährt.

- Die Große Klette hat eigentlich keine bekannten Nebenwirkungen. Aber man sollte doch vermeiden, Arctium lappa L. äußerlich anzuwenden, wenn eine Allergie gegen Asteraceae vorliegt. Außerdem ist bei Zuckerkrankheit Vorsicht geboten, da in Tierversuchen festgestellt werden konnte, daß bei Einnahme größerer Mengen der Pflanze der Blutzuckerspiegel gesenkt wird. Dies führt unter Umständen in Verbindung mit der Einnahme von Antidiabetika zu Hypoglykämie.

- Die beste Sammelzeit für die Wurzeln der Großen Klette liegt entweder im Herbst ihres ersten oder im Frühjahr ihres zweiten Jahres. Die Blätter, die man direkt als Umschläge für Verletzungen und Hautausschläge verwendet, können während der gesamten Blütezeit von Juni bis Oktober gesammelt werden. Die Blüten selbst sollte man am besten im Hochsommer ernten.

- Eine Besonderheit der Großen Klette ist ihre Verwendung als Gemüse. Aufgrund ihres hohen Mineral- und Vitamingehalts und ihres artischockenähnlichen Geschmacks eignet sich insbesondere die Wurzel hervorragend für den Tisch. Die Japaner haben sogar eine Zuchtform entwickelt – Arctium edulis –, die als Delikatesse gehandelt wird.

Für die keltischen Druiden hatte Arctium lappa außer ihren auch heute noch bekannten Eigenschaften einen festen Platz in der ganzheitlichen Tiermedizin! Um den Viehbestand allgemein vor Behexung und Dämonen zu beschützen, wurden prophylaktisch große Sträuße der überirdischen Pflanzenteile über den Pforten der Stallgebäude aufgehängt oder während der Sommersonnwende in den Ställen verräuchert.

Arctium lappa L. hatte im keltischen Kulturkreis eine ähnliche Bedeutung wie Knoblauch im zentral- und osteuropäischen. Obwohl man die Pflanze im Norden und entlang der Atlantikküste bis hinunter in die Bretagne immer noch an Stalltüren finden kann, hat sich während des Mittelalters für die Große Klette in verschiedenen anderen Gebieten des französischsprachigen Raums eine Wandlung von der Dämonen und böse Geister vertreibenden Zauberpflanze zur »Verzauber-Pflanze« vollzogen. Diese Wandlung konnten wir auch bei anderen den keltischen Druiden als heilig oder besonders wertvoll geltenden Pflanzen entdecken, obwohl diese ihren »schlechten Ruf« zumindest durch Giftigkeit rechtfertigen können.

Die zweite »unspektakuläre« Heilpflanze, die auf dieser Liste berüchtigter mittelalterlicher »Verzauber-Pflanzen« aus dem Rahmen fällt, ist das Basilikum, möglicherweise aufgrund des (im Französischen) gleichnamigen übelbeleumundeten Fabelwesens »Basilic«, von dem man behauptete, daß sein Blick töten könne. Doch ihr schlechter Ruf stammt nicht erst aus mittelalterlicher Zeit. Bereits Plinius warf dem Basilikum in seiner »Naturalis Historia«[216] vor, für Wahnsinn verantwortlich zu sein und gar »einen Skorpion hervorzubringen, wenn [das Basilikum] zu Pulver gestoßen mit einem Stein bedeckt wird«.

Was Arctium lappa L. – französisch: »Bardane« – angeht, können wir uns nur vorstellen, daß vielleicht die Tatsache, daß die Blüte der Klette so beständig an einem Tierfell oder Kleidungsstück kleben bleibt, den mittelalterlichen »Envouteurs« und »Ensorcelleuses« die Idee gab, eine Verwünschung würde mit Hilfe dieser unschuldigen Heilpflanze auch besonders gut am »Verwünschten« kleben bleiben!

Wie die Druiden-Ärzte der Kelten verwendeten auch Dioscorides und Pseudo-Apuleius die Pflanze gegen Schmerzen, Gicht, Fieber und Nierensteine. Dioscorides schlug außerdem noch eine Abkochung von Wurzeln und Samen in Wein gegen Zahnschmerzen vor. Außerdem sprach er den großen Blättern der Klette als Umschlag aufgelegt Heilwirkung bei schmerzhaften Verrenkungen und gebrochenen Gliedmaßen zu.

Seine keltischen Kollegen verwendeten die Blätter der Pflanze zusätzlich noch, um direkt nach chirurgischen Eingriffen Wunden abzudecken und so zu verhindern, daß ihre Heilung sich durch eine Infektion verzögerte. Daß in den Blättern von Arctium lappa ein Bakterizid enthalten ist, konnte inzwischen wissenschaftlich nachgewiesen werden. Die guten Ergebnisse beruhen offensichtlich auf einer Substanz aus der Gruppe der B12-Vitamine, die vor allem die Ausbreitung von Staphylokokken behindert.

Auch eine Anwendung der Arctium-lappa-Blätter als Umschlag auf Furunkeln und schlecht heilenden, nässenden älteren Verletzungen war weit verbreitet.

Wie so häufig, wenn andere Autoritäten eine Heilpflanze als besonders wirkungsvoll ansehen, ist Hildegard von Bingen hier gegenteiliger Meinung: Sie hielt sich nicht zurück, sowohl die griechischen und römischen Ärzte als auch die Druiden-Ärzte Narren zu schimpfen und zu behaupten, daß die Wurzeln der Klette zu nichts nütze seien, während ihre Blätter sowohl roh als auch gekocht für den Menschen gefährlich wären. Lediglich den Samen, zu Pulver gerieben und auf den Kopf gestreut, sprach sie eine Wirkung zu – als Haarwuchsmittel!

Kohl (Wilder)

Lateinisch: Brassica oleracea L.
Deutsch: Gewöhnlicher Kohl
Gallisch-keltisch: Caolocou
Bretonisch: Kaol

Der Kohl in seinen mannigfaltigen Kulturformen ist eine so bekannte Gemüsepflanze, daß es nicht notwendig ist, eine lange botanische Beschreibung voranzustellen. Der grüne Krauskohl läßt sich bereits im Griechenland des 3. Jahrhunderts nachweisen und wird heute noch in seiner Ursprungsform auf Kreta von Gemüsebauern gezogen. Der in Deutschland beliebte Kopfkohl ist ab etwa dem 11. Jahrhundert nachgewiesen und stammt höchstwahrscheinlich aus Frankreich.

Die Wildform Brassica oleracea L. war ein bei den Druiden-Ärzten der gallischen Kelten hochgeschätztes Heilkraut, was jedoch nur noch wenigen bewußt ist. In einer Zeit, in der Einwegverbände und Elastikbandagen bei Verstauchungen oder Verrenkungen unbekannt waren, diente er als höchst wirkungsvoller, schmerz- und entzündungslindernder Umschlag für Mensch und Tier, wobei sein etwas strenger Geruch unsere Vorfahren möglicherweise etwas weniger schreckte als die heutigen Nutzer.

Damit der Kohl sich zum Einbinden von Verrenkungen, Verstauchungen und auch entzündeten Sehnen verwenden ließ, wurde er zuerst aufbereitet, indem einzelne Blätter abgezupft und mit einer Art Nudelholz weich gewalkt wurden. Dann kam er auf die betroffene Stelle, wurde fixiert und so lange darauf gelassen, bis er den so charakteristischen intensiven Kohlgeruch verströmte, der ankündigte, daß die verwendeten Blätter kurz vor dem Verfaulen waren. Ich habe mit dieser antiken Heilmethode der Druiden-Ärzte selbst ausgezeichnete Erfahrungen gemacht und konnte feststellen, daß nach etwa drei bis vier Tagen eine ganz entscheidende Verbesserung eintrat.

Darüber hinaus beschreibt Marcellus Breimischungen, in denen sowohl der gewöhnliche Wildkohl als auch sein maritimer Vetter, der in den französischen Küstengebieten weit verbreitete Meerkohl – Crambe maritima L. –, eine Rolle spielten. Diese Breimischungen verwandten die Druiden-Ärzte bei krebsartigen Geschwüren und Geschwulsten. Diese wundersame krebshemmende Wirkung des Kohls ist zwischenzeitlich bereits durch wissenschaftliche Studien nachgewiesen worden. Sie beruht vor allem auf den Glucosinolaten, die im rohen Kohl reichlich enthalten sind. Beim Kochen geht dieser Inhaltsstoff jedoch verloren.

Der Kohl spielte zusammen mit Buttermilch und frischer Milch auch bei den Festmahlen eine große Rolle, die im Rahmen der Feuerfeste zum Frühjahrsbeginn (Beltane) abgehalten wurden. In welcher Art und Weise Buttermilch und Kohl dabei miteinander verarbeitet wurden, kann ich nur vermuten. Aber die Tatsache, daß eine »Sauerkraut-Variante« mit Kohl und Buttermilch in meiner Gegend bis zum heutigen Tage noch sehr beliebt ist, läßt annehmen, daß auch unsere keltischen Vorfahren ihren Beltane-Kohl so ähnlich genossen haben dürften.

Kornblume

Lateinisch: Centaurea, Erythrea centaurium pers. L.,
Cyanus L., Scabiosa L., Solstitialis L.
Deutsch: (Centaurea cyanus) Kornblume, (Centaurea scabiosa) Skabiosen-Flockenblume, (Centaurea solstitialis) Sonnwend-Flockenblume
Gallisch-keltisch: Exacon, Lepton
Bretonisch: Gontaurion

※ Botanisch gehört die Kornblume zu den Asteraceagewächsen. Sie ist eine einjährige, gelegentlich auch zweijährige Pflanze, deren Verbreitung heute durch den Einsatz von chemischen Unkrautvernichtungsmitteln in der Landwirtschaft stark eingeschränkt wurde. Ursprünglich stammt die Kornblume aus dem Orient. Ihr heutiges Verbreitungsgebiet erstreckt sich über ganz Europa bis zum Kaukasus. Ihre Blütezeit ist im Mittsommer. Dies ist gleichfalls ihre beste Sammelzeit.

※ Die Kornblume enthält neben einem blauen Farbstoff Gerbstoff, Bitterstoffe, Salicylsäure, Glykosid und Schleim.

※ Heutzutage wird Centaurea cyanus wegen ihrer adstringierenden Wirkung vor allem bei gereizten Schleimhäuten im besonderen und bei Hautproblemen im allgemeinen eingesetzt. Daneben wird sie auch gerne bei Beschwerden des Verdauungsapparats verwendet, wofür ihre Gerb- und Bitterstoffe sie prädestinieren. Hauptsächlich findet man sie aber als Schmuckdroge in Teemischungen.

Von der Kornblume berichtet uns Plinius, daß die Gallier sie »exacon« nannten, weil sie als Aufguß getrunken scheinbar alle giftigen Substanzen durch den Urin aus dem Körper spülen würde. Eine Inschrift auf einer kleinen Silbertafel, die bereits vor rund 200 Jahren in der Nähe von Poitiers ausgegraben wurde und sich heute – inzwischen durch wissenschaftliche Methoden auf rund 100 Jahre vor der

Zeitrechnung datiert – im Museum von Saint-Germain-en-Laye befindet, weist allerdings auf ihre Verwendung als Tonikum für die Verdauung, ja als Tonikum für den gesamten Organismus hin. Man darf vermuten, daß Plinius hier vielleicht einem Mißverständnis aufgelaufen ist. Die Formel lautet: »Bis gontaurion analabis, bis gontaurion ce analabis, Gontaurios catalages vim, S(cilicet) anima(m), vim s(cilicet) paternam. Asta magi ars, secuta te, Justina, quem peperit sarra.«

Lange Zeit wurde angenommen, die erste Zeile der Inschrift auf dieser kleinen silbernen Tafel wäre in der ursprünglichen keltischen Sprache verfaßt worden, bis endlich Arbois de Jubainville[217] in den letzten Tagen des 19. Jahrhunderts das Rätsel zu lösen vermochte. Es handelt sich nicht um Keltisch, sondern um eine Verballhornung des Griechischen: »gontaurion« ist das griechische »Kentaureion«, das der Kornblumengattung ihren heutigen botanischen Namen bescherte. Wenn man die zweite Zeile der Inschrift entsprechend in lateinischer Sprache korrigiert und vervollständigt, erhält man einen Heilzauber, der die pharmakologischen Eigenschaften der Kornblume lobt und durch die Macht des gesprochenen Wortes diese verstärkt. Locker übersetzt lautet unsere Inschrift also: »Zwei Mal nimm von der Kornblume ein; dann zwei weitere Male nimm von der Kornblume ein. Auf daß die Kornblume Dir Kraft gibt, das heißt Leben, das heißt die Kraft des Vaters! Hilf mir, magische Kunst, und folge Justina, die Sarra geboren hat.«

Über diese Verwendung als Tonikum hinaus haben die gallischen Druiden-Ärzte mit Aufgüssen aus Kornblumenblüten kranke Augen gereinigt, bevor sie dann ihre eigentlichen Heilsalben oder Augentropfen verwendeten. Die leicht adstringierende, entzündungshemmende und antibiotische Wirkung der Kornblume ebenso wie die Tatsache, daß weder ein Aufguß noch ein Kornblumen-Hydrolat am empfindlichen Auge brennen oder es irritieren, haben vermutlich zu dieser Verwendung eingeladen.

In der Volksmedizin wurde dieser Anwendungsbereich – vielleicht durch die im Mittelalter so populär gewordene Signaturenlehre – dann noch zusätzlich erweitert: Mit Kornblumenlotionen wurden Bindehautentzündungen sowie Entzündungen der Augenlider behandelt.

Allerdings sei an dieser Stelle angemerkt, daß die adstringierende, entzündungshemmende und antibiotische Wirkung der Kornblume ausgesprochen bescheiden und in der Behandlung letztgenannter Affektionen viel Geduld angesagt ist.

 MÄDESÜSS

Altertümlich: Sonnwendkraut, Bachholde, Wiesenkönigin
Lateinisch: Filipendula ulmaria L., Spirea ulmaria
Gallisch-keltisch: Rodaron, Rhodaron
Bretonisch: Uoltrum

* Botanisch gehört Filipendula ulmaria – Echtes Mädesüß – zur Familie der Rosengewächse (Rosaceae). Die mehrjährige krautige Pflanze ist eine Staude, die man auf den nährstoffreichen Feucht- und Naßwiesen, an Gräben und Bachufern sowie in Erlen- und Eschenwäldern finden kann. Sie ist in fast ganz Europa heimisch.

* Filipendula ulmaria erreicht Wuchshöhen zwischen 50 cm und 1,50 m, doch gelegentlich kann man auch 2 m hohe Stauden entdecken. Die Pflanzenstengel überlaufen sich rötlich und verzweigen sich erst im oberen Teil. Dunkelgrün gefiedert und stark beadert, haben die Blätter auf der Unterseite einen zarten, weichen Flaum. Diese Blätter erinnern an die Blätter der Ulme, was den wissenschaftlichen Namen »ulmaria« dieses Rosaceaegewächses erklärt.

* Was neben ihrem ganz eigentümlichen honig- bis mandelartigen Geruch besonders auffällig ist, sind die zahllosen winzigen Einzelblüten, die in fedrigen Rispen (Trugdolden) stehen und deren Farbenspektrum von einem fast jungfräulichen Weiß bis zu einer beinahe ins Pastellgelb schlagenden Cremefarbe reicht. Die einzelnen Blüten sind bei näherer Betrachtung aus winzigen Kelchblättern zusammengesetzt, deren Länge meist kaum über 1 mm liegt. Die Kronblätter erreichen dagegen eine Länge von bis zu

5 mm. 6 bis 10 Fruchtblätter werden jeweils von einem Kranz aus Staubblättern gesäumt, die außer einem weißen Faden auch einen gelben Staubbeutel besitzen. Am eiförmigen grünen Fruchtknoten entdeckt man einen weißen Griffel mit rundlichen gelben Narben. Aus den bestäubten Blüten entwickeln sich unscheinbare, winzige, sichelförmig gekrümmte pastellig braune Nüßlein, die häufig in Sechser- bzw. Achtergruppen zusammenstehen. An diesen sichelförmig gekrümmten Nüßlein kann man das Echte Mädesüß leicht von Filipendula vulgaris, dem Kleinen Mädesüß, unterscheiden, dessen Nüßlein eine ganz gerade Form haben.

Durch ihren betörenden Blütengeruch, der in den Abendstunden am aktivsten ist, und ihr reiches Pollenangebot ist Filipendula ulmaria eine echte Lockpflanze für Bienen, Hummeln, pollenfressende Fliegen jeder Couleur und winzige schwarze Schwebfliegen, die dem Sammler so manches Mal die Freude an seinem Fund vergällen. Daneben zählen auch verschiedene Käfer zu den bestäubenden Insekten der Staude.

Die Blütezeit des Mädesüß ist der Hochsommer zwischen Juni und August. Im Oktober sind dann die Samen voll ausgereift und können vom Wind weggetragen werden. Beim Mädesüß, einem sogenannten »Wintersteher«, geht dieser Verbreitungsprozeß allmählich und nicht plötzlich vonstatten. Gelegentlich kann man sogar noch im folgenden Frühjahr an den vertrockneten Blütenzweigen Nüßlein finden. Als außergewöhnlich »kluge« und überlebenstüchtige Pflanze verläßt sich Filipendula ulmaria in ihrer Verbreitung allerdings nicht nur auf den Wind und die bestäubenden Insekten. Die Nüßlein sind schwimmfähig, was eine Verbreitung über die Flüsse und Bäche, an deren Ufern die Staude sich wohl fühlt, gewährleistet. Daneben bleiben die Samen auch leicht in Tierfellen hängen und wandern so über Land.

Ursprünglich ist Filipendula ulmaria ein echter Europäer. Lediglich im südlichen Mittelmeergebiet macht die Pflanze sich rar. Auch in Mittelasien, von Sibirien bis zur Halbinsel Kamtschatka, findet man eine Variante, das sogenannte Rosa Mädesüß, das in der Heilwirkung dem europäischen gleicht, allerdings bis zu 3 m hohe Stauden bilden kann. Auch im nördlichen Japan wächst diese Variante von Filipendula noch.

Ihr heutiges Verbreitungsgebiet hat sich nicht verändert, obwohl intensive Bewirtschaftung, Herbizide und Manipulationen von Feuchtgebieten bzw. Begradigungen von Flußläufen ihr mancherorts zu schaffen machen. Allerdings hat Filipendula sich durch die Politik der EU-Subvention von Brachland auf kaum gemähten Feuchtwiesen ein neues Biotop erobert.

Zur Begleitvegetation der Staude in den sogenannten Mädesüß-Hochstaudenfluren (Filipendulion) zählt, für den Kräutersammler höchst interessant, ein großes Spektrum anderer traditioneller Heilpflanzen: Echter Baldrian (Valeriana officinalis), Wasserdost (Eupatorium cannabium), Blutweidrich (Lythrum salicaria), Gilbweidrich (Lysimachia vulgaris), Große Brennessel (Urtica dioica), Echter Beinwell (Symphytum officinale) und Zottiges Weidenröschen (Epilobium hirsutum) sind immer um das Mädesüß. Gelegentlich findet man auch Sumpf-Schwertlilie (Irispseudoacorus) und Sumpf-Storchenschnabel (Geranium palustre) nahebei. Lediglich vor dem Sumpfschachtelhalm – Equisetum palustre L. –, der giftigen Schwester des wertvollen Heilkrauts Ackerschachtelhalm – Equisetum arvense – sei gewarnt. Allerdings ist hier gerade die Präsenz des Mädesüß für den erfahrenen Sammler das Warnlicht, das im Volksmund gerne als Zinnkraut bezeichnete Gewächs zu vermeiden.

Die allerbeste Sammelzeit für Filipendula ulmaria ist die Zeit der Sommersonnwende, da die Blüten in besonders heißen Augusttagen schnell dazu neigen, eine unappetitliche bräunliche Farbe anzunehmen.

Mädesüß enthält Salicylate, Flavonoide, Gerbsäure, ätherisches Öl, Zitronensäure und Schleim, außerdem ein ganz schwach giftiges Glykosid, das bei Überdosierung Kopfschmerz auslöst.

Das heutige Verwendungsspektrum von Filipendula ulmaria ist breit: Sie ist vor allem als natürliches Aspirin bekannt – der gelegentlich verwendete Name »Spiridine« – weist darauf hin, daß die Pharmalaboratorien beim Mädesüß »geklaut« haben. Medizingeschichtlich ist die Pflanze nämlich höchst interessant, wurde aus ihren Blütenknospen doch lange Zeit reine Salicylsäure[218] gewonnen, das in etwas abgewandelter Form als synthetisch gewonnene Acetylsalicylsäure bis heute unter einem beliebten Markennamen verkauft wird, der zu einem Begriff für das Kopfschmerzmittel par excellence wurde!

Außerdem ist Filipendula ulmaria ein mildes, sanftes Schmerz- und Fiebermittel, das bei vernünftiger Dosierung vollkommen gefahrlos auch bei Haustieren angewendet werden kann. Blüten und Blätter zu einem Tee verarbeitet, haben eine gute harntreibende, entzündungshemmende und antirheumatische Wirkung. Hier ist gleichfalls die Anwendung bei Haustieren und bei Nutztieren ungefährlich, wenn die dem Körpergewicht des Tieres angepaßte Menge der Pflanze benutzt wird. Insbesondere Pferde sprechen nach unserer Erfahrung sowohl bei rheumatischen Beschwerden als auch bei Erkältungskrankheiten sehr gut und schneller auf Filipendula ulmaria an als auf Salix alba – Silberweide – und scheinen den über das Futter gegossenen Mädesüßtee gerne zu mögen.

Allerdings muß man sich auch hier wie bei so vielen Heilpflanzen vor Augen halten, daß der Standort von Filipendula ulmaria weitreichende Auswirkungen auf den Gehalt an heilkräftigen Inhaltsstoffen hat. Wir haben selbst bei unseren Wildsammlungen festgestellt, wie sehr die Qualität schwanken kann, wenn man an der einen oder an der anderen Stelle aberntet, und aus der Erfahrung vieler Jahre bestimmte Standorte ganz aufgegeben.

Zuletzt kann Mädesüß – ebenfalls in Teeform (Flos ulmariae) – Sodbrennen entgegenwirken.

Alle Pflanzenteile des Echten Mädesüß, aber vor allem die Blüten, eignen sich auch zum Aromatisieren von Süß- und Fruchtspeisen. Obgleich dies in der deutschen Küche nur selten praktiziert wurde und wird, ist es in Frankreich und auch im französischen Teil Belgiens bis zum heutigen Tag üblich. Milder süßer Wein, den man zu Nachspeisen reicht, wird in Frankreich gerne mit Mädesüß versetzt, um ihm einen mandelartigen Nachgeschmack zu verleihen. In früherer Zeit war die Pflanze auch ein Süßmittel für Met und Bier. Genauso läßt man sie über Nacht in ungeschlagener Sahne ziehen, bevor man die abgeseihte Sahne zur Herstellung von Buttercreme als Füllung für verschiedene Brandteigspezialitäten verwendet. Daneben gelten in einigen Regionen Frankreichs sowohl Wurzeln als auch junge Triebe von Mädesüß immer noch als eine Gemüsedelikatesse.

Filipendula ulmaria hat eine lange Geschichte, nicht nur als Heilpflanze, sondern auch als Zauberkraut. Zusammen mit Eisenkraut – Verbena officinalis – und Mistel – Viscum Album – gehörte sie zu den drei[219] heiligsten Pflanzen der Kelten. Sie ist auch eines der Sonnwendkräuter und wurde während der Feiern zur Sommersonnwende verräuchert, um böse Geister und Dämonen zu vertreiben. Außerdem legte man die Tanzplätze, die Liebeslager und gemeinhin Orte, an denen man sich in größeren Gruppen zusammenfand, mit der wohlriechenden Pflanze aus.

Diese Verwendung von Mädesüß als Streumittel hat sich bis in die neueste Zeit erhalten. Es ist zum Beispiel historisch belegt, daß auf den Britischen Inseln während der Herrschaft von Königin Elisabeth I. zur Zeit der Sommersonnwende, die für die Menschen nach wie vor eine Zeit der Feste und Vergnüglichkeiten war, Festhallen und Tanzplätze mit dem blühenden Kraut ausgestreut wurden, damit es »die Sinne erfreue und das Herz glücklich mache«. Selbst die Königin hielt es mit diesem Brauchtum, und dies sogar über die Festzeit hinaus. Ihr Schlafgemach wurde immer mit den frischen beziehungsweise getrockneten Blüten der Pflanze ausgestreut. Höchstwahrscheinlich war sie, die man auch »die Jungfräuliche Königin« nannte, sich der alten Symbolik der Pflanze vollkommen bewußt und nutzte sie für ihre eigenen Zwecke. Genauso wie im romanischen Sprachraum Filipendula ulmaria vom Volksmund als »Reine des Près« – »Wiesenkönigin« – bezeichnet wurde, nannte man sie auf den Inseln »Queen of the Meadows« oder auch »Bridewort« – »Brautkraut« – und machte so immer noch eine Anspielung auf die keltische Göttin in ihrer fraulichsten Manifestation, voller Leben und Kraft.

Darüber hinaus wurde im elisabethanischen 16. Jahrhundert immer noch der Sonnwendtrunk der keltischen Vorfahren gebraut – »Metheglyn«, eine Art Met, bei dessen Herstellung neben Rosmarin und Thymian auch die Blüten der Hundsrose – Rosa canina – eine wichtige Rolle spielte. Dieser Hundsrose, im Volksmund oftmals als »Brier Rose« oder »Sweet Briar Rose« bezeichnet, wurde schon von den Kelten nachgesagt, daß sie die Macht habe, Untote und Geister zu vertreiben, genauso wie der letzte Bestandteil des Metheglyn – Filipendula ulmaria, die »Wiesenkönigin«.

Die Bedeutung der Pflanze seit ältester Zeit wird noch zusätzlich durch Grabfunde belegt: In nicht weniger als drei bronzezeitlichen Grabstätten bei Fan Foel im heutigen Carthmartenshire und in einem Tiergrab am gleichen Ort wurden Blüten von Filipendula ulmaria neben den Überresten der feuerbestatteten Leichen entdeckt. Überreste von einer bronzezeitlichen Kräutermischung für ein Gebräu, bei dem es sich möglicherweise um den oben erwähnten Metheglyn handelt, fanden sich in einem Tongefäß, das bei Ashgrove im schottischen Distrikt Fife gefunden wurde. Weitere solche Überreste entdeckte man in den Fragmenten eines bronzezeitlichen Krugs aus North Mains, Strathallen.

Auch der in der deutschen Umgangssprache gebräuchliche Begriff Mädesüß verweist auf das Getränk, das die Inselbriten Metheglyn nannten, denn »Mäde« hat nichts mit »Mädchen« zu tun, sondern etymologisch gesehen nur etwas mit Met, Honigwein eben. Zu dessen Süßung wurde Filipendula bei unseren Vorfahren so lange eingesetzt, bis irgend jemand auf die Idee kam, aus Hopfen Bier zu brauen und dann per Reinheitsgebot vom 23. April 1516 zu untersagen, daß man solche Zusatzstoffe wie Schafgarbe, Dost, Gundermann, Rauschbeere, Eichenrinde oder eben auch Mädesüß ins Getränk tat!

Für die Druiden-Ärzte der Kelten war Filipendula ulmaria nicht nur als Zauberkraut und als pflanzliche Waffe gegen die Dämonen und die Geister von großer Bedeutung, sondern auch als ein geradezu universales Heilmittel gegen das in jener Zeit oft tödlich endende Fieber. Der spezifische Duft des Krauts, den wir oben als mandelartig oder auch honigartig beschrieben haben, rührt von der Salicylsäure her, die im menschlichen Körper zu natürlichem Aspirin aufgespalten wird. Insofern ähnelt Filipendula der als »natürliches Aspirin« oftmals besser bekannten Pflanze Salix alba – der Silberweide. Nur ist die Wirkung von Mädesüß wesentlich stärker als die der Weide. Wie das von der Pharmaindustrie hergestellte »Aspirin« ist Filipendula ulmaria auch noch harntreibend, antirheumatisch und blutverdünnend. Doch wegen des natürlichen Gerbstoffgehalts in der Pflanze wird der Magen nicht angegriffen wie bei dem synthetischen Mittel.

Daneben überliefert Plinius noch, daß insbesondere die gallischen Kelten aus dieser Pflanze eine Salbe gegen Geschwüre herstellten. Allerdings war die Art und Weise, wie diese Salbe dann verwendet wurde, doch ein wenig »magisch« angehaucht: Offensichtlich wurde der Patient von neun Druiden-Ärzten gleichzeitig mit der Salbe eingerieben und mußte am Ende der Prozedur auch noch drei Mal ausspucken.[220] Dem zu Trotz ist das Produkt als solches für den von Plinius erwähnten Anwendungsbereich genauso wenig Unfug wie der Einsatz von Mädesüß als Fiebermittel: In den 70er Jahren des 20. Jahrhunderts wurde der Wirkungsmechanismus der Salicylsäure durch den Engländer John R. Vane aufgeklärt, der 1982 dafür den Medizinnobelpreis erhielt. Aufbauend auf Vane widmete sich der Spanier Joan Claria Enrich der Wirkung der Säure gegen bestimmte Krebsarten, Geschwüre also, und wurde für diese Forschungen 1996 mit dem Internationalen Aspirin-Preis geehrt!

MANGOLD

Weitere deutsche Volksnamen: Schnittmangold, Rippenmangold
Botanisch: Beta vulgaris L.
Gallisch-keltisch: Blutthagio
Bretonisch: Tut Lob, Tut Lub

- Der Schnittmangold gehört zu den Fuchsschwanzgewächsen (Amarantaceae) und wird heute lediglich noch als Gemüsepflanze betrachtet. Mit seinen mindestens 30 cm langen Blättern, deren Farbenspektrum je nach Sorte von bleich bis dunkelgrün reicht, ähnelt er dem Spinat sowohl äußerlich als auch geschmacklich. Allerdings ist er nicht mit diesem, sondern mit der Roten Beete verwandt, obwohl man bei Mangold lediglich Stiele und Blätter ißt, nicht aber die Wurzelknolle. Beta Vulgaris treibt nach dem Schnitt immer wieder neue Blätter aus. Die Pflanze wird als Kulturgemüse zweijährig gezogen und blüht erst im zweiten Jahr. Solange man diese Blüte verhindert, werden neue Blätter ausgetrieben, was Beta vulgaris zu einer ausgesprochen ertragreichen und attraktiven Gemüsepflanze gemacht hat.

- Mangold enthält außerordentlich viel Vitamin K, außerdem Vitamin A und E sowie Natrium, Magnesium, Kalium und Eisen. Auch Jod, Vitamin C und verschiedene B-Vitamine machen den Mangold zu einer rundum gesunden Angelegenheit. Aus der Wurzel wurde früher durch Auskochen Zucker gewonnen, bevor die Zuckergewinnung aus der Zuckerrübe dieses Verfahren ablöste.

- Bereits vor 4000 Jahren wurde Mangold angebaut und sein Verbreitungsgebiet zog sich vom Nahen Osten bis hinauf in die nördlichen Länder. Im 17. Jahrhundert war er gar der Deutschen liebstes Gemüse, bevor ihn der Spinat so sehr verdrängte, daß er fast in Vergessenheit geriet. Heute versorgen vor allem Frankreich und Italien die Märkte mit der Pflanze.

- Die Erntezeit für Mangold dauert vom Beginn des Frühjahres bis zum ersten Frost.

- Das heutige Einsatzgebiet des Schnittmangolds ist der Essenstisch der Feinschmecker! Nebenwirkungen hat diese zum Gemüse mutierte Heilpflanze keine, solange man sich vor Augen hält, daß sie in gleichem Maße wie der Spinat über die in ihr enthaltene Oxalsäure Kalzium bildet, weswegen der Genuss eines Milchprodukts am gleichen Tag, an dem man auch Mangold verzehrt hat, empfohlen wird.

Unseren keltischen Vorfahren galt der Schnittmangold nicht bloß als banale Beilage zu gebratener Wildsau! Er war eine ausgesprochen angesehene Heilpflanze, deren Einsatzspektrum weit reichte. Die Druiden-Ärzte verordneten ihn sowohl bei Darmträgheit als auch bei Nervosität und leichter Erregbarkeit. Außerdem wurde Mangold verabreicht, wenn Patienten unter »schlechtem Blut« litten oder, wie wir heute sagen würden, zu wenig rote Blutkörperchen hatten. Inzwischen wurde wissenschaftlich nachgewiesen, was die Druiden nur beobachten konnten: Die im Mangold enthaltene lebenswichtige Folsäure fördert die Blutbildung. Da die Pflanze außerdem noch antibakteriell wirkt und die Abwehrkräfte des Körpers stärkt, erhielten sie auch Patienten mit Atemwegserkrankungen und Lungenentzündung.

Auch die Römer verwendeten den Schnittmangold zu Heilzwecken und ebenso die Griechen. Bei den alten Ägyptern stand die Sorte Roter Mangold zusätzlich noch als Zierpflanze in den Gärten. Erwähnt werden Beta maritima – Seemangold – und Beta vulgaris in Handschriften über die Heilkräuter bzw. die Heilkunst schon seit dem 4. Jahrhundert vor der Zeitrechnung.

 Malve (Wilde)

Botanisch: Malva sylvestris L.
Gallisch-keltisch: Taurouk
Bretonisch: Elestr

- Malva sylvestris L., im europäischen Volksmund auch gerne »Käsepappel« genannt (z. B. franz.: »fromageon«, elsäßisch: »Käßle«; Schweizerdeutsch: »Chäsli«; engl.: »cheese-log«), gehört zur Familie der Malvaceae genauso wie der Eibisch, die Gartenmalve und die Bauernrose.

- Die Volksbezeichnung »Käsepappel« bezieht sich auf die rundlichen, napfähnlichen Früchte, die besonders von den Kindern als »Käse«, »Käslein« usw. gegessen wurden.

- Das ursprüngliche Verbreitungsgebiet der Malva sylvestris L. ist Europa, der Altai, Vorderindien und Nordafrika. Heute trifft man sie auch in Ostasien, Nord- u. Südamerika, Australien, Südafrika an.

Der lateinische Name »Malva«, der bei Virgil, Columella und Plinius schon vorkommt, entspricht wohl dem griechischen »moloche« oder »malache«. Letztere Form wurde schon im Altertum mit dem griechischen Wort für »weich« – »malakos« – in Verbindung gebracht. Das deutsche Wort Malve ist direkt aus dem lateinischen Wort entlehnt. Die Arkadier nannten die Malve auch »althaia« oder »althea« vom griechischen »althaino« – »heilen«.

Diese Bezeichnung findet beim Eibisch Verwendung, einem engen Verwandten der Malve, dessen wissenschaftlicher Name heute

Althea officinalis L. ist. Ebenso trägt die Stock- oder Bauernrose den Namen Althea rosa. Die Legende will es allerdings, daß nicht »althaino« der Ursprung des Namens ist, sondern Althaea, die wunderschöne Frau von König Oineos von Calydon und Mutter des legendären Helden Meleager, der den von Artemis zur Rache gegen seinen Vater ausgesandten riesigen wilden Eber zur Strecke gebracht haben soll – seine einzige Heldentat übrigens!

Die zweijährige bis mehrjährige krautige Pflanze wächst zwischen 25 bis 120 cm hoch mit kreisrundlichen, drei- bis siebenlappigen Blättern und großen rosavioletten Blüten. Blätter und Blüten sind behaart. Sie blüht von Juni bis in den Oktober hinein und kann über den gesamten Zeitraum hin geerntet werden. Die Malve gedeiht zwar auf Unterlagen jeder Art, bevorzugt jedoch ammoniakalische Böden, auf denen sie sich zu beeindruckenden massigen Formen entwickeln kann.

Aus den archäologischen Samenfunden aus der letzten Eiszeit bei Ostra in der Lausitz läßt sich schließen, daß die Malve schon frühzeitig als Heil-, Nutz- und Gemüsepflanze[221] Verwendung fand. Auch in steinzeitlichen Grabstätten fand man die Malve regelmäßig zusammen mit Schafgarbe, Flockenblumen, Traubenhyazinthen und anderen Heilkräutern als Blumenbett[222], was darauf hindeutet, daß die Pflanze auch eine entsprechende magische Bedeutung hatte. Möglicherweise war es die Aufgabe der bunt leuchtenden Blüten, dem Verstorbenen den Weg in die andere Welt zu weisen. Rundherum um solche Blütenbetten bestreuten bereits die Neandertaler[223] den Boden mit Beifuß, jener Pflanze, die in den meisten Kulturen traditionell der Großen Mutter oder Erdmutter geweiht ist.

Die Malven wurden von den griechischen und römischen Ärzten innerlich und äußerlich verwendet. In den hippokratischen Schriften werden außer den Blättern auch die Wurzeln erwähnt. Bei Verstopfung ließ man Malvenblätter als Gemüse essen. So berichtet Cicero in einem seiner Briefe von einem stark wirkenden Abführmittel, das er in Form eines Ragouts aus Malven und Mangold eingenommen habe. Dioscorides lobt die Malve (Gartenmalve) als heilsam für Blase und Eingeweide. Den Pythagoreern war die Pflanze so lieb und wert, daß sie gar verboten, ihre Blätter als einfaches Gemüse zu essen. Als schleimiges Mittel diente sie bei Vergiftungen. Die Samen rühmt

Scribonius Largo bei Strangurie. Caelius Aurelianus bedient sich ihrer zu Kataplasmen, Plinius empfahl einen Arzneitrank aus Malvenschleim – Omnimorbiam – als Mittel gegen alle Krankheiten; des weiteren erstarre ein Skorpion umgehend, wenn man ihn auf ein Malvenblatt setze, und seine Stiche würden durch die Pflanze geheilt. Xenokrates, Arzt von Kaiser Tiberius, behauptete, die Malvensamen wären, über die Genitalien gestreut, in der Lage, die Lust und das »Standvermögen« eines Mannes geradezu ins Unendliche zu steigern.

Die Malve gehörte zu den Pflanzen, die Karl der Große in der Verfügung über seine Landgüter, dem »Capitulare de villis«, zwei Jahre vor seinem Tod zum Anbau herausgab. Außer als frischem Salat kann man die jungen Malvenblätter nämlich ebenfalls zu einem spinatähnlichen Gemüse[224] verkochen, das den Magen ziemlich füllt, wenn es auch nicht gerade durch seine geschmacklichen Qualitäten hundertprozentig überzeugt.

Im Mittelalter kannte man die abführende Wirkung der Pflanze genauso gut wie ihre schleimlösende Wirkung und ihre Wirkung als lindernder und heilender Umschlag über Brandwunden. Auch Albertus Magnus, Bock, Paracelsus und Hildegard von Bingen erwähnen die Malve, vor allem im Hinblick auf ihre schleimlösende Wirkung auf die Bronchien. Hildegard – begründend auf der Humoralmedizin – sah in ihr gleichfalls ein Mittel gegen Kopfschmerzen, ausgelöst durch »Schwarzgalle«. Sie empfahl einen Auszug mit Olivenöl und Essig, um diesen äußerlich zur Einreibung von Stirn und Schläfen einzusetzen. Die zu Heilzwecken benutzte Wirkung der Malva beruht auf ihrem Gehalt an Schleimstoffen. Die Blüten enthalten zusätzlich noch Anthocyanfarbstoff und das Chlorid »Malvin«, das sich in Malvidin und Glukose spaltet.

Wegen ihres Farbstoffs verwendeten nicht ganz so vertrauenswürdige Winzer Malvenblüten früher gerne zum Eindunkeln von etwas seichterem Rotwein. Die Schleimstoffe der Pflanze mildern, durch eine Schleimauflage auf den Schleimhäuten, die verschiedenen Nerveneindrücke, die Geschmacks-, Temperatureindrücke, Schmerzempfindungen, und hemmen die entzündungserregende Wirkung scharfer Stoffe.

Heute findet die Malve in der Phytotherapie nur noch als Schmuckdroge in Teezubereitungen oder in Husten- und Bronchialtees Verwendung. Ihre anderen Fähigkeiten scheinen in Vergessenheit geraten zu sein.

Die Druiden-Ärzte Galliens verwendeten Malven gerne in Verräucherungen, um die Fruchtbarkeit einer Frau zu fördern oder um sicherzustellen, daß das Kind im Leib gesund geboren würde. Malvenblüten hatten den Ruf, als Verräucherung vor Krankheit, Unglück und dem Bösen zu schützen. Außerdem waren sie ein gebräuchlicher Schwangerschaftstest: Es hieß, wenn man den Urin einer Frau über die Pflanze goß und diese innerhalb weniger Tage verdorrte, lag keine Schwangerschaft vor. Blühte die Malve aber fröhlich weiter, ging man davon aus, daß die Frau empfangen hatte. Im Mittelalter gar wurde der »Malventest« herangezogen, um die Unschuld/Jungfräulichkeit einer Frau zu prüfen. Diese »Fruchtbarkeitsrituale« um die Malve haben sich bis zur Mitte des 20. Jahrhunderts noch in vielen ländlichen Gegenden Frankreichs erhalten.

Darüber hinaus scheinen die Druiden auch in der Lage gewesen zu sein, aus Malven- oder möglicherweise Eibischblüten eine so effektive Brandsalbe herzustellen, daß man, wenn man diese auf die Fußsohlen strich, im wahrsten Sinne des Wortes über Feuer gehen konnte, ohne sich zu verletzen. Eine ähnliche Malven- oder Eibischsalbe fand wohl auch in der Priesterschaft des Apollo Verwendung, wo es zur Verehrung des Gottes gehörte, barfüßig über glühende Kohlen zu laufen.

Der deutsche Dichter Ludwig Uhland (1787–1862) widmete der Pflanze ein schönes und gar passendes Verslein:

«Wieder hab ich dich gesehen.
Blasse Malve! Blühst du schon?
Ja, mich traf ein schaurig Wehen,
All mein Frühling welkt davon.
Bist Du doch des Herbstes Rose,
Der gesunknen Sonne Kind,
Bist die starre, düftelose,
Deren Blüten keine sind!«

Melisse

Botanisch: Melissa officinalis
Gallisch-keltisch: Merioitoimorion
Bretonisch: Ar galon

* Die Melisse ist eine kräutige, stark verästelte Pflanze. Sie wird bis zu 1 m groß und hat eiförmige, gekerbte, krause Blätter. Die quirlförmig angeordneten Blüten sind weißlich-rot bis rötlich. Die Blätter haben einen zitronenartigen Geruch, der nach dem Trocknen noch stärker wird. Die Melisse wächst in dichten Büscheln und entfaltet ihre Blumenkronen in der ersten Sommerhälfte. Das Sammelgut sind die Blätter und die beste Sammelzeit ist im Hochsommer und bei trockenem Wetter.

* Vor der Blüte werden die Triebe ungefähr 10 cm über dem Erdboden abgeschnitten und die Blätter abgestreift. Man trocknet sie möglichst rasch bei Warmluft bis zu 40 Grad C, wobei sie öfter gewendet wird.

* Melissenblätter enthalten nicht mehr als 0,1 % ätherisches Öl, das von komplexer und variabler Zusammensetzung ist. Bisher wurden über 50 Aromakomponenten identifiziert, worunter Citronellal, ß-Caryophyllen, Nereal, Geranial, Citronellol und Geraniol mit zusammen etwa 70 % die wichtigsten sind. Melissenöl ist dem des Zitronengrases recht ähnlich, kann aber durch ein typisches Muster an chiralen Verbindungen unterschieden werden; so dient das Vorkommen von enantiomerenreinem (+)-(R)-Methylcitronellat als Indikator für echtes Melissenöl.

Die ursprünglich aus dem Orient stammende Bienenfutter-, Heil- und Gewürzpflanze mit süßlichem Zitronengeruch wird heute vielerorts angebaut. Dioscorides nennt sie »melissophyllon« (Bienenblatt), weil die Pflanze den Bienen angenehm sei. Ferner beschreibt er sie als ein gutes Mittel bei Skorpion- und Spinnenstichen sowie bei Hundebissen. Als Sitzbad fördert sie die Menstruation, als Mundspülwasser ist sie gut gegen Zahnschmerzen und als mildes Beruhigungsmittel ausgezeichnet.

Da die Melisse trotz alledem ursprünglich keine westeuropäische Pflanze ist und wir annehmen müssen, daß die Druiden-Ärzte lediglich frühzeitig mit ihr und ihren Heilkräften bekannt gemacht wurden, ersparen wir uns an dieser Stelle längere Ausführungen zugunsten echter »Europäer«, die in den gebräuchlichen Kräuterbüchern weniger Beachtung finden.

In verschiedenen französischen Regionen wird die Melisse gerne in Liebeszaubern verwendet. Da das Pflänzlein beruhigend und entspannend wirkt, dürfte diese Verwendung bei »stressigem« Liebeskummer – vor allem als Tee oder auch als Melissengeist – durchaus Sinn machen!

Der große Vorteil der Melisse gegenüber anderen Beruhigungsmitteln ist, daß man auch bei Einnahme einer recht kräftigen Dosis ohne Einschränkungen sowohl Auto fahren als auch mechanische Geräte bedienen kann. Auch scheint nach neueren wissenschaftlichen Studien Alkoholgenuß die sedative Wirkung der Pflanze nicht zusätzlich zu verstärken.

Selbstverständlich ist die Melisse auch Hauptbestandteil des berühmten »Eau des Carmes«, des französischen Gegenstücks zum bewährten deutschen »Klosterfrau Melissengeist«.

 Mistel

auch: Weißmistel, Laubholzmistel
Volkstümliches Französisch: Gui des druides – Druidenmistel
Botanisch: Viscum album L.
Gallisch-keltisch: Soliacos
Bretonisch: Uhel Var, Izel Varr

- Der wintergrüne, hauptsächlich auf Laubhölzern und Kiefern schmarotzende Strauch erreicht einen Durchmesser von bis zu 1 m und ist über ganz Eurasien verbreitet. Seine gelb-grünen Blätter sind lederig und breit-zungenförmig. Die unscheinbaren, eingeschlechtlichen, zweihäusigen Blüten sind zu sitzenden Trugdolden angeordnet. Die in den weißen Beerenfrüchten enthaltenen Samen werden durch Vögel, besonders Drosseln, verbreitet und durch den viscerinhaltigen Beerenschleim an der Unterlage festgehalten. Die Mistel blüht von März bis April.

- Viscum album ist ein Halbschmarotzer, der dem Wirt Wasser und anorganische Nährsalze entnimmt, und nicht in der Lage, wie andere Pflanzen Wundkork zu bilden. Die Wundkorkbildung wird durch das in der Mistel vorhandene Antiwundhormon verhindert.

- Traditionell verwendet man die Blätter und Zweige – Stipites visci. Die Beeren der Mistel sind giftig, obwohl sie vereinzelt in der mittelalterlichen Heilkunde wohl verwendet wurden. Die beste Sammelzeit liegt im März und April und nochmals zwischen September und Oktober.

- Die Mistel wirkt blutstillend, verdauungsfördernd und blutdrucksenkend. Die Mistel, schon immer ein altes Volksmittel gegen Krebs, wurde durch Rudolf Steiner, den Begründer der Anthroposophie, und durch dessen ärztlichen Schüler Kaelin systematisch in die Krebsbehandlung eingeführt. Ihre Wirkweise in diesem Bereich wird allerdings noch diskutiert.

- Bei der inneren Anwendung von Mistelzubereitungen sind in der Regel keine Nebenwirkungen zu erwarten. In seltenen Fällen sind allergische Reaktionen möglich. Als Aufguß oder Absud läßt sich die Mistel gut gegen Rheumatismus, Ischias und Nervenentzündungen einsetzen.

Nur den höheren göttlichen Wesenheiten selbst traute man es zu, eine Pflanze zu schicken, die im Zwischenreich gedieh, nicht in der Erde und nicht in der Luft. Den Druiden der gallischen Kelten war diese Pflanze des Zwischenreiches – Soliacos – höchst heilig, wenn auch nicht unbedingt aus den von Plinius in seiner »Naturalis Historia« erwähnten Gründen.

Plinius fasste in dieser Enzyklopädie in insgesamt 37 Bänden das naturkundliche Wissen seiner Zeit zusammen, nicht seine eigenen, vor Ort erworbenen Erfahrungen mit fremden Kulturen. Plinius hat in erster Linie aus insgesamt 2000 anderen Büchern von 100 Autoren zusammengetragen, womit auch seine Bemerkungen zu den Druiden, ihren Riten und ihrer philosophischen Weltsicht kein Primärwissen sind, sondern einfach und schlicht anderen Quellen entstammen.

In der mythologischen Überlieferung galt die Mistel als Schlüssel zur Unterwelt. Ihre älteste mythologische Charakterisierung entstammt der »Aeneis«. Darin zeigt der Dichter Vergil (70 bis 19 vor der Zeitrechnung), wie die Mistel als »goldener Zweig« den nach Erkenntnis strebenden Aeneas auf seinem gefahrvollen Weg durch die Unterwelt schützte. In griechischen Mythen wird erzählt, wie der Götterbote Hermes die Seelen der Verstorbenen zum Hades begleitet und die Pforte mit einem Mistelzweig öffnet.

In der nordischen Mythologie spielt die Mistel ebenfalls eine außergewöhnliche Rolle: Freya wollte ihren Lieblingssohn Baldur, den Leuchtenden, beschützen und nahm darum allen Wesen dieser Welt das Versprechen ab, ihren Sohn nicht zu verletzen. Lediglich die Mistel, die unscheinbar im Gestrüpp wuchs, übersah sie, was natürlich dem listigen Loki sofort auffiel. Das Drama endet damit, daß Baldur von einem Pfeil aus Mistelholz getötet wird, woraufhin Freya die Pflanze selbst hinauf in die luftigen Höhen der Bäume verbannt, zwischen Himmel und Erde.

Als Zauberkraut ist die Mistel genauso berühmt wie die Mandragora. Man nannte sie »omnia sanentem« – »heilt alle Schaden« – und glaubte, daß ihre Zweige direkt vom Himmel auf die Bäume gefallen seien. Eine Pflanze, die auf Bäumen wächst und »darum nicht auf die Erde fallen kann«, wurde als geradezu unfehlbares Mittel gegen die »fallende Sucht«, die Epilepsie, gerühmt.

Im Volksglauben wurde die Mistel, die im Verlauf der Christianisierung als heiliges Kraut der Druiden natürlich auch als »Hexenbesen« bei den Klerikern in schlechtem Ruf stand, genauso wie der »Allerlei Unfug«, den die Landleute mit ihr trieben, gerne als ein Schutz gegen Verhexungen getragen. Eine in Silber gefaßte Mistelbeere war das Nonplusultra und versilberte Mistelbeeren wurden oft als »Paternoster«, also als Rosenkränze oder Gebetsschnüre, in den Handel gebracht, was recht einträglich gewesen sein muß, wie man alten Handelsbüchern entnehmen kann.

Mistelamulette trägt man in ländlichen Gegenden noch heute »wider die Verfluchung und den bösen Blick«.

Die Botaniker unterscheiden heute zwei Mistelfamilien, genauso wie die Druiden es taten, die eine wesentlich differenziertere Auffassung zur Pflanze und ihren Kräften hatten als Plinius oder der volkstümliche Glaube: Die Viscum-Arten gehören zur Familie der Sandelholzgewächse. Die Laubholzmistel Viscum album, die auf Laubhölzern, vor allem Pappeln, Apfel- und Birnbäumen, seltener auf Eschen und noch viel seltener auf Weißdornbäumen und Eichen wachsen kann, steht neben einer zweite Mistelart – Viscum abietis –, die auf Tannen wächst. Auf Kiefern findet man in Mitteleuropa auch noch eine dritte Unterart – Viscum laxum.

Diesen Viscum-Varianten steht die Eichenmistel entgegen: Sie gehört zur Familie der Loranthaceae, der Riemenblumen. Botanisch wird die Echte Eichenmistel Loranthus europaeus L. genannt. Sie kommt ausschließlich in wärmeren, südländischen Klimata vor, sprich im antiken Gallien und natürlich auch auf der iberischen Halbinsel, in Spanien und in Portugal.

Amüsantes Detail: Ein österreichischer Freund entdeckte kürzlich Loranthus europaeus L. an ein paar Eichen im Weinviertel! Vermutlich können sich die österreichischen Druiden-Kollegen für dieses »Geschenk der Natur« bei den wärmeren Wintern der letzten

Jahre bedanken und vielleicht auch bei ein paar Spaßvögeln, die Mistelsamen mit dem notwendigen »Vogelexkrement« vermischt unter ein paar Eichenzweige geklebt haben, von wo aus die Pflanze sich dann dank österreichischer Drosseln[225] auf natürlichem Wege weiterverbreiten konnte!

Im Gegensatz zu den Viscum-Arten verliert die Eichenmistel im Herbst ihre Blätter und im Winter sind nur ihre leuchtend gelben Beeren zu sehen. Loranthus-Arten finden sich auf der ganzen Welt, vor allem in tropischen Regenwäldern.

Es ist höchst unwahrscheinlich, daß die »Soliacos« der Druiden die Echte Eichenmistel war, denn sie ist, wie schon gesagt, auf Eichen keine Seltenheit, sondern Standard. Dem widersprechen auch die echten druidischen Traditionen um diese Pflanze.

Der gallisch-keltische Name der Mistel – Soliacos – läßt sich frei mit »Universalheilmittel« übersetzen, beinhaltet allerdings auch ganz stark die Sonnen- und die Heil(s)komponente. »Iacos« wird gerne mit »Panacee« – Allheilmittel – übersetzt und das alte Präfix »Sol(i)« findet sich heute noch im französischen »salut« – »Heil« – wieder, wenn auch dieses Wort zwischenzeitlich eher im übertragenen als im direkten Wortsinn verwendet wird.

Für die Druiden-Ärzte der Kelten Galliens war die Mistel der »Ausbund« alles (Heil-)Wissens, erster und wichtigster Bestandteil eines magischen Elixiers der Heilung und der rituellen Initiation, zusammengesetzt aus der Kraft der Sonne und der des Mondes. Die Mistel auf der Eiche symbolisierte zum einen dieses Elixier, darüber hinaus aber auch die Macht der spirituellen über die weltliche Gewalt. Die Eiche stand hier für die weltliche Gewalt, ausgeübt durch einen Menschen, einen Fürsten. Die Mistel repräsentierte die spirituelle Autorität der druidischen Weisheit und Initiation. In dem öffentlichen Sammelritus der Mistel, die ein Druide mit einer – höchstwahrscheinlich vergoldeten[226] – Sichel von der Eiche schnitt, manifestierte sich für sämtliche anwesenden gallischen Kelten die Unterordnung der fürstlichen Autorität, repräsentiert durch einen Torques aus Gold, unter jene spirituelle Führung der Initiierten, jener, die als Zeichen ihrer Würde Bernsteinketten[227] trugen, Bernstein, dieses fossile Harz, das von Bäumen des Tertiärs (vor 50 bis 15 Millionen Jahren) stammte und mit dessen Hilfe sie in die Astralwelt reisten.

Die Mistel, die Eiche und der Stein sind drei auf das engste mit den Druiden verknüpfte Symbole: Unter dem Schleier ihrer geradezu enigmatischen Simplizität verbergen sich vor uns einfachen Neugierigen die tiefsten Wahrheiten der druidischen Weltensicht, der orthodoxeste Teil ihrer Doktrin: Die Eiche und die Mistel lieferten den Druiden mehr als nur handliche Allegorien und leicht faßbare Symbolik. Eiche und Mistel zusammen sind ein wahres therapeutisches Arsenal. Dieses Detail sprang wohl auch den Alchimisten, Spagyrikern und anderen Hermetikern ins Auge. Allein eine Aufzählung aller ihrer Werke in Schrift, Bild und Stein, die auf Mistel, Eiche und Stein Bezug nehmen, würde bedeuten, drei Viertel aller erhaltenen Werke aufzuführen.

Auf die Eiche stoßen wir bei Nicolas Flamel (1330–1418?) genauso wie bei Cyliani.[228] Die »Demeures Philosophales« von Bourges, die Jacques Cœur (1395–1456) in Bourges errichtete, sind mit Eichen geschmückt, genauso wie der Athenor des Museums von Winterthur in der Schweiz. Die Eiche überschattet das gesamte Werk der Hermetik. An ihren Ästen klettert das »philosophische Eichhörnchen« hinauf zur Weisheit der Erkenntnis, so, wie dies auf einem Medaillon in dem von Dominique de Bardonnèche[229] geschaffenen Internetmuseum »Museum Hermeticum« dargestellt ist.

Der Alchimist und Poet André Savoret (1898–1977) widmete der Mistel und ihrer Bedeutung in der druidischen Weltanschauung sowohl als Heilpflanze als auch als Pflanze der Initiation und Bestandteil eines »Elixiers der Erkenntnis« einen großen Teil seines Werkes »Visage du Druidisme«.[230] Diese Abhandlung über die Mistel weist – vielleicht mit einem Augenzwinkern – darauf hin, daß es wohl genauso wenig echte Druiden gibt wie Roteichen, die Viscum album tragen!

Die Volksmedizin schätzte die Anwendung der Mistel schon immer, wohl auch, weil sie eine »druidische« Zauberpflanze war. Paracelsus, selbst ein Spagyriker ersten Ranges, rechnete Viscum album zu den Saturnpflanzen. Das Prinzip Saturn regiert das Alter und somit auch die Alterskrankheiten und zeigt sich bei den Pflanzen vor allem durch immergrünes Laub. Die Mistel mit ihren zäh-ledrigen Blättern und ihrem langsamen Wuchs war aus dieser Sicht für Paracelsus eine besondere Saturnpflanze.

Kneipp schätzte die Mistel und empfahl sie bei Kreislaufschwäche und beschleunigtem Puls. Hoher Blutdruck wird gesenkt, meinte er, und die Begleiterscheinungen wie Kopfblutandrang und Schwindel werden ebenfalls verbessert.

Wissenschaftlich bestätigt werden konnten diese Wirkungen der Mistel genauso wie ihre fruchtbarkeitsfördernden Eigenschaften bislang noch nicht. Dem steht allerdings die Beliebtheit in der Volksmedizin gegenüber, die auf empirischen positiven Erfahrungen beruht. Auch Hahnemann setzte in der Homöopathie Viscum album ein. Heute ist es vor allem Viscum D 6, das gegen Schwindel, Blutdruckprobleme und Angina-pectoris-ähnliche Symptome erfolgreich verabreicht wird.

Da die Mistel in den heute in Apotheken erhältlichen Präparationen, vor allem als Dragee, nebenwirkungsfrei und ungefährlich ist, ist es ein Versuch wert, sie im Sinne der mittelalterlichen und frühneuzeitlichen Kräuterärzte, wie z. B. Nicolas Culpeper (1616–1654), gegen Ohrensausen, also Tinnitus, Schwerhörigkeit nach Erkältungen und überhaupt bei Schwerhörigkeit auszuprobieren.

Auch bei Arteriosklerose ist die Mistel, allerdings als Tee, und hier Stipites visci, also Tee aus Mistelzweigen, einen Versuch wert. Unterstützend kann Misteltee auch bei der Behandlung von Gefäßveränderungen eingesetzt werden, da gefäßerweiternde Wirkstoffe in der Pflanze gefunden wurden. Bei entzündlichen Gelenkproblemen ebenso wie bei altersbedingten Abnützungserscheinungen wird Misteltee in der Volksheilkunde ebenfalls recht zufriedenstellend verwendet, obwohl ich persönlich lieber mit Mädesüß und Mischungen aus Mädesüß, Eschenblättern oder Weißweidenrinde arbeite.

Exkurs: Die Mistel in der Krebstherapie

Die Anwendung der Mistel als Krebsheilmittel geht auf Rudolf Steiner, den Begründer der Anthroposophie, zurück, der auch eine anthropologische Medizin gemäß seinen geisteswissenschaftlichen Überlegungen entwickelte. Die anthroposophische Medizin basiert auf der Elementenlehre der traditionellen abendländischen Medizin und der Signaturenlehre von Paracelsus. Es war daher die Signatur der Mistel, einer Pflanze, die zwischen Himmel und Erde so außerhalb jeder Norm steht, die Rudolf Steiner dazu veranlasste, ein Heilmittel gegen Zellgeschehen wie bei Krebs, das außerhalb jeder Norm steht, zu entwickeln. Trotz erfolgreicher Anwendung der speziell aufbereiteten Mistelpräparate vor allem in der Nachbehandlung bei Krebskranken, um Metastasenbildungen vorzubeugen, wurde diese Therapie von der Naturwissenschaft und der Schulmedizin lange angezweifelt.

Erst durch die genauere Erforschung der Inhaltsstoffe von Viscum album, vor allem ihrer speziellen Glykoproteine, Eiweißstoffe, die Lektine genannt werden, und den Nachweis, daß diese Stoffe immunstimulierend sein könnten und daß die in der Mistel enthaltenen Viscotoxine eine zellwachstumshemmende Wirkung haben, hat sich die Einstellung der Schulmedizin gegenüber der heiligen Pflanze der Druiden langsam verändert. Wissenschaftlich anerkannt und zwischenzeitlich durch verschiedene Studien gut dokumentiert ist jedenfalls, daß eine Misteltherapie die Lebensqualität von Krebspatienten positiv beeinflussen kann.

 MINZE

Botanisch: Mentha arvensis L., Mentha piperita L., Mentha aquatica L.
Gallisch-keltisch: Mentasone, Mentadione
Bretonisch: Ar skenved? – möglicherweise ist dies Mentha pulegium

- Über die Minzen schreibt Abt Walahfrid Strabo in seinem »Liber de Cultura Hortorum«, kurz »Hortulus« genannt:

 «Wenn aber einer die Kräfte und Arten und Namen der Minze samt und sonders zu nennen vermöchte, so müßte er gleich auch wissen, wie viele Fische im Roten Meere wohl schwimmen oder wie viele Funken Vulkanus, der Schmelzgott aus Lemnos, schickt in die Lüfte empor aus den riesigen Essen des Aetna.«

* Diese poetischen Worte bringen diese mehrjährige(n) Pflanze(n) aus der Familie der Lippenblütergewächse (Lamiaceae) so genau auf den Punkt, daß eine detaillierte botanische Beschreibung überflüssig ist.

Die Ackerminze – Mentha arvensis L. – ist die wilde Schwester der Pfefferminze – Mentha piperita L. Die Wasserminze – Mentha acquatica L. – ist ebenfalls ein Wildwuchs und wesentlich milder als Mentha piperita L. und damit leichter verträglich. Es ist unmöglich, heute zu sagen, welche Minzeart die gallisch-keltischen Druiden-Ärzte wirklich verwendeten und als Mentasone/Mentadione bezeichneten. Allerdings ähneln sich Ackerminze, Wasserminze und Pfefferminze so sehr in ihren Heileigenschaften, daß die Annahme, eine dieser Minzesorten ist Mentasone/Mentadione, nicht völlig falsch zu sein scheint.

Was wir allerdings wissen, ist, daß die Druiden-Ärzte der Kelten die Mentasone nicht nur für Heilkuren zur Reinigung des Körpers verwendeten, sondern auch als Schnupftabakersatz! Allerdings habe ich diesen »Druiden-Schnupftabak« selbst noch nicht ausprobiert und kann aus diesem Grund keinen Erfahrungsbericht abgeben.

Die Untersuchungen, die der berühmte Botaniker, Ägyptologe und Afrikakundler Prof. Dr. G. Schweinfurth (1836–1925) an dem Rest eines Blumengewindes aus einem altägyptischen Grab[231] aus der Zeit zwischen 1200 und 600 vor der Zeitrechnung durchführte, ergaben, daß die Mentha piperita nicht bloß der knapp 200-jährige englische Bastard von Mentha crispa x Mentha aquatica ist, sondern eine eigene, ursprüngliche Gattung! Anne von der Bretagne machte sich zusätzlich noch die Mühe, in ihren »Grandes Heures« nicht bloß eine, sondern insgesamt sechs verschiedene Minzearten abbilden zu lassen. Die auf Tafel 133 als Mentha bezeichnete Pflanze ist entweder die Acker- oder die Pfefferminze, während Mentha aquatique auf einer eigenen Tafel (Nr. 144) eindeutig als »andere« Pflanze dargestellt wird. Folglich ist die erste sichere Erwähnung der Pfefferminze in Europa nicht beim Engländer Ray in der 3. Ausgabe seiner »Synopsis Stirpium Britannicum« von 1696 zu finden, sondern höchstwahrscheinlich – bildlich – bei Anne von der Bretagne. Genauso wie die Ackerminze hat auch die Pfefferminze keine Ähren an der Spitze, was eine einfache Abgrenzung dieser beiden von den anderen Minzen erlaubt!

«Mentha« ist wohl eine Entlehnung vom griechischen »minthe« bei Hippokrates oder »mintha« bei Theophrast. Nach einer von Ovid übermittelten griechischen Sage ist die Nymphe Minthe, Tochter des Kokytes, von Proserpina in diese Pflanze verwandelt worden. Eine andere Auslegung bringt den Namen mit der Sanskritwurzel »mante« – »reiben« – zusammen.

Die bis zu 90 cm hohe kahle Pfefferminze gehört zur Familie der Lippenblütler. Der holzig verdickte Wurzelstock treibt vierkantige, höchstens im oberen Teil verzweigte, aufrechte oder aufsteigende Stengel. Die Pflanze vermehrt sich vorwiegend durch oberirdisch kriechende Ausläufer. Die oft rötlich überlaufenen Sprosse sind meist fast kahl und glänzend oder zerstreut behaart. Die tiefgrünen, gegenständigen Laubblätter sind schmaleiförmig bis lanzettlich, spitz und gestielt. Sie haben einen scharf gesägten Rand und 5 bis 8 Paar Seitennerven. Die gestielten lilafarbenen Blüten stehen zahlreich in den Achseln von Tragblättern und bilden dichte oder am Grund unterbrochene, meist rispig-gehäufte 3 bis 7 cm lange Scheinähren. Der glockige Kelch ist 2 mm lang, gleichmäßig fünfzähnig und schwach zweilippig. Die vierlappige, kaum lippige Krone ist deutlich länger als der Kelch.

Die Früchte bestehen aus je 4 eiförmigen, einsamigen Nüßchen.

Die Blütezeit erstreckt sich zwischen Juni und August. Die beste Sammelzeit ist in meinen Augen um die Sommersonnwende.

Wenn Sie Minzen in Ihrem Garten haben, achten Sie bitte darauf, diese in einem etwa dreijährigen Rhythmus umzupflanzen, denn sie entziehen dem Boden viel von der heilenden Kraft, die sie Ihnen als Heilkraut zu spenden bereit sind. Außerdem werden alle Minzearten anfällig für den Rostpilz »Puccina mentha«. Lassen Sie die Stelle, an der die Minzen gewachsen sind, ein bißchen in Ruhe, damit der Boden sich erholen kann!

Die Ackerminze ist lediglich halb so hoch wie die Pfefferminze, also ca. 40 cm, aber sie liebt genauso wie ihre große Schwester feuchte und nährstoffreiche Böden im Halbschatten. Sie freut sich also, trotz ihrer Rustizität, wie die Pfefferminze über gelegentliches »Zufutter«, wie zum Beispiel Asche, Muschelkalk oder Brennesseljauche.

Minzen wirken gegen Fieber, regen den Magen und Darm an, helfen bei Hysterie und Störungen der Sehkraft, mildern Schwellungen, heilen Gelbsucht und Frustkrankheiten. Sie bringen Erleichterung bei allerlei Schmerzen und als kleines Plus einen angenehm frischen Atem. Minzen werden von allen Kulturen verwendet, als Tees, in Cocktails und in Speisen aller Art. In Arabien ist es immer noch üblich, einen kleinen Minzestrauß als Glücksbringer mit sich zu tragen. Minze eignet sich auch vorzüglich, um ohne chemische Stoffe Fliegen zu vertreiben. Die aphrodisischen Vorzüge der Pflanze wurden schon in den Märchen aus »1001 Nacht« gepriesen. Viele Völker der Antike flochten Kopfschmuck für Zeremonien aus Minzezweiglein und benutzten sie als Zaubermittel. Im antiken Griechenland scheinen Minzekronen als Schmuck für Braut und Bräutigam verwendet worden zu sein. Dioscurides nennt das Pflänzlein sehr poetisch »die Krone der Aphrodite«. Matthiolus zufolge stärkt die Minze den männlichen Samen.

 ## ODERMENNIG

Lateinisch: Agrimonia eupatoria L.
Gallisch-keltisch: Korna
Altbretonisch (8. Jahrhundert): Caeninn
Bretonisch: Ar sklaerig

- Botanisch gehört der Odermennig zu den Rosacea (Rosengewächsen), die auf der ganzen nördlichen Halbkugel vorkommen. Agrimonia wird bis zu 100 cm hoch und zeichnet sich durch typisch unterbrochene gefiederte Blätter und tief im Boden verwurzelte Riozome aus, aus denen die Stengel entspringen. Zwischen Juni und September erscheinen einfach gestaltete gelbe Scheibenblumen, die in einer typischen langgestreckten, ähren-

Das Stundenbuch der Anne de Bretagne

Anna Vreizh (Anne de Bretagne), * 25. Januar 1477 in Nantes, † 9. Januar 1514 in Blois, war seit 1489 Herzogin der Bretagne. Kurz nach der Geburt von Claude de France instruiert Anna den Miniaturisten Jean Bourdichon, »zur Erbauung und Instruktion ihrer Tochter« ein Stundenbuch zu illustrieren. Er benötigt insgesamt 5 Jahre zwischen 1503 und 1508, um sein Meisterwerk »Les Grandes Heures d'Anne de Bretagne« fertigzustellen.

Unter Louis XIV. wird es im »Kuriositätenkabinett« des Schlosses von Versailles aufbewahrt.

Während der Französischen Revolution wird das Manuskript in die »Bibliotheque Nationale de France«, die französische Nationalbibliothek, überstellt, wo es sich immer noch befindet. Obwohl das »Stundenbuch der Anna Vreizh« häufig zitiert wird, ist es doch ein so gut wie unbekanntes Meisterwerk.

Brennessel

Roßkastanie

Ausdauernder Lolch, auch Raygras genannt

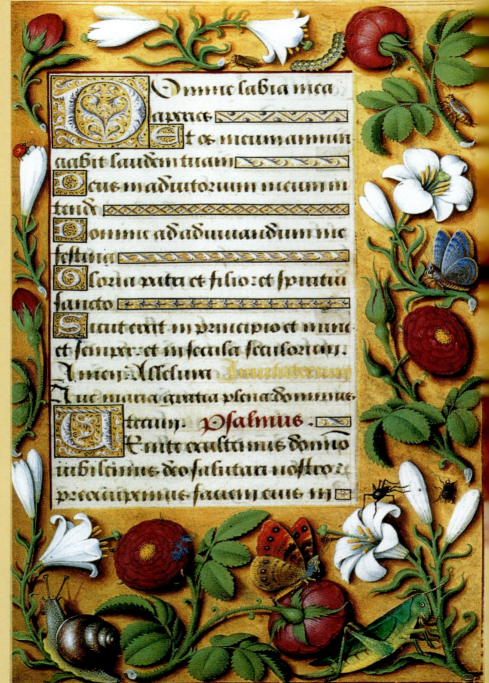

Die einzigartigen Pflanzenabbildungen, die an den Rändern der Textblätter erscheinen, machen dieses Manuskript zu einem Stundenbuch, das seinesgleichen sucht: ein vollständiges Traktat der Botanik, das über 330 Pflanzen mit ihren lateinischen wissenschaftlichen und volkstümlichen französischen Namen umfaßt, eine Naturenzyklopädie, die zahllose Insekten, Vögel und kleine Säugetiere zeigt, und ein spirituelles Buch für die Besinnung und das Gebet.

Abb. oben von links nach rechts:
Basilikum
Einfaches Bohnenkraut
Muskatellersalbei

Abb. darunter:
beides Ysop, auch Josefskraut genannt

»Der Kult vom Maibaum«

Nach dem Fund eines vergoldeten Bäumchens in der Keltenstadt Manching, das vor rund 2300 Jahren kultischen Zwecken diente und ein göttliches Symbol war, wurde die Vermutung angestellt, daß der Maibaum ursprünglich ein Opferbaum der Kelten war. Der Maibaum könnte in keltischen Zeiten aber auch ein Phallussymbol gewesen sein, das in die Erde gerammt wurde und auf diese Weise die »Große Hochzeit« versinnbildlichte. Der an der Spitze angebrachte Maikranz könnte einerseits Symbol der Vulva, andererseits durch die darin eingeflochtenen jungen Reiser und Heilpflanzen Symbol für neues Leben und Gesundheit sein.

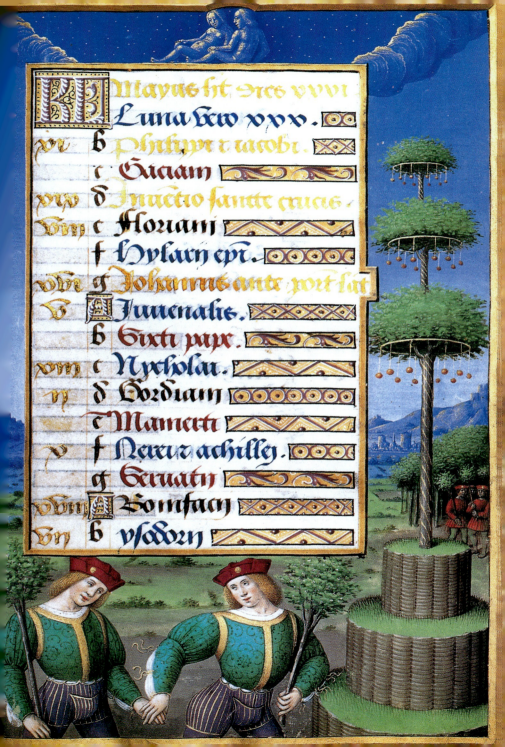

. Aspic .

. Romarin .

Abb. links:
Lavendel
Rosmarin

Abb. oben von links nach rechts:
Hagebutte
Eiche
Kamille

Abb. rechts:
Kleines Löwenmäulchen
Schwarznessel

Abb. nächste Seite:
Granatapfel

· Mala granata ·

Enite exultemus dño
iubilemus deo salutari
nostro: preoccupe
mus faciem eius in confessione
et in psalmis iubilemus ei.
Regem cui omnia viuunt. Venite
adoremus

Quoniam deus magnus
dominus et rex magnus sup
omnes deos: quoniam non re
pellet dominus plebem suam
quia in manu eius sunt om
nes fines terre: et altitudines
montium ipse conspicit.
Venite adoremus.

Quoniam ipsius est mare
et ipse fecit illud et aridam fun

Granades   Granades

artigen Traube angeordnet sind. Aus den bestäubten Blüten entwickeln sich Klettfrüchte.

- Agrimonia eupatoria L. enthält Gerbstoffe, Triterpene, ätherisches Öl, Kieselsäure, Schleimstoffe, Flavonoide.

- Die mild adstringierende, blutstillende und entzündungswidrige Wirkung der Pflanze wurde wissenschaftlich nachgewiesen.

- Das aktuelle Einsatzspektrum in der modernen Phytotherapie umfaßt Appetitlosigkeit, Durchfall, Gallen- und Leberleiden, Verdauungsstörungen, Magenprobleme, Darmprobleme, Blasenleiden, Nierenleiden, Harnsteine, Rachen- und Kehlkopfentzündungen, Stimmbandreizung, Zahnfleischentzündungen, Rheuma, Wassersucht, Fieber. Die positiven Effekte bei Lebererkrankungen werden auf die Flavonoide zurückgeführt. Bekannte Nebenwirkungen gibt es bei sachgemäßer Anwendung nicht.

- Die beste Sammelzeit ist Mitte Juni.

Die Legende sagt, daß es der legendäre König Mithridates Eupator VI. von Pontus war, der einst die wundersamen Heilkräfte des Odermennigs entdeckte. Der schwedische Botaniker Carl von Linné machte sich diese Legende zunutze, als er der Pflanze ihren heute offiziellen lateinischen Namen verpasste: Agrimonia eupatoria. Daß die Heilkräfte des Odermennigs, der nicht nur auf der ganzen nördlichen Halbkugel verbreitet ist, sondern auch in Asien und Nordamerika, erst einem Mann aufgefallen sein sollen, der sich den größten Teil seines Lebens mit den Römern herumschlug und vor allem als Auslöser der drei Mithridatischen Kriege in die Geschichtsbücher einging, bevor er sich nach seiner fatalen Niederlage gegen Pompeius 63 vor der Zeitrechnung in Pantikapaion das Leben nahm, wage ich zu bezweifeln.

Agrimonia ist eine uralte Heilpflanze. Im antiken Griechenland war sie bereits der Pallas Athene geweiht. Plinius der Ältere widmet ihr im zwanzigsten Band seiner »Naturalis Historia« bereits große Aufmerksamkeit, genauso wie sein »Beinahe-Zeitgenosse« Claudius

Galenus, der im 1. Jahrhundert der Zeitrechnung als Gladiatorenarzt in Pergamon gewirkt hatte, bevor er in der antiken Fachliteratur und in Rom berühmt wurde. Auch Avincenna war die erstaunliche Heilkraft von Agrimonia eupatoria bestens bekannt. Dioscorides beschreibt ausführlich, wie er diese Droge, die er Eupatorion nennt und deren gallisch-keltischer Name »korna« ihm ebenfalls bekannt ist, äußerlich zur Heilung von schwer heilenden Geschwüren und innerlich gegen Dysentherien einsetzt.

Aus diesen Beschreibungen läßt sich durchaus ableiten, daß die Druiden-Ärzte den Odermennig für ein ähnliches Krankheitsspektrum einsetzten. Die Angelsachsen, die der Pflanze den Namen »Garclive« gaben, lehrten, daß sie sowohl Schlangenbisse als auch Wunden heilen würde. Außerdem schrieben sie ihr die magische Fähigkeit zu, unter dem Kopfkissen eines Mannes platziert, diesen solange in einen tiefen Schlaf zu versetzen, bis er von demjenigen aufgeweckt würde, der den Odermennig unters Kopfkissen gelegt hat.[232]

In mittelalterlichen Herbarien findet man Agrimonia meist nur noch im Zusammenhang mit Leber- und Milzerkrankungen oder der Behandlung von Ruhr. Es hat hier den Anschein, als wäre ein großer Teil des in der Antike vorhandenen Wissens um diese Pflanze verlorengegangen. Der Benediktinerabt Walahfrid Strabo empfiehlt Odermennig in seinem Gartenbuch gegen Leibschmerzen. Im frühen 16. Jahrhundert lobte ihn Pietro Andrea Mattioli[233] – Matthiolus – als ein gutes Hausmittel für Leber und Magen. In diesem Zusammenhang taucht er auch bei Tabernaemontanus in einer Reihe von Rezepten auf, als Komponente von heilkräftigem Wein, Saft, Sirup oder auch Wasserdestillat.

Georg Friedrich Winter von Adlersflügel geht in seiner pferdeheilkundlichen Handschrift[234] allerdings noch auf mehrere sehr interessante tiermedizinische Anwendungen ein.[235] Diese Anwendungen ähneln sehr stark denen in den ursprünglichen Gebieten, in denen die Druiden-Ärzte und die griechischen und römischen Praktiker Agrimonia einsetzten, bevor sie als Heilpflanze relativ früh im Mittelalter eher in Vergessenheit geriet.

Der Engländer John Hill, der 1756 dem Earl of Northumberland sein Werk »The British Herbal«[236] widmete, weist dort gar darauf hin, daß Odermennig »leider« nur noch als bäuerliches Hausmittel verwendet würde und seine sonstigen Eigenschaften größtenteils in Vergessenheit geraten seien. Allerdings spricht man Agrimonia seit dem Mittelalter immer mehr magische Eigenschaften zu, insbesondere solche, die gegen böse Geister und Gifte schützen. Hierzu wurde die Pflanze meist gemeinsam mit Beifuß verräuchert. Rätsch, Storl und Müller-Ebeling führen sie ebenfalls als eine der Pflanzen auf, die als Zutaten sogenannter »Hexensalben«[237] Verwendung fanden. In dieser Auflistung von Pflanzen – die meisten von ihnen wurden im vorchristlichen Kontext als heilig verehrt und haben psychoaktive Wirkung – hebt sich der Odermennig allerdings insoweit ab, als er diese Wirkung eben nicht besitzt, sondern ein »sehr zahmes« Kraut ist.

In der Normandie findet man ihn heute noch in einer beliebten Hausteemischung auf vielen Bauernhöfen an. Zusammen mit Veilchenblüten, Malvenblüten und Klatschmohnblüten serviert man ihn den Winter über gerne in der »Tisane des Quatre Fleurs«. Obwohl diese Kräuterteemischung durchaus den Hustenreiz beruhigen würde und auch gegen eine leichte Bronchitis einsetzbar wäre, wird sie lediglich wegen des hübschen Zusammenspiels der Blütenfarben zubereitet und ohne jeden Hintergedanken heiß oder kalt mit Honig gesüßt getrunken!

Heutzutage hat der Odermennig in der Phytotherapie keine Bedeutung mehr. Das getrocknete Kraut, das kurz vor oder während der Blütezeit gesammelt wird, findet sich hauptsächlich in Teemischungen für Sänger und Redner wieder, um die Stimmbänder zu schmieren.

SCHAFGARBE

Botanisch: Achillea millefolium L
Volkstümlich: Soldatenkraut, Wundkraut
Gallisch-keltisch: Beliocandos, Bilicandos, Uigentia
Bretonisch: Louzaouenn ar'c'halvez

- Die Schafgarbe gehört zu den Asteracea (Korbblütlern) und ist eine mehrjährige bis zu 80 cm hohe kräftig-aromatisch riechende Staude mit fiederschnittigen Blättern und Blütenständen in rispiger Scheindolde. Die Außenblätter der Blütenstände sind weiß (Achillea millefolium ssp. millefolium), selten rosa (Achillea millefolium ssp. sudetica), die inneren Röhrenblüten sind gelblich-weiß. Achillea gehört zu den Wurzelkriechern und Pionierpflanzen. Ihre Blütezeit erstreckt sich von Juni bis Oktober.

- Achillea millefolium L. enthält ätherisches Öl, Alkaloide, Cumarine, Flavonoide, Gerbstoffe, Polyne, Salicylsäure und Triterpene.

- Die wissenschaftlich nachgewiesenen Wirkungen der Pflanze sind antimikrobiell, antiphlogistisch, choleretisch, entzündungswidrig und entzündungshemmend, antibakteriell, gallensekretionsfördernd, karminativ und krampflösend.

- Das Einsatzspektrum der Pflanze in der modernen Phytotherapie umfaßt Allergien, Appetitlosigkeit, Bronchitis, Durchfall, Dysepsie, Fieber, Grippe, Haut- und Schleimhauterkrankungen, Hitzewallungen, Heuschnupfen, Kreislaufstörungen, Magen-Darm-Beschwerden, Menstruationsbeschwerden, Parkinsonkrankheit, Schließmuskelschwäche, Schuppenflechte, die Unterstützung der Wundheilung bei Verletzungen.

- Bekannte Nebenwirkungen beschränken sich auf die sogenannte Schafgarbendermatitis und mögliche allergische Reaktionen.

● Die beste Sammelzeit für Achillea liegt wie bei vielen Sommersonnwendpflanzen in der Zeit zwischen Mitte Juni und Mitte August. Wir selbst bemühen uns, Schafgarben, wenn irgend möglich, immer dann zu sammeln, wenn die Sonne am höchsten steht und am intensivsten wirkt, meist zwischen Mittag und 14. 00 Uhr.

Die Schafgarbe – Beliocandos –, deren wissenschaftlicher Name »Achillea«[238] sich von der Achilles-Sage ableitet, ist nicht nur eine ausgezeichnete Arznei, sondern auch mit unzähligen volkstümlichen und uralten Bräuchen verbunden. Sie vereinigt in sich die Fähigkeiten von Heilpflanze und magischer Pflanze zur Perfektion, auch wenn sie in der heutigen Phytotherapie eine eher untergeordnete Rolle spielt. Dies liegt möglicherweise an den zahlreichen Zierpflanzenvarianten, die man aus dieser schönen Schöpfung der Natur gemacht hat, um Gärten ein paar Farbtupfer zu verleihen. Keine dieser Kreationen hat in irgendeiner Form die Heilwirkung, derer die wilde – weiße oder zartrosafarbene – Achillea millefolium sich rühmen kann.

Beliocandos war den keltischen Druiden Galliens genauso heilig wie den Germanen, die der Schafgarbe den Namen »Garwe« gaben, was sich mit »gesundmachen« übersetzen läßt. Im Namen »Beliocandos« findet man Belenos, den Strahlenden, wieder, der in der gallisch-keltischen Mythologie nicht nur das Prinzip des Lichtes verkörperte und von den Römern mit Apollo gleichgesetzt wurde, sondern auch der Meister der Heilkunde war.[239] Der neuzeitliche, bretonische Name der Schafgarbe läßt sich mit »Zimmermannskraut« übersetzen, eine Bezeichnung, die die Pflanze in mehreren Regionen des ehemaligen Galliens trägt. Daneben findet man im Volksmund noch die beiden Namen »Soldatenkraut« und »Wimpern der Venus«.

Daß die Druiden-Ärzten die Schafgarbe als klassische Heilpflanze einsetzten und nicht lediglich wegen ihres magischen Werts, ist so gut wie sicher. Darauf deuten vor allem auch die ausführlichen Beschreibungen ihres Verwendungsspektrums durch Apuleius und Dioscorides hin. Man kann davon ausgehen, daß die Druiden-Ärzte die Schafgarbe ähnlich einsetzten, was besonders für ihre Verwendung als Wundkraut gilt.

Apuleius empfahl sie speziell bei Verletzungen, die durch eiserne Objekte verursacht wurden. Da er im Verlauf seiner medizinischen Karriere offenbar auch eine Zeit lang als Militärarzt tätig war, nehme ich an, daß hier Hieb- und Stichwaffen gemeint sind, was wiederum den volkstümlichen Namen »Soldatenkraut« erklären würde. Daneben beschrieb er die Schafgarbe als ein gutes Mittel gegen Zahnschmerzen. Noch heute empfiehlt die Volksmedizin in der Bretagne und der Normandie, bei Zahnschmerzen Schafgarbenstengel zu kauen oder dreimal täglich den Mund mit einem Absud aus Schafgarbe zu spülen. Gelegentlich wird auch kleinen Kindern, die zahnen, eine Teemischung mit Schafgarbe ins Fläschchen gegeben. Sowohl in diesem Zusammenhang als auch als »Soldatenkraut« ist diese Verwendung der Schafgarbe logisch, besitzt sie doch ausgezeichnete antiseptische, entzündungshemmende und schmerzdämpfende Eigenschaften.

Außerdem unterstützt sie hervorragend die Wundheilung. Ich konnte dies vor allem im Bereich der alternativen Veterinärmedizin beobachten. Hier wird Pferden ein warmer Brei aus essigsaurer grüner Tonerde und getrockneter und gestoßener Schafgarbe – Achillea herba, also Blatt und Blütenstand – als Umschlag auf schlecht heilende Verletzungen der Extremitäten aufgebracht. Die essigsaure Tonerde dient hier insbesondere dazu, das Heilkraut an der betroffenen Stelle zu halten, wenn sich die Fixierung mit einem Verband als zu schwierig erweist. Besonders die Fesselbeuge eines Pferdes ist sehr schwer zu bandagieren, wenn man das Tier nicht im Stall festhalten will. Aber auch Bißverletzungen auf dem Rücken, am Hals oder auf der Kruppe lassen sich einfacher mit einem klebrigschmierigen Brei behandeln. Natürlich handelt es sich hier nicht um schwerwiegende Wunden, sondern meist nur um die kleinen Wehwehchen des täglichen Pferdelebens. Aber die Pflanze tut ihre Wirkung, ist leicht zu handhaben, nebenwirkungsfrei und billig, da auf Wiesen und an Wegrändern in Massen vorhanden.

Dioscorides, der ähnlich wie Apuleius Berufserfahrung als Militärarzt hatte, empfahl, die Schafgarbe, entweder frisch oder getrocknet in Essig eingelegt, als Entzündungshemmer auf offene Wunden aufzubringen. Er verabreichte sie auch Verletzten nach schweren Stürzen in Form von Kräutertee. Sein Kräutertee – das geht aus den

Schriften hervor – war kein Aufguß, sondern ein sogenannter Dekokt. Das heißt, Dioscurides mischte Achillea herba mit kaltem Wasser und brachte die Heilpflanze mit dem Wasser zum Kochen. Schließlich ließ er alles noch eine Weile ziehen, bevor er seinen Kräutertee, offenbar kalt, verabreichte.

Dieser Verwendungszweck hat sich in der Volksmedizin insoweit gehalten, als man dort die Schafgarbe empfiehlt, wenn es darauf ankommt, das Herz und die Atemwege zu beruhigen, Spasmen entgegenzuwirken und Nasenbluten zum Stillstand zu bringen. Um Nasenbluten zu stillen, wurde auch der Stengel der Schafgarbe verwendet. Man zupfte die Blätter ab und schnitt ein Stück vom dickeren unteren Teil ab, das in die Nasenöffnung eingeführt wurde. Es ist nicht ganz angenehm und im ersten Augenblick vielleicht auch ein wenig befremdlich, aber das Nasenbluten hört in der Tat nach sehr kurzer Zeit auf.

Auch ist die Schafgarbe ein gutes Mittel, um den weiblichen Monatszyklus wieder in Einklang zu bringen und Menstruationsbeschwerden zu lindern. Vermutlich war dies auch den Druiden-Ärzten bekannt. Über Apuleius und Dioscorides hinaus, die die Schafgarbe im Zusammenhang mit Menstruationsproblemen und besonders -schmerzen erwähnen, findet man diesen Verwendungszweck durchgehend auch in späteren Schriften und Herbarien. Vor allem Tabernaemontanus widmet sämtlichen Behandlungsmöglichkeiten der Schafgarbe bei weiblichen Beschwerden in seinem Kräuterbuch von 1625 große Aufmerksamkeit.[240] Leonhard Fuchs[241] dagegen spricht in seinem Kräuterbuch von 1534 lediglich ihren Verwendungszweck als Wundheilmittel an, schenkt ihr aber ansonsten keine Aufmerksamkeit.

Daneben haben wir noch eine ganz besondere volksmedizinische Verwendung der Schafgarbe in der Basse-Normandie entdeckt. Ob sie bereits den Druiden-Ärzten bekannt war, die Tiere ebenso wie Menschen behandelten, kann ich nicht sagen, aber dieses »Remède de Bonne Femme« ist sehr alt: Weil sowohl Klima als auch Vegetation besonders geeignet sind, ist die Basse-Normandie seit alters her das Eldorado der Pferdezucht: Man füttert den Tieren traditionell während der Feuchtwetterphase, wenn die riesigen Graskoppeln tiefgründig und schlammig sind, täglich vorsorgend oder therapeutisch eine gute Handvoll getrockneter Schafgarbe bei. Auf diese Weise werden die durch Nässe und Dreck ausgelösten Hautreizungen und -entzündungen in der Fesselbeuge verhindert, die unter dem Namen Mauke bekannt sind. Wenn die Tiere, was besonders für die schwere normannische Zugpferderasse mit kräftigem Fesselbehang gilt, bereits von dieser Hautentzündung befallen sind, die bei Nichtbehandlung zum gefährlichen, gar tödlichen Einschuß[242] führen kann, beschleunigt die Schafgarbe den Heilungsprozeß auf spektakuläre Weise. Sie wird hier sowohl innerlich pur als auch äußerlich als Salbe zusammen mit Beinwell verwendet.

Es heißt, die gallischen Druiden hätten die Schafgarbe ebenfalls zur Wetterprognose verwendet. Wie dies allerdings funktionieren soll, können wir nicht mehr nachvollziehen. Keine unserer bewährten bretonischen und normannischen bäuerlichen »Quellen« konnte uns hierauf eine Antwort geben. Dagegen haben die ältesten von ihnen einen offensichtlich reichen Erfahrungsschatz mit der Schafgarbe als »Liebespflanze«.[243] Offensichtlich steigert ein Strauß Schafgarben, mit dem Kopf nach unten übers Bett gehängt, die Lust der Frau und die Kraft des Mannes! Wenn der Liebesreigen unter dem Schafgarbenstrauß ein Kind auf den Hof brachte, dann hängt man über der Wiege des Neugeborenen einen weiteren Strauß auf, um die Feen davon abzuhalten, das Kleine mit in ihr Reich zu nehmen.

Wenn man sich im Traum Schafgarben pflücken sieht, dann sind hier bei uns immer noch gute Neuigkeiten zu erwarten. Etwas weiter weg, auf der anderen Seite Frankreichs, in den Alpen, legt man den Kindern Schafgarbenblätter auf die Augen, um ihnen schöne Träume zu sichern.

In der druidischen Tradition bot die Schafgarbe gleichfalls Schutz vor Geistern: Mit ihren starken magischen Eigenschaften war die Schafgarbe den Mittsommerkräutern zugeordnet und sie wird immer noch am Vorabend der Mittsommernachtfeuer[244], die man hier volkstümlich als »Les Feu de Saint Jean« bezeichnet und entsprechend der Region entweder in der Nacht vom 23. auf den 24. Juni oder vom 24. auf den 25. Juni entzündet, in den Häusern und Viehställen zum Schutz vor Krankheit und bösen Geistern aufgehängt. Als Bund wird sie an den Türrahmen genagelt und dann bei Sonnenuntergang ins Feuer geworfen. Bis zum Ende des Zweiten

Weltkrieges entzündeten noch fast alle Höfe ein eigenes Feuer. Dann ermattete die Tradition während der Wiederaufbauphase Frankreichs etwa 20 Jahren lang. Seit Mitte der 80er Jahre kann vor allem in den keltischen Gebieten ein starkes Wiederaufleben beobachtet werden. Heute lodern in den meisten Gemeinden und Städten meiner Gegend wieder die Sonnenräder – große Stroh- oder Heuballen, die man zuerst anzündet und dann einen Hügel oder Hang hinunterrollen lässt.

Die in der Wurzel der Schafgarbe zu findenden kleinen roten Würmer gruben viele Bauern noch bis zum Ersten Weltkrieg nachts bei zunehmendem Mond aus, um sie als Schutzamulett gegen das Reißen im Kreuz und andere Verletzungen zu tragen.

Der französische Dichter Guy de Maupassant hat dem hübschen Kräutlein und seinen zahllosen volksmedizinischen und magischen Eigenschaften im Jahre 1880 gar ein Gedicht gewidmet: »Venus Rustique« – in dem sämtliche Traditionen aufgegriffen wurden, die Achillea millefolium L. bis zum heutigen Tage umranken.

Schlangen-Knöterich

Altertümlich: Schlangenwurz, Natterkraut, Drachenwurz
Lateinisch: Polygonum bistorta L.
Keltisch-gallisch: Gigarus
Bretonisch: Louzaouenn an naer

- Botanisch zählt Polygonum bistorta L. zur Familie der Knöterichgewächse. Sie ist ein wahrer Kosmopolit.

- Diese ein- bis mehrjährige Pflanze trifft man in großen Beständen feuchter, fetter Wiesen, vorwiegend in gemäßigten Regionen. Sie ist in Eurasien und Nordamerika verbreitet und liebt grundwasserfeuchte oder gut durchsickerte, kalkarme, doch nährstoffreiche Böden in nicht zu schattiger Lage. Im Mittelmeerraum findet man den Schlangen-Knöterich nicht.

- Die Familie der Knöteriche zeichnet sich insbesondere aus durch eine tütenförmige, den Stengel umhüllende, meist häutige Nebenblattscheide, die sich an der Basis der Laubblätter befindet.

- Polygonum bistorta L. kann bis zu 1,2 m hoch wachsen. Die Pflanze wächst mit einem aufrechten, unverzweigten Stengel mit weit voneinander entfernt stehenden Blättern. Diese sind oval, gestielt mit gestutztem oder schwach herzförmigem Blattgrund und etwa 15 bis 20 cm lang. Die Stengelblätter sind kürzer, die unteren und mittleren kurz gestielt, die oberen sitzend und deutlich schmäler. Am Grund aller Blätter sitzt die den Stengel umfassende tütenförmige Nebenblattscheide. Diese ist lang, spitz und ohne Fransen oder Haare. Die Blätter sind auf der Oberseite bläulich-grün, auf der Unterseite aschgrau bis purpurfarben getönt, kahl, schütter und kurz behaart. Der Blütenstand ist eine endständige, dichte, zylindrische Ähre, die 1 bis 2 cm dick werden kann und einem Flaschenputzer ähnelt. Die Blüte ist mit unzähligen kleinen weißlichen, hell- bis dunkelrosafarbenen Blüten besetzt. Die Blütenhülle gliedert nicht in Kelch und Krone, sondern besteht aus 5 gleichartigen Blättern, die als Perigon bezeichnet werden. Dann folgen 8 herausragende Staubblätter, von denen die 3 inneren die Staubbeutel nach außen gekehrt haben. Der Fruchtknoten ist dreikantig mit 3 freien Griffeln. Darin entwickeln sich zur Fruchtreife 3 kleine braun glänzende Samen.

- Der Schlangen-Knöterich blüht von Mai bis Juni mit einer Nachblüte von September bis Oktober. Bienen lieben diese hübsche Pflanze. Allerdings verbittert zu intensives Naschen am Schlangen-Knöterich den Geschmack des Honigs und verleiht diesem eine auffallend poppiggelbe Farbe.

- Der Name »bistorta« leitet sich her vom lateinischen »bis« – zwei (Mal) – und »tortus« – gedreht – und bezieht sich auf den dicken, schlangenartig gewundenen Wurzelstock, der auch zu dem volkstümlichen Namen Schlangenwurz oder Drachenwurz geführt hat. Daher rührt auch die alte Bezeichnung der Pflanze »Serpentaria«. Dieser Name hat im französischen Volksmund weiter überlebt, wo die Pflanze »serpentaire« genannt wird. Aus dem

Wurzelstock, der äußerlich schwarz und innen rot ist, entspringen Ausläufer, die weit kriechen und dafür sorgen, daß die Pflanze oft in geschlossenen insel- oder nestartigen Beständen zu finden ist.

- Das Vieh auf den Wiesen meidet den frischen Schlangen-Knöterich, gemäht als Grünfutter oder im Heu wird er allerdings gerne gefressen. Die beste Erntezeit für die Blätter ist das Frühjahr. Die Rhizome werden im Herbst ausgegraben.

- Die Blätter sind reich an Vitamin C. Das getrocknete Rhizom enthält Catechin- und Tanningerbstoffe, außerdem sehr viel Stärke und ebenfalls Vitamin C. Dies erklärt den Genuß von Blättern und Rhizom als Gemüse. Allerdings reichert der Schlangen-Knöterich die toxische Oxalsäure an, die im Stoffwechsel nicht abgebaut wird. Oxalsäure führt in höheren Konzentrationen zu Steinbildung und Nierenschäden. Aus diesem Grund muß dringend von einem zu intensiven Konsum der Pflanze abgeraten werden.

- Als starkes Adstringens wird Polygonum bistorta L. heute unter anderem bei Durchfällen sowie lokal als Spül- und Gurgelmittel bei Entzündungen im Mund- und Rachenraum verwendet.

Schlangen-Knöterich wirkt von allen Heilpflanzen am stärksten adstringierend und wird aus diesem Grund seit »Anbeginn der Zeit« zum Zusammenziehen von Geweben und zum Stillen von internen und externen Blutungen eingesetzt.

In der druidischen Heilkunde fand Polygonum bistorta L. äußerlich insbesondere bei Schlangenbissen und stark blutenden Verletzungen Verwendung. Man rührte aus der getrockneten und fein zerstoßenen Wurzel einen kräftigen Breiumschlag, der auf den Biß beziehungsweise die blutende Wunde aufgetragen wurde. Auch andere Tierbisse oder Stichverletzungen durch Kriegswaffen, bei denen das Vergiftungsrisiko wohl eher am nicht so besonders sauberen Zustand der Waffen als einem bewussten Einpinseln mit irgendeinem Gift gelegen haben dürfte, behandelten die Druiden-Ärzte mit dem bewährten Breiumschlag. Hiervon berichtet uns Dioscurides. Er schreibt auch, daß die Kelten Galliens überzeugt waren, daß jene, die ihre Hände mit dem Brei aus der Schlangenwurz einrieben, von Nattern niemals gebissen wurden.

Die Anwendung von Polygonum bistorta L. gegen Schlangenbisse hat sich im Brauchtum erhalten. So berichten mir ein paar sehr alte Landwirte in der Basse-Normandie noch von einer ursprünglichen Tradition, Kindern und auch Rindern, Kälbern oder Pferden getrocknete »Schlangenwurzeln« umzuhängen, um sie gegen den Biß der früher noch recht verbreiteten Kreuzotter, Aspisviper oder der kleinen Wiesenotter, die man auch Spitzkopfotter nennt, zu schützen. Mein aus der Bretagne stammender Nachbar Louis, der als kleiner Junge mit seinen Eltern 1935 in die Orne übergesiedelt ist, bestätigte mir den gleichen Brauch in seiner ursprünglichen Heimat am Golfe von Morbihan, wo eine heute noch als Vogelschutzgebiet berühmte Gegend damals sehr reich an Schlangentier war, das wohl auch kräftig zubiß. Heute haben allerdings die intensive Landwirtschaft mit ihrem Einsatz von Pestiziden und die größere Bevölkerungsdichte selbst in der ansonsten ökologisch recht sauberen Normandie diesen drei Vipernarten beinahe den Garaus gemacht. In der Bretagne scheint nur noch gelegentlich eine verlorene Kreuzotter herumzuschliddern, obwohl sich die Naturschutzgebiete eigentlich bester Gesundheit erfreuen. Abgesehen von den Marschgebieten der Camargue, wo jedes Jahr eine Handvoll der halbwild laufenden Camargue-Ponys von Schlangen mit tödlichem Ausgang gebissen wird, muß man diese Gefahr und die scheinbar schützende Wirkung getrockneter Schlangenwurzeln als nicht mehr zeitgemäß abschreiben.

Ein starker Absud aus dem Rhizom von Polygonum bistorta L. wurde außerdem bei unspezifischen pflanzlichen Vergiftungen verabreicht. Verdünnt half er auch gegen Wechselfieber, das in Feuchtgebieten und Sumpflandschaften häufig auftrat.

Diese Verwendung als Antidot gegen Gifte, insbesondere Schlangengift, und als zuverlässiges blutstillendes Mittel ist auch durch die nordamerikanischen Indianer belegt.

Darüber hinaus behandelte man auf beiden Seiten des Atlantiks innere Blutungen mit dem Wurzelextrakt. Als die nordamerikanischen Indianer durch den Kontakt zu europäischen Siedlern mit Cholera und Typhus konfrontiert wurden, setzten sie hier ebenfalls erfolgreich innerlich den Wurzelextrakt ein. Brechdurchfälle und Blutungen ließen rasch nach, der gefährliche Flüssigkeitsverlust wurde gestoppt, die meisten Kranken genasen.

In der druidischen Frauenheilkunde fand das pulverisierte Rhizom auch bei starken Blutungen nach einer Geburt und bei übermäßigen Monatsblutungen erfolgreich Anwendung. Leukorrhoe, der Weißfluß, wurde nach Aussage von Marcellus Empiricus mit Spülungen aus dem Absud der Schlangen-Knöterich-Wurzel behandelt.

Ein Vergleich der Anwendungen des Schlangen-Knöterichs durch die druidischen Kräuterkundigen und die indianischen Medizinmänner/-frauen zeigt, daß in beiden Kulturen unabhängig voneinander gleiche Indikationen und Krankheiten damit behandelt wurden.

Über ihre Verwendung als Heilpflanze hinaus ist Polygonum bistorta L. auch eine alte Genußpflanze. Sie wird im »Capitulare de villis« erwähnt. In Rußland wurde das Rhizom noch während des Zweiten Weltkrieges als Kartoffelersatz und Magenfüller verzehrt. Zuerst wurde die Wurzel gewässert, anschließend geröstet. Ebenso wie die Russen scheinen auch die nordamerikanischen Indianer die Wurzeln des Schlangen-Knöterichs als Gemüse geschätzt zu haben.

Schöllkraut

Altertümlich: Alf-, Alben-, Elfen-, Mai- und Wasserkraut
Botanisch: Chelidonium majus L.
Gallisch-keltisch: Thona
Altbretonisch: Ar sklaer
Bretonisch: Louzaouenn ar gwimilied

* Das zur Familie der Mohngewächse zählende Große Schöllkraut ist eine ausdauernde Krautpflanze, aus deren dickem Wurzelstock ein bis zu 1 m hoher, etwas haariger Stengel treibt. Daran wachsen behaarte, wechselständig zu Fiedern angeordnete Blätter und gelbe, in Dolden stehende Blüten. Die Samen befinden sich in einer länglichen Kapsel. Die gesamte Pflanze enthält eine gelblich-weiße, ätzende Milch, die seit alters her gerne als Warzenmittel verwendet wird.

- Als Inhaltsstoffe sind mehrere Alkaloide, Coptisin, Chelidonin, Chelidoxanthin, Berberin, Chelerythrin, Sanguinarin, Glaucin, Glaukopikrin, Protopin (Fumarin), Spartein, Chelidonsäure, Chelidoninsäure, Glauciumsäure, Flavone, Bitterstoffe und ätherisches Öl zu nennen.

- Chelidonium majus kommt in ganz Europa vor, in gemäßigten als auch in subtropischen Gebieten. Am häufigsten ist die als Unkraut verschriene Pflanze auf Schuttplätzen, auf steinigem Grund, neben Mauerresten, unter Ufergebüschen, an Wegerändern, Zäunen, in schattigen Hainen und ungepflegten Gärten anzutreffen.

- Die Blütezeit von Schöllkraut erstreckt sich von Mai bis Ende Juli.

- In seiner Heilwirkung gilt für das Schöllkraut als ausreichend gesichert, daß es leicht krampflösende Wirkung im oberen Verdauungstrakt hat. Es wird heute erfolgreich bei Leber- und Gallenleiden eingesetzt, vor allem dann, wenn der Gallenfluß durch Stauungen für Krankheit sorgt. In der Praxis eignet es sich zur Behandlung von Gallenblasenentzündung sowie Leberschwellung, Gelbsucht, Gallengries, Rheuma und Gicht.

- Bei bestimmungsgemäßer Anwendung hat Schöllkraut keine Nebenwirkungen. Allerdings muß darauf hingewiesen werden, daß die Alkaloidverbindungen der Pflanze bei Verzehr zu großer Mengen zu Vergiftungserscheinungen führen. Aus diesem Grund raten wir auch dringend von jeder Form der Selbstmedikation ab. Auch als Warzenmittel sollte Schöllkraut am besten nur unter Aufsicht eines Heilpraktikers eingesetzt werden, denn der milchige latexartige Saft der Pflanze ist nicht nur stark ätzend, sondern kann schon in kleinsten Mengen – versehentlich innerlich eingenommen – starken Brechreiz auslösen.

Ausgerechnet diesen stark ätzenden Latexsaft des Schöllkrauts verwendeten die gallischen Druiden-Ärzte zur Behandlung von bestimmten Augenkrankheiten, insbesondere Geschwüren auf den Lidern, Blepharitis, einer Entzündung der Augenlider, chronischer

Ophtalmie und Flecken auf der Hornhaut.[245] Der Legende zufolge fanden die Druiden die positive Wirkung des Schöllkrautsaftes bei diesen Augenkrankheiten durch Beobachtung von Schwalben heraus: Diese würden ihr außerordentliches Sehvermögen erlangen, indem sie regelmäßig von der Pflanze fraßen! Diese Legende um Druiden, Schwalben, Scharfsichtigkeit und Schöllkraut hat diesem im frankophonen Volksmund auch den Namen »Grande Eclaire« eingebracht, was frei übersetzt so viel wie »Großer Blitzschlag« bedeutet.

Auch die volkstümliche Kräuterheilerin Maria Treben empfiehlt Schöllkraut im Zusammenhang mit Augenkrankheiten. Doch im Gegensatz zu den Druiden-Ärzten, die den milchigen, stark ätzenden Saft der Pflanze einsetzten, rät sie zu einem für den Laien etwas ungefährlicheren, leichter kontrollierbaren Weg, um sich als vorbeugende Maßnahme eine gute Sehkraft zu erhalten und damit die Cornea (Hornhaut des Auges) schleier- und fleckenlos bleibt: Man nimmt lediglich ein einzelnes gewaschenes Schöllkrautblatt mit sauberen, feuchten Händen und zerreibt den Stengel des Blatts zwischen Daumen und Zeigefinger. Die geringe Flüssigkeit streicht man über die Lider und in die Augenwinkel, aber nicht direkt in die Augen.

Spitzwegerich

Botanisch: Plantago lanceolata L.
Gallisch-keltisch: Tarbelothadion
Bretonisch: Haentletan

- Der Spitzwegerich ist eine ausdauernde Pflanze. Auf Wiesen, Triften und an Wegrändern ist er häufig zu finden. Er bevorzugt im Gegensatz zu Plantago major – dem Breitwegerich – trockene und grasige Plätze und ist sogar noch auf heißen Kalkfelsen anzutreffen. Aus einem kurzen, dicken, reichfaserigen Rhizom entspringen die meist schief aufrecht stehenden Grundblätter. Sie sind lanzettlich, drei- bis fünfnervig, oben zugespitzt, nach unten stielartig verschmälert. In den Blattwinkeln stehen die 10 bis 50 cm hohen gefurchten, ährentragenden Stengel. Die endständigen Blütenähren sind anfangs eiförmig, später mehr walzenartig. Die Blüten stehen dicht, die eiförmigen, zugespitzten Deckblätter sind trockenhäutig. Der Kelch ist röhrig, vierteilig, die Krone klein, durchscheinend und mit vierteiligem Saum. Vier lange Staubgefäße ragen weit aus der Blüte heraus. Der oberständige Fruchtknoten trägt einen fadenförmigen Griffel. Die Blüten sind duft- und nektarlos und auf Windbestäubung eingerichtet. Sie sind nachstäubend, d. h., erst nach dem Welken und Braunwerden der Narben entfalten sich die Staubgefäße. Die Frucht ist eine zweisamige Kapsel.

- Die Blütezeit ist zwischen Mai und September. Der Spitzwegerich ist fast über die ganze Erde verbreitet.

- Der Gattungsname »Plantago« leitet sich vom lateinischen »planta« – »Fußsohle« – ab, aufgrund der Ähnlichkeit der Laubblätter von Plantago major und einigen anderen Arten mit Fußsohlen. Die volkstümliche deutsche Bezeichnung »Wegerich« stammt vom althochdeutschen »wegarîh« und dürfte sehr alt sein. In der Endsilbe »rich« steckt nämlich das althochdeutsche Wort für »König« – »rîh« –, das mit dem lateinischen Wort »rex« urverwandt ist, so daß sich für Wegerich die Deutung »Wegbeherrscher« ergeben könnte.

Noch zu Anfang des 20. Jahrhunderts war es in der Volksheilkunde des französischen Franche-Compté verbreiteter Leitsatz, daß der Spitzwegerich – Plantago lanceolata L. – lediglich ein Heilmittel für Männer sei, während man bei Frauen den Breitwegerich – Plantago major L. – anwenden müsse. Diese Auffassung beruht auf der frühmittelalterlichen »Sympathie-Lehre« und einer recht bildlichen Interpretation beider Pflanzen: der Spitzwegerich als Phallussymbol, der Breitwegerich als Symbol des weiblichen Geschlechtsorgans.

Der medizinische Gebrauch der Wegericharten ist uralt. Den germanischen Verwandten der gallischen Kelten war er unter dem Namen »Heilblatt« – »Läkeblad« – wohlbekannt, denn er besitzt bemerkenswerte blutstillende, blutreinigende, schleimlösende, fiebervertreibende und wundheilende Eigenschaften.

Auch in der angelsächsischen Kräuterheilkunde wurden die Wegericharten liberal eingesetzt: Der Spitzwegerich selbst gehört zu den neun Kräutern eines Kräutersegens gegen das »Gift, die Ansteckung mit dem Übel, das über das Land dahinfährt«, womit vielleicht die Pest oder eine ähnliche hochinfektiöse Krankheit gemeint war. Später zitiert Shakespeare in seinen Werken mehrfach »plantain« als Mittel gegen Verletzungen in der gleichen Weise, wie die Kelten und die linksrheinischen germanischen Cousins es verwendeten.

Albertus Magnus lobt den Wegerich als das beste Mittel gegen alle Geschwüre, weiß im übrigen aber nur zu berichten, was er anscheinend von Dioscorides abgeschrieben hat. Die sehr häufige Verwendung gegen Fußleiden basierte wohl auf dem Aberglauben, daß die Pflanze, die infolge ihres Standorts sehr häufig mit dem menschlichen Fuß in Berührung kommt, auch dessen Leiden zu heilen imstande ist. Ein Kräuterbuch aus dem 12./13. Jahrhundert gibt folgendes Rezept an: »Swaz siechtuomes du an den füezen hast, so nimm wegerich und mule den mit einem chleinen salze und lege den daruber, so wirt dir baz.«

In der heutigen Volksmedizin werden sämtliche Wegericharten in allen Gebieten Frankreichs viel benutzt. Dies ist nicht sonderlich überraschend, denn genauso wie die gallischen Kelten eine besondere Vorliebe für die »allzeit bereite« Pflanze hatten, findet man sie auch in intensivem Gebrauch in den Gebieten, aus denen sie sich einstmals auf den Wanderzug gen Westen machten: Wenn man die russische, zentraleuropäische und baltische Volksmedizin analysiert, findet man dort exakt die gleichen Anwendungsgebiete wieder: Wundheilung, Stillung von Blutungen, Geschwüre aller Art, Blutflüsse, Brandwunden, Hundebisse etc. Das gekochte Kraut findet sich in der Anwendung gegen Durchfall und Magenleiden, der frischgepreßte Saft der Wurzeln und Blätter als Heilmittel gegen Auszehrung und allgemeine Schwächezustände. Weiterhin werden sämtliche Wegerichsorten im Zusammenhang mit der Linderung und Heilung von Erkrankungen der Atmungsorgane empfohlen: chronische Schleimhautentzündung der Lunge, Asthma, Atemwegsbeschwerden und diverse Hustenformen.

Diese Einsatzgebiete wiederholen auch die Autoren antiker Werke wie Dioscurides oder Plinius.

Hildegard von Bingen fand für den spitzen Wegerich eine wesentlich amüsantere Anwendung, bezüglich derer man sich bei einer »so« heiligen Frau natürlich ein paar Fragen stellen muß. Sie nennt den spitzen Wegerich nämlich als ein Mittelchen, das durch kräftiges Purgieren von angezauberter Liebe freimachen soll. Natürlich gibt es hierzu auch gleich wieder ein Gegenstück, nämlich ein altes französisches Rezept für ein Aphrodisiakum auf Spitzwegerichbasis. Dieses Rezept[246] stammt aus dem lüsternen 17. Jahrhundert: Man lege Spitzwegerichblätter in bestem Wein ein und nehme von diesem Getränk vor einem galanten Rendezvous reichlich ein!

 ThYMIAN (WILDER)

Botanisch: Thymus vulgaris L.
Gallisch-keltisch: Gilaros
Bretonisch: An denved

- Es gibt weltweit mehr als 300 verschiedene Thymianarten. Der Thymian gehört zur großen Familie der Lippenblütler. Seine natürliche Verbreitung reicht über den gesamten Mittelmeerraum und in die wintermilden Lagen Mitteleuropas bis zum Kaukasus.

- Der Echte Thymian – Thymus vulgaris L. – hat in Scheinquirlen angeordnete zartlila, rosa oder weißliche Blüten. Er ist ein Halbstrauch mit dünnen, unterseits filzigen und nur knapp 1 cm langen Blättchen, die am Rand eingerollt sind. Anders als viele seiner meist kriechend wachsenden Verwandten bildet er aufrechte etwa 30 bis 50 cm lange Zweige aus.

- In Deutschland kommt dieser Thymian, der in Frankreich wie Unkraut in Straßengräben, auf biologischen Weideflächen, an Waldrändern oder auf Brachen wächst, wild überhaupt nicht vor. Gelegentlich mag er aus Gärten aussamen, hat dann aber wegen seiner Frostempfindlichkeit nur sehr begrenzte Überlebenschancen. Dafür gibt es in Deutschland vier andere Thymianarten: den

Feld-Thymian (Thymus pulegioides), den im wesentlichen auf Süddeutschland beschränkten Früh-Thymian (Thymus praecox), den Alpen-Thymian (Thymus alpinus) und den inselartig im Süden und an der Küste verbreitete Sand-Thymian (Thymus serpyllum).

- Im Garten liebt der Echte Thymian ebenso wie alle seine Verwandten trockene und sonnenbeschienene Standorte: Der Boden sollte durchlässig und möglichst kalkreich sein. Man kann den Echten Thymian im März in Schalen voraussäen oder ab Mitte April direkt ins Freiland. Im Winter benötigt der Echte Thymian in Deutschland allerdings vernünftigen Frostschutz durch Reisigabdeckung. Gut ist es auch, den Strauch in einem großen Tontopf zu halten und ihn im Winter einfach ins Haus oder auf die Veranda zu stellen.

- Im Frühjahr sollte man den Halbstrauch ganz radikal bis ins alte Holz zurückschneiden. Alle drei bis vier Jahre empfiehlt sich zur Verjüngung eine Teilung, d. h. Ausgraben des Wurzelstocks, Zerteilen und Neuanpflanzen. Gut passt Echter Thymian in den Steingarten, am hübschesten finde ich ihn in Kräuterspiralen, wo er durch seine hübschen Blüten besticht und allerlei Bienengetier anlockt, das dann gleich noch die anderen Pflanzen mitbestäubt.

- Heute nutzt man Präparate aus Echtem Thymian wegen seiner krampflösenden Eigenschaften vor allem als Hustenmittel. Das Kraut wird außerdem als durchblutungsförderndes, antibakterielles und geruchstötendes Gurgelmittel bei Entzündungen des Mund- und Rachenraums verwendet. In einer Kombination aus Genuß und Medizin findet sich Echter Thymian in zahlreichen verdauungsfördernden Kräuter- und Bitterlikören. Allerdings ist sein Genuß für Menschen mit Leberschäden oder Schilddrüsenproblemen nicht unbedingt empfehlenswert.

Als Arznei war der Thymian schon bei Galenus, Aëtius und Dioscorides eine bewährte Pflanze. Die Druiden-Ärzte der gallischen Kelten verwendeten ihn bei Geschwüren im Mund- und Rachenraum.

Marcellus überliefert uns, daß die Pflanze für einen frischen Atem und zur Reinigung der Zähne gekaut wurde. Darüber hinaus war er ein geschätztes Mittel gegen Bronchitis, Husten und Keuchhusten und wurde bei Problemen der Atmungsorgane auch inhaliert. Die Druiden-Ärzte Galliens verräucherten Thymian auch an Krankenbetten, da sein Rauch einen ruhigen und vor allem albtraumfreien Schlaf spendet. Diesen Räucherungen setzten sie gerne noch Wacholderbeeren bei, die leicht halluzinogen wirken und so einen Kranken/Verletzten auf sanfte Art und Weise ruhigstellten.

Trotula von Salerno, die im 11. Jahrhundert als Professorin für Frauenheilkunde an der dortigen Universität lehrte, hebt seine Wirkung als Keuchhustenmittel vor allem für Kinder hervor.

Echter Thymian wurde wohl erst im 11. Jahrhundert über die Alpen gebracht, da er noch in den bekannten Heilpflanzenlisten des 9. und 10. Jahrhunderts fehlt. Sicher läßt er sich erst bei Hildegard und Albertus Magnus nachweisen. Auch Albertus Magnus weist auf seine besondere Wirksamkeit bei Keuchhusten hin. In England existierten ab dem 11. Jahrhundert größere Anpflanzungen des Echten Thymians zu medizinischen Zwecken in der Nähe von Deal und Sandwich in Kent.

Thymianöl wurde erstmals im Jahre 1719 von Kaspar Neumann in der Pflanze festgestellt, aber er hielt es für Kampfer. Erst sechs Jahre später behob der Engländer Brown den Irrtum.

WERMUT

Altertümlich: Wiegenkraut, Wurmkraut
Botanisch: Artemisia absinthum L.
Gallisch-keltisch: Santonica, Absinthion santonicon (Marcellus) und gleichfalls Briginios (Marcellus 26, 41), Bricumos
(mögl. Variante, die botanisch heute Artemisis vulgaris L. heißt, d. h., u. U. das volkstüml. Herbe de Saint Jean; die andere Variante der Artemisia-Klasse mit nur einem Zweig wird bretonisch »Titumen« genannt und vertreibt auch Dämonen)
Bretonisch: Louazaouenn an dren

- Artemisia absinthum gehört zur Familie der Asteracea (Korbblütler) und ist mit den beiden bekannten Küchenkräutern Estragon (Artemisia dranuncullus) und Gewöhnlicher Beifuß (Artemisia vulgaris) verwandt. Der bis zu 1,20 m große Halbstrauch kommt sowohl in Europa als auch in den trockeneren Gebieten Asiens vor. Die häufigsten Standorte in freier Natur sind Felshänge, Wegraine, trockene Grasflächen, Bach- und Flußufer, Weinberge, Mauerränder, Burgruinen. Allerdings wird Wermut häufig als Kulturpflanze für die Alkoholindustrie angebaut.

- An seinen stark verzweigten Ästen findet man dreifach fiederteilige Laubblätter, die an beiden Seiten seidig behaart sind. Die kleinen gelben oder ockerfarbenen Blüten stehen in reichästigen, vielblütigen Rispen. Charakteristisch für die Pflanze ist ihr schwerer, aromatischer Geruch. Artemisia absinthum blüht von Juni bis September.

- Medizinisch verwendet werden die Blüten, die oberen Sproßteile und die Laubblätter der Pflanze. Die beste Sammelzeit ist der Hochsommer, wenn Artemisia absinthum in voller Blüte steht.

- Die Pflanze enthält bis zu 1,5 % ätherisches Öl, das wiederum zu acht Zehnteln aus Thujon besteht. Im Gegensatz zum Thuja überwiegt beim Wermut allerdings das beta-Thujon (Isothujon). Dazu kommen noch Bitterstoffe, Flavonoide, Kaffeesäure, Cumarine und Lignane. Die Hauptkomponenten der Bitterstoffe sind Absinthin und Arabsin.

- Heute wird die Pflanze vor allem bei Appetitlosigkeit, dyseptischen Beschwerden und Dyskinesie der Gallenwege eingesetzt. Daneben wird sein ätherisches Öl in der Parfümindustrie verwendet. Das bittere Kraut ist Bestandteil vieler »Verdauungsschnäpse« oder Aperitife wie z. B. Martini, Stock, Buton oder Cinzano.

- Bei bestimmungsgemäßem Gebrauch sind keine Nebenwirkungen bekannt. Allerdings sollte Wermut nicht länger als 3 bis 4 Wochen verwendet werden und keinesfalls bei Magen- und Dünndarmgeschwüren.

Wermut – der Absinth in den beiden in Frankreich am häufigsten vorkommenden Varianten Artemisia absinthum L. und Artemisia santonica L. – ist die Druidenpflanze par excellence. Als Zauberkraut wurde sie verräuchert, um die Dämonen abzuwehren, aber auch, um Visionen »klarer« zu sehen. Absinth hat eine für den Organismus stark anregende Wirkung auf die Lebensenergie und vertreibt schnell und problemlos Kopfschmerzen, was möglicherweise diesen Einsatz des Krautes zur klareren Sicht erklärt. Noch heute räuchern die Bauern ihre Viehställe mit Absinthkraut aus, um das Vieh vor Verhexungen zu beschützen. Man legt den Kindern kleine Büschel in die Wiege, um ihnen das Einschlafen zu erleichtern und um Kobolde und Geister von ihnen fernzuhalten. Wie alle anderen Artemisia-Arten auch galt der Wermut den Druiden als ein weißmagisches Kraut mit der Kraft, das Böse abzuwehren. Darum wurde die Pflanze auch in Garben eingeflochten als Schutzzauber dem Vieh um den Hals gehängt oder in Gürtel eingeflochten am Leib getragen.

Wermut wird in Frankreich volkstümlich auch gerne »Herbe Sainte« – Heiliges Kraut – genannt. In Deutschland findet man auch die Bezeichnung »Bitterer Beifuß« oder »Wurmkraut«, denn die entwurmenden Fähigkeiten der Wermutpflanze sind schon seit den Tagen der Antike wohlbekannt. Manchmal wird der Wermut auch noch »Wiegenkraut« genannt, denn die Pflanze, in Wasser gekocht und auf Leinen als Umschlag auf die Bauchdecke aufgetragen, lindert Wehenschmerzen, und ihm wurde ferner eine abortive Wirkung zugeschrieben!

Bereits der Ebers-Papyrus erwähnte den Absinth und 450 Jahre vor der Zeitrechnung bereitete Hippokrates einen Wein aus seinen Blüten und dem sogenannten »Dictamne«, einer aus Kreta stammenden Variante von Origanum, zu. Er sah in der Pflanze ein fiebersenkendes Mittel.

Dioscorides, ein großer Kenner der druidischen Phytotherapie, beschreibt in seinem Werk den Absinthion santonicon – die Variante des Wermutkrauts, die in der französischen Region des Saintonge, einer alten Hochburg des Druidentums, wächst – ganz besonders als

Mittel zur Entwurmung von Mensch und Tier. Lucius Iunius Moderatus Columella, der berühmte römische Agronom, übernahm von ihm ein veterinärmedizinisches Rezept zum Entwurmen von Nutzvieh, bei dem aus dickflüssigem Honig und kleingehacktem Absinthion santonicum Kügelchen hergestellt wurden, die man dem Gewicht des Tieres entsprechend dosierte, um vor allem die heute in vier Klassen erfaßten Plattwürmer und auch Schlauchwürmer auszutreiben. Diese Art der Wurmkur bei Nutztieren war noch bis zur Entdeckung der chemischen Wurmkuren gebräuchlich und taucht heute wieder – wegen zunehmender Resistenz insbesondere gegen den Spulwurm – gelegentlich wieder auf. Inzwischen ist bekannt, daß es insbesondere das Santonin[247] ist – ein in der Pflanze enthaltenes zyklisches Sequiterpen –, das die Spulwürmer abtötet und austreibt. Eine Variante, um bei Menschen Würmer auszutreiben, wurde von Scribonius Largus aufgezeichnet. Auch bei Marcellus Empiricus findet sich – leicht abgewandelt – ein solches Rezept[248], dessen Hauptbestandteil eben der Absinth von Saintonge ist.

Wermut, der in seinem lateinischen Namen Bezug auf Artemis – die Schutzgöttin der Geburt, der Hebammen und der Abtreibung – nimmt, dient seit alters her als gynäkologisches Allheilmittel. Wie alle anderen Artemis-Pflanzen auch – Mutterkräuter – sorgt der Wermut, als Tee getrunken, für schmerzlose und beschwerdelose Monatsblutungen. Allerdings ist Vorsicht geboten, denn in zu großen Dosen eingenommen wirkt er abtreibend.

Die Pflanze hat konvulsive Eigenschaften, was bei übermäßigem und lang anhaltendem Genuß schädliche Auswirkungen auf das zentrale Nervensystem hat und zu epilepsieartigen Zuckungen und Halluzinationen führt. Insbesondere diese Eigenschaft war es, die dem Kraut seine Verdammung durch die Gesetzgeber einbrachte.

Im 19. Jahrhundert kam ein aus verschiedenen Kräutern, vor allem aber Wermut, destillierter Schnaps[249] in Mode, der sowohl unter der Bezeichnung »Grüne Fee« als auch »Absinth« insbesondere in Künstlerkreisen gerne genossen wurde. Sein Geschmack ähnelte dem der französischen Anisette[250] und genau wie diese wurde er mit Wasser verdünnt, was seine ursprünglich klare grüne Farbe in ein milchig trübes Gelb verwandelte. Der Alkoholgehalt der historischen Variante der »Grünen Fee« variierte zwischen 45 und 72 Volumprozent.

Es existierten insgesamt fünf Qualitätsstufen, die unter anderem auch vom Alkoholgehalt abhingen. Billige Absinth-Varianten wurden oftmals mit Kupfer, Indigo, Zink oder anderen Farbstoffen gepanscht, um die typische grüne Farbe zu erhalten, die ursprünglich nur auf dem in den Kräutern enthaltenen Chlorophyll beruht. Dieser Schnaps – in zu großen Mengen genossen – wirkte wie ein psychoaktives Rauschmittel und führte gleichzeitig in eine Abhängigkeit mit meist tödlichem Ausgang. Zwischen 1900 und 1930 wurde er in fast ganz Europa und auch in den USA verboten. Lediglich in Spanien und Portugal war Absinth weiterhin legal, was schließlich auch im Rahmen der EU zur Aufhebung des Absinth-Verbots führte. Allerdings geht die heutige Wissenschaft davon aus, daß die Symptome des »Absinthismus« – Abhängigkeit, Erregbarkeit und Halluzinationen – weniger auf den Thujon-Gehalt des Destillats zurückzuführen sind als vielmehr auf minderwertigen Alkohol mit extrem hohem Alkoholgehalt und stark gesundheitsschädliche Beimischungen wie den oben erwähnten Zink. Die heute im Handel erhältlichen Absinthe haben einen Alkoholgehalt von maximal 53 Volumprozent und einen gemäß EWG-Richtlinie festgelegten Thujon-Gehalt von maximal 35 mg/kg.

Wesentlich älter als diese Form des Absinths ist die sogenannte »Chartreuse«. Hierbei handelte es sich um einen hochprozentigen Kräuterlikör, dessen exakte Zusammensetzung immer nur einige wenige Mönche der Großen Kartause von Grenoble in den Bergen des heutigen französischen Départements Isère kannten. Ganz zu Anfang des 17. Jahrhunderts schenkte ein örtlicher Adeliger, der Maréchal d'Éstrées, den Kartäusermönchen von Vauvert das Manuskript einer Rezeptur für ein »Elixier des langen Lebens«, das sich nach seinen eigenen Aussagen bereits seit dem Jahr 1000 im Besitz seiner Familie befand. Dieses »Elixier« bestand aus Weinalkohol, Zucker und 130 verschiedenen Kräutern, u. a. Wermut, und man setzte es fünf Jahre lang in Eichenholzfässern an, bevor es trinkfertig war. Die wirkliche Herkunft des von Maréchal d'Éstrées verschenkten Manuskripts wurde niemals geklärt! Genauso wenig wurde geklärt, ob die heutige »Chartreuse«, die auf der Niederschrift des Kartäusers Jerôme Maubec aus dem Jahre 1773 basiert, noch exakt genauso zusammengesetzt ist wie jenes »Elixier des langen Lebens« aus dem Jahr 1000. Während der Französischen Revolution wurde nämlich der Kartäuserorden wie alle anderen religiösen Orden Frankreichs in alle Winde zerstreut und lediglich eine Abschrift der Rezeptur von Frère Maubec gelangte in die Hände des Apothekers Liotard aus Grenoble. Was mit dem Manuskript des Maréchal d'Éstrées geschah, ist niemals bekannt geworden. Allerdings mußte Monsieur Liotard eine große Niederlage einstecken: Gemäß dem von Napoleon I. im Jahre 1810 erlassenen Gesetz, daß alle Rezepturen für medizinische »Geheimmittel« zur Prüfung dem Innenministerium vorgelegt werden müßten, reichte er sein von Bruder Maubec stammendes »Elixier des langen Lebens« ein, um eine Genehmigung für dessen Kommerzialisierung zu erhalten. Napoleons Bürokrat machte nicht viel Federlesen mit der »Chartreuse«, sondern kritzelte ein kurzes und sehr bündiges »Réfusè« – »Zurückgewiesen« – unter die Rezeptur.

Erst 1838 – mehr als 20 Jahre nach Napoleons politischem Ende – brachten die Kartäusermönche wieder eine »Chartreuse« auf den Markt, allerdings mit reduziertem Alkoholgehalt und neuer Formel!

Von Marcellus ist noch eine weitere Verwendung des Wermuts überliefert worden, die wir ansonsten in keinem anderen Kräuterbuch der Antike oder des Mittelalters gefunden haben: als Salbe gegen Halsschmerzen und zum Einreiben der Brust – eine frühe Form von Wick VapoRub sozusagen! Allerdings scheint uns die Wirksamkeit dieser Mischung äußerlich sehr zweifelhaft. Würde man die Rezeptur allerdings innerlich verwenden, dürften zwei der Komponenten zusammen mit dem Wermutkraut – der Honig und der weiße Pfeffer – zumindest den Halsschmerz lindern.

Exkurs: *Gemeiner Beifuß*

Lateinisch: Artemisia vulgaris L.
Gallisch-keltisch: möglicherweise Bricum (Marcellus)
Bretonisch: Louzaouenn zant yann

Der sogenannte »Gemeine Beifuß« ist botanisch eng mit Artemisia absinthum verwandt und ebenso wie dieser ein antikes »Frauenkraut« und der Göttin Artemis geweiht.

Bei den gallisch-keltischen Druiden spielte das Kraut allerdings nur als Räucherpflanze eine Rolle, die es einem Druiden-Arzt erlaubte, in die andere Welt zu reisen und dort herauszufinden, welche Disharmonie zwischen seinem Patienten, der Natur und dem Kosmos das identifizierte Leiden ausgelöst hatte und wie man das entsprechende Geistwesen wieder besänftigen, d. h. den Patienten wieder in Einklang mit seiner Umwelt bringen konnte.

Marcellus Empiricus empfiehlt darüber hinaus noch: »Suche die Pflanze dort, wo sie wächst, und wenn du sie gefunden hast, dann pflücke sie mit der linken Hand, morgens vor dem Sonnenaufgang. Dann lege sie dir um die Hüften auf die nackte Haut. So wird sie dich von deinen Rückenschmerzen heilen!«

Auch er erwähnt mit keinem Wort den Gemeinen Beifuß als Heilpflanze in der Frauenheilkunde Galliens.

Dioscorides kannte zwei Sorten des Beifußes, den einstengeligen und den mehrstengeligen. Dem einstengeligen »Großen Absinth« gab er dabei einen gallisch-keltischen Namen – »Ponem«. Beide Sorten empfahl Dioscorides ganz besonders zum Austreiben der Nachgeburt oder eines toten Fötus. Außerdem beschreibt er bei Gebärmutterentzündung, Anurie und Harnsteinen einen Umschlag aus einer Mischung von Gemeinem Beifuß und Myrrhe und schlägt gleichzeitig Sitzbäder in einem kräftigen lauwarmen Aufguß vor.

Dieses Einsatzspektrum hat sich in der Volksheilkunde bis in die ersten Tage des 20. Jahrhunderts gehalten. Zusätzlich wurde der Gemeine Beifuß als Tee verabreicht, um eine Geburt zu beschleunigen oder Monatsblutungen auszulösen.

Pseudo-Apuleius erwähnt lediglich den einstengeligen Beifuß, gibt diesem aber einen anderen gallisch-keltischen Namen – »Titumen« – und sagt, daß er nach einer Reise die Müdigkeit vertreiben würde. Außerdem wäre er ein ausgezeichnetes Mittel, um Dämonen zu vertreiben und Gifte wirkungslos zu machen. Zudem würde er sich als Prophylaxe gegen Augenschmerzen und müde Füße eignen!

Seine austreibende Wirkung, die Dioscorides so detailliert beschreibt, kommentiert Pseudo-Apuleius nicht. Man darf sich in der Tat fragen, ob der »Ponem« des Dioscorides die gleiche Pflanze war wie der »Titumen« des Pseudo-Apuleius, oder ob hier nicht eine Verwechslung mit einer anderen Absinth-Art vorliegt. Die abtreibende Wirkung des großen Absinth, auch Bitterer Beifuß genannt, ist nämlich nicht nachgewiesen und diese Tatsache war offensichtlich den Druiden-Ärzten und auch Marcellus bekannt. Auch der Gemeine Beifuß wirkt in normalen Mengen nicht abtreibend, wenn er auch bei Monatsbeschwerden in einer Teezubereitung durchaus Linderung verschafft. Heute wird schwangeren Frauen, die ein Magengeschwür haben, von manchen Gynäkologen sogar Wermuttee verordnet; 1/2 Liter pro Tag, schluckweise und ungezuckert zu trinken.

Wie auch immer, hätte sich der Gemeine Beifuß als »Geburtshelfer« und »Frauenkraut« in der französischen Volksheilkunde nicht so lange und so bestimmt gehalten, wäre es schwierig gewesen, überhaupt diesen kleinen Exkurs zu verfassen, und wir hätten Artemisia vulgaris in diesem Buch nicht einmal erwähnt.

ZITTERGRAS

Botanisch.: Briza media L.
Volkstümlich: Jungfrauhaar, Marienherzlein, Muttergotteshaar, Muttergottesfliegen, Herrgottsbrot
Gallisch-keltisch: Brize
Altbretonisch: Amor

- Das Gewöhnliche Zittergras ist eine unscheinbare 30 bis 50 cm hohe Grasart mit in ausgebreiteten Rispen stehenden herzförmigen Ährchen. Die Rispenäste sind sehr lang und dünn. Die Pflanze ist maximal fünfzehnblütig und oft von einem violetten Farbschimmer überhaucht. Die 2 bis 5 mm langen Blättchen sind eher rauh. Die Blatthaut erreicht eine Länge von 1 mm.

- Sie ist die einzige in Deutschland vorkommende Zittergrasart und heute durch Landwirtschaft und Unkrautvertilgungsmittel vom Aussterben bedroht. Zittergras wächst nur auf trockenen, kargen Böden. Briza media wird allerdings gerne als Ziergras für Blumengebinde kultiviert.

Das Zittergras ist eine vollständig vergessene Heilpflanze. Sie wird heute noch ganz vereinzelt im von der spanischen Kultur beeinflußten Raum als Teezubereitung bei Zuckerkrankheit eingenommen. Eine Studie im südwestlichen Teil der USA, die die Arizona-Außenstelle der US Agency for Healthcare Research and Quality in Zusammenarbeit mit der Universität von Tucson durchführen ließ, bestätigt diese positive Wirkung. Bei Hispanoamerikanern sehr beliebt ist eine Teemischung, »Diabetil«, deren Hauptbestandteil das Zittergras ist.

Allerdings bezweifle ich, daß es diese blutzuckersenkende Wirkung von Briza media L. war, die die Druiden angezogen hat. Die große völlig vergessene Wirkung von Zittergras liegt nämlich in der Wundheilung. Hierbei muß sie sich äußerlich als eine Art Balsam sowie innerlich als Einlauf oder Teezubereitung bewährt haben. Die Hinweise, die ich sowohl bei Marcellus von Bordeaux als auch im alten Volksglauben des Morvan finden konnte, wo Briza heute noch eine beliebte Zauberpflanze ist, deuten darauf hin, daß das unscheinbare Kräutlein für die Druiden-Ärzte beinahe denselben Stellwert hatte wie die Schafgarbe – Achillea millefolium L.

Als Zauberpflanze wird Zittergras gern in Liebeszaubern verwendet: Allen Anschein nach steigert es die sexuellen Gelüste des Bezauberten.

Der Giftgarten der Druiden

Aronstab

Botanisch: Arum maculatum L.
Mittelalterliches Latein: Herba proserpinalis
Gallisch-keltisch: Gigarus
Bretonisch: Louzaouenn an naer

- Arum maculatum L. – der Gefleckte Aronstab – kommt in ganz Europa vor.

- Er ist ein krautartiges Gewächs mit knolligem Wurzelstock. Seine großen, grundständigen, langgestielten Blätter sind spießpfeilförmig und oft braun oder schwarz gefleckt. Der Blütenschaft wird bis zu 60 cm hoch. Er trägt an der Spitze den Blütenkolben, der von einer gelblich grünen, bauchigen und zugespitzten Scheide umgeben ist. Der obere Teil des Blütenkolbens ist keulenartig verdickt, braunviolett und nackt. Der darunter befindliche dünnere Teil der Kolbenspindel trägt die weiblichen und männlichen Blüten, die beide ohne Perigon sind. Über bzw. zwischen den Blüten befinden sich zwei Kreise von Borsten. Der Blütenstand stellt mit seinem Scheidenblatt eine ausgezeichnete erstweibliche Kesselfallenblüte dar: Durch fauligen Geruch angelockt, kriechen kleine Insekten in den Kessel der Blütenscheide hinein. Sie müssen hier so lange verweilen, bis die erschlaffenden Borsten den Weg nach außen wieder freigeben. Sie übertragen dann den Blütenstaub auf die Narben anderer Blütenstände. Die Frucht ist eine scharlachrote Beere.

* Die Blütezeit von Arum maculatum erstreckt sich zwischen Mai und Juni.

Eine Besonderheit, die zum ersten Mal von Helmstädt in seiner »Orfilas Toxicologie« von 1818 berichtet wird, ist, daß der Fruchtknoten des Aronstabs zur Zeit der Blüte eine erhöhte Temperatur hat. Diese Beobachtung wurde später von Lubert bestätigt.

Der Namensursprung der Pflanze ist vielleicht ägyptisch. Dies behauptete zumindest Theophrast. Die volksmundlichen Namen entstanden alle durch Anlehnung an das lateinische »arum« und Arum maculatum erfuhr in seiner Bedeutung dadurch eine Umdeutung im Sinne des Hohepriesters Aron des Alten Testaments. An diese Umbildung knüpfte auch die folgende deutsche Sage an: Als Josua und Kaleb ins gelobte Land geschickt wurden, nahmen sie einen Stab mit, an dem sie die große Weintraube und die anderen Früchte jenes Landes trugen. Nachdem sie diese abgeladen hatten, steckten sie den Stab in die Erde, und an dieser Stelle wuchs nachher die Aronswurzel. Noch heute trägt der Aronstab im Volksglauben als ein Abbild jenes Fruchtsegens, den Josua und Kaleb aus dem gelobten Land mitbrachten, in seinem scheidenartigen Hochblatt verborgen den mit den Fortpflanzungsapparaten besetzten Kolben, der in eine rotbraune, keulenförmige Spitze endet.

Am Eingang zum Halltal in der österreichischen Steiermark – einem alten Kelten- und Druidenland – fand man am Ende des 19. Jahrhunderts die Überreste dessen, was möglicherweise ein Kräuter- und Heilpflanzengarten der keltischen Druiden gewesen war. Unter anderem entdeckte man dort auch Arum maculatum, den Aronstab. Dieser Fund weist Prof. Dr. K. W. Dalle Torre in seinem naturkundlichen Führer zufolge auf eine Verwendung des Aronstabs durch die Druiden-Ärzte unserer keltischen Vorfahren hin. In Anbetracht der Tatsache, daß die Knollen der Arongewächse im Altertum vielfach als Nahrung dienten, ist dies nicht auszuschließen.

So schreibt z. B. Theophrast: »Die Wurzeln und Blätter des Aron sind eßbar, wenn sie mit Essig gekocht sind, jene schmecken süß und heilen innere Zerreißungen.« Und Plinius empfiehlt den weiblichen Aron zum Essen, weil der männliche zu hart sei und sich nur langsam weich kochen lasse. Wenn der Bär aus seinem Winterschlaf erwache, so seien die Knollen des Aron seine erste Nahrung. Plinius hält die Pflanze also auch roh – für die Tiere zumindest – für nicht schädlich. Dioscorides kannte verschiedene Aronarten, in welchen sich aber der hier aufgeführte Arum maculatum nicht mit Sicherheit nachweisen läßt.

Im Mittelalter schließlich war der Aronstab ein hochberühmtes Heilmittel: J.J. Becher von Speyer beschreibt im »Parnassus medicinalis«, Ulm 1663, seine heilkräftigen Eigenschaften:

«Die Wurzel Pfaffenspint (Aronstab), die trocknet, hitzet sehr,
Zertheilet dies, was Lungen ist beschwer,
Den zähen Schleim des Leibes in gleichen lösst sie auf,
Heilt Brüch und treibt den Harn. Zwey Styck seynd zum Kauf:
Die Wurzel präparirt, ein Pulver noch dazu,
Sie schaffen wie gesagt, zu solchen Sachen Ruh.«

Allerdings sind auch so viele Vergiftungen durch den Aronstab bekannt geworden, daß – mittelalterliches Gemüse oder nicht – Arum maculatum einfach in den »druidischen Giftgarten« hineingehört!

Von Hippokrates wurde der Aronstab als Expektorans empfohlen und als Uteruseinlage zur Beförderung der Menstruation wie auch zur Erweichung des Muttermundes verordnet. »Ein berümpt artznei für den zähen husten« nennt Bock in Anlehnung an den »Arzt der Ärzte« den Aronstab, der brust-, lungen- und uterusreinigend, gegen Asthma, Magenverschleimung, Melancholie, äußerlich gegen Kondylome und Mastdarmvorfall wirken soll. Die Blätter seien ein gutes Wundheilmittel, das zugleich alte, unsaubere Wunden reinige. Diesen Indikationen fügt Matthiolus noch hinzu, daß der Wurzelsaft, mit Fenchelwasser gemischt, die Augen rein und klar mache und auch von den Frauen häufig als Hautverschönerungsmittel gebraucht werde.

In der Homöopathie wird Arum heute gerne bei Affektionen des Nervensystems verordnet, genauso wie bei chronischen Katarrhen der Luftröhren- und Magenschleimhaut mit Neigung zu Blutungen, bei Bläschenflechten und lockerem, leicht blutendem Zahnfleisch. An diese homöopathische Verwendung der Pflanze sollte man sich vielleicht auch am besten halten, denn die Wurzel kann tödlich wirken, ohne daß sich andere Symptome als Ermattung zeigen – und ein leicht entzündeter Darmkanal bei der Autopsie des unvorsichtigen Schlemmers! Der Genuß von Aronstabblättern führt dagegen zu heftigen Konvulsionen und einem dramatischen Anschwellen der Zunge. Die reizende Wirkung der frischen Wurzel geht wahrscheinlich von dem glykosidischen Saponin aus, von dem die Pflanze bis 1 Promille enthält. In jungen Frühjahrsschößlingen wurde ferner ein conicinartiges Alkaloid gefunden!

 ## Bilsenkraut, Schwarzes

Botanisch: Hyoscyamus niger L.
Gallisch-keltisch: Belenountiam, Belinoumtiam, Bellanotem, Bellinotem, Belinuntiam
Bretonisch: Louzaouenn ar c'housked

- Das Schwarze Bilsenkraut – Hyoscyamus niger – kommt von Europa bis Asien vor und wächst wild von der Iberischen Halbinsel bis hinauf nach Skandinavien. Es ist häufig in Nordafrika anzutreffen und wächst sogar bis ca. 3500 m Höhe im Himalaya.

- Die Pflanze kann sowohl einjährig als auch zweijährig sein, abhängig vom Standort und der Natur des Bodens. Abgesehen von der Selbstaussaat läßt sie sich leicht kultivieren, indem Samen zwischen März und April in einen sandig-lehmigen Boden gedrückt werden. Wachstumsvoraussetzung ist lediglich ein stickstoffreicher Boden.

- Das Bilsenkraut ist eine drüsenhaarig-zottige, klebrige Pflanze von absolut widerlichem Geruch. Sie wird bis zu 80 cm hoch. Die Blätter sind buchtig gezähnt, die oberen sitzend und halbstengelumfassend, die unteren gestielt. Die fast ungestielten Blüten bilden einseits-wendige Wickel. Die Blumenkrone ist trichterförmig, fünflappig, trüb schwefelgelb mit fein violettem Adernetz, im Grunde ganz violett. Sie enthält 5 Staubgefäße, die unten dicht behaart sind. Aus dem Fruchtknoten wird eine zweifächrige, vielsamige Kapsel, die von dem vergrößerten Kelch umschlossen ist. Sie öffnet sich an der Spitze mit einem aufspringenden Deckel.

❀ Das Schwarze Bilsenkraut kann leicht mit seiner Schwester Hyoscyamus muticus – dem Ägyptischen Bilsenkraut – verwechselt werden, das in der pharmazeutischen Industrie aufgrund seines hohen Alkaloidgehalts am meisten eingesetzt wird. Einfachste Unterscheidungsmerkmale sind die Größe und das Farbspektrum der Blüten: Die des Schwarzen Bilsenkrauts sind sehr groß, violett geädert und stark behaart, während die ägyptische Variante kleinere Blüten hat.

Der wissenschaftliche lateinische Namensursprung des Schwarzen Bilsenkrauts liegt wieder einmal im Griechischen und setzt sich aus »hys« – »Schwein« – und »kyamos« – »Bohne« – zusammen. Allerdings widersprechen sich hier die antiken Autoren ganz ordentlich: Dioscorides sagt, »hyskyamos« würde das Kraut genannt, denn obwohl es so schrecklich giftig sei, können die Schweine es doch fressen, ohne Schaden an Leib und Leben zu nehmen. Die meisten anderen Autoren allerdings behaupten genau das Gegenteil, nämlich daß das Bilsenkraut diesen Namen hätte, weil es der Sau den sicheren Tod bedeute.

Eine dritte Hypothese für die Namensgebung findet sich im griechischen Götterhimmel: Das Schwein – die Muttersau – war das heilige Tier der Göttin Demeter/Persephone und unter seinem Namen »hyoskamos« – »Saubohne« – wäre das Schwarze Bilsenkraut der Demeter/Persephone geweiht gewesen. Sei es drum, uns interessiert hier eher der volkstümliche Name für die Pflanze, so, wie er sich in den Ausbreitungsgebieten der Kelten in Westeuropa finden läßt.

Der Name »Belen-Kraut« – Bilsenkraut – ist sehr alt und findet sich bei allen nordeuropäischen Indogermanen in entsprechenden Varianten. Der Wortstamm ist altkeltisch, denn das Kraut war dem Sonnengott Belenos geweiht (Belenountiam-Kraut des Belenos). Amüsanterweise nannten die Römer das Bilsenkraut »Apollinaris« – Kraut des Apollo –, der in ihrem Götterparthenon dem keltischen Belenos entsprach!

Diese leicht erkennbare Referenz an Belenos ist noch in verschiedenen volkstümlichen Namen des Schwarzen Bilsenkrauts sichtbar, so zum Beispiel im Englischen, wo die Pflanze häufig »Belene« genannt wird, oder im russischen »Bielena« oder im ungarischen »Beléndek«. Im Spanischen ist Schwarzes Bilsenkraut »Beleño« und die Holländer nennen es »Bilsa« oder »Bilisa«.

Das Bilsenkraut gehört zu den ältesten Giftpflanzen, die die indogermanischen Völker benutzten. Der Ethnobotaniker Wolf-Dieter Storl vermutet, daß es bereits im Paläolithikum in ganz Eurasien schamanistischen und rituellen Zwecken diente. Ein österreichischer Fund aus der frühen Bronzezeit[252] unterstreicht dies noch zusätzlich. Aber auch den Babyloniern, Ägyptern, Indern, Persern und Arabern war es bekannt. Die Hippokratiker kennen die Giftpflanze. Dioscorides beschreibt bereits vier Hyoscyamusarten und ihre Wirkung – Wahnsinn und Lethargie. Aber er merkt auch an, daß die frischen Blätter als Umschlag verwendet schmerzstillend wirken, und Essig, in dem Bilsenkrautwurzel gekocht wurde, empfiehlt er als Mundspülwasser bei Zahnschmerz. Nach Plinius sollte man bei Zahnschmerzen den Rauch der getrockneten Pflanze einatmen. Im Mittelalter ersetzte das Bilsenkraut dem Baderchirurgen oder Arzt bei Operationen das Chloroform.

Auch über die bewußtseinserweiternde Wirkung der Pflanze war man sich früh im klaren. Das exzessive Einatmen ihrer Dämpfe, um sich in den für Wahrsagungen notwendigen Trancezustand zu versetzen, war einer der Gründe, warum die Phytiae des Orakels von Delphi nicht sonderlich alt wurden! Verräuchertes Bilsenkraut oder mit Bilsenkraut versetzter Wein gestattete den keltischen Druiden, sich auf Reisen in die Geisterwelt zu begeben oder mit den Gottheiten zu kommunizieren.

Aber Belenos, dem die Pflanze geweiht war, war nicht nur Herr des Lichtes und Gott der Sonne, sondern auch ein Gott der Heilkunst und Patron von heilenden Quellen. Seine Gefährtin war Belisama – die genauso wie er Feuer, Wärme und Licht war.

Was bei den Kelten Belenos war, war bei den Germanen als Baldur oder Balder anzutreffen. Die Südgermanen kannten ihn unter dem Namen Biel. Biel hatte wie Belenos eine Gefährtin – Bil –, die heute von der Keltenforschung mit der Belisama gleichgesetzt wird.

Diese Bil wird allerdings im Gegensatz zur feurigen Belisama häufig als ein Bildnis im Mond, vielleicht eine bestimmte Mondphase gedeutet.

Eine Interpretation der Bil ist allerdings die der »Göttin des Regenbogens«, denn die Brücke, die in die andersweltlichen Gefilde der germanischen Götter führt, nach Asgard, ist »Bilröst« – die Regenbogenbrücke. In Anbetracht dieses Interpretationsversuches wurde aus Bil die Herrin des Bilsenkrauts, das die Vision, die Halluzination gibt, die magische Kraft, die notwendig ist, um mit den Andersweltlichen zu kommunizieren. Und jene, die hierzu nicht berufen, dieser Aufgabe nicht gewachsen sind, die nicht wissen, wie man sich ihrer heiligen Pflanze bedient, um die Tore zu öffnen, denen versperrt sie den Weg zurück über die »Bilröst«, denn für sie gibt es kein Zurück mehr in ihre eigene Welt.

Von Belisama, der gallischen Keltin, ist nicht bekannt, ob sie den Weg nach An Avallach in die weiße Anderswelt mit genauso unerbittlicher Hand bewachte wie die Bil, oder ob ihr leuchtender Gefährte Belenos einen mäßigenden Einfluß auf sie ausübte und dafür Sorge trug, daß die Tore vor denen, die um Eintritt nachgesucht hatten, sich am Ende ihrer Reise auch wieder öffneten. Ich nehme es an und vermute, daß auch Baldur, der Reinheit, Güte, Schönheit, Friedfertigkeit und Licht verkörperte, wie sein keltischer Zwillingsbruder, obgleich er kein Heiler gewesen zu sein schien, immer wieder mäßigend auf die strenge Bil eingewirkt haben dürfte. Dafür spricht jene Leidenschaft in germanischen Ländern bis zum Deutschen Reinheitsgebot von 1516, das Schwarze Bilsenkraut als höchst rauschkräftige Bierwürze[253] zu verwenden.

EISENHUT, BLAUER

Botanisch: Aconitum napellus L.
Französisch volkstüml.: Tue-Loup-Wolfstod, Casque de Jupiter – Helm des Jupiter
Bretonisch: Louzaouen ar flemm

- Die Gattung Eisenhut, die zu den Hahnenfußgewächsen zählt, gilt als arktische Gattung aus dem Tertiär, die sich von Sibirien aus über Europa, Asien und Amerika ausbreitete, wobei als Auslöser der pflanzlichen Wanderung die Eiszeiten gelten.

- Aconitum napellus L. kommt in ganz Europa vor – solange sich auch Hummeln finden! Der Ausguß der Blüte hat exakt die Gestalt einer Hummel. Der Eisenhut ist eine »Kraftblume«, denn nur Hummeln, die seine einzigen Bestäuber sind, können die Oberlippe – den Helm – überhaupt hochdrücken. Die Pflanze bildet jedes Jahr eine neue knollige Wurzel aus, während die des Vorjahres abstirbt.

- Der Blaue Eisenhut wird bis zu 1,50 m hoch und ist eine der prächtigsten Wildpflanzen überhaupt. Die Wurzel ist schwärzlich, fleischig und rübenartig. Der kräftige aufrechte Stengel ist kahl oder nur schwach langhaarig. Die gestielten Blätter sind fünf- bis siebenteilig handförmig mit schmalen linealen Abschnitten. Ihre Oberseite ist dunkel-, die Unterseite meist hellgrün. Die Blüten bilden eine dichte, meist einfache Traube. Die Blütenstiele stehen aufrecht. Die violetten, gelegentlich auch weißen oder rötlichen Blütenhüllen werden von fünf kronenblattartigen Blättern gebildet. Der sogenannte »Helm«, das oberste Blütenblatt, umschließt wie ein Sturmhut zwei langgestielte Honigblätter, die zwei sogenannten »Tauben des Venuswagens«. Die Blüte hat zahlreiche Staubblätter. Drei mehrsamige Balgfrüchte treten bald nach dem Verblühen auseinander. Der Blaue Eisenhut blüht von Juni bis August.

* Aconitum napellus ähnelt Aconitum ferox – Himalaya-Eisenhut –, ist jedoch etwas größer und weniger gedrungen als dieser. Er besitzt auch mehr Blüten, welche in geringerem Abstand zueinander stehen. Eine Verwechslung kann eventuell problematisch sein, da Aconitum ferox zwar annähernd dieselben giftigen Inhaltsstoffe besitzt, aber in höherer Konzentration. Manchmal wird der Eisenhut auch mit dem Rittersporn – Delphinium – verwechselt.

* Die Pflanze wächst in Gebüschen, auf Schutthalden, auf feuchten, humosen Weiden und an Bachufern. Sie bevorzugt fetten, gut gedüngten Boden und tritt deshalb besonders gern als lästiges und giftiges Unkraut in der Nähe von Sennhütten auf, wo der Dung des Viehs besonders reichlich abgesetzt wird. Von der Bergstufe bis in die Alpen (3000m) ist Aconitum napellus anzutreffen. Gebirgswälder von fast ganz Europa bis nach Schweden stellen sein Verbreitungsgebiet dar.

* Der Blaue Eisenhut steht zwar wie alle anderen Aconitumarten auch in Deutschland unter Naturschutz, doch ist es recht einfach, die Pflanze im eigenen Garten anzusiedeln, wenn man sich an entsprechende Vorsichtsmaßnahmen hält. Aconitum napellus kann mit Samen oder abgetrennten Wurzelknollen vermehrt werden. Das Hantieren ohne Handschuhe mit den frischen Wurzelknollen kann allerdings zu gefährlichen Vergiftungen führen! Die Samen sind im Blumenhandel erhältlich und werden im Frühjahr entweder direkt in den Boden gedrückt oder in Saatbeeten angezogen.

Der Blaue Eisenhut ist die giftigste Pflanze Europas überhaupt. Nichtsdestoweniger wurde er schon immer als Heilpflanze sowie als Zauber- und Giftpflanze verwendet. Er ist die heilige Pflanze der Hekate, der Herrin der nächtlichen Wesen, der Zauberei und Giftmischerei, und wird traditionell zu den Hexenpflanzen gezählt.

Nach Ovid soll die Pflanze ebenso wie das Bilsenkraut (Hyoscyamus albus) aus dem Geifer des Höllenhundes Zerberus (Kerberos), der von seinen Zähnen tropfte, entstanden sein. Beide Pflanzen wurden Apollinaris, also »Apollopflanze«, genannt. Einer anderen

Sage zufolge hat sich Eisenhut aus dem Blut des Prometheus gebildet, das auf den Felsen tropfte, als der Adler kam und seine Leber fraß.

Von den Kelten gerne als Pfeilgift für die Jagd verwendet, erwarb sich Aconitum napellus später den zweifelhaften Ruf, »das« Mordgift überhaupt zu sein. Heute ist Eisenhut in der Homöopathie ein wirksames Mittel bei Erkältungskrankheiten, Neuralgien und Gelenkerkrankungen. Als Ohrentropfen verabreicht[254], erkrankungen. Als Ohrentropfen verabreicht[254], ersparte Aconitum napellus schon so manchem bei Mittelohrentzündung die Einnahme von Antibiotika.

Der Blaue Eisenhut enthält unter anderem das Alkaloid Aconitin (Acetylbenzoylaconin), Aconitinsäure und Napellin. Alle Pflanzenteile sind giftig, vor allem die knollige Wurzel. Schon geringe Dosen (sehr wenige Gramm des Pflanzenmaterials) können tödliche Vergiftungen hervorrufen. Oral aufgenommen, können bereits 0,2 mg Aconitin toxische Erscheinungen auslösen, 3 bis 6 mg sind bei einem Erwachsenen meist tödlich.

Allein das ungeschützte Berühren oder Pflücken der Pflanze kann zur Aufnahme des Giftes über die Haut führen. Je länger das Gift im Mund verbleibt, desto stärker entwickelt sich in Mund und Rachen ein Prickeln und Brennen, gefolgt von Taubheit und dem Gefühl der Lähmung in der Zunge und um den Mund herum, so daß das Sprechen schwerfällt. Schon bald nach der Giftaufnahme zeigt sich ein typisches Gefühl von Kribbeln und Ameisenlaufen in Fingern, Hand und Füßen, manchmal Zuckungen im Gesicht, später Lähmung der Gesichtsmuskeln. Weiterhin kommt es zu einem unerträglichen Kältegefühl (»Eiswasser in den Adern«) mit Untertemperatur, bedingt durch Erregung von Kältezentren. Darauf folgt Gefühllosigkeit, Lähmungserscheinungen an Armen und Beinen, erschwerte Atmung. Grünsehen, Schwindel, Ohrensausen und Trigeminusschmerzen wurden beobachtet. Übelkeit und Erbrechen können, müssen aber nicht auftreten, ebenso Durchfälle und gesteigerte Harnflut. Unter Atem- und eigentümlichen Herzstörungen kann es zu Bewußtlosigkeit, Herz- oder Atemtod kommen. Man kann jedoch auch bei Bewußtsein bleiben, bis der Tod, unter Umständen schon im Verlauf der ersten Stunde, eintritt.

Die umfangreiche Beschreibung, die Matthiolus dem Blauen Eisenhut widmete, erstreckte sich lediglich auf die Schilderung dieser

Giftigkeit: »Kein Kraut ward nie so gifftig/als eben blaw Eisenhüttle«, schrieb er und warnte dringend vor seinem Gebrauch. Als bestes Gegenmittel bei Aconitvergiftung empfiehlt er eine Feldmaus, die Aconitwurzel benagt und gefressen habe, oder eine Latwerge aus Fliegen und Hornissen, die ihre Nahrung von Aconitblüten geholt hätten. Selbst von Haller nannte den Eisenhut nur »das bekannte giftige Gewächs«, während er dem Aconitum anthora Heilkraft bei »bösartigsten Fiebern mit Ausschlägen« zuschrieb.

Dioscorides erwähnt, daß die Wurzel, der sich ein Skorpion nähert, diesen tötet. Plinius behauptet, schon allein der Geruch einer Aconitwurzel wäre ausreichend, um über große Entfernungen Mäuse zu töten. Diese absurde Geschichte hat möglicherweise dazu beigetragen, daß die Pflanze heute noch gelegentlich im Volksmund, insbesondere in Großbritannien, »Mousebane« – »Mausetod« – genannt wird.

Eisenhut war im Altertum ein gefürchtetes Gift und nimmt eine prominente Stellung in der Geschichte der politischen Giftmorde ein. Das war vor allem in Griechenland der Fall, aber auch der römische Kaiser Claudius starb im Jahre 54 der Zeitrechnung an einer Aconitvergiftung. In Rom nahmen die Giftmorde mit Eisenhut ein solches Ausmaß an, daß schließlich sein Anbau durch einen Senatsbeschluß ganz verboten wurde.

Obwohl im Altertum und auch bei den Druiden-Ärzten der keltischen Gallier der Blaue Eisenhut als Heilpflanze bekannt war und auch als solche angewendet wurde, insbesondere zusammen mit Datura stramonium und Arum maculatum als schmerzlinderndes und betäubendes Mittel[255], ist es heute nicht mehr nachvollziehbar, wie diese medizinische Verwendung exakt vonstatten ging – das Wissen darum ist verloren gegangen.[256]

Wir dürfen annehmen, daß die Druiden-Ärzte und jene weisen Frauen und Männer, die ihr Erbe antraten, nur um sich dafür über lange Jahrhunderte als Hexenmeister und Dämonenbuhlen gebrandmarkt (und vor allem verbrannt) zu sehen, als erfahrene Schamanen mit mächtigen Pflanzengeistern umzugehen wußten. Sie glaubten, daß in jeder Giftpflanze eben zwei Pflanzengeister wohnten: ein guter, den es zu befreien galt, und ein böser, den man zügeln musste – und auch zügeln konnte. Eine schmerzlindernde und betäubende

Wirkung von Aconitum napellus kann man schließlich schon bei kleinen, noch lange nicht tödlichen Mengen der Droge beobachten, wie zum Beispiel in jenen Ohrentropfen, die bei einer Mittelohrentzündung so wirksam sind und die damit einhergehenden extrem starken Schmerzen fast augenblicklich zum Abklingen bringen, wo auf 10 ml Flüssigkeit 100 mg Aconitum napellus als Ölauszug kommen.[257]

Die Ärzte des späteren Mittelalters und der Renaissance betrachteten Aconitum lediglich als tödliches Gift. Häufig wurde es verwendet, um Wölfe zu vergiften, daher auch der volkstümliche angelsächsische Name »Wolf's Bane« und der volkstümliche französische Name »Tue-Loup«. In Indien, so sagt man, vergifteten die Menschen in alter Zeit Fleisch damit, um menschenfressende Tiger zu töten.

Auch die Kelten verwendeten Extrakte aus Blauem Eisenhut als Pfeilgift. Eine weitere Bedeutung hatte diese schöne und gefährliche Pflanze in magischen Ritualen sowohl der Kelten als auch der Germanen, die zur Vorbereitung kriegerischer Unternehmungen gehörten. In kleinen Mengen in einem Trank eingenommen, verwandelte der Blaue Eisenhut einfache Krieger in wildgewordene und schmerzunempfindliche Berserker, die im Rausch den Feind in Stücke schlugen. Aufgrund der allerdings ziemlich gefährlichen kriegerischen Aktivität dürften die möglichen Nebenwirkungen eines solchen Aconitumtrunkes unerheblich gewesen sein, da ein Berserker, der sich allein auf einen Haufen Feinde stürzte, wohl selten lebendig und unversehrt von seinem Kampfeinsatz zurückkehrte, um sich beim örtlichen Druiden über Grünsehen oder Atemnot zu beschweren!

Konrad von Megenberg beschrieb im 14. Jahrhundert den Eisenhut und dessen Giftwirkung in seinem »Buch der Natur«. Die Wurzeln wurden angeblich als wirksamer Bestandteil in Liebeszaubern und bei der Herstellung von Hexensalben verwendet. Allerdings scheint eine ganze Menge dieser Liebeszauber schiefgegangen zu sein, da man Eisenhut im angelsächsischen Raum volkstümlich auch gerne »Widow's Hood« – »Witwenschleier« – nennt.

In einem Rezept von 1485[258] werden folgende Zutaten für ein allgemein übliches Schmerzmittel aufgeführt, ein sogenanntes »Populi Unguentum« oder Pappelsalbe: Außer den Pappelknospen verwendete man zu gleichen Teilen Papaver somniferum (Mohnblätter),

Sempervivum tectorum L. (Hauswurzblätter), Lactuca virosa (Lattichblätter), Orchis spp. (Knabenkrautblätter), Hyoscyamus niger L. (Bilsenkrautblätter) und Mandragora officinalis L. (Mandragorablätter). Diese Kräuter sollten zerstoßen und in Schmalz gesotten werden. Bei Schmerzen wurde empfohlen, die Salbe auf die Schläfen und den Bauchnabelbereich aufzutragen. In späteren Rezepten werden als zusätzliche Bestandteile noch Atropa belladonna sowie Cannabis sativa (Hanf) genannt. Damit wären außer dem Blauen Eisenhut – Aconitum napellus L. – alle psychoaktiven und aphrodisischen Hexenkräuter genannt.[259] Es ist sehr wahrscheinlich, daß sich die allgemein geläufigen Legenden über die Hexenflugsalben auf diese Rezepturen gründen, die zwischen dem 15. und 18. Jahrhundert gemeinhin im Gebrauch[260] waren, der Zeit also, in der die Hysterie der Hexenverfolgung ihre schlimmsten Ausmaße angenommen hatte.

Eisenhut, wie alle anderen Nachtschattengewächse auch, war eine wichtige Schamanenpflanze. Nicht richtig gehandhabt, führte dieses Kraut selbstverständlich zum Tod. Richtig gehandhabt und in Verbindung mit anderen giftigen Pflanzen wie Datura stramonium und Conium maculatum spaltete der Eisenhut die Seele vom Körper, die dann in Tiere hineinzuschlüpfen vermochte. Insbesondere der Blaue Eisenhut vermittelte das Gefühl, ein Pelz- oder Federkleid zu tragen. Bei den keltischen Druiden spielte er eine große Rolle in schamanistisch-magischen Ritualen zur Wolfsverwandlung. Während der Körper des Druiden wie in Todesstarre ausharrte, streifte seine Seele – sein Astralleib – im Wald umher! Auch wurde die Wurzelknolle von ihnen für Heil- und Berauschungszwecke gerne in Wein eingelegt.

Trotz der Giftigkeit der Pflanze werden selbst heute noch in Island die Blüten von Kindern wegen ihrer Honigsüße gegessen. Da aber in den Honigdrüsen Aconitin nachgewiesen werden konnte, kann man sozusagen hier einen psychoaktiven Honig vermuten. Als Rauschmittel kann das getrocknete Kraut auch geraucht werden. Diese Verwendung war im keltischen Kulturkreis nicht ungewöhnlich. Doch sind hierzu keine Dosierungen bekannt, und es muss dringend vor dem unsachgemäßen Gebrauch dieser Pflanze gewarnt werden!

Eisenhut ist als Räuchermittel heute wegen seiner Giftigkeit nur versetzt mit Benzoe Sumatra, Dammarharz und Perubalsam im

Handel, damit kein Mißbrauch möglich ist. Er sollte ohnehin mit anderem Räucherwerk vermischt werden, da er etwas streng riecht. In obiger Zusammensetzung wirkt er beruhigend und entspannend.

Von Paracelsus wird die Wurzel des Aconitum napellus, die er auch »Teufelswurz« nennt, als kräftiges Purgans erwähnt. Lonicerus und Bock berichten von der speicheltreibenden und Brechreiz erregenden Wirkung der Samen.

Volksmedizinisch hat der als starkes Gift gefürchtete Eisenhut niemals eine große Bedeutung gewonnen. Lediglich äußerlich als Bestandteil einer Salbe verwandte man ihn in gewissen Gegenden gegen Lausbefall bei Mensch und Tier. Und da Eisenhut auf Pferde eine stark stimulierende und berauschende Wirkung hat – sie werden »schäumig«, d. h. feurig –, fütterten in alter Zeit nicht ganz so ehrliche Pferdehändler ihre Tiere vor dem Verkauf gerne mit dieser Pflanze.

Zu Beginn des 18. Jahrhunderts berichtet Friccius von Versuchen zur Anwendung des Aconitums bei Wechselfieber, Lepra und Augenschmerzen. Aber erst Störck verschafft dem Blauen Eisenhut eine größere medizinische Bedeutung als schweißtreibendes Mittel, zur Erweichung von Geschwülsten und Knoten, zur Linderung von neuralgischen und rheumatischen Schmerzen. Hecker bezeichnete ihn als ein Mittel, das hauptsächlich die Sekretion der Haut und der Lunge anregt, und verordnet ihn bei Rheumatismus und Gicht, wenn das Fieber gesunken ist, aber sehr starke Schmerzen vorliegen, bei chronischem Hautleiden und Ulzera, gegen venerische Krankheiten.

In der westlichen Phytotherapie werden Eisenhuttinkturen heute zur Schmerzlinderung bei Gicht, Ischias und Neuralgien und zur Behandlung aufkommender fiebriger Erkältungen äußerlich, seltener innerlich verwendet. Homöopathisch aufbereitet ist Aconitum allerdings ein wichtiges Heil- und Linderungsmittel bei Erkältungskrankheiten, die schnell und dramatisch beginnen. Zusätzlich wird es noch bei Krupphusten und Herzbeschwerden eingesetzt und hat außerdem bei Schlafstörungen, Angstzuständen, Nervenschmerzen, Panik und Schock eine positive Wirkung.

Was die verwendeten Pflanzenteile betrifft, herrscht bis heute keine große Einstimmigkeit: Während Paracelsus nur die Wurzel erwähnte, sprachen Bock und Lonicerus von Samen, Wurzeln und

Kraut. Hecker empfahl die frischen, vor der Blütezeit gesammelten Blätter, da sich die medizinischen Eigenschaften der Pflanze beim Trocknen verlören. Geiger ließ die Blätter kurz vor oder während der Blütezeit sammeln. Clarus hielt die Wurzel für sechsmal so wirksam wie die Blätter und war außerdem der Meinung, daß die kultivierten Pflanzen von Aconitum napellus arm an Wirkungsbestandteilen wären. Die Franzosen schwören nur auf die Wurzeln. Britische Phytotherapeuten tendieren seit alters her zur Verwendung der Tochterknolle nach der Blütezeit.

Homöopathische Urtinkturen wurden zu Zeiten Hahnemanns aus der ganzen wildwachsenden, frischen und zur Zeit der beginnenden Blüte gesammelten Pflanze hergestellt. Eine weitere Variante der homöopathischen Urtinktur wurde aus den frischen Wurzelknollen mit daranhängenden Wurzeln extrahiert und die dritte Variante aus den frischen, nach der Blütezeit gesammelten jungen Tochterknollen. Die heute im Handel erhältlichen homöopathischen Mittel mit Aconitum werden aus Zuchtpflanzen extrahiert, was ihre Wirksamkeit allerdings nicht einzuschränken scheint. Wie so oft im Bereich der Pflanzenheilkunde kann man auch bei der Verwendung des Blauen Eisenhuts – von der wir allen Hobbyphytotherapeuten ganz dringend abraten – nur konstatieren, daß hier wohl viele Wege nach Rom führen.

Was allerdings gewiß ist und auch bei vielen anderen Alkaloidpflanzen festgestellt werden konnte: Der Gehalt an Alkaloiden nimmt im Laufe der Nacht bei Aconitum napellus zu und darum sind die frühen Morgenstunden die beste Sammelzeit für die Pflanze.

Der deutsche Autor Gustaf Meyerik, vielen auch als Verfasser des »Golem« bekannt, hat dem Blauen Eisenhut in Form einer Kurzgeschichte, »Der Kardinal Napellus«, ein gruseliges Denkmal gesetzt.

FINGERHUT, ROTER

Botanisch: Digitalis purpurea L.
Gallisch-keltisch: Bribulu
Bretonisch: Brulu

- Der Rote Fingerhut, der zur Familie der Rachenblütler (Scrophulariaceae) zählt, ist eine zweijährige ansehnliche Staude, die bis zu 1,50 m hoch wird. Während sich im ersten Jahr nur eine Rosette großer, oberseits flaumiger, unterseits angedrückt graufilziger Blätter entwickelt, streckt sich im zweiten Jahr die Achse. Sie ist dicht beblättert von eilanzettlichen, runzligen, gekerbten Blättern, die oberseits weichhaarig, unterseits fast filzig behaart sind. An der Spitze des Stengels sitzen in 30 bis 100 cm langer einseitswendiger Traube die purpurroten, großen Blüten. Diese besitzen einen fünfzipfeligen bleibenden Kelch. Die glockige Krone ist rachenförmig, schwach-zweilippig. Die Innenseite der Blüte trägt dunkelrote, weiß umrandete Flecken und lange weiße Haare. Zwei lange und zwei kurze Staubgefäße liegen unter der Oberlippe. Auf dem Fruchtknoten sitzt der fadenförmige Griffel mit einer zweilappigen Narbe. Die Blüten sind vorstäubend, bleiben sechs Tage in Vollblüte und werden hauptsächlich von Hummeln besucht. Die zweifächrige Kapselfrucht enthält zahlreiche sehr kleine Samen.

- Die Blütezeit von Digitalis purpurea erstreckt sich je nach Region zwischen Juni und August.

Nach den eingehenden Untersuchungen des Finnen Stenius kann es als erwiesen gelten, daß der Fingerhut den alten Griechen und Römern nicht bekannt war, wofür auch das Hauptverbreitungsgebiet der Pflanze im westlichen Europa spricht. In der irländischen Medizin ist er dagegen unter dem Namen »sion« als uraltes Volksmittel gegen puerperale Eklampsie und den bösen Blick schon im 5. Jahrhundert im Gebrauch. Nach dem berühmten Arzneibuch aus dem

13. Jahrhundert, »Meddygon Myddfai«, aus Südwales wurde er als äußerliches Mittel bei Geschwülsten des Unterleibs, Abszessen, Kopfschmerzen usw. gebraucht. Auch den Druiden-Ärzten der gallischen Kelten war die in der Bretagne, der Normandie und dem gesamten westlichen Teil des heutigen Frankreichs weit verbreitete Pflanze wohl vertraut und sie waren sich sogar schon über deren herzstimulierende Wirkung im Klaren!

Interessanterweise waren es ausgerechnet zwei französische Wissenschaftler bretonischer Abstammung – Homolle und Quevenne –, denen es 1844 gelang, den hierfür verantwortlichen Bestandteil der Pflanze, das Digitalin, zu identifizieren, auch wenn es noch weitere 30 Jahre, und zwar im Jahre 1874, brauchte, bevor ein anderer Bretone – Nativelle – kristallisiertes Digitalin extrahieren konnte.

Leonard Fuchs, der der Pflanze den wissenschaftlichen Namen »Digitalis« gab, brachte als erster in einem deutschen Kräuterbuch eine genaue Beschreibung und Abbildung. Auch war ihm die Anwendung des Fingerhuts bei Wassersucht als Brech- und Purgiermittel wohlbekannt.

Die Anwendung von Digitalis zu Heilzwecken blieb jedoch in Deutschland zunächst noch sehr beschränkt. So weiß H. Bock vom Fingerhut lediglich zu sagen, daß dieser »zur artzney mit anderen gewächsen zu den dingen so erwörmens/zertheilens und reinigen bedörffen/genommen und gebraucht werden möcht«. Außer diesen und einigen anderen spärlichen Angaben findet man in der deutschen medizinisch-botanischen Literatur des 16. Jahrhunderts die Pflanze kaum erwähnt.

In England wurde ihr ein bißchen mehr Aufmerksamkeit geschenkt. So beschrieben sie zum Beispiel Gerard (1597) und Parkinson (1640) als Emetikum und Expektorans. Salmon empfahl sie um 1700 als Mittel gegen Schwindsucht.

Erstaunlicherweise ist es aber der (nicht approbierte) Armenarzt Nicolas Culpeper, der vor allem bezüglich der volksmedizinischen Tradition große Kenntnisse besaß und dessen Stil so modern war, daß seine Zeitgenossen Gerard oder Parkinson geradezu lächerlich veraltet wirken, der Digitalis auch schon als ein Mittel zur Herzstimulierung[261] beschreibt! Es ist möglich, daß Culpeper, der durch sein Engagement im englischen Bürgerkrieg (1642–1651) – unter anderem als »Feldchirurg« einer republikanischen Infanterietruppe[262] –

viel herumkam und jede Gelegenheit nutzte, sich bei den Landleuten umzuhören, dieses Wissen um den Fingerhut in Irland aufschnappte, wo die letzten »Bardenschulen« – Nachfolger der »Druidenschulen« – erst unter großem politischem und theologischem Druck durch die englischen Eroberer ab etwa 1607 in den Untergrund gehen mußten. Bis zu diesem Zeitpunkt waren sie öffentliche alternative Lehr-und Ausbildungsstätten gewesen. Sie standen unter der Schutzherrschaft großer irischer Adelsfamilien, die sich sagenhafter Stammbäume zu rühmen pflegten, die meist »fast bis zu den Túatha Dé Danaan« zurückreichten. Und über diese »Bardenschulen« war genauso wie in Wales[263] und Schottland[264] – trotz der Christianisierung und des Einflusses der christlichen Kirche – ein Großteil des druidischen Wissensschatzes bewahrt worden.

Offiziell wird allerdings die Entdeckung der Digitalis-Toxine als Herzmittel für die moderne Medizin erst dem englischen Arzt William Withering (1741–1799) zugeschrieben, der seine Ergebnisse nach einer zehnjährigen klinischen Studie im Spital von Birmingham 1786 veröffentlichte.

Digitalis purpurea L. ist in der Bretagne und der Normandie eine Pflanze, die unter dem Schutz der Elfen steht. Die lächerliche Idee, die Blüte des Roten Fingerhuts kleinen geflügelten »Elflein« mit lustigen Gesichtern zum nächtlichen Ringelreihentanzen auf die »Köpfchen« zu setzen, entstammt jener Zeit[265], als Autoren Sagen und Legenden des Volkes niederschrieben und oftmals – höchst romantisch illustriert – als Vergnügungsliteratur für die lese- und schreibkundigen Kinder des Bildungsbürgertums auf den Markt brachten. Eines der schönsten Beispiele dieser »Literatur« ist »Les Fleurs Animées« von Alphonse Karr, Taxile Delord und Comte Foelix mit Illustrationen von J.-J. Granville aus dem Jahre 1867, selbst wenn die von Granville geschaffenen »Pflanzen-Devas« nicht winzigklein und lächerlich, sondern eher groß, schön und oft ehrfurchtgebietend sind!

Vor diesem Aspekt der großen, schönen und ehrfurchtgebietenden Pflanzenwesenheit, die im Roten Fingerhut ruht, der einerseits dem Herzen im Herbst des Lebens neue Kraft zu verleihen und andererseits den Tod zu bringen vermag, müssen die Druiden-Ärzte der Kelten Galliens diese Pflanze betrachtet, eingesetzt und verehrt haben.

Nieswurz, Stinkende

Botanisch: Helleborus foetidus L.
Volkstümliches Französisch: Pied de Griffon – Greifenfuß
Gallisch-keltisch: Lagonon, Iourbaroum
Altbretonisch: Anepsa

- Die 30 bis 50 cm hohe ausdauernde Pflanze hat eine buschige Gestalt. Der verholzte Stengel ist von unten an mit sieben- bis neunteiligen Blättern besetzt. Die unteren Blätter sind langgestielt, die oberen dagegen oval geformt und ganzrandig. Die Blüten stehen nickend bis glockenförmig zusammengeneigt und haben einen Durchmesser von 1 bis 2 cm. Die 5 Kronenblätter haben eine grüne Farbe mit rotbraunem Rand. Als Frucht erscheint eine vielsamige Balgfrucht. Die ganze Pflanze verbreitet einen unangenehmen – stinkenden – Geruch.

- Die Stinkende Nieswurz ist in Südeuropa, Westeuropa und im südlichen Mitteleuropa heimisch. In Deutschland wird sie selten und dann auch nur im mittleren und südwestlichen Teil des Landes gefunden. Die bevorzugten Standorte sind Wälder, Waldränder und Abhänge.

- Die Stinkende Nieswurz als winterblühende Heilpflanze ist als Heilmittel auch für den Winter eines Lebens heute ein wichtiges Herzmittel bei älteren Menschen. Die Pflanze ist stark giftig durch Saponine und Protoanemonin. Das intensiv bittere Diglykosid Helleborin aus der Digitalisgruppe ist äußerst herzwirksam.

- Alle Pflanzenteile sind giftig. Die größte Konzentration der Wirkstoffe findet sich in der Wurzel und den Samen. Alle Gifte bleiben beim Trocknen erhalten.

In der Volksmedizin heißt es von der Stinkenden Nieswurz: »Drei Tropfen machen rot, zehn Tropfen machen tot!«

Bei Vergiftungen treten zuerst Schwindel, Schluckbeschwerden und wäßriger Durchfall auf. Schließlich führen die Pflanzengifte zu einem tödlich endenden Kreislaufzusammenbruch. Diese Tödlichkeit der Nieswurz bei unsachgemäßem Gebrauch war schon im klassischen Altertum wohlbekannt, denn der lateinische Name der Pflanze leitet sich vom griechischen »helein« – »töten« – ab.

Solon von Athen ließ bereits im Jahre 600 vor der Zeitrechnung als Kriegslist einen Bach mit zerkleinerten Helleborus-Rhizomen vergiften und machte auf diese Weise den Feind aus Megara, der daraus das Wasser für Krieger und Transporttiere bezog, kampfunfähig.

Die in Wein gekochte Wurzel der Stinkenden Nieswurz wurde im Altertum als verläßliches Mittel gegen Geisteskrankheiten angesehen. Heute untersuchen verschiedene Forscherteams weltweit die Wirkung von Helleborus[266] bei der Behandlung von Alzheimer-Patienten im fortgeschrittenen Stadium sowie in der Parkinson-Therapie. Die Pflanze galt – trotz ihrer hochgradigen Giftigkeit – als Universalheilmittel.

Wohl auch aufgrund ihrer Wirksamkeit bei altersbedingten Geisteskrankheiten war Helleborus foetidus in den Augen der Druiden-Ärzte ein »lebensverlängerndes« Mittel. In welcher Art und Weise sie ihn allerdings verarbeiteten und verabreichten, kann nicht mehr nachvollzogen werden. Es ist möglich, daß sie, ähnlich wie von Paracelsus vorgeschlagen, die getrockneten Blätter pulverisierten und als Maßeinheit eine »halbe Haselnußschale« verabreichten.

Dank einer obskuren Aufzeichnung des Griechen Theoprast[267] ist jedoch ein Sammelritual der »Weisen« und der Pflanzenteil, den sie offensichtlich benutzten, erhalten geblieben: Die Blätter mussten »zur rechten Zeit, nämlich bei hochstehendem Saturno, der durch einen guten Schein des Jupiters und des Mondes erleuchtet ist«, eingeholt und »an der Luft« getrocknet werden.

Dieser Aspekt der Gleichsetzung von geistiger Gesundheit und »langem Leben« ist eine sehr typische gallisch-keltische Sichtweise der Dinge, vor allem im Zusammenhang mit einer Tradition betrachtet, die sich in ein paar wenigen sehr abgelegenen Gebieten der Bretagne offenbar noch bis ins 19. Jahrhundert gehalten hat: der »mel beniguet« – der »heilige Hammer«!

Auf dem Gebiet der Gemeinde Guénin im Morbihan befindet sich ein isoliert stehender Hügel, Mané Guen, auf dem ehemals ein Druidenheiligtum stand. Der Historiker Cayot-Delandre[268] erfuhr von den Landleuten, daß es seit alters her[269] üblich wäre, daß Greise, die ihres langen Lebens und ihrer Leiden überdrüssig waren, sich auf den Gipfel des Mané Guen begaben oder bringen ließen, wo sie dann »durch einen Schlag des heiligen Hammers« von den Mühen und endlosen Leiden ihres schon viel zu lange andauernden irdischen Daseins befreit wurden. Diesen »Dienst« hätten in den alten Tagen die Druiden versehen, später dann eine dazu bestimmte Person der dörflichen Gemeinschaft, über die Cayots »Quellen« sich allerdings nicht weiter auslassen wollten.

Diese Tradition der »Euthanasie«[270], die man ganz besonders vor dem Hintergrund der festen Überzeugung des keltischen Kulturkreises im allgemeinen und der gallischen Kelten im besonderen von der Unsterblichkeit (der Seele) sehen muß, scheint sich nicht nur auf diese kleine Gemeinde Guérin beschränkt zu haben, sondern war wohl in sämtlichen Gegenden verbreitet, die das Glück hatten, einer übermäßigen Romanisierung und späteren »Germanisierung« zu entkommen. In der Gegend von Carnac war es noch bis Mitte des 19. Jahrhunderts üblich, am Sterbebett eines lange Zeit Leidenden zu flüstern: »Re vou kemiret er mel bèniguet ei vet i achiu!« – »So nehme man doch den heiligen Hammer, um es zu Ende zu bringen!«

Solche »mel bèniguet« konnten sehr unterschiedliche Formen haben und Archäologen/archäologisch Interessierte beziehungsweise Volkskundler wie Aveneau de la Grancière, Cayot-Delandre oder Le Rouzic[271] haben sowohl neolithische Steinäxte[272] als auch zu Kugelform behauene Steine oder an Stiele angebrachte kleinere Steinskulpturen in Form von Gesichtern und Köpfen zu Gesicht bekommen. Diese wurden entweder von einer bestimmten Person aufbewahrt – meist einem Dorfältesten – oder in alten Kapellen gut verborgen deponiert. Für gewöhnlich wurde der »mel bèniguet«, wenn man ihn benötigte, aus seinem Versteck geholt und die von der Dorfgemeinschaft speziell hierzu auserwählte Person schlug dem Sterbenden mit dem »geweihten Hammer« den Schädel ein, während alle anderen Dorfbewohner Gebete und Segensformeln für den Sterbenden sprachen und dem Akt beiwohnten – höchstwahrscheinlich als Zeugen dafür, daß alles mit rechten Dingen zuging und niemand aus dem Weg geräumt, sondern auf eigenen Wunsch ins Jenseits befördert wurde.

Noch 1899 berichtete Aveneau de la Granciere auf dem Kongress der Archäologenvereinigung von Guérande, wie er selbst einem solchen Ritual – allerdings in stark abgeschwächter Form – mit dem »mel béniguet« beigewohnt hatte: Das Ritual war im Dorf Malguénac, etwa elf Kilometer von der Stadt Pontivy, die etwa mittig zwischen Nantes und Brest im Herzen des Morbihan liegt, vollzogen worden. Allerdings hatte man dem Sterbenden in Anwesenheit des Historikers und Archäologen den Schädel nicht mit dem »mel béniguet« eingeschlagen, sondern ihm die wohl aus dem Neolithikum stammende schwere Steinaxt nur kurz auf die Stirn gelegt, sozusagen als eine Art magisches Ritual des »Trépas« – des Übergangs in die Anderswelt, »Outre Monde«.

In der Volksheilkunde wurde lange Zeit das Rhizom von Helleborus foetidus als Brechmittel eingesetzt. Hiervon ist wegen des hohen Giftgehalts jedoch dringend abzuraten. Das gepulverte Rhizom der Pflanze verursacht heftiges Niesen und wurde während der mittelalterlichen Pestepidemien in Frankreich oft in der Hoffnung verabreicht, die Krankheit auf diesem Weg auszutreiben.

Dieses »Niespulver« war allerdings nie Bestandteil des »Schneeberger Schnupftabaks«. Hier verwendete man die Wurzel von Helleborus niger – der Christrose. Heute ist diese Beimischung vom Gesetzgeber verboten worden.

 ## Seidelbast

Botanisch: Daphne gnidium L./Daphne mezereum L.
Gallisch-keltisch: Möglicherweise Ousoubem, Usuben?
(Von Marcellus ausgehend wäre »Ousoubem« allerdings eher
der Lorbeerbaum (Laurus nobilis), eine Annahme, die auch
das Leydener Manuskript untermauert. Der Gattungsname
»Daphne« findet sich im Gegenzug auch bei den alten
Griechen als Bezeichnung für den Lorbeerbaum (Laurus nobilis)
u. a. in der griechischen Mythologie zur Bezeichnung der
Tochter des Flußgottes Peneus, die in einen Lorbeerkranz
verwandelt wurde.)

- Der Seidelbast ist ein kleiner, spärlich verzweigter, bis zu 1,50 m hoher Strauch. Diese eurosibirische Waldpflanze verlangt schattige Standorte und fruchtbaren, feuchten Boden mit kalkiger Unterlage. Dauernde Nässe oder trockenen, humusreichen Boden meidet sie. In den Alpen findet man den Seidelbast in Höhen bis zu 2000 m.

- 2 bis 4 sehr wohlriechende rosenfarbige Blüten sitzen meist in Büscheln in den Achseln der vorjährigen (abgefallenen) Blätter. Sie erscheinen im März oder April und in milden Wintern oft schon im Januar. Die Blüten haben 4 eiförmige Blütenhüllzipfel mit einer außen seidenhaarigen Röhre, in der 8 Staubgefäße in 2 Reihen angeordnet sind. Die eiförmige Beere ist scharlachrot und einsamig. Die Blätter, die im Herbst abfallen, sind lanzettlich, keilig in den Stiel verschmälert und kahl.

- Alle Teile von Daphne sind hochgiftig. Die Milch der mit ein wenig Daphne mezereum gefütterten Kühe nimmt einen eigenartigen Geschmack an. In Deutschland steht die ganze Pflanze unter Naturschutz.

Im griechischen und römischen Altertum war Daphne mezereum unbekannt, dagegen standen verschiedene andere Arten der Gattung, darunter »Daphne gnidium«, als Arzneipflanzen in hohem Ansehen. Die ersten Informationen über den Seidelbast stammen aus dem 16. Jahrhundert; in dieser Zeit lieferte H. Bock eine Beschreibung und Abbildung der Pflanze. Im Jahre 1676 wurde die »Cortex Mezerei« als Droge in der Ulmer Pharmakopöe unter dem Namen »Thymelaea« verzeichnet. Die Seidelbastrinde soll ein Bestandteil des sogenannten spanischen Fliegenpflasters gewesen sein, das unter dem Namen »Drouottisches Pflaster« noch zu Anfang des 20. Jahrhunderts gerne als Mittel gegen Zahnschmerzen und Kopfweh verlangt wurde.

Ob die Druiden-Ärzte Galliens viel Gebrauch von der Pflanze machten, können wir weder bejahen noch verneinen. Allerdings ist ihre starke Verwendung in der Volksmedizin – und dies trotz ihrer

Giftigkeit – Tatsache. Während zum Beispiel die Praxis gewisser Schweizer Gegenden, Seidelbaststückchen mit Spiritus angefeuchtet als schmerzstillendes Mittel auf offene Wunden zu legen, durchaus noch angehen mag, erschrecken die in osteuropäischen Studien angegebenen Mengen der innerlich einzunehmenden Droge ungemein.

Man muß sich dabei vor Augen halten, daß bereits sechs Seidelbastbeeren einen 15 bis 20 Kilogramm schweren Schäferhund töten. Bei einem durchschnittlich 450 Kilogramm schweren Pferd reichen bereits 60 Gramm der frischen Laubblätter. Für Bachstelzen und Drosseln scheint das Gift der Seidelbastbeeren jedoch keine Gefahr darzustellen.

In England gaben die Pferdehändler früher den Pferden gegen Würmer als Purgans 5 Gramm der pulverisierten Blätter. In Deutschland und Polen wurden zum gleichen Zweck 5 Gramm der Beeren gegeben. In der russischen Volksmedizin des 18. und 19. Jahrhunderts war der Seidelbast äußerlich als hautreizendes und schmerzstillendes Mittel, innerlich als Abführ-, Brech- und Fiebermittel gebräuchlich. Eine warme Abkochung der Seidelbastbeeren wurde bei Halsbeschwerden zum Gurgeln verwendet[273] und die Beeren dienen systematisch als Abführmittel und Fiebermittel. Bei Fieber nahmen Erwachsene offensichtlich 27 und zum Abführen 8 Beeren.[274] In einer anderen Quelle werden gar Dosen von 30 Beeren bei Fieber erwähnt.[275] Auch in Finnland waren hohe Dosierungen zwischen 9 und 27 Beeren in der Volksmedizin scheinbar nicht ungewöhnlich.[276]

Der gleiche Verwendungszweck, allerdings nicht mit solch gigantischen Dosierungen, findet sich in den Werken von Hippokrates, Lonicerus und Matthiolus. Allerdings handelt es sich hier nicht um Daphne mezereum, sondern um die südeuropäische Variante Daphne gnidium, die als Fiebermittel, Purgans und Emmenagogum eingesetzt wurde!

Infolge der Verbindung der giftigen und heilenden Eigenschaften wurde der Seidelbast zumindest im Osten Europas, in der Schweiz, in Österreich und im südlichen Deutschland als eine »Hexenpflanze« in den Sagenkreis miteinbezogen. So legte man in manchen Berggegenden einem verhaßten Nachbarn ein Stückchen Seidelbastholz in die Fuge des hölzernen Milchgefäßes, das zur Aufbewahrung der Milch diente: Dadurch sollte dem Älpler während des ganzen Sommers die Käsebereitung nicht gelingen. Im Süddeutschen steckten sich Fuhrleute Seidelbast, der an Maria Himmelfahrt geweiht wurde, an den Hut, damit die Hexen das Fuhrwerk nicht bannen konnten.

Tollkirsche

Botanisch: Atropa belladonna L.
Gallisch-keltisch: Beladonis
Bretonisch: Louzaouenn zantez appolina

- Die krautartige, ausdauernde Pflanze bevorzugt Laubwälder und kommt vor allem auf Schlägen und Weiden, auf humosem Boden vor. Der Stengel, der bis 1,50 m hoch wird, ist stumpfkantig und stark verästelt, besonders oben feindrüsig behaart. Die elliptisch- oder eiförmigen zugespitzten Blätter sind ganzrandig und stehen am Stengel und an den Hauptästen wechselständig, an den übrigen Ästen gepaart, und zwar so, daß dann das eine um die Hälfte kleiner ist. Die einzeln stehenden, gestielten, hängenden Blüten haben eine glockig-röhrige Blumenkrone, die außen braunrot-violett, innen schmutziggelb gefärbt und purpurn geädert ist. Die Frucht ist eine kugelige, etwa kirschgroße Beere, anfangs grün, später glänzend schwarz, mit violettem Saft und vielen nieren- bis eiförmigen Samen.

- Die großen, verhältnismäßig zarten Blätter kennzeichnen die Tollkirsche als Schattenpflanze. Indem die kleinen Blätter in den Lücken der größeren stehen, wird ein Blattmosaik geschaffen, das eine volle Ausnutzung des vorhandenen Lichtes gestattet.

- In Deutschland kommt die Pflanze im mittleren und südlichen Teil zerstreut bis häufig vor, im Norden ist sie seltener. Im übrigen Europa wächst sie fast überall. Ebenso ist sie in Nordafrika zu finden und in Kleinasien bis zum Kaukasus und Persien. In Nordamerika ist sie eingeführt worden.

Genauso wie ihre »dunkle Schwester«, das Bilsenkraut – Belinuntia –, war auch die Tollkirsche – Beladonis – dem keltischen Sonnengott Belenus geweiht. Die so oft in Kräuterbüchern vorgelegte Erklärung, der lateinische Name der Pflanze, »Belladonna«, würde sich vom italienischen »bella donna« – »schöne Dame« – ableiten und rühre daher, daß die Pflanze im ausgehenden Mittelalter und in der Renaissance von eitlen Frauen als kosmetisches Mittel benutzt wurde, um die Pupillen zu erweitern und die Wangen rot zu färben, ist falsch. Atropa dürfte sich jedoch tatsächlich von einer der griechischen Parzen herleiten, deren Name »Atropos« war und deren Hauptaufgabe darin bestand, den Menschen den Lebensfaden durchzuschneiden.

So viel zur Etymologie dieser schönen und gefährlichen Zauberpflanze, die sich schon durch ihren wissenschaftlichen Namen als Pflanze der gallisch-keltischen Druiden »outet«. Leider ist nichts von der Art und Weise ihrer Verwendung überliefert und sowohl Marcellus Empiricus als auch die erhaltenen Teile des Leydener Manuskripts schweigen sich aus.

Die in Mitteleuropa fast allgemein bekannte Tollkirsche finden wir im klassischen Altertum vielleicht in der »Mandragoras« des Theophrast. Was mich an dieser Stelle zu dem »vielleicht« bewegt, ist eine ähnliche Rezeptur bei Marcellus Burdigalensis[277], die ebenfalls von der »Mandragoras« spricht, sie allerdings auch ganz eindeutig als jene uns so wohlbekannte Alraune – Mandragora officinalis – identifiziert.[278] Es ist unwahrscheinlich, daß der Strychnos manikos des Dioscorides unsere Atropa belladonna ist.

In der ersten Hälfte des 15. Jahrhunderts erwähnt sie Benedetto Rimo in seinem »Liber de simplicibus«. 1552 bringt L. Fuchs eine sehr gute Abbildung von ihr in seinem Kräuterbuch. Gesner (16. Jahrhundert), der sie Solani genus silvaticum nennt, empfiehlt den Sirup der Beeren als Schlafmittel und gegen die Ruhr. Doch blieb der allgemeine Gebrauch der Tollkirsche noch recht lange auf die äußerliche Anwendung, besonders auf die Behandlung von Augenentzündungen, beschränkt.

Allerdings lädt die Tatsache, daß Atropa belladonna sich zumindest in den »Grandes Heures de Bretagne« befindet[279] – ebenso wie übrigens auch Brionia dioica, Arum maculatum, Solanum dulcamara, Digitalis purpurea, Helleborus, Daphne mezereum –, zu der Annahme ein, daß die Pflanze mehr als Heil- denn als Zauberpflanze betrachtet wurde.

Anne hat keine einzige Abbildung der anderen klassischen Hexenpflanzen – Mandragora officinalis, Stramonium datura stramonium, Hyoscyamus niger und Aconitum napellus – bei Boudichon in Auftrag gegeben, obwohl sich doch Mandragora officinalis und Atropa belladonna in ihrer Wirkung kaum unterscheiden. Allerdings hatte die Tollkirsche in äußerlicher Anwendung, als Salbe bei Geschwüren und auch als lokales Betäubungsmittel, schon immer ihren Platz gehabt.

Atropa belladonna als Heilpflanze äußerlich eingesetzt bei Hautgeschwüren findet sich bereits in der »Physica« der Hildegard von Bingen, die allerdings im gleichen Satz vor innerer Anwendung warnt: »Und sie ist dem Menschen gefährlich zu essen und zu trinken, weil sie seinen Geist zerrüttet, so wie wenn er tot wäre!«

Die für den Menschen giftigen Beeren werden von Vögeln gefahrlos gefressen und die Samen über den Vogelkot verbreitet. Auch andere Tiere scheinen gegen die Gifte der Pflanze völlig immun zu sein: Aus Großbritannien wurde von einem Pferd berichtet, das vier Kilo der Blätter und Beeren von Atropa gefressen haben soll, ohne Schaden zu nehmen oder irgendwelche seltsamen Symptome zu zeigen. Ähnliches ist auch von Maultieren, Schweinen, Schafen, Ziegen und Hasen bekannt. Allerdings wirkt die Pflanze bei Hunden und Katzen in demselben Maße tödlich wie bei Menschen!

Das Wachstum und die Inhaltsstoffe von Atropa belladonna lassen sich durch ein Zusammenpflanzen mit der Geißraute – Galega officinalis – und dem Beifuß – Artemisia vulgaris – fördern oder durch das Zusammenpflanzen mit Weißem Senf – Sinapis alba – stark hemmen.

Zu Beginn des 18. Jahrhunderts erkannte ihr Melchior Friccus in seinem »Tractatus medicus de virtute venenorum« einen narkotischen Einfluß, ähnlich dem des Opiums, zu. Alberti, Timermann, Darlue und van den Block rühmten sie als Mittel gegen Krebs, Boerhaave gegen Krampfhusten bei Kindern, jedoch waren ihre Beobachtungen rein empirischer Natur. Von den Autoren des 19. Jahrhunderts haben sich zuerst Brown Sequard, V. Hones, Trousseau und Meuriot mit der physiologischen Wirkung und der therapeutischen Anwendung auf wissenschaftlicher Basis beschäftigt.

Belladonna gehört zu den Giftgewächsen, die am häufigsten zu Vergiftungen Anlaß gegeben haben. Namentlich die hübschen Beeren verleiten nicht nur Kinder, sondern auch erwachsene Personen zu ihrem Genuß. Schon die mittelalterlichen Väter der Botanik berichten ausführlich von Vergiftungsfällen. Matthiolus zum Beispiel beschreibt einen Fall, wo »etliche Knaben/so dise beeren für Weinbeere gegessen haben/gestorben sind.«

Die Schotten unter König Duncan I. (1035) bedienten sich der Belladonna, um die Dänen von König Sven I., die in ihr Land einfielen, im Schlaf zu überraschen. Sie mischten den Saft unter Bier und Wein und getrocknete, zerstoßene Früchte ins Brot. Dann sorgten sie dafür, daß den Dänen diese vergifteten Nahrungsmittel in die Hände fielen. Nachdem diese ohne Argwohn davon gegessen und getrunken hatten, verfielen sie in einen Zustand der Betäubung und wurden von den Schotten überfallen. Einige der Dänen starben an der Vergiftung, was beweist, daß die tödliche Dosis von Mensch zu Mensch unterschiedlich sein kann. Etwas ähnliches passierte auch Truppen des Marcus Antonius während eines seiner Feldzüge gegen die Parther.

Die Tollkirsche wurde in der Frühzeit mehr als Halluzinogen denn als Heilpflanze verwendet, etwa als Beimischung in den bei Bacchanalien konsumierten Wein oder um das Wahrnehmungsvermögen bei Befragungen des Orakels von Delphi zu steigern. In dieser Hinsicht ist Atropa eine klassische Schamanenpflanze, die es ermöglicht – sofern man mit ihr richtig umzugehen weiß –, Reisen in die Anderswelt zu unternehmen. Auch die gallischen Druiden wußten um diese Eigenschaft der Pflanze. Mit Hilfe der Tollkirsche vermochten sie sich in Tiere zu verwandeln, zu fliegen, Geisterwesen zu sehen oder auch nur die Hemmungen des Alltags zu vergessen.

Die Giftigkeit der Belladonnabeeren scheint in tropischen Ländern stark nachzulassen. So werden in den heißen Teilen des mexikanischen Bundesstaates Sinaloa die Tollkirschen als verdauungsförderndes, wenn auch dem Gaumen nicht sehr zusagendes Obst straflos gegessen. Auch werden in Mexiko die Blätter geraucht, während vier Blätter der europäischen Belladonna auf einmal geraucht schon Irrsinn hervorrufen. Von den mexikanischen Eingeborenen werden verschiedene atropinhaltige Pflanzen, wie z. B. Belladonna, Stramonium und Hyoscyamus, unter der gemeinsamen Bezeichnung »Talóachi« als Gegengift gegen Fliegenpilzvergiftung verwendet![280]

In Osteuropa fand die Tollkirsche in der Volksmedizin allerdings häufig Anwendung. So war sie in der Bukowina noch im 19. Jahrhundert ein gebräuchliches Abortivum. Die Siebenbürger Sachsen verwendeten bei Gichtanfällen »drei dünne Scheibchen der Zauberpflanze Matreguna in Wein gekocht und bei abnehmendem Licht auf dreimal getrunken«.

Diese Matreguna ist unsere Tollkirsche – Atropa belladonna – und nicht die Mandragora officinalis, denn im angrenzenden Rumänien heißt Tollkirsche im Volksmund ganz ähnlich, nämlich »Matregema«.

Exkurs: Warum die Alraune in diesem »Giftgarten der Druiden« fehlt

Abgesehen davon, daß der Alraune – Mandragora officinalis – in zahllosen Publikationen wissenschaftlicher, historischer und auch esoterischer Natur eine so große Aufmerksamkeit gewidmet wurde, daß es fast schon langweilig wäre, sie und ihre Mythen zum x-ten Male zu beschreiben, erstreckt sich auch das Verbreitungsgebiet der Mandragora officinalis lediglich über Südeuropa und Nordwestafrika und vor allem rund um das Mittelmeer.

Obwohl die Pflanze gelegentlich in Südfrankreich vorkommt und dort früher gerne als Aphrodisiakum genutzt wurde, wächst sie doch in keinem der Kerngebiete des gallisch-keltischen Druidentums in der freien Natur. Selbst ihr Anbau – außer im Gewächshaus – erweist sich als schwierig, da der wärme- und sonnenliebenden Pflanze die Klimabedingungen genauso wenig zusagen wie das Übermaß an Regen und winterliche Fröste!

Da die Druiden-Ärzte wie allgemein üblich bei den für ihre Rezepturen notwendigen Heilpflanzen eher auf die einfach zu beschaffenden zurückgriffen als auf solche, die erst importiert werden mußten (was eine wahrscheinliche druidische »Qualitätskontrolle« nicht gerade erleichtert hätte), ist es eigentlich auszuschließen, daß sie die Pflanze in starkem Maße einsetzten.

Allerdings muß das Druidentum genauso wie die Kelten ein bemerkenswertes Verbreitungsgebiet gehabt haben, so daß anzunehmen ist, daß ihnen die Mandragora officinalis und ihre Variante Mandragora autumnalis wohlbekannt waren. In diesem Zusammenhang darf man zum Beispiel nicht vergessen, daß die Galater bis ans Schwarze Meer vordrangen und große Gebiete der heutigen Türkei besiedelten.

Sicher haben Druiden-Ärzte in Regionen, wo die Pflanze einfach zu beschaffen war, etwa im italienischen Noricum oder am Schwarzen Meer, auch von ihr Gebrauch gemacht. Aber es ist uns nicht möglich, dies anhand der uns verfügbaren Informationen, die sich in erster Linie auf die nordwestlichen keltischen Gebiete Galliens beziehen, auch nur annähernd nachzuweisen.

Selbst in den »Grandes Heures de la Bretagne« fehlt die Pflanze, obwohl Anne von der Bretagne das Pflanzenspektrum bis hinunter in die wärmeren Gebiete der Loire in ihr Kompendium eingebracht hat.

Natürlich könnte man hier argumentieren, daß sie Bourdichoun ausdrücklich bat, eine solch übel beleumundete »Hexenpflanze« wegzulassen, um nicht die Aufmerksamkeit von immer pingeliger werdenden Klerikern zu erregen. Doch besaß die Mandragora officinalis ausgerechnet zur Zeit der bretonischen Herzogin nicht nur einen schlechten Ruf als Hexenpflanze. Vielmehr genoß sie auch großes Ansehen als starkes und zuverlässiges Anästhesiemittel und wurde gerade bei schweren und schmerzhaften Eingriffen wie Amputationen – trotz kirchlichen Widerstands – von Chirurgen gerne eingesetzt.

Vor allem der von der katholischen Amtskirche »bestgehaßte« französische Arzt Guy de Chaulliac (1298–1368?) aus Montpellier, der auch gelegentlich den Beinamen »Vater der modernen Chirurgie und Kriegsmedizin« trägt, experimentierte umfassend mit Narkosemitteln auf Mandragora-Basis, insbesondere in Form sogenannter »Schlafschwämme«, wobei ein Patient die narkotisierenden Kräuter durch die Nasenschleimhäute absorbierte. Er verwendete dazu, wie schon vom heiligen Benedikt vorgeschlagen und in der Schule von Salerno stark verbreitet, eine Essigtinktur, mit der der Schwamm durchtränkt wurde. Seine bevorzugte Tinktur setzte sich aus Mandragora, Opium und Solanum dulcamara zusammen. Diese Opium-Mandragora-Variante, der Chaulliac so zugetan war, wurde im 18. Jahrhundert noch von Warren und Bosten als Narkosemittel für Amputationen proklamiert und ist sozusagen der Vorgänger der Morphin-Skopulamin-Mischung.

Die Giftwirkung der Alraune ist mit der der Tollkirsche zu vergleichen. Die auffallende, dick rübenförmige, oft zweigeteilte Wurzel, in der man eine menschliche Gestalt zu erkennen glaubte (Alraunmännchen) und der man magische Kräfte nachsagte, spielte früher vor allem als Schlaf- und Schmerzmittel und als Heilmittel gegen Depressionen eine große Rolle. Heute ist die Droge praktisch nur noch in homöopathischen Zubereitungen im Handel. Diese werden z. B. bei Herz-Kreislauf-Beschwerden, Leber-Galle-Störungen, Ischias und Kopfschmerz gegeben.

»Schon im Altertum rankten sich vielerlei Mythen um die Kraft der Alraune. Die Gestalt der Wurzel, die meist einer Menschengestalt ähnelt, trug wesentlich zum Flair des Geheimnisvollen bei. Man war sogar der Ansicht, daß in der Alraune die Seele eines Menschen gefangen sei und sich diese Seele gegen das Ausgraben der Wurzel zur Wehr setze: Wer die Wurzel aus der Erde ziehe, könne durch den Schmerzensschrei der Alraunen-Seele getötet werden.«[281]

Hierauf bezieht sich auch der Brauch, die Alraune von einem Hund ernten zu lassen. Agrippa von Nettesheim, einer der bedeutendsten Zauberkundigen des europäischen Mittelalters, beschreibt in seinem Buch »Die magischen Werke« das damalige Wissen über die Alraune und die Vorschriften, nach denen sie geerntet werden müsse:

»… sie entgehe den Händen und Augen des nach ihr Greifenden und halte nicht eher stand, als bis sie mit dem Urin einer Menstruierenden besprengt werde. Doch auch auf diese Weise wird die Wurzel nicht ohne große Gefahr der Erde entrissen, denn es trifft den, der sie herauszieht, auf der Stelle der Tod, so er nicht durch ein Amulett von der gleichen Wurzel geschützt ist. Wer nicht im Besitz eines solchen ist, gräbt deshalb rings um die Wurzel die Erde auf, bindet einen Hund mit einem Strick an die Wurzel und entfernt sich eilends. Der Hund, welcher mit aller Mühe loskommen will, reißt die Wurzel heraus und stirbt anstatt seines Herrn. Jeder kann sodann die Wurzel ohne Gefahr entfernen.«

Die Bezeichnung »Galgenmännlein« für die Alraunenwurzel ist auf germanische Tradition zurückzuführen. Wie wir vom römischen Geschichtsschreiber Tacitus wissen, der in seiner »Germania« alle ihm zugänglichen Informationen über die gefürchteten Nachbarn des Imperium Romanum zusammentrug, hießen deren kräuter- und zauberkundigen Frauen Alrunas.

Der Wortstamm »Runa« bezeichnet das Geheimnis und im weiteren Sinn die Zeichen des Geheimnisses, die Runen. Die Runen waren in Buchenstäbe geritzt, welche im Bündel geworfen wurden und je nachdem, wie sie zu liegen kamen, dem oder der Runenkundigen eine Botschaft vermittelten. Sie dienten ursprünglich ausschließlich der Wahrsagerei. Als Schriftzeichen für die Nachrichtenübermittlung kamen sie nur selten zur Anwendung und dann vor allem im Sinne einer Geheimschrift. Die »Buchstaben« als kleinstes Element unserer Schrift haben ihren Namen trotzdem von den Buchenstäbchen, die die Runen trugen.

Der Ursprung der Runen wird in der germanischen Mythologie auf Wotan zurückgeführt. Der Gott der Dichtkunst, des Rausches und der Ekstase erfand sie, als er – in einem symbolischen Initiationsritual – neun Tage an der Weltesche Yggdrasil hing. Er war der mystische Gehängte, der auch in den Tarotkarten der heutigen Wahrsager erscheint.

Das Aufhängen an einem Baum war bei den Germanen jedoch eine übliche Hinrichtungsmethode. Dabei fiel Henkern und Zuschauern bald auf, daß einem Erhängten im letzten Augenblick seines Lebens noch ein Samenerguß beschieden war. Diesem Samen wurden magische Kräfte zugesprochen: Fiel er auf die Erde, wuchs daraus eine Alraune. Die Seele des Gehängten lebte in der menschengestaltigen Wurzel fort und verlieh ihr die besondere Heil- und Liebeskraft. Im Volksmund heißt sie aufgrund dieser Vorstellung bis heute »Galgenmännlein«.

Im Christentum wurde das »Galgenmännlein« zum heidnischen Dämonen. Die Zurechnung der Mandragora zum Reich des Bösen stellte die Theologen allerdings vor Probleme.

Im Alten Testament der Bibel werden die »Liebesknollen« nämlich als Gabe Gottes erwähnt: »Als Jakob am Abend vom Felde kam, ging Lea ihm entgegen und sprach: Zu mir sollst du kommen, denn mit Liebesknollen habe ich dich erkauft. Und er schlief die Nacht bei ihr. Gott aber erhörte Lea, und sie ward schwanger und gebar einen Sohn.«

Man löste das Problem, indem man die Alraune zum Sinnbild der Kontemplation umdeutete: Sie lasse den Menschen in eine Beschauung von solcher Süße versinken, daß er nichts mehr fühle von den Widrigkeiten der äußeren Welt. Und selbstverständlich ordnete man sie gleich der christlichen Allmutter, der Jungfrau Maria, zu. Denn wenn die Mandragora schon die Liebe entfachte, sollte es wenigstens die reine Liebe zum Gottessohn und seiner Mutter sein. Im Mittelalter und in der frühen Neuzeit galt die Alraune trotzdem als berüchtigte Hexenpflanze. Es genügte schon der Verdacht auf eine Verwendung der Pflanze, um in Hexenprozessen der Teufelsbuhlschaft bezichtigt zu werden.

Die Alraune gilt als wesentlicher Bestandteil der Hexenflugsalben. Wird die Wurzel bei einem Gerichtsprozeß bei sich getragen, so verhilft sie – ähnlich wie das berühmte Schlangenei der Druiden – angeblich zu einem günstigen Verhandlungsausgang.

Der heilige Hain der Druiden – Bäume der Kraft

Im Jahre 1946 brachte der britische Autor Robert Graves sein allseits beliebtes und in Esoterikkreisen wohlbekanntes Buch »The White Godess« – »Die weiße Göttin« –, auf den Markt, in dem er durch eine sehr willkürlich wirkende Zuordnung irischer Ogham-Zeichen zu Bäumen einen keltischen Baumkalender entwickelte. Seitdem sind viele an den Kelten und Druiden Interessierte felsenfest davon überzeugt, daß unsere ehrwürdigen Ahnen mittels einer solchen »Baumklassifikation« die Psyche und die Physis des eigenen Geschlechts einzuteilen pflegten, ganz im Stil der beliebten Horoskope orientalischen und abendländischen Ursprungs, die unter Zuhilfenahme der Sterne die Zukunft des Menschen zu deuten versuchen.

Nachdem fast alle Völker irgendwelche Horoskope basierend auf dem geheimnisvollen Sternenhimmel entwickelt haben, ist es natürlich vermessen, zu sagen: So etwas haben die Kelten nie gemacht!

Vielleicht hatten sie eine eigene Form von Horoskopen, vielleicht auch nicht. Ich weiß es nicht und der größte Teil der universitär arbeitenden Keltologen und Archäologen, Ethnologen und anderen Wissenschaftler, die sich mit den Kelten auseinandersetzen, zucken an diesem Punkt genauso hilflos die Schultern. Denn falls es ein keltisches Horoskop gab, dann wurde es bis heute weder ausgegraben noch anderweitig gefunden oder entdeckt.

Vermutlich ist die Geschichte des keltischen Baumhoroskops, das die französische Journalistin Paule Delsol 1971 für die Mode- und

Frauenzeitschrift »Marie Claire« erfand, das ebenso wie ihr »arabisches« und »tibetanisches« Horoskop einer alten Kultur nachempfunden war, hinreichend bekannt. Aber viele Leser dürften nicht mit dem höchst amüsanten »deutsch-französischen Krieg« um das keltische Horoskop der Bäume vertraut sein, der seit der Mitte der 80er Jahre ein paar Verleger und deren Juristen ordentlich auf Trab hält.

1984 erschien unter dem Titel »Die Bäume lügen nicht. Das Keltische Horoskop« im B. Schlender Verlag, Göttingen, das Buch von Annemarie Mütsch-Engel, in dem die Autorin sich auf eine uralte Tradition berief, die in einer ebenso uralten Handschrift in einem polnischen Kloster niedergelegt worden sei und eben dieses Baumhoroskop der Kelten mitteilen würde.

Das Buch war zunächst ein durchschlagender Erfolg, aber das dicke Ende ließ nicht lang auf sich warten: Weil es sich ja nach Angaben der Autorin um eine »uralte und allgemein zugängliche Tradition« handelte, wurden sofort Nachahmer aktiv, ohne dem armen Verleger Schlender auch nur einen Pfennig Lizenzgebühren für Frau Mütsch-Engels »Keltisches Baumhoroskop« zu entrichten. Am Ende sah er sich gar gezwungen, in Polen intensiv zu recherchieren. Und schließlich wurde er fündig: allerdings kein geheimnisvolles, schönes und sagenhaftes Manuskript, sondern ... ein alter polnischer Gartenkalender!

Kurz und gut: Vergessen Sie in diesem Kapitel die Kelten, die Druiden, die Bäume, Ogham-Schriften und Horoskope[282] und konzentrieren Sie sich einfach auf eine Tatsache: die Heilkräfte der Bäume!

Nicht nur die kleinen, manchmal unscheinbaren, manchmal spektakulär-dekorativen Kräutlein, die auf den vorhergehenden Seiten besprochen wurden, haben und hatten es in sich, wenn es darum ging, dem üblen Krankheitsdämon auf den Leib zu rücken, der unsere wackeren Kelten-Krieger außer Gefecht setzte, sondern auch ihre prachtvollen großen und sich gen Himmel reckenden Brüder und Schwestern, die Bäume.

Und diese Tatsache war auch den gallisch-keltischen Druiden-Ärzten sehr wohl bewußt. Sie trafen sich in ihren heiligen Hainen – den Nemet – ja nicht nur zu wissenschaftlicher Diskussionsstunde über Philosophie, Religion, Astronomie oder Agronomie. Vielmehr langten sie beim Blätterwerk auch einmal kräftig zu, wenn gerade das Mädesüß ausgegangen war und das halbe Oppidum mit Grippe in den Seilen hing.

Wie die Heilkräuter boten ihnen die Heilbäume ihre Heilkraft an und wurden damit folgerichtig zu Kraftbäumen. Diejenigen der Kraftbäume, für die ich aus dem Altkeltischen überlieferte Namen finden konnte – was darauf schließen lässt, daß sie »im Einsatz« waren –, werde ich im folgenden vorstellen.

Begleiten Sie mich also auf einem ausgedehnten Spaziergang durch den »heiligen Hain« der Druiden und entdecken Sie selbst, welch wunderbares Potential für Gesundheit und Wohlbefinden sich in einfachem grünem Blätterwerk oder kaum beachteten roten, schwarzen oder orangefarbenen Beeren finden läßt.

So betrachtet ist es kein Wunder, daß die Kelten, wie alle anderen naturverbundenen Völker, in den lange währenden, ja für die an einem menschlichen Leben bemessene Zeitspanne fast ewig währenden Bäumen mehr sahen als Heiz- und Konstruktionsmaterial oder störende Faktoren im Straßenbau, der Urbanisierung und der Landwirtschaft, die es effizient zu entfernen gilt.

Die Griechen des klassischen Altertums nannten diese transzendenten Gottheiten, deren körperlicher und faßbarer Ausdruck die Bäume waren, Dryaden. Diese waren an den Zyklus des Baums, den sie hegten, pflegten und schützten, gebunden und wuchsen mit ihm, so, wie sie schließlich mit ihm starben. Wie unsere keltischen Vorfahren diese »Baumgottheiten« wirklich nannten, kann niemand sagen. Allerdings ist es möglich, daß der Glaube an die »Feenbäume« sich vom altkeltischen Wort »faithe« – »Schicksal, Glaube« – ableitet, das auch im Zusammenhang mit der Seherkraft mächtiger weiblicher Druiden gebraucht wurde, die man als »faithé« bezeichnete.

In diesem Sinne ziehe ich persönlich den Ausdruck der »Baum-Fee«[283] dem griechischen Wort »Dryade« vor. Ob sie nun, wie bei den Griechen, alle weiblicher Natur waren, möchte ich bezweifeln, denn so unterschiedlich wie die Bäume selbst sind auch ihre göttlichen Wesenheiten.[284]

Ihr Anführer ist Cernunnos, der »Herr des Waldes und der gesamten Natur«. Er ist der »Grüne Mann«, der Liebhaber der Großen Göttin Ana oder Dana, die die Erde selbst verkörpert. Er ist ihre Fruchtbarkeit, der Same, mit dessen Hilfe sie alles Leben spendet, das aus der Erde wächst. Ein Hirschgeweih auf dem Kopf, im Lotussitz dargestellt, finden wir ihn auf dem Kessel von Gundstrup wieder. Er wurde schon lange vor den Kelten verehrt und ist ein Gott vieler Namen, aber seine Funktionen sind immer die gleichen. Es geht um Leben, Fruchtbarkeit, Schutz, Fürsorge und Leidenschaft.

Also denken Sie bitte an Cernunnos, den Alten, bevor Sie Hand an eine oder einen aus seinem Volk legen wollen, denn die alte Wahrheit, daß die Bäume sich an denen rächen, die ihnen sinnlos das Leben nehmen, bestätigt sich immer wieder.

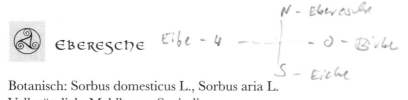

EBERESCHE

Botanisch: Sorbus domesticus L., Sorbus aria L.
Volkstümlich: Mehlbeere, Speierling
Gallisch-keltisch: Alisia
Bretonisch: Kerzhin

● Der bis 16 m hohe Baum mit lockerer rundlicher Krone ist eine anspruchslose europäische Art, die auf jeder Unterlage wachsen kann. Am üppigsten gedeihen Ebereschen allerdings auf frischen sandig-lehmigen oder lehmigen und kalkreichen Böden und an nach Norden exponierten Standorten. Der Baum verträgt sehr viel Schatten, aus diesem Grund behält er im Überlebenskampf, selbst gegen sehr üppige Schlagpflanzen, immer die Oberhand. Seine Blätter sind unpaarig gefiedert, im Herbst dunkelblutrot.

Die länglich-lanzettlichen Blättchen sind ungleich stachelspitzig gesägt. Die weißen, stark duftenden Blüten bilden vielblütige Doldentrauben. Die erbsengroßen, kugeligen roten Früchte sind herb, sauer und roh für den Menschen ungenießbar, denn sie sind mehlig – daher der Volksname Mehlbeere – und bitter. Zu Konfitüre verkocht schmecken sie allerdings ausgesprochen lecker und sind reich an Vitamin C.

- Die Eberesche blüht im Mai und Juni. Die beste Sammelzeit für die Beeren ist der späte Herbst.

Hildegard von Bingen, die viele Pflanzen aus dem Garten der Druiden für die christianisierte Heilkunde »rehabilitierte« und wieder »ehrbar« machte, kannte gegenüber dem bedeutendsten der Druidenbäume der gallischen Kelten kein Erbarmen. Sie verdammte ihn als ein »Zeichen der Heuchelei«, das den Menschen mehr schadet als nützt. Demzutrotz spielte und spielt die Eberesche eine wichtige Rolle, insbesondere dort, wo kaum einer es sich antat, die Werke der Äbtissin vom Disibodenberg zu studieren!

Zusammen mit Eicheln und Äpfeln bezeichnet das irische Legendarium[285] die Beeren der Eberesche als »Speise der Götter«, denn sie konnten einen Mann über Jahre am Leben erhalten.

Den Beeren, als Mus gekocht, spricht man auch bei Lungenkrankheiten, bei Leberleiden und Nierenschmerzen eine positive Wirkung zu. In der Veterinärmedizin war es lange üblich, gegen die berüchtigte Lungenseuche der Rinder starke Vogelbeerabkochungen zu verabreichen. In vielen Ländern ist es Tradition, aus Vogelbeeren einen Branntwein herzustellen, sowohl zum Genuß als auch zu medizinischen Zwecken. Dieser Branntwein wird insbesondere gegen Durchfallerkrankungen löffelweise verabreicht. Ebereschenblüten trinkt man als Tee bei Erkrankungen der Bronchien. In manchen Gegenden Frankreichs wurde und wird eine Art Likör aus Ebereschenbeeren hergestellt, der durch seinen nicht zu unterschätzenden Alkoholgehalt eher an eine Tinktur erinnert. Diesen gibt man bei einem geschwächten Immunsystem und vor allem bei Problemen des Lymphsystems gläschenweise ein. Die Beeren mit Zucker als Kompott dienten im Winter als kräftigender Vitamin-C-Lieferant. Ferner verwendete man das Laub des Baumes als Futtermittel für Ziegen und Schafe, wenn andere Futtermittel rar waren. Das Holz der Eberesche eignet sich hervoragend für Drechslereiarbeiten, mit denen die Bauern in den Wintermonaten früher ein Zubrot verdienten.

Die Wirkung der Beeren der Eberesche beruht im wesentlichen auf deren Gehalt an Sorbitansäure. Außerdem sind im Fruchtfleisch zahlreiche organische Säuren wie Apfel-, Zitronen-, Bernstein-, Wein- und Sorbinsäure enthalten. Gegen Dysentrie und Darmgrippe wirken die Beeren wohl aufgrund der in ihnen enthaltenen Parasorbinsäure. Und natürlich sind die Vogelbeeren wahre Vitamin-C-Bomben, was sie besonders in ärmeren Regionen in der alten Zeit so wertvoll machte.

Die Kelten Galliens verehrten die Eberesche als einen höchst heiligen Baum. Die Druiden pflanzten sie in ihren Hainen zusammen mit Eichen und Eschen und auch um Plätze, auf denen Recht gesprochen wurde, denn die Eberesche war für die Druiden nicht nur ein Baum des Lebens, sondern spendete auch Schutz gegen negative Einflüsse und Zauber. Aus diesem Grund verräucherten die Druiden auch das Holz der Eberesche. Dieser Rauch, den sie einatmeten, vermochte sie in eine Art Trance zu versetzen, in der sie heraufziehende Gefahren für ihren Stamm klarer erkennen konnten. Und wenn er dem Druiden nicht die gewünschte Weitsicht brachte, dann erzwang er das Orakel der Mächte des Andersweltlichen, indem er eine kräftige Ebereschenrute mit einem noch blutigen, frisch gehäuteten Stierfell bespannte. Die Früchte der Eberesche haben die Farbe von frischem Blut und in Anlehnung an dieses symbolische Blut gebrauchten sie dann zur Weissagung eben echtes Blut, das in ihrer Weltsicht nicht nur Lebenssaft, sondern auch Trägersubstanz des Geistes war.

Darüber hinaus wird erzählt, daß das Holz der Eberesche von den Druiden auch gerne für eine Art Zauberstab verwendet wurde, wobei ich allerdings bezweifle, daß es sich hier um »Zauberstäbe à la Harry Potter« handelte oder um irgendwelche »verzauberten« Stäbe, mit denen die Druiden durch die Gegend wanderten.

In vielen Gegenden Frankreichs ist es noch ein fester Brauch, am Morgen nach Beltane die Rindviecher und andere Nutztiere mit Ebereschenzweigen zu »peitschen«[286], um sicherzustellen, daß die

Tiere fruchtbar sind und, gegen Unheil geschützt, in die sommerliche Weideperiode ziehen. Auch nagelt man immer noch über den Türsturz einen Ebereschenstab, um vom Haus Unheil abzuwenden und dafür zu sorgen, daß niemand, der den Bewohnern Böses will, über die Schwelle tritt. Meine Meinung ist, daß die von den Druiden gefertigten »Zauberstäbe« aus Ebereschenholz genau diesen Zwecken dienten: um Fruchtbarkeit für das Vieh zu beschwören und Unheil abzuwehren. Darauf deutet unter anderem auch ein archäologischer Fund in einem bronzezeitlichen Grab auf der dänischen Ostseeinsel Seeland hin. Dort wurde ein Gefäß gefunden, dessen Inhalt nebst allerlei magischem Krimskrams, von den Wirbelknochen einer Natter über Pferdezähne bis hin zu Luchsklauen, eben auch einen Ebereschenzweig einschloß. Da sich der Zweig zusammen mit den anderen Amuletten im Tongefäß und nicht im Leichnam befand, nehme ich an, es handelte sich hier nicht um eine Art Ritual, die die Seele des Verstorbenen gefangen halten sollte, so, wie dies aus dem irischen Legendarium und der Saga des Cúchulainn[287] überliefert wurde.

Als einer der ersten Bäume, die sich im Frühling belauben, ist die Eberesche Symbol des Wiedererwachens nach der harten Winterzeit, des Sieges des Lichtes über die Dunkelheit und damit eben auch der Fruchtbarkeit. Und durch ihre rote Beerenpracht strahlt sie, selbst wenn die trüben dunklen Tage des Jahres kommen, immer noch und trotzt somit der Dunkelheit bis zuletzt.

In Irland kennt man die Eberesche immer noch unter dem Namen »fid na ndruad« – Druidenbaum – und die Iren glauben, daß eine Eberesche das Land, auf dem sie wächst, solange sie gesund und gut genährt ist, beschützen wird. Und wie von unsichtbarer Feenhand gesät, keimen und wachsen in der Nähe natürlich junge Vogelbeerschößlinge, bereit, die Rolle des alten Baumes zu übernehmen, wenn seine Zeit kommen sollte!

Eibe

Botanisch: Taxus baccata L.
Gallisch-keltisch: Eburos, Eboros, Iuos, Ivos — *iubhar*

Baum d. Ewigkeit

- Taxus baccata L. (Familie Eibengewächse; Taxaceae) ist ein bis zu 15 Meter hoher, harzloser immergrüner Baum mit flachen dunkelgrünen, an der Oberseite glänzenden, unten matten Nadeln und zweihäusigen männlichen und weiblichen Blüten, welche von April bis Mai blühen. Die hellroten Früchte bilden sich von August bis Oktober. Die Eibe ist der vielleicht urtypischste Mondbaum, der mir je begegnet ist, denn er ist der Wächter der Schwelle zwischen dieser und der anderen Welt!

- Die vom Aussterben bedrohte, unter Naturschutz stehende Eibe ist wild wachsend in Laub- und Nadelwäldern Mittel-, West- und Südeuropas, Nordafrikas, Kleinasiens und im kaukasischen Gebiet sowie in Gebirgswäldern bis 1200 Meter Höhe zu finden und bevorzugt feuchten, kalkhaltigen Boden. Trotz ihrer Giftigkeit ist die Eibe eine beliebte Zierpflanze und häufig in Gärten, Parks und auf Friedhöfen kultiviert.

Um diesen Baum ranken sich derart viele Legenden und Geschichten, daß allein mit diesen ein eigenes dickes Buch gefüllt werden könnte.

Taxus baccata wurde in den Kulturen der Germanen, Kelten und Römer als mithin kontrovers diskutiertes magisches Gewächs aufgefaßt, erlebt und verwendet, welches die Menschen mal mit Frohsinn, Lebensfreude, Wiedergeburt und heilendem Zauber, mal mit Tod, Verderben und schwarzer Magie assoziierten. Daher rühren auch solche Bezeichnungen wie Todesblume oder Totenbaum.

Schon lange spielt die Eibe eine Rolle in der Kultur der Menschen. Und auch ihre Giftigkeit ist schon seit uralten Zeiten bekannt. Seit der Steinzeit wurden Speere sowie Pfeil und Bogen aus Eibenholz gefertigt. Eibenspeere wurden, zwischen den Rippen steckend, in den

Überresten von Mammuten gefunden. Der älteste bekannte Speer eines Neandertalers aus Südengland besteht aus Eibenholz.[288]

Der lateinische Gattungsname Taxus ist folgerichtig vom griechischen »toxon« – »Bogen« – übernommen worden, und unter einem Toxikum (griech.: »toxikon«) verstand man Gift, ursprünglich ein Pfeilgift!

Die für alltägliche Zwecke vorgesehene Verwendung des Eibenholzes oder des Giftes der Pflanzen in Form eines Blätterabsuds war von weniger geheimnisvoller als eher pragmatischer Natur. Aus dem verarbeitungsfreundlichen, widerstandsfähigen und langlebigen Ebenholz wurden vielerlei Gebrauchsgegenstände wie Waffen, magische Stäbe, Schutzamulette, Kämme und Särge, aber auch Baummaterialien für Häuser gefertigt. Man schnitt das Holz der Eibe für magische Verwendungen bei Neumond.

Die Eibennadeln dienten als Abkochung außerdem zur Herstellung von wirkungsvollen Pfeilgiften für Jagd und Kampf. Die Festland- und Inselkelten tränkten ihre Pfeile traditionell in Eibenblätterabsud, um so ihre Feinde schnell und effektiv zu töten.

Bei den Kelten hatte Taxus sowieso eine ganz eigene Stellung inne. Sie waren der Ansicht, daß die Eibe das am längsten lebende Wesen dieser Welt sei. Taxus baccata war der Totengöttin geweiht und stand im Jahresablauf für den Tod der Sonne. Der giftige Baum symbolisiert sozusagen das Ende des Zeitenkreislaufs, der sich dann mit der Wiedergeburt des Sonnenkindes erneut zu drehen beginnt.

Der Baum steht gleichsam an der Pforte zur Ewigkeit. Er stellt die Bruchstelle oder das Schlupfloch dar, durch das man dem sich endlos drehenden Zeitenkreis entkommen und von der Zeit in die Ewigkeit gelangen kann. Es wird sprachwissenschaftlich sogar vermutet, daß der gallisch-keltische Name der Eibe, »ivo« bzw. »ivos« oder »ibar«, mit dem alten Wort »ewa« oder »ewig« verwandt ist. Aus diesem Zusammenhang ist zu verstehen, warum die Eibe zu den allerheiligsten Druidenbäumen gehörte und warum aus Eibenholz ebenso gerne Wahrsage- und Zauberstäbe geschnitten wurden wie aus Hasel oder aus der Eberesche.

Noch im 11. Jahrhundert der Zeitrechnung wirkte Wilhelm, Sohn des nor(d)mannischen Herzogs Rollo, mit Hilfe der Eibe als seines ganz persönlichen Zauberstabs eine höchst außergewöhnliche

Magie, die in bildlicher Form auf dem ältesten überlieferten Comicstrip Europas in Bayeux zu betrachten ist.

Zuerst sorgte er dafür, daß in den nor(d)mannischen Landen seines Vaters Rollo, wo die Eibe zwar vorkam, aber gewiß nicht der häufigste Baum war, Eiben gepflanzt wurden. Dann wartete er – viele Jahre wohl –, bis diese kräftig genug waren, um zu normannischen Langbögen und zu Pfeilen verarbeitet zu werden. Im Jahre 1066 schließlich setzte er mit seinen Kriegsschiffen, die vom Aussehen her noch genau jenen Wikingerschiffen entsprachen, mit denen seine Vorfahren einst übers Meer und in die Normandie gefahren waren, über den Kanal und eroberte sich von Harald Hadrada ein eigenes Reich – Wilhelm der Eroberer wurde König von England!

Seit diesem Tag gibt es in meinem normannischen Land unzählige Eiben. Obwohl die Eibe oft des Rindvieh Tod ist, trauen die Landwirte sich immer noch nicht so ganz, sie bei ihren manchmal geradezu orgiastisch anmutenden Heckenzerstörungs-Operationen mit umzuschlagen. Und so kommt es eben, daß oft in zwischenzeitlich heckenloser landwirtschaftlicher Nutzfläche immer wieder beinahe ziel- und planlos zwei Baumsorten ihre Köpfe gen Himmel recken: die dunkle, tödliche Eibe und der helle, lichte und immerwährende Ilex – die Stechpalme! Selbst vor Eichen und Holunderbäumen haben die Normannen weniger Respekt als vor diesen beiden: Symbole für Tod und Leben.

Im Volksglauben hatte die Eibe eine besondere Bedeutung. Ein Stück Eibenholz, während einer Mondfinsternis geschnitten und auf der nackten Haut getragen, schützte den Träger vor schwarzer Magie, während Eibenzweige vor dem Eingang zu einer Wohnstätte boshafte Gnome und Korred[289] fernhielt.

Die Eburonen (Eibenmänner, Männer der Eibe), ein keltisch-germanischer Stamm, nahmen sich – wie Cäsar berichtet – gemeinsam mit ihrem Herrscher Catuvolcus, nachdem ihr Land von den Römern zerstört und eingenommen war, mit Eibenabsud das Leben. Die französischen Thermalquellen von Evaux wurden nach dem gallisch-keltischen Eibengott Ivavos benannt.[290]

Die Eibe ist ein mächtiges Psychoaktivum, von dem Hieronymus Bock in seinem Kräuterbuch schreibt: »Jeder, der unter einer Eibe einschläft, ist des Todes.«

Vielleicht übertrieb er hiermit ein wenig, allerdings wurde kurz nach dem Zweiten Weltkrieg von dem Grazer Medizin-Professor Dr. A. Kukowa[291] nachgewiesen, daß Taxus baccata an sehr warmen Tagen, vorwiegend im Hochsommer, gasförmige Wirkstoffabsonderungen freisetzt, die eingeatmet u. a. auch Halluzinationen erzeugen!

Diese Halluzinationen unter dem Eibenbaum finden sich gar in der deutschen Märchenwelt der Gebrüder Grimm wieder: Der Literaturwissenschaftler Dr. Michael Küttner[292] assoziiert in seinem Buch »Der Geist aus der Flasche – Psychedelische Handlungselemente in den Märchen der Gebrüder Grimm« das Märchen »Jorinde und Joringel« mit einer Halluzinogenerfahrung im »Eibenhain«. Diese wurde induziert durch eine unwissentliche Atropa-belladonna-Intoxikation, verbunden mit einer ungewollten Aufnahme von Eibenabsonderungen. Das Ganze löste bei dem Pärchen Jorinde und Joringel einen wahren Horrortrip aus und beeinflußte somit maßgeblich den Fortgang des Märchens!

Weiter schreibt Küttner, dem Kukowas Studie bekannt gewesen sein muß:

»Die Eiben, nun ja. Den Alten waren sie nie geheuer. Götter- und Feenbäume waren es, Mythenbäume bei Kelten und Germanen. Der Totengott Ullr, eine Art Winterausgabe Odins, hauste im ›Eibental‹, und die Gallier meinten, wer aus Bechern von Eibenholz trinke, der müsse sterben. Leute, die eine Nacht in Zimmern mit Eibenmöbeln verbracht hatten, klagten des morgens über heftige Beschwerden. Schliefen Burschen oder Jungfrauen unter dem verrufenen Baum ein, so konnte es geschehen, daß sie von Feen entführt wurden und den Verstand verloren.«[293]

Ein alter Volksspruch empfiehlt in diesem Sinne auch:

»Willst zum Eibenforst du gehn,
Sieh nicht um dich, bleib nicht stehn!
Hüt' den Fuß auch vor den Ringen,
Wo die Feen im Grase springen!«

Oder es geschah gar noch Schlimmeres: Die Eiben, berichtet ein altes französisches Kräuterbuch, »die im Languedoc wachsen/haben solche krafft/daß sie alle die/so etwan darunder schlaffen/oder in deren schatten sitzen/der massen beschädiget/daß sie offtmals davon sterben«.

Prof. Dr. Kukowas Forschungen zur Eibe beruhten auf einem gar seltsamen Eigenexperiment.[294] Als er offenkundig um die Gefahr des Baumes noch nicht wußte, ließ er sich eines schönen Sommertags in seinem Garten im Schatten einer Eibengruppe nieder, um an diesem erbaulichen Ort der Wissenschaft zu frönen. Bald jedoch mußte er von seinem Vorhaben Abstand nehmen, da sich seltsame Vergiftungsanzeichen einstellten, von denen er uns in seiner Schrift berichtet:

»Kalter Angstschweiß befiel mich, meine Glieder waren wie gelähmt. Vampire, Kraken, züngelnde Nattern, Ratten, gruselige Ungeheuer und anderes Getier krochen immer bedrohlicher an mich heran... Da wich die schreckliche Beklemmung, eine euphorische, eine unsagbar glückliche Stimmung versetzte mich in ein paradiesisches Traumland. Schwerelos schwebte ich in einem riesigen Zirkuszelt, aus dessen goldener Kuppel wunderbarste Lichteffekte strahlten und himmlische Sphärenmusik ertönte ...«[295]

Interessanterweise wurde in den Eibennadeln zwischenzeitlich der psychoaktive Wirkstoff Ephedrin nachgewiesen. Die Samenmäntel der Eibe schmecken ähnlich wie die Frucht der Ephedra – Meerträubel. Noch nicht analysiert ist derzeit, ob Ephedrin ein Bestandteil des von Taxus produzierten psychoaktiven bzw. giftigen Honigs ist.

Auch meine eigenen Versuche mit einer sehr, sehr vorsichtigen Dosierung von Taxusnadeln, zusammen mit ganz gewöhnlichem Tabak geraucht, hatten eindeutig eine psychotrope Wirkung zum Ergebnis, wenn auch nicht eine der angenehmsten! Ich möchte mir darum aus Gründen der Verantwortung eine Dosisangabe ersparen, denn Eibenexperimente sind einfach zu gefährlich.

In der Regel und unter Berücksichtigung aller möglichen Alkaloidschwankungen, auch unter Gewächsen gleicher Gattung und Linie, kann man jedoch sorglos davon ausgehen, daß etwa vierzig Eibennadeln vollkommen ausreichen, um einen Trip in die Anderswelt ohne Wiederkehr zu unternehmen! Und die Tatsache, daß maskuline Eiben einen um 100 Prozent höheren Wirkstoffgehalt aufweisen können als feminine Pflanzen, sollte für einen vernünftigen Menschen Grund genug sein, die Finger von solchen Selbstversuchen zu lassen und niemals vierzig Taxusnadeln zu verzehren.

Schon Paracelsus schrieb:

»Keine Eibe gleicht der anderen! Eiben haben oft eine tänzelnde Gestalt, am Stamm sieht man oft Gesichter wie aus einer Märchenwelt – daher sind sie nicht mehr nur Baum. Wegen ihrer Langlebigkeit und weil sie immergrün sind, werden Eiben u. a. Saturn, dem ›Hüter der Schwelle‹, unterstellt. Die dunklen, wie gelackten Nadeln lassen eine gewisse Giftwirkung vermuten, sie schmecken bitter und trocknen den Mund aus. Verweilt man unter Eiben, dann entspannen sich die Lungen, man wird müde, möchte schlafen und wird in Traumwelten gezogen. Die Eibe ist der wahre Weltenbaum Yggdrasil, der die Menschenwelt mit der Anderswelt verbindet und auch als Heckenpflanze die Grenze zwischen Zivilisation und Wildnis bildet.«[296]

Die Eibe galt und gilt als schamanistisch-kosmologischer Weltenbaum, als Baum der Erkenntnis.[297]

Im Gegensatz zu früheren Tagen wird von einer medizinischen Verwendung der Eibe als letztes verzweifeltes Abtreibungsmittel heutzutage natürlich abgesehen, da nicht selten sowohl der Fötus als auch die Mutter unter der Medikation verstarben. Andere Zeiten, andere Sitten: Es gab Tage, wo eine uneheliche Mutter und ihr Kind sowieso des Todes waren ... was also machte da schon der Eibenbaum!

Aufgrund der hohen Toxizität wurde der Einsatz von Eibenwirkstoffen als Digitalisersatz bei Herzkrankheiten ebenfalls sehr schnell verworfen. Volksmedizinisch wurde die Eibe als Abwehrmittel gegen bösen Zauber und im 17. und 18. Jahrhundert sogar als Antidot bei Schlangenbissen und Tollwut gebraucht. Auch hier waren die Ergebnisse durchschlagend – im wahrsten Sinne des Wortes – und niemand käme heute mehr auf ähnliche Ideen! Allerdings wird das seit 1979 aus dem Taxin isolierte Paclitaxel seit 1992 als rezeptpflichtiges krebshemmendes Pharmakon in der Infusionslösung Taxol der Firma Bristol-Myers Squibb erfolgreich in der Onkologie verwendet. Unter dem Handelsnamen Taxotere wird das ebenfalls antikanzerogene Taxoid Docetaxel vertrieben.

Homöopathische Taxuspräparate werden seit Hahnemann unter anderem bei Gicht, Leberkrankheiten und Rheuma erfolgreich appliziert.

Die Eibe ist in erster Linie eine uralte mystische Zauberpflanze. Ihre genauere Erforschung wird sicherlich künftig noch viele interessante Fakten zu Tage fördern und damit möglicherweise auch ein Wissen wieder aufleben lassen, das vor langer Zeit verloren ging.

Wenn Sie in Ihrem Garten eine Eibe haben möchten, dann behandeln Sie den Baum – in Anbetracht der Ausführungen in diesem Buch – mit großem Respekt. Betrachten Sie Ihren Baum in Vollmondnächten mit offenen Augen und meditieren Sie, wenn Sie dies möchten, oder unterhalten Sie sich mit der Pflanzenfee, die in ihm lebt, aber bleiben Sie ein wenig auf Abstand, denn diese Pflanzenfee ist mächtig und uralt.

Esche, Gewöhnliche

Botanisch: Fraxinus excelsior L.
Volkstümlich: Wundholz
Gallisch-keltisch: Onno
Bretonisch: Onn

- Die Esche kann bis zu 45 m hoch werden. Damit zählt sie zu den höchsten europäischen Laubbäumen.

- Die Krone ist kugelig, häufiger eiförmig. Die Borke ist gräulich und längs- und feiner querrissig. Die einjährigen Zweige sind im Querschnitt rundlich bis oval und glänzend grau oder grünlich. Die im Alter sehr zahlreichen Kurztriebe sind knotig verdickt. Die Knospen der Esche sind pyramidenförmig, schwarz und dicht filzig und außen von zwei breiten Schuppen umhüllt. Die kreuzweise gegenständigen Laubblätter sind neun- bis zehnzählig gefiedert, die Blättchen fast sitzend, eilanzettlich, am Grund keilförmig, lang zugespitzt, klein und scharf gesägt, beiderseits kahl, aber unterseits am Mittelnerv flaumig, das Endblättchen gestielt.

Die Blüten stehen in kleinen, gedrungenen, aus den Seitenknospen der jüngeren Zweige hervorbrechenden Rispen, die zuletzt überhängen. Die Blüten sind meist zwittrig, der Kelch fehlt, die eiförmigen Staubbeutel sind anfangs purpurrot. Die Früchte hängen an dünnen Stielen in dichten Rispen, sind länglich, 4 bis 6 mm breit und 19 bis 35 mm lang, glänzend braun und schwach gedreht.

- Die Blüten, die vor den Blättern erscheinen, sind windblütig. Bei der Esche kommen neben Zwitterblüten noch mehrere andere Arten der Geschlechtsverteilung vor. Es ist nicht ungewöhnlich, daß am selben Baum oder an einzelnen seiner Äste in verschiedenen Jahren ein Geschlechtswechsel auftritt. Die Ausbildung des Geschlechts scheint von äußeren Einwirkungen beeinflußbar.

- Im Herbst wirft die Esche als einzige einheimische Baumart ihre Blätter im grünen Zustand ab. Im Gegensatz dazu bleiben die reifen braunen Früchte in Form zweisamiger Nüsse mit einseitigen Flügeln über den ganzen Winter hindurch an den Ästchen.

- Das Höchstalter von Eschen scheint um die 250 Jahre zu liegen.

- Eschen blühen von Anfang April bis Mai. Allerdings blüht nicht jeder Baum jährlich. Der Baum ist im Norden und Nordwesten Frankreichs weit verbreitet. In Deutschland findet man ihn in Süd-, West- und Mitteldeutschland, im Nordosten kommt er selten vor. Eschen treten in Deutschland im Gegensatz zu Frankreich selten in größeren Beständen auf. Man findet sie in Laubmischwäldern, in Tälern an Bach- und Flußufern.

- Die tief wurzelnde Esche bevorzugt gut durchlüftete, tiefgründige und basenreiche Böden. Keine Seltenheit sind bis 20 m lange astfreie Stammteile, bevor die eher lichte Krone mit den steil aufragenden Ästen beginnt. Eine Schweizer »Rekordesche« hat gemäß dem Landesforstinventar die folgenden Maximalwerte an den Tag gelegt: 80 cm Brusthöhendurchmesser, 45 m Höhe und 7,9 m^3 Schaftholzvolumen.

- Fraxinus excelsior L. ist einfach zu erkennen, obwohl er – statistisch gesehen – in Deutschland[298] nur rund 3,7 Prozent des gesamten Baumbestandes ausmachen soll.

Aufgrund seiner geraden Maserung und seiner Elastizität war das Holz der Esche als Speerholz besonders beliebt. Der bekannteste Eschenspeer gehörte einst Chiron, dem Zentauren, der uns nicht nur viel Wissen um die Pferde hinterließ, sondern auch Achilles großzog und ihn in die Geheimnisse der Natur einweihte.

Das Holz für die Achsen und Deichseln von Planwagen und Streitwagen wurde bei Hirtennomadenstämmen traditionell aus Eschen gewonnen. Zu den Attributen des voll ausgebildeten und initiierten Kriegers gehörte in diesen Kulturen neben dem Roß im Regelfall auch der Eschenspeer.

Die Götter, denen die Esche geweiht war, waren immer und überall Götter des Lichtes: Odin den Skandinaviern, Lug den Kelten, Ares den Thrakern und Zeus den antiken Griechen. Und trotzdem ist die Esche – Fraxinus excelsior L. – eigentlich ein sehr gutmütiger Baum, der Ihnen viele Dinge verzeiht, die andere Bäume nicht so einfach hinzunehmen gewillt sind.

Aus einer Esche schufen die alten Götter der Skandinavier »Ask«, den ersten Mann.[299] So zumindest berichtet uns die »Edda«. Und auch in der griechischen Mythologie hat Zeus ein Menschengeschlecht aus der Esche geschaffen, und zwar jenes dritte Menschengeschlecht, das bereits mit Eisen umzugehen verstand, aus dem es die Spitzen seiner Eschenlanzen schmiedete.

In der Mythologie des Nordens ist Yggdrasil, der allumfassende Weltenbaum, eine Esche, die wie eine lebendige Säule die verschiedenen Welten durchdringt und verbindet.

Den gallisch-keltischen Cousins der germanischen Kelten galt der Baum als das Symbol der Macht des Wassers, denn Fraxinus liebt es, wenn er es feucht um die Füße hat! Schon das gallisch-keltische Wort »eska« – »Wasser« –, von dem der Name der Esche abstammt, deutet darauf hin. Die gallischen Druiden verwendeten Eschenholz für Regenzauber. Die Boote der Gallier waren meist aus Eschenholz, denn es hieß, das Holz der Esche würde vor dem Tod durch Ertrinken bewahren.

Den gallischen Kelten war die Esche Weltenbaum, denn sie ist weise, intelligent und ausgesprochen gutmütig. Sie zeigt dem, der sie um Rat bittet und ihr demütig zuhört, die Wege zu seinem innersten Selbst. Außerdem halten ihre kräftigen verzweigten Wurzeln die Welt in ihrer Ordnung zusammen.

Lange schon erlaubt es die Esche, wenn Heu knapp wird, mit ihrem Laubwerk auf gesunde Art und Weise das Vieh zu füttern. Eschenlaub als Schaf-und Ziegenfutter wird schon in der »Edda« beschrieben. Noch heute ist es zu diesem Zweck in südlichen, grasärmeren Regionen beliebt.

Ihre Blätter und Samen vermögen vieler Krankheiten Herr zu werden: In der Volksmedizin ist die Rinde des Baumes als harntreibendes, fiebersenkendes und blutstillendes Mittel bekannt. Die Eschenblätter nahm man gerne in Teeform gegen Gicht und Rheuma ein.

Es heißt, die giftigen Schlangen würden sich eher ins Feuer stürzen, als unter einem Haufen Eschenblätter Schutz zu suchen[300], aber nach meinen eigenen Beobachtungen scheinen die seltenen europäischen Giftschlangen die »Naturkunde« von Plinius, in der dieses Detail erwähnt wird, nicht gelesen zu haben!

Ähnlich in ihrer Wirkung wie Filipendula ulmaria L. – die Wiesenkönigin Mädesüß – ist das Blatt der Esche ein wunderbares Fiebermittel, das auch in der Tiermedizin die Wirkung von Aspirin reproduziert, jedoch ohne dessen üblen Begleiterscheinungen auf den tierischen Organismus. Wenn meine Pferde sich erkälten, gebe ich ihnen drei oder vier Tage lang eine Handvoll getrockneter Eschenblätter ins Futter. Diese Kur wirkt echte Wunder.

Doch die Fieberwirksamkeit der Esche geht weit über banale Erkältungen hinaus. So trug der Baum in Frankreich lange Zeit noch den Namen »Quinquinia de l'Europe« – europäisches Chinin –, denn genauso wie Chinin erwies sich die Esche bei den lange Zeit in Südfrankreich verbreiteten malariaähnlichen Sumpffiebern, die durch Insektenstiche ausgelöst wurden (und wieder werden!), als lebensrettend.

Noch heute wird in manchen Gegenden Frankreichs aus den vergorenen Blättern der Esche die »Frenette« zubereitet, ein tonisierendes und fiebersenkendes leicht alkoholisches Getränk. Ähnlich wie bei der Birke ist es auch möglich, die Esche mittels vorsichtiger

Inzision der Rinde oder Anbohren zu melken. Man erhält hier eine weißliche, milchig-dicke und süße Sekretion, die auch »Manna« genannt wird. Dieses Eschen-Manna wirkt wohltuend bei rachitischen Beschwerden und ist ebenfalls ein mildes Laxativum für Kinder und Personen mit zarter Gesundheit. Es kann, in heißem Wasser aufgelöst, wie Tee eingenommen werden.

Amüsant ist es, die Esche so zu beschneiden, daß kugelige Ausformungen entstehen, die nicht selten – denn sie höhlen sich gerne aus – Käuzchen und Eulengetier beherbergen. Die Esche verzeiht gerne eine solche Form der Beschneidung und treibt – selbst bis auf den Strunk beschnitten – eifrig wieder aus.

Im Gegensatz zu vielen anderen heiligen Bäumen der Druiden ist die Esche ein Baum der Sonne und des Lichtes. Einem alten Brauch zufolge braucht man nur ein paar Haare um einen Eschenzweig zu wickeln und eines Menschen tiefster Wunsch wird von den Feen erfüllt. Probieren Sie es einfach einmal aus!

Feldahorn

Botanisch: Acer campestre L.
Gallisch-keltisch: Opulos, Varron

- Der Feldahorn ist ein raschwüchsiges Pioniergehölz und man findet ihn auf Brachen, an Straßenböschungen und Wegrändern. Mit 15 bis 20 Jahren erlangen die Bäume ihre Blühfähigkeit. Sie können rund 150 Jahre alt werden.

- Der Feldahorn ist ein hübscher, sommergrüner, reichverzweigter, etwa 10 bis 15 m hoher Baum mit rundlicher Krone. Seine Blätter sind gegenständig, 2 bis 7 cm lang gestielt. Sie haben eine Spreite mit 3 bis 5 Lappen, etwa 5 bis 8 cm lang und 5 bis 10 cm breit. Sie sind zu einem Drittel oder bis zur Hälfte eingeschnitten. Die Lappen sind schwach gekerbt; sie sind oberseits verkahlend, dunkelgrün, unterseits graugrün, fein behaart, mit deutlichen

Achselbärten. Die Herbstfärbung des Feldahorns reicht von satt-
gelb bis goldgelb. Die Blüten des Baumes erscheinen zusammen
mit den Blättern. Sie stehen in zehn- bis 20-blütigen Rispen zusammen. Die Blütenhülle ist doppelt; in einem einzigen Blütenstand finden sich zwittrige sowie eingeschlechtige Blüten. Die
Fruchtknoten sind oberständig. Der Feldahorn hat zweiflügelige
Nußfrüchtlein. Er blüht im Mai, die Früchte sind zwischen September und Oktober reif. Die Stammborke ist fast rechteckig ge-
feldert und man kann sie leicht in dünnen Schuppen ablösen.

- Der Feldahorn kommt in ganz Europa bis Nordiran und in Nordafrika vor. Er wächst vom Tiefland bis zu 1000 m Höhe in den
Alpen. Er liebt nährstoff- und basenreiche, feuchte bis wechsel-
trockene Lehmböden. Auch in krautreichen Eichen-, Hainbu-
chen-, Misch-, Buchen- und Auenwäldern, an Feldrainen und
Waldrändern gefällt es ihm sehr gut.

Der Baum ist seiner Blüten und des abgesonderten Honigtaus wegen eine exzellente Bienenweide. Die Druiden maßen ihm große
kultische Bedeutung bei. Sie pflanzten ihn gerne an heiligen Orten,
denn er hat die Macht, jegliches Unheil abzuwenden. Auch an der
Mithras-Quelle bei der Saalburg im Hochtaunus stehen Feldahorn-
bäume. Aus seinem Holz, einem Hartholz, wurden traditionell Spin-
deln gefertigt.

Ebenso wie das Holz der Esche wurde das Holz des Feldahorns
zur Herstellung von Waffen verwendet, allerdings eher als Messer-
oder Dolchgriff denn als Speerschaft. Der Feldahorn läßt sich ausgezeichnet bearbeiten und polieren, was ihn auch zum Lieblingsholz
jener Handwerker machte, die Lauten und Frühformen der Harfe
bauten.

Die Rinde des Feldahorns, als Dekokt eingenommen, stärkt das
Immunsystem und scheint bei Diabetes positiv zu wirken. Weitaus
wichtiger als die Rinde des Baumes war für die gallischen Kelten der
Saft – wie bei allen anderen Ahornarten auch –, den man durch
»Abmelken« gewann. Der vergorene Saft diente im Winter als stär-
kendes Getränk und unvergoren, als Sirup eingekocht, wurde er zum
Süßen von Speisen und Backwerk verwendet. Ebenso war der Honig

von Bienen, die sich auf dem Feldahorn niederließen, sehr begehrt. Seine zur Sommersonnwende gesammelten Blätter dienten als Abkochung zur Wundreinigung.

Holunder, Schwarzer

Botanisch: Sambucus niger L.
Volkstümlich: Holder, Holler
Gallisch-keltisch: Skobiem
Bretonisch: Scau, Skaw

- Sambucus nigra L., der Schwarze Holunder aus der Familie der Caprifoliaceae (Geißblattgewächse), ist über ganz Europa verbreitet. Darüber hinaus kommt er auch in Kleinasien, Westsibirien und Westasien vor. Gelegentlich findet sich Holunder in Nordafrika. Oft erscheint er in Strauchform, aber häufig sieht man auch schöne, bis zu 7 m hohe Bäume.

- Die Rinde des Stammes und der älteren Zweige ist graubraun und rissig, die junge Rinde ist braun, mit zahlreichen grauen Punkten, sogenannten Lentizellen, besetzt und läßt sich leicht abschälen. Das Mark der Zweige ist weich und weiß. Die gegenständigen Blätter sind gestielt, unpaarig gefiedert, aus 5 bis 7 elliptischen, zugespitzten, ungleichmäßig gesägten, spärlich behaarten hellgrünen Fiederblättchen zusammengesetzt. Die fadenförmigen Nebenblätter fallen schon früh ab. Die stark duftenden Blüten stehen in dichtblütigen, endständigen, schirmförmigen, flachen, meist fünfästigen Trugdolden. Der Blütenkelch ist kurzröhrig und hat 5 kurze Zähne. Die am Grund verwachsene Krone besitzt 5 radförmig ausgebreitete, 6 bis 9 mm breite weiße bis gelblichweiße Zipfel. Die 5 Staubblätter haben gelbe Staubbeutel. Der dreiteilige Fruchtknoten entwickelt sich zu einer kugeligen 5 bis 6 mm dicken, glänzend schwarzen, saftigen Frucht. Die 3 bräunlichen Samen sind eiförmig und außen gewölbt.

- Der Zwergholunder – Sambucus ebulus L. – kann leicht mit dem Schwarzen Holunder verwechselt werden. Er unterscheidet sich vom Schwarzen Holunder durch die eiförmigen, rispigen, dicht behaarten Trugdolden und die scharlachroten Früchte. Außerdem ist er kein Baum, sondern gehört zur Familie der Moschuskrautgewächse. Im Gegensatz zum Echten Holunder verholzt der Zwergholunder nicht. Früher als giftig angesehen, hat sich zwischenzeitlich herausgestellt, daß er nur für Pferde[301] sehr toxisch ist.

- Die Blütezeit des Schwarzen Holunders erstreckt sich von Ende Mai bis Ende Juli, je nach Klimazone. Die Blüten des Holunders erntet man am besten im Mittsommer, seine schwarzen Früchte am besten im September, wenn sie schon reif, aber noch nicht ganz weich sind.

Den lateinischen Namensursprung führen manche auf eine im antiken Griechenland und auch in Rom gebräuchliche Harfenform zurück, die »Sambyke«, die, mit drei bis sieben Saiten bespannt und wie ein Dreieck geformt, scheinbar hauptsächlich zu feierlichen Anlässen im Zusammenhang mit dem Apollo-Kult gespielt wurde. »Sambyken«, so heißt es, wären aus dem Holz des Holunderbaums hergestellt worden. Das oftmals angeführte »sampsychon« aus dem Griechischen als Ursprung der Bezeichnung scheint unsinnig, genauso wie die Verbindung mit dem lateinischen »sabina« – »Sadebaum«.

Die gebräuchlichsten volkstümlichen Namen in vom Norischen beeinflußten Sprachgebieten lassen sich leichter nachvollziehen. Im Dänischen findet man heute immer noch das ausgesprochen eindeutige »Hyld«, das sich auch in dem vormals im deutschen Sprachraum sehr verbreiteten »Holder« und »Holler« wiederfindet, den der heutige Holunder[302] ein bißchen verscheucht hat: »Hyld« – »Hold« – »Heilig«, denn dieses »Heilig« versteckt sich zwischen den grünen Blättern, weißen Blüten und schwarzen Beeren des wunderbarsten und mächtigsten der Feenbäume Westeuropas. Und ein Feenbaum ist der Sambucus nigra allemal!

Noch zum Ende der 50er Jahre des 20. Jahrhunderts weigerten sich englische Landarbeiter stur, Holunder zu schlagen – weil sie den Zorn des Geistes fürchteten, der den Baum schützte.

Ähnlich verhält es sich mit dem alten Brauch, eine Kinderwiege niemals aus Holunderholz herzustellen: Der Baumgeist, die Fee Hyldemoer (Holdermutter oder auch Frau Holle), würde sich an den Frevlern rächen, indem sie das Kind so lange in seiner Wiege quälen und zum Schreien bringen würde, bis man es herausnähme. In manchen Gegenden heißt es gar, eine Wiege aus Holunderholz führe zum Kindstod!

In vorchristlicher Zeit gehörte der Holunder zu jenen Bäumen, die zu schlagen unter Todesstrafe verboten war!

Den Kelten war der Holunder ein heiliger Baum, was ihn natürlich sofort wieder einmal bei den Dienern Roms zu einem Baum machte, an dem Judas sich scheinbar erhängt haben soll! Andere wiederum behaupteten, das Kreuz Christi wäre aus Holunderholz gemacht worden. Man darf annehmen, daß dem den gallischen und germanischen Kelten ebenso heiligen Weißdorn dieses Schicksal nur deshalb erspart blieb, weil es selbst einem etwas vernagelten christlichen Priester auffallen mußte, daß dieser Baum mit all seinen Dornen und dünnen, pieksenden Ästen für einen Selbstmord durch Erhängen nicht gerade am besten geeignet ist! Allerdings mußte der Weißdorn als Kreuzholz genauso wie als Dornenkrone Christi herhalten. Seit Martin von Tours heilige Eichen umhackte, hatten die Diener Roms anscheinend eine geradezu krankhafte Neigung, die heiligen Bäume der Alten zu verteufeln und zu verleumden!

In meiner Ecke der Welt heißt es heute noch, wer sich in der Nacht der Sommersonnwende unter einem Holunderbaum versteckt, der könne den König und die Königin der Elfen mit ihrem ganzen Gefolge vorbeireiten sehen. Doch ist hier viel Vorsicht angebracht, denn falls der Neugierige es wagt, sich den Elfen zu zeigen und mit ihnen zu sprechen, dann überreden sie ihn, mit zu ihrem Feenfest zu kommen, und von diesem Fest – so heißt es – ist noch keiner je wieder in die Welt der Menschen zurückgekehrt.

In russischen Volksmärchen vertreiben die Holunderblüten die bösen Geister. In Sizilien glaubt man, daß der Baum, vor den Haus gepflanzt, Räuber und üble Gesellen fernhält. Gerne hängt man auch heute noch in vielen Gegenden Holunderblüten in die Ställe, um böse Geister vom Vieh fernzuhalten, oder man pflanzt sie generell in die Nähe von Bauernhäusern, um die Familie vor allen möglichen Übeln zu schützen. Allgemein galt der Holunder als Baum gegen Verhexungen und Hexenzauber aller Art.

Viel Volksglaube ist zwischenzeitlich aber auch stark vom Christentum unterwandert worden, da die Diener Roms der Hyldemoer – Hollermutter Holle –, der weisen und gütigen Lichtgöttin des alten Glaubens, eher negativ gegenüberstanden. Und so machten sie aus der weisen Lichtgöttin von einst kurzerhand einen üblen Spukgeist, der im Holunderbaum hauste.

Im Grimm'schen Märchen von Frau Holle fällt der fleißigen Stieftochter, nachdem die Hände bereits blutig sind vom Spinnen, beim Weben die Spule in einen Brunnen. Sie springt hinein, um die Spule wieder herauszuholen. Dadurch kommt sie in ein anderes Land, in dem sie Frau Holle begegnet. Sie beginnt ihr zu dienen und muß vor allem immer die Federbetten (Schnee) kräftig ausschütteln. Nach einiger Zeit hat sie aber Heimweh und möchte wieder nach Hause. Reich belohnt kehrt sie mit Goldstücken für ihre Dienste und mit der verlorenen Spule wieder an die Oberfläche zurück. Ihre Stiefschwester versucht auch ihr Glück bei Frau Holle, kehrt aber wegen ihrer Faulheit statt mit Gold nur mit Pech zurück. Zum Verständnis der Essenz des Holunders ist dieses Märchen wesentlich.

Es gibt eine andere interessante alte Sage zum Holunder: Ein Fürst hatte sich auf der Jagd von seinem Gefolge entfernt und gelangte schließlich zu einer einsamen Bauernhütte. Vor der Tür saß weinend ein greiser Mann und er fragte ihn, was ihm fehle. Der Alte klagte, er sei eben von seinem Vater hart geschlagen worden. Der Fürst erkundigte sich nach dem Grund und erhielt zur Antwort, der gezüchtigte Sohn habe den Großvater seines Vaters aufheben und anderswohin setzen wollen, ihn aber unglücklicherweise fallen lassen. Der Fürst wunderte sich sehr und betrat die Hütte, um die uralten Leute mit eigenen Augen zu betrachten. Er fragte sie, wovon sie sich denn ernährten. Sie erwiderten: »Wir aßen stets Käse, gesalzenes Brot und Milch. Daß wir aber so alt geworden sind, kommt daher, weil wir alle Jahre regelmäßig Holunderbeermus essen.«

Der Baum hat einen narkotischen Geruch. Personen, die von seinem Geruch betäubt unter ihm einschlafen, können allerlei angenehme Visionen haben, die einstmals gerne mit dem Feenland in Verbindung gebracht wurden. Außerdem ist es eine uralte Beobachtung, daß andere Pflanzen nicht im Schatten des Holunderbaums wachsen mögen, vielleicht weil dieser etwas Magisches an sich hat. Einer alten Bauernregel zufolge soll man Rüben, Salate, Fruchtbäume und Getreide mit den grünen Blättern und Zweigen des Holdunders peitschen, um Insekten und Ungeziefer von ihnen fernzuhalten.

Albertus Magnus schreibt, daß die Rinde dieses Baumes als Abführmittel sowie als Brechmittel benutzt wird. Will man die Rinde als Abführmittel verwenden, muß man sie von oben nach unten abschaben, als Brechmittel von unten nach oben. Nach Albertus Magnus soll dies eine in der Volksmedizin oft erprobte und beobachtete Erfahrung sein.

Aus den Holunderästen läßt sich leicht das weiße Mark herausdrücken, um so Pusterohre zu erhalten.

Die Früchte, die anfänglich grün und hart sind, später aber violettschwarz und weich werden, haben zwei oder drei steinharte Samenkörner. Die Farbe der reifen Früchte und das Rot der Fruchtstiele stechen stark voneinander ab. Vögel fressen die Beeren, verdauen aber nicht die Samenkörner, so daß diese wieder mit dem Kot unversehrt ausgeschieden werden. So ist erklärbar, warum Holundersträucher zuweilen auf hohen Mauern und alten Türmen hervorsprossen können, also an Orten, wohin sie sicher kein Mensch oder der Wind getragen hat.

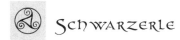

Schwarzerle

Botanisch: Alnus glutinosa L.
Gallisch-keltisch: Verna
Bretonisch: Gwern, Guaern

- Die Schwarzerle hat sich nach der letzten Eiszeit durch das gesamte Mitteleuropa verbreitet, von den Bergwäldern Südeuropas und des Schwarzmeerraumes bis zu den Britischen Inseln und hinauf nach Norwegen. Im Ostseeraum, im europäischen Russland und im Westsibirischen Tiefland ist sie verbreitet. Selbst in den Pyrenäen findet man bis zu 1200 Metern Schwarzerlen. In

Mittel-und Osteuropa kommt das Gewächs aus der uralten Gattung Alnus aus der Familie der Birkengewächse gar bis 1800 Meter vor.

- Das Erscheinungsbild des Baumes ist entweder die Strauchform oder der bis zu 30 Meter hohe Baum mit schlankem, oft mehrstämmigem Schaft und einer lockeren, länglichen Krone mit ovaler Formgebung. Sie besteht aus fast waagerecht ausgebildeten Seitenästen.

- Die Blätter der Schwarzerle sind unverkennbar; oval, mit gesägten Blatträndern und ohne »Blattspitze«.

- Schwarzerlen blühen schon sehr früh im Jahr, manchal schon im März, noch bevor die Laubblätter austreiben. Die Blütenstände haben Kätzchenform, in denen sehr einfach gebaute Blütlein sitzen. Die Blüten der Schwarzerle werden durch den Wind bestäubt, die Früchte, die in verholzenden kleinen Zapfen sitzen, durch ihn verbreitet. Sie sind im September/Oktober reif. Schwarzerlen können 120 Jahre alt werden und eine Stammdicke von bis zu 100 cm erreichen. Manche Bäume erreichen allerdings ein weitaus höheres Alter, da selbst alte Erlenstümpfe in der Lage sind, wieder auszutreiben und noch »eine Tour« mitzumachen. Diese außergewöhnliche Regenerationsfähigkeit trug genauso zu ihrem Mythos bei wie ihr Lieblingsstandort: Die Erle ist in Mooren und an Fließgewässern zu Hause.

- Sie kann es mit ihrem Wurzelwerk unter Wasser aushalten. Selbst länger andauernde Hochwasser übersteht der Baum unbeschadet. Das ausgeprägte innere Belüftungssystem der Schwarzerle erlaubt ihren Wurzeln eine ausreichende Luftzufuhr. So gedeiht dieses Gewächs aus der Familie der Betulaceae in manchen Auen und Mooren vollkommen konkurrenzlos.

- Auch das tote Holz der Erle ist gegen Fäulnis unter Wasser derart resistent, daß halb Venedig auf Erlenpfählen erbaut werden konnte. Die Pfahlbauten unserer frühgeschichtlichen Ahnen bestanden gleichfalls aus Erlenholz.

- Die wissenschaftlich-lateinische Artbezeichnung »glutinosa« bedeutig »leimartig« und bezieht sich auf die klebrigen jungen Triebe, welche früher auch gegen die Mückenplage in den Häusern aufgehängt wurden.

- Der Name Schwarzerle beruht wohl auf der alten Verwendung ihrer Rinde zum Schwarzfärben von Leder sowie zur Herstellung von schwarzer Tinte aus ihren Fruchtzapfen.

In Deutschland ist der Baum auch als Roterle bekannt, was sich auf die rötliche Verfärbung des frisch geschlagenen Holzes bezieht. Die Farbe Rot galt den Germanen als Sinnbild des Bösen.[303] Selbst der Boden, auf dem die Erlen wachsen, schien verflucht zu sein, denn wer in den Mooren nicht achtgab und bei Einbruch der Dunkelheit den Irrlichtern folgte, kehrte niemals wieder zurück. So wagte man sich nur ungern in diese moorigen Auen, wo einem die Moorhexe auflauern und in den Grund ziehen könnte. Die Erle selbst schien die Verkörperung dieser Dämonin zu sein.

Bezeichnenderweise spielt die Erle in der griechischen Mythologie eine ähnliche Rolle: So hielten an erlenbewachsenen Orten sowohl die Nymphe Kalypso als auch die Zauberin Kirke den Helden Odysseus jeweils mehrere Jahre in ihrem Bann.

Die Kelten Galliens sowie die Inselkelten hatten zur Erle eine andere Beziehung. Als »Schild des Kriegers« (im Irischen »Aireinech Fiann«) bezeichneten die Druiden ihre energetische Wirkungsweise. Auf der physischen Ebene war es das Schild aus dem harten und doch leicht zu bearbeitenden Holz, das als Schutz in kriegerischen Situationen seine Verwendung fand. In der Überlieferung heißt es, daß die Druiden mit Hilfe der Schwarzerle ihre Gewitter »brauten«. Außerdem wußten sie, wie man durch eine Erle in das Elfenreich hinein-, aber auch wieder hinausgelangen konnte. Die den Germanen als »Moorhexe« unheimliche Erlenfee ist eigentlich gar eine Königin, denn für die gallischen Kelten verbarg sich in dem blutenden Baum die dunkle Offenbarung der »großen Mutter Ana«, die Morrigú, der große Rabe, der die Seelen der gefallenen Krieger vom Schlachtfeld geleitet. Aus diesem Grund wohl fand man auch in Erlenmooren Moorleichen aus der Zeit der Druiden, die den großen

Gelehrten der Kelten zeitweilig den üblen Ruf als »Schlächter« und Darbringer von Menschenopfern einbrachte.

Genauso wie die frühlingshafte, jungfräuliche Manifestation der »großen Mutter Ana« sich unter den Feuern von Beltane mit dem Herrn der Natur vermählte, um der Erde neues Leben zu gebären, vereinigte sich die Morrigú mit einem jungen Bräutigam in der Nacht von Samhain. Dieser begleitete sie dann durch die Erlenpforte in das andere Reich, »Outre Monde«, aus dem er nach der Winter-Tag-und-Nacht-Gleiche als wiedergeborener strahlender Herr des Lichtes zurückkehrte.

Die Druiden und die Kelten hatten eine andere Auffassung vom Sterben und vom Tod als die christlichen Adepten. Für sie war er nur Teil eines Zyklus ohne Ende, so, wie die Sonne ohne Ende unter- und wieder aufging. Die Tatsache, daß man an der bekannten Moorleiche[304] aus Cheshire, dem sogenannten »Mann von Lindow«, keine Spuren eines Kampfes hatte finden können, unterstreicht diese Annahme noch zusätzlich.

Die Wissenschaftler konnten nachweisen, daß der sehr gut erhaltene Mann etwa im 2. Jahrhundert vor der Zeitrechnung gestorben und zum Zeitpunkt seines Todes 25 bis 30 Jahre alt gewesen war. Er war mittelgroß und von kräftiger Statur, wenn er auch nicht die ausgeprägte Muskulatur eines Berufskriegers besaß. Er hatte die glatten, feinen Hände eines Angehörigen der Oberschicht. Sein Leichnam ließ viele Rückschlüsse auf sein Leben zu, doch als größte Überraschung erwies sich am Ende die Todesursache: Der »Mann von Lindow« trug eindeutig die Spuren einer rituellen Tötung. Die Wissenschaftler kamen zu dem Schluß, daß er eines rituellen dreifachen Todes gestorben war: zuerst mit zwei Kopfhieben betäubt und anschließend stranguliert, dann durch das Öffnen der Halsschlagader ausgeblutet.

Soweit die Experten feststellen konnten, war der »Mann von Lindow« bis zu seinem Ende bei allerbester Gesundheit gewesen. Einige vertreten die Auffassung, daß er selbst ein Druide war und sich höchstwahrscheinlich freiwillig im Rahmen eines besonderen Rituals auf den Weg nach »Outre Monde« gemacht hatte. Die Speisereste, die im Magen des »Mannes von Lindow« gefunden wurden, stammten aller Wahrscheinlichkeit nach von einer solchen Zeremonie. Seine letzte Mahlzeit hatte offensichtlich aus einem angebrannten Stück Gerstenmehlkuchen bestanden, wie er traditionell bei keltischen Jahreskreisfesten verzehrt wurde.

Es soll eine alte Druidensitte gegeben haben, nach der unter bestimmten Umständen ein besonderer Gerstenmehlkuchen an die feiernden Druiden verteilt wurde. Eines dieser Kuchenstücke war geschwärzt, und derjenige, der es bekam, auf den sozusagen dieses Los fiel, war zum Opfer für die Götter bestimmt. Die Tatsache, daß der »Mann von Lindow« in einem Moor gefunden[305] wurde, in dem er etwas mehr als 2000 Jahre ungestört geruht hatte, lädt zu der Annahme ein, daß es sich hier vielleicht um einen solchen Bräutigam der Morrigú gehandelt haben könnte. Was den jungen Druiden von Lindow zu dieser Wahl bewegt haben könnte, sein Leben kampflos aufzugeben, werden wir wohl nie erfahren. Aber ich weiß aus der – unter anderem auch dank Julius Cäsar – extrem gut dokumentierten Lebensgeschichte des Diviacus, jenes Druiden, den einige französische Historiker einen Helden und viele den größten Verräter Galliens nennen, daß es bei den Druiden üblich war, sich in Zeiten großer Not und in ausweglosen Situationen ohne zu zögern für ihren Stamm zu opfern.[306]

Erlen sind »blutende« Bäume, wenn man ihre Rinde anschneidet oder sie fällt[307]: Die Schwarzerle war für die Kelten auch die »blutende Mutter«, die Heilerin, denn ihre Rinde und ihre Blätter halfen innerlich angewendet Fieber zu senken, Halsentzündungen zu heilen und Rheumatismus zu lindern. Äußerlich angewendet wurden Erlenrinde und -blätter bei Geschwüren und Verletzungen. Die Zweige der Erle eigneten sich zum Stillen von Blutungen. Die keltischen Krieger bemalten sich mit dem »Erlenblut« die Gesichter, um sich vor Verletzungen (Wunde = Blut) zu schützen und gleichzeitig den Feind noch mehr das Fürchten zu lehren. Selbst eine Geburtshelferin ist die Erlenfee: Hatte eine Frau eine schwere Niederkunft, dann verabreichte ihr der Druiden-Arzt mit Honigsirup vermengte zerriebene Fruchtzapfen.

Wie kein anderer Baum ist die Erle mit den vier Elementen im wahrsten Sinne des Wortes »verwurzelt«: Sie ist die Meisterin der Elemente.

In den Mythen aus Irland und Wales ist die Erle der heilige Baum von Bran, dem Gesegneten, dessen Tiergestalt wie die der Morrigú der Rabe ist. Robert Graves vermutete einen Erlenkult auch im alten Wales. Und an der Westküste Schottlands läßt der Fund einer aus Erlenholz geschnitzten weiblichen Figur vermuten, daß die Erlenfrau schon vor der Eisenzeit bekannt war. Die Figur wurde als Opfergabe zwischen 728 und 524 vor der Zeitrechnung in einem See oder Moor versenkt.

Allerdings hat Johann Wolfgang von Goethes »Erlkönig« nichts mit der Erle zu tun: Er hat hier lediglich eine Fehlübersetzung Gottfried Herders aus einer dänischen Legende um einen »Elfenkönig« übernommen.

Silberweide / Weissweide

Botanisch: Salix alba L.
Gallisch-keltisch: Gouaed — seileach
Bretonisch: Dolgoed, Guoaed, Dol-gweden

---

* Die Gattung Salix zählt zu den ältesten voreiszeitlichen Blütenpflanzen. Heute erstreckt sie sich von der Tundra bis in die Tropen. Weiden sind unbeschreiblich, da allzu vielfältig: Sie erscheinen vom kleinsten Strauch bis zum mächtigsten Baum in jedweder Form und ihre systematische botanische Gliederung ist bis zum heutigen Tage nicht abgeschlossen. Zur Zeit ist die Zählung bei rund 500 Weidenarten angekommen. Früher stand sie gar unter Naturschutz, denn die Weidenkätzchen sind eine gar vortreffliche Bienenweide! Also denken Sie daran und verschonen Sie die Zweiglein von Salix im Frühjahr, insbesondere in der Osterzeit. Man kann sich auch einen künstlichen Zweig aus dem Deko-Shop in die Vase stellen und daran die traditionellen Eier aufhängen!

* Vom medizinischen Standpunkt aus dürfte die Weißweide – Salix alba – die wichtigste Vertreterin der Art sein. Offensichtlich läßt sich das lateinische »salix« auf das altindische »salilam« – »Was-

ser« – beziehungsweise »salit« – »Fluß« – zurückführen. Und so einfach beschreibt sich auch der liebste Standort unseres Baumes. Er mag es naß um die Füße!

Wie so viele Pflanzen, die unseren keltischen Ahnen heilig waren, wurde auch die Weide von den Anhängern Roms dämonisiert: Finstere Mächte sollte insbesondere die Trauerweide anziehen. Diese Vermutung begründeten die Adepten des Revoluzzers aus Judäa darauf, daß im späten Herbst sprießende Weidenknospen einen strengen, also tödlichen Winter ankündigten. Außerdem verkündigten sie, im selben Brustton der Überzeugung wie ihr Evangelium, daß Weiden wie auch Eichen – beide heilige Bäume der keltischen Druiden – den Blitz auf sich zögen! Und außerdem solle Judas sich auch noch im Geäst des Weidenbaums dem Strick überantwortet haben: An wie vielen Bäumen noch soll der gute Judas Selbstmord begangen haben? An allen jenen, die in den heiligen Hainen unserer Ahnen standen!

Den Druiden-Priestern der gallischen Kelten waren die hohlen Stämme der Weide gar vortrefflicher Einstieg in die andere Welt. Den Griechen waren sie die Tore zum Garten der Gattin des Hades, Persephone. Doch natürlich sagten die mittelalterlichen Kleriker an dieser Stelle sofort, daß in diesen Aushöhlungen nicht nur die Hexen, sondern auch die bösen Geister wohnten! Und darum sollte im Zimmer der Gebärenden kein Weidenholz stehen, denn dadurch würde die Geburt beeinträchtigt! Für die Anhänger Roms war es notwendig, daß eine Frau in Schmerz und Leid gebar, und die Aussicht, mit Hilfe von Salix alba und seinen heilenden Kräften das tödliche Kindbettfieber zurück in seine Schranken zu weisen, schien diesen verblendeten Kirchenmännern gar sehr zu mißfallen.

Wie viel weiser und wissenschaftlich berechenbarer waren doch die »heidnischen« Druiden-Ärzte unserer keltischen Ahnen, die Abkochungen der Weidenrinde verabreichten, wenn die Körpertemperatur gefährlich anstieg. In ihren Augen war die Weißweide ein Mondbaum, der Kühlung spendete, wenn die Hitze unerträglich und gefährlich wurde.

Aufgrund des Manuskripts von Leyden darf man gleichfalls darauf schließen, daß sie mit Weidenrinde Rheumatismus und Arthritis behandelten.[308] Über diese bekannteren Wirkungen hinaus noch ein kurzes Wort zu den Blüten der Weide: Sie sind in Teeform eingenommen ein gutes Beruhigungsmittel bei nervlicher Anspannung. Diese Verwendung ist allerdings stark in Vergessenheit geraten, da gleichzeitig ausreichend andere und wesentlich »sammelfreundlichere«[309] Pflanzen den Kopf aus dem Boden strecken, die in gleicher Weise Entspannung und Ruhe gewähren.

Der Einsatz der Weidenrinde – Urgroßmutter der Aspirin-Tablette ohne deren Nebenwirkungen – als Antipyretikum und Analgetikum läßt sich bis in die Antike zurückverfolgen. Mit der Einführung der modernen Phytotherapie ist sie wieder in den Fokus des wissenschaftlichen Interesses zurückgekehrt.

Wahrscheinlich lassen diese Wirkungsweisen sich auf das Phenolglykosid Salicin zurückführen, das als Prodroge dient, die erst im Körper in die eigentliche Wirkform der Salicylsäure umgewandelt wird. In einem Laborversuch an vier gesunden Patienten wurde nachgewiesen, daß die Einnahme von Weidenrindenextrakt im Vergleich zur Einnahme von Salicin als Reinsubstanz gar den Vorteil hat, daß die Plasmakonzentration der Salicylsäure aus der Weidenrindensubstanz erst nach mehreren Stunden ihren Höchstwert erreicht. Dies ist offensichtlich auch die Erklärung für die ausgesprochen große Wirksamkeit der Weidenrinde bei akutem rheumatischem Fieber. Die pharmazeutisch vertriebene Weidenrinde – Salix alba – besteht heute aus den zu Beginn des Frühjahrs von jungen, kräftigen, zwei- bis dreijährigen Zweigen gesammelten und getrockneten Rinden von Salix alba L., Salix purpurea L., Salix fragilis L. und anderen gleichwertigen Rinden anderer Salixarten.

In Gallien wurden aus den biegsamen jungen Weidenzweigen, wie überall sonst auch, Korbwaren geflochten. Darüber hinaus verwendete man gerne bereits von Mutter Natur »vorausgehöhlte« Weidenstämme als Klangkörper für Harfen. Außerdem werden und wurden aus den jungen Zweigen lebende Hecken geflochten. Unten zugespitzt in die Erde gesteckt und oben in die gewünschte Form gearbeitet, schlugen die Weiden entsprechend aus und bildeten innerhalb kurzer Zeit eine fast undurchdringliche grüne Begrenzung für Weiden und Äcker. Da diese Art der Umzäunung allerdings sehr zeitaufwendig ist, findet man sie heute fast nur noch um Pflanzenbeete in historischen Gartenanlagen oder als Eingrenzung von Kräuterbeeten in Klöstern.

Stechpalme

Botanisch: Ilex aquifolium L.
Gallisch-keltisch: Colaenn
Bretonisch: Kelenn

- Ilex aquifolium L. – die Europäische Stechpalme – ist die einzige in Europa heimische Vertreterin aus der Familie der Stechpalmengewächse.

- Sie ist ein extrem langsam wachsender, immergrüner, aufrechter, meist mehrstämmiger Strauch oder Baum, der maximal 15 m hoch wird. In seiner Baumform hat Ilex eine dichte Verzweigung und eine kegelförmige Krone. Junge Zweige sind grün und dicht behaart. Sie verkahlen jedoch, wenn sie älter werden. Spät bilden sie dann eine grauschwarze Borke. Die Stämme der Baumform von Ilex können einen Durchmesser von bis zu 60 cm erreichen. Die Pflanze wird bis zu 300 Jahre alt. Die wechselständig angeordneten Blätter haben einen ca. 15 mm langen Stiel und sind sehr dick und ledrig, auf der Oberseite glänzend dunkelgrün, auf der Unterseite gelbgrün. Die Blattform ist elliptisch, beiderseits zugespitzt und am gezackten Blattrand sitzen bis zu 7 Stachelzähne. Die Lebensdauer der Blätter beträgt etwa 3 Jahre. Ilex ist zweihäusig. Seine unscheinbar wirkenden Blüten sind im Regelfall weiß, gelegentlich auch rötlich. Sie stehen in Dolden in den Achseln der Blätter des Vorjahres. Als Bestäuber dient hauptsächlich die Biene. Der Ilex blüht von Mai bis Anfang Juni.

- Die Früchte der Pflanze sind feuerrot und äußerst auffällig. Sie glänzen saftig und haben in ihrem Inneren vier Steinkerne, die Ilexsamen. Je nach Region reifen die Früchte im Oktober/November.

- Während Ilex aquifolium L. in Frankreich eine überall anzutreffende Heckenpflanze ist, die wild im großen Rahmen wächst, kommt sie in Deutschland eher selten vor und ihre Wildform steht unter Naturschutz.

Die Stechpalme und ihre medizinische Verwendung waren in der Antike wohlbekannt. Die Blätter wurden hauptsächlich bei Gelenkproblemen, die Beeren gegen die Ruhr, Gallenprobleme und Verdauungsbeschwerden verwendet. Obwohl Plinius die von den Druiden-Ärzten sehr liberal verwendete Pflanze empfiehlt, macht sie sich in den Kräuterbüchern des Mittelalters rar. Erst im 16. Jahrhundert bringt Lonicerus, der sie zuerst unter dem Namen Ilex aquifolium unter Hinweis auf Plinius aufführt, eine recht unbeholfene Abbildung der Pflanze. Bessere Darstellungen geben dann erst Bock und Matthiolus.

Ein eifriger Benutzer von Stechpalme – follium et fructis – war Nicolas Culpeper. Er verwendete die Pflanzenteile, die er im Zeichen des Saturns sah, um den Körper vom Phlegma, also jenen üblen, feuchten Schleimen, die Ursprung so vieler Krankheiten waren, zu befreien.

Plinius, der viel gelesen und gehört, aber nur verhältnismäßig wenig mit eigenen Augen gesehen hatte, schrieb der Stechpalme allerlei Zauberkrimskrams zu: Die Blüten könnten Wasser in Eis umwandeln oder das Holz würde wilde Tiere zähmen. Außerdem sollte der Baum nicht nur den Blitzschlag bannen, sondern auch vor Zaubereien schützen!

Für die Druiden der Kelten Galliens war »Colaenn« allerdings weniger Zaubermittelchen als vielmehr die Verkörperung des Winterkönigs. Wie von allen Bäumen, die in der kalten Jahreszeit ihr Laub nicht warfen, waren sie von der Pflanze fasziniert.

Diese Faszination übermittelt die Geschichte von Tristam et Yseult, so, wie sie der keltisch-normannische Barde Béroult im 12. Jahrhundert auf der Grundlage der kontinentalkeltischen gallischen Mythologie niederschrieb und in Verse faßte. Dieses Werk bildet die Grundlage für sämtliche andere Geschichten von Tristan und Isolde. Möglicherweise war es sogar Eleanor d'Aquitaine, »La Reine des

Trouvaires« – die Königin der Troubadoure –, die Béroul bat, seine Weisheit niederzuschreiben.

Bezeichnenderweise unterscheidet sich der gallisch-keltische Tristam völlig von jenem anglonormannischen, den Thomas d'Angleterre, ein Zeitgenosse von Marie de France, rund 100 Jahre später verfaßte.

Béroults Yseult berichtet uns in den knapp 3000 erhalten gebliebenen Versen ganz klar, wer sie eigentlich ist: Sie ist eine der Manifestationen der Großen Mutter, reif, dominant und bereit zur Empfängnis von dem Winterkönig, dem mit dem immergrünen Laub der Stechpalme geschmückten Cernunnos, kurz bevor dieser seinen Opfertod sterben muß.

Yseult sagt gar, daß sie Tristam gehört, solange er lebt, und verweist dabei direkt auf die Stechpalme, »houssaye«, die, solange sie lebt, Blätter trägt. Ich lebe in jenem Teil der Normandie, den man heute Pays d'Ouche nennt. Dieses Pays d'Ouche war einst jenes Pays de Houssayes, das Land des Winterkönigs Tristam. Dort vereinigte er sich während der laublosen dunklen Zeit, in der er als einziger grün und fruchtbar war, mit der goldenen sommerlichen Yseult von Béroul, bevor er vergehen und sie für die anderen Monate, in denen die Erde aus sich heraus selbst fruchtbar war, zu ihrem legitimen Gemahl, dem alten König Mar'c, zurückschicken mußte. Doch damit Mar'c nicht merkte, daß Yseult keine Jungfrau mehr war, sondern die reife, geschwängerte Manifestation der »Ana«, legte sich Yseults Vertraute Brangaine – die Frühlingsmanifestation der Großen Mutter –, keusch, scheu und jungfräulich zu dem alten König. Diese Version der Legende um Tristan und Isolde findet man nur hier, in den keltischen Gebieten Frankreichs, wo sie ihren Ursprung hat und wo es dem christlichen Einfluß nie gelang, sie mit den Aspekten von Schuld, Sühne und Ehebruch zu verunstalten.

Genauso ungebrochen wie die Legende von Tristam und Yseult ist der Stechpalmenkult. Den Kelten gleich, die ihre Wohnstätten zur Wintersonnwende mit den Immergrünen – Efeu, Mistel, Stechpalme – schmückten, tun die Nachfahren der gallischen Kelten dies heute noch. Der Weihnachtsbaum – die Weihnachtstanne – kam erst gegen Ende des 19. Jahrhunderts und in den städtischen, großbürgerlichen Haushalten in Mode. Aber er hat weder den alten keltischen Schmuck und Schutz der Wintersonnwendfeuer noch das Feuer selbst verdrängt. Auch wenn dieses meist nur in einer süßen Leckerei, der »Bûche de Noel«, weiterlebt, wo die Menschen keine Kamine oder Feuerstellen mehr haben, um in der Nacht der Wiedergeburt der Sonne einen Eichholzscheit zu entzünden!

 ## Stieleiche

Lateinisch: Quercus robur L.
Deutsch: Eiche, Stieleiche
Gallisch-keltisch: Cassanos, Dervos oder Tanno
Bretonisch: Daeru, Dar, Derw — Darrach (darach)
(bret.: Druide = Drouiz; walisisch: Derwyddon = Geheimwissender, Druide; Rusc Dar = Eichenrinde, Derucc = Eichel)

- Die Stieleiche ist ein bis zu 50 m hoher Baum aus der Familie der Buchengewächse mit kräftiger Pfahlwurzel, starken Seitenwurzeln und mächtiger, unregelmäßiger, starkästiger Krone. Die anfangs noch glatte grünliche Rinde des im Durchmesser bis über 1,50 m dicken Stammes geht in eine tiefrissige graubraune Borke über. Die wechselständigen, 8 bis 15 cm langen, buchtig-fiederlappigen (jederseits mit 5 bis 6 stumpfen Lappen und stumpfen, unregelmäßigen, tiefen Buchten) Laubblätter haben einen 2 bis 7 mm langen kahlen Stiel. Sie sind oberseits glänzend und grün, unterseits matt, blaugrün und seidig behaart; später werden sie derb und sind nur noch auf den Blattnerven behaart. Die kleinen Nebenblätter fallen relativ früh ab. Die 2 bis 4 cm langen männlichen Kätzchen sind lockerblütig und hängend. Ihre Einzelblüten besitzen eine fünf- bis siebenteilige gelbgrüne Blütenhülle mit 5 bis 7 Staubblättern. Die einzeln oder zu zweit oder fünft auf einem gemeinsamen langen Stiel sitzenden weiblichen Blüten haben 3 auf dem Fruchtknoten sitzende rötlich gefärbte Narben. Die länglich-eiförmige, zugespitzte 2 bis 3 cm lange Frucht (Eichel) ist im unteren Teil von einem mit festanliegenden Schuppen bedeckten Becher eingeschlossen.

● Ihre Blütezeit ist der Monat Mai. Ich sammle meine »Eichen-Zutaten« aus Prinzip immer zu Beltane, wenn Mutter Natur dies zulässt.[310] Das Sammelgut unseres mächtigen Druidenbaums sind neben der Rinde später im Jahr, im Oktober, auch noch die Früchte.

Die Eiche ist die Pflanze gegen jegliche Form von chronischen nichtnässenden Hautkrankheiten einschließlich Frostbeulen und Hämorrhoiden. Für ein Sitz- oder Vollbad benötigen Sie lediglich 2 Eßlöffel zerkleinerte Eichenrinde und 500 ml Wasser. Kochen Sie das Ganze eine Viertelstunde lang und gießen Sie es ab, bevor Sie den Sud dem Badewasser zufügen.

Ein amüsantes Phänomen der Eiche hängt mit der Mistel zusammen, die man gelegentlich an diesem Baum findet. Während sämtliche an anderen Bäumen im Schmarotzertum lebenden Misteln sich nicht auf einen Baum einer anderen Gattung verpflanzen lassen, kann man die Samen-Gelee-Pampe aus Beeren der Eichen-Mistel auf jeden Baum (an der Stelle, an der er eine kleine Verletzung hat) auftragen – und ein Mistelgewächs entwickelt sich. Nimmt man allerdings von dieser Mistel die Samen-Gelee-Pampe und will denselben Trick bei der Eiche wiederholen, passiert – gar nichts! Lediglich die Eichenvariante der Viscum album ist bereit, sich anderweitig zu expatriieren, allerdings nur einmal und in eine Richtung!

Die Eiche ist in der keltisch-heilkundlichen Literatur schon in solcher Ausführlichkeit beschrieben worden, daß ich mir die Tinte und Ihnen die Langeweile ersparen möchte. Und außerdem ... irgendwie flüstert mir eine »Baumfee« ins Ohr, daß die Eiche zwar zu kultischen Zwecken bei den Druiden im regen Einsatz war, aber zu rein heilkundlichen Zwecken eher eine Nebenrolle gespielt haben dürfte. Wenn man das Spektrum der Esche mit dem der Eiche vergleicht, ist dies auch nicht erstaunlich. Und aus diesem Grund trägt die berühmt-berüchtigte Eiche eben auch nur einen einzigen Stern in meiner »inoffiziellen« Druiden-Pharmakopöe!

Für die Druiden symbolisierte der mächtige Baum vor allem eine Pforte, die sich zu den beiden von den Sonnenwenden markierten Zeitpunkten öffnete. Dieses Schwellenritual, das Sir James Frazer (1854 – 1941), der schottische Kulturanthropologe, in seinem Werk »The

Golden Bough« – »Der goldene Zweig«[311] – aus Mythen und alten Volksbräuchen herausschälte, spricht von jenem Eichenkönig der Druiden, der als Inkarnation der göttlichen Sonne und Bürge der kosmischen Ordnung sechs Monate lang regierte. Verlor er an Kraft und Stärke, war der nächste Anwärter auf den Eichenthron zur Stelle, der ihn zum rituellen Kampf herausforderte und tötete. Graves[312] behauptete, daß die Druiden an jenem Tag, an dem die Sonne ihren Höhepunkt überschritt, den alten Eichenkönig opferten und im Sonnwendfeuer einäscherten. Seine Seele leuchtete dann scheinbar als die Nördliche Krone[313] – die »Corona Borealis« – am Horizont. Wie viel Wahrheit in dem detailliert beschriebenen Opferritual steckt, wissen wir heute nicht. Ich persönlich hege Zweifel an der Schilderung, die mich eher an einen besonders gruseligen Thriller erinnert als an ein Ritual im Rahmen eines Jahreskreisfestes, an dem ja bekanntlich nicht nur ein paar ausgewählte Initiierte, sondern der ganze Stamm teilnahm.

Allerdings darf dabei nicht vergessen werden, daß abenteuerliche Schilderungen wie die von Graves eine lange Tradition haben: Man findet sie zum Beispiel in der Reiseliteratur vrgangener Jahrhunderte, wo die Ursprungsbevölkerung neuentdeckter Kontinente, Länder, Gegenden als »Primitive« und »Barbaren« verurteilt wurden, um der anstehenden kolonialistischen Expansion mit Feuer, Schwert und meist »protestantischem« oder »anglikanischem« Gebetbuch einen Hauch von Respektabilität zu verleihen. Man findet sie aber auch in den Beschreibungen jener keltischen, protokeltischen und noch früheren Vorfahren, der »Krone der Schöpfung«, die wir Menschen des 20. und 21. Jahrhunderts zu sein glauben.

Das Urteil, das Wolf-Dieter Storl über das von Graves beschriebene Ritual des Eichenkönigs fällt, ist so treffend, daß ich ihn hier einfach zitieren möchte: »Eher scheinen die grausamen Details vor allem der sadistischen Phantasie der bürgerlichen ›armchair-anthropologists‹ des viktorianischen 19. Jahrhunderts entsprungen zu sein.«[314]

 ## WEISSBIRKE

Lateinisch: Betula alba L.
Deutsch: Weißbirke
Gallisch-keltisch: Betula, Alin *beithe*
Bretonisch: Gwern gwenn

- Botanisch ist Betula alba – die Gemeine Birke – ein bis 30 m hoher Baum mit schneeweißer Rinde, die sich in horizontalen Streifen abschält und sich bald in eine schwarze, steinharte Borke verwandelt. Ältere Zweige sind meist hängend und oft drüsenlos, junge Zweige ziemlich dicht mit warzigen Harzdrüsen besetzt und außerdem kahl. Die Laubblätter aus breit-keilförmigem Grund sind dreieckig-rhombisch, mit nicht abgerundeten Seitenecken, dünn, etwas klebrig, oben lebhaft und unten heller grün, scharf doppelt gesägt, 4 bis 7 cm lang und 2,5 bis 4 cm breit. Männliche Birkenkätzchen sind länglich-walzenförmig, hängend, bis 10 cm lang. Weibliche Kätzchen sind gestielt, zylindrisch und ausgewachsen 2 bis 4 cm lang und 8 bis 10 mm dick, dichtblütig, zuerst gelbgrün, später hellbraun. Die Fruchtschuppen von Betula sind bräunlich und können sowohl kahl als auch behaart sein. Ihr Mittellappen ist klein und dreieckig und erheblich kürzer als die breiten, stets zurückgebogenen Seitenlappen. Die Fruchtflügel sind halboval und zwei- bis dreimal so breit wie die Frucht.

- Die Blütezeit der Birke erstreckt sich von April bis Mai und ihr Verbreitungsgebiet reicht über Nord- und Mitteleuropa bis nach Nordasien. Im südlichen Europa kommt sie nur in den Gebirgen vor. In Laub- und Nadelwäldern, an Waldrändern, in Mooren, an buschigen Abhängen, auf Heidewiesen, auf torfigen oder trockenen Böden, an steilen Hängen, auf Dünen ist sie zu finden. Sie stellt an Klima und Boden sehr geringe Anforderungen und ist gegen Frost und Dürre vollkommen unempfindlich.

Betula alba, die Birke, ist einer der wichtigsten Bäume der Kelten gewesen. Der Name Betula, den die Römer für den Baum verwendeten, ist gallisch-keltischen Ursprungs. Plinius spricht in seiner »Naturgeschichte« gar von »gallica arbor« – dem »gallischen Baum«.

Der Name Birke in verschiedenen Abwandlungen ist in allen germanischen Sprachen verbreitet; im Althochdeutschen sprach man von »bircha« oder »biriha«, die Angelsachsen kannten den Baum als »beore« und die Skandinavier bezeichneten ihn im Altnordischen als »bjork«. Eine höchst interessante sprachwissenschaftliche Bemerkung machte im 19. Jahrhundert Graßmann, der das altindische Wort »bhûrgá-s« als den Namen einer Birkenart identifizierte, deren Rinde als Schreibmaterial benutzt wurde. Die altindische Wurzel »bharg«, wovon sich »bhargás« – »strahlender Glanz« – und »bhrâg« – »glänzen«, »hell sein« – ableiten, findet sich im gotischen Namen des Baumes, »bairht-s« – »hell« –, so daß die Birke wohl auch nach ihrer weißen leuchtenden Rinde benannt wurde.

Die Birke ist wahrscheinlich schon in der Urheimat der Indogermanen vorgekommen, da wir den Namen im Sanskrit und außer bei den keltischen und germanischen auch bei den slawischen Völkern antreffen. Bei den Griechen und Römern der Antike scheint sie dagegen fast unbekannt gewesen zu sein. Nur Plinius erwähnt sie einmal ganz flüchtig.

In Europa kann man den weit verbreiteten Birkenkult darauf zurückführen, daß die Birke und die Espe die ältesten nacheiszeitlichen Bäume sind. Sie lieferte den Stämmen nach dem entbehrungsreichen harten Winter bereits im Februar, wenn die Lämmer und ersten Kälber zur Welt kamen und das Eis zu schmelzen begann, Säfte, die Träger des Lebens waren, obwohl das Wiedererwachen des Lebens sich noch vor den Augen der Menschen verbarg. Nur manchmal erblickten sie die Göttin, verjüngt aus dem schwarzen Reich zurückgekehrt in Begleitung der Hirsche, wie sie übers Land zog und an den schlafenden Bäumen rüttelte oder die in der Erde ruhenden Samen mit Leben anhauchte.

Die christliche Kirche hat diese Zeit und das Lichterfest der Kelten, das zum zweiten Vollmond des Jahres, also dann, wenn die Sonne in den Wassermann tritt, begangen wurde, auch sofort mit einer Heiligen und deren Legende belegt – der heiligen Birgit, deren Fest entsprechend der Gegenden am 1. oder 2. Februar gefeiert wird. Diesem Fest – heute ist in neuheidnischen Kreisen der Name Imbolc beliebt – gab man auch gleich noch den Namen Lichtmesse oder »Les Chandeleur«.

Birgit? Das klingt der Birke nicht unähnlich. Sie haben ganz Recht. Wir nennen die Dame im bretonischen Überbleibsel des Keltischen Berc'hed. Auch im irischen Gälisch ist sie unter diesem Namen bekannt. Im kontinentalen Altkeltisch war sie »Brigantia« oder »Bride«, die Tochter des himmlischen Allvaters aller Dinge – Dagda, Eochair Olathir. Ihr Baum ist die Birke, ihre tierische Verkörperung der Schwan, der weiß und rein auch im Winter niemals von den Seen und Flüssen fortzieht, wo er in der gnädigen Jahreszeit zu wohnen pflegt. Berc'hed, die Birkenfrau, die weiße Schwanenjungfrau und Botin des Frühlings, ist in einem solchen Maße eine lichte Göttin, daß in jenem Frauenkloster, das man in Irland über ihrem Heiligtum zu Kildare errichtete, noch lange nachdem den heidnischen Druiden der Garaus gemacht worden war, ein heiliges, ewig währendes Feuer behütet wurde!

Brigantia brachte den Stämmen insbesondere jenen wunderbaren »Lebenstrank«, der aus dem Saft der Birken gewonnen wurde. Den ließ man zu einem Met[315] vergären, der nicht nur sehr wohlschmeckend ist, sondern als Diuretikum den Körper auch vom ganzen »Winterdreck« befreit. Diese diuretische Wirkung hat noch einen interessanten Nebeneffekt für Menschen mit Hautproblemen wie Mitessern, fettiger Haut oder Akne: Bei regelmäßigem Genuß von Birkenmet wird die Haut sauberer, die schwarzen Pickel verschwinden und der Teint wird wieder gesund und rosa. Darüber hinaus gleicht Birkensaft/-met durch seinen hohen Vitamin-C-Gehalt den winterlichen Vitaminmangel aus.

Der Baum der Berc'hed diente den Druiden der gallischen Kelten auch als »Erziehungsmittel«: Um sie zu weihen, erhielten ihre Schüler einen feuchten symbolischen Schlag mit einem mit Morgentau benetzten Birkenzweig. Von dieser druidisch-zeremoniellen Verwendung der Birke rührt in Frankreich der übliche Spitzname der Birke, »arbre de la sagesse« – »Baum der Weisheit«!

Ein ganz traditionelles Mittel der Landbader und »Barfußärzte« der französischen ländlichen Gegenden war klein gehäckseltes frisches Birkenlaub, das drei Wochen lang in Bier vergoren und dann als Umschlag auf Wundbrand oder den sogenannten »fressenden Krebs« aufgebracht wurde. Das Laubwasser der Birken wurde als kühlender Umschlag bei Verstauchungen und Verrenkungen verwendet.

Das Übertragen von Krankheiten auf Bäume, eine in der Sympathieheilmedizin häufig gebrauchte Methode, die uns auch an vielen Stellen bei Marcellus Empiricus begegnet, wird auch bei der Birke eingesetzt. Vor allem arthritisch Leidende und Gichtkranke schicken verschiedene »guerriseurs« gerne vor Sonnenaufgang zu ein paar als sehr »mächtig« geltenden Birken in meiner Gegend. Über den bei diesem »Spaziergang« stattfindenden Ritus konnte ich nur herausfinden, daß die arthritische Erkrankung/Gicht verschwindet, wenn man den Baum mit beiden Händen schüttelt und dabei eine bestimmte Übertragungsformel spricht. Den genauen Wortlaut wollte man mir jedoch nicht verraten.

Eine ähnliche Tradition erwähnt Madaus in seinem »Lehrbuch der biologischen Heilmittel, Teil 1« von 1936, zu der folgende von ihm überlieferte Formel gehört: »Birkenbaum, ich schüttle dich, 77erlei Gichten quälen mich, Solang sollen sie in dir sein verbunden, Bis meine 77erlei Gichten verschwunden.« Nach Johan van Helmont[316], dem in Vilvoorde bei Brüssel geborenen flämischen Universalgelehrten, Hermetiker und Arzt, der durch seine »Iatrochimie« sozusagen als der Wegbereiter der modernen Biochemie gilt, ist der Birkensaft ein ausgezeichnetes Mittel gegen Nieren- und Gallensteine. Auch erwähnt er ganz ernsthaft, daß die Birke gar wundersame Zauberkräfte besitze.

In der Volksmedizin ist die Birke außer als Diuretikum bis zum heutigen Tage ein beliebtes Heilmittel gegen Rheumatismus, bei Fieber und Brust- und Magenleiden. Hildegard von Bingen kannte die Birkenrinde als wirksames Wundverschlussmittel. Lonicerus und Bock weisen besonders bei Gallen- und Steinleiden wie auch bei Gelbsucht auf die Kraft des Birkensaftes hin. Matthiolus empfiehlt sie innerlich gegen Wassersucht und äußerlich zur Wundheilung. Wie er berichtet, wurde der Blätterabsud als Bad gegen die Räude benutzt. Der Birkenteer dient äußerlich zur Behandlung von verschiedenen Hautausschlägen. Außerdem ist er – wie in archäologischen Funden aus der mittleren Altsteinzeit[317] belegt – der älteste Klebstoff der Menschheit und möglicherweise sogar der Urahn des Kaugummis![318]

Zum Schluß noch ein sehr poetisches druidisches Ritual, das uns durch die irische Literatur und Verse aus dem »Barzaz Breizh« überliefert wurde: Die Druiden tauften, und zwar lange vor den Christen, und verwendeten bei diesem Ritual einen jungen Birkenzweig. In Irland nannte man den Akt »baisteadh geinntlidhe«, was sich als »der schützende Regen« übersetzen läßt. Es gibt auch eine alte irische Redewendung, die vielleicht einst Teil der Zeremonie war: »gan bheo, gan baistedach« – »kein Leben, kein Segen«. Nach der Geburt des Helden Connell Cernach vom Roten Zweig »kamen Druiden, um das Kind zu segnen«, und sangen ein Ritual für das Neugeborene. Ailill Ollamh von Munster wurde »in einem druidischen Fluß gesegnet«. Bei den drei Söhnen von Conall Derg wird ebenfalls von einer druidischen Segnung gesprochen. In seinem »On the origin and growth of religion as illustrated by Celtic Heathendom«[319] (1886) erwähnt der Sprachwissenschaftler Sir John Rhys (1840–1915) ebenfalls eine »Druidentaufe«, nämlich die des walisischen Helden Gwyddion. Auch hier spielten ein Birkenzweig und das Wasser eines »heiligen Flusses der Druiden« eine Rolle. Das bedeutet, daß dieses Ritual nicht auf Irland beschränkt war.

Vermutlich war die Vorstellung einer rituellen Reinigung in der keltischen Welt ebenso weit verbreitet wie in anderen indoeuropäischen Gesellschaften und wurde vom später aufkommenden Christentum assimiliert, weil die Zeremonie sich wieder einmal nicht »unterdrücken« ließ.

Darauf deutet insbesondere hin, daß Papst Gregor I. im Jahre 601 der Zeitrechnung seine Missionare aufforderte, die vorchristlichen Kultstätten nicht zu vernichten. Vielmehr sollten sie sie segnen, um »diese Stätten der Teufelsverehrung so zu verwandeln und in den Dienst des wahren Gottes zu stellen«.

WEISSDORN

Botanisch: Crataegus laevigata L., Crataegus oxyacantha L.
Gallisch-keltisch: Spern
Bretonisch: Spern gwenn

- Der bis zu 5 m hohe Weißdorn, der sowohl als Strauch als auch als kleiner Baum vorkommt, besitzt an seinen dornenbesetzten Ästen zahlreiche wechselständige, dunkelgrüne, glänzende, dreilappige bis fünflappige fast rautenförmige Blätter. Sein Holz ist zäh und hart, die Rinde glatt und aschgrau. Die weißen Blüten stehen in Doldentrauben an den Zweigspitzen. Der fünfspaltige Kelch hat kurz-dreieckige Zipfel. Die 5 Kronenblätter sind abgerundet und fein gekerbt. Die 20 bis 25 Staubgefäße haben rote Staubbeutel. Der unterständige Fruchtknoten hat meist 2 Griffel. Die runde oder eiförmige Apfelfrucht mit gelblichem Fleisch enthält 2 bis 3 Steine und ist dunkelscharlachrot oder blutrot gefärbt.

- Der Weißdorn blüht von Mai bis Juni, die beste Sammelzeit ist Anfang Mai. Hecken, Gebüsche, Waldränder und Abhänge auf humosen und mineralischen Böden bilden seinen Standort. Besonders üppig gedeiht er auf schwerem Lehmboden, während er in Gegenden mit größeren Temperaturschwankungen stark kalkhaltigen Boden meidet.

- Der Weißdorn kommt in ganz Europa vor, insbesondere in Landschaften mit ausgeglichenen Wärmeverhältnissen, lehmigen Böden und ausreichend Feuchtigkeit.

Im klassischen Altertum scheint der Weißdorn erstaunlicherweise nicht arzneilich gebraucht worden zu sein. Man findet die Pflanze erstmalig bei Petrus de Crescentiis[320] beschrieben, der die Blüten gegen Gicht empfiehlt.

Josephus Quercetanus (1544–1609)[321], Alchimist, Spagyriker und Leibarzt unseres »Bon Roi« Henri IV., stellte für seinen Monarchen aus dem Weißdorn einen »Syropus senelorum« her. Auch heute noch gilt Crataegus in Frankreich sowohl in der Volks- als auch in der Schulmedizin als ausgezeichnetes Altersmittel.

In Aufzeichnungen aus dem 17. Jahrhundert des französischen Naturgelehrten Bonnejoy de Chars über die medizinische Flora des Landes findet sich bereits folgende Erklärung: «Bei durch verstärkte Bewegung des Blutes hervorgerufener erhöhter Blutzufuhr in die Blutgefäße müsse eine Blutentleerung stattfinden; was die Ursachen der Spannung anbeträfe, so könnten sie durch Immergrün, Frauenmantel und Weißdorn vermindert werden.«

Bonnejoy gibt als Quelle für seine Information leider keinen Namen an. Aber er scheint nicht lediglich von Quercetanus abgeschrieben zu haben, vielmehr handelt es sich um Ergebnisse von Feldstudien und Befragungen von Landleuten, also um volksmedizinische Überlieferungen aus älterer Zeit.

Ähnlich verhält es sich mit dem irischen Arzt Green. Er behandelte in der zweiten Hälfte des 19. Jahrhunderts mit großem Erfolg zahlreiche Herzleiden mit Weißdorn, obwohl K'Oeghs Aufzeichnungen über diese Pflanze zufolge sich das Behandlungsspektrum lediglich auf Blasen- und Gallensteine, Leiden im Bereich der Harnwege und Störungen der weiblichen Fruchtbarkeit bezog. Auch die älteren Aufzeichnungen von Culpeper beschränken sich auf diese Probleme. Erst nach Greens Tod im Jahre 1894 wurde durch seine eigenen Aufzeichnungen der Name der Wunderdroge bekannt, die er für seine Behandlung einsetzte!

In vielen französischen Gegenden wird Tee aus Weißdornblüten beziehungsweise aus Weißdornblüten und -blättern traditionell über einen längeren Zeitraum eingenommen, um den pathologisch gesteigerten Blutdruck allmählich und sanft zu senken und vor allem Arteriosklerosen gegenzuwirken.

Der Einsatz von Weißdorn als Herzstärkungsmittel hat in Frankreich eine lange Tradition, die bis in die Zeit der Druiden-Ärzte zurückreicht. Dagegen finden die in Deutschland und Osteuropa so gerne eingesetzten Beeren des Strauches lediglich Verwendung bei der Zubereitung von Hauslikören und einem lokalen Fruchtbranntwein. Nur ganz gelegentlich tauchen sie in alten französischen Kräuterheilkundebüchern überhaupt auf und dann auch nur als Mittel zum Austreiben von Harnsteinen.

Der in Frankreich gebräuchliche umgangssprachliche Name für Weißdorn, »Aubepine«, stammt von »espin« – »Dorn« –, einem Wort aus dem vormals in der östlichen Bretagne gesprochenen britto-romanischen »Gallo«. Vermutlich nannte man ihn im Altkeltischen »gwern«. Diese Bezeichnung finden wir auch heute im reformierten Bretonisch, »BZH«. Bei den Normannen wird der Weißdorn umgangssprachlich »hague« genannt. Die Wortwurzel ist hier im altnordischen (norischen) *hag* zu finden, das die Wikinger mit ins Land brachten und aus dem sich das heute noch auf der Insel Guernesey gesprochene Normannisch (Guérnesiais) entwickelte.

Auch in der deutschen Umgangssprache findet sich als Bezeichnung für den Weißdorn häufig noch der Name »Hagedorn«. Als eine Pflanze, die sich leidenschaftlich gerne am Rande kultivierten Landes gemeinsam mit Schlehe, Wildrose, Brombeere, Kreuzdorn und Holunder ansiedelt, um eine natürliche Hecke zu bilden, sozusagen als Grenze zwischen dem von den Menschen gezähmten und dem ungezähmten, wilden Land, wurde der Weißdorn allmählich zu einem Inbegriff für Schutz und Sicherheit. Diese natürlichen Abgrenzungen, die man heute noch als regelrechte Weidezäune in der Normandie findet, haben die Besonderheit, um so dichter zu wachsen, je mehr man sie beschneidet oder durch Nutztiere abknabbern läßt.

Leider sorgen die verhängnisvolle Brüsseler Agrarpolitik und ihre unheiligen Subventionen seit einigen Jahren immer mehr dafür, daß die Landwirte diese Hecken zerstören, um dadurch für rund 50 bis 100 cm Breite über x Meter Länge zusätzliche Subventionen einzustreichen. Denn diese Hecken gelten als unkultiviertes Land, obgleich sie nach der Landordnung Teil des dem Bauern gehörenden Geländes sind. Dieser Heckenschwund führte nicht nur zu Bodenerosion, häufigem Ausbrechen von Rindern und anderen Nutztieren aus ihren jetzt lediglich elektroumzäunten Weiden und einem massiven Schwund all des kleinen Getiers, das vormals in den Dornhecken ihr natürliches Biotop hatte. Er verursachte auch außergewöhnliche Flurschäden während des orkanähnlichen Sturms, der die französischen Küstengebiete Ende Dezember 1999 heimsuchte.

Der Weißdorn ist eine erstaunliche Pflanze und trägt ganz zu Recht seine magische Aura. In wissenschaftlichen Versuchen wurden zwischenzeitlich an isolierten Organen oder im Tierversuch folgende

Wirkungen festgestellt: positiv inotrop (muskelwirksam), positiv dromotrop (die Überleitungsgeschwindigkeit des Herzens beeinflussend), negativ bathmotrop (Reaktion eines reizbaren Gewebes, insbesondere des Herzens, beeinflussend), Zunahme der Koronar- und Myokarddurchblutung sowie Senkung des peripheren Gefäßwiderstands.

In humanpharmakologischen Studien wurden nach der Gabe von 160 bis 900 mg/Tag eines wäßrigalkoholischen Weißdornextrakts über einen Zeitraum von bis zu drei Monaten selbst bei Herzinsuffizienz im NYHA-Stadium II nicht nur eine Besserung der subjektiven Beschwerden und eine Steigerung der Arbeitstoleranz bestätigt. Es kam auch zu einer Senkung des Druckfrequenzprodukts und einer Erhöhung der anaeroben Schwelle! Für Menschen, denen ihr Herz am Herzen liegt, ist Weißdorn demnach ein augezeichneter Wegbegleiter. Wenn Sie allerdings nicht an Herzinsuffizienz Stadium II oder schlimmer leiden, sondern lediglich Ihrem Alter entsprechend Ihrem Herz etwas Gutes[322] tun wollen, können Sie sich auch mit täglich ein bis zwei Tassen Weißdorntee oder einer Teemischung aus guten Weißdornblüten und -blättern begnügen!

Wildapfel

Botanisch: Malus sylvestris L.
Volkstümlich: Holzapfel
Gallisch-keltisch: Aballo
Bretonisch: Abal/Aval

- Der Wildapfelbaum ist eine Halbschattenbaumart. Er zählt zur Familie der Rosengewächse – Rosaceae. Dieser hübsche, flach wurzelnde, trägwüchsige und kleine Baum (selten Strauch) wird höchstens 8 m hoch und findet sich leider immer seltener in der freien Natur.

- Seine dicht belaubte Krone steht auf einem meistens gekrümmten Stamm. Die Rinde ist bereits im frühen Alter des Baumes braun bis graubraun und wird mit zunehmendem Alter immer rissiger. Die Blätter sind breit-elliptisch bis eiförmig und etwa 4 bis 10 cm lang und 2 bis 5 cm breit.

- Der Apfelbaum ist in ganz Europa und sogar in Südwestasien anzutreffen. Trotz dieser Ausbreitung ist er wildwachsend relativ selten. Apfelbäume wurden in verschiedenen Gebieten von alters her kultiviert und »verfeinert«.

- Der Wildapfelbaum ist in lichten Wäldern zu finden: Auenwäldern, Eichenwäldern, Ulmenwäldern, aber auch in Hecken, Feldgehölzen und Gebüschen. Er bevorzugt frische basen- und nährstoffreiche Böden in sonnigen Lagen von den Ebenen bis hinauf im Gebirge in Höhen bis 1500 m.

- Die Schriftsteller der griechischen Antike berichten bereits von Süß-, Sommer- und Winteräpfeln, die nicht nur als Obst dienten, sondern auch eifrig in der Heilkunde eingesetzt wurden.

- Im »Capitulare« von Karl dem Großen werden die Äpfel als »Pomarii« aufgeführt. 1650 waren bereits 200 Apfelsorten bekannt. Um die Mitte des 19. Jahrhunderts nennt das Verzeichnis der Londoner Gartengesellschaft 1400 Sorten. 1880 waren es schon mehr als 20.000 Apfelzüchtungen weltweit, davon über 2300 Sorten allein in Preußen. Seit dem Beginn der Industrialisierung bis ins frühe 20. Jahrhundert wurden Obstbau und Züchtung zur Versorgung der städtischen Großräume politisch gefördert und motiviert, woraus sich eine große regionale Sortenvielfalt entwickelte. Heute gibt es in Deutschland leider nur noch ungefähr 1500 Sorten, von denen lediglich 60 wirtschaftlich bedeutend sind. Im Gartenhandel, aber auch bei Direktvermarktern sind zur Zeit nur noch etwa 30 bis 40 Sorten erhältlich – Tendenz sinkend. Selbst im Apfelland Normandie, wo im Handel noch rund 60 Sorten erhältlich sind, wird es zwischenzeitlich schwierig, bestimmte alte Varianten zu finden, die z. B. dem Cidre oder dem Calvados seinen urtypischen Geschmack geben. Viel billiger vertriebener Cidre ist »Panschwerk« aus lediglich drei der eigentlich fünf Sorten, die seine ursprüngliche Komposition ausmachen.

Der Urapfel der Menschheit dürfte wohl eine sehr saure und harte Frucht gewesen sein und vom wilden Holzapfel bis zu den heutigen Tafeläpfeln war es ein langer, langer Weg. Die altmittelhochdeutsche Bezeichnung für den Apfelbaum, »Affaltra«, findet man heute immer noch in vielen Ortsnamen wieder, z. B. Affaltrach, Affalterbach, Afholderbach.

Durch Züchtung, Selektierung und Veredelung entstanden ständig neue Sorten oder alte Sorten werden verbessert. Die Heimat des Kulturapfels liegt in Kleinasien, von wo er über Griechenland nach Italien kam. Die Römer brachten ihn schließlich mit an die Seine und den Rhein. Zwar gab es in Gallien auch schon zuvor Äpfel, eben den Wildapfel, aber die Veredelungstechnik des Pfropfens (lat.: »propagare« = »fortpflanzen«) lernten die Gallier erst von den Römern.

Kulturäpfel kann man nämlich weder durch Samen noch durch Stecklinge vermehren, alle Sorten müssen gepfropft werden. Die Unterlagen bestimmen dann die Qualität und den Ertrag des Baumes. Es gibt heute für jeden Boden und für jede gewünschte Baumgröße die passende Unterlage. Beim Kauf von jungen Apfelbäumen ist der Typ der Unterlage auf dem Markenetikett verzeichnet. Wie alle Obstgehölze sollten auch die Äpfel im Mai gedüngt werden. Sie wachsen entsprechend ihrer Unterlage auf jedem Boden, vorzugsweise sollte er aber leicht sauer sein und einen pH-Wert zwischen 5,5 und 6,5 aufweisen.

Der Apfel begleitet den Menschen schon seit Urzeiten und ist allgemein als das Symbol für Liebe, Fruchtbarkeit und Leben bekannt.[323] Berühmt wurde der Apfel, den Eva Adam reichte, und damit mutierte er im Christentum natürlich sofort vom Lebensspender zum sündigen Objekt. Es scheint, die alten Kirchenväter waren in der Botanik nur wenig bewandert, denn was die Eva dem Adam da in die Hand drückte, war gewiß keine Frucht von Malus sylvestris, den die Protokelten, Kelten und alle ihre Vorgänger so sehr schätzten und als heilig verehrten. Es war ein Granatapfel, eine Frucht von Punica granatum L., einer Laubbaumart, die bei weiter Fassung der Familie der Weiderichgewächse – Lythracaea – zugerechnet wird.

Der echte Apfel, also der von Malus aus der Familie der Rosaceae, war nicht nur Symbol des Lebens und der Fruchtbarkeit, sondern auch des Todes und der Vergänglichkeit. Für viele Kulturen repräsentierte er einfach die »Erde« selbst und die Großen Mütter wie die iranische Ischtar, die griechische Venus, die germanische Iduna oder die römische Hera. Der Apfel ist das Attribut jener göttlichen Dreiheit, die Leben schenkt und nimmt.

Den gallischen Kelten war der Apfel auf der gleichen Ebene wie die Eiche heilig, als Achse und Prinzip der Welt: Er war Erkenntnis, Wissen und Wissenschaft, erworben durch die regelmäßige Wiedergeburt nach einem Leben, einem Sterben und einem Aufenthalt in »Outre Monde« auf der Insel der Glückseligkeit, An Avallach – Avalon, der Apfelinsel!

Bei den Germanen wachte Iduna über die (goldenen) Äpfel, von denen die Asen naschten. Bei den Kelten war der Apfel ein Privileg der Druiden. Die symbolische »Übermittlung« von Wissen und Weisheiten durch die Druiden an den Stamm war ein Ritual, das eng mit der Nacht von Samhain verbunden war und heute noch – in etwas lächerlich gemachter Form – als »trick or treat« im angelsächsischen Raum zu Halloween existiert.

Bei diesem Ritual ging der örtlich zuständige Druide, begleitet von einem Kind, das den Korb mit den Äpfeln trug, durch die Stammessiedlung. An jeder Familienwohnstätte hielt er an, sorgte dafür, daß das Feuer im Herd gelöscht wurde, und ließ das Kind einen Apfel an den Hausvater oder die Hausmutter aushändigen. Dieser Apfel symbolisierte die Magie der Nacht von Samhain, in der der Schleier zwischen der Hierwelt und »Outre Monde« so dünn war, daß die Ahnen hindurchtreten und sich für eine Weile zu den Lebenden gesellen konnten. Der Apfel der Nacht von Samhain war zwar das Privileg der Druiden. Aber sie berührten ihn nicht mit den Händen, denn die Erkenntnis, das Wissen und die Weisheit, die einer aus der Wiedergeburt zu schöpfen vermochte, waren das Privileg der göttlichen Wesenheiten. Ihnen allein oblag es, zu bestimmen, ob ein gallischer Kelte nach seinem Tod und seinem Verweilen in »Outre Monde« eine nächste »Runde in der hiesigen Welt« machen durfte oder mußte oder ob er sich – ähnlich der brahmanischen Ansicht – so entwickelt hatte, daß dies nicht mehr notwendig war.

Die heute noch existierende Sitte, einem gebratenen Schwein einen Apfel ins Maul zu stecken, rührt von dieser Symbolik als Frucht der Wiedergeburt her. Der Apfel dient dem Schwein in seinem nächsten Leben als Herz, er ist das Zaubermittel der Verjüngung, der Transportcontainer der Seele von einem Körper in den nächsten.

In der Mitte auseinander geschnitten, zeigt der Apfel ein Pentagramm: Symbol der vier Elemente und des über ihnen schwebenden Geistes.

Aber der Apfel war bei den Druiden auch ein ausgezeichnetes Heilmittel. Im Angelsächsischen ist der Spruch »An apple a day keeps the doctor away!« – Ein Apfel am Tag hält den Doktor aus dem Haus! – bekannt. Alle Äpfel enthalten die Vitamine A, B und C, der Vitamingehalt schwankt allerdings je nach Sorte und Jahreszeit. Außerdem enthalten sie organische Säuren, und zwar Dextrose, Pektine, Salicylsäure, Gerbsäure, die Spurenelemente Eisen, Kupfer und Mangan sowie die Mineralstoffe Kalium, Natrium und Kalzium.

Natürlich hatten weder die Druiden-Ärzte der Kelten noch die »Barfußärzte« der Volksmedizin die chemischen Analysen vorgenommen, die diesen so positiven Schluß über die Gesundheit des Apfels für Mensch und Tier zuließen. Aber eine Vielzahl uralter Rezepturen, die vermutlich bis auf die Kelten oder gar Protokelten zurückgehen, bestätigt, daß ihnen die Wirksamkeit von Frucht und Baum sehr wohl vertraut war.

Ein Apfel vor dem Schlafengehen verhindert Schlafstörungen, ein Apfel am Morgen hilft beim Wachwerden. Schwangerschaftsübelkeit am Morgen wird durch den Verzehr eines Apfels vor dem Aufstehen vermieden. Mit Honig gebraten helfen sie bei Heiserkeit. Das ist nur eine kleine Auswahl der gebräuchlichsten Mittelchen auf Apfelbasis. Sie alle sind so einfach, daß gewiß schon die Neandertaler und Cromagnonmenschen um sie Bescheid wußten. An Holzäpfeln fehlte es ihnen nicht und sie hatten ausreichend Muße, die wilden Tiere beim Genuß der Früchte und Blätter zu beobachten, um für sich selbst die entsprechenden Schlüsse zu ziehen.

Die frische Wurzelrinde des Apfelbaums enthält, wie man heute nun weiß, etwa 3 bis 5 % des bitteren Glykosids Phlorizin, das auf Malariaparasiten äußerst destruktiv wirkt. Diese Wirkung der Apfelbaumrinde gegen das berüchtigte und tödliche »Sumpffieber« kannten bereits die Druiden-Ärzte der Kelten, denn Marcellus von Bordeaux übermittelt in seinem »De Medicamentis Liber« eine Kur gegen die gefürchtete Krankheit. Bezeichnenderweise gehört zur

»Malaria-Mischung« neben der Apfelbaumrinde auch noch Mädesüß – Filipendula ulmaria L. – und Rinde von den jungen Zweiglein der Silberweide: fast schon ein »heiliger Trank«, den die Druiden-Ärzte da zusammenmixten. Überhaupt ist es interessant zu sehen, in welchem Maß gerade die fiebersenkenden Pflanzen sakrale Wertschätzung durch die Kelten und ihre Druiden erhielten.

Apfelsaft und Apfelmost[324] (Cidre) dienen als erfrischendes Gesellschaftsgetränk ebenso wie als Heiltrunk, der die Ausscheidung von Urin fördert und darüber hinaus bei Fieber, Entzündungen, Heiserkeit, Schlaflosigkeit, Gicht und Verdauungsbeschwerden verordnet wurde. Cidre hilft, Fette abzubauen, indem er sie aufspaltet. Er soll sogar krebserregende Stoffe in geräucherten Speisen neutralisieren können, was wissenschaftlich aber nicht belegt ist. Vor allem für ältere Menschen ist Cidre ein schmackhaftes und hilfreiches Kräftigungsmittel. Diesen Dienst erfüllt Cidre heute immer noch in meiner heimatlichen Normandie in der Volksmedizin, dicht gefolgt von »Cidre-Essig«, der bei chronischen Erkrankungen der Lunge und der Bronchien und als Vorbeugemaßnahme gegen Arthritis/Arthrose verabreicht wird.

Immer mehr Studien belegen inzwischen auch, daß der Genuß von Äpfeln vor Alzheimer und Parkinson schützt. Verantwortlich hierfür sei vor allem das direkt unter der Schale befindliche Quercetin. Wissenschaftler finden auch immer mehr Hinweise darauf, daß Äpfel vor Krebs schützen, Allergien lindern und den Cholesterinspiegel senken. Außerdem sollen sie das Risiko von Herz-Kreislauf-Erkrankungen reduzieren. Der Apfel und sein Baum sind fast schon ein Allheilmittel, ein Panacee im Sinne des Hippokrates.

Getrockneter Apfel, den man als Tee zehn Minuten ziehen lässt, ist stark schweißtreibend und fiebersenkend und hilft bei Gichtanfällen. Bei rheumatischen Beschwerden machen die normannischen Landleute immer noch gerne einen Wickel mit geriebenen Äpfeln – bei akuter Entzündung kalt, bei chronischer Entzündung warm.

Der Kräuterheiler Maurice Mességué[325] zitiert einen interessanten Spruch der mittelalterlichen Schule von Salerno, der zahlreiche bekannte Ärzte angehörten: »Post pirum da putum, Post pomum vade cacatum!«[326]

*Exkurs:
Der Baum, der kein Baum ist,
sondern höchstens ein Strauch –
oder warum die echte
»Rose der Druiden«
nur eine ganz banale Hagebutte war!*

Die Rosa gallica, auch Essig- oder Apothekerrose genannt, ist eine seit zweieinhalbtausend Jahren kultivierte Rose, von der die meisten der Gartenrosen abstammen. Für gewöhnlich wird sie – die Mutter aller Rosen – heute zu den »Alten Rosen« gezählt.

Gallica hat einen aufrechten, strauchartigen Wuchs und wird bis zu 1,50 m hoch. Die 50 cm bis maximal 100 cm langen Triebe der Rosa gallica sind dicht mit unterschiedlich langen, geraden und zurückgebogenen Stacheln und Stieldrüsen besetzt. Die Laubblätter sind länglich, hellgrün, fünfzählig (selten auch dreizählig). Die Blüten selbst haben einen Durchmesser von ca. 5 bis 6 cm und blühen nur einmal pro Jahr auf, je nach Gegend im Juni oder Juli. Sie sind meist hellrot, gelegentlich auch purpurfarben.

Sie wächst wild in Laubwäldern und auf trockenen Wiesen in Mitteleuropa und Südeuropa. Bereits in der Antike wurde sie als Heilpflanze und zur Herstellung von Parfüm, Rosenwasser, Rosenöl und Rosenessig auf Plantagen angebaut. Der Auszug der Blüten wirkt adstringierend und wird zur Heilung im Mund- und Rachenbereich, zum Gurgeln sowie zur Behandlung schlecht heilender Wunden verwendet.

Wahrscheinlich wurde die Rosa gallica, die eigentlich in Persien heimisch war, bereits im 7. Jahrhundert vor der Zeitrechnung nach Griechenland importiert und dort gezüchtet. Ihre Kinder, die »Rosen von Rhodos«, waren in der antiken Welt berühmt und begehrt.

Im nördlichen Europa war in diesen Tagen nur die heimische Wildrose bekannt. Wildrosen sind grundsätzlich Sträucher, die ungefüllte Blüten mit fünf Kronblättern haben. Diese Blüten verfügen über zahlreiche Staubgefäße in der Mitte. Daraus entwickelt sich am Ende der Blüte die fleischige Hagebutte. Es war diese wilde Rose – Rosa canina L. –, auch Hundsrose genannt, die die Druiden-Ärzte als Heilpflanze verwendeten, und nicht die persische Schwester. Diese wurde unter dem verwirrenden botanischen Namen Rosa gallica L. – gallische Rose – vermutlich über den (600 vor der Zeitrechnung gegründeten griechischen) Hafen und Handelsposten von Marseille (Masallia) durch Handelskontakte bereits früh eingeführt und im Hinterland der Provence[327] angesiedelt.

Später entwickelte sich in und um die Stadt Provins eine wahre Industrie der Rosa gallica, später, das heißt die Zeit der Kreuzzüge und die Rückkehr von Herzog Thibaut de Champagne, der die Rose aus der anderen Provence, im Süden Frankreichs, mit nach Hause auf die Ile-de-France nahm!

Obwohl die Griechen in Massalia, wie Silius Italicus in der »Punica«[328] berichtet, »... von arroganten Einheimischen umgeben und durch deren schreckliche Rituale in ständigem Terror lebten...«, dürfte sich die griechisch-keltische Beziehung in der südlichen Ecke Galliens nicht auf ein gegenseitiges Totschlagen beschränkt haben!

Möglicherweise hat sogar der eine oder andere Druide, der unten in Massalia zu tun hatte, seiner Herzallerliebsten im heimatlichen Oppidum ein Fläschchen Rosenwasser oder Rosenöl als Geschenk mitgebracht. Auch die Eigenschaften der Rosa gallica L. als Heilpflanze dürften ihm vertraut gewesen sein. Nur benutzt hat er sie in seiner ärztlichen und heilkundlichen Praxis nicht – diese Rose mit dem verwirrenden gallischen Namen!

VIERTER TEIL

DIE APOTHEKE
DER DRUIDEN

9

WUNDERSAME REZEPTSAMMLUNG AUS VORMITTELALTERLICHER ZEIT

achdem Sie nun einen ausgedehnten Spaziergang durch den Kräuter- und Giftgarten der Druiden gemacht haben, ist es an der Zeit, einen Blick in die ärztliche Praxis der weißen Brüder zu werfen. Natürlich können wir uns wieder einmal nur Vermutungen und Annahmen hingeben. Aber das Alter des schon so häufig erwähnten Leydener Manuskripts lädt einfach zu dem Glauben ein, daß die Zeit, in der dieses Wissen mündlich von druidischem Lehrmeister an Druidenschüler weitergegeben wurde, nicht allzu weit zurücklag.

Das Manuskript, das wissenschaftlich auch unter der Bezeichnung »UB Vossianus Lat F96 I–III« geführt wird[329], löste vor ein paar Jahren unter den keltischen Philologen einen kleineren Gelehrtenkrieg aus. Professor D. N. Dumville vom Girton College in Cambridge zweifelte damals vehement dessen bretonischen Ursprung an und versuchte um jeden Preis nachzuweisen, daß es sich um einen altkornischen oder gar walisischen Text handelte, der etwa 100 Jahre jünger sein sollte, als seit Stockley gemeinhin angenommen wurde. Doch da es in diesem Buch um die Tradition der druidischen Heilkunst geht, möchten wir diese Auseinandersetzung, die immer noch im Gange ist, außer acht lassen, den interessierten Leser an Alexander Falileyev, Morfydd Owen und Helen McKee verweisen[330] und uns direkt der Materie zuwenden, die uns wirklich interessiert: den Rezepten!

Das Interessanteste an den Rezepten im Leydener Manuskript ist, daß die meisten von ihnen in ganz ähnlicher Weise schon bei Marcellus Burdigalensis (Empiricus) in seiner »De Medicamentis« auftauchen. »De Medicamentis« datiert, wie schon oft erwähnt, aus dem 4. Jahrhundert der Zeitrechnung und sein Autor rühmt sich der Bekanntschaft sowohl mit Patera als auch mit dessen Druiden-Vater und Druiden-Großvater, der noch Priester des Belenos im Sonnentempel von Burdigala gewesen war. Und »De Medicamentis« ist von der historischen Wissenschaft unbestritten bis zum heutigen Tage der ultimative Schlüsseltext, auf dem sämtliche anderen mittelalterlichen europäischen[331] Rezeptsammlungen basieren.

Nach eigener Aussage des umtriebigen »magister officiorum« von Kaiser Honorius enthält sein Werk nicht nur all das, was er aus klassischen Quellen wie Plinius, Dioscorides oder Celsus zusammentrug, sondern auch gallische Rezepturen und keltische Zauberformeln. Diese »lokale« medizinische Weisheit erfuhr der Schriftsteller – wieder nach eigener Aussage – direkt von den örtlichen Praktikern der Heilkunde, mit denen er sich ausführlich unterhielt. Und unter örtlichen Praktikern verstand Marcellus nicht nur gelehrte Männer wie Patera, die unterrichteten und eigene Arztpraxen unterhielten, sondern auch die weisen (alten) Leute, die weit ab der Stadt auf dem Land oder in den Bergen lebten und dort eine auf Tradition beruhende Volksmedizin ausübten.

Doch zurück zum Leydener Manuskript und seiner Rezeptsammlung: Eine weitere Besonderheit des Textes, abgesehen von seinem ehrwürdigen Alter und seiner illustren Herkunft, ist die Tatsache, daß es sich hier nicht um einen Gelehrtentext handelt, sondern um ein Werk für Praktiker. Wenigstens einer der vier Co-Autoren war Herbalist und kein einfacher Kopist, der eine Kräuterliste abschrieb. Ein weiterer Co-Autor muß praktizierender Arzt gewesen sein, der sich offensichtlich auf ein Gebiet spezialisiert hatte, das man heute gemeinhin als »Ernährungsmedizin und Diätetik« bezeichnet. Bei keinem der vier Autoren läßt sich aufgrund seines schriftlichen Beitrags nachvollziehen, daß er einer christlichen Klostergemeinschaft angehört haben könnte. Insbesondere das vollständige Fehlen von christlichen Formulierungen oder Hinweisen auf christliche Verbote und Gebote macht den Text so einzigartig. Außerdem unterstreicht diese Identifikation der Autoren, daß die klassische Unterteilung der wissenschaftlichen[332] Medizin in Pharmazeutik, Diätetik und Chirurgie mit ziemlicher Sicherheit auch für die Praxis der Druiden-Ärzte gegolten haben dürfte.[333] Was sich allerdings, ganz im damaligen Zeitgeist, auf den vier Vellum-Bögen reichlich findet, sind magische Formeln. Leider sind sich die Gelehrten über die meisten von ihnen immer noch nicht ganz im Klaren. Aber sie sind eindeutig vorchristlicher Natur und Prägung! Darüber hinaus fällt auf, daß die Leydener Rezepte, die auf Lateinisch verfaßt wurden, pflanzliche sowie animalische und mineralische Bestandteile haben, während die Rezepte, die den altbrythonischen Text[334] ausmachen, außer Butter und zerstoßenem Widderhorn keine animalischen Zutaten enthalten und als einziger mineralischer Zusatz Silberschlacke auftaucht.

Dieser Unterschied in den Rezepturen deutet stark darauf hin, daß sie aus sehr unterschiedlichen Quellen stammen. Die Tatsache, daß die meisten der altbrythonischen Rezepte sich in ähnlichen Zusammensetzungen auch in angelsächsischen Rezepten des sogenannten »Leechdoms« wiederfinden, unterstreicht in meinen Augen ihre lokale – keltisch-gallische – und somit druidische Herkunft noch zusätzlich.

Nach heutigen Schätzungen war etwa ein Viertel der in dieser vorwissenschaftlichen Medizin angewendeten Drogen objektiv wirksam, wobei aber bei weitem nicht jedes Heilmittel seinen Ursprung in empirischer Anwendung hatte. Zu allen Zeiten wurden auch Heilmittel eingesetzt, deren Bezug zur Krankheit ein magischer war. Im Gegensatz zur empirisch gefundenen Arznei heutiger Tage ist der Bezug zwischen magischer Arznei und Patienten und Krankheit sehr stark von seinem Kulturkreis geprägt. Für Europa lassen sich hier vor allem zwei rote Fäden durchgehend verfolgen: die Ähnlichkeitslehre[335] und die Drecksapotheke.

Ich persönlich bin der Meinung, daß diese Schätzungen über die Wirksamkeit der Heilmittel recht weit unten angesetzt sind und man sich bei genauer Analyse und unbefangenem Hinsehen eher in einem Bereich über der 50-Prozent-Grenze bewegen dürfte. Denn oftmals werden die uralten Rezepturen durchaus »vernünftig und fassbar«, wenn man kurzerhand die »magische« Komponente wegstreicht – oder einfach mal das Exkrement wegläßt und lediglich die Kräuter zusammenmischt.

Die Leydener Mischungen gegen Parasiten wie Läuse und Würmer sind zwar nicht ganz ungefährlich, aber durchaus wirkungsvoll. Man muß sich hier lediglich vor Augen halten, daß die Dosis das Gift macht und heutzutage wesentlich ungefährlichere Mittel existieren, um den Krabbeltieren auf den Leib zu rücken.

Auch sind viele der Rezeptvorschläge von Marcellus Empiricus überzeugend: Fenchel und Honig sind bei Husten wirklich keine schlechte Lösung. Allerdings funktioniert die Mischung eben auch ganz gut, wenn man eine Tasse davon im Wohnzimmer trinkt und nicht auf der Türschwelle mit dem Blick gen Osten gewandt!

Ich habe häufig aufs Geratewohl »De Medicamentis empiricis libri« aufgeschlagen und irgendwo meinen Finger auf die Seite platziert. Meist stand dort auch etwas, das Sinn machte und wirklich half: Nehmen Sie als Beispiel einfach seine Empfehlungen für einen Patienten, der an Hüftschmerzen leidet. Ihm empfiehlt Marcellus Wärme (man lege ihn in die Sonne) und eine Einreibung mit einer Mischung aus Zypressenöl, Bertramswurz, Schilfschaum, Wolfsmilch und ein wenig Natron. In der Tat ergibt diese Mischung ein sogenanntes ableitendes Mittel, also eine wärmende Salbe. Zusätzlich rät Marcellus, einen solchen Patienten einer Bäderkur zu unterziehen (lange Bäder in sehr warmem Wasser).

Andererseits gibt er im selben Kapitel seines Werkes eine Rezeptur an, die den Leser sofort dazu verleitet, Marcellus als einen abergläubischen Quacksalber und Propheten der Drecksapotheke abzutun: Als Medizin empfiehlt er nämlich – ebenfalls bei Hüftschmerzen – neun Kügelchen Mäusedreck, die mit einem Quartarius (ca.1/4 Liter) Wein vermischt werden! Diesen Trank muß der Patient zu sich nehmen, während er mit dem Bein, wo ihn die Hüfte schmerzt, auf einem Schemel steht – natürlich nach Osten gewandt. Danach muß er sofort mit diesem einen Bein vom Schemel springen und auf diesem noch drei Mal herumhüpfen – und dies an drei aufeinander folgenden Tagen!

Ich könnte noch eine ganze Reihe solcher »Widersprüche« anführen und ein sinnvolles Heilmittel einem sinnlosen gegenüberstellen. Es wäre eine höchst interessante und amüsante Reise durch die Geschichte der Heilkunde in Gallien. Leider würde dies den Rahmen des vorliegenden Buches sprengen. Aus diesem Grund folgen nur kurz und unkommentiert ein paar Blüten des Marcellus Empiricus. Aber beurteilen Sie bitte nicht alle traditionellen Hausmittel aus längst vergangenen Tagen an den unten aufgeführten Rezepten. Natürlich habe ich diese auch mit einem kleinen Augenzwinkern ausgewählt.

Einige nicht ganz alltägliche Gesundheitstipps aus dem Werk des Marcellus Empiricus[336]

1. Bei Bauchschmerzen nützen Weinbergschnecken, wenn sie in Wasser gekocht und dernach auf Kohle geröstet und in ungerader Zahl in einer Brühe, die mit Wein abgeschmeckt wurde, eingenommen werden!

2. Bei Bauchschmerzen, schneide in einen Jaspis einen von Strahlen umgebenen Drachen ein, so daß er sieben Strahlen hat. Fasse diesen bearbeiteten Stein in Gold und trage ihn am Hals!.

3. Bei Gelenkschmerzen: Du sammelst Steinbockmist am siebzehnten Tag nach Neumond, obgleich er auch sonst, bei abnehmendem Mond gesammelt, mit ähnlicher Wirksamkeit nützt, wenn nur das Heilmittel selbst am siebzehnten Tag nach Neumond zusammengestellt wird. Von diesem Mist tust Du so viel, wie Du mit der vollen Faust einer Hand fassen kannst, wenn nur die Zahl der Kügelchen ungerade ist, in einen Mörser und fügst fünfundzwanzig sehr sorgfältig zerriebene Pfefferkörner hinzu. Dann gibst Du eine Hemina (ca. 1/4 Liter) sehr guten Honig und eine Sextarii (ca. 1 Liter) sehr alten und sehr guten Wein hinzu, zerreibst alle Mistkügelchen darin und mischt alle Ingredienzen und

bewahrst sie in einem Glasgefäß auf. Beginne, wenn Du das Heilmittel eingeben willst, am Tage des Jupiter (Donnerstag) und gib es sieben aufeinander folgende Tage hindurch, und zwar so, daß es der Patient auf einem Schemel stehend, nach Osten gewandt, trinkt. Wenn dies alles beachtet wird, muß der Patient, auch wenn er an allen Gelenken krank, verkrümmt und unbeweglich ist und ohne Hoffnung daliegt, am siebten Tage wieder gehen können.

4. Bei starkem Husten: Zerstoße saubere grüne Fenchelwurz, vermische diesen Saft mit gutem, altem Wein und trinke ihn neun Tage hintereinander auf Deiner Türschwelle stehend, nach Osten gewandt.

5. Bei Hühneraugen: Verbrenne einen alten Schuh, vermische die Asche mit gutem Honig und trage die Paste auf das Hühnerauge auf.

6. Bei Kieferschmerzen: den Heilzauber[337] aufsagen, und zwar einmal bei Tagesanbruch und einmal vor Einbruch der Nacht (ad vesperam):

> Novem glandulae sorores,
> Octo glandulae sorores,
> Septem glandulae sorores,
> Sex glandulae sorores,
> Quinque glandulae sorores,
> Quatuor glandulae sorores,
> Tres glandulae sorores,
> Duae glandulae sorores,
> Una glandula soror !
> Novem fiunt glandulae,
> Octo fiunt glandulae,
> Septem fiunt glandulae,
> Sex fiunt glandulae,
> Quinque fiunt glandulae,
> Quattuor fiunt glandula,
> Tres fiunt glandulae,
> Duae fiunt glandulae,
> Una fit glandula,
> Nulla fit glandula!

7. Bei Bauchschmerzen: Zuerst mußt Du einen Hasen einfangen, dann binde ihm die Läufe zusammen und rupfe aus seinem Bauchfell ein Stück so groß wie Dein Schmerz. Dann laß den Hasen wieder weglaufen und mit ihm läuft Dein Bauchgrimmen fort. Sage in diesem Augenblick: »Fuge, fuge lepuscule, et tecum auter coli dolorem!«

8. Bei Kopfschmerzen: Suche auf der Straße, bevor Du die Stadt betrittst, ein paar Haare zusammen und binde eines dieser Haare vor Deine Stirn. Wirf alle anderen Haare fort, ohne zurückzublicken, und trete durch die Pforte der Stadt. Dann wird Dein Kopfschmerz geheilt sein.

9. Gegen Zahnschmerzen: Trage in einem kleinen Lederbeutel ein Salzkorn, eine Brotkruste und ein kleines Stück Kohle bei Dir!

10. Hat ein Baby Bauchschmerzen: Rupfe einem schwarzen Hund ein paar Haare aus, verbrenne sie zu Asche und vermische diese Asche mit Muttermilch und Babykot zu einer Paste. Streiche diese Paste auf ein Tuch und lege sie dem kranken Kleinkind auf den schmerzenden Bauch! Wenn das Baby dann einschläft, nehme das Tuch mit der Paste vom Bauch, rolle es zu einem kleinen Bündel zusammen und stecke dieses Bündel in ein Astloch. Natürlich muß man das Astloch anschließend ordentlich mit einem Holzspund verschließen, damit das Übel sich nicht wieder herausschleichen kann.

11. Und zuletzt noch eine ganz besondere »Perle«: Das Thema Haarausfall schien unsere keltischen Vorfahren in nicht unerheblichem Maße zu beschäftigen. Von sämtlichen Marcellus-Rezepten – er widmet dem Problem ein ganzes und sehr umfangreiches Kapitel – dürfte dieses hier für umtriebige Tester und Tüftler am einfachsten herzustellen sein, ohne mit dem Tierschutz ins Gehege zu kommen oder ihre Hausgenossen den übelriechendsten Schreck ihres Lebens einzujagen. Außerdem sind sämtliche Ingredienzien preisgünstig und wirklich leicht aufzutreiben! Fliegenköpfe, verbrannt und mit Honig verrieben und auf den Kopf gestrichen, beseitigen Haarausfall auf wunderbare Weise.

Das Leydener Manuskript:
aus der Apotheke der Druiden-Ärzte[338]

Wenn der Kopf schmerzt – oder warum es vielleicht doch ab und an besser ist, einfach eine Aspirin-Tablette zu schlucken

1. Die Goldrute (Solidago virgaurea L.) tut viel Gutes, wenn man sie in Essig einlegt und dann auf die Stirn auflegt.

2. Allgemein haben sämtliche Pflanzen, die am Flußufer wachsen, eine wunderbare Kraft, um den Kopf wieder klar zu bekommen. Man muß ihre Blätter nur kleinschneiden und als Kompresse auf die Stirn legen.

3. Auch die Steine, die man im Magen junger Schwalben findet, heilen vom Kopfschmerz, ganz egal wie lange dieser schon andauert oder wie stark und andauernd er ist. Es sind ganz besonders die weißen Steine, die hier helfen, doch man muß vorsichtig sein und achtgeben, daß die Steine nicht mit der Erde in Berührung kommen.

4. Auch der frisch gekochte Kopf einer Eule ist hilfreich. Bei starker Migräne sollte man den gekochten Eulenkopf nach dem Auflegen essen.

5. Wenn man Kopfschmerzen hat, kann man auch ein Bläßhuhn essen. Dies lindert den Schmerz.

6. Jeder kleine Stein, den man vor einem Stadttor auf der Seite findet, auf der man in die Stadt hineingeht, zieht, wenn man ihn auf die betroffene Stelle am Kopf auflegt, den Schmerz hinaus.

Haarausfall – nicht nur eine Zivilisationskrankheit!

7. Lege den Magen eines Hasen, den Du zuvor in einer Pfanne durchgebraten und danach mit Öl vermischt hast, auf den Kopf. Dies verhindert den Haarausfall und verstärkt den Haarwuchs.

8. Verbrenne das Hufhorn einer Ziege zu Asche. Vermische die Asche mit Pech. Bestreiche damit Dein Haar und binde es fest zusammen. Dies verhindert Haarausfall.

9. Um das Haar lockig nachwachsen zu lassen: Verbrenne ein Widderhorn zu Asche und vermenge diese Asche gründlich mit Öl. Schere zuerst den Kopf. Danach bestreiche regelmäßig den Kopf mit der Mixtur, während das Haar nachwächst.

Schönheit aus dem Kräutergarten der Druiden!

10. Damit das Gesicht faltenfrei bleibt: Zerschneide vorsichtig die getrocknete Wurzel einer wilden Gurke und passiere sie durch ein Sieb. Vermische dies mit Wasser und trage diese Mischung dann auf das Gesicht auf. Am nächsten Tag wasche das Gesicht mit kaltem Wasser ab. Wenn Du gewillt bist, dies drei Tage in Folge zu tun, dann wirst Du ein wunderbares Ergebnis sehen!

11. Beim Auftreten von Sommersprossen im Gesicht: Wenn Du die Sommersprossen gründlich mit der Galle von einem Bullen einreibst, dann verschwinden sie.

Parasiten und andere Unannehmlichkeiten

12. Um Läuse loszuwerden: Man nehme die Wurzel von Tanacetum, Absinth, Leinsamen, Brennesselsamen, Rinde von der immergrünen Stechpalme, der Eiche und der Vogelbeere und Blätter vom Holunder, außerdem Wiesenknöterich, Huflattich, kleinen Sauerampfer und den weißen Teil einer Lauchstange.

13. Um eine Schwäre zu behandeln: Man nehme Eichenrinde, Wurzel von der Roten Erle, Beere von der Vogelbeere, einen Mistelzweig, Hundsrose, Holunder, Vergißmeinnicht, Baldrian- und Amaranthwurzel, Wurzel von der Eibe gekocht in Butter und Honig, Weißen Andorn, Rettich, Schöllkraut, Schafgarbe, Gewöhnliche Braunelle, Wilde Beete, Honig und Silberschlacke.[339]

Augenprobleme

14. Die aufgekochten Fenchelwurzeln, wenn benutzt, um die Augen zu waschen, sind ganz bemerkenswert, denn sie vertreiben jeden Schleier, der sich über das Auge legt.

15. Bei schlechten Augen und verschleiertem Blick: Nimm Fenchelwurzeln und zerstoße sie. Vermische sie mit Honig und koche sie

auf einem kleinen Feuer, bis eine Paste entsteht, die in etwa so dick ist wie Honig selbst. Fülle diese Paste in eine kleine Dose aus Bronze und trage diese bei Dir. Immer dann, wenn Deine Augen schmerzen oder Du schlecht siehst, bestreiche die Augen mit dieser Paste.

16. Bei schlechten Augen: Wenn Du den Urin eines Kleinkindes, das noch die Milch der Mutter trinkt, mit Honig bester Qualität vermischt, dann wirst Du den Patienten mit dieser Salbe heilen!

Allheilmittel – oder wenn der wackere keltische Krieger sich mal müde und schlapp fühlte

17. Um den Kopf klar zu machen und alles Phlegma zu vertreiben: Trinke den Saft aus weißem Kohl gemacht.

18. Die Maulbeere[340] tut viel Gutes.

Die Druiden und die Ernährungswissenschaft – mit einer richtigen Frühjahrskur fit für die Römer!

19. Im Monat März, laß ihn (den Patienten) süße Getränke einnehmen und gib ihm Rettich zu essen. Schick ihn in ein Schwitzbad und laß ihn zur Ader. Gib ihm keine purgierenden Mittel, denn sie machen kalt, aber gib ihm einen Trank aus Pferde-Eppich und Weinraute, und zwar am dritten und am neunten Tag, bevor der Monat endet.

20. Im Monat April, laß ihn wieder zur Ader, dann laß ihn frisches Fleisch essen und sorge dafür, daß er keine Wurzelgemüse mehr zu sich nimmt, denn sie taugen nicht mehr und haben schon Schimmel und bringen ihm nur noch Ausschläge und Unwohlsein. Laß ihn einen Trank aus aufrechtem Ziest und Anis trinken. Tue dies am dritten und am elften Tag, bevor der Monat endet.

21. Im Monat Mai, gib ihm warme Getränke. Sorge dafür, daß er keine Tierköpfe oder Tierfüße ißt, und daß er kein (unabgekochtes?) Wasser trinkt, denn dieser Monat ist der schlimmste für alle bösen Gifte und auch für sonstige Übel. Laß ihn ein Purgativum zu sich nehmen. Salbe ihn gegen Augenleiden und gegen Ausschläge aller Art. Er soll frisches Gemüse essen und bittere Kräu-

ter, damit sein Urin sauber wird. Laß ihn einen Trank aus Absinth und Fenchel einnehmen, und zwar am dritten und am siebten Tag, bevor der Monat endet.

22. Im Monat Juni, laß ihn am sechsten Tag nur Wasser trinken und fasten, dann gib ihm Wasser mit Weinessig vermischt und gib ihm grünes Gemüse zu essen. Tue dies am dritten und am zwölften Tag vor Monatsende.

10

REZEPTE FÜR DIE HAUSAPOTHEKE – BEWÄHRTES FÜR MENSCH UND TIER AUS MEINEM »GARTEN DER DRUIDEN«

n den Medien liest man immer wieder, daß alternative Therapieformen wie Naturheilkunde oder Pflanzenheilkunde mit der Schulmedizin um die Gunst und das Geld der Patienten buhlen. Das Repertoire an Behandlungsformen gruppiert sich entlang weltanschaulicher Kampflinien und durch die Welt der Heilkunde geht ein Riß, der immer breiter zu werden scheint, ein Sankt-Andreas-Graben der Medizin!

Auf der einen Seite stehen jene Kritiker, die behaupten, das medizinische Establishment habe sich verbunkert und wäre lediglich eine ihre Privilegien verteidigende Elite, die den seelenlosen Rationalismus zum Gott geweiht habe und nicht mehr in der Lage sei, den Menschen ganzheitlich zu sehen. Für sie geht es der Schulmedizin lediglich um ein Kurieren von Symptomen, ohne den eigentlichen Ursprung der Krankheit ergründen zu wollen. Auf der anderen Seite stehen jene, die alternative Heilmethoden als unzeitgemäß und überholt und diejenigen, die solche »sanften« Methoden bevorzugen, als nach Ideologie und Glaubensgewißheit hungernde Zeitgenossen abtun.

Wir möchten an dieser Stelle weder für die eine noch die andere Ansicht Partei ergreifen. Eigentlich ist es uns gleichgültig, ob einer gesund wird, weil sein Arzt den Herrn Paracelsus oder Professor Barnard zum Gott erhoben hat. Was letzten Endes zählt, ist die Wiederherstellung des Wohlbefindens von Mensch und Tier. Nur so viel sei gesagt: Es gibt ein Spektrum von Wehwehchen und Zipperlein, das nicht unbedingt der heute so gerne auf die Anklagebank gezerrten »chemischen« Keule der Allopathie bedarf, sondern mit ein bißchen Geduld und Seelenruhe auch mit pflanzlichen Mitteln kuriert werden kann. Natürlich vermögen die Heilpflanzen nicht so viel zu leisten, wie die alten Kräuterbücher häufig versprechen, aber oft doch viel mehr, als die Skeptiker glauben.

Außerdem sind mit ihrer Verwendung noch einige recht positive Nebeneffekte verbunden:

Wenn man das botanische Wissen besitzt, um die Pflanzen selbst zu züchten und zu ernten oder zu sammeln und zu verarbeiten, lenkt dies oft vom hektischen Altag ab und ist ein Weg, der Natur wieder ein wenig näher zu kommen. Man sollte diese Wirkung auf die Psyche wie auch die Gesundheit nicht unterschätzen. Daneben darf auch nicht vergessen werden, wie sehr Zuspruch, Trost, Fürsorge und entschlossenes, helfendes Handeln einer als kompetent empfundenen Person die offensichtlichen Selbstheilungskräfte eines Menschenkindes in Gang setzen können. Eine Mutter, die ihrem erkälteten Kind einen Kräutertee braut, sich zu ihm ans Bett setzt und sich »kümmert«, vermag oft viel mehr als eine schnell aus dem Arzneischrank geholte Paracetamol-Tablette. Und last, but not least, dramatische Inszenierung, Zauber und ein bißchen Brimborium, allesamt traditionelle Rituale medizinischen Handelns, die auch die heutigen Schulmediziner immer noch mit Gusto praktizieren, sind oft ebenso heilkräftig wie das eigentliche Medikament oder der medizinische Eingriff. Verleugnen wir dies nicht – es ist eine Realität.

Wer einem Massenansturm von bösartigen Streptokokken oder ähnlichem ausgesetzt ist, setzt am besten nach wie vor auf Antibiotika, statt den örtlichen Schamanen oder Handaufleger zu bemühen! Ich bin mir sicher, daß auch die Druiden-Ärzte unserer keltischen Vorfahren, wenn sie per Zeitmaschine eine Reise in unsere Welt unternehmen könnten, diesen Rat geben würden: Der damalige Stand der Wissenschaften ermöglichte ihnen nicht den Zugriff auf die chemischen Keulen, die bei allen Nebenwirkungen eben doch auch Lebensretter sind. Und hätte man sie vor die Wahl gestellt, einen Patienten zu verlieren oder eine chemische Keule zu verwenden – seien Sie sicher: Diese Männer und Frauen waren in erster Linie Ärzte und Praktiker der Heilkunst. Sie hätten gehandelt wie jeder Kollege der Jetztzeit auch: zuerst ihren Patienten wieder in Ordnung bringen und sich dann am abendlichen Druiden-Stammtisch bei einem Krug Wein in einer ellenlangen Debatte über mögliche philosophische oder weltanschauliche Implikationen der von ihnen gewählten Methode auslassen.

Es wäre müßig, an dieser Stelle das gesamte Spektrum möglicher und unmöglicher Leiden bei Menschen und Tieren abzudecken. Allerdings bieten sich Heilpflanzen für drei Therapieformen viel eher an als eben die Schulmedizin: zur Vorbeugung, zur Unterstützung und zur Minderung chronischer Wehwehchen. Aus diesem Grund haben wir uns entschlossen, etwa zwei Dutzend Mischungen sozusagen als Fallbeispiele vorzustellen, die sich aus den von den Druiden benutzten Kräutern zusammenstellen lassen.

Die in diesem Kapitel vorgeschlagenen Rezepte bergen an sich keine Gefahren für Sie und Ihre Haustiere, solange Sie sich an die angegebenen Mischungen und Dosen halten. Wir haben sie alle über lange Zeiträume ausprobiert. Die meisten von ihnen beruhen auf familiärer Überlieferung oder alten Traditionen in der Normandie und der Bretagne. Einige der Rezepte, vor allem jene für Pferde und Ponys, habe ich in Zusammenarbeit mit einer befreundeten Tierärztin, Dr. Inge Tack-Tibergyn aus Crasville-la-Mallet bei Fecamps an der Atlantikküste, entwickelt. Inge verwendet sie alle erfolgreich in ihrer tierärztlichen Praxis. Sie werden dabei feststellen, daß sich zwei Pflanzen eingeschlichen haben, die die Druiden-Ärzte niemals verwendeten, denn sie waren zu jener Zeit in Europa unbekannt: Ginseng und Echinacea – Echter Sonnenhut.

Falls Sie bezüglich der Rezepte oder der verwendeten Kräuter Fragen oder Zweifel haben sollten, wenden Sie sich an Ihren Hausarzt bzw. Ihren Tierarzt. Solange Sie sich mit diesen Praktikern besprechen und mögliche Nebenwirkungen oder Unverträglichkeiten mit allopathischen Medikamenten abklären, die man Ihnen (bzw. Ihrem Haustier) verschrieben hat, ist die Verwendung aller unserer Rezepturen verhältnismäßig problemlos. Allerdings möchte ich an dieser Stelle zum x-ten Mal den alten Leitsatz von Paracelsus wiederholen: »Alles ist Gift, alles ist Medikament!« Halten Sie sich darum immer unbedingt an die angegebenen Mengen, denn meist ist etwas weniger genug und zu viel ausgesprochen unvernünftig!

Grundsätzliches

Herstellung und Anwendung von Heilkräutermischungen

- Überschreiten Sie niemals die angegebenen Tagesdosierungen. Diese zu verdoppeln oder gar zu verdreifachen macht die von Ihnen gewählte Heilkräutermischung nicht wirkungsvoller. Sie setzen sich lediglich Unverträglichkeiten oder anderen gefährlichen Reaktionen Ihres Organismus aus.
- Verwenden Sie niemals gleichzeitig mehr als zwei Heilkräutermischungen intern oder eine interne und eine externe Heilkräutermischung für dasselbe Leiden.
- Verwenden Sie die von Ihnen ausgewählten Mischungen bis zum Verschwinden der Symptome. Sollte nach zwei, spätestens drei Wochen keine Besserung auftreten, dann müssen Sie auf jeden Fall Ihren Hausarzt oder Ihren Tierarzt konsultieren.
- Verwenden Sie niemals irgendwelche Heilkräutermischungen ohne ärztlichen Rat bei Säuglingen unter sechs Monaten. Was Kleinkinder und Kinder betrifft, gibt es für die unten aufgeführten Heilkräutermischungen – wenn nichts anderes angegeben ist – folgende Grundregel:

    – 6 bis 12 Monate: 1/10 der für Erwachsene vorgegebenen Dosis

    – 1 bis 6 Jahre: 1/3 der für Erwachsene vorgegebenen Dosis

    – 7 bis 12 Jahre: 1/2 der für Erwachsene vorgegebenen Dosis

- Bei älteren Menschen, insbesondere jenen, die das 70. Lebensjahr überschritten haben, verlangsamt sich der Körpermetabolismus. Aus diesem Grund müssen auch hier, genauso wie für Kinder, die Tagesdosen entsprechend verringert werden.

  – Ältere Menschen über 70 Jahre: 3/4 der für Erwachsene vorgegebenen Dosis

Der Metabolismus von Tieren unterscheidet sich vom menschlichen Metabolismus. Insbesondere Pflanzenfresser wie Pferde, Kühe, Ziegen und Schafe reagieren auf verhältnismäßig geringere Dosen von Heilkräutern als der Mensch. Wundern Sie sich also bitte nicht, wenn ich Ihnen für Ihr Reitpferd eine Tagesdosis empfehle, die kaum höher ist als Ihre eigene!

Auch Hunde reagieren sehr gut auf Heilkräuter und man kann sie meist ganz gut dazu überreden, ihr Medikament einzunehmen. Bei Katzen sieht die Sache jedoch anders aus. Ich muß gestehen, daß es mir bis zum heutigen Tag noch nicht gelungen ist, einer Katze ihre Kräuter zu verabreichen. Gelegentlich kann man die Stubentiger allerdings dazu veranlassen, homöopathische Mittel einzunehmen. Wenden Sie sich hier bitte an Ihren Heilpraktiker, der über diese Art der Heilkunde weitaus mehr weiß als wir, die wir uns nur mit Phytotherapie befassen.

Pflanzenfresser wie Pferde, Kühe, Ziegen und Schafe sind am einfachsten mit Heilkräutern zu behandeln. Sie mögen sie gerne und wenn auf nicht überdüngten und ausgelaugten Weiden Heilpflanzen wachsen, kann man beobachten, wie sie ihre Gesundheitskur selbst zusammenstellen und fressen, was ihr Körper und ihr aktueller Gesundheitszustand verlangt. Nur Pferde/Ponys die ihr Leben in Boxenhaltung zubringen müssen, haben zumeist den Instinkt für gute und schlechte Dinge auf der Weide verloren. Ein verhältnismäßig natürlich gehaltenes Tier macht nur ganz selten fatale Fehler und frißt, was ihm nicht bekommt!

Und letztendlich:

- Verwenden Sie immer nur Heilkräuter, derer Sie sich hundertprozentig sicher sind! Kaufen Sie lieber beim Apotheker oder in einem guten Kräutergeschäft, anstatt ohne ausreichende Botanikkenntnisse wilde Kräuter selbst zu sammeln. Schon manch einer glaubte, im Wald Bärlapp zu sammeln, und hatte dann Maiglöckchenblätter in der Suppe!

Damit die in den Rezepturen aufgeführten Kräuter auch ganz eindeutig identifizierbar sind, gebe ich ihre wissenschaftlichen lateinischen Namen und ebenso den zu verwendenden Pflanzenteil mit an:

Fructis – Frucht
Follium – Blätter
Flores – Blüten
Radix – Wurzeln

Wenn keine dieser Spezifikationen angeführt ist, verwendet man den ganzen oberirdischen Teil der Pflanze. Z. B. ist es bei Melissen oder Pfefferminzen nicht notwendig, die Blätter von den Stengeln zu zupfen, getrocknet zerbröselt man einfach die gesamte Pflanze. Bei Weißdorn hingegen muß man sich die Mühe machen, Blätter, Blüten oder Früchte von den sehr stacheligen Ästen abzuzupfen.

Sollten Sie sich dazu entschließen, Heilkräuter in Ihrem Garten anzubauen – ein sehr schönes und befriedigendes Hobby –, achten Sie darauf, Ihre Jungpflanzen und Samen beim Fachmann zu kaufen. Machen Sie sich auch die Mühe, vor jedem gepflanzten Kräutlein ein Schild mit seinem Namen aufzustellen, um nichts zu verwechseln. Für gewöhnlich erntet man mehrjährige Pflanzen im ersten Jahr ihres Wachstums nicht ab.

Obwohl viele von ihnen schön und interessant sind, überlassen Sie den Anbau von Giftkräutlein den Experten. Zum einen benötigen Sie diese Pflanzen für keine der unten aufgeführten Kräutermischungen. Zum anderen sind des Nachbarn Kinder oder das eigene Haustier manchmal einfach zu neugierig, als daß es ihnen bekommt. Ich habe aus Gründen der Vollständigkeit und der Artenerhaltung verschiedene Giftpflanzen in meinem eigenen Kräutergarten. Aber alle stehen an unzugänglichen Stellen für Besucher und Haustiere. Der Aufwand, den Sie zur Sicherung einer Giftpflanzensammlung betreiben müßten, würde Ihnen gewiß recht schnell die Freude daran vergällen, diese in Wachstum und Blüte zu beobachten.

Schwangerschaft

- Vermeiden Sie während der ersten drei Monate der Schwangerschaft alle Medikamente!
- Vermeiden Sie während der Schwangerschaft die Heilkräutertinkturen auf Alkoholbasis. Bevorzugen Sie den Heilkräutertee.
- Sprechen Sie mit Ihrem Gynäkologen und informieren Sie ihn über die Heilpflanzen, die Sie einnehmen. Sämtliche im Unterkapitel »Schwangerschaft« aufgeführten Heilkräuter sind bedenkenlos. Bei allen anderen informieren Sie sich bitte gründlich über mögliche Nebenwirkungen.

Zubereitung von Heilkräutern im allgemeinen[341]

Für Heilkräutertees:
20 g der getrockneten Pflanze für 500 ml Wasser; 30 bis 40 g der frischen Pflanze für 500 ml Wasser. Verwenden Sie immer einen Deckel auf Ihrer Teekanne, um die essentiellen Öle der Heilkräuter zu bewahren. 10 bis 15 Min. ziehen lassen, dann abseihen.
Man trinke täglich 3 bis 4 Tassen, also ca. 500 ml.

Für sogenannte Aufkochungen:
20 g der getrockneten oder 30 bis 40 g der frischen Pflanze (hauptsächlich härtere Teile wie Wurzeln oder Rinden) in 750 ml kaltem Wasser zum Kochen bringen. Den Sud auf ca. 500 ml einkochen, dann abseihen.
Man trinke täglich 3 bis 4 Tassen, also ca. 500 ml.

Für Tinkturen auf Alkoholbasis:
200 g der getrockneten Pflanze oder 300 g der frischen Pflanze für 1 l Alkohol zwischen 38 % und 60 %. Zum Beispiel eignet sich Wodka sehr gut, oder aber Rum, der den bitteren Geschmack mancher Pflanzen zu überdecken vermag. In Braun- oder Grünglasgefäßen, die sich fest verschließen lassen, die Heilkräuter schichten und dann mit dem Alkohol vollständig überdecken. Kräftig durchschütteln. 21 Tage lang an einem warmen, aber nicht sonnigen Ort ziehen lassen, dabei alle zwei Tage das Gefäß gut schütteln. Abseihen und die Pflanzenreste entweder durch ein Baumwolltuch oder mittels einer

Presse vollständig auspressen. Die Tinktur wiederum in Braun- oder Grünglasflaschen füllen. Eine Heilkräutertinktur hält sich an einem kühlen, schattigen Ort gelagert 2 bis 3 Jahre.

Man nehme 3-mal täglich ca. 2,5 ml in 25 ml Wasser. (Falls Sie den Alkohol loswerden wollen, dürfen Sie 5 ml Tinktur mit 25 ml kochendem Wasser vermischen. Nach ca. 5 Minuten verdampft der Alkohol.) Um den Geschmack der Kräuter zu überdecken, können Sie Ihre Tinktur auch in 25 ml Fruchtsaft einnehmen.

Für Heilkräutersirup:
500 ml Heilkräutertee oder Heilkräuterabkochung aufkochen und mit 500 g Honig vermischen. Unter regelmäßigem Umrühren einkochen lassen, bis eine zähe Flüssigkeit entsteht. Heiß in zuvor gründlich gesäuberte und sterilisierte Glasflaschen abfüllen und gut verschließen. Heilkräutersirup hält sich im Kühlschrank rund 6 Monate.

Man kann Heilkräutersirup auch auf Basis von Heilkräutertinkturen herstellen. Zuerst mischt man 500 g Honig mit 250 ml Wasser und läßt diese Mischung bei kleiner Flamme und unter regelmäßigem Umrühren so lange einkochen, bis eine zähe Flüssigkeit entsteht. Vom Feuer nehmen und abkühlen lassen, dann in einem Verhältnis von 4 Teilen Sirupbasis und 1 Teil Heilkräutertinktur miteinander vermischen und wie zuvor erläutert in sterilisierte Flaschen abfüllen.

Man nehme 3-mal täglich 5 bis 10 ml (1 bis 2 EL) ein.

Für Heilkräuterweine:
Heilkräuterweine sind in der Regel anregende, tonisierende Getränke. Außerdem schmecken die meisten recht gut und fördern die Verdauung. Man kann zu ihrer Herstellung sowohl roten als auch weißen Tafelwein verwenden.

100 g getrocknete oder 200 g frische Heilkräuter werden in einem großen Steinguttopf (Typ Rumtopf), der sich gut mit einem Deckel verschließen lässt, geschichtet und dann mit 1 l Wein überdeckt. Gründlich, aber vorsichtig umrühren. Bevor Sie Ihren Kräuterwein abseihen, lassen Sie die Heilkräuter 8 bis 10 Tage ziehen. Anschließend können Sie Ihr Tonikum in sterilisierte und gut schließende Flaschen abfüllen und an einem kühlen, dunklen Ort etwa 3 bis 4 Monate lagern.

Man trinke täglich ein Schnapsglas voll (ca. 70 ml).

Auf alle Fälle müssen die Kräuter vollständig vom Wein bedeckt sein, denn bei Luftkontakt besteht das Risiko, daß sie anschimmeln – dann ist das tonische Getränk für Ihre Gesundheit sehr gefährlich.

Getrocknete oder frische Kräuter?

Die in den Rezepturen angegebenen Mengen beziehen sich immer auf getrocknete Kräuter. Wenn Sie mit frischen Kräutern arbeiten möchten, dann ist es am einfachsten, jeweils die doppelte Menge zu nehmen. Es gibt Puristen, die behaupten, Heilkräutertinkturen aus getrockneten Pflanzen seien weniger effizient als solche aus frischen Pflanzen. Obwohl ich auf meinem Hof in der Regel erntefrische Pflanzen für Heilkräutertinkturen verarbeite, muß ich doch auch oft im Winter, wenn mir Tinkturen ausgehen, auf getrocknete Pflanzen zurückgreifen. Ich habe bis jetzt jedoch nicht feststellen können, daß eine solche Tinktur weniger wirksam ist als eine aus Frischpflanzen.

Die meisten Inhaltsstoffe von Kräutern sind sogenannte sekundäre Pflanzenstoffe, die eine hohe antioxidative Aktivität haben. Diese Antioxidantien schützen die Körperzellen von Mensch/Tier vor dem Angriff freier Radikale, indem sie die Oxidation von Substanzen wie Fetten oder Proteinen verzögern oder ganz verhindern. Für den Gehalt an diesen Antioxidantien ist die Zubereitungsart der Kräuter entscheidend. Frische und unbehandelte Kräuter enthalten immer mehr als getrocknete oder sonstig verarbeitete Kräuter. Aus diesem Grund ist es natürlich richtig, wenn möglich das frische Kraut zu bevorzugen.

Traditionelle Heilkräuter-Zubereitungen

LLERGIEN

Allergien sind – einfach ausgedrückt – Abwehrreaktionen des Immunsystems des Körpers gegen bestimmte und normalerweise harmlose Umweltstoffe, die sich in durch entzündliche Prozesse ausgelöste Symptome äußern. Diese Symptome treten besonders häufig auf an den Schleimhäuten (allergische Rhinitis, auch Heuschnupfen genannt), an den Atemwegen (Asthma bronchiale), an der Haut (Neurodermitis, Kontaktekzem, Urtikaria), im gastrointestinalen Trakt (Durchfall, Erbrechen) oder als akuter Notfall, auch anaphylaktischer Schock genannt.

Im Falle schwerer Allergien sollten Sie auf jeden Fall den Arzt konsultieren. Gleichfalls sollten Sie vor der Einnahme von Heilkräutern zur Allergielinderung unbedingt abklären, ob Sie nicht ausgerechnet gegen die empfohlenen Pflanzen allergisch sind.

Aus diesem Grund möchte ich hier auch nur zwei Hausmittel vorstellen, die sich bei einem ganz banalen Heuschnupfen und auch bei allergischer Rhinitis bewährt haben – ein einfaches und eines für Tüftler.

Das einfache Hausmittel zur Linderung der Symptome von Heuschnupfen und allergischer Rhinitis ist die Einnahme von Holunderblüten entweder als Kräutertee oder als Sirup. Wichtig ist hier nur, rechtzeitig vor der Allergiesaison anzufangen und bis zum Ende dieser Saison brav durchzuhalten. Nehmen Sie täglich 3 bis 4 Tassen Holunderblütentee oder drei Mal täglich 2 bis 3 EL Holunderblütensirup zu sich. Sie werden feststellen, daß Ihre Symptome sich wesentlich zurückhaltender äußern werden und Ihnen möglicherweise die eine oder andere Antihistamintablette erspart bleibt.

Das Kräuterteerezept für Tüftler ist etwas schwierig zu mischen, führt aber zu einem noch überzeugenderen Resultat, ganz besonders bei allergischer Rhinitis. Auch solche unangenehmen Begleiterscheinungen wie Kratzen und Jucken im Hals werden auf ein überaus erträgliches Maß reduziert.

Diese Mischung eignet sich ebenfalls sehr gut für Pferde/Ponys, die unter Allergien leiden.[342] Ob Unpaarhufer auch von solchen Problemen belastet sind, entzieht sich meiner Kenntnis und Erfahrung. Aber ich unterstelle einfach mal, daß dem Rind, der Ziege oder dem Schaf nicht schadet, was dem Pferd nützt. In allen diesen »viehischen« Fällen können Sie Ihre Mischung auch direkt ins Futter geben, ohne erst einen Tee aufzubrühen, denn leckere Kräuter fressen diese Vierbeiner alle gerne!

Kräuterteemischung bei Heuschnupfen und allergischer Rhinitis

50 g Sambucus niger Flos
50 g Plantago lanceolata
25 g Hysopus officinalis
25 g Thymus officinalis
10 g Primula veris Flos
10 g Sylibum marianum

Vereinfachte Kräuterteemischung bei Heuschnupfen

50 g Sambucus niger Flos
50 g Petasites officinalis Flos

Probleme der Blutzirkulation

Anfangs spürt man oft nur ein leichtes Prickeln in den Fingern oder Zehen. Irgendwann geht dieses Prickeln auf die ganzen Gliedmaßen über und kann am Ende zu einer recht schmerzhaften Taubheit führen. Ursache für solche Durchblutungsstörungen ist immer eine Gefäßverengung, bei älteren Menschen häufig in Form von Arteriosklerose, bei jüngeren oft eine Neigung zu Krämpfen infolge von Kälte.

Wir möchten uns hier nicht lange über die verschiedenen Auslöser dieses Leidens auslassen oder Risikofaktoren besprechen. Dies kann Ihnen Ihr Hausarzt kompetent und im Detail erklären. Neben den von Ihrem Praktiker angebotenen Maßnahmen können Sie allerdings den Heilungsprozeß durch den Einsatz unserer Rezepturen unterstützen oder sogar verstärken.

Das einfachste und wahrscheinlich auch älteste Mittel ist der sogenannte Kohlwickel. Kohl (Brassica oleracea L.) war bereits den keltischen Druiden-Ärzten wohlbekannt, denn bevor man die Pflanze systematisch kultivierte und in Hausgärten brachte, konnte man sie mühelos in einer Wildform zwischen den zerklüfteten Felsen an der Atlantikküste finden. Ein Kohlwickel ist wirklich leicht herzustellen: Sie nehmen drei oder vier frische Kohlblätter, waschen sie gründlich und walken sie mit dem Nudelholz weich. Anschließend legen Sie diesen »Umschlag« auf den betroffenen Körperteil und umwickeln ihn fest mit einem Tuch. Sie können einen Kohlwickel ruhig ein paar Stunden an Ort und Stelle lassen. Das riecht zwar nicht weltbewegend gut, ist aber höchst wirkungsvoll. Auch bei Reitpferden und Ponys bietet er sich als billige und schnelle Lösung für die berüchtigten angelaufenen Beine an, die die Tiere schnell bekommen, wenn sie den ganzen Tag in der Box herumstehen. Und der Geruch stört den Gaul weniger als den Besitzer!

Sollten Sie allerdings ein etwas geruchsneutraleres Mittel wünschen und lieber innerlich einnehmen, als einen Umschlag anzuwenden, dann bietet sich folgende Mischung für allgemeine Durchblutungsstörungen an. Sie eignet sich auch sehr gut für Reitpferde und Ponys. Dabei sollten Sie das Futter mit 1 l Tee überbrühen und nicht einfach die getrockneten Kräuter zugeben. Sie können sich aber das Abseihen sparen und die aufgekochten und weichen Kräuter zugeben.

> ### Kräuterteemischung zur Stimulation der arteriellen Durchblutung
>
> 25 g Urtica dioica
> 25 g Crataegus monogyna Jacq. (Gemeiner Weißdorn) Follium et Flos
> 25 g Foeniculum vulgare Mill. Radix
> 25 g Juniperus communis L. Fructis
>
> Vermengen Sie die Kräuter gut miteinander und achten Sie ganz besonders darauf, daß die Fenchelwurzeln (Foeniculum vulgaris L.) kleingeschnitten/-gehackt sind. Um sicherzustellen, daß die Wacholderbeeren (Juniperus communis L.) beim Aufkochen ihre Inhaltsstoffe leichter abgeben, brechen Sie die Schalen im Mörser an. Bei dieser Kräuterteemischung, die zwei harte Pflanzenteile enthält, ist die Aufkochung besser als ein einfaches Überbrühen mit heißem Wasser.

HAUTPROBLEME

Die Haut steht in direktem Kontakt zur Umwelt und ist tagaus, tagein vielfältigen Einflüssen ausgesetzt. Ist sie gesund, dann ist sie widerstandsfähig. Wird sie jedoch überbeansprucht, reagiert sie leicht mit unangenehmen und anhaltenden Erkrankungen. Deren gesamtes Spektrum abzudecken sprengt den Rahmen dieses Buches. Aus diesem Grund ziehen wir es vor, Ihnen nur für vier sehr häufig auftretende Affektionen des Alltags Rezepturen vorzustellen: bei Ekzemen[343], Insekten- und Mückenstichen und auf solchen beruhenden Hautreizungen und Schwellungen, Hautverletzungen (Wunden und durch Schlag/Stoß hervorgerufene Schwellungen) und schließlich Akne und Furunkel.

● Bei allen anderen Hautproblemen ist es notwendig, einen Facharzt aufzusuchen.

Kräuterteemischung bei Hautausschlägen vom Typ Nesselsucht

5 g Taraxum officinale Radix
5 g Cichorium intybus Radix
5 g Arctium lappa Radix
750 ml Wasser

Trinken Sie wenigstens eine Woche lang täglich 2 Tassen von der Aufkochung aus den drei angegebenen Wurzeln. Sie können die Aufkochung in einer sauberen Flasche einfach im Kühlschrank aufbewahren. Verbessert sich der Ausschlag nach einer Woche nicht maßgeblich, müssen Sie Ihren Hautarzt aufsuchen.

Alternative Mischung bei Nesselsuchtausschlägen (Tee)

5 g Urtica dioica — Königsbrennessel
5 g Viola tricolor — Feldstiefmütterchen
5 g Calendula officinalis — Ringelblume
750 ml Wasser

Auch hier: eine Woche lang täglich 2 Tassen aufkochen.

Lindernde und beruhigende Salbe, auch bei Insektenstichen

60 g getrocknete (150 g frische) Stellaria media — Vogelmiere
60 g getrocknete (150 g frische) Calendula officinalis Flos (Blüten)
1 kg Vaseline
2 saubere Gläser (Schraubverschluß) mit 500 g Fassungsvermögen, zuvor in heißem Wasser (100° C) sterilisiert

Lassen Sie die Vaseline entweder im Wasserbad oder in einem dafür tauglichen Glasgefäß flüssig und heiß werden, mischen Sie die kleingeschnittenen Kräuter vorsichtig und sorgsam unter und lassen Sie alles etwa 15 Min. lang unter ständigem Umrühren mit einem Holzlöffel köcheln. Seihen Sie die heiße, flüssige Mischung durch ein sauberes Baumwolltuch ab, das Sie zuvor sorgsam auf einem ausreichend großen Glasbehälter mit großer Öffnung befestigt haben. Pressen Sie die Kräuter, die im Tuch zurückgeblieben sind, kräftig aus. Achten Sie darauf, dabei z. B. Silikon-Küchenhandschuhe zu tragen, damit Sie sich nicht verbrennen. Füllen Sie die noch flüssige Mischung sofort in die beiden Gläser, verschließen Sie sie fest und lassen Sie alles erkalten. Bewahren Sie die Salbe (Haltbarkeit ca. 6 Monate) unbedingt im Kühlschrank auf.

Tragen Sie nun 3 Mal täglich die Salbe auf die vom Nesselausschlag befallene Stelle bzw. dort, wo Sie von einem Insekt gestochen wurden, dünn auf. Sollte nach einer Woche keine Besserung eintreten, konsultieren Sie Ihren Hausarzt.

<u>Diese Salbe eignet sich auch ganz ausgezeichnet bei Ausschlägen an den Beinen von Pferden</u>. Im Regelfall tritt hier bereits nach 48 Stunden eine Besserung auf und das Bein schwillt ab. <u>Mit der Salbe können Sie auch Scheuerstellen bei Sommerekzemen behandeln. Der Juckreiz wird enorm gelindert, die verletzte Haut heilt</u>. Bei winterlichen Problemen, die durch Schlamm ausgelöst werden, der sogenannten Mauke, möchte ich Ihnen im Anhang ein besseres Rezept anbieten. Ich schließe es hier aus, da einige seiner Bestandteile (desaromatisiertes Petroleum) mit dem Kräutergarten der Druiden nun wirklich nichts zu tun haben.

Nur so viel an dieser Stelle: Um Hautausschlägen der Form Mauke bei Pferden/Ponys vorzubeugen, ist es sinnvoll, bereits 2 bis 3 Monate vor der entsprechenden Saison täglich eine Handvoll getrockneter oder zwei Handvoll frischer Schafgarbe (Achillea millefolium L.) zuzufüttern und diese Zufütterung die ganze Gefahrenperiode hindurch aufrechtzuerhalten. Wenn Sie konsequent waren, werden Sie feststellen, daß Ihr Tier entweder überhaupt keine Mauke bekommt (entsprechende Körperpflege durch den Besitzer vorausgesetzt!) oder nur so wenig, daß Sie sie

Rosmarin
(Rosmarinus officinalis)
Aufn.: Friedrich Büttner

© Vertrieb + Herstellung: Mauthe GmbH · Graph. Betrieb · D-72336 Balingen

7.12.01

Liebe Ursel, lieber Hans,
die Stadt glaub wir nicht im
alten so wird im
Wolken Kuckucksheim
es war sehr schön
bei Onkel Willi den
Dank für das
Wunder.
Einen schönen
2. Advent wünsche
ich Euch und natür-
lich auch Markus
und Fabian.
Liebe Grüße
auch Oma

Frau S. Neef
Frauo Rabi-Tscheh.
Karl-Heine-Str. 56 c
04229 Leipzig

ganz schnell in den Griff bekommen, ohne teure Mittel einsetzen zu müssen.

Lindernde und beruhigende Salbe, auch bei Verletzungen der Oberhaut infolge von Kratzen   [Früh- sommer Pferde]

60 g (150 g frische) Sambucus niger Flos   *Holunderblüten*
60 g (150 g frische) Symphytum officinalis Follium   *Beinwell, Blätter*
0,5 kg Vaseline
0,5 kg bester Bio-Imkerhonig
2 saubere Gläser (Schraubverschluß) mit 500 g Fassungsvermögen, zuvor in heißem Wasser (100° C) sterilisiert

Fügen Sie den Honig erst zuletzt hinzu, nachdem Sie die Kräuter-Vaseline-Mischung abgeseiht haben, und achten Sie darauf, Honig und Kräuter-Vaseline-Extrakt sorgsam miteinander zu vermengen. Bewahren Sie diese Salbe am besten im Kühlschrank auf.

Heilkräuteröl für die schnelle Linderung von Insektenstichen

125 g Hypericum perforatum
125 g Calendula officinalis Flos   *(Flores – Blüten)*
750 ml Mandelöl aus der Apotheke

(wen der Geruch nicht stört, kann auch sehr gutes kalt gepreßtes Olivenöl verwenden)

Die klein zerbröselten Heilkräuter in ein gut verschließbares Braun- oder Grünglas mit großer Öffnung schichten und dann sorgfältig mit dem Öl übergießen, bis die Pflanzenteile völlig bedeckt sind. Für die Qualität des Heilöls ist es sehr wichtig, daß die mit Öl bedeckten Pflanzen absolut keinen Luftkontakt haben, da es sonst zu gefährlichem Schimmelwuchs kommt.

Lassen Sie die Mischung 8 bis 10 Tage an einem dunklen und warmen Ort stehen. Bevor Sie die Heilkräuter abseihen, kochen Sie Öl und Pflanzen etwa zwei Stunden lang in einer Glasschüssel im Wasserbad auf. Lassen Sie das Öl hinterher auskühlen, damit Sie sich beim Auspressen der Kräuter nicht die Hände verbrennen. Abgefüllt in saubere dunkle Glasflaschen, die sich fest verschließen lassen, hält Ihr Johanniskraut-Ringelblumen-Heilöl mindestens 1 Jahr.

Nachdem Sie gegebenenfalls den Insektenstachel entfernt und die Wunde gesäubert haben, verreiben Sie ein oder zwei Tropfen Ihres Heilöls vorsichtig auf der betroffenen Stelle. Sie werden feststellen, daß der Schmerz recht schnell nachläßt, und vor allem, daß es zu keiner Entzündung kommt.

Wegen der ausgezeichneten entzündungshemmenden Eigenschaften von Johanniskraut und Ringelblume eignet sich das Öl auch gut zur Behandlung kleiner Hautabschürfungen bei Ihren Kindern oder bei den Haustieren.

Tinktur zum Desinfizieren kleiner Verletzungen und zum Beschleunigen des Heilungsprozesses

Diese Tinktur ist zwar etwas für Tüftler, aber die Mühe, die Sie dafür auf sich nehmen, wird mit einem ganz besonders eindrucksvollen Resultat belohnt. Nachdem sorgfältig sämtliche Fremdkörper[344] aus der Verletzung entfernt wurden und diese mit klarem Wasser ausgespült wurde, tragen Sie die Mischung mittels einer kleinen Sprühflasche auf (Achtung, niemals in die Augen oder auf die Schleimhäute sprühen!). Wenn Sie Kinder oder Pferde haben, legen Sie sich am besten gleich einen größeren Vorrat an. Meine Angaben sind daher für 1/2 l Alkohol ausgelegt. Womit Sie jetzt natürlich schon wissen, daß es ein bißchen brennt, wenn man die Wunde behandelt! Also Kindern und Pferden gut zureden und bei letzteren aufpassen, daß man keinen »Schreck-Tritt« verpaßt bekommt!

Ich möchte noch einmal auf das sorgfältige Entfernen sämtlicher Fremdkörper zurückkommen. Diese Tinktur beschleunigt die Heilung wirklich außergewöhnlich, das heißt, die Wunde schließt sich sehr schnell. Ein übersehener Fremdkörper wird folglich eingeschlossen, was zu einem eitrigen Abzeß führen kann. Dieser muß erst entfernt werden, bevor der Heilungsprozeß erneut in Gang gesetzt werden kann!

5 g Rosmarinus officinalis
5 g Thymus officinalis
50 g Achillea millefolium

(Nehmen Sie am besten nur die Blüten und achten Sie auf gute Qualität der Pflanze. Wenn Sie selbst sammeln, pflücken Sie lediglich die Blütendolden und trocknen diese auf einem ausgespannten Küchen- oder Leintuch.)

10 g Lavendula angustufolia
20 g Symphytum officinalis
500 ml Alkohol 60 bis 70 %

(am besten den neutralen aus der Apotheke, aber Wodka oder 60%iger weißer Rum aus dem Supermarkt geht auch)

Verdauungsprobleme

Blähungen, auch Flatulenz genannt, werden erst dann zu einem Fall für Ihren Arzt, wenn sie die Lebensqualität erheblich einschränken und Symptome wie starke Krämpfe und Völlegefühl dazukommen. In diesem Zustand stellt sich nämlich die Frage, ob man es nicht mit einem Magen- oder Gallenleiden oder Funktionsstörungen der Bauchspeicheldrüse zu tun hat.

Die »klassische« Flatulenz kommt häufig bei Menschen vor, die sich ganz besonders gesund ernähren, also morgens das Biomüsli, mittags den Salat und abends den Kohlrabi-Blumenkohl-Auflauf – denn Blähungen sind nichts anderes als der Aufbau von Gasen aus komplexen Kohlenhydraten und Bakterien im Magen. Wenn Sie also nicht zu den Fans der »blähungsfreien« mediterranen Küche gehören und auch weiterhin lieber Ihr Müsli-Salat-Kohlrabi-Regime beibehalten wollen, können Sie mit einem ganz banalen Kräutertee den anschließenden Blähungen erfolgreich den Garaus machen.

Die zweite geläufige Verdauungsbeschwerde ist Darmträgheit. In schlimmen Fällen, in denen weniger als drei Mal wöchentlich eine Darmentleerung erfolgt und dann nur unter großer Anstrengung und mit einem Endprodukt, das eher Kaninchenknödeln als einem »Stuhlgang« ähnelt, spricht man von Obstipation. Das ist dann ein Fall für den Facharzt, weil sie auf Polypen im Darm, eine Darmverengung oder gar einen Darmverschluß zurückzuführen sein kann. Die Besprechung des schlimmsten Falles mit Blut/Schleim im Stuhlgang ersparen wir uns. Auch ohne meine »klugen Ausführungen« können Sie sich denken, daß dies ein Grund für Verdacht auf Darmkrebs ist – und gegen den ist kein Heilkraut gewachsen.

Also zurück zur Darmträgheit, die wir – ebenso wie die Blähung – selbst verursacht haben, und zwar durch eine unsachgemäße Ernährung, Exzesse bei Tisch, wo wir in Fett schwimmende Fritten und andere balaststoffarme Nahrungsmittel zu uns nehmen, nur um anschließend reglos vor der Glotze einzuschlafen. Gerade dann sollten Sie sich eine schöne Tasse meines Haustees gegen Verdauungsbeschwerden und Blähungen gönnen – und vielleicht einen langen Spaziergang an der frischen Luft, denn nichts fördert die Verdauung besser als ausreichend Bewegung!

Der Tee mit seinen magischen neun Zutaten ist etwas für Tüftler. Wenn Sie zu faul zum Mischen sind, probieren Sie einfach Fencheltee bei Darmträgheit und Minzetee bei Blähungen oder eine Mischung aus beiden nach einem viel zu reichhaltigen Abendmahl.

Mein Haustee gegen Blähungen und Darmträgheit

20 g Pimpinella anisum L.
20 g Foeniculum vulgaris L. Fructis
20 g Verbena officinalis
10 g Melissa officinalis L.
10 g Mentha piperita
10 g Arthemisia absinthum
10 g Angelica archangelica Fructis
10 g Coriandrum sativum L.
10 g Tilia spp. Flos cum Folium

Bevor Sie alle Heilkräuter zusammenmischen, brechen Sie in einem Apothekermörser die Schalen von Anis, Fenchel, Engelwurzsamen und Koriander. Dadurch entfalten sich die Heilfähigkeiten der Pflanzen beim Aufguß mit kochendem Wasser wesentlich besser. Zerbröseln Sie sorgsam die Blätter der anderen Kräuter – Lindenblüten und -blätter, Wermut, Minze, Melisse und Eisenkraut. Vermischen Sie alles gründlich in einer sauberen großen Schüssel und füllen Sie das Ganze in ein luftdicht verschließendes Glas (nehmen Sie keine Plastikdosen, darin können Heilkräuter schwitzen und dann verschimmeln sie!).

Heilkräuter sind, an dunklen Orten gelagert, rund 12 Monate »einsatzfähig«. Dann verlieren sie schnell ihr Potential und haben »bloß noch« Geschmack – wenn überhaupt.

Meine »Chartreuse des Druides«

An dieser Stelle möchte ich Ihnen das Rezept für meine »Chartreuse« verraten. Der Name »Chartreuse« stammt von einem geheimnisvollen Kräuterlikör, den die Mönche der großen Kartause von Grenoble herstellten. Dieser Kräuterlikör beruhte auf einer Niederschrift aus dem Jahre 1000, die der Maréchal d'Estrées der kleineren Ordensniederlassung in Vauvert geschenkt hatte. Allerdings, so fügte der wackere Kriegsmann hinzu, läge der Ursprung dieses Lebenselixiers noch viel weiter in der Geschichte zurück, in einer geheimnisvollen dunklen Zeit. Insgesamt standen auf dem von d'Estrées verschenkten uralten Pergament 130 Kräuter, die es für die Kartäusermönche zusammenzubrauen galt. Der Erfolg des Gebräus ließ nicht lange auf sich warten: Schon im Jahre 1611 bedankte sich der Kardinal Richelieu überschwenglich beim Abt der Pariser Zweigstelle des Ordens für jenen »bézoard«, der ihn so wundersam von seiner »facheuse maladie«, seiner üblen Krankheit, geheilt habe. Um »bézoard«, eigentlich ein Stein aus dem Magen einer Ziege, der als Gegengift bei Giftanschlägen wirken soll, beziehungsweise Richelieu zu verstehen, muß man etwas tiefer in der Geschichte herumgraben. In die Mauer des Asklepios-Tempels auf Kos war bereits ein Rezept »gegen Schlangengifte« bestehend aus Anis, Fenchelsamen und Kümmel eingemeißelt. Während man die Wirksamkeit dieser Kräuter und des »Theriak« genannten Wundermittels bei Schlangenbißen bezweifeln darf, so hat sich doch, auf diesen drei Kräutern basierend, bis in die heilkundlichen Werke des 19. Jahrhunderts die »Himmelsarznei« – Theriak, Mithridatum oder »Chartreuse« (christianisiert) – gehalten.

Das Manuskript der Mönche aus Grenoble ist während der Französischen Revolution mit dem Blut des Apothekers Leotard weggewaschen worden, als auch sein Kopf auf der Guillotine fiel. Die Kartäuserbrüder hatten gehofft, in den Händen dieses braven Mannes würde die Rezeptur jene schwere Zeit überstehen, doch wie so oft: Sie irrten sich! Nach vielem Hin und Her und langer Forschungsarbeit gibt es heute wieder eine »Chartreuse de Grenoble«, deren Rezept streng geheimgehalten wird. Doch eine so besondere Sache ist es nicht, denn der Kessel der Cerid'wen, aus dem schon die im Kampf getöteten Krieger der Kelten zurück ins Leben geholt wurden, scheint mir in den keltischen Gebieten Galliens eher ein großer Alambik gewesen zu sein, mit dem an allen Ecken und Enden geheimnisvolle Familienrezepturen für »Lebenswässerchen« gebraut wurden.

Ob Sie wirklich 100 Jahre alt werden, wenn Sie täglich ein Schnapsgläschen von unserem Familienrezept trinken, kann ich Ihnen nicht versprechen: Mein Großvater mochte den Likör absolut nicht, sondern hielt sich als sein ganz persönliches Lebenselixier lieber an ungarischen Rotwein und war damit sehr erfolgreich. Meine Großmutter fand den Trank »viel zu bitter« und hielt sich, genauso erfolgreich, an ihre Kräutertees und das gelegentliche Glas Sekt oder Champagner. Was wir Ihnen aber alle garantieren können, ist die absolute Wirksamkeit dieser »Chartreuse des Druides« bei Verdauungsbeschwerden aller Art sowie schmerzhaften Monatsblutungen!

Meine »Chartreuse des Druides«

3/4 l 96%iger Alkohol (aus der Apotheke)
1,5 l Wasser
600 g Honig
10 g Angelica archangelica Fructis

10 g Arthemisia absinthum
10 g Pimpinella anissum (Schale im Mörser knacken)
10 g Coriandrum sativum (Schale im Mörser knacken)
4 g Salva officinalis L.
4 g Mentha aquatica
4 g Melissa officinalis

Übergießen Sie die (bevorzugt frischen) Kräuter mit dem Alkohol und stellen Sie das fest verschlossene Glas 90 Tage an einen dunklen Ort. Schütteln Sie regelmäßig.

Bereiten Sie aus dem Honig und dem Wasser einen Sirup. Lassen Sie ihn abkühlen.

Filtern Sie den Alkohol durch ein Baumwolltuch und pressen Sie zum Schluß die im Tuch verbliebenen Kräuter noch einmal sorgsam aus. Vermischen Sie Mazerat und Alkohol. Wenn Sie alles richtig gemacht haben, hat die »Chartreuse« eine schöne hellgrüne Farbe, in etwa vom selben Ton wie der Halbedelstein Epidot. Füllen Sie Ihre »Chartreuse« ruhig in eine attraktive durchsichtige Flasche. Der hohe Alkoholgehalt sorgt dafür, daß dem »Elexier de Longue Vie« nichts passiert. Dieser Kräuterlikör ist jahrelang haltbar und je länger er steht, um so besser schmeckt er. Wir lagern unseren immer mindestens sechs Monate, bevor wir ihn trinken!

Genießen Sie täglich nach dem Abendessen ein kleines Schnapsgläschen voll (ca. 20 bis 30 ml). Wenn es mit der Verdauung mal richtig klemmt oder bei schmerzhaften Monatsblutungen können Sie auch 3 Mal täglich 2 Esslöffel einnehmen.

Anmerkung für Pferdebesitzer

Wenn Ihr armer Gaul Blähungen hat, können Sie ihm mit einer Spritze entweder 3 Mal in 1/2-stündigem Abstand direkt 50 ml ins Maul verabreichen (das ist richtig, wenn das Tier nicht fressen möchte und Sie Ihren Tierarzt angerufen haben, weil Sie eine Kolik bei dem Vierbeiner vermuten) oder ihm morgens und abends 50 ml aufs Futter tun. Pferde lieben bittere Kräuter und dieser Likör mit Honig kommt sehr gut bei ihnen an!

Ein Wort der Vorsicht zu Pferden, Verdauungsproblemen und »Chartreuse« sei hier allerdings gesagt: Wenn Ihre Tiere Leichtgewichte unter 300 kg oder Ponys sind, dann halbieren Sie bitte die Dosis. Auch Tiere reagieren auf Alkohol und werden davon genauso »betört« wie Sie oder ich!

Nervosität, Schlafprobleme und Stress

Verschiedene Heilpflanzen haben eine ausgesprochen positive und beruhigende Wirkung auf den Organismus. Richtig und regelmäßig angewendet können sie sogar allopathische Schlaf- oder Beruhigungsmittel vollkommen überflüssig machen. Der Vorteil, sich bei Nervosität, Streß und Schlafproblemen auf die Phytotherapie einzulassen, anstatt zur chemischen Keule zu greifen, liegt vor allem darin, daß die üblicherweise als »Streßbrecher« eingesetzten Pflanzen keine Abhängigkeitsprobleme verursachen und auch nicht zu einem »dicken Kopf« am »Morgen danach« führen.

Die im Folgenden vorgeschlagenen Rezepturen eignen sich nicht nur sehr gut für Menschen, sondern ebenfalls für ängstliche oder nervöse Tiere, insbesondere Pferde/Ponys und Hunde, mit denen wir eingehende Erfahrungen gesammelt haben. Beachten Sie aber unbedingt, daß Baldrian – Valeriana officinalis – auf der Dopingliste der internationalen Reitsportvereinigung FEI steht. Es darf also nicht angewendet werden, wenn Sie Ihr Pferd auf einem Turnier laufen lassen. Ich gebe allerdings eine Kräuter- und Dosierungsalternative bei diesen Rezepturen an, die Sie auch bei reitsportlichen Wettbewerben völlig gefahrlos einsetzen können.

Beruhigungs- und Schlaftee, auch für Schwangere und ihre lebhaften Babys

Diese Kräutermischung als Tinktur auf Alkoholbasis eignet sich auch ausgezeichnet für unruhige Reitpferde/Ponys und überkandidelte Hunde. Sie wird nach meiner Erfahrung problemlos von beiden Tierarten genommen und zeigt nach ca. 10 Tagen ihre Wirkung. Die entsprechenden Dosierungen gebe ich in der Fußnote an.

25 g Melissenblätter
25 g Lavendelblüten
25 g Hopfenzapfen
25 g Kamillenblüten

Wenn Sie eine Tinktur[345] zubereiten wollen, verwenden Sie vorzugsweise die frische Droge (d. h. jeweils 50 g) und übergießen alles wie zuvor erklärt im Verhältnis 1 zu 4 mit mindestens 38%igem Alkohol. Lassen Sie die Mischung 21 Tage ziehen, bevor Sie sie abseihen.

2 bis 3 Tassen als Aufguß getrunken entspannen und erleichtern das Einschlafen. Ich empfehle schwangeren Frauen, nicht die Tinktur auf Alkoholbasis zu verwenden, sondern den Tee zu trinken.

Wenn Sie nicht schwanger sind, keinen Turniersport mit Ihrem Pferd betreiben und eine kräftigere Dosis brauchen, können Sie die Kamille durch 25 g Baldrianwurzel ersetzen. Das schmeckt zwar nicht so toll, ist aber wesentlich »beruhigender« und »einschläfernder« als die oben ausgeführte »Soft«-Mischung.

Und ganz unruhige Zeitgenossen können auch noch bedenkenlos 25 g Pfefferminze – Mentha piperita – beimischen, die den Geschmack entscheidend verbessert und gleichzeitig einen nervösen Magen beruhigt.

Arthritis und Arthrose, Probleme des Bewegungsapparats, Verstauchungen, Prellungen etc.

Arthritis und Arthrose

Von Arthritis redet man, wenn ein Gelenk oder Teile eines Gelenks entzündet sind. Es kommt zu einer Reaktion des Körpergewebes auf bestimmte bakterielle, thermische, mechanische oder chemische Reize. Typische Reaktionen sind lokale Rötungen, Schwellungen, Überwärmung, Funktionsbehinderung oder Schmerzen. Ebenso vielfältig wie die zu einer Arthritis führenden medizinischen Gründe sind auch die auftretenden Formen. Grob kann man die Krankheit allerdings in zwei Hauptgruppen einteilen: die akute und die chronische Arthritis.

Nach dem heutigen Stand der Medizin sind alle chronischen Formen der Gelenkentzündung – Gelenkrheumatismus, chronische Arthritis, Gicht – unheilbar, so daß die Arzneien der allopathischen Medizin oder Naturheilmittel die Beschwerden nur lindern oder aber vorbeugend wirken können. Ein Wundermittel, das die eigentliche Ursache bekämpft, gibt es nicht. Die kortisonhaltigen Medikamente, die einen Rückgang der Entzündung bewirken können, sind außerdem nicht frei von Nebenwirkungen und fördern das Auftreten von solch typischen Alterserkrankungen wie Osteoporose oder Diabetes.

Die Arthrose, auch Arthrosis deformans genannt, ist eine chronische, schmerzhafte und zunehmend funktionsbehindernde Gelenkveränderung infolge eines Mißverhältnisses zwischen Tragfähigkeit und Belastung; es handelt sich um eine degenerative Gelenkerkrankung. Im Gegensatz zur Arthritis sind bei der Arthrose die Gelenke nicht entzündet, sondern abgenutzt. Von diesem Verschleiß ist zunächst der Knorpel betroffen, später folgen Veränderungen am Knochen. Arthrose beginnt schleichend und verläuft zunächst langsam. Was mit leichten belastungsabhängigen Schmerzen beginnt, kann sich als der Anfang der Erkrankung herausstellen. Später kommt es zu Veränderungen im Bereich der gelenknahen Knochen, der Gelenkschleimhaut und der Gelenkkapsel sowie der Muskulatur. Als Folge können weiterhin auftreten: Schwellung des Gelenks, Gelenkerguß (dann spricht man von der aktivierten Arthrose) und zunehmende Deformation (Verformung) des Gelenks. Typisch sind Anlaufschmerzen, besonders nach der Nachtruhe. Im weiteren Verlauf können auch Schmerzen im Ruhezustand auftreten. Die meisten Arthrosen entstehen in den Gelenken, die durch die Schwerkraft belastet sind, wie in Knien, Hüft- und Sprunggelenken. Die verminderte Beweglichkeit und Belastbarkeit ändern Haltung und Gang, was sich in der Wirbelsäulenstatik niederschlägt.

Equisetum arvense (Zinnkraut), Urtica dioica (Königsbrennessel), Filipendula ulmaria (Wiesenkönigin) und Fraxinus excelsior (Gemeine Esche) sind ausgezeichnete Helfer, wenn Sie unter Arthritis oder Arthrose leiden. Zinnkraut und Brennessel remineralisieren, während die Blätter der Gemeinen Esche und Wiesenkönigin als Entzündungshemmer agieren. Diesen vier Pflanzen kann man noch die Blätter des Schwarzen Johannisbeerstrauches (Ribes nigrum) beimengen, um die Gifte aus dem Körper zu spülen, deren Anhäufung Quell von Arthritis- und Arthroseschmerz sind.

Sie dürfen jetzt natürlich nicht denken, daß Sie Ihr Zipperlein mit einem wunderbaren Schwung des Zauberstabes loswerden. Aber ich kann Ihnen versprechen, daß diese Mischung, als Tee oder Tinktur eingenommen, große Erleichterung zu verschaffen mag, sofern Sie diszipliniert vorgehen.

Aus meiner Erfahrung kann diese Mischung, in Form getrockneter Kräuter unter das Futter gemengt, auch sehr gut bei ältlichen Reitpferden oder Ponys eingesetzt werden. Die Tiere fressen die Kräuter gerne, es hilft und der Besitzer kann sich so manche Kortisonspritze vom Tierarzt sparen, die ja bekanntlich auch beim Tier Nebenwirkungen hat. Allerdings spart er nicht unbedingt viel Geld – außer seine Kräuter wachsen im eigenen Garten und er trocknet und mischt selbst.

Dazu übrigens ein kleiner Tipp für den Pferdebesitzer oder eine ganz persönliche Warnung an Sie: Equisetum arvense, das Zinnkraut, hat eine Schwester namens Equisetum palustre, den Sumpfschachtelhalm. Dieses Kraut, das auf nassen Wiesen, in Gräben, an

Gewässerufern und anderen feuchten Stellen reichlich wächst, ist giftig. Auch bei der Trocknung der Pflanze bleibt das Gift erhalten. Sumpfschachtelhalm ähnelt dem Zinnkraut, auch Ackerschachtelhalm genannt, so sehr, daß ich die Pflanzen immer wieder unter einem Vergrößerungsglas genau betrachte, bevor ich sie Tier oder Mensch verabreiche. Meist bestelle ich sogar lieber über den Pharmagroßhändler, als mich vielleicht doch geirrt zu haben. Natürlich würde Ihr Pferd nicht sofort tot umfallen, aber die Erscheinungen, die bei mehrmonatiger Zufütterung – und dies ist bei Arthritis und Arthrose eben notwendig – auftreten, sind so unschön, daß Sie es doch lieber vermeiden würden, denn am Ende kann der Tierarzt weder Ihnen noch Ihrem vierbeinigen Gefährten weiterhelfen!

Geben Sie also lieber die paar Euro aus und holen Sie sich getrockneten Ackerschachtelhalm – Equisetum arvense – beim Fachmann! Ich tue es auch und schäme mich absolut nicht, zu gestehen, daß ich einfach zu faul bin, jeden Stengel unters Mikroskop zu legen.

Die Mischung ist eigentlich ganz einfach, wenn Sie für sich die Teegrundlage oder für Ihr Pferd das Trockenfutter herstellen wollen:

Nehmen Sie je 100 Gramm vom Zinnkraut, von der Königsbrennessel und der Wiesenkönigin und 50 Gramm von den getrockneten Blättern der schwarzen Johannisbeere. Zerbröseln Sie mit der Hand die Kräuter und vermischen Sie sie gründlich in einer großen Schüssel. Danach können Sie Ihren eigenen Teegrundstoff ins Teeglas, das Zufutter fürs Pferd in einen luftdicht schließenden Plastikeimer füllen.

Für Ihre Teezubereitung nehmen Sie bei 1 l sprudelnd kochendem Wasser 3 Eßlöffel der Mischung und überbrühen diese. Nach ca. 15 Minuten Ziehzeit seihen Sie alles ab und trinken 3 bis 4 große Teetassen täglich heiß oder kalt. Sollten Sie süßen, dann verwenden Sie bitte Honig oder braunen unraffinierten Zucker, aber keinen Süßstoff.

Für das Pferd geben Sie einfach eine gute Hand voll der getrockneten Kräuter auf das Abendessen und vermischen es mit Hafer, Granulat oder was auch immer Sie servieren. Ist das Pferd sehr klein (Pony), nehmen Sie eine kleine Hand voll, ist es sehr groß (ein Zugpferd oder ein schweres Reitpferd), dann dürfen es auch gerne zwei volle Hände sein.

Teerezept 1

Rezept für 1/2 l Tee:
2 TL (ca. 2 g) Equisetum arvense – Zinnkraut (od. Ackerschachtelhalm)
2 TL (ca. 2 g) Urtica dioica – Brennessel
2 TL (ca. 2 g) Filipendula ulmaria – Wiesenkönigin
2 TL (ca. 2 g) Fraxinus excelsior – Gem. Esche
1 TL (ca. 1 g) Ribes nigrum Flos – Schwarze Johnnisbeer (Blüten)
Blätter

10 bis 15 Min. ziehen lassen, abseihen und über den Tag verteilt trinken. Als Grundregel gilt: ca. 10 g frische Kräuter oder 5 g getrocknete Kräuter für 1/2 l sprudelnd heißes Wasser.

Sollten Sie ungern Tee trinken oder ein bißchen faul sein, dann können Sie auch folgende Tinktur mischen: 20 Gramm von Zinnkraut, Brennessel, Gemeiner Esche und Wiesenkönigin und 10 Gramm von den Johannisbeerblättern mit 200 ml Alkohol übergießen (ich verwende reinen Alkohol, den ich auf ca. 38 % mit Wasser verdünne). Diese Mischung, vorzugsweise in lichtresistenteren Braun- oder Grünglasbehältern, 21 Tage an einem warmen Ort ziehen lassen und dann durch ein Tuch abseihen. Pressen Sie am Ende die Kräuter in dem Tuch gut aus und werfen Sie die Reste auf den Kompost. Ein erwachsener Mensch mit etwa 80 kg Körpergewicht kann täglich 60 Tropfen der Tinktur entweder in Wasser oder auf Zucker oder trockenem Brot einnehmen. Sollten Sie sich bei Ihrem Pferd für die Tinktur entscheiden (es gibt Pferde, die Alkohol lieben), dann verabreichen Sie ihm – bei ca. 450 kg Körpergewicht eines Durchschnittsreitpferdes – 120 Tropfen. Ein durchschnittliches Pony kommt mit rund 60 Tropfen aus, ein schweres Reitpferd oder Zugpferd (ca. 600 bis 800 kg) mit 200 Tropfen. Gras und Getreide fressende Tiere benötigen meiner Erfahrung nach im Verhältnis zum Menschen allgemein weniger Heilkräuter, um den gleichen Effekt zu erzielen, was daran liegt, daß ihr Organismus anders funktioniert. Eine detailliertere Beschäftigung mit diesem Thema würde allerdings den Rahmen dieses Buches sprengen.[346] Seien Sie allerdings gewarnt: Wenn Ihr reitbarer Untersatz lange mit Problemen des Bewegungsapparats zu kämpfen hatte und plötzlich »schmerzfrei« ist, müssen Sie damit rechnen, daß ein vormals »feuriges« Tier, dessen Feuer hauptsächlich auf Schmerz basierte, plötzlich sehr ruhig und gelassen wird!

Urtinktur

Bei frischen Kräutern:

20 g Equisetum arvense
20 g Filipendula ulmaria
20 g Urtica dioica
20 g Fraxinus excelsior
10 g Ribes nigrum Flos
200 ml ca. 38%iger Alkohol

Bei getrockneten Kräutern reicht jeweils die Hälfte des Gewichtes pro Pflanze.

Die Kräuter in einen fest verschließbaren Behälter aus Braun- oder Grünglas füllen und mit dem Alkohol so übergießen, daß sie völlig überdeckt sind. Den Behälter an einen warmen Ort, aber nicht in die direkte Sonne stellen und 21 Tage ziehen lassen, hierbei regelmäßig schütteln. Abseihen und in eine dunkle Glasflasche füllen. Urtinkturen halten ca. 2 bis 3 Jahre, ohne an Wirkungskraft zu verlieren.

Eine zweite Mischung, die sich insbesondere bei Arthritis bewährt hat, setzt sich aus Weidenrinde (Salix alba), Rosmarin (Rosmarinus officinalis), Zinnkraut (Equisetum arvense) und Wiesenkönigin (Filipendula ulmaria) zusammen. Hier sehen Sie auf sehr einfache Weise, daß oftmals zwei unterschiedliche Heilkräuter einen gleichen Zweck erfüllen können. Denn eigentlich wird nur die Gemeine Esche gegen die Weidenrinde ausgetauscht. Ich habe – was die Wirksamkeit im Falle von Arthritis betrifft – weder beim Menschen noch beim Tier einen Unterschied zwischen dem oben genannten Rezept oder diesem feststellen können. Bei Arthrosen funktionierte allerdings das erstgenannte Rezept etwas besser und verschaffte schnellere Schmerzlinderung.

> *Teerezept 2*
>
> Rezept für 1/2 l Tee:
>
> 2 TL (ca. 2 g) Salix alba
> 2 TL (ca. 2 g) Rosmarinus officinalis
> 2 TL (ca. 2 g) Equisetum arvense
> 2 TL (ca. 2 g) Filipendula ulmaria
>
> 10 bis 15 Min. ziehen lassen, abseihen und über den Tag verteilt trinken.
> Für die Herstellung einer Urtinktur verfahren Sie wie weiter oben erläutert und verwenden für 200 ml Alkohol entweder jeweils 20 Gramm von frischen Kräutern oder 10 Gramm von getrockneten Kräutern.

ALTERSERSCHEINUNGEN AM BEWEGUNGSAPPARAT

> *Misteltee*
>
> 2 TL Mistelkraut bzw. Mistelzweiglein mit 1/4 l kaltem Wasser übergießen und 8 bis 12 Stunden ziehen lassen. Da man pro Tag 2 bis 3 Tassen Tee trinken soll, kann man gleich eine entsprechend größere Menge Tee ansetzen und dann jeweils eine Tasse abseihen und auf Trinktemperatur erwärmen.

Menschen, die einen unsteten Lebenswandel haben, also nicht wissen, ob sie am Abend auch zuhause sein werden, sollten Mistelkapseln verwenden, denn die Mistel, ganz gleich ob als Tee oder Dragee, muß längere Zeit, also einige Wochen, angewendet werden, bevor sie ihre Wirkung zeigt.

Man muss also geduldig sein. Geduld ist eine Tugend des Alters, womit sich zeigt, daß die altüberlieferte Signaturenlehre von Paracelsus mit ihrer Meinung, daß die Mistel eine Saturn-Signatur hat und somit ein Mittel gegen Altersleiden sei, wohl stimmt.

Verstauchungen/Verzerrungen/Prellungen

Leider ist die alte Ärzteweisheit »Eine Verstauchung ist schlimmer als ein Bruch« nur allzu wahr: Man kann eine Verstauchung an den Schmerzen, vor allem bei entsprechender Bewegung, einer Schwellung oder/und Blauverfärbung, die oft von einem Bluterguß herrührt, erkennen. Dabei wurde ein Band oder eine Gelenkkapsel, bei der die Kollagenfasern dieser Struktur stark überdehnt wurden, verletzt. Häufig handelt es sich hierbei um Sportverletzungen.

Einfache Pomade bei Verstauchungen und Prellungen

Erweichen Sie 200g Vaseline im Warmwasserbad und rühren Sie dann sorgsam – am besten mit dem Handmixer – folgende essentielle Öle unter:

Mentha piperita, Eucalypthus citrodorata, Gaultheria procumbens, Eucalyptus globulus, Pinus sylvestris und Cinamomum camphora (also weißes Kampferöl, nicht Artemisia camphorata, die nach Kampfer riechende Billigvariante für die Duftlampe).

Verwenden Sie von sämtlichen Ölen jeweils 15 Tropfen, also insgesamt 90 Tropfen essentieller Öle für 200g Vaseline.

Wenn Sie eine Prellung behandeln möchten, können Sie noch 15 Tropfen essentielles Öl von Rosmarinus officinalis hinzufügen. Diese Heilpflanze fördert die Durchblutung.

Am besten wird die betroffene Stelle 2 Mal täglich mit der Pomade leicht massiert. Sie eignet sich auch gut für schmerzende Muskeln nach sportlicher Überanstrengung.

Meine gute Beinwell-Pomade

Etwas »schmuddeliger« herzustellen als obige Pomade ist die Beinwell-Pomade. Dafür ist sie aber auch weitaus wirkungsvoller und fördert den Heilungsprozess im gleichen Maße, in dem sie den Schmerz lindert.

250 g weiße Vaseline
25 g Achillea millefolium Flos
50 g Calendula officinalis Flos
50 g frische Wurzeln von Symphytum officinalis

Lassen Sie zuerst die weiße Vaseline im Wasserbad weich werden.

Bürsten Sie kräftig die Erdreste von der Beinwellwurzel und schneiden Sie diese in kleine Stückchen. Wenn Sie frische Calendula- und Achilleablüten verwenden, hacken Sie diese ebenfalls klein.

Verrühren Sie die Kräuter gut mit der erweichten Vaseline und lassen Sie alles zusammen ca. 40 Min aus, wobei Sie den Herd höher stellen und damit die Vaseline richtig erhitzen. Gießen Sie die Mischung durch ein altes Küchentuch (Metallsieb darunterlegen und am besten einen hitzebeständigen Glastopf oder Tontopf als Auffangbehälter verwenden) und pressen Sie die Pflanzenreste im Tuch noch einmal gründlich aus. Verwenden Sie hierzu am besten Silikonhandschuhe.

Schließlich müssen Sie alles nur noch in einen sauberen, gut verschließbaren Glasbehälter oder einen Tiegel aus der Apotheke abfüllen und erkalten lassen. Diese Pomade massiert man 2 Mal täglich auf die gestauchte oder geprellte Stelle.

Die Achilleablüten wirken sanft der Entzündung entgegen, die sich bei Verstauchungen manchmal leicht einstellt.

Erkältungskrankheiten, Probleme der Atmungsorgane

Die kalte Jahreszeit bringt Husten, Schnupfen, Heiserkeit und alle möglichen anderen Übel. Für gewöhnlich ist das alles nicht so tragisch, sondern vielmehr unangenehm und ermüdend. Ich stelle Ihnen hier ein paar Rezepte vor, um solchen winterlichen Affektionen entweder vorzubeugen oder deren Heilung ein wenig zu beschleunigen. Dies allerdings immer mit dem Leitsatz vor Augen, den ein guter Freund, ein Landarzt, jedes Mal aufsagt, wenn jemand mit Husten, Schnupfen, Heiserkeit – einer ganz gewöhnlichen Grippe – bei ihm auftaucht: Mit ärztlicher Hilfe und allopathischen Medikamenten dauert es sieben Tage, ohne etwa eine Woche!

Zuerst einmal ein paar Tipps, was Sie vorbeugend tun können:

Treffen Sie rechtzeitig Vorsorge gegen herbstliche und winterliche moralische Tiefs, die durch den Mangel an Licht und Sonne ausgelöst werden. Ein einfacher Kräutertee aus Johanniskraut – Hypericum perforatum – ist ein natürliches und nebenwirkungsfreies[347] Mittel, um winterlichen Depressionen und Tiefs entgegenzuwirken. Fangen Sie mit Ihrer Kur im Spätsommer an: Johanniskraut ist Sonne für die Seele, hellt die Stimmung auf, stärkt den inneren Antrieb, baut innere Spannungen und Ängste ab und stärkt die »Widerstandskraft« der Seele. Sie sollten bei winterlichen Kuren mit dieser Pflanze lediglich darauf achten, sich nicht allzu lange UV-Strahlen auszusetzen, zum Beispiel im Solarium. Hypericum perforatum ist nämlich photoaktiv und kann bei empfindlichen und sehr hellhäutigen Menschen zu unangenehmen Hautreaktionen führen. Ähnlich wie Hypericum perforatum wirkt auch Rosmarin – Rosmarinum officinalis –, allerdings ist es kein Stimmungsaufheller, sondern eher ein allgemein tonisierendes Heilkraut. Auch hier können Sie bereits im Spätsommer eine Teekur beginnen.

Sollten Sie die Energie und die Lust haben, etwas Komplizierteres als nur einen Kräutertee zuzubereiten, hier mein Rezept für ein Wintertonikum:

Mein Wintertonikum

20 g Hypericum perforatum   *Johanniskraut*
20 g Rosmarinus officinalis   *Rosmarin*
20 g Angelica archangelica Radix   *Angelwurz*
20 g Melissa officinalis   *Melisse*

Aus den Pflanzen mit 1 l Wasser eine Abkochung zubereiten und abseihen. Anschließend mit 1 kg Honig einen Sirup einkochen und in zuvor heiß ausgespülte Flaschen aus Braun- oder Grünglas abfüllen. Sofort verschließen und nach dem Erkalten kühl aufbewahren.

Tagesdosis: Für Erwachsene 2 bis 3 EL, für Kinder ab 7 Jahren 1 EL

Sollten Husten, Schnupfen und Heiserkeit Sie trotzdem erwischen, können Sie zwei Mischungen entweder als Tee oder, besser noch, als Hustensirup zubereiten. Eine Mischung ist für den verschleimten Husten, so, wie er oft im Rahmen einer akuten Bronchitis bei einer Erkältung oder Grippe auftritt. Natürlich erspart Ihnen dieser Sirup nicht den Besuch bei Ihrem Hausarzt. Wenn Symptome länger als eine Woche andauern, sollten Sie unbedingt feststellen lassen, ob Bakterien oder Viren der Grund des Übels sind. Diese benötigen eben oftmals eine medikamentöse Behandlung mit Antibiotika, oder aber der Patient riskiert ein chronisches Leiden. Der andere Sirup unterstützt die Behandlung eines trockenen Reizhustens, so, wie er gerne bei Rauchern auftritt, oder aber auch bei Menschen, die allergisch auf gewisse Reizstoffe reagieren. Der winterliche feuchte Nebel, der zum Beispiel die Abgase von Kraftfahrzeugen am Boden und auf »Atemhöhe« hält, kann hier genauso sehr ein Schuldiger sein wie der sommerliche Pollenflug. Auch hier sollten Sie, falls die Symptome länger als eine Woche anhalten, unbedingt Ihren Hausarzt aufsuchen.

Hustensirup bei verschleimtem Husten

40 g Pimpinella anisum
25 g Marrubium vulgaris
25 g Thymus officinalis
25 g Sambucus niger Flos
25 g Plantago lanceolata
25 g Urtica dioica
25 g Malva sylvestris
10 g Mentha piperita
1 l ca. 38%iger Alkohol

Die Pflanzen in einem gut verschließenden Braun- oder Grünglas mit dem Alkohol übergießen, bis diese völlig überdeckt sind. Die Mischung 21 Tage an einem warmen Ort, aber nicht direkt in der Sonne ziehen lassen, abgießen und die Urtinktur in einer dicht schließenden Braun- oder Grünglasflasche verwahren.

Um einen Sirup zuzubereiten, vermengen Sie 1 Teil Tinktur mit 4 Teilen in Wasser aufgelöstem und dickflüssig eingekochtem Honig.

Tagesdosis: Für Erwachsene 6 bis 9 EL, für Kinder über 7 Jahren 3 bis 6 EL

Sirup bei trockenem Reizhusten

25 g Hysopus officinalis
25 g Primula Flos
50 g Plantago lanceolata
50 g Sambucus nigra Flos
5 g Papaver rhoeas Flos

Aus den Pflanzen mit 1 l Wasser eine Abkochung zubereiten und abseihen. Anschließend mit 1 kg Honig einen Sirup einkochen und in zuvor heiß ausgespülte Flaschen aus Braun- oder Grünglas abfüllen. Sofort verschließen und nach dem Erkalten kühl aufbewahren.

> Tagesdosis: Für Erwachsene 6 bis 9 EL, für Kinder über 7 Jahren 3 bis 6 EL

An dieser Stelle möchte ich noch ein traditionelles normannisches Rezept für Husten und Schnupfen vorstellen, die berühmte »Tisane des quatre fleurs« – Vier-Blumen-Haustee (für nähere Informationen über diesen Tee siehe die Einträge »Odermennig« und »Katzenpfötchen«). Auch diese Mischung enthält fünf verschiedene Heilpflanzen, so, wie sie gerne in meiner Gegend, der Orne im französischen Département Basse-Normandie, zubereitet wird. Sie beruhigt die Bronchien und den gereizten Hals, wärmt und schmeckt auch noch recht lecker:

> **»Tisane des quatre fleurs« – Vier-Kräuter-Haustee**
>
> Für 100g Teemischung jeweils
> 20g Verbascum thapsus
> 20g Malva sylvestris Flos
> 20g Antennaria dioica
> 20g Tussilago farfara
> 20g Viola odorata Flos (oder Flos et Follium)
>
> Mit sprudelnd heißem Wasser übergießen, 10 bis 15 Min. ziehen lassen, abseihen und über den Tag verteilt mehrere Tassen trinken. Als Grundregel gilt wiederum: ca. 10g frische Kräuter oder 5g getrocknete Kräuter für 1/2 l sprudelnd heißes Wasser.

Zuletzt noch zwei ganz einfache Rezepte gegen zwei sehr häufig auftretende winterliche Beschwerden: Halsschmerzen und jenes frostige Schütteln, das den Beginn einer Erkältungskrankheit unheilvoll verkündet. Letzteres kann man, sollte es nicht viral ausgelöst worden sein, meist noch im Keim ersticken. Das unten vorgestellte Rezept wird Sie kräftig schwitzen lassen und dadurch den Beginn der Krankheit und die Kälte aus Ihren Knochen vertreiben. Ich empfehle, diese Teemischung nach einer wärmenden Dusche und bevor man sich – in ein paar schweißaufsaugende große Handtücher gepackt – ins Bett verzieht. Am nächsten Morgen sieht die Welt dann meist schon wesentlich besser aus!

Wenn Sie also von Halsschmerzen geplagt werden, dann können Sie sich außer durch Honig und den berühmt-berüchtigten Salbeitee noch durch eine Gurgellösung Erleichterung verschaffen.

Gurgellösung bei Halsschmerzen

Zu gleichen Teilen vermengt man:

Agrimonia euphatoria
Malva sylvestris Flos
Papaver rheas Flos
Rubus fruticosus Follium
Rosa canina Fructis

Eine Handvoll der Mischung 2 bis 3 Min. lang in 1/4 l Wasser aufkochen, anschließend 10 bis 15 Min. ziehen lassen und abseihen. Mehrfach täglich mit dieser Lösung – so warm wie erträglich – kräftig gurgeln.

Tee zur Vorbeugung gegen Erkältung

Für 1/2 l Teezubereitung:

10g Sambucus niger
10g Rosa canina Fructis

Die Kräuter mit dem Wasser bis zum Sprudeln hochkochen, anschließend noch ca. 10 Min. ziehen lassen, dann abseihen. Mit 3 bis 4 TL Honig süßen und so heiß wie möglich trinken.

Ich gebe auch gerne einen halben Liter dieser Teemischung heiß übers Pferdefutter, wenn es draußen den ganzen Tag fürchterlich geregnet und gewindet hat, um mir bei meinen Pferden gesundheitliche Probleme zu ersparen. Außerdem lieben die Tiere Tee im Futter! Zuerst rubble ich beide Pferde kräftig mit Stroh ab und dann lege ich ihnen manchmal noch ein altes Badetuch über Rücken und Hals, bis sie wieder ganz trocken sind, was bei gesunden Pferden so etwa 20 bis 30 Min. dauert.

Brustsalbe

Als Wick VapoRub erfunden wurde, kam ein ganz wunderbares Heilmittel auf die Welt, das vielen erkälteten Menschen das Leben erheblich leichter und die unbedingt notwendige Nachtruhe erholsamer machte. Allerdings ist dieses Mittel nicht für Kleinkinder geeignet und manche Erwachsene reagieren empfindlich auf den scharfen Geruch der Salbe. Auch erkältete Pferde finden es nicht so doll, wenn man ihnen Wick VapoRub in die Nüstern schmiert!

Aus diesem Grund habe ich mich vor langer Zeit in mein Laboratorium begeben und eine Brustsalbe zusammengestellt, die ähnlich Wick schnelle Erleichterung verschafft, hierbei allerdings weder die Schärfe noch den strengen Geruch des »Orginalprodukts« hat. Um Ihnen das Leben zu erleichtern, Ihnen die »Schweinerei« in der Küche zu ersparen, die ich mir in meinem vollständig gekachelten Labor erlauben kann, und um Ihnen zu einer geradezu Endlosversorgung mit diesem »Zaubermittelchen« zu verhelfen, erhalten Sie hier eine Anleitung zur Herstellung der Salbe unter Beimischung essentieller Öle. Wenn Sie es billiger, schmuddliger und anstrengender haben möchten, dürfen Sie mich unter meiner E-Mail-Adresse kontaktieren, ich schicke Ihnen dann die Anleitung »aus der Drecksapotheke« gerne zu.

- Besorgen Sie sich die essentiellen Öle unbedingt beim Apotheker und nehmen Sie nicht – aus Pfennigfuchserei – Öle, die zum Parfümieren von Potpourris gedacht sind. Die sind nämlich synthetisch, haben keine Heilwirkung und führen zu herrlichen Hautausschlägen!

Brustsalbe

100 g Vaseline
Essentielle Öle von:
Thymus serpyllum L. (Wilder Thymian)
  oder Thymol (ist gebräuchlicher und billiger)
Abies sibirica (Sibirische Tanne)
Mentha piperita L.
  (das berühmte Menthol aus der Pfefferminze)
Rosmarinus officinalis L. (Rosmarin)
Lavendula officinalis L. (Lavendel)
Picea abies (Fichtennadelöl)

Lassen Sie die Vaseline im Warmwasserbad weich werden. Mischen Sie dann mit einem Holzspachtel sorgsam jeweils 5 Tropfen von allen 6 ätherischen Ölen unter. Füllen Sie die Mischung in ein zuvor sterilisiertes Schraubglas.

Wenn Sie die Salbe *nur* bei Erwachsenen verwenden möchten, dürfen Sie pro essentielles Öl gerne 7 Tropfen verwenden.

Tragen Sie 2 bis 3 Mal täglich ein wenig von der Brustsalbe auf Brust und Rücken auf.

Sie können diese Salbe schon bei Kleinkindern ab 2 Jahren anwenden, ohne Tränen oder irgendwelche anderen Nebenwirkungen befürchten zu müssen.

Fiebertee

40 g Marrubium vulgaris
40 g Sambucus niger Flos
20 g Enzianwurzel

Ein Eßlöffel von der Mischung mit einer großen Tasse kaltem Wasser vermischen und bis zum Sprudeln aufkochen. Dann 10 Min. ziehen lassen und abseihen. Zwei Tassen täglich mit Honig gesüßt trinken.

Exkurs: Rezept, um die Symptome von Lungenemphysem zu lindern

Ein Lungenemphysem ist dadurch charakterisiert, daß es das Volumen der Lungenalveolen erhöht und diese daran hindert, sich beim Atmungsvorgang vollständig – bis zum nächsten Atemzug – von der Luft zu entleeren. Diese Überblähung der belüfteten Räume der terminalen Bronchien erkennt man daran, daß sich beim Ausatmen der Druck auf die kleinen Bronchien (Bronchiolen) erhöht und diese kollabieren, während die in den Alveolen enthaltene Luft gefangen bleibt. Damit kann weniger verbrauchte Luft abgeatmet werden und weniger frische Luft einströmen. Bei Pferden, bei denen das Problem oft als »Dämpfigkeit« bezeichnet wird, sieht man deutlich eine sogenannte Dampfrinne, eine Einkerbung des Leibes zwischen Rippenbogen und Bauchmuskel.

Eine vollständige Heilung ist nach heutigem Stand der Medizin zwar nicht möglich, jedoch kann durch Langzeitpräparate den Symptomen entgegengewirkt werden. Ich gebe hier die Mischung für menschliche Emphysemer und ihre Dosierung an. Besitzer von Reittieren dürfen mich gerne kontaktieren. Es besteht die Möglichkeit, diesen Tee in eine Urtinktur-Mischung abzuwandeln.

20 g Hysopblüten (getrocknet)
20 g Eukalyptusblätter
25 g Veilchenblüten
20 g Veronikablüten
40 g Majoranblätter und -blüten

Diese Mischung mit 1 l kochendem Wasser übergießen und 15 Min. ziehen lassen, bevor man sie abgießt. Täglich morgens und abends ein Schnapsgläschen von der Mischung trinken. Zusätzlich kann man bei akuten Atembeschwerden und Atemnot auch noch ein Gläschen zu sich nehmen.

Schwangerschaft

A priori keine Krankheit, auch wenn so mancher Dame in glücklichen Umständen gerne einmal schlecht wird oder sie sich auch ansonsten etwas »doppelt« belastet fühlt. Trotzdem muß man ja nicht unbedingt leiden, wenn ein paar »Kräuterteechen« an der Hand sind, die morgendliche Übelkeit, das Ziepen im Bauch, die Wasseransammlung in den Beinen und auch die gelegentlichen Kopfschmerzen bekämpfen können.

Natürlich ist das immer so eine Sache mit »Medikamenten« und »Schwangerschaft«. Vor allem in den ersten drei Monaten ist das Risiko groß, dabei versehentlich eine Fehlgeburt auszulösen.

Also werde ich Ihnen hier keine hochgradig komplexen Mischungen für irgendwelche phantastischen Zaubertränke vorstellen, sondern eine Sammlung von »Rémèdes de Bonnes Femmes«, die in meiner Ecke der Normandie für Frauen in diesem Zustand gebräuchlich waren und sind und die Sie völlig bedenkenlos einnehmen können.

Morgendliche Übelkeit und Magenschmerzen

Einfach ist oft am allerbesten. Trinken Sie entweder Kamillentee oder Fencheltee und bitte nicht mehr als 3 Tassen. Sie können diese 3 Tassen natürlich über den ganzen Tag verteilen, denn meist ist es wirksamer, kleinere Mengen häufiger zu sich zu nehmen als eine große Menge auf einmal.

Migräne und Kopfschmerzen

Lindenblüten haben auch in den drei ersten Monaten einer Schwangerschaft absolut keine Nebenwirkungen. Trinken Sie maximal 3 Tassen pro Tag. achten Sie darauf, Lindenblüten von bester Qualität zu verwenden, also vorzugsweise aus biologischem Anbau, da oftmals die gespritzten Pflanzenschutzmittel in so starkem Maß an der Pflanze hängen bleiben, daß sie bei Schwangeren den Kopfschmerz noch verschlimmern statt zu lindern!

Apfelknospenöl

25 g frische Knospen von Malus sylvestris (Wildapfelbaum)
25 g frische Blütenblätter von Rosa gallica

Geben Sie die Blütenknospen und die Blütenblätter in ein großes Glas mit weitem Hals und übergießen Sie diese, bis sie völlig bedeckt sind, mit Mandelöl (Olivenöl geht auch, aber es stinkt!). Verschließen Sie das Glas mit einem Marmeladenfilm und einem soliden Haushaltsgummi oder wenn möglich mit einem Schraubdeckel. Lassen Sie die Mischung 21 Tage lang auf der Fensterbank in der Sonne stehen. Seihen Sie alles gründlich durch ein sauberes Küchentuch ab und füllen Sie die Mischung in eine dunkle Flasche.

Sie können entweder 21 Tage lang täglich ein Löffelchen von dem Öl (hier eher das Olivenöl) einnehmen oder sich damit die Stirn und die Schläfen bei Migräne massieren. Ein wunderbares Heilmittel ohne Nebeneffekte fürs Baby!

Wasseransammlungen

Zwar keine europäische Pflanze und gewiß schon gar keine, die die gallischen Druiden-Ärzte je verwendet haben, aber die einzige, die in den drei ersten Monaten frei von Nebenwirkungen ist: Mais.

Besorgen Sie sich beim Biolandwirt ein paar Maiskolben – bitte darauf achten, daß diese reif, aber ungeschält sind, denn für den Tee brauchen Sie nicht die Maiskörner, sondern den »Bart«, also die Griffel des weiblichen Maiskolbens. Sie können diese Filamente der Pflanze entweder frisch oder aber getrocknet verwenden. Für eine Tasse Tee brauchen Sie 2 TL frische oder 1 TL getrocknete Maisgriffel. Lassen Sie diese etwa 10 Min. ziehen, bevor Sie sie abseihen. Trinken Sie maximal 5 Tassen »Maistee« täglich.

Der Maistee eignet sich ebenfalls, um leichte Infektionen der Harnwege, wie sie in der Schwangerschaft häufig auftreten, zu bekämpfen.

Vaginitis

Spülungen mit einer lauwarmen Infusion von Calendula officinalis schaffen bei Vaginitis, einer Entzündung der Scheidenschleimhaut, große Erleichterung.

Geburtsvorbereitung

In den letzten 10 Wochen vor dem Geburtstermin Ihres Nachwuchses – und wirklich nur in dieser Zeit – können Sie jeden Tag zwei Tassen Himbeerblättertee (Rubus idaeus) trinken. Nehmen Sie pro Tasse 2 TL frische oder 1 TL getrocknete Himbeerblätter und lassen Sie diese 5 bis höchstens 6 Min. ziehen (auf keinen Fall länger!).
   Himbeerblätter lockern die Muskulatur des hinteren Beckens, was die Geburt sehr erleichtern wird. Zusätzlich können Sie sich noch Sitzbäder mit Heublumen gönnen und Sie werden feststellen, daß bei normaler Kindslage das ganze »Geschäft« flugs vonstatten geht.

Himbeerblätter sind auch für die Besitzer trächtiger Stuten höchst interessant, vor allem wenn die Stute zum ersten Mal ein Fohlen erwartet, sehr jung ist oder aber aufgrund ihres sportlichen Einsatzes eine ganz besonders stramme Beckenmuskulatur hat. Verabreichen Sie Ihrer Stute nicht nur 1 bis 2 Tassen pro Tag, sondern am besten 1/2 bis 3/4 l übers Futter gegossen. Sie wird es Ihnen danken!

Geburtsnachbereitung

Hier in der Normandie wird gerne in den 10 bis 14 Tagen nach der Geburt Schafgarbentee verabreicht. Achillea millefolium L. fördert die Wundheilung jener kleinen Wehwehchen, die der dicke Kopf oder die viel zu langen Fohlenbeine am »Ausgang« hinterlassen haben, sanft und zuverlässig. Die menschliche Mutter trinkt wieder 1 bis 2 Tassen am Tag, die vierbeinige bekommt einen 1/2 l oder aber auch einfach zwei Handvoll getrocknetes oder frisches Kraut ins Futter.

Menopause

Die Wechseljahre sind weniger ein medizinisches Problem als ein gesellschaftliches, ethisches, kulturelles, philosophisches und letztlich möglicherweise gar noch ein religiöses. Die in der sogenannten »entwickelten« Welt praktizierte Medizin bezeichnet körperliche Umbruchphasen dieser Art immer gerne als Risikophasen im Leben eines Menschen. Und so wird dafür gesorgt, daß reichlich medizinische Wundermittel auf den Markt kommen, die dem Zerfall des »Porträts des Dorian Gray« Einhalt gebieten sollen. Indem der ganz natürliche Prozess der Wechseljahre von der allmächtigen und höchst gewinnträchtigen Pharmaindustrie als »Hormonmangelerkrankung« bezeichnet wird, wird versucht, Frauen ab ungefähr 45 zu verängstigen und sie zu höchst zahlungskräftigen Dauerpatientinnen zu machen. Oftmals werden ihnen ohne genauere individuelle Diagnose und Abklärungen Hormone verschrieben. Ich bin weder Ärztin noch Psychologin und habe nicht die geringste Ahnung, ob diese »Verschreibungswut« den Bedürfnissen dieser Frauen – trotz Risiken und Nebenwirkungen – gerecht wird oder nicht. Mein Wissen beschränkt sich auf ein paar Statistiken, denen zufolge etwa die Hälfte der Frauen, denen solche Hormone verschrieben wurden, diese nach kurzer Zeit wieder absetzt – sehr zum Unbill der Pharmaindustrie natürlich! Und ganz übel: Die seit vielen Jahren populäre Behauptung, Hormonersatzpräparate dienen der Herz-Kreislauf-Prophylaxe, ist zwischenzeitlich medizinisch widerlegt worden. Aber jede Frau muß für sich selbst entscheiden, wie sie zu der Vielzahl angebotener Methoden, »durch die Wechseljahre« zu kommen, steht und ob sie sich ihre Gesundheit erhalten will oder eher dem Trend, mit Pillen der Natur ein Schnippchen zu schlagen, folgen möchte.

Seit vielen Jahren halte ich es mit dem weisen Spruch des französischen Sängers Michel Sardou: »Tous qui est, doit disparaitre!« – »Alles, was ist, muß auch wieder vergehen!« Aus diesem Grund und an dieser Stelle eine kleine Zusammenfassung der bekannten Nebenwirkungen der Hormonersatztherapie, auch HET genannt: Sehstörungen, Übelkeit, Gewichtszunahme, Fremdheitsgefühl im eigenen Körper, Vergrößerung und Empfindlichkeit der Brüste, Entzugsblutungen der Gebärmutter, Wassereinlagerungen, Depressionen oder Niedergeschlagenheit, Veränderungen im Fettstoffwechsel des Blutes, Kopfschmerzen, Migräne, Bildung von Myomen oder Zysten, Weiterentwicklung von Endometriose, Pilzinfektionen der Vagina und ungeklärte Blutungen. Zu diesen nicht ganz unerheblichen Nebenwirkungen kommen noch erhöhte Risiken von Gebärmutterschleimhautkrebs, Brustkrebs, Eierstockkrebs, Lungenkrebs, Gallensteinen, thromboembolischen Krankheiten und der Reaktivierung submuköser Myome. Und selbstverständlich steigt das Risiko mit der Dauer der Hormonersatztherapie!

Einfacher ist es, wenn Sie akzeptieren, daß die Menopause eine Tatsache des Lebens ist, eine unabwendbare eben.

Nun in Kürze, was eigentlich passiert, wenn die Menopause Sie überfällt: Bei manchen früher, bei manchen später, aber im Schnitt findet ungefähr um das 50. Lebensjahr die letzte normale Monatsblutung der Frau statt. Infolge des Nachlassens der Hormonproduktion sinkt der Östradiolspiegel von durchschnittlich 120 pg/ml Serum auf 10 pg/ml und der Östrogenspiegel von 75 pg/ml auf 35 pg/ml. Typischerweise kommt es zu Hitzewallungen, Schweißausbrüchen, Schlafstörungen, Depressionen, Herzbeschwerden, Nachlassen der sexuellen Lust, Trockenheit der Augen und Schleimhäute (Scheidentrockenheit), Gelenkschmerzen und Darmträgheit. Statistisch gesehen ist frau außerdem gereizt, unkonzentriert und vergeßlich.

Rund 60 Prozent der alternden Frauen stellen einige dieser Symptome bei sich fest, jedoch nur etwa 20 Prozent leiden darunter und wollen eine ärztliche Behandlung. Jede Frau ist natürlich einzigartig und jede Frau erlebt sich darum auch individuell. Aber die natürliche Umstellung des Hormonhaushalts bringt dennoch oft ähnliche Begleiterscheinungen mit sich, wovon die gebräuchlichsten Schweißausbrüche, Stimmungsschwankungen und Schlafstörungen sind. Und um damit fertig zu werden, brauchen Sie die Pharmaindustrie nun wirklich nicht!

Es existieren viele alternative Behandlungsmethoden, unter anderen die Heilbehandlung mit pflanzlichen Substanzen, Homöopathie und traditionelle chinesische Medizin (mit Akupunktur und chinesischen Heilkräutern). Da ich von der vorletzten Möglichkeit nur beschränkt und von der letzten überhaupt keine Ahnung habe, möchte ich mich mit ihnen auch nicht aufhalten. Befragen Sie dazu Ihren Heilpraktiker oder einen vernünftigen Frauenarzt.

Was ich Ihnen allerdings anbieten kann, sind ein paar »Rémèdes de Bonne Femme«, die preisgünstig und frei von Nebenwirkungen viel Erleichterung verschaffen können. Bitte konsultieren Sie trotzdem Ihren Arzt, wenn Sie das Gefühl haben, gegen irgendeine meiner Pflanzen allergisch zu sein.

Teemischung für die Wechseljahre

Um Stimmungsschwankungen zu mildern, eine positive Lebenseinstellung zu fördern und gleichzeitig noch den Körper rundherum zu tonisieren, empfehle ich Ihnen, sich einen Vier-Kräuter-Haustee zu mischen und diesen täglich zu trinken, vielleicht am Nachmittag statt der sonst üblichen Tasse Kaffee.

25 g Hypericum perforatum
25 g Rosmarinus officinalis
25 g Cratagus Folium cum Flos (wobei es hier nicht wichtig ist, ob Sie C.oxyacantha oder C.laevigata verwenden)
25 g Salva officinalis

Was Johanniskraut angeht, sind Sie ja dank dieses Buches bereits bestens mit seinen natürlichen antidepressiven und stimmungsaufhellenden Qualitäten vertraut. Rosmarin, der sehr tonisierend wirkt, hat zusätzlich noch die Eigenschaft, auf natürliche Weise das Östrogen zu stimulieren. Salbei beruhigt Temperaturzentren im Gehirn und hemmt somit die in den Wechseljahren gelegentlich so leidige Schweißproduktion. Weißdorn – langfristig und geduldig eingenommen – ist ein Mittel, das nicht nur bei leichteren Herzrhythmusstörungen und erhöhtem Blutdruck gerne verwendet wird, sondern er wirkt in gleichem Maße bei zu niedrigem Blutdruck, vermag also einen normalen Blutdruck herzustellen.

Falls Sie sich dazu entschließen, diesen Haustee regelmäßig einzunehmen, und ihn geschmacklich »ein bißchen zu flach« finden, um ihn zu genießen (gegenüber dem puren Einnehmen gibt es hier schon einen gewaltigen Unterschied), können Sie ihn, ohne seine Wirksamkeit zu mindern, mit ein paar »Schmuckdrogen« aufmöbeln. Pfefferminze eignet sich ausgezeichnet, da sie nicht nur geschmacklich sehr attraktiv ist, sondern gleichzeitig auch noch verdauungsfördernd und tonisierend wirkt. Wenn Sie es fruchtig-säuerlich lieben, dann wählen Sie einfach anstelle der Minze die Hagebutte, deren hoher Vitamingehalt und tonisierender Einfluß gleichfalls wohlbekannt sind.

Üblicherweise eignen sich neben Hagebutte und Minze gut als »Schmuckdrogen«[348] folgende Zusätze, die Heilkräuter-Teemischungen nicht denaturieren: Holunderbeeren, getrocknete Apfelstückchen, Sonnenblumenblüten, getrocknete Himbeeren und Brombeeren, Himbeer- und Brombeerblätter sowie die getrockneten Blütenblätter der Rosa galica, der sogenannten Apothekerrose.

Probieren Sie ruhig ein bißchen herum und sehen Sie für sich selbst, welche Geschmacksrichtung Ihnen zusagt. Auch andere getrocknete Früchte, in kleine Würfel geschnitten, eignen sich gut, unangenehme Geschmäcker abzumildern oder zu überdecken.

Spannung in der Brust

Hier eignen sich gut Mönchspfeffer – Agnus castus-dei – und Wolfstrapp – Lycopus europaeus.

Am einfachsten ist es, sich eine Kräutertinktur auf Alkoholbasis zuzubereiten (Anleitung siehe oben) und diese gezielt einzusetzen, wenn es »spannt«. Dann ist es am wirkungsvollsten, 3 Mal täglich ca. 10 bis 15 Tropfen Tinktur in Wasser einzunehmen.

Juckreiz in der Scheide

2 EL Joghurt regelmäßig über Nacht aufgetragen (und am Morgen abgewaschen!) lindern den Juckreiz für jene, die aus Gründen des Tierschutzes auf den altbewährten (und stinkenden) Lebertran verzichten möchten.

Sexuelle Unlust

Sexuelle Lust kann man eigentlich nicht erzwingen. Dies hängt meist sowieso von persönlicher Chemie, »äußeren« Reizen und anderen wohlbekannten Dingen ab, aber wer trotzdem der Natur auf die Sprünge helfen möchte, kann dies entweder mit einer lebhaften Verwendung verschiedener Kräuter in seiner Küche tun oder »gezielt« mit zwei »aprodisierenden« Räuchermischungen, die sozusagen nebenwirkungsfrei sind.

Die in der Küche am einfachsten einzusetzenden und schmackhaftesten »Kräuter der Lust« sind neben Origanum Petersilie, Sellerie, Anis, Knoblauch, Fenchel und Minze. Daneben eignen sich natürlich auch noch Bockshornklee und Mönchspfeffer, aber diese sind in meinen Augen kulinarisch keine Bereicherung. Auch Wilder Hafer senkt das Cholesterin im Blut, steigert den Blutfluß und imitiert gewisse Sexualhormone und ist als Getreide in der Küche vielseitig einsetzbar.

Die beiden Räuchermischungen, die ich Ihnen vorschlage, wirken extern, über Ihre Geruchsnerven. Sie können also abends, wenn Sie sich in eine gewisse romantische Stimmung versetzen möchten, die Räucherschale einfach in Betrieb nehmen und sehen, was dann dabei herauskommt.

Die einfachste Lösung besteht darin, 10 Tropfen essentielles Öl von Salva officinalis (Salbei) in Wasser zu träufeln und die Teekerze unter dem Glasbehältnis anzuzünden, das für solche Zwecke angeschafft wurde. Sicher, zuverlässig und ausreichend aphrodisierend, wenn der restliche Rahmen stimmt!

Wenn Sie es komplizierter lieben und ein bißchen »mischlustig« sind, können Sie folgendes versuchen. Die harzigen Zutaten finden Sie in entsprechenden Esoterikläden und auch sehr einfach übers Internet. Achten Sie auf ordentliche Qualität und legen Sie die Harze vor der Verarbeitung ein paar Stunden ins Gefrierfach, dann sind sie nicht mehr so klebrig und lassen sich leichter im Mörser zerkleinern. Oder wählen Sie bereits pulverisierte Harze:

3 Teile Weihrauch
2 Teile Myrrhe
1 Teil Bernstein
1/2 Teil Styrax

Hierzu kommen die folgenden getrockneten Kräuter, die ebenfalls im Mörser fein zerstoßen werden (bzw. in der Kaffeemühle, das geht auch und ist eine Schnellösung):

1/2 Teil Blütenblätter der Rosa gallica
1/2 Teil Blüten von Achillea millefolium
1/2 Teil Hyoskamus niger (Blätter und Samen)
1/2 Teil Brennesselsamen

Nachdem alle Komponenten sorgsam zerkleinert und miteinander vermischt wurden, füllen Sie sie in ein sauberes und gut verschließbares Glas. Als Räucherung genügt schon ein halber Teelöffel auf der eigens hierzu dienenden Räucherkohle in Ihrer Räucherschale.

Ich möchte mir an dieser Stelle den Hinweis auf die notwendigen Sicherheitsvorkehrungen bei »Räucherungen« ersparen, also die feuerfeste Unterlage, das Entfernen leicht brennbarer Gegenstände und die Tatsache, daß sich durch die Kohle in der Räucherschale ausreichend Hitze und Glut entwickeln, um sich daran ordentlich die Finger zu verbrennen. Sie sind erwachsene und verantwortungsbewußte Menschen!

Multi-Sanostol ade!
Gesunde und leckere Fitmacher aus dem Garten der Druiden

Dunkler Fruchtsaft für den Winter

Es muß nicht immer Medizin sein! Wenn Sie Ihren Kindern oder Oma und Opa etwas Gutes tun wollen, um über die dunkle Jahreszeit zu kommen, können Sie – als Besitzer eines Dampfentsafters – folgendes einfaches Rezept ausprobieren:

1 kg wilde Brombeeren
1 kg Holunderbeeren
1 kg Schlehen (wenn es am Frost fehlt, sammeln Sie die Schlehen einfach ab und legen Sie sie ein paar Tage in die Tiefkühltruhe)

Die Früchte in den Entsafterkorb, dazu 500g braunen Zucker aus dem Bioladen. Alles in sterilisierte Flaschen füllen und sich im Winter täglich ein Gläschen gönnen. Dieses Rezept funktioniert auch ganz ausgezeichnet in Form von Fruchtgelee. Sie müssen allerdings darauf achten, die entsprechende Menge Gelierzucker beizumischen.

Hagebuttenmarmelade für den Winter

Gut ausgereifte wilde Hagebutten, möglichst nicht vor dem 15. Oktober gesucht, werden sauber gewaschen, von Stiel- und

Blütenresten befreit und mit reichlich Wasser bedeckt zu einem Brei gekocht. Dieses Mark geben Sie durch ein Sieb, so daß die Kerne zurückbleiben. Geben Sie zu 500g Mark 350g braunen Zucker und kochen Sie das Ganze so lange auf, bis die Masse dickbreiig geworden ist. Nach dem Erkalten ist die Marmelade fertig. Füllen Sie sie in saubere, bei 100° C sterilisierte Gläser ab.

Schlehenmarmelade für kleine Frühstücksmuffel und appetitlose Altvordern

1 kg Schlehen
1/8 l Wasser
375 g brauner Zucker
2 Mal 1/4 l Weißwein

Zuerst die Beeren waschen und über Nacht ins kalte Wasser legen (bzw. einfrieren, wenn der Frost nicht reicht, den Pelz von der Frucht zu nehmen). Die Beeren mit 1/4 l Weißwein und 1/8 l Wasser weichkochen und durch ein Sieb streichen. Je 1 kg Schlehenbrei noch einmal 1/4 l Weißwein zugießen und mit 375 g braunem Zucker vermengen, dann bis zur klassischen Marmeladenprobe einkochen. Danach sofort in sterilisierte Gläser mit Schraubverschluß füllen und abkühlen lassen.

Ein oder zwei Teelöffel direkt aus dem Glas gegessen oder in Joghurt eingerührt regen die Magensaftproduktion an, helfen gegen Appetitlosigkeit und bringen im Winter gesunde Vitamine.

Bitte denken Sie beim Schlehen- und Hagebuttensammeln daran, daß Sie im Supermarkt Wintervorräte einkaufen können – unsere gefiederten Freunde aber nicht. Also machen Sie keinen Kahlschlag, sondern sammeln Sie immer nur einen Teil der Beeren ab und lassen Sie den Rest für die Vögel und andere Wildtiere!

Aus dem »Weinkeller« der Druiden

Absinthwein – bei körperlicher Ermattung und schmerzhaften Monatsblutungen

30 g getrockneter/60 g frischer Absinth
 (Arthemisia absinthum Follium)
100 ml 60%iger Alkohol
 (neutraler Wodka oder den 70- bis 90%igen Alkohol aus
 der Apotheke mit Wasser auf 60 % gestreckt)
1 l Weißwein
 (da Kräuter zugesetzt werden, muß es kein Jahrhundert-
 wein sein, ein preiswerter trockener Weißer tut es auch)

Lassen Sie die Absinthblätter 24 Stunden lang an einem dunklen Ort im Alkohol mazerieren. Gießen Sie anschließend 1 l Weißwein zu und füllen Sie die Mischung in eine Braunglasflasche entsprechender Größe, die gut schließt. Lassen Sie die Mischung noch 12 Tage mazerieren, schütteln Sie dabei 1 Mal täglich die Flasche gut durch. Am 13. Tag – ich versuche immer einen abnehmenden Mond zu erwischen – seihen Sie alles sorgfältig durch ein sauberes Baumwolltuch ab.

Sie können Ihren Absinthwein in einer dunklen Flasche lagern und entweder täglich ein Schnapsgläschen als Tonikum trinken oder bei schmerzhaften Monatsblutungen bei Bedarf 2 bis 3 Schnapsgläschen.

Engelwurzwein – bei Blutarmut, Appetitlosigkeit und allgemeinen Ermattungszuständen

30 g Engelwurz (Angelica archangelica Radix)
10 g Engelwurzsamen
30 g Waldmeister (Asperula odorata L.)
1 EL weißer Fruchtalkohol (z. B. Himbeergeist, Birnenschnaps)
70 g Zucker
1,5 l trockener Weißwein

Teilen Sie den Wein in zwei Portionen: 1 l Weißwein zusammen mit der Engelwurzwurzel und den Engelwurzsamen in einen hermetisch schließenden gläsernen Behälter füllen und 9 Tage lang unter täglichem Durchschütteln an einem kühlen dunklen Ort mazerieren lassen. Dann abgießen und den Wein gründlich mit dem Zucker vermischen, bis dieser sich vollständig auflöst. Seihen Sie alles noch einmal durch einen Kaffeefilter, um letzte Trübungen zu entfernen.

Jetzt 1/2 l Weißwein zum Kochen bringen und heiß über den Waldmeister gießen. Lassen Sie die Mischung abkühlen, dann seihen Sie das Kraut ab und vermischen den Waldmeisterwein mit 1 EL Alkohol und 50 g Zucker. Lassen Sie alles ca. 30 Min. stehen, dann seihen Sie alles noch einmal ab, allerdings durch einen Kaffefilter, um trübende Partikelchen etc. zu entfernen.

Vermischen Sie nun Ihre 1-l-Angelika-Weißweinmischung gründlich mit der 1/2 l Waldmeister-Weißweinmischung und ziehen Sie den Wein auf Flaschen, die zuvor mit kochendem Wasser sterilisiert wurden. Lassen Sie die Mischung noch etwa 1 Woche ruhen.

Sie können täglich einen sogenannten »Balon« von dieser Mischung trinken. Das sind die kleinen kugeligen Weingläser aus Frankreich, die etwa 0,125 ml fassen. Sie werden schnell feststellen, wie Sie Appetit bekommen, lebhafter werden und am Ende sogar die Blutarmut wieder in den Griff bekommen (die ja oft durch Appetitlosigkeit und ihre Folgen ausgelöst wird!).

Melissenwein – gegen Nervosität, nervöse Depression, innere Unruhe und Schwindelgefühle

50 g Melissenblätter (Melissa officinalis L.)
50 g wilder Origano (Origanum vulgare L.)
2 l Weißwein
50 g Zucker

Vermischen Sie die Kräuter mit dem Wein, lassen Sie die Mischung 12 Tage lang an einem dunklen kühlen Ort mazerieren. Am 13. Tag – versuchen Sie hier, einen Neumond zu erwischen, denn der Neumond ist immer ein Neubeginn, ein Augenblick der Neuorientierung und nicht, wie bei manchen Vollmond-Menschen, ein Auslöser von Schlafstörung und Nervosität – filtern Sie die Mischung durch ein Baumwolltuch. Lösen Sie dann den Zucker im Kräuterwein auf und füllen Sie alles in gut verschließbare, saubere Flaschen. Nach siebentägiger Ruhe ist Ihr Melissenwein einsatzbereit.

Trinken Sie täglich vor dem Schlafengehen 1 bis 2 kleine Schnapsgläschen. Sie werden schnell feststellen, auf welch wunderbare Weise diese Mischung hilft, Ängstlichkeit und Unruhe aufzulösen. Sollten Sie unter Schwindelanfällen leiden, nehmen Sie 1 Schnapsgläschen von dem Wein ein, sobald diese Beschwerden auftreten.

Königskerzenlikör – bei schweren Erkältungen, Husten und Bronchitis

1 l geschmacksneutraler ca. 38–40%iger Alkohol
2 l Wasser
800 g Honig
300 g frische Blüten der Königskerze (Verbascum thapsis L.)

Geben Sie die Königskerzenblüten in ein fest verschließbares Glasgefäß und füllen Sie mit 1 l Alkohol auf. Lassen Sie die Mischung 21 Tage mazerieren, wobei Sie das Gefäß einmal am Tag kräftig durchschütteln. Am 22. Tag seihen Sie das Ganze durch ein Baumwolltuch ab.

Bereiten Sie nun aus 21 Wasser und 800g Honig einen dickflüssigen Sirup wie oben angegeben zu. Wenn der Sirup ausgekühlt ist, können Sie ihn mit der Königskerzenblüten-Mazeration sorgsam vermischen und auf dunkle Glasflaschen ziehen. Dieser Sirup ist – kühl und dunkel gelagert – etwa zwei Jahre lang haltbar.

Trinken Sie bei Erkältung, Husten oder Bronchitis zwei Mal täglich ein Schnapsgläschen voll. Die Königskerze – Verbascum thapsis L. – besitzt ausgezeichnete schleim- und hustenlösende Eigenschaften. Königskerzenlikör läßt sich ebenfalls gut gegen Durchfall verwenden!

Mein Wildapfelessig – fast ein Allheilmittel

Für Apfelessig kann man sowohl Fallobst als auch unreife Äpfel nehmen, man sollte aber vorher alle schlechten Stellen entfernen. Das Obst gut waschen, zerkleinern und entsaften. Ich verwende dazu – sehr undruidisch – den Dampfentsafter.

Den Saft dann in offene Eichenfässer (kann man gelegentlich gebraucht kaufen, hauptsächlich aus alten spanischen und portugiesischen Beständen) geben und 8 bis 10 Tage stehen lassen. Alles, was an Unreinheiten nach oben gärt, muss sorgfältig abgeschöpft werden. Danach wird der Most in neue Fässer gefüllt. Man darf sie jedoch nur halb füllen, denn damit die Bakterien auch arbeiten können, muß oben genug Luft bleiben.

Die Fässer stellt man an einen warmen Ort. Sobald die Gärung abgeschlossen ist, wird das Spundloch des Fasses mit einem Stück Leintuch bedeckt und bis zum Frühjahr stehen gelassen. Der Essig darf in dieser Zeit nicht weiter bewegt werden, denn oben bildet sich eine Haut, die sogenannte Essigmutter, die wichtig für den Essig ist. Im Frühjahr schöpft man zuerst ganz vorsichtig die Essigmutter ab. Sie kann z. B. in einem Essigtopf

> weiterverwendet werden. Dann füllt man den Apfelessig in saubere Flaschen um. Diese werden gut verschlossen und kühl und dunkel gelagert.
> Täglich zwei Eßlöffel Wildapfelessig in einem Glas Wasser für den Menschen oder 25 ml übers Futter gegossen für Pferd und Rind machen widerstandsfähig, fit und kerngesund!

Handelsübliche Apfelessige werden meist aus pasteurisiertem Apfelsaft hergestellt, wodurch die wertvollen, heilkräftigen und gesundheitsfördernden Inhaltsstoffe weitgehend verloren gehen.

Man kann Apfelessig auch pur auf Insektenstiche oder kleine Verletzungen geben, denn er ist entzündungshemmend, antibakteriell und abschwellend. Bitte verwenden Sie ihn nicht bei Ekzemen.

Bei Pferden beugt die regelmäßige Zugabe von Apfelessig ins Futter Alterserscheinungen wie Arthritis und Arthrose vor.

Wenn Sie erkältet sind und keinen Holunderblütensirup zur Hand haben, können Sie auch 1 TL Apfelessig und 1 TL Honig in eine kleine Tasse heißes Wasser geben und trinken. Das wirkt schweißtreibend. Aber bleiben Sie nach der Einnahme gut in trockene Frotteehandtücher eingepackt im Bett!

Apfelessig-Brustwickel sind gut für die Bronchien. Man verdünnt 1 Teil Essig mit 2 Teilen Wasser, taucht ein sauberes Tuch ins Essigwasser und wickelt es um die Brust. Danach wickelt man ein wärmendes Lein- oder Frotteehandtuch und noch eine Wolldecke darüber. Das Ganze läßt man mindestens 30 Minuten einwirken und bleibt anschließend noch eine Stunde im Bett!

Wenn Sie keine Wildäpfel zur Hand haben, versuchen Sie, eine alte ursprüngliche Apfelsorte zu finden: Die graue französische Renette, die rote Sternrenette, die Schafsnase aus dem Rheinland, der badische Braune, die normannische Goldparmäne oder der Boskop sind ein ganz ordentlicher Ersatz.

Hausgemachtes Bilsenkrautbier

Die Anleitung bezieht sich auf 25 Liter:

40 g getrocknetes Bilsenkraut (Herbae hyoscyamus niger L.),
   am besten aus der Apotheke
20 g getrockneter Hopfen (Humulus lupulus L.)
10 g Engelwurzsamen (Angelica archangelica L. Fructi)
900 g Akazienhonig (Sie können auch Tannenhonig nehmen,
   den man in Deutschland leichter bekommt.)
5 g getrocknete oder 20 g frische Backhefe
   (Backhefen sind obergärig, was für das Bierbrauen
   notwendig ist. Es gibt auf Websites für Hobbybrauer
   allerdings auch eine ganze Reihe flüssiger Bierhefen,
   die Sie dort kaufen und anstelle der Backhefe verwenden
   können. Die Bierhefe ist runder im Geschmack!)
1,5 kg Gerstenmalz (ca.1 l), dunkel oder hell ist hierbei
   Geschmackssache

Sie benötigen außerdem:

1 großen Topf
1 Braugefäß
   (hier tut es eines dieser großen Plastikfässer, die man in
   Landwirtschaftsmärkten kaufen kann und die sich luftdicht
   verschließen lassen. Sie müssen das Braugefäß zuvor mit
   kochendem Wasser ordentlich sterilisieren.)
ausreichend Glasflaschen mit Bügelverschluß,
   am besten 1-Liter-Flaschen, alle natürlich sauber gewaschen,
   mit heißem Wasser sterilisiert und neuen Gummiringen
   versehen, damit das Bilsenkrautbier-Brauen nicht in einem
   feuchten »Feuerwerk« endet.

Kochen Sie zuerst das getrocknete Bilsenkraut, den Hopfen und die Angelikasamen in 1 l Wasser aus und lassen Sie die Pflanzen darin, bis der Sud abgekühlt ist. Geben Sie das Gerstenmalz ins sterilisierte Braugefäß, dazu 2 l kochendes Wasser und den Honig. Verrühren Sie alles gut, dann fügen Sie den Kräutersud mit dem Bilsenkraut zu. Nachdem alles noch einmal gut verrührt wurde, gießen Sie auf insgesamt 25 l auf. Achten Sie unbedingt auf die Wasserqualität. Ich nehme nur Quellwasser. Wenn Sie keine Quelle haben, investieren Sie in die entsprechende Anzahl Flaschen mit französischem Mineralwasser ohne Kohlensäure. Die Mineralwasser aus den Bergen eignen sich hier allerdings wegen ihres starken Eigengeschmacks nach verschiedenen Mineralsalzen und Spurenelementen weniger als ein recht flaches und neutrales »Vichy«! Abschließend mischen Sie die Hefe unter. Achten Sie bei Frischhefe darauf, diese vorher in ein wenig Wasser aufzulösen, damit es keine Klümpchen gibt.

Jetzt muß die angesetzte Mischung zum Gären an einem warmen und vorzugsweise dunklen Ort und dort bei ca. 20 bis 25° C stehen bleiben. Dieser Gärungsprozeß ist langsam und nimmt für die sogenannte Hauptgärung, bevor Sie auf Flaschen ziehen können, eine knappe Woche in Anspruch. Danach können Sie auf die sauber ausgewaschenen und sterilisierten Bügelflaschen ziehen. Messen Sie zuvor, zur Unterstützung der Nachgärung, je 1 TL Rübenzucker pro Flasche ab. Verschließen Sie die Flaschen und lagern Sie sie mindestens 3 Monate an einem kühlen dunklen Ort (Keller, Garage).

Bitte beachten Sie beim Genuß Ihres Bilsenkrautbieres (am besten kühl trinken), daß ein 0,2-l-Gläschen schön entspannt, 1/2 l des Gebräus bereits berauscht, 1 l bis 1,5 l des Getränks so stark aphrodisierend wirken, daß Ihr Partner/Ihre Partnerin das vielleicht nicht mehr so toll findet, und ab 2 l das gefährliche Spiel mit Ihrer körperlichen und vor allem geistigen Gesundheit losgeht, denn dann löst dieses Gebräu delirante Zustände, starke Halluzinationen und blödsinnige Verhaltensweisen aus! Also wie bei allen anderen Dingen auch: in Maßen, nicht in Massen genießen!

Heilzauber: Besprechen und Wegsprechen von Krankheiten

Magische Beschwörungsformeln wurden und werden in praktisch allen Kulturen praktiziert.

Bei den Kelten spielte und spielt das gesprochene Wort eine besonders gewichtige Rolle. Auf dem Höhepunkt ihrer Macht konnte das gesprochene Wort eines Druiden eine drohende Schlacht verbieten und seine Verfluchung war eine sehr ernstzunehmende Strafe. Medizinisch-magische Beschwörungsformeln wurden zur Heilung von Krankheiten ebenso eingesetzt wie alle anderen in diesem Buch erläuterten Methoden. Die medizinisch-magischen Formeln ergänzten entweder eine andere Behandlung, wie zum Beispiel mit Heilkräutern, oder stellten die alleinige Behandlung dar.

Eine große Anzahl der von Marcellus Burdigalensis in seinem »De Medicamentis« aufgeführten medizinisch-magischen Formeln dürfte gallisch-keltischen Ursprungs sein. Wie er selbst schreibt, hat er das von ihm niedergelegte Wissen aus der Volksmedizin durch Befragung von Landleuten in den Gebieten Galliens abgesammelt, die er als »magister officiorum« bereisen mußte.

Das Besprechen einer Krankheit im magischen Sinne ist in der Regel stark ritualisiert. Dies geht auch sehr klar aus den Beschreibungen/Empfehlungen hervor, die Marcellus hinterließ. Auch die Überbleibsel des Leydener Manuskripts weisen eine starke Ritualisierung auf. Angesichts dieser beiden Werke kann davon ausgegangen werden, daß die Druiden-Ärzte Galliens, wenn sie Krankheiten mit medizinisch-magischen Formeln behandelten, nach sehr genau festgelegten Ritualen verfuhren. Dies bestätigt auch das überlieferte Wissen in der französischen Volksmedizin, insbesondere in solchen Gegenden wie der Bretagne, der Normandie, der Auvergne oder dem Berry, wo »guerriseurs« und »sorciers« noch heute stark verbreitet sind und von der Bevölkerung bei bestimmten Gesundheitsproblemen (Warzen, Gürtelrose, Flechten, Verrenkungen, Verstauchungen, Kreuzschmerzen) regelmäßig aufgesucht werden.

Der von den »guerriseurs« oder »sorciers« angestrebte Erfolg hängt stark von äußeren Faktoren ab. Das beginnt schon mit der Anzahl der Personen, die an einem solchen »Ritual« teilnehmen müssen. Entweder handelt es sich hier um einen Besprechenden und einen Kranken oder um eine magische Anzahl (3, 7, 13 ...). Weitere Faktoren sind häufig das Geschlecht der Teilnehmer und bestimmte magische Orte und Zeiten. Meist werden »Besprech-Rituale« mit Hilfe des Mondkalenders bestimmt. Oft kommen zusätzliche Hilfsmittel wie Kräuter und Talismane zum Einsatz. Diese Praxis überliefert auch Marcellus Burdigalensis, oftmals mit sehr ausführlicher Beschreibung der Hilfsmittel und der einzubeziehenden Kraftorte, Kraftzeiten oder Mondphasen.

Das »Besprechen« ist eine Technik, die im großen und ganzen als schamanistisch definiert werden kann. Denn dahinter steht immer die Vorstellung, daß die in Angriff genommene Erkrankung eine personifizierte eigenständige Macht ist. So wird zum Beispiel durch das Besprechen einer Warze das »Wesen der Warze« dazu veranlaßt, den Körper des Patienten wieder zu verlassen. Ein solches »Wesen einer Erkrankung« kann sowohl eine eigenständige böse/boshafte Wesenheit sein, die den Erkrankten besetzt, peinigt oder zu ungewollten Handlungen verleitet, als auch der Geist eines Verstorbenen. Als »Schamane« erhofft sich der besprechende »guerriseur« oder »sorcier« von dieser Wesenheit Hilfe und Auskunft, die eine Heilung auslösen oder fördern. Die medizinisch-magische Formel, die er dabei einsetzt, dient ihm dazu, Kontakt zu dieser Wesenheit herzustellen.

Die Ziele einer »Besprechung« sind so vielfältig wie ihre Voraussetzungen. Am bekanntesten sind allerdings jene mit »Heilabsichten«. Besprochene Gegenstände, Personen oder Tiere sollen dem Willen desjenigen unterworfen werden, der die Besprechung durchführt. Das berühmte Bannritual des Exorzismus hat genau den gleichen schamanistischen Ursprung wie das Besprechen durch »guerriseurs« und »sorciers«.

Traditionell wird das Besprechen meist von einem Vorfahren auf eines der Kinder oder Enkelkinder oder einen anderen als geeignet beurteilten Abkömmling übergeben. Dabei spielt das Geschlecht des Gebers und des Empfängers oft eine große Rolle. Manchmal, wenn keiner der Abkömmlinge gewillt ist, die Fähigkeit zu übernehmen, sucht sich der »guerriseur« oder »sorcier« einen Lehrling, dem er sein Wissen weitergeben kann. Dieser Akt der Weitergabe zum Lebensende oder einem genau festgesetzten Zeitpunkt ist traditionell eine unumgängliche Verpflichtung. Im Regelfall existieren »Sanktionen höherer und logisch nicht faßbarer Natur«, falls ein »guerriseur« oder »sorcier« sich weigert, seine »Kräfte« zu übertragen und so für ihren Erhalt zu sorgen.

Die Vorgehensweisen beim Besprechen sind so unterschiedlich wie die Personen, die diese »Kraft« auszuüben vermögen. Manche berühren die erkrankte Körperpartie mit der Hand und sagen dabei im Geiste ihre medizinisch-magische Formel auf. Andere fixieren die Körperpartie und wieder andere verlassen gar den Raum, in dem sich der Erkrankte befindet, nur um nach kurzer Zeit zurückzukehren und zu erklären, daß das Notwendige getan worden sei. Häufig sind die Besprechenden nicht gewillt, auf die Frage zu antworten, was für eine Formel sie aufsagen oder was genau sie tun. Gelegentlich werden »guerriseurs« oder »sorciers« bei derartigen Fragen so ungehalten, daß sie »Patienten« aus dem Haus werfen!

Die besten »guerriseurs« oder »sorciers«, die mir bislang begegnet sind, sind alle auch gleichzeitig außergewöhnlich gute intuitive Psychotherapeuten. Von der Geduld, der Zuwendung und Anteilnahme, die sie Leidenden schenken, können sich viele Mediziner und Wissenschaftler eine Scheibe abschneiden. Alle diese seriösen »guerriseurs« überlassen es denen, die sie aufsuchen, ob, was oder wie viel sie für eine Behandlung bezahlen möchten.

Vermutlich ist allen Menschen eine latente Veranlagung zu heilen gegeben, aber viele haben einfach kein Interesse daran, eine solche Gabe überhaupt zu nutzen, weiterzuentwickeln und zu verfeinern. Oder sie lassen sich von der allseits so beliebten Logik leiten, daß das, was nicht wissenschaftlich (er)klärbar ist, nicht sein kann, und würgen somit ein möglicherweise in ihnen schlummerndes Talent ab, noch bevor dieses überhaupt Zeit und Gelegenheit hatte, die Aufmerksamkeit des Besitzers auf sich zu lenken.

Mir sind auf meinen »Wanderungen« durch die Welt der Überlieferung des Heilwissens und der Heilkunst der Druiden inzwischen schon ein paar ausgezeichnete »guerriseurs« und »sorciers« begegnet, denen ihre Gabe und Fähigkeiten nicht von einem Vorfahren oder einem »Lehrmeister« tradiert worden sind. Sie haben einfach durch Zufall ihre Fähigkeit entdeckt, auf ihre innere Stimme gehört und mit offenem Geist diese Fähigkeit kultiviert und wenden sie heute an. Im Gegensatz zu den »guerriseurs« und »sorciers« aus Familientradition sind sie offener und tun nicht so geheimnisvoll, sondern versuchen, zu erklären, wie sie dies oder jenes tun. Diese »Transparenz« hat bis dato keinen von ihnen seiner »geheimen Kräfte« beraubt, wie viele der »Traditionalisten« es glauben!

Einer von ihnen – seltsamerweise sind es immer Männer –, ein Hufschmied aus Wales, der sich vor ein paar Jahren ein paar Kilometer von meinem normannischen Bauernhof entfernt niedergelassen hat, vertraute mir einmal bei einer Tasse Kaffee etwas verschämt an, daß er sich bruchstückhaft zwar, aber nicht undeutlich daran zurückerinnert, wie er in einem früheren Leben, in einer anderen Zeit, diese Heilkunst als Druidenschüler von einem Meister gelernt habe. Und so, wie er sich an diese Lehrzeit erinnert, weiß er auch, daß er damals nicht dazu gekommen war, seine Heilkunst auszuüben. Denn vor dem Abschluß seiner Ausbildung sei er an einem Hang ausgerutscht und in einen See gefallen und ertrunken. Dann erzählte er mir, wann diese Erinnerungen an sein früheres Leben zurückgekehrt wären und damit auch die Fähigkeit, diese vor langer, langer Zeit erlernte Heilkunst wieder auszuüben: Wie es Hufschmieden so oft passiert, trat meinen walisischen Freund Carl ein über seine Dienste außergewöhnlich erbostes Pferd gar kräftig, so kräftig, daß der Tritt in die Magengrube ihm das Bewußtsein raubte. Dem Pferdebesitzer, der den Schmied wieder aufwecken wollte, fiel nichts besseres ein, als ihm einen Eimer kalten Wassers über den Kopf zu gießen ...

Epilog

Und so sprach die Erzengelwurz zum Wissenschaftler: eine zeitgenössische Druidenweisheit

a fragte die Erzengelwurz den Wissenschaftler:
»Hältst du es für möglich, einen Menschen vollständig zu zerlegen, ihn auf seine chemikalischen Grundbestandteile zu reduzieren, das Ergebnis in eine messende und analysierende Maschine zu speisen und dann daraus zu schließen, ob er ein begabter Maler oder ein kreativer Musiker ist?«

«Nein«, erwiderte der Wissenschaftler, ohne zu zögern.

«Warum glaubst du dann, daß du etwas über mich weißt, nur weil du genau das mit meinem physischen Körper getan hast?«, fragte die Erzengelwurz mit leisem Spott in der Stimme.

«Ja, aber wie sonst soll ich denn etwas über die Heilkräfte einer Pflanze erfahren?«, seufzte der verunsicherte Wissenschaftler.

«Frage doch einfach die Alten, frage die Weisen, frage die, die mit den Geistern der Natur vertraut sind, und sie werden es dir sagen!«, antwortete die Engelwurz.

«Aber wir haben keine alten Weisen mehr und kaum noch Überlieferungen und wer ist denn überhaupt noch mit Geistern und der Natur vertraut?«, meinte der Wissenschaftler niedergeschlagen und

deutete mit der Hand auf die Hochhäuser, die vor dem Fenster seines Laboratoriums hinauf in den Himmel ragten.
«Dann mußt du eben selbst ein Weiser werden! Dann nimm mich zum Lehrer. Komm setz dich zu mir! Und wenn du geduldig bist und deine Augen und Ohren aufsperrst, dann werde ich dir die Rituale und Zauberworte schenken, mit denen du meine Geschwister rufen kannst.«

– – –

Ein alternatives Verhalten unseren erdgeschichtlichen Vorfahren gegenüber findet sich in Rudimenten noch bei indigenen Völkern und einzelnen Individuen, die offen sind für eine so ganz andersartige Lebensform. Ihnen ist bewußt, daß wir durch die Pflanzen leben: Wir atmen ihren Sauerstoff, essen ihre Früchte, kleiden uns mit ihren Produkten.

Die Wertschätzung der Pflanzen als gleichberechtigte Lebewesen, die unsere Achtung verdienen, und der Versuch, in der Gemeinschaft zum wechselseitigen Nutzen zu leben, ermöglicht ein ganz anderes Lebensgefühl.

Zweifelsohne sind wir Menschen Teil der Natur. Wir könnten uns einfach wieder öfter daran erinnern, indem wir unsere Augen und unsere Herzen öffnen, könnten Bezüge herstellen und in der Verwirklichung der Ganzheit des Lebens auch unsere eigene Lebendigkeit wiederfinden. Wir könnten hier von den Pflanzen genauso lernen wie von den Tieren, denen manche von uns lediglich als Steakproduzenten oder hübsche Dekoration ihre Aufmerksamkeit widmen.

Pflanzen sind eine höchst soziale Lebensform, die die Symbiose wenn nicht erfunden, so doch als globale Basis geschaffen hat. Sie bieten Nahrung, Baumaterial, Kleidung, Genüsse, Heilmittel, Räusche, Farben, Sauerstoff, Luftfeuchtigkeit, einfache Freude.

Dessen sollten wir uns wenigstens bewußt und ihnen ein wenig dankbar sein. Wir sind zutiefst geprägt von ihnen. Aus der Sicht dieser Jahrmillionen alten Wesen sind wir Menschen wahrscheinlich unvernünftige, gewalttätige, überaktive Lebensformen, die über die Pubertät noch nicht hinausgekommen und höchstwahrscheinlich wieder von der Erdoberfläche verschwunden sein werden, lange bevor wir die Weisheit des Alters erlangt haben.

ANHANG

DRUIDISCHE JAHRESKREISFESTE UND DER MONDKALENDER

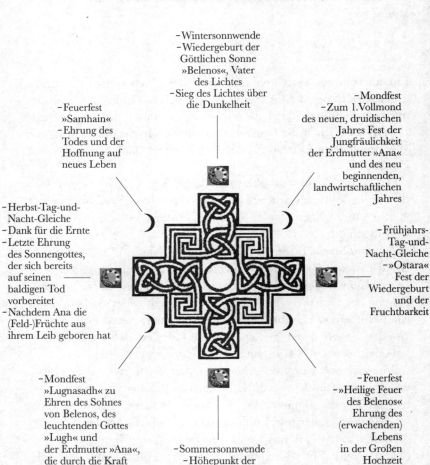

- Wintersonnwende
- Wiedergeburt der Göttlichen Sonne »Belenos«, Vater des Lichtes
- Sieg des Lichtes über die Dunkelheit

- Mondfest
- Zum 1. Vollmond des neuen, druidischen Jahres Fest der Jungfräulichkeit der Erdmutter »Ana« und des neu beginnenden, landwirtschaftlichen Jahres

- Feuerfest »Samhain«
- Ehrung des Todes und der Hoffnung auf neues Leben

- Herbst-Tag-und-Nacht-Gleiche
- Dank für die Ernte
- Letzte Ehrung des Sonnengottes, der sich bereits auf seinen baldigen Tod vorbereitet
- Nachdem Ana die (Feld-)Früchte aus ihrem Leib geboren hat

- Frühjahrs-Tag-und-Nacht-Gleiche
- »Ostara« Fest der Wiedergeburt und der Fruchtbarkeit

- Mondfest »Lugnasadh« zu Ehren des Sohnes von Belenos, des leuchtenden Gottes »Lugh« und der Erdmutter »Ana«, die durch die Kraft ihrer Vereinigung die Ernten erst möglich gemacht haben

- Sommersonnwende
- Höhepunkt der Fruchtbarkeit der Natur und der Macht und Kraft der Sonne
- Ehrung des Sonnengottes, bevor die Tage wieder kürzer werden
- Fest der Heilung

- Feuerfest
- »Heilige Feuer des Belenos« Ehrung des (erwachenden) Lebens in der Großen Hochzeit zwischen Belenos und Ana

Druidische Jahreskreisfeste und das Mondjahr

(erstellt für 2008)

Moderner Kalendermonat	Vollmond	Keltisches Jahreskreisfest	Korrekte Mondphase
Dezember (2007)	1.Vollmond des druidischen Jahres – 24. Dezember 2007	Winter-Tag-und-Nacht-Gleiche, »Wiedergeburt des Belenos«	Mit dem Beginn des Vollmondes am 24. Dezember 2007
Januar (2008)	2. Vollmond – 22. Januar 2008		
Februar	3. Vollmond – 21. Februar 2008	Imbolc – Lichtfest	Neumond (im Wassermann) 7. Februar 2008
März	4. Vollmond – 21. März 2008	Ostara – Frühjahrs-Tag-und-Nacht-Gleiche	Immer beginnend am 15. Tag nach dem 3. Vollmond, d. h. zum Neumond am 7. März 2008 bis zum Vollmond am 21. März 2008
April	5. Vollmond – 20. April 2008		
Mai	6. Vollmond – 20. Mai 2008	Beltane	Vollmond mit Sonne (im Stier) d. h. 20. Mai 2008
Juni	7. Vollmond – 18. Juni	Sommersonnwende	Beginnend am 8. Tag nach dem 7. Vollmond 26. Juni 2008
Juli	8. Vollmond – 18. Juli		
August	9. Vollmond – 16. August	Lughnasad	Vollmond mit Sonne (im Löwen) d. h. 16. August 2008
September	10. Vollmond – 15. September	Mabon – Herbst-Tag-und-Nacht-Gleiche	Am 14. Tag nach dem 9. Vollmond, d. h. zum Neumond am 30. August 2008
Oktober	11. Vollmond – 14. Oktober		
November	12. Vollmond – 13. November 2008	Samhain	Neumond (im Skorpion) d. h. 28. Oktober 2008
Dezember	13. Vollmond – 12. Dezember 2008	Winter-Tag-und-Nacht-Gleiche	Beginnt immer am 15. Tag nach dem 12. Vollmond (also im Neumond), erstreckt sich über 14 Tage, d. h. bis zum 13. Vollmond des Mondjahres (d. h. der Wiedergeburt des Belenos zur Winter-Tag-und-Nacht-Gleiche). Für 2008 Beginn am 28. November, Ende am 11. Dezember 2008

Fussnoten

Vorwort

[1] In der Europäischen Norm EN 28601 von 1992 ist, abgeleitet aus der ISO-Norm 8601 von 1988, das Datumsformat festgelegt, die für Deutschland uneingeschränkt gültig ist (wie auch für Frankreich!). Darin wird auf eine Datierung nach christlicher Tradition bezüglich »ante Christum natum« und »post Christum natum« nicht mehr eingegangen. Da allerdings vielen die EN 28601, die ISO 8601, die standardisierungstechnische Festlegung eines Jahres Null und die negativen Vorzeichen bei gewissen Datumsangaben aus der Zeit vor... Geburt nicht vertraut sind, beschränken wir uns darauf, Datumsangaben mit »vor der Zeitrechnung« und »der Zeitrechnung« zu qualifizieren.

[2] Gwenc'hlans Vorgänger waren Jean Le Fustec (1900–1903), Yves Berthou-Kaledvoulc'h (1904–1932), Taldir-Jaffrennou (1933–1955) und Pêr Loisel-Eostig Sarzhaw (1956–1980).

[3] »La médecine en Gaule«, Guipavas, Ed.Kelenn, 1976

[4] »La Science des Druides«, Neuveröffentlichung bei Ed.L'Arbre d'Or, 2005

[5] »La tradition des Druides«, 3 Bände, Ed. Beltan, 2001; »Bretagne-Terre Sacrée«, Ed. Beltan, 1986; »Guide de la Bretagne mystérieuse«, Ed. Tchou, Paris, 1966; »Pierres Sacrées de Bretagne«, 2 Bände, Le Seuil, Paris, 1982 und 1983; »Bretagne mégalithique«, Le Seuil, Paris, 1987; »La Bretagne«, Ed. Sun, 1967; »Arthur, roi des Bretons d'Armorique«, Ed. Manoir du Tertre, Paimpont, 1998

[6] Gwen ist gleichfalls ordinierter Bischof der Kirche von Antiochia, deren Erzbischof für Frankreich (Eglise orthodoxe celtique) seit 1995 der Metropolit von Dol und Bischof von Iona, Mgr. Mael de Fournier de Brescia, ist. Sein Sitz ist das Kloster de la Sainte Presence in Sainte-Dolay im bretonischen Morbihan. An dieser Stelle sei darauf hingewiesen, daß die orthodoxe keltische Kirche keine Probleme mit jenen hat, die man im herkömmlichen Sinn nicht als Christen bezeichnen kann. Diese Besonderheit läßt sich am einfachsten mit dem historischen Verweis erklären, daß selbst die ersten Bischöfe dieser Kirche keine Christen waren: Jakob war Jude! Sollte diese Thematik Sie interessieren, dann können Sie unter http://www.orthodoxie-celtique.net/mehr herausfinden. Bedauerlicherweise existiert die Website nur in französischer und englischer Sprache.

[7] Franz. Sprichwort: »L'habile ne fait pas le moine!«

[8] Das Pferd heißt wirklich so!

[9] Der 13. Neumond im keltischen Jahr und damit Ende des alten und Anfang des neuen Jahres. Ihm wird gerne auch der Name Samhain aus dem irischen Gailtë gegeben, ausgehend von der Hypothese des druidischen Kalenders, der den Anfang der druidischen Zeitrechnung aufgrund einer überlieferten bardischen Tradition aus Wales im Jahr 2373 vor der sogenannten christlichen Zeitrechnung ansiedelt.

[10] Diese sechs sind von der Celtic League, einer seit 1961 existierenden interkeltischen internationalen Organisation mit kulturellen und politischen Zielen, anerkannt. Als siebtes keltisches Gebiet bemüht sich zur Zeit Galizien-Asturien um Anerkennung, kämpft jedoch mit dem Problem, daß die dortige keltische Sprache vollständig ausgestorben ist!

[11] Über erste Anzeichen einer eigenständigen keltischen Kultur innerhalb der indogermanischen Völker berichten Überlieferungen des 5. Jahrhunderts vor der Zeitrechnung. Diese Stämme nannten sich selbst möglicherweise bereits »Keltoi«, »Keltai« oder »Galatai«, wie wir aus griechischen Aufzeichnungen durchaus legitim ableiten können. Die Römer nannten sie in Anlehnung an diese von den Griechen überlieferte Bezeichnung »Celtae« oder »Galli«, woraus sich der ursprüngliche Name Frankreichs – Gallien – ableitete. »Keltoi« kann man höchstwahrscheinlich mit »die Kühnen« übersetzen.

[12] Für eine eingehende Erklärung über Sprachrekonstruktionen und das Rätsel der indogermanischen Sprache, Sprachbaummodelle, das Urkeltische und den extrem langen Zeitraum (erst im 4. bis 6. Jahrhundert der Zeitrechnung, während der Einführung des Christentums), der überbrückt werden mußte, bis sich wirklich signifikative Unterschiede zwischen dem Urkeltischen und dem Altirischen zeigten, siehe »Eurasisches Magazin«, Ausgabe 12/2003, Prof. Dr. Peter Schrijver: »Das Große Rätsel der indogermanischen Sprache – Neuer Disput um Alter und Herkunft«.

[13] Der berühmteste von ihnen ist der Druiden-Mönch oder Mönchs-Druide Columba.

[14] Und bald auch schon in der altbretonischen Sprache, denn die columbanitische Regel wurde in der kontinentalen Bretagne schnell und problemlos aufgenommen und von den dortigen Druiden in großem Maße gefördert.

[15] Bromwich, 1978

[16] Im Gralsmythos, der an die Artuslegenden anschließt, laufen verschiedene Traditionen zusammen. Es handelt sich um eine Mischung aus keltischen, christlichen und orientalischen Sagen und Mythen. Im hochmittelalterlichen Gralsmythos vermischen sich Anliegen des Laienchristentums und des Feudaladels sowie Versatzstücke der christlichen Liturgie und des Reliquienkultes mit den archetypischen Bildern und mündlichen Überlieferungen keltischer Herkunft.

Der Norden und Nordwesten Frankreichs waren über mehrere Jahrhunderte hinweg der bedeutendste Schmelztiegel gallisch-keltischer, romanischer, fränkischer und normannischer Bevölkerungsgruppen und ihrer Traditionen. In diesem Umfeld entwickelte sich die Artussage zu ihrem heutigen Bild. Die Pilger- und Kriegszüge ins Heilige Land, die dort gesuchten Reliquien und Orte der Passionsgeschichte, die ständige Gefährdung der christlichen Herrschaft in Jerusalem, die Gründung von Ritterorden wie den Templern zum Schutz dieser Herrschaft trugen zu der Legende bei. Genauso wie in die Artusromane sind auch in die Gralslegende alte keltische Motive eingeflossen. Die Geschichte über das verlorene Paradies und die Gralssuche als der Versuch, das Paradies wiederzuerlangen, stehen häufig im Mittelpunkt der Artuslegenden. Sie bilden gleichzeitig den Hintergrund für zahlreiche andere Legenden, so z. B. auch für die Geschichte des Zauberers Merlin, die Lebensgeschichte Lancelots oder die Erzählungen von der Insel Avalon.

Artus wird das erste Mal in der walisischen Literatur erwähnt. Im frühesten überdauerten walisischen Gedicht, dem Y Gododdin, schreibt der Dichter Aneirin (ca. 575–600) über eine seiner Personen, daß sie »schwarze Raben über Wälle führte, obwohl sie nicht Artus war«. Aber dieses Gedicht, wie es im Moment existiert, besteht aus vielen Interpolationen und es ist nicht möglich zu entscheiden, ob diese Passage nicht ein Einschub aus einer späteren Periode ist. Eine andere frühe Referenz zu Artus ist die Historia Brittonum (»Geschichte der Briten«). Sie wird gewöhnlich dem walisischen Mönch Nennius zugeschrieben, über den es heißt, er habe die frühe walisische Geschichte um das Jahr 830 erfasst. In seiner Arbeit wird Artus als »Anführer von Schlachten« bezeichnet, nicht als König. Artus erscheint auch in der walisischen Fabel Culhwch und Olwen, einer Erzählung, die üblicherweise mit dem Mabinogion assoziiert wird. Später erwähnen Teile der Trioedd Ynys Prydein (Walisische Triaden) Artus und legen seinen Hof nach Cornwall. König Artus wird manchmal auch als Führer der Wilden Jagd bezeichnet, nicht nur auf den Britischen Inseln, auch auch in der Bretagne, Frankreich und Deutschland. Viele der Sagen um Artus stammen auch aus bretonischen mündlichen Überlieferungen, die über die königlichen und adligen Höfe im Norden und Nordwesten Frankreichs von professionellen Geschichtenerzähler (den Troubadouren) verbreitet wurden. Der Anglonormanne Robert de Wace verfasste ca. 1150 seinen Roman de Brut, der Artus in Gedichtform aufnahm, und der französische Dichter Chrétien de Troyes arbeitete nach der Mitte des 12. Jahrhunderts Geschichten aus dem Mythos in eine literarische Romanform um, wie auch Marie de France es in ihren kürzeren Erzählgedichten (Lais) tat. Unabhängig davon scheint sich Goddefroi de Monmouth an die Arbeit gemacht zu haben, um seinen »Megabestseller« Historia Regum Brittaniae zu Papier zu bringen.

[17] Hen-brezhoneg; vom 5. bis 11. Jahrhundert der Zeitrechnung; als Nachfolgerin des Urbretonischen, noch eng mit dem gallischen Keltisch-Idiom verwandt, das Vergingetorix gesprochen haben muß! Die Theorie, daß das gallische Keltisch im Zuge der römischen Eroberung Galliens bereits ausstarb, gilt heute durch Falc'hun, Koch und Schmitt als verworfen.

[18] Um 400 der Zeitrechnung gründeten die Bretonen unter dem legendären Conan Meriadec auf den Trümmern des Weströmischen Reiches wieder ein eigenes Königreich, das 799 nur einmal kurzfristig durch Karl den Großen zerschlagen werden konnte. Bereits knapp 50 Jahre später – 845 – besiegte Nominoë König Karl den Kahlen in der Schlacht von Ballon und machte aus der Bretagne wieder ein (vom römischen Papst anerkanntes) Königreich, dessen erster König er wurde.

[19] Manuskript von Leyden, Ms Leyden Cod.Voss.Lat F96A

[20] Persönlicher Schriftwechsel der Autoren mit Dr. Helen McKee, die 2002 bis 2003 paleographische Forschungen am Manuskript durchführte. Diese sind zwischenzeitlich auch veröffentlicht in: A. Falileyev und M. Owen: »The Leyden Leechbook«; IBS, Insbruck, 2005.

[21] Les Serments de Strasbourg/Straßburger Eide (842). Sie sind zwar keine Literatur, doch beginnen Literaturgeschichten häufig mit ihnen, weil der französische Wortlaut dieser auf Altfranzösisch und Althochdeutsch abgelegten Eide der älteste erhaltene Text in französischer Sprache ist. (Bei althochdeutschen Texten sind noch einige ältere erhalten.) Die Eide sind überliefert als Zitate in der lateinisch verfassten Chronik des Nithard (9. Jahrhundert), die ihrerseits in einer Abschrift aus dem 10. Jahrhundert vorliegt. Sie wurden geschworen von dem ostfränkischen König Ludwig dem Deutschen und dem westfränkischen König Karl dem Kahlen sowie ihren Gefolgsleuten, und zwar beim Abschluß eines Bündnisses dieser beiden Halbbrüder gegen ihren ältesten Bruder, Kaiser Lothar.

[22] Die klösterlichen Regeln des heiligen Benedikt von Nursia sind hier ein herausragendes Beispiel des druidischen Einflusses auf das frühe Christentum.

[23] Dies ist kein Rechtschreibfehler: Es besteht ein großer Unterschied zwischen christlich und christisch-frühchristlich!
[24] Diesen Ausdruck prägte ein Werk, das ca. 1714 vom Eisenacher Hofarzt Christian Prantz Paulini (1696–1733) verfasst und schnell in den deutschen Ländern populär wurde. Die »Neuvermehrte, heylsame DreCk-Apothecke, wie nemlich mit Koth und Urin fast all Krankheiten glücklich curiret worden« beschreibt detailliert und eingehend, wie man Unangenehmes mit Unangenehmem bekämpft, und hat ihren amüsanten Titel als generische Bezeichnung all jenen heilkundlichen Werken der frühen Zeit vermacht, in denen Froschhirn, Salamanderauge, Ziegenkot oder Schweinepisse als Zutaten für heilkräftige Mixturen beschrieben werden.

Erster Teil Historischer und spiritueller Hintergrund
Kapitel 1 Wo die alten Götter weiterleben

[25] Einst etwa 30 m hoch und 350 Tonnen schwer, war er höchstwahrscheinlich Mittelpunkt eines astronomischen Observatoriums. Die alte Hypothese, ein Blitzschlag habe den »Grand Menhir« gefällt, wird heute von der Wissenschaft verworfen. F. Bougis vom Laboratoire pour la Préhistoire der Universität von Nantes erklärt, unter Umständen könne ein Erdbeben für seinen Sturz verantwortlich gewesen sein, argumentiert zur Zeit aber zusammen mit seinem Kollegen J. Le Helgouac'h dafür, daß sich eine beabsichtigte Zerstörung durch die neolithischen Erbauer selbst gleichfalls wissenschaftlich begründen läßt.
[26] Gut gemeint, aber nicht sehr sinnvoll, wenn man in Betracht zieht, daß die braven Denkmalsschützer die Ley-Linien des alten Megalithen nicht so einfach umsetzen können.
[27] »Hanes Taliesin« (Die Geschichte von Taliesin) in »Textes Mythologiques Irlandais I«, S. 151–152
[28] Die Herzöge von Anjou beispielsweise rühmten sich, aus einem solchen nicht-konventionellen Zeugungsakt hervorgegangen zu sein: Schon die Herkunft der Stamm-Mutter von Anjou, Melusine, ist außergewöhnlich. Sie sei das Produkt aus einer Liebschaft zwischen Godfroi de Bouillon, dem künftigen König von Jerusalem und Prätendent auf eine Abstammung von den Merowingern, und einer Seeschlange: einem Geschöpf halb Mensch, halb Seeschlange. Fulk von Anjou (9. Jahrhundert) habe sich in die Jungfrau Melusine verliebt, von deren Abstammung er zuerst nichts wußte. Sie erklärte sich bereit, seine Frau zu werden, unter der Bedingung, daß ihr Gemahl sie eine Nacht pro Woche nicht in ihren Räumen aufsuche. In den Tagen, in denen Fulk sich an die Abmachung hielt, lebte das Paar glücklich und Melusine gebar ihm einen Sohn, den künftigen Godefroi von Anjou, der als der erste Plantagenet-König in die englische Geschichte einging. Doch eines Nachts brach Fulk sein Versprechen und spähte durch das Schlüsselloch von Melusines Gemach. Sie bemerkte den Verrat und verschwand darauf auf Nimmerwiedersehen in ihrer Gestalt als Seeschlange in den Wassern der Loire. Eine Variante dieser Legende besagt auch, daß die Gemahlin von Fulk, von ihrem Gatten bereits geschwängert, in den Fluten des Meeres badete. Dort überraschte sie ein mythisches Geschöpf, Ouroboros, und schwängerte sie noch einmal. Aus diesem doppelten Akt der Zeugung sei Godefroi d'Anjou hervorgegangen, das Haus

von Anjou könne sich somit auf halb-menschliche, halb-mythische Abstammung berufen.

[29] Z. B. 52 vor der Zeitrechnung der gallische Aufstand (Vergingetorix) und 61 der Zeitrechnung der Aufstand der Ikener (Boudicca)

[30] Jean IV. de Montfort

[31] Jean V. de Montfort, sein Sohn

[32] Arthur de Richemont, Bruder von Jean IV., Connetable von Frankreich

Kapitel 2 Drouiz – die geheimnisvollen Herren des Eichenhains

[33] Poseidonios (135–50) berichtet als erster in seinem verlorenen 3. Buch über die Geschichte der Kelten von wandernden keltischen Sängern, die in großen Ehren gehalten wurden und lat. bardi (bárdoi) genannt werden (FHG t. 3 p. 259). Sie waren neben den Propheten lat. vātēs (váteis, air. fáith) und Druiden eines der drei angesehensten »Geschlechter« (phŷla, bei Strabon 4,4,4 p. 127). Sie trugen Lob- und Spottlieder auf der Leier vor (Diodor 5,31,2; Ammian 15,9,8).

[34] Immanuel Kant

[35] Franz Anton Mesmer, 1734–1815, war der Begründer der Lehre vom animalischen Magnetismus, kurz Mesmerismus genannt, und wird auch gerne als der Urvater der Hypnose bezeichnet.

[36] Unter anderen in Anlehnung an die im Zeitalter der Aufklärung äußerst populäre Geheimgesellschaften, zu denen auch die Freimaurerei in gewissen Kolorierungen zählte.

[37] Aubrey entstammte der wohlhabenden »landed gentry« von Whiltshire. Er studierte am Trinity College in Oxford und später am »Temple« in London, obwohl er diese juristische Ausbildung niemals abschloß. Im Jahre 1663 wurde er als Mitglied der Royal Society berufen. Sein bedeutendster Beitrag zum Studium der Frühgeschichte der Britischen Inseln sind die »Monumenta Britannica«. Dieses mehrbändige Werk sollte zwar 1692 in Druck gehen, doch Aubrey wurde vom Tod überrascht und vollendete es nie. In den »Monumenta« befindet sich Aubreys Plan von Stonehenge einschließlich jener seltsamen »Kuhlen« direkt innerhalb der Erdwälle, die das Megalithenbauwerk umgaben und auf die man erst wieder bei systematischen Ausgrabungsarbeiten zwischen 1921 und 1925 aufmerksam wurde. Offenbar hatten die Erbauer von Stonehenge diese Kuhlen in den Kalkstein gehauen, um darin Holzstämme aufrecht zu halten, die bei den Bauarbeiten verwendet worden waren. Es wäre denkbar, daß sich anhand dieser Erkenntnis nachvollziehen ließe, welche »Hebekran-Vorrichtung« eingesetzt worden war, um die horizontalen Kapitelsteine auf die vertikalen Stützsteine zu befördern.

[38] Die »Zweite Walpurgisnacht« von Goethe, die sich im »Faust« befindet und eine Art psychedelischen Alptraum beschreibt, ist die wesentlich bekanntere!

[39] D. Walter: »Eine neue Forschungsmethode in der Parapsychologie« in: »Transactions of the Forth International Congress for Psychic Research«, Athen, 1930, Ed. Th. Besterman, The Society for Psychical Research London. On behalf of the International Congress Committee, pg. 177–183

[40] Cäsar: »Der Gallische Krieg«, 6, 13–14: »Der Kernpunkt ihrer Lehre ist, daß die Seele nach dem Tod nicht untergeht, sondern von einem Körper in den anderen wandert.«/Melas: »De Chorographia«, 3, 2, 19: »Eines ihrer Dogmen lautet, die

Seelen seien ewig und unter den Schatten gebe es ein anderes Leben.«/Marcellinus Ammianus: »Römische Geschichte« (übersetzt von W. Seyfarth, Berlin, 1978): »Sie [die Druiden] verachteten das sterbliche Los der Menschen und propagierten die Unsterblichkeit der Seele.«/Diodor von Sizilien: »Historische Bibliothek«, 5, 28 (übersetzt von J. F. Wurm, Stuttgart, 1827): »Bei der Bestattung der Leichen ... werfen Manche Briefe auf den Scheiterhaufen, die sie an ihre verstorbenen Verwandten geschrieben haben, in der Hoffnung, die Todten werden dieselben lesen.«

[41] Amüsanterweise hat Goethe selbst seine Entdeckung des Zwischenkieferknochens höher eingestuft als sein gesamtes dichterisches Schaffen!

[42] »Phänomenologie der Naturwissenschaft«, Springer, Berlin, 1996

Kapitel 3 Rom contra Druiden – oder:
Wie eine Weltanschauung »trotzdem« ein Weltreich überleben kann!

[43] Ca. 345 bis 252 vor der Zeitrechnung

[44] Hekaitos im 6. Jahrhundert vor der Zeitrechnung, Herodot ungefähr im 5. Jahrhundert vor der Zeitrechnung

[45] 5. bis 1. Jahrhundert vor der Zeitrechnung; auch als jüngere, vorrömische Eisenzeit bezeichnet. Hat durch Handelsbeziehungen starke griechische/etruskische Einflüsse aufgenommen.

[46] Herausragende Gräber und andere Funde machen dies deutlich faßbar. Als interessante Beispiele wären hier u. a. das Ensemble vom Glauberg in Hessen, das »oppidum« Bibracte vom Mont Beuvray in Frankreich, das Fürstinnengrab von Waldalgesheim oder die Viereckschanzen von Bopfingen und Fellbach-Schmiden zu erwähnen. Im Verlauf der mittleren La-Tène-Zeit kam es bei den Kelten ebenfalls zu einer Ausbildung von Geldwirtschaft. Ebenso sind an dieser Stelle ihre großen Wanderbewegungen und erfolgreichen Kriegszüge belegt (Plünderung Roms, Plünderung des griechischen Heiligtums von Delphi, Sieg über die makedonischen Daker und Ansiedlung in dieser Region etc.).

[47] Pomponius Mela

[48] »Erdbeschreibung« (Geografia) in 17 Büchern (übersetzt von C. Gottlieb, Berlin, 1831), Neuauflage Hildesheim, 1988; auch Iamblichos von Chalkis (ca. 250–315 der Zeitrechnung) schreibt, daß Pythagoras die keltischen (druidischen) Mysterien bekannt waren. Seine ausführliche Beschreibung der Druiden und ihrer Funktion in der keltischen Volksgemeinschaft findet sich unter Referenz IV,4: »Allgemein gesagt gibt es bei sämtlichen gallischen Völkerschaften [Stämmen] drei Klassen [von Menschen], die in außergewöhnlichen Ehren gehalten werden: die Barden, die Vates und die Druiden. Die Barden sind diejenigen, die die heiligen Hymnen anstimmen, und sie sind auch Dichter und Poeten. Die Vates übernehmen den Opferdienst und praktizieren die Naturwissenschaften. Sie beschäftigen sich gleichfalls auch mit dem moralphilosophischen Bereich der Philosophie. Diejenigen von ihnen [von den Vates], die sich hiermit befassen, werden als die gerechtesten Männer angesehen und man überträgt ihnen, in privaten und öffentlichen [Rechts-] Streitigkeiten zu richten.... Sie [die Druiden] sagen, daß die Seele [des Menschen] und das Universum unzerstörbar seien, daß sie aber eines Tages trotzdem vom Wasser und vom Feuer bezwungen werden würden.«

[49] Titus Flavius Clemens (Clemens v. Alexandria), ca. 150–215 der Zeitrechnung:

»Stromateis« (Übersetzung von O. Stählin), Bibliothek der Kirchenväter, 2. Reihe, Bd. 17, 19, 20, München, 1936–1938, Kapitel XII, 71 3. u. 4. und Kapitel XV, 68, 2.

[50] Zitat aus Zwicker: »Fontes Historiae Religionis Celticae«, Berlin, 1934, S. 107. Ammianus Marcellinus selbst lebte am Ende des 4. Jahrhunderts der Zeitrechnung, etwa um 390. Er war der Übersetzer einer »Historia«, die der Grieche Timagenes 500 Jahre zuvor verfaßt hatte.

[51] »Historia Naturalis«, XXX, 13: »... in Gallien aber war die Magie die Herrin aller Dinge und dies selbst noch in einer Zeit, an die wir selbst uns erinnern können. Denn es begab sich unter Kaiser Tiberius, daß ein Dekret des Senates ihre Druiden abschaffte und mit ihnen die ganze Rasse der Vates und der Mediziner [Ärzte]. Aber aus welchem Grunde erwähne ich all dies mit Bezugnahme auf eine Tradition, die übers Meer kam und selbst die entlegensten Gebiete erreicht hat? Noch heute befindet sich Britannien in den Klauen der Magie und man vollführt dort Rituale mit einem solchen Zeremonial, daß es den Anschein bekommt, sie [die Kelten] hätten den Persern die [religiösen] Kulte beigebracht...«

[52] »Historia Naturalis«, XXX, 13: »... Man kann den Römern nicht dankbar genug dafür sein, daß diese die monstruösen Riten verboten haben, in welchen es als eine Geste größter Devotion gegolten hat, einen Mann zu töten, und wo es als eine positive Sache angesehen wurde, hinterher dessen Fleisch zu verspeisen...«

[53] »De Bello Civili«, I, 454–462 in A. Bourgery: »Les Belles Lettres«, Paris, 1947, I, S. 21: Lucan interessierte sich hauptsächlich für den literarischen »Wert« von Cäsars »Commentarii«. Wie zuvor erwähnt, war er »Romanautor« und Skandalschreiber.

[54] Tacitus: »Annalen« (übersetzt von E. Heller), Düsseldorf, 1997, XIV 29, 2–3

[55] III, 2, 18, in der Übersetzung von Karl Frick, Teubner Verlag, Leipzig, 1880, S. 59–60

[56] Das berühmt-berüchtigte und rätselhafte »Schlangenei«.

[57] Nicht ein einziger der frühen griechischen Autoren, der das Thema der Druiden aufgreift, läßt auch nur ansatzweise ein böses oder abfälliges Wort über diese verlautbaren. Bei den griechischen Autoren muß der vorsichtige Historiker und Forscher schon fast wieder das Gegenteil befürchten, nämlich daß er es mit einer neugierigen, enthusiastischen, überschwenglichen und fast schon unkritischen »Touristenhaltung« auf einer absolut genialen und überwältigenden Urlaubsreise in ein faszinierendes fremdes Land zu tun hat, dessen Kultur man zwar überhaupt nicht begreift, aber ganz »doll« findet!

[58] Die wichtigste war hier ... Germanien!

[59] Bei einer Ausbildung, die rund 20 Jahre umfaßt, kann man dem zuständigen Ausbilder während der letzten sechs bis sieben Jahre durchaus den Titel eines »Professors« zukommen lassen, dem Ausgebildeten, der das »Vollstudium« im Eichenhain erfolgreich abschließt, durchaus den eines »Doktors«. Meine Interpretation ist, daß ein voll ausgebildeter junger Druide sich nach Abschluß seines Studiums und erfolgreich bestandener (mündlicher!) Prüfung, genauso wie heute an jeder Uni, erst einmal »hochdienen« mußte, bevor er selbst versuchen konnte, für sich einen »Lehrstuhl« im Nemeton zu ergattern. Leider gibt es keine druidischen Statistiken über die Prozentzahl jener, die erfolgreich abschlossen und hinterher »Lehrstühle« bekommen konnten. Doch da das Arbeitsspektrum der Druiden so

weit und reich ist, kann davon ausgegangen werden, daß viele von ihnen »hinaus« in die Welt gingen, um zu schaffen und zu wirken, und nur ein kleiner Anteil in einer reinen Lehrtätigkeit zurückblieb. Aus Irland wissen wir, daß in allen Geschäftszweigen der Titel eines »Ollamh« den höchsten Grad in der erfolgreich abgeschlossenen Ausbildung darstellte, so auch in der Druidenkaste!.

60 Der berühmte Coligny-Kalender und sein Aufbau laden zu dem Schluß ein, daß die Druiden in Fragen von bester Aussaat- und Erntezeit genauso wie in Fragen der Meteorologie ziemlich kompetent gewesen waren. Dafür spricht außerdem noch der häufige Querverweis, daß sie die »Elemente« beherrschten!

61 Durch die aus Irland überlieferten Brehon-Gesetze und deren geschichtlichen Hintergründe wissen wir, daß die Druiden ihre Autorität vorzugsweise mit Hilfe des glam dicín oder des geis durchsetzten. Das geis war ein absolutes Ver- bzw. Gebot, vergleichbar einem Tabu. Jeder, der es brach, wurde von der Gesellschaft ausgestoßen. Das Übertreten brachte dem Betreffenden Schande, machte ihn vogelfrei und bedeutete möglicherweise einen qualvollen Tod. Die Macht des geis war über die göttliche und menschliche Rechtsprechung erhaben. Es hob alle vorangegangenen Urteile auf und erstellte eine neue Ordnung, entsprechend den Wünschen der Person, die dieses geis kontrollierte.

Das glam dicín wurde, wie das geis, nur von Druiden verhängt und war eine Art Fluch, der eine Verpflichtung beinhaltete. Es wurde wegen Übertretung göttlicher oder menschlicher Gesetze verhängt. Verrat oder Mord konnten die Ursachen sein, daß ein glam dicín ausgesprochen wurde. Es war gefürchtet, denn es bedeutete für den Betreffenden Schande, Krankheit und Tod und er war von allen Ebenen der keltischen Gesellschaft, insbesondere von den religiösen Zeremonien, die höchste Bedeutung für die Kelten hatten, ausgeschlossen. Es ist anzunehmen, daß die gallischen Druiden über die gleichen oder ähnliche Rechtsmittel verfügten, auch wenn die Autoren nicht herausfinden konnten, wie diese in der gallischen Version oder in der urkeltischen Version geheißen haben.

62 Das »Weiße Buch von Rhydderch« – Llyfr Gwyn Rhydderch – und das »Rote Buch von Hergest« – Lyfr Coch Hergest – wurden zwischen 1382 und 1410 niedergeschrieben. Fragmente dieser Texte kann man allerdings bereits in Handschriften aus dem frühen 13. Jahrhundert finden. Die Wissenschaft ist sich einig, daß die Sagas älter sind; verschiedentlich wird das Jahr 1000 angegeben, Sir Ifor Williams schreibt vor 1100, Saunders Lewis datiert auf zwischen 1170 und 1190, T. M. Charles-Edwards hat aufgrund seiner linguistischen Studien und Vergleiche mit anderen Handschriften das Jahr 1000 angegeben und P. Sims-Williams setzt den Zeitrahmen auf zwischen 1060 und 1200. Dem zu Trotz sind sich alle vier Wissenschaftler insoweit einig, als das Mabinogion zeitlich vor der »Historia Regum Britaniae« des Godefroi de Monmouth aufgezeichnet wurde.

63 »Oïl« vom lat. »hoc ille« = im Norden

64 Z. B. im Velay, im Saintonge, in der Auvergne, im Poitou, in der Hochebene des Limousin, im Berry. Insbesondere die druidische Tradition des Velay und Saintonge werden von den französischen Historikern immer wieder hervorgehoben und zum Teil durch höchst interessante archäologische Funde belegt, Gräber nämlich, in denen ähnlich wie im sogenannten »Arztgrab« vom Dürrnberg medizinische Instrumente gefunden wurden, oder aber medizinische Instrumente und ge-

wiße Objekte, die der Weissagung (sprich zu jener Zeit »medizinischen Diagnose«) gedient haben dürften. Natürlich ist bei den französischen Funden das gleiche Problem eminent wie bei denen in Niederösterreich, Bayern, Serbien, Schlesien, Mähren, Osttdeutschland oder Rumänien. Nirgendwo steht klar und deutlich geschrieben: »Hier ruht der Druide XY«. Aber die Grabbeigabe »medizinisches Gerät« lädt durchaus zu dieser Vermutung ein, insbesondere in jenen Fällen, in denen eine besondere Form von Knochensäge gefunden wurde. Diese sind erwiesenermaßen eine keltische Entwicklung und zeigen keinen griechischen oder römischen Einfluß, wie er bei anderem Arztgerät manchmal nahe liegt.

[65] 115 Jahre nach dem Tod des Vaters des Barzaz Breizh, der zu seinen Lebzeiten genauso geliebt wie verhöhnt wurde, ist die Ehre von de la Villemarqué wiederhergestellt worden und damit die Authentizität aller seiner Texte. Dr. Donatien Laurent hat nicht nur de la Villemarqué seine Ehre zurückgegeben. Er hat die Barzaz Breizh wieder zu dem gemacht, was sie in Wirklichkeit schon immer waren: lebendig gebliebene Zeugnisse einer längst vergangenen Zeit. Obwohl bereits 1974 verfaßt, wurde die Dissertation von Dr. Laurent erst im Jahre 1989 veröffentlicht und damit allen interessierten »Keltomanen« zugänglich gemacht. Dr. Laurent ist heute Forschungsdirektor (Keltische Studien) am renommierten französischen Centre Nationale pour la Recherche Scientifique (CNRS). Diese späte Rehabilitierung der Barzaz Breizh erklärt u. a., warum sie in solch renommierten Werken wie z. B. C.-J. Guyonvarc'h/F. Le Roux: »Les Druides« (Ed. Ouest-France, Rennes, 4. Aufl. 1986!) nicht beachtet wurden. Sie sind zu seriöse Wissenschaftler, um leichtfertig mit einer »nicht authentifizierbaren« Quelle irgendeine Hypothese zu unterlegen, nur um so ihr »Dogma« zu stärken, auch wenn dies gelegentlich dazu führt, daß sie extrem harsch mit dem Überleben des Druidentums umgehen (d. h., sie verneinen diese These konsequent).

[66] Noch älteren Datums in der festlandkeltischen Mythologie und nicht im Barzaz Breizh reflektiert sind einige Bruchstücke, wie zum Beispiel die Gründung der Stadt Lugudunums (Lyon) durch den großen Reiter Atepomaros-Lugh und seine Gefährten Momoros und Sereneus sowie die Tötung eines gewaltigen Ebers durch einen göttlich erwählten Helden »Viru/Vironos/Virunus«, die im einst von den Norikern besiedelten Gebiet überlebt haben. Dazu zählt auch die Schöpfungssaga über eine göttliche Wesenheit »Keltos«, von dem alle »Keltoi« abstammen sollen, die vom Stamm der Volcae, der sein ursprüngliches Kerngebiet zwischen Rhein, Leine und Main und im Thüringer Wald hatte und ca. 500 vor der Zeitrechnung von vorrückenden anderen Stämmen nach dem später unter dem Namen »Aquitanien« bekannten Gebiet in Gallien abgedrängt wurde. Dort assimilierten die Volcae Kelt-Iberer und Kelt-Ligurer und wurden zu einem mächtigen Volksstamm. Aus diesem Volksstamm siedelten etwa 20.000 Menschen rund 200 Jahre später nach Bythnien über, vielleicht auf Bitten eines Herrschers Nikomedes I. von Bythnien. Es ist möglich, daß es sich hier um eben jene Kelten unter dem Kriegsfürsten Brennos handelt, die man mit der Plünderung des Orakels von Delphi in Zusammenhang bringt. Dieser Teil der Volcae ist später unter dem Namen Galates/Galater in die Geschichte eingegangen und ihr Schöpfungsmythos spricht von einer göttlichen Wesenheit »Galates« anstelle von »Keltos«.

Darüber hinaus existieren noch Bruchstücke wie die Tötung eines göttlichen Stieres – Tarvos/Tarvos Trigaranos, der Dreigehörnte –, der sich in einem Baum verbrirgt und im Begriff ist, von einer Manifestation der kontinentalkeltischen Lichtgottheit Esus-Belenos-Lugh getötet zu werden. Darstellungen dieser Saga kann man auf dem Pariser Nautenpfeiler sehen und gleichfalls in den Motiven des Kessels von Gundestrup. Die Jupitergigantensäule, die heute in einer Rekonstruktion vor dem Mainzer Landtag bewundert werden kann, beschreibt in Bildern diese uralte Überlieferung des Kampfes des Lichtgottes Taranis gegen urwüchsige Riesen, die einige Ähnlichkeit mit den Formoriern der irischen Sagas über die Túatha Dé Danaan haben. Auf der Pariser Nautensäule findet man eine weitere bildliche Darstellung eines anderen festlandkeltischen Urmythos: des Kampfes eines oft als »Smertios/Smertius« bezeichneten Kriegsgottes gegen eine Riesenschlange – Ouroboros –, die höchstwahrscheinlich das Chaos darstellen soll, in die Smertios dank seines Sieges endlich Ordnung bringt. Diesen festlandkeltischen Urmythen entsprechen im großen und ganzen die irischen und kymrischen (walisischen) Invasionsmythen.

[67] In nicht-schriftlichen Kulturen wie der keltischen fand die Ausbildung der geistigen Elite, also jener Berufsgruppen, die für das gemeinschaftliche Wissen eines Volkes zuständig waren, immer in einer Form der persönlichen Ausbildung Vater-Sohn, Schüler-Mentor bzw. Mutter-Tochter, Schülerin-Mentorin statt. Der Heranwachsende wurde durch »Training on the Job« auf seine zukünftige Aufgabe vorbereitet. Dies dürfte wohl auch die Ausbildung zum Barden/Vaten/Druiden oder ihrer jeweiligen weiblichen Entsprechungen genau beschreiben! Auch wenn wir auf unserer langen Reise durch Quellen jeglicher Art nicht ein einziges Mal auf weibliche Druiden gestoßen sind (wohl aber auf Seherinnen und auf gallischen Grabsteinfragmenten auch auf Ärztinnen!), ziehen wir es – im Nebel der historischen Wahrheit – doch vor, beide Formen, die männliche und die weibliche, zu verwenden, anstatt den Zorn aller heute existierenden/praktizierenden weiblichen Druiden auf uns zu ziehen, obwohl die Autorin sich um vieles lieber als »Sage Femme« bezeichnet, während der Autor seit 1980 der Drouiz Meur der Bretagne ist!

[68] Commemoratio Professorum Burdigalensium (IV) richtet sich direkt an Patera: »Tu Baiocassi stirpe Druidarum satus, si fama non fallit fidem, Beleni a sacratum ducis e templo genus et inde vobis nomina: tibi Paterae; sic ministros nuncupant Apollinares mystice. Fratri patrique nomen a Phoebo datum natoque de Delphis tuo ...« – »Du stammst aus einer Druidenfamilie der Bajokassen (derer aus Bayeux) und wenn der Ruf nicht das Vertrauen trügt, so liegt dein heiliger Ursprung im Tempel des Belenos. Und aus diesem Grunde tragt Ihr auch Eure Namen; Deiner ist Patera! So nannten die Mystiker des Apollo ihre Priester; der Name deines Bruders und der deines Vaters ist Phoebicus und deinem Sohn gabst du den Namen Delphes! Auch den Greis werde ich nicht vergessen, der Phoebicus heißt und der als Hüter des Belenus keinen Gewinn schlug, sondern indes, so sagt man, aus einem Druidengeschlecht des Landes Aremoricum stammt und der dank Deiner Unterstützung einen Stuhl in Bordeaux erhielt.«
http://www.forumromanum.org/literature/ausonius_commemoratio.html.

[69] Universitas Magistrorum et Scolarium – Gemeinschaft von Lehrenden und Lernenden

[70] Obwohl in der europäischen Antike die staatliche Lenkung und Zentralisierung

der Ausbildung grundsätzlich unbekannt war, gründet Ptolemäos Philadelphos bereits 280 vor der Zeitrechnung das Museion zu Alexandria. Die Philosophenschule von Athen folgt kurze Zeit später. Sie ist anstaltlich erfaßt durch den römischen Kaiser Hadrian und durch Herodes Atticus. Nach diesem Muster werden ab 135 der Zeitrechnung Athenäen gebildet: zu Rom (135 der Zeitrechnung), zu Lugudunum-Lyon, zu Nemausus (Nimes), zu Burdigalla (Bordeaux) und schließlich zu Konstantinopel (424 der Zeitrechnung). Auf diese Einrichtungen folgten ab dem 8./9. Jahrhundert der Zeitrechnung die Scholae Publicae (z. B. in Paris, Tours, St. Gallen, Fulda, Lüttich) als Klosterschulen, die nicht nur künftige Geistliche ausbildeten. Bis Ende des 11. Jahrhunderts lehrten die Magister ausschließlich im Auftrag eines Domkapitels, bis im Jahre 1155 Kaiser Friedrich I. die »Autentica Habita« erläßt, die Magister und Schüler in Korporationen zusammenschließt. Zwar gilt als älteste europäische Universitätsgründung mit Datum 1088 Bologna, doch läßt sich hier tatsächlich kein genaues Datum nennen, da es sich um ein langsames Zusammenwachsen mehrerer kleiner privater Rechtsschulen handelt.

[71] In christlichen »Heiligenbiographien« aus der »Dunklen Zeit« und dem frühesten Mittelalter werden die Druiden immer als die sich den Missionaren entgegenstellenden bösen Magier und Hexer beschrieben, z. B. in Adamnan von Ionas (627/628–704) Biographie des heiligen Columba, Sulpicius Severus' (360–420/425) Biographie des heiligen Martin von Tours (316–397) oder in der von unbekannt verfaßten Biographie des heiligen Beuno von Clynnog Fawr (geb.?-640), ebenso in »De Mirabilis Sacrae Scripturae« von Augustinus Hibernicus, genannt Eurigena (zwischen 600–700). Saint Quen Dado (609–686), der Biograph von Saint Eloi/Eligius (588–590), beschreibt gleichfalls druidische Rituale, die er und sein Gefährte während einer Missionarstour bei den »Heiden« in Flandern beobachten konnten. Auch in den zuvor genannten Vitae finden sich reichhaltige Hinweise auf Riten, wie die Beschwörung von Schutznebeln, Mondzeremonien, Amulettzauber etc.

[72] Bretonischer Sprachwissenschaftler und Keltologe, bekannt durch seine langjährige Zusammenarbeit mit Prof. Dr. C.-J. Guyonvarc'h, Professor für Bretonisch und Kornisch an der Universität Aberystwyth in Wales, gest. 1971. Die Referenz bezieht sich auf den Artikel »Magie et Divination celtique«, erschienen in »Ogam«, 3, fasc. 8 (Hors Serie) im Jahre 1951.

[73] Egal ob universitär oder »eher« populärwissenschaftlich.

[74] Dem interessierten Leser, der der Druidenmagie rein wissenschaftlich auf den Grund gehen möchte, empfehlen wir C.-J. Guyonvarc'h: »Magie, médecin et divination chez les Celtes«, Ed. Payot & Rivages, Paris, 1997. Prof. Guyonvarc'h versucht – auch wenn wir ihm nicht unkritisch gegenüberstehen – auf ehrenhafte Weise in seinen Werken (allein oder mit seiner 2004 verstorbenen Ehefrau Prof. F. Le Roux) so weit eben menschenmöglich, immer nur Fakten zu präsentieren. Ob ihm dies wirklich gelingt, ob er diesem Dogma wirklich immer treu bleibt, dies alles ist Ansichtssache, ebenso wie seine herbe Kritik an Jean Markale.

[75] Französischer Chirurg. In einer Zeit, als diese »Form« der Heilkunst noch den gering geschätzten Badern reserviert war, lehrte Chaulliac an der Universität Montpellier unter der Schutzherrschaft der Herzöge von Anjou eine außergewöhnlich fortschrittliche Form der Chirurgie, befaßte sich mit Kriegsverletzungen, Notfallmedizin etc. und führte öffentlich – trotz kirchlichem Verbot – Autopsien durch,

um seinen Zeitgenossen das wahre Wesen des menschlichen Körpers zu offenbaren. Sein berühmtestes Werk, die »Chirurgia Manga«, war lange Zeit das Standardwerk für »Notfallmedizin« und wurde erst im 17. Jahrhundert durch fortschrittlichere Arbeiten abgelöst.

[76] Obwohl der »hisperic style« von reinen Sprachwissenschaftlern eher mit den Britischen Inseln als mit den keltischen Gebieten Galliens auf dem Festland in Verbindung gebracht wird, erscheint mir bei Marcellus und auch beim Leydner Manuskript dieser Ausdruck eher angebracht als ein bloßes »Vulgärlatein« oder Vulgata, da er ganz genau und klar den bedeutsamen keltischen Spracheinfluß bzw. die Latinisierung oder aber Beibehaltung des keltischen Wortschatzes festlegt! Der Ausdruck »Vulgärlatein« ist auf den von Cicero geprägten Begriff »sermo vulgaris« zurückzuführen. Über seine Definition streiten sich besser Gelehrte als der Autor, der sich in allererster Linie für tradiertes medizinisches Wissen und den Einsatz von Heilkräutern bei den Kelten, den Germanen und den slawischen Stämmen interessiert und zu seiner »eigenen Schande« Jurist und Historiker, aber nicht Sprachkundler ist! Wissenschaftlich definierte den Begriff »Vulgärlatein« erstmals der deutsche Romanist F. Diez. Allerdings beschränkte er ihn auf den Sprachgebrauch der »ungebildeten« Volksgruppen – Bauern, Gladiatoren, Dirnen etc. – und suggerierte damit, daß es ein »einheitliches« Vulgärlatein gegeben hatte. Dem ist aber nicht so. Das Vulgärlatein war eine lebendige Sprache, basierend auf dem »Amtslatein« der Magistraten und Juristen Roms und angereichert mit ortstypischem (iberokeltischem, gallokeltischem, inselkeltischem, iberoarabischem etc.) Wortschatz, aus dem sich schließlich im Laufe vieler Jahrhunderte das Italienische, Französische, Spanische, Portugiesische etc. entwickeln sollten.

[77] Charles Singer: »Early English Magic and Medicine«, Vorlesung vom 28. Januar 1920 in: »Proceedings of the British Academy 1919–1920«, OUP, London, S. 341–374

[78] Singer hebt hier insbesondere »Lacnunga« (MS Brit. Mus. Harley, 585; 11. Jahrhundert) und das »Leechbook of Bald« (ca. 10. Jahrhundert) hervor.

[79] Die sogenannte »klösterliche Heilkunde« hat ihren Ursprung in den antiken Autoren der Griechen und Römer. Dies geht auf das Gebot des Nachfolgers von Benedikt von Nursia, Cassiodorus, zurück, der seine Mönche in der Mitte des 6. Jahrhunderts der Zeitrechnung anwies, die antiken Schriften der berühmten Ärzte der Griechen und der Römer zu studieren. Jene Mönche, die des Griechischen nicht mächtig waren (die absolute Mehrheit), wurden angewiesen, das lateinische Kräuterbuch des Dioscorides zu studieren, während die anderen Galenus und Hippokrates ins Lateinische übersetzen sollten. Dioscorides und insbesondere Galen haben die klösterliche Heilkunde geprägt, nicht die (im Volk und bei den Badern, Schmieden, Hebammen und anderen Heilkundigen und Laienärzten) immer noch bekannte vorchristliche lokale Heil- und Kräuterkunst.

[80] Der Zeitabschnitt zwischen dem Untergang des Römischen Reiches bis zum Aufbruch Westeuropas in die Renaissance.

[81] Lateinischer Orginaltext aus dem »Hortulus Strabi«:
Difficultas assumpti laboris!
Bruma senectutis vernacula, totius anni Venter et amplifui consumptrix sæva laboris, Veris ubi adventu terrarum pulsa sub imas Deliuit latebras, vestigiaque horrida

avaræ Ver hiemis reduci rerum delere pararet Scemate, et antiquo languentia rura nitori Reddere, ver orbis primum caput et decus anni, Purior aura diem cum jam reserare serenum Inciperet, Zephirosque herbæ floresque secuti Tenuia porrigerent radicis acumina, cæco Tecta diu gremio, canasque exosa pruinas, Cum silvæ foliis, montes quoque gramine pingui, Prataque conspicuis vernarent læta virectis, Atriolum, quod pro foribus mihi parva patenti Area vestibulo solis convertit ad ortum, Utricæ implerunt, campique per æquora parvi Illita ferventi creverunt tela veneno. Quid facerem? tam spissus erat radicibus infra Ordo catenatis, virides ut texere lentis Viminibus crates stabuli solet arte magister: Ungula cornipedum si quando humore nocetur Collecto et putres imitatur marcida fungos. Ergo moras rumpens Saturni dente iacentes Aggredior glebas, torpentiaque arva revulsis Sponte renascentum complexibus urticarum Erigo et umbricolis habitata cubilia talpis Diruo, lumbricos revocans in luminis oras. Inde Nothi coquitur flabris solisque calore Areola et lignis ne diffluat obsita quadris Altius a plano modicum resupina levatur, Tota minutatim rastris contunditur uncis, Et pinguis fermenta fimi super insinuantur. Seminibus quædam temptamus holuscula, quædam Stirpibus antiquis priscæ revocare juventæ.

[82] Purgieren heißt wörtlich übersetzt »reinigen«. Seit altersher gehört das Purgieren in der Naturheilkunde zu den fundamentalsten Heilmethoden. Die klassische Medizin (nach Hippokrates und auch Galen) geht davon aus, daß Krankheiten durch ein Zuviel an schlechten Säften im Körper entstehen. Die klassischen Säfte der Medizin des Hippokrates sind Blut, Schleim, schwarze Milz und gelbe Lebergalle.

[83] Orginaltext aus dem Leydener Manuskript: Incipiunt dicta que pertotum annum obseruare oportet ... Mense martio bibat dulce, usitet agramen coctum et radicem confectam manducaræ, assa, balneo usitaaræ sanguinæm minueræ solitionæ non accipere quia frigora generat ipsa solutio. Libæsto et rutam bibat quod facere diem tertium et ante quam exeat diem viiii. Mense aprili sanguinæm minueræ, potionem accipere, carnæs recæntes usitaræa radicibus abstineræ, quia emitut scabies et prurigines, uitonicam et pimpinellam bibat, quod facere diem tertium et ante quam exeat xi (MS Leiden UB Voss. Lat F 96 A f.2v, a und b).

[84] Es handelt sich bei der keltischen Wanderung nicht um eine Völkerwanderung wie z. B. bei den Germanen, sondern um Splittergruppen und Verbände, die wellenartig ihre Urheimat verließen und dabei andere Völker mitrissen (»Wanderlawine«). Als Gründe werden von der Wissenschaft u. a. Stammesfehden oder eine Bevölkerungsexplosion angenommen. So ist die keltische Wanderung als Landsuche und Landnahme zu verstehen. Auch der Zusammenbruch der keltischen Aristokratie, der durch das Verschwinden der reichen Fürstengräber im 5. Jahrhundert vor der Zeitrechnung beweisbar ist, dürfte vielleicht ein Grund für den Marsch gen Westen gewesen sein.

[85] Es ist immer hochinteressant, wie Cäsar beide Völker – Germanen und Gallier – charakterisiert: Die Gallier sind kultiviert und sehr hoch entwickelt, trotzdem aber noch nicht mit den Römern gleichzusetzen, während die Germanen barbarisch und roh sind, von niedriger Kulturstufe und gefährlich als Gegner. Um den Unterschied in der Kultur hervorzuheben, geht Cäsar ganz besonders auf die Druiden ein, deren Beschreibung fast ebenso viel Platz einnimmt wie die Beschreibung der Germanen insgesamt (ausgenommen natürlich die Schilderung des Hercynthi-

schen Waldes, die eventuell gar nicht von ihm selbst stammte). Die Druiden repräsentieren bei Cäsar alles, was kulturell hochwertig ist. Wie eine besonders hohe Auszeichnung wirkt das Graecis litteris utantur – Sie waren des Griechischen sowohl in Wort als auch in Schrift kundig!

[86] Cäsar sagt interessanterweise über die Germanen, sie hätten nur drei Götter: Solem et Vulcanum et Lunam – die Sonne, das Feuer und den Mond. Damit stellt er sie für das »feinsinnige« römische Publikum in gewissem Sinne so da, als ob sie nicht weiterentwickelt wären, als Tiere (d' Deorum numero eos solos ducunt, quos cernunt et quorum aperte opibus iuvantur!). Ganz anders berichtet er über die Gallier: Sie pflegen in Cäsars Werk die gleichen Götter wie andere (zivilisierte) Völker, und um die Gallier den Römern möglichst nahe zu bringen und ans Herz zu legen, benutzt er gar die lateinischen Namen für die gallischen Götter. Dieses wird in neuerer Zeit immer wieder als inkorrekt empfunden und so schreibt zum Beispiel Ellis: »Daß Cäsar die keltischen Götter mit ihrem römischen Äquivalent gleichzusetzen sucht, macht seinen Bericht nicht nur nutzlos, sondern auch irreführend.« Cäsar hatte selbstverständlich mit dieser »etwas dürftigen Darstellung« auch noch ein anderes Ziel: Er wollte den Römern die Eroberung des »zivilisierten« Galliens schmackhaft machen und ihnen die Idee, sich »Germania« einzuverleiben, ausreden. Wer ausführlichere und relevantere Informationen sucht, findet sie u. a. bei Jean Markale: »Die Druiden – Gesellschaft und Götter der Kelten«, Schirner, 2005, oder auf dieser recht gut gemachten Website im Internet, die insgesamt 374 keltische Gottheiten (Britische Inseln und Kontinentalkelten) aufzulisten weiß: www.tolos.de. Für die Website (Zweitadresse: www.atlis.de) zeichnet als Redakteur J. Hepke (1179-835@online.home.de) verantwortlich. Die verschiedenen Artikel stammen von mehreren Autoren.

[87] Teutates

[88] Belenos

[89] Esus

[90] Taranis

[91] Bellisama

[92] De bello gallico, VI, 17

[93] Die eigene Vielgötterei machte Rom Liberalität in Glaubensfragen leicht, solange unterworfene Völkerschaften sich nicht dem staatlich verfügten »Kaiserkult« widersetzten. Rom tendierte dazu, »neue« göttliche Wesen auch gerne ins eigene Pantheon aufzunehmen. Zum Beispiel erfreute sich der persische Mithras genauso wie die gallisch-keltische Epona bei den römischen Legionären allergrößter Beliebtheit. Roms Kampf gegen das Druidentum und die Druiden war – wie schon erwähnt – nicht religiöser, sondern rein machtpolitischer Natur.

[94] Hier sei an die Darstellung auf dem Kessel von Gunstrup hingewiesen, die wohl bekannteste Verbildlichung von Cernunnos. Gelegentlich wird er mit dem irischen »Allvater« Dagda gleichgestellt.

[95] In vorrömischer Zeit bewohnten vier Keltenstämme das heutige Schweizer Wallis. Der Große St. Bernhardpaß wurde von den Römern nach der Niederwerfung der Nantuaten und Veragrer als Summus Poenius, das Gebiet als Vallis Poenina bezeichnet. Gelegentlich findet sich in Arbeiten über die Geschichte des Wallis in keltischer und römischer Zeit die Vermutung, daß diese von den Römern gewählte

Bezeichnung für das Gebiet und den Paß von einer ursprünglich lokalen keltischen »Gottheit« herrühren könnten.

96 Aufgefunden in einer Überlieferung aus dem 11. Jahrhundert der Zeitrechnung: »Lebor Gebal Erenn« – Das Buch von der Eroberung Irlands – »Cath Maighe Tuireadh«. Eine vollständige Übersetzung findet sich in C.-J. Guyonvarc'h: »Textes Mythologiques Irlandais I« (Celticum 11), Rennes 1980–1986, 2 Bd., hier Bd. 1, S. 25–104.

97 Erdkräfte, die besonders stark von den Mondphasen beeinflußt werden!

98 »Der, der Winkelzüge macht«... ein Taktiker?

99 »Der den Sieg bringt«.

100 Zentrum seiner Verehrung war das heutige Aachen – Aix-la-Chapelle – und er war dort auch als Gottheit der heißen Quellen tätig! Grannus ist folglich eine lokale Gottheit, aufgrund reicher archäologischer Funde allerdings auch eine sehr bekannte.

101 »Der Große Reiter« war möglicherweise eher eine keltische Heldengestalt als eine keltische göttliche Wesenheit. Aus römischen Quellen ist eine Sage überliefert, nach der Atepomaros zusammen mit seinem »Gefährten« Momoros vor einem gewissen Seroneus fliehen mußte und als Schutz vor seinem Verfolger die Stadt Lugudunum – Lyon – als Befestigung gründete. Was Seroneus betrifft, kann man annehmen, daß er den im heutigen französischen Département Seine-et-Marne ansässigen keltischen Senonenstamm repräsentiert. Hinter der Atepomaros-Sage versteckt sich also u. U. eine kriegerische Auseinandersetzung zwischen Stämmen, hier vielleicht zwischen den Senonen und den Häduern, die insbesondere in Mittelgallien ansässig waren.

102 »Der Bär«. Es wird angenommen, daß auf Artaios die sagenhafte Gestalt von König Arthus zurückgeht, während seine historische Gestalt sich möglicherweise von einem Rhiotomas aus dem Volk der »Britanni« und Hochkönig der Bretonen ableitet, der im 4. Jahrhundert der Zeitrechnung an der Seite von Anthemius, dem weströmischen Kaiser, gegen die Westgoten kämpfte. Es existiert ein Brief von Sidonius Appollinarius an »seinen lieben Rhiotomas«, der auf 470 der Zeitrechnung datiert und aus Lugudunum, dem Herzen der römischen Herrschaftsgewalt über Gallien, abgeschickt wurde. Einer der Autoren vermutet, daß sich hinter Rhiotomas eigentlich der erste »Herzog« der Bretagne, Conan Meriadoc (Cynan ap Eudaf Hen, ca. 305–395 der Zeitrechnung), verbirgt. Weitere historische Kandidaten für die Arthus-Gestalt sind der britannische »Warlord« Aurelianus Ambrosius aus dem 4. Jahrhundert der Zeitrechnung, der britannische »Warlord« Enniaun Girt aus dem 5. Jahrhundert der Zeitrechnung und sein Sohn Owayn Ddantgwyn, ebenfalls 5. Jahrhundert der Zeitrechnung. Was für Enniaun spricht, ist der überlieferte walisische Ehrentitel Amerauder – Hochkönig. Das britannische Hochkönigtum ist für das 5. Jahrhundert der Zeitrechnung historisch sehr gut belegt. Die neueste Verfilmung der Artus-Sage bringt den britannisch-römischen Aristokraten und Offizier Lucius Artorius Castus aus dem 2. Jahrhundert der Zeitrechnung ins Spiel. Da seine militärische Laufbahn detailliert durch seine Grabinschrift bekannt ist, die in Dalmatien entdeckt wurde, wo er im Jahre 158 der Zeitrechnung zu seinen Göttern ging, ist auch er ein durchaus korrekter Kandidat für den historischen Arthus.

[103] Berühmt ist auch die Schilderung eines griechischen Autors über den keltischen Gott der Kraft und Stärke. Angeblich wurde dieser zumeist mit dem Herkules gleichgesetzte Gott als alter, sonnenverbrannter Mann dargestellt, der an einer langen Kette eine große fröhliche Zahl von Anhängern hinter sich herführt. Dieses Bild ließ oft an einen Psychopompos oder Seelengeleiter denken. Dem griechischen Bericht zufolge aber war die körperliche Kraft nur eine Metapher für den Verstand, den Logos oder die Wortkraft, die dieser Gott symbolisierte. Die Archäologie bestätigt dies, da auf Fluchtafeln, die man fand, häufig nicht etwa wie sonst üblich der Kriegsgott, sondern der Fluchgott Ogmios angerufen wurde.

[104] Aus einer Inschrift auf einem Kessel : »Deus Gobannos ...« (der Rest ist unleserlich). Den Inselkelten war dieser Gobannos auch bekannt als Goibinin, ein unsterblicher Schmied für die irischen Kelten, und als Govannen in der kymrischen Überlieferung (Wales).

[105] Rigantona und Epona könnten zwei Formen einer als Dreiergottheit gesehenen Großen Mutter sein.

[106] Giraldus Cambrensis (Gerald de Barri, 1146–1223) berichtet in seiner Schrift Expugnatio Hibernica (Die normannische Eroberung von Irland) von einem keltischen Krönungsritual, bei dem ein zukünftiger König sich zuerst mit einer weißen Stute geschlechtlich vereinigte und diese dann geschlachtet und gekocht und von allen zur Krönung Erschienenen gegessen wurde. Dieser Akt war die sinnbildliche Vereinigung des Landes mit der Königswürde und kam einer göttlichen Segnung des zum König Auserwählten als weltlicher Herrscher über das Land gleich.

[107] Z. B. im alten Namen der englischen Stadt Bath, die für ihre warmen Thermalquellen berühmt war: Aqua Sulis.

[108] Schon der Name suggeriert, daß sie das weibliche Gegenstück zu Belenos war.

[109] Es handelt sich hierbei höchstwahrscheinlich um dieselbe göttliche Wesenheit, die im irischen Legendarium durch die Triade Morrigù-Bodbh-Macha dargestellt wird. In der Bretagne-Britania Minor ist die Morrigù ein fester Wert, auch wenn es heute nicht mehr feststellbar ist, welche anderen Namen Cassibodua/Catubodua im »Dreiergespann« noch trug.

Kapitel 4 Die Weltanschauung der Druiden

[110] Metempsychosis ist im strikten Sinne des Wortes » ... der Übergang des psychischen Elements von einem Körper auf einen anderen Körper ...«

[111] In der Mathematik heißen zwei Zahlenwerte a und b kommensurabel, also »zusammen meßsbar«, wenn sie ganzzahlige Vielfache einer geeigneten dritten Zahl c sind. Diese Bezeichnung stammt daher, daß man diese Zahlenwerte dann mit einem gemeinsamen Maß c messen kann, indem man sie als ganze Vielfache von c darstellt. Gibt es kein auch noch so kleines gemeinsames Maß, dann heißen diese Zahlenwerte inkommensurabel. Die berüchtigtsten inkommensurablen Zahlenwerte a und b gibt es in der Geometrie beim Pentagramm, dem Fünfstern, und zwar bei dessen inneren Strecke bc und der äußeren Strecke ab. Hippasos' Verbrechen bestand darin, bewiesen zu haben, daß es kein gemeinsames Maß für bc und ab im Pentagramm gibt, d. h. die Längen der Seite und Diagonale im Pentagramm inkommensurabel sind!

[112] Ein ganz seltenes Beispiel für eine Metempsychosis, die unglücklicherweise immer

gerne als Beweis für die Reinkarnation zitiert wird, findet sich in der Geschichte von Tuan (»Textes mythologiques irlandaises«, I/1, S. 8). In seinen verschiedenen Formen soll Tuan rund 1200 Jahre gelebt haben, also den Zeitraum zwischen der großen Sintflut und dem Apostolat des Heiligen Columba!

[113] Ca. 170 bis 236 der Zeitrechnung, Schüler des Irenäus, als erster Gegenpapst der Geschichte infolge seiner Kritik an Bischof Callistus I. von Rom durch seine Anhänger zum »Gegenbischof« eingesetzt, verfaßte ca. 222/223 der Zeitrechnung auf Griechisch das leider nur noch fragmentarisch erhaltene Werk »Widerlegung aller Häresien«. Hippolith und seine Anhänger wurden von Kaiser Maximus Thrax gemeinsam mit dem »rechtmäßigen« Bischof von Rom dieser Tage, Pontianus, im Jahre 235 vertrieben. Beide Männer beendeten ihr Leben gemeinsam (und versöhnt) als »Zwangsarbeiter« in einem Bergwerk auf Sardinien, wo sie zeitgleich – wohl an Erschöpfung starben. Ironie der Geschichte!

[114] V,28,6

[115] Ein gutes Beispiel findet sich in der Geschichte Math uab Mathonwy aus den Mabinogion. (Eine schöne Übersetzung ist die von Lady Charlotte Guest aus dem Jahre 1877. Man kann sie gratis bei http://sacred-texts.con/neu/celt/mab/index.htm im Internet herunterladen. Ansonsten: Ed. Ifor Williams, Cardiff, 1964, S. 64, für das Original.)

[116] In Ed. Faral: »La Legende Arthurienne, Bd. III«, G. de Monmouth, Vita Merlini, Verse 908–940 (S. 334–335).

[117] Der Begriff »Schamane/Schamanismus« stammt wahrscheinlich aus der tunguskischen Sprache (Sâman). Schamanismus ist ein religiös-magisches Phänomen, das bei verschiedenen Völkern praktiziert wurde und wird und nach Meinung zahlreicher Ethnologen, Archäologen und Frühgeschichtler die religiöse Praxis der Steinzeit war. Schamanismus herrschte in der Entwicklung sämtlicher polytheistischer und insbesondere monotheistischer Religionen vor, wird aber nicht als Religion im engeren Sinne verstanden. Seine Zentralelemente sind Trance, veränderte Bewußtseinszustände, Seelenreisen, Interaktion mit Geistwesen und die Mittlerrolle zwischen diesseitiger und jenseitiger Welt. Alle diese Zentralelemente finden wir bei den Druiden, genauso wie im Bön (vorbuddhistische tibetanische Religion), bei den sibirischen und mongolischen Nomadenvölkerschaften, bei den nordamerikanischen Indianern, islamischen Mystikern (Sufis), afrikanischen Völkerschaften (Vodoo), frühchristlichen Mystikern etc. Die »Sammelbezeichnung« Schamanismus prägte in den 80er Jahren der US-Anthropologe Prof. Dr. M. Harner, der das Konzept eines Core-Schamanismus entwarf. Der Religionsforscher Mircea Eliade zieht die Bezeichnung »Ekstasetechnik« vor, die jedoch weitaus weniger bekannt und verbreitet ist. Aus diesem Grund wollen wir für den Zweck unserer Darstellung die Bezeichnung »Schamanismus«/«schamanistische Techniken« beibehalten.

[118] Autoren wie Marc Questin (»Le Médecine Druidique«, Editions du Rocher, 1997, und »La Connaissance Sacrée des Druides«, Fernand Lanore, 1996) in diesem Zusammenhang versuchen diese sogenannten »Bardischen Triaden« ins Spiel zu bringen. In ihren Augen führt erst das Verständnis dieser »Triaden«, die man als eine Art »Moralpoesie« ähnlich den indischen »Vedas« bezeichnen könnte, zu einem tiefer gehenden Verständnis der Grundlagen der druidischen Medizin und Heilkunst.

In unseren Augen findet sich dieses Verständnis allerdings eher in der unpoetischen und pragmatischen Betrachtung des Lebensumfelds der druidischen Ärzte und ihrer keltischen (und oft auch griechischen und römischen) Patienten, im natürlichen Zyklus von Entstehung, Wachstum, Reife und Vergehen der Flora, mit deren Hilfe die Druiden-Ärzte auf magische und nicht-magische Art und Weise Heilung spendeten. Wolf-Dieter Storl hat in seinem Buch »Die Pflanzen der Kelten« (AT Verlag, Arau, 2000) in Anschluß an seinem indianischen Bekannten, dem Ojibwa-Medizinmann Sun Bear, den Begriff des »Medizinrads der Europäer« eingeführt. Diesen Begriff finden wir wesentlich zutreffender, denn mit diesem »Medizinrad« kann obengenannter Zyklus sowohl für den Wandel von Sonne und Mond als auch für die Jahreszeiten und ihre Höhepunkte mit Bezug auf die Pflanzenwelt, die in der druidischen Heilkunde einen hohen Stellwert genoß, gut veranschaulicht werden.

[119] »The Barddas of Iolo Morganwg«, Vol. 1, J. Williams ab Ithel, Ed., Welsh Manuscripts Society, 1862, Theological Triads, S. 182

[120] ebenda S. 182

[121] ebenda S. 243

[122] ebenda S. 243

[123] Astronomie, Lauf der Zeit, Messen und Wiegen, Alphabet, Bestandteile des Menschen, Bestandteile der Welt etc.

[124] »The Barddas of Iolo Morganwg«, Vol. 1, J. Williams ab Ithel, Ed., Welsh Manuscripts Society, 1862, »The Seven Materials of Man«, S. 390:
»Earth, from which is the body,
Water, from which are the blood and humour,
Sun, from which are the heat and light,
Air, from which are the breath and motion,
Nwyvre, from which are the feeling and affection,
The Holy Ghost, from Whom are the reason and understanding,
God, from whom is life everlasting.«

[125] An dieser Stelle im Hanes Taliesin (Patrick K. Ford, Ed., S. 133) wird berichtet, daß Ceridwen Kenntnis hatte von »gelfyddyd Llyfrau Pheryllt« – den Künsten aus dem Buch von Vigil. Pheryllt ist lediglich die walisische Transkription des lateinischen Vigil. Das Lateinische V wird zum Walisischen F, das in mittelalterlichen Manuskripten häufig als PH wiedergegeben wird. Vigil ist der Dichter, der den Ecologues und die Aeneid verfaßte und ca. 70 bis 19 vor der Zeitrechnung gelebt haben soll. Die Referenz im Hanes Taliesin bezieht sich allerdings nicht auf irgendein »Buch«, sondern lediglich auf Vigil, den Magier.
Der Initiator dieses »Mythos« des »Book of Pheryllt«, in dem Arkanen mystischer druidischer Gelehrsamkeit und Heilkunst niedergelegt sein sollen, ist Douglas Monroe. Sein Buch »The 21 Lessons of Merlyn – A Study in Druid Magic and Lore«, Llewellyn Publications, 2002, und dessen Vorgängerwerk »The Lost Books of Merlyn«, Llewellyn Publications, 1951, haben den Mythos des »Book of Pheryllt« als authentisches Manuskript geschaffen. Allerdings hat außer dem Autor selbst noch kein anderer dieses Manuskript zu Gesicht bekommen. Gelegentlich wird angedeutet, daß Edward Williams alias Iolo Morganwg der Verfasser dieses Werkes sei, doch auch unsere Rückfragen bei der National Library of Wales konnten nicht einmal diese Andeutung bestätigen.

[126] Die erste Zeremonie wurde im Jahr 1792 bei Primrose Hill in der Nähe von London abgehalten.

[127] Ebenfalls von der Welsh Manuscipts Society erstverlegt.

[128] Die Welsh Manuscripts Society wurde im Jahre 1836 von sechs prominenten und adeligen Mitgliedern der Cymreigyddion Society in Abergavenny gegründet, zu denen auch der Earl of Caernarvon, der Earl of Powis und der Herzog von Beaufort zählten. Diese illustren Männer sicherten der Welsh Mss. in späteren Jahren nicht nur die Patronage der jungen Königin Victoria, sondern auch die des russischen Zaren und des Prinzen Lucien Bonaparte!

[129] Aber vielleicht haben sich die Druiden ja auch einen Spaß gemacht und das altkeltische couiocanton – Leere – mit dem altkeltischen couocanton – Universalität, Fülle – als eine Art Wortspiel vermischt, wie ein linguistisch sehr versierter Barde des Nemeton Dearreich der Comardiia Druuidiacta in einer Arbeit über das Vokabular von Iolo Morganwg vorschlug!

[130] Im Unterschied zur »organischen« Religion – Religion als die Herstellung einer Verbindung zu den positiven Kräften durch genaues Beobachten – stammen die »verhüllten« Religionen -Islam, Judaismus, Christentum – ohne Ausnahme von Organisationen ab, an deren Spitze charismatische Führer/Propheten standen, die die »Vermittlerfunktion« zwischen dem Göttlichen und den Menschen übernahmen. In »verhüllten« Religionen ist die Aufnahme von Kontakt zu den übernatürlichen Kräften nur durch priesterliche Vermittlung möglich, wobei die Priester sich als »Rechtsnachfolger« bzw. »Nachlaßverwalter« des vergangenen charismatischen Führers/Propheten darstellen. In »verhüllten« Religionen existiert immer eine Trennung zwischen Gott, Natur und Mensch.
Organische Religionen sind demgegenüber aus der menschlichen Wahrnehmung der Welt, der Natur und der Beobachtung der Wechselwirkung Mensch-Natur/ Mensch-Welt über Jahrtausende gewachsen (z. B. Schintoismus/Japan). Eine organische Religion ist eine universelle Religion; es gibt sie in jedem Land entsprechend der Geschichte und der Traditionen der Menschen. In Westeurop zählt abgesehen vom Druidentum auch Asatru, das dem Druidentum verwandte nordeuropäische Heidentum, dazu. Organische Religionen sind heute am stärksten dort, wo Vertreter der »verhüllten« Religionen die geringsten Möglichkeiten hatten, durch Gewalt/Zwang Einfluß auszuüben.

[131] Dies ist, kurz gesagt, das Prinzip des druidischen Monismus, in dem sich alle Vorgänge und Phänomene der Welt auf ein einziges Grundprinzip zurückführen lassen, das allerdings dreidimensional ist: Anfang, Mitte und Ende!

[132] Gelegentlich taucht sogar die Hypothese des »Channeling« auf, gemäß der ein schon lange in der weißen Welt des Gwenved befindlicher Druide Edward Williams' Keltomania ausgenutzt hätte, um durch ihn das verschollene Wissen und die Weisheit der Druiden wieder an den Mann/die Frau zu bringen!

[133] Dies war die übliche Bezeichnung für all jene, die wir heute Altertumsforscher und Archäologen nennen!

[134] Auf der Veröffentlichungsliste der Welsh Manuscripts Society für die Jahre 1862 bis 1863 erscheinen nach dem Llyfr Teilo an zweiter Stelle die Barddas Vol I von Edward Williams alias Iolo Morganwg in einer überarbeiteten und annotierten Version seines Sohnes Taliesin ab Iolo. Das Meddygon Myddfai, jenes berühmte

Medizinkompendium von Rhiwallon und seinen Söhnen aus dem frühen 13. Jahrhundert, das für Rhys Gryg, den Sohn des letzten (völlig unabhängigen und England nicht unterworfenen) Prinzen von Südwales, Gruffydd ap Rhys, verfaßt worden war, kann man heute noch mit Staunen in der Walisischen Nationalbibliothek bewundern. Das Meddygon Myddfai ist die Aufzeichnung des legendären Wissensschatzes der sogenannten »Myddfai-Ärzte«, Ärzte in vollkommen druidischer Tradition und aus einer ganz bestimmten Gegend von Südwales, die auch im heutigen Großbritannien – allerdings beschränkt auf Wales – noch praktizieren dürfen, ohne das mandatorische Medizinstudium und die anschließenden Examen einschließlich Zulassung etc. hinter sich gebracht zu haben. Genauso wie an der Authentizität des sogenannten Mauskripts von Leyden niemals auch nur der geringste Zweifel bestanden hat, steht die Authentizität des Meddygon Myddfai absolut außer Zweifel. Es ist genauso wie das Manuskript von Leyden eine der wertvollsten und zuverlässigsten Quellen für die Tradition des druidischen Heilwissens.

[135] »The Barddas of Iolo Morganwg«, Vol. 1, J. Williams ab Ithel, Ed., Welsh Manuscripts Society, 1862, Wisdom – The Cycle of Time ff., S. 412 ff.

[136] »Magie, médecine et divination chez les Celtes«, Bibliotheque Scientifique Payot, Paris, 1997

[137] Geprägt vom gleichen Zeitgeist wie Edward Williams machte sich auch der bretonische Aristokrat T. Hersart de Villemarqué daran, seine Barzaz Breizh aufzuschreiben. Allerdings konnte im Jahre 1974, nach Auffindung seiner handschriftlichen Notizen von Prof. Laurent Donatien, eindeutig nachgewiesen werden, daß de la Villemarqué seine Texte in der Tat durch Abklappern der Landleute, Bauern und Fischer der Bretagne zusammenstellen konnte, die ihm die mündlich überlieferten Texte vortrugen, während er sie niederschrieb. Der einzige Vorwurf, den man de la Villemarqué heute noch machen kann, ist, daß er diese mündlichen Überlieferungen im Stile der Brüder Grimm linguistisch verschönerte und verfeinerte, um sie dann in Themenkreise oder Zyklen zu ordnen, so, wie es in seiner Zeit gemeinhin eben üblich war. Damit haben die Triaden des Barzaz Breizh möglicherweise an Originalität eingebüßt, nicht jedoch an Authentizität! Und ein paar von ihnen verweisen gar sehr eindeutig auf Heil- und Zauberpflanzen der Druiden, wie z. B. die des dreiteiligen sogenannten »Merlin-Zyklus«, wo in der Person des allseits bekannten und beliebten Merlin – Marzhin im Bretonischen – die Existenz der Druiden für die Festlandkelten als eine verbürgte Tatsache eingebracht wird. Und er erweist uns noch einen weiteren Dienst: Das zweite Lied des Merlin-Zyklus, das Merlins Suche nach verschiedenen Zutaten beschreibt, das Schlangenei, Kresse, Misteln und das geheimnisvolle »Goldene Kraut«, läßt sich leicht dazu verwenden, nicht nur eine Beziehung zwischen den Druiden und der Kunst, in die Zukunft zu schauen, herzustellen, sondern gleichfalls eine zweite und für dieses Buch wichtigere Beziehung: die zwischen den Druiden und der Heilkunst. Wenn man einmal von jenem mysteriösen Schlangenei absieht, handelt es sich bei den Misteln genauso wie bei der Kresse und dem »Goldenen Kraut«, hinter dem sich höchstwahrscheinlich die Goldrute – Solidago Virgaurea – verbirgt, um bekannte und bewährte Heilpflanzen. Heilpflanzen, die einst von den Druiden verwendet wurden und die sich heute auf der, wenn auch nicht ganz unumstrittenen,

Positivliste der in Deutschland verordnungsfähigen und damit GKV-erstattungsfähigen Medikamente befinden!

[138] Interessierte Leser können den Gesamttext der »Barddas« unter http://www.sacred-texts.com/neu/celt/bim1/index.htm finden. Insbesondere die sogenannten »Triaden der Weisheit« sind interessant und halten viel gesunden Menschenverstand bereit. Es sind auch diese Triaden, auf denen die heute so populäre Aufteilung des keltischen Jahreskreises und die »Jahreskreis-Feste« gründen.

[139] Z. B. in Dr. Bernhard Maier: »Die Religion der Kelten«, Beck, München, 2001, S. 55ff. Dr. Maier erklärt anhand einer Reihe von altkeltischen Worten oder Präfixen, ihrer Integration ins Kymrische, Altirische oder Altbretonische sehr schlüssig das keltische Verständnis von Raum und Zeit, die drei Ebenen der Erde, die Himmelsrichtungen und ihre Bedeutung, den Jahresverlauf und vor allem den Verlauf der Zeit und die Spezifizität des keltischen Mond-Sonnen-Jahres mit seinen vollständigen und unvollständigen Monaten und der Einfügung eines Schaltmonats nach jeweils 2,5 Jahren, um die Abweichung des Mondjahres gegenüber dem Sonnenjahr auszugleichen. Er erläutert auch eingehend den Unterschied zwischen den Festlandkelten in der Zeiteinteilung und der traditionellen irischen Auffassung, von den Anfängen bis in die jüngste Vergangenheit, die die Zeit auf der Grundlage des Sonnenjahres einteilte. Dr. Maiers Erklärungen lassen keinen Zweifel daran, daß die Einteilung des Jahres durch die Druiden der Kelten eng mit der agrarischen Wirtschaftsform und infolgedessen mit den jeweiligen klimatischen Bedingungen der Lebensräume der Stämme zusammenhingen. Aufgrund der klimatischen Besonderheiten und Wetterbedingungen z. B. Irlands gegenüber denen der Festlandkelten in der Bretagne und der angrenzenden Normandie ist es unmöglich, genaue Entsprechungen des jeweiligen Brauchtums in bezug auf die traditionellen agrarischen Riten und damit auch auf die Sammelrituale für Heilkräuter herzustellen.

[140] Das Wort selbst stammt aus dem 3. Jahrhundert der Zeitrechnung und die klassische Formulierung der Lehre aus dem 4. Jahrhundert der Zeitrechnung.

[141] Wisse die Wege, 2. Vision des 2. Teils

[142] In der Nähe von Mainz, an einem Ort, wo sich um 640 der irische Mönch Disibodus auf einer uralten keltischen Kultstätte angesiedelt hatte!

[143] Gelegentlich datiert man den Kalender auch auf das 2. Jahrhundert der Zeitrechnung, mit der Bemerkung, daß er eindeutig auf wesentlich älteren Quellen beruht.

[144] Dr. Bernhard Maier, »Die Religion der Kelten«, Beck, München, 2001, S. 189, Fußnote 109 für die detaillierte etymologische Erklärung (bzw. Nicht-Erklärbarkeit) der auf dem Cologny-Kalender gefundenen Monatsnamen.

[145] 1801–1881, Arzt und Lexikograph der französischen Sprache, Verfasser des großen Wörterbuches des französischen »Le Littré« (offiziell: »Dictionnaire de la Langue Francaise«).

[146] Dies ist der Ausdruck, den Littré selbst verwendet.

[147] Wir sind von der Existenz männlicher wie auch weiblicher Druiden überzeugt. Dessen ungeachtet mißfällt uns – rein sprachlich – der Ausdruck »Druidin«. Die geradezu zwanghafte Feminisierung von Worten, um die gesellschaftliche Gleichberechtigung der Frau nachzuweisen, hat zur Realität dieser Gleichberechtigung

nur wenig beigetragen. Aber sie hat in vielerlei Beziehung die deutsche Sprache verunstaltet und Lächerlichkeiten fabriziert, die auch vielen im Berufsleben stehenden, gleichberechtigten und freien Frauen ein Dorn im Auge sind. Aus diesem Grund ziehen wir in diesem Buch den Begriff »Druide« vor, der aber stets Repräsentanten beider Geschlechter einbezieht.

[148] Ca. 460–377 vor der Zeitrechnung

[149] 1781–1826, Arzt am renommierten Hopital Necker und Titular des Medizinlehrstuhls am »Collège de France«.

[150] Insbesondere das Kollektivwerk »La Mèdecine en Gaule« unter der Leitung von André Pelletier, Picard, Paris 1985. Dieses Werk umfaßt alles von den Thermalstationen über die gallisch-keltische Spezialität der Augenärzte und die Besonderheit der weiblichen Ärzte in Gallien bis hin zu sehr detaillierten Aufnahmen von archäologischen Funden keltischer medizinischer Geräte; und Dr. Gwenc'hlan Le Scouëzec, »La Médecine en Gaule«, Dissertation von 1967, Medizinische Fakultät der Universität von Paris.

[151] Gemeinhin durch den englischen Ausdruck »Church of Culdee« oder den bretonischen Ausdruck »Kreeden Geltiek« bezeichnet.

[152] Disibodus, der irische Eremit, der den Grundstein zum Kloster auf dem Disibodenberg legte, war ein Gefährte des heiligen Wendelin, dessen Wissen um die Kräuterkunde und das Heilwesen berühmt war.

[153] Das Original der »Grandes Heures« befindet sich in der Bibliotheque Nationale de France (BNF). Es ist möglich, dieses Wunder der Miniaturkunst einzusehen, wenn man Geduld und ein paar Schwielen am Schreibfinger auf sich nimmt. Wartezeiten von etwa zwölf Monaten müssen mit Gelassenheit und Muße hingenommen werden. Für jene, die es sich einfacher machen möchten, existiert eine Faksimileausgabe in schwarz-weiß der BNF, die man gelegentlich noch in Antiquariaten finden kann. Doch am allereinfachsten ist es, sich unter ISBN 2.7373.3870.0 das ausgezeichnete Buch der Wissenschaftlerin Michèle Bilimoff zu bestellen: »Promenade dans des Jardins Disparus«, Editions Ouest-France. Dazu ist es nicht notwendig, Französisch zu lesen oder zu verstehen, denn Frau Bilimoff ist es gelungen, die Erlaubnis der BNF zu erhalten, alle 329 Miniaturen abzuphotographieren. Der Verleger Ouest-France hat keine Mühe und kein Geld gescheut, diese in einem absolut perfekten Hochglanzfarbdruck im Originalformat zu reproduzieren. Die Investition von ca. 30 Euro ist mehr als lohnend und das Buch eine wahre Augenweide!

[154] Selbstverständlich handelte es sich nur um eine Ehe per Prokuration. Die Braut war gerade einmal 11 1/2 Jahre alt und nach dem Tod ihrer Eltern frischgebackene bretonische Herzogin: Diese Ehe galt allerdings als vollzogen, nachdem Wolfgang von Polhain, Freund und Beauftragter des Kaisers Maximilian, sein nacktes Bein unter die Bettdecke der kleinen Anne gesteckt hatte. Diese Form des »Ehevollzugs« hatte zu Anfang des 16. Jahrhunderts noch Rechtswirkung an vielen deutschen und polnischen Höfen und es kostete Charles VIII. von Frankreich einiges Kopfzerbrechen, sie per päpstlichen Dispens doch auflösen zu lassen, um selbst die gierige Hand nach der kleinen Bretonin auszustrecken!

[155] Einer der Gründe, warum die Bretagne für Autofahrer so schlecht ausgestattet ist, ist, daß die kleine Herzogin Anne Gesetzestexte verfassen ließ, die zu umgehen

kein französischer Jurist, sei er Revolutionär oder Republikaner, einen Weg gefunden hat. Da die Autobahngesellschaften Frankreichs privatisiert sind, interessieren sie sich nicht für die Bretagne, denn es ist dort immer noch nicht möglich, eine »Péage« rechtlich durchzusetzen! Die kleine Herzogin in Holzschuhen hat der französischen Republik noch eine ganze Menge anderer »juristischer Kopfnüsse« hinterlassen, wie zum Beispiel die immer noch existierenden »Etats Généraux«.

[156] Aufgrund einer Quittung, die 1868 in einem Archiv in Lyon entdeckt wurde, weiß man, daß Anne de Montfort für die »Grandes Heures de la Bretagne« ein kleines Vermögen ausgab und Jean Bourdichon, der größte Miniaturmaler seiner Zeit, auch wirklich der Künstler des Stundenbuches war und nicht, wie gelegentlich angenommen, sein Zeitgenosse Jean Poyet. Anne bezahlte dem Künstler 600 goldene Ecus. Ein goldener Ecu in der Zeit ihres ersten Gemahls Charles VIII wog 3,49 Gramm und hatte einen Goldwert gemäß dem Goldpreis von 2006 mit 10,26 Euro/Gramm von rund 35 Euro. Allerdings wäre es eine Milchmädchenrechnung, den Goldwert von rund 21.000 heutigen Euro, den Anne an Bourdichon bezahlte, mit der heutigen Kaufkraft dieser Summe zu vergleichen. Ein Handwerker im Jahre 1498 verdiente ca. 4 Sous pro Tag, von denen er sich 15 Kilogramm Brot kaufen konnte! Ein Landarbeiter verdiente ca. 100 Sous pro Jahr neben seiner Erntebeteiligung! Und ein goldener Ecu, wie Bourdichon ihn von Anne erhielt, entsprach rund 35 Sous dieser Zeit und 1 Sous hatte etwa die Kaufkraft von 8 bis 10 Euro heutiger Zeit. Alles in allem kostete das Stundenbuch sie also rund 210.000 heutige Euro – über den Daumen gepeilt!

[157] »Es ist schwer, einen dreifach gedrehten Strick zu zerreißen!«

Zweiter Teil Die Druiden als Ärzte und Heilkundige
Kapitel 6 Therapieformen und Arbeitsgebiete der Druiden-Ärzte

[158] Es ist möglich, bei Schädelfunden, an denen Trepanationen nachgewiesen wurden, auszusagen, ob der Patient die Operation überlebte oder nicht.

[159] Dank dieser Funde wissen wir, daß sich insbesondere in Pouillé (Loire et Cher), aber auch in Entrains und Grand, zentralisierte »Fachschulen« für Augenheilkunde befunden haben müssen, die für eine zusätzliche Spezialausbildung in dieser Disziplin zuständig waren und auch Schüler aus dem nicht-gallischen keltischen Ausland – den beiden Germanien, Hibernia, Italien als Ganzem – ausbildeten. Siehe hierzu: C. Bourgeois und Eva Sikora, »Médecine des Yeux dans le Sanctuaire de l'eau de Pouillè«, in: Pelletier (Hrsg.), »La Médecine en Gaule«, S. 103 ff.

[160] Jules Toutain, »Les Cultes Païens dans l'empire romain«, Paris, Ed. Leroux, 1920

[161] Haute-Saône

[162] Insbesondere Verbrennungen oder Verätzungen. Prof. Peter Molan von der Universität Waikato in Neuseeland hat in jüngster Zeit eingehend die Wirkung von Honig bei schlecht heilenden Verletzungen untersucht und ist zu dem Schluß gekommen, daß dieser sehr unterschiedliche Wundbakterien effizient beseitigt. Methicillin-resistente Staphylokoken – sogenannte Killerbakterien, gegen die auch die neuesten Antibiotika wirkungslos sind – haben bei Honig schlechte Karten. Chronisch infizierte Hautwunden sind häufig bereits nach wenigen Tagen der Honigbehandlung steril. Honig wirkt nicht nur desinfizierend, er baut auch in

Wunden vorhandenes totes Gewebe ab, das die Heilung hemmt. Honig wirkt stark entzündungshemmend. Selbst wenn gar keine Bakterien in einer Wunde vorhanden sind, gehen Schwellungen, erhöhte Temperatur und lokaler Schmerz unter Honigapplikationen deutlich zurück. Honig fördert zusätzlich noch das Wachstum von Fibrolasten, jenen Zellen, die dem Gewebe eine feste Struktur verleihen. Werden sie aktiviert, dann schließt sich eine Wunde nicht nur vom Rand, sondern gleichermaßen aus der Tiefe. Dieser Effekt ist besonders bei großflächigen Verbrennungen wichtig, wo der Honig sogar die Standardverfahren aus der Verbrennungsmedizin schlägt!

[163] Es heißt, die kleinen Schädelscheiben, die bei einer Trepanation entfernt wurden, dienten als Amulette!

[164] Druiden hier im Sinne von Männern/Frauen, die über großes Wissen und Weisheit verfügten.

[165] Für den interessierten Leser werden am Ende dieses Buches einige »Heilzaubersprüche« angeführt. Sie erfordern allerdings ein ziemlich gutes Gedächtnis und eine sehr »flexible« Zunge(!). Es ist allerdings angeraten, den Zahnarzttermin trotzdem auszumachen – sozusagen als Rückversicherung bei Nichtgelingen.

[166] Möglicherweise eine Verballhornung der weiblichen Druiden – Galisenae –, die auf der Insel Sena vor der bretonischen Küste lebten und dort die Kunst der Divination praktizierten. Man sagte auch, sie hätten die Macht, über das Wetter und das Meer zu gebieten.

[167] Es handelt sich hierbei um das rätselhafte Kraut »Moly«, über das schon viel wissenschaftliche Tinte vergossen wurde und von dem bis heute noch niemand weiß, welche Pflanzenart sich wirklich dahinter verbirgt. Siehe hierzu z. B. den Artikel »Moly« von Steier in Band XVI, S .29ff., der »Realencyclopädie der klassischen Altertumswissenschaften« in alphabetischer Ordnung, insges. 83 Bände, Stuttgart, Ed. Metzler, 1839–1852, Hrsg. (u. a.) Pauly, Wissowa, Kroll, Teuffel.

[168] Macrobe, »Saturnalien«, V,19,8, Les Belles Lettres, Paris, 1997, Übersetzer : Ch. Guittard, oder bei C. W. Nauck, »Griechische Tragödie – Sämtliche Werke für den Schulgebrauch erklärt«, Leipzig, Teubner, 1860, T. 1, S. 249

[169] Plinius, »Naturkunde«, 25,13: »Apollini Aesculapio et in totum dis immortalibus inventione et origine assignata«; ebenso im Pseudo-Apuleius, »De virtutibus herbarum«. Eine ausführliche Beschreibung hierzu findet sich im Sankt Gallener »Botanikus« (Nachdruck mit Übersetzung und Kommentaren von M. Niederer, 2005), einem in der Stiftsbibliothek St. Gallen überlieferten Herbar aus dem 9. Jahrhundert. Diese frühmittelalterliche Kompilation reflektiert nicht nur das spätantike Werk des Pseudo-Apuleius, sondern gleichfalls zahlreiche Elemente der Volkstradition und der mündlichen Überlieferung, ähnlich wie das ältere Werk von Marcellus Empiricus.

[170] Die Referenz findet sich in den Briefen des Pseudo-Hyppokrates und auch in einer der erhaltenen Schriften des Platon-Schülers Heraklides Ponticos.

[171] Siehe hierzu sehr ausführlich in: W.-D. Storl, »Die Pflanzen der Kelten«, AT Verlag, 3. Auflage, S. 113ff.

[172] Wie das Licht aus der Dunkelheit hervorgeht, so geht aus der schwarzen Erdenmutter der winterlichen Natur beim Wiedererwachen der Natur im Frühjahr immer die strahlende weiße Lichtjungfrau, die Gefährtin des Lichtgottes, hervor.

173 Zum Beispiel der berühmte schwarze Hund, der beim Ausreißen dem Schrei der Mandragora geopfert wird! Den Hund und die Mandragora in Verbindung zu bringen beruht allerdings auf einer arabischen Schrift des Ibn Al Beithar, der sich auf eine Überlieferung der Geheimnisse des Hermes Trismegistos beruft. Solche arabischen Schriften wurden über das maurische Spanien -Al-Andalus - in Übersetzungen über die Pyrenäen gebracht und dort, besonders in der Zeit der Hermetiker und Alchimisten, ins europäische »Brauchtum« absorbiert. Siehe hierzu M. Wellmann, »Marcellus von Side«, in: »Philologus«, Suppl. XXVII (1935), S. 20f.
Ursprünglich war es die Wurzel der Paeonia officinalis L. -Primrose –, die dem zuvor erwähnten griechischen Gott Paeon/Péon geweiht war, die unter solchen Vorsichtsmaßnahmen ausgerissen werden mußte. Hierzu insbesondere J. G. Frazer, »Le Rameau d'Or«, Ed. Robert Laffont, 1981, T. 2, S. 398.

174 Siehe hierzu z. B. das sogenannte »Manuscrit de Montpellier«, das sich unter der Archivnummer 277 in der Bibliothek der Universität von Montpellier, Fakultät für Medizin, befindet. Gleichfalls Marcellus Empiricus in der zuvor zitierten kommentierten Ausgabe von Helmreich, S. 13, 14.

175 Die über »astronomische Tatsachen«, wie den Einfluß von Mondphasen auf das Niveau der Pflanzensäfte etc., hinausgehen, über die sich die Druiden-Ärzte der Kelten genauso im Klaren waren wie die Pflanzenweisen der antiken Griechen oder jene der kretisch-mykenischen Kultur.

176 Und wenn Sie die sprachlichen Fähigkeiten besitzen und sich ein bißchen Zeit nehmen, können Sie in diese archaischen und immer noch existenten Sammelrituale und Pflanzenzauber tiefer eindringen und für sich selbst auswählen, was Ihnen gut und richtig erscheint, indem Sie sich »Herbarius – Recherches sur le Cérémonial usité chez les Anciens pour la Cueillette des Simples et des Plantes Magiques« von Prof. Dr. A. Delatte von der belgischen Akademie der Wissenschaften aus dem Jahre 1938 besorgen. Dieses wunderbare ehrlich recherchierte Werk, das in meinen Augen das Beste ist, was je zu diesem Thema verfaßt wurde, wird heute über den Lehrstuhl für Philosophie an der Universität Liege (Belgien) vertrieben. Schicken Sie eine E-Mail an myrielle.delasse@ulg.ac.be und geben Sie als Bestellung das »Fasicule LXXXI«-Delatte-Herbarius an.

Dritter Teil Der Garten der Druiden
Kapitel 7 Heilkräfte der Natur – heilige Kräfte der Pflanzen

177 Die »De nominibus, virtutibus seu medicaminibus herbarum« wird zwar gemeinhin Apuleius zugeschrieben, dürfte jedoch eher von einem gewissen Apulcius Celsus stammen, einem Arzt, der im 2. Jahrhundert der Zeitrechnung lebte. Dieser Autor wird oft unter dem Namen Pseudo-Apuleius geführt. Um der Einfachheit willen wird er in diesem Buch jedoch nur als Apuleius zitiert.

178 Pedanius Dioscorides wurde in Anazarbe auf Sizilien geboren. Man nimmt an, daß er zur Zeit der Kaiser Claudius und Nero lebte, ca. 40 bis 90 vor der Zeitrechnung. Sein auf Griechisch verfaßtes fünfbändiges Werk über die Heilkunde hatte in Europa bis zum 18. Jahrhundert Autorität und beschreibt rund 600 Pflanzen und Heilkräuter. Der Text ist mit ganzseitigen farbigen Abbildungen ergänzt. Diosco-

rides war Gladiatoren- und Militärarzt gewesen und verfügte aus diesem Grund ebenfalls über einen sehr reichen Erfahrungsschatz im Bereich der Anatomie.

[179] »De Medicamentis Empiricis Physicis ac Rationalibus« wurde 1536 in Basel neu aufgelegt, 1537 in die medizinische Sammlung von Alde in Venedig integriert und 1567 in die von Etienne zu Paris. Die beste Marcellus-Ausgabe ist die von Helmreich, 1889 in Leipzig verlegt.

[180] Plinius der Ältere, »Die Kraft der Pflanzen«, aus dem Lateinischen übersetzt von François Rosso, Arléa Verlag, 1995

[181] »Pflanzendevas – die geistig-seelische Dimension der Pflanzen«, AT Verlag

[182] Paracelsus sagte zu Recht: »Daher ist nicht in dem, den der Mensch erwählt, sondern in dem, den Gott erwählt, die Arznei. Er kennt den Arzt in seinem Herzen und achtet nicht auf seinen Grad, auf seine Hochschule, auf seinen Pomp, auf seinen Namen, auf sein Brief und Siegel, sondern er achtet auf den Barmherzigen und dem gibt er die Arznei.« Paracelsus stand ganz und gar in der druidischen Tradition und hätte bei den weißen Brüdern Galliens gewiß Anerkennung gefunden, denn ihm reichte das Bücherwissen nicht aus. Auf seinen Reisen beobachtete er die Natur und den Himmel und fand dort die Offenbarung des Göttlichen.

[183] Geldstrafen zwischen 1500 und 10.000 Euro sind keine Seltenheit, obwohl die Richter für gewöhnlich von der Möglichkeit absehen, den Zinnkraut verkaufenden »Kriminellen« bis zu zwei Jahre in den Kerker zu werfen. Diese geradezu mittelalterliche Haltung den Herbalisten gegenüber verdankt das Land einem Gesetz aus der Zeit der Vichy-Regierung, das den Beruf des Herbalisten abschaffte, um Konkurrenten der aufstrebenden pharmazeutischen Industrie aus dem Weg zu räumen. Da das Ministerium, das damals hinter dem haarsträubenden Text steckte, nicht mehr existiert und sich heute kein anderes für zuständig erklären will, geht der Herbalistenkrieg munter weiter, vor allem dort, wo ein Apotheker sich durch einen »Phytotherapeuten« oder gar einen Kräuter anbauenden Landwirt belästigt fühlt. Allerdings hat das Internet hier für Erleichterung gesorgt und nicht wenige französische »Herbalisten« vertreiben ihre hochwertigen Heilpflanzen einfach auf diesem Weg, anstatt wie früher die Wochenmärkte durch ihre Präsenz zu bereichern und etwas weniger »uniform« zu machen.

[184] Um den 21. bis 24. Juni, wenn die Sonne 23° oberhalb der Ekliptik im Wendekreis des Krebses im Norden den Höhepunkt ihrer Entfaltung erreicht.

[185] Eine rund sechswöchige Phase, zwischen der Sommersonnwende und Mitte August. Das Johanniskraut, das zu diesem Zeitpunkt geerntet wird, hat – was wissenschaftlich erwiesen ist – die heilkräftigsten Inhaltsstoffe.

[186] Kosmos Verlag › 2. Aufl., 2004

[187] Verlag Wilhelm Ennsthaler, 1. Aufl., 1980

[188] Robert Redfield, »The Folk Culture of the Yucatan«, University of Chicago Press, Chicago, 1941

Kapitel 8 Der Garten von An Avallach

[189] Zu jeder einzelnen Heilpflanze geben wir hier an, als wie sicher man ihren Gebrauch durch die Druiden ansehen darf. Hier unsere Klassifizierung:

 ⓐ Gebrauch durch die Druiden-Ärzte der Kelten Galliens gilt als absolut sicher.

Die Pflanze wurde mit größter Wahrscheinlichkeit von den Druiden-Ärzten eingesetzt.

Die Druiden-Ärzte haben den Gebrauch dieser Pflanze lediglich zu einem verhältnismäßig späten Zeitpunkt ihrer Geschichte von anderen Experten übernommen, mit denen sie in Kontakt standen (Griechen, Etrusker, Nordmänner, Germanen etc.).

[190] Die Korona-Entladungs- oder Kirlianphotographie ist ein photographisches Verfahren zur Visualisierung der Entladung elektrischer Energien um ein Lebewesen herum. Das Verfahren wurde von dem ukrainischen Forscherehepaar Valentina und Semjon Kirilian ab 1937 entwickelt.

[191] Die »Welteneiche« ist hier nicht im botanischen Sinn als »Quercus robur« zu sehen, sondern als ein Weltenbaum, der auch anderer botanischer Zugehörigkeit sein konnte: Eschen, Erlen, Eiben, Birken und Linden waren je nach Region genauso sehr Weltenbaum wie die sprichwörtliche Eiche!

[192] Alle Pferdebesitzer mögen uns verzeihen. Wir haben selbst Pferde und möchten sie ebenso wenig in der Kategorie des »Nutztieres« sehen wie Sie vielleicht auch. Aber es ist einfacher, »Pferde- und Kuhrezepte« unter einem Einheitsbegriff abzuhandeln. Bei den anderen vierbeinigen Gefährten handelt es sich vor allem um Rezepturen, die für traditionelle »Europäer« – Hund und Katze – geeignet sind. Erfahrungen mit modernen Hausgenossen – Kois, Leguanen, Schlangen oder Taranteln – haben wir so gut wie keine. Wir wissen weder, wie sie auf Heilkräuter ansprechen, noch, wie man einer Tarantel Schafgarbentee verabreicht! Wenn es um Rezepturen für spezifische »Wehwehchen« Ihrer Reitpferde, Ponys, Esel oder Maultiere geht, schreiben Sie einfach eine E-Mail an claudia.urbanovsky@laposte.net. Im Rahmen unserer Kenntnisse und Erfahrungen sind wir gerne bereit, Ihnen weiterzuhelfen!

[193] A. C. Baugh und T. Cable, »Foreign Influences on Old English« in: »A History of the English Language«, 3. Aufl., 1978

[194] Besser unter dem Namen »Malaria tropicana« bekannt, war und ist das Sumpffieber ein Problem in der südfranzösischen Camargue. Früher trat es auch im normannischen Marais Vernier häufig auf.

[195] Dr. G. Madaus, »Lehrbuch der biologischen Heilmittel«, Teil 1, »Heilpflanzen«, Georg Thieme Verlag, Leipzig, 1935

[196] Vielleicht auch einen Wurzelabsud in zwei Phasen: einmal beim Einsetzen der ersten Wehen und dann, sobald das Kind geboren, aber noch nicht abgenabelt war. Dies wäre schlüssig, denn eine solche Praxis ist auch von den Navajo-Indianern überliefert.

[197] Ich habe persönlich allerdings mit meinen Katzen die Erfahrung gemacht, daß nicht Baldrian, sondern Nepheta cataria – Katzenminze – sie wirklich in Ekstase versetzt.

[198] J. C. Macalister, »The Symphytum officinale and its contained Allantoin«, London, 1936

[199] Kupplerinen

[200] Die Tradition dieser blutreinigenden »Speisen« vor Sommerbeginn setzt sich im

Aberglauben fort, man müsse am Johannistag Brennesselpfannkuchen essen, um für das kommende Jahr gegen allerlei üblen Elfenzauber gefeit zu sein.

[201] Europäische Gelbe Sumpfschwertlilie. Ihre Wurzel wurde noch bis weit ins Mittelalter in Frankreich bei Prellungen und Gelenkschmerzen jeder Art in Salbenform verwendet.

[202] Siechenberg, Bühl

[203] Plinius, »Historia Naturalis«, XXV

[204] Paracelsus, Theophrastus Germanus Bombastus (1493–1541),»Archidoxa«, Münchner Ausgabe von 1583 (zur Zeit Bibliothek und Datenbank der Louis Pasteur Universität, Straßburg)

[205] Die Fortpflanzung der Farne, die ja bekanntlich über Sporen erfolgt, stellte früher ein großes Rätsel dar, da man weder Samen noch Keimlinge der Pflanze finden konnte. Hieraus wurde also die Legende, Farne blühten nur in der Nacht der Sommersonnwende und werfen dann auch den so begehrten Samen ab, mit dessen Hilfe man unsichtbar wurde, den Elfen/Feen und anderen Wesen aus der anderen Welt folgen und dort gar Schätze unbemerkt stehlen konnte, die einem dann in der eigenen Welt Glück und Reichtum ohne Ende bescherten.

[206] Insbesondere in der Bretagne ist der Anteil der Männer, die sich als »desenvouteur«, also magische Spezialisten gegen Verwünschungen und böse Zauber, betätigen, prozentual wesentlich höher als der der Frauen. Siehe hierzu insbesondere die außergewöhnliche Dissertation von Dominique Camus, »Pouvoirs Sorciers-Enquête sur les pratiques actuelles de sorcellerie«, veröffentlicht 1988 bei Imago, Paris. Camus hat seine Statistik über eine echte Feldstudie zusammengestellt, die nur dadurch möglich wurde, daß er selbst aus der Haute-Bretagne stammt und in der Gegend zwischen Rennes und Dinan, wo er zur Welt gekommen ist, von den örtlichen Envouteurs und Desenvouteurs etc. so weit akzeptiert wurde, daß sie ihn »mitkommen« ließen, wenn sie ihrer Arbeit nachgingen. Für die Normandie ist offiziell keine wissenschaftlich erstellte Statistik zur Hand, aber der Autor vermag aus eigener Erfahrung zu sagen, daß die Tendenz etwa bei 50:50 liegen dürfte, was den Anteil männlicher und weiblicher »sorciers« angeht.

[207] Hypericum perforatum – Hartheu/Johanniskraut; Matricaria chamomilla – Kamille; Solidago virgaurea – Goldrute/Drudenstab; Tanacetum parthemium – Große Kamille/Mutterkraut; Achillea millefolium – Schafgarbe; Stachys officinalis – Heilziest; Verbena officinalis – Eisenkraut

[208] Nach Jupiter wurde der fünfte, heute vierte Tag der Woche benannt, also der Donnerstag. Diese Anlehnung an Jupiter-Iovis findet sich noch im französischen »jeudi« und im italienischen »giovedi« wieder.

[209] Nach Auskunft eines österreichischen Bekannten. Ich selbst habe dieses Detail nicht nachgeprüft.

[210] Sowohl die gallischen Kelten als auch die linksrheinischen Germanen verwendeten Heckenrosenholz bei Feuerbestattungen.

[211] Eigentlich die Sommersonnwende, die um den 21. Juni liegt, von der römischen Kirche aus einfach ersichtlichen Gründen aber etwas verschoben wurde.

[212] Häufig wird hier als Festtag in keltischen Kalendern oder auf entsprechend orientierten Websites der 1. August genannt, doch tatsächlich ist es der achte Vollmond des Mondjahres, an dem die Kelten Galliens dieses Erntefest feierten. Im Anhang

zu diesem Buch biete ich Ihnen einen »korrekten« Kalender der keltischen Jahreskreisfeste an, der sich am Mondjahr und den exakten Mondphasen ausrichtet, denn diese sind für den Gärtner bzw. den an Kräutern Interessierten weitaus wichtiger als die heute so gerne angegebenen Daten. Sie müssen in diesem Fall damit leben, daß die Wintersonnwende – Jul – nicht immer mit unserem modernen Weihnachtsfest zusammenfällt, was Ihren Garten gewiß nicht stören wird.

[213] Ein befreundeter Historiker, Experte der Kreuzzüge und Ritterorden, ist der Auffassung, die Bezeichnung »Johanniskraut« habe sich gegen solche ältere Volksnamen wie Albblut, Elfenblut und vor allem »Wundkraut« erst mit den Kreuzzügen durchgesetzt, da insbesondere die Johanniter sich der Pflanze für die Behandlung von Verletzungen bedient hätten. Erst im ausgehenden Mittelalter und zu Anfang der Renaissance habe man den Zusammenhang zwischen Johannitern und Johannikraut durch den zwischen Johannes dem Täufer und Johannikraut ersetzt.

[214] Zu Lebzeiten von Jacob Theodor wurde 1588 lediglich der erste Band seines Werkes veröffentlicht. Band 2 und Band 3 datieren in der Erstauflage mit 1591.

[215] Dieses Gesetz hat sein Ziel erreicht. Soweit uns bekannt, leben vielleicht gerade noch zwei oder drei Herbalisten, die ihre Abschlußprüfung vor dem Gesetz von 1941 ablegten und damit offiziell unter dem Titel »Herbalist« parktizieren dürfen. Der Leser kann sich selbst ausrechnen, welches Alter diese »Spezialisten« haben, die heute nur noch darum den Beruf nicht aufgegeben haben, weil Söhne, Töchter oder wer auch immer, der an ihrer Seite steht, noch so lange offiziell praktizieren dürfen (per notariell beglaubigtem Schreiben vom Herbalisten), bis diese letzten Diplomierten ihren letzten Atemzug getan haben.

[216] Band XX, XLVIII, 119

[217] in : »Revue Celtique«, T. I, S. 499. Ebenso: Ricochon, »La Tablette de Poitiers«, Wien und Paris, 1901

[218] Im Jahre 1838 gelang es dem Italiener Raffaele Piria zum ersten Mal, aus Salicin reine Salicylsäure herzustellen. Das Salicin selbst hatte der Münchner Pharmazeut Andreas Buchner 1828 erstmals durch Auskochung von Weidentinde isoliert. Der Franzose Leroux schaffte es 1829, die Kristallform zu gewinnen. Salicylhydrid aus Filipendula ulmaria isolierte der Schweizer Pagenstecher im gleichen Jahr, in dem Piria Salicylsäure herstellte. Aus dem Ergebnis von Pagenstechers Forschung oxydierte schließlich Ludwig die Säure. Doch es dauerte noch 20 Jahre, bis es 1853 dem Franzosen Charles Fréderic Gerhardt gelang, unreine Acetylsalicylsäure zu synthetisieren!

[219] Gelegentlich werden vier Pflanzen zitiert, die vierte ist die Wasserminze – Mentha aquatica.

[220] Max Höfler, »Volksmedizinische Botanik der Kelten«, in: »Archiv für Geschichte der Medizin«, Bd. V (1911), S. 251ff

[221] Aus den jungen Blättern kann man einen sehr schmackhaften Salat zubereiten.

[222] Rätsch, Müller-Ebeling, Storl, »Hexenmedizin«, AT Verlag, 4. Aufl., 2002, S. 89

[223] Funde in einer Höhle bei Shanidar im heutigen Irak, die 60.000 Jahre alt sind, belegen diese uralte Tradition des Blütenbettes und des Beifußkreises.

[224] Das agyptische Nationalgericht »Melokhia« wird aus den jungen Blättern einer lokalen Malvenart zubereitet. Vermutlich war es eben genau dieses Nationalge-

richt, über dessen faden Geschmack sich bereits in der Bibel bei Hiob 6, 6–7 beschwert wird.

[225] Die Misteldrossel frißt die Beeren und sorgt so für die Ausbreitung, was zu dem nicht sonderlich eleganten, aber sehr treffenden antiken römischen Spruch geführt hat: »Turdus sibi ipse maculam cacat.« – »Die Drossel kackt sich ihr eigenes Unglück.« – Der Vogelleim, mit dem die Römer die Delikatesse Drossel einfingen, bestand aus dem klebrigen Innenleben der weißen Beeren und noch ein paar anderen Komponenten.

[226] Gold ist ein zu weiches Metall, um als Schnittwerkzeug geeignet zu sein.

[227] Plinius erwähnt in seinen Schriften, daß der Bernstein mit Gold gleichwertig und wertvoller als ein Menschenleben war. Der Bernstein war ein Sonnenstein! Die Hochachtung der Druiden vor diesem Stein lässt sich vielleicht – allegorisch – am leichtesten durch ein kleines Detail der griechischen Mythologie über seine Entstehung erklären: Helios, der Sonnengott, übergab seinem Sohn Phaéton die Zügel des Sonnenwagens. Aber Phaéton war seiner Aufgabe nicht gewachsen, mal fuhr er zu hoch über die Erde, so daß die Menschen froren, ein anderes Mal kam er der Erde zu nahe und die Felder verbrannten. Darüber war Zeus so erzürnt, daß er Phaéton mit einem Blitz erschlug und aus Trauer um ihren Bruder verwandelten sich seine Schwestern in Pappeln und ihre Tränen wurden zu Bernsteinen!

[228] Pseudonym eines berühmten Alchimisten des frühen 14. Jahrhunderts, der uns ein höchst eigenartiges, aber interessantes Werk unter dem Titel »Hermes dévoilé« hinterließ. Für ihn war der Alchimist das »Wort Gottes« und der »Heilige Geist« das Feuer der alchimistischen Transformation.

[229] http://www.synaptic.ch/MuseumHermeticum/

[230] Erste Auflage 1947, Neuauflage 1996 bei Ed. Devy

[231] Der Tempel auf dem von Schweinfurth 1904 entdeckten sogenannten Toth-Berg bei Theben enthielt ein solches Blumengewinde mit Pfefferminze.

[232] »If it be leyd under mann's heed,
He shal sleepyn as he were deed;
He shal never drede ne wakyn
Till fro under his heed it be takyn.«
Erstaunlich! Agrimonia eupatoria hat eigentlich überhaupt keine narkotisierende Wirkung.

[233] 1501–1577, Hofarzt von Kaiser Maximilian I.

[234] In Pergament gebundene Handschrift von 1772(?), 1995 durch Dr. med. vet. H. Nürnberg dem Fachbereich Veterinärmedizin der Freien Universität Berlin übergeben. Der eigentliche Ursprung der Handschrift ist unbekannt, es darf aber angenommen werden, daß es die Abschrift des »Wolerfahrner Ross Artzt, oder Vollständige Ross-Artzney-Kunst, in 3 Buechern verabfasset« von Winter mit zusätzlichen Anmerkungen und Einfügungen eines Hufschmieds mit Namen Zachen ist. Siehe hierzu auch die Dissertation von Dr. Anja Henn (Düren) vom 17.09.1999. Dr. Henn hat die gesamte Adlersflügel-Handschrift aufgearbeitet und dadurch dem interessierten Fachpublikum zugänglich gemacht: (http://www.diss.fu-berlin.de/1999/91/indexe.html).

[235] »Diesen Safft (Johanniskrautpreßsaft) gibt man mit Odermenig den Rossen ein für die Würm.« »Heydenisch Wundkraut (Schafgarbe), Wermut, Oder Mennige

und Roten Beyfuß bei Magerkeit von Pferden ...«»Oder Mennige in roten Wein gesotten und das lahme Glied damit gebadet und geschmiert ...«»Oder Mennige bei Kreuzverschlag (äußerlich und innerlich) zusammen mit Nachtschatten, Beifuß, Schöllkraut und Osterluzei als Salbe mit Fett oder Peteröl aufgekocht zum Einschmieren ...«»Oder Mennige und Beifuß und Pappelblätter in Bier gegart für ein geschwollenes Geschlechtsorgan beim männlichen Pferde ...«

[236] John Hill, »The British Herbal«, 1756, S. 344 (in der Sammlung der französischen Nationalbibliothek)

[237] »Hexenmedizin«, AT Verlag, Arau, Schweiz, 4. Auflage, 2002, S. 160

[238] Die Pflanze soll dazu gedient haben, die verletzte Ferse des glücklosen Achilles zu behandeln, die einzige Stelle seines Körpers, an der der Halbgott der griechischen Mythologie verletzlich war.

[239] Decimus Magnus Ausonius (ca. 310–395 der Zeitrechnung), gallo-römischer Dichter, Präzeptor von Gratien, Sohn des Kaisers Valentinian und später Präfekt Galliens, in seiner Referenz auf den Druiden Patera, der im heutigen Bordeaux sowohl als Redner als auch als Arzt berühmt war und dessen Vater noch Priester des Belenos im Belenos-Tempel gewesen war. Gleichzeitig hatte Pateras Vater auch einen Lehrstuhl für Medizin an der Universität von Burdigala inne, während Ausonius dort Rhetorik und Grammatik lehrte.

[240] Tabernaemontanus, »Neuvvollkommentlich Kreuterbuch«, 3 Bände, 1625: »Garbenkrautsafft frisch außgepresset/und 4. Loht mit ein wenig Zucker getruncken/stillet den unmäßigen Blutfluß der Weiber. Das Kraut und Blumen in Wein oder Wasser gesotten/darnach durchgesiegen/und Abends und Morgens/jedesmal 4. Untzen davon getruncken/hat gleiche Würckung. Oder stoß das auffgetrucknete Kraut zu einem subtilen Pulver/und zertreibs mit dem Wasser/darinn Granatenblumen und der Safft HIPOCISTIS gesotten sind worden/und gib es zu trincken. Frisch Garbenkraut gestossen und ein Mutterzäpfflein darauß gemacht/vertreibet den weissen Mutterfluß/so ein Weib dasselbige zu sich thut. Garbenkrautsafft frisch außgepresset/und 5. oder 6. Loht getruncken/vertreibet die unmässige Flüß der Feigblateren und Güldenadern/und stillet darneben grossen Schmertzen derselben« (Bd. I. S. 356–363).

[241] Dies ist erstaunlich, weil Fuchs sich ansonsten durchgehend sogar die Mühe machte, den Kräutern ihre »barbarischen« Namen zuzuordnen, und er zum Beispiel auf den »Selago« als »heydnisch Wundkraut« sehr detailliert eingeht. Bei ihm findet sich »Schafgarbe« als »Garb« unter der Referenz CCLXXVIII (278) im Nachdruck der Basler Ausgabe von 1534 durch Michael Isingrin, VMA-Verlag, 2002.

[242] Durch Blutvergiftung

[243] Allerdings nicht als »Liebesorakel«, wie dies Müller-Ebeling, Rätsch und Storl in ihrem Buch »Hexenmedizin« beschreiben (S. 27); AT Verlag, Arau, Schweiz, 4. Auflage, 2002.

[244] Die Mittsommernachtfeuer wurden immer am längsten Tag des Jahres entzündet und waren dem Lichtgott Belenos geweiht, den die christlichen Priester lediglich durch Johannes den Täufer ersetzten, um dem nicht auszurottenden vorchristlichen Feuerbrauch einen »politisch korrekten« Anstrich zu verleihen. Die Zeit um die Mittsommernacht ist bei den Heilkräuterkundigen und Kräutersammlern immer noch die wichtigste Zeit des Jahres. Weiterhin verlegte man die Feuer um

drei oder vier Tage, weg von jenem richtigen Termin der kürzesten Nacht des Jahres, der eigentlich der 21. Juni ist.

[245] Ob hier auch die weißen Flecken – Leukome – gemeint sind, ist nicht sichergestellt. Auch Boullard in seinem »Plantes Médicinales du Monde«, Ed. ESTEM, 2001, S. 124, spricht nur von »Flecken auf der Hornhaut«, die er nicht weiter präzisiert.

[246] Pino Morrenti, »Cinq mille ans de cuisine aphrodisiaque«, Paris, Ed. Robert Laffont, 1992

[247] Findet sich in geringeren Dosen in allen Arten der Korbblütlergattung Artemisia wieder.

[248] Jeweils zu gleichen Teilen getrockneter und dann eingeäscherter Absinth von Saintonge, eingeäschertes Hirschhorn und zu Pulver zerstoßene Samen des Maggi-Krauts Levisticum officinalis, wird auf nüchternen Magen in etwas warmem Wasser eingenommen. Die Menge variiert entsprechend dem Körpergewicht des Patienten.

[249] Sein Originalrezept stammt aus dem 18. Jahrhundert.

[250] z. B. Pernod

[251] »De Medicamentis«, XXVI, 41

[252] Eine Tonurne, in der sich etwa zwei Handvoll getrockneter Bilsenkrautblätter zusammen mit Scheckengehäusen und Knochen befanden. Siehe hierzu: Gisela Graichen, »Das Kultplatzbuch«, 2. Aufl., Hoffmann & Campe, Hamburg, 1988, S. 69.

[253] Am Ende dieses Buches finden Sie bei den Rezepten – allerdings ohne irgendeine therapeutische Indikation – mein Hausrezept zur Herstellung von Bilsenkrautbier. Als erwachsene und vernünftige Leser wissen Sie sicherlich, daß die Angaben für die Zutaten besser einzuhalten sind, wenn Sie das Getränk erfolgreich nachbrauen und genießen wollen, ohne dabei Schaden zu nehmen.

[254] Ein ausgezeichnetes Präparat, »Aconitum comp.« von Wala, ist für dieses Krankheitsbild auf dem deutschen Markt erhältlich.

[255] Bitte probieren Sie das auf gar keinen Fall aus! Es handelt sich hier um drei hochpotente Giftpflanzen. Obwohl man weiß, daß sie zur Betäubung und Schmerzlinderung eingesetzt wurden, ist nicht bekannt, wie sie eingesetzt wurden. Durchaus möglich wäre, daß man diese Pflanzen eher verräucherte, als sie oral einzugeben. Eisenhut ist – verräuchert – von bemerkenswerter psychedelischer Wirkung.

[256] Aufgrund der Ausrottungsversuche der Römer und später Christen gegen Druiden, massiven Verfolgung und Ausrottung der »Weisen Frauen« während der Hexenverfolgung.

[257] Wenn ich mich nicht total verrechnet habe, ist dies ungefähr eine homöopathische D9-Potenz nach Hahnemann. Beachten Sie bitte trotzdem, daß es sich hier um eine äußerliche Anwendung handelt. Wie oben angegeben, genügen oral schon 0,2 mg, um Vergiftungserscheinungen auszulösen, und zwischen 3 bis 6 mg ist die Droge für Erwachsene tödlich.

[258] »Der Garten der Gesundheit« – Hortus Sanitatis – nach der pdf-Version der Ausgabe von 1485, die Prof. P. Seidensticker und die UB Marburg zur Verfügung stellen.

[259] Müller-Ebeling, Rätsch, Storl: »Hexenmedizin«, AT Verlag, 4. Aufl. 2002, S. 157

²⁶⁰ Z. B. die Rezeptur der Hexensalbe im Werk »Magiae naturalis sive de miraculis rerum naturalium« (1558) des italienischen Arztes und Universalgelehrten Giambattista della Porta (1538–1615), des Begründers der (umstrittenen und unter dem Druck der Inquisition aufgelösten) Academia die Segreti.
Man nehme 4 Teile Lolium temulentum (Taumellolch = Schwindelhafer: Neurotoxine; Adjuvans?), 4 Teile Hyoscyamus niger (Bilsenkraut: Tropanalkaloide; u. a. halluzinogen), 4 Teile Conium maculatum (Gefleckter Schierling; Coniin; verändert die Hautsensibilität), 4 Teile Papaver rhoeas (Klatschmohn; ungiftig; mild beruhigend), 4 Teile Lactuca virosa (Giftlattich; haut- und schleimhautreizender Saft; resorptionsfördernd?), 4 Teile Portulaca (Burzelkraut; ungiftig; schleimhaltig, entzündungswidrig, reizlindernd) und 4 Teile Atropa belladonna (Tollkirsche; Tropanalkaloide; u. a. halluzinogen).
Pro Unze (= 31,1 g) dieser öligen Schmiere wird noch eine Unze Opium beigemengt. Laut Selbstversuchen, die Giambattista durchführte, soll 1 Skrupel (1,3 g) dieser Hexensalbe eine zweitägige »Reise« garantieren.

²⁶¹ »The Complete Herbal«, 1653

²⁶² Die sogenannten »trained bands« – sie hatten sozusagen eine gewisse militärische Ausbildung erhalten und gingen nicht einfach nur mit Mistgabeln und Knüppeln auf die Royalisten los.

²⁶³ Hier, was druidisches Heilwissen angeht, natürlich auch Erhaltung und Tradierung durch die sogenannten Myddfai-Ärzte und das berühmte »Red Book of Hergest«, in dem sich »Meddigyon Myddfai« – Das Medizinbuch von Myddfai – befindet.

²⁶⁴ Hier kollabierte das Clan-System 1707 und mit der blutigen Niederschlagung der Hochländeraufstände durch die Engländer und der anschließenden Deportation zigtausender von Schotten in die Kolonien.

²⁶⁵ Ab der Mitte des 19. Jahrhunderts etwa zeitgleich mit Napoleon III.

²⁶⁶ Allerdings meist Helleborus niger – Schwarze Nieswurz bzw. Christrose.

²⁶⁷ In »Naturgeschichte der Gewächse«. Erhaltenes Gesamtwerk von Theoprast, herausgegeben von V. Schneider in 5 Bänden zwischen 1818 und 1821, Leipzig. Theoprast lebte etwa um 390 bis 287 vor der Zeitrechnung und starb nach Aussage des Historikers Diogenes Laertios an »Faulheit«. Seine Informationen hat der »faule« Theoprast dementsprechend auch nicht selbst zusammengetragen, sondern bei Händlern, Reisenden und anderem »beweglichem« Volk eingeholt!

²⁶⁸ »Le Morbihan – Son Histoire et ses Monuments«, Vannes, 1847

²⁶⁹ Und damit meinten die Quellen von Cayot-Delandre die Zeit, in der der Druidismus in der Bretagne ungefangen von Christentum und politischem Ränkespiel der Römer, Franken oder Nordmänner die gemeinhin praktizierte Religion war.

²⁷⁰ Zur Tradition der Euthanasie bei den Kelten Galliens – nicht nur in der Bretagne, sondern auch in den anderen Gebieten – und den Erläuterungen zum »mel béniguet« und weiteren wissenschaftlichen Zeugnissen dieser Praxis siehe insbesondere: Dr. G. LeScouëzec, »La Médecine en Gaule«, Dissertation 1964, Editions L'Arbre d'Or, 2002, S. 121–124.

²⁷¹ In: »Carnac: Legendes, Traditions, Coutumes et Contes du Pays«, Imprimerie Bretonne, Rennes, 9. Auflage, 1961

²⁷² Vor allem in der Region von Carnac.

[273] Lepechin, »Tagebuch-Aufzeichnungen«, 1768–1769, St. Petersburg, 1771, Teil II, S. 266

[274] W. Deriker, »Zusammenstellung von Volksheilmitteln, die von Zauberern in Rußland gebraucht werden«, St. Petersburg, 1866, S. 80

[275] Pallas, »Eine Reise durch verschiedene Provinzen des russischen Reichs 1773–1776«, St. Petersburg, ohne Erscheinungsjahr, S. 53

[276] W. Deriker, »Zusammenstellung von Volksheilmitteln, die von Zauberern in Rußland gebraucht werden«. St. Petersburg 1866, S. 80

[277] XVII-32

[278] Eine Rezeptur für ein Schmerzmittel, das sich ähnlich auch bei Lonicerus und Matthiolus wiederfindet und ebenfalls von Paracelsus erwähnt wird. Allerdings sagt Madaus in seinem zuvor erwähnten Werk aus dem Jahr 1935, daß gemäß seiner Erfahrung die Wirkung von Mandragora officinalis der von Atropa Belladonna ähnelt, was vielleicht bei manchen frühen Übersetzern zu der Annahme führte, daß Theoprasts Mandragoras die Tollkirsche sei. Sowohl Lonicerus als auch Matthiolus und Paracelsus weisen gleichzeitig auf die einschläfernde und – in größeren Dosen eingenommen – wahnsinnig machende Kraft der Tollkirsche hin. Von Paracelsus wird sie »Cerabella« genannt.

[279] Bild Nr. 237

[280] N. Reko, »Magische Gifte«, Stuttgart, 1936, und »Heil- und Gewürzpflanzen«, Bd. XV, S. 64, München, 1933

[281] Manfred Neuhold, »Zauberkräuter«, Steirische Verlagsgesellschaft, 2000, S. 41 f.

[282] Ich habe einen einzigen wissenschaftlichen Hinweis ausfindig machen können, der auf ein »Baumhoroskop« der keltischen Druiden-Priester hinweisen könnte: Auf dem Kalender von Cologny wurde die Wortkombination »prinni loudin« verbucht: prinni wurde von Guyvonarc'h mit dem bretonischen prenn – »Holz« – in Verbindung gebracht sowie mit dem »prenni lag«, einer sehr alten Form der Divination, dem sogenannten »Wurf des Holzes«, ebenso wie mit dem »skarzh prenn« – bretonisch: »Zauberstab« beziehungsweise »Stab der Reinigung«. Für weitere Informationen siehe Prof. C. Guyvonarc'h, »Magie, médecine et divination chez les Celtes«, Ed. Payot & Rivages, Paris, 1997, S. 307 ff.

[283] Bitte vergessen Sie die »kleine Fee« mit ihren niedlichen Flügelchen und dem »Blumenhütchen« auf dem Kopf, zu der durch Christianisierung, Verteufelung und schließlich Lächerlichmachung in der Kindermärchenwelt diese mächtigen Wesenheiten degradiert wurden. Feen/Elben/Alben sind und waren immer das, was uns dank der nordischen und keltischen Mythologie über sie berichtet wurde: machtvolle höhere Wesenheiten, uralt und weise und mit den Gesetzen und Kräften der Natur und des Universums aufs Engste vertraut.

[284] Wenn wir einen Baum berühren und uns auf ihn konzentrieren, dann ist es leicht möglich, zu erfühlen, ob dieser Baum eher eine kühle oder eher eine warme Rinde hat. Bäume, deren Rinde kühl ist, haben oftmals eine entspannende Wirkung auf Menschen, die angespannt sind, von Streß geplagt werden oder auch unter Wetterfühligkeit leiden. Sie helfen, innere Energien wieder aufzubauen und zu erneuern und mit sich selbst ins Gleichgewicht zu kommen. Diese »kühlen« Bäume – erstaunlicherweise gehören die meisten der von den keltischen Druiden als heilig verehrten Bäume in diese Kategorie – sind eher vom Mond geprägt als

von der Sonne. Andere Bäume wiederum, deren Rinde warm zu sein scheint, üben besonders bei körperlicher Erschöpfung sehr positive Heilwirkungen aus. Sie sind hell und licht und strahlend, wie die Sonne – Sonnenbäume also. Dann gibt es insgesamt drei Bäume, bei denen es schwer auszumachen ist, ob sie nun eher vom Mond oder eher von der Sonne geprägt sind. Ihre Rinden scheinen – je nach Tagesform – warm oder kalt zu sein: Diese Grenzbäume zwischen den Welten sind, was ihre Kraft und ihre Heilkraft anbetrifft, nicht nur ganz besonders außergewöhnlich, sondern hatten auch in der keltischen Glaubenswelt einen ganz besonderen Stellenwert: der Holunder, die Birke und der Wacholder!

[285] Insbesondere die irische Saga über die Verfolgung von Diarmuid ua Duibhne und seiner Geliebten Gráinne, Tochter des Cormac Mac Airt, des Ard Ri Érenn (Großkönig von Irland), der sie Finn mac Cumail als Braut versprochen hatte. Diese Saga ist Teil des sogenannten »Fenian-Zyklus«.

[286] Bitte denken Sie hier nicht an Tierquälerei. Es handelt sich eher um eine symbolische, wenn auch etwas handfestere Berührung als um einen echten Schlag.

[287] Táin Bó Cúailnge – Die Razzia der Kühe – von Cooley aus dem Ulster-Zyklus.

[288] Doris Laudert, »Mythos Baum«, BLV, München, 1998, S. 97f.

[289] Eine Art dunkler Elf, der sich gerne mit den Menschen böse Späße erlaubt, die meist einen tödlichen Ausgang nehmen.

[290] Le Scouezec, »La Médecine des Druides«

[291] A. Kukowa, »Baderbuch«, AG Medizinische Wissenschaften, Berlin, 1952

[292] Küttner, Michael, »Der Geist aus der Flasche – Psychedelische Handlungselemente in den Märchen der Gebrüder Grimm«, Löhrbach, Werner Pieper & Die Grüne Kraft, 1998

[293] Küttner, Michael, Der Geist aus der Flasche – Psychedelische Handlungselemente in den Märchen der Gebrüder Grimm, Löhrbach, Werner Pieper & The Grüne Kraft, 1998

[294] Eichberger, C., »Die Eibe (Taxus baccata) in Salzburg. Versuch einer monographischen Bearbeitung«, Diplomarbeit in Salzburg an der Naturwissenschaftlichen Universität, 1993

[295] Kukowa, 1952

[296] Rippe, O., Madejski, M., Amann, M., Ochsner, P., Rätsch, C., »Paracelsusmedizin«, Aarau, AT Verlag, 2001

[297] Rätsch, Christian, »Räucherstoffe – Der Atem des Drachen«, Aarau, AT Verlag, 1996; Rätsch, Christian, »Enzyklopädie der psychoaktiven Pflanzen«, Aarau, AT Verlag, 1998; Rätsch, Christian, Müller-Ebeling, Claudia, »Lexikon der Liebesmittel«, Aarau, AT Verlag, 2003 Rippe, O., Madejski, M., Amann, M., Ochsner, P., Rätsch, C., »Paracelsusmedizin«, Aarau, AT Verlag, 2001

[298] In den gallisch-keltischen Gebieten Frankreichs kommt die Esche sehr häufig vor und vermehrt sich durch Eigenaussaat geradezu sprunghaft. Es genügt schon, während der winterlichen Fröste einen unten zugespitzten Zweig des Baumes etwa 15 cm tief in die Erde zu stecken.

[299] Aus der Erle sei die Frau entstanden!

[300] Plinius

[301] Zwergholunder ist giftig für Pferde. Eine Vergiftung zeigt sich durch Koliken, blutigen Durchfall, Schwindel, Pupillenerweiterung und Herzbeschwerden.

[302] Im Althochdeutschen »holunthar«, die Endsilbe thar ist »Baum«.

[303] »Feiglinge, Kriegsscheue und Unzüchtige« wurden laut der römischen Geschichtsschreiber Tacitus von den Germanen gerne im Moor versenkt, die ja ein anderes Verhältnis zur »Moorhexe« hatten als die gallischen und inselkeltischen Cousins. Tacitus schreibt in der »Germania« (12,1): »Proditores et transfugas arboribus suspendunt, ignavos et imbelles et corpore infames caeno ac palude, iniecta insuper crate, mergunt.« – »Verräter und Überläufer knüpfen sie auf den Bäumen auf, Feiglinge, Kriegsscheue und körperlich Unzüchtige versenken sie im Schlamm und Sumpf und werfen noch Flechtwerk darüber.«

[304] Bis heute wurden etwas mehr als 1000 Moorleichen in den Mooren Nordeuropas gefunden. Einige wenige von ihnen wurden wahrscheinlich aufgrund von Todesurteilen im Moor versenkt. Sie sind im Regelfall völlig unbekleidet, oft auch mit geschorenen Haaren und mit Hilfsmitteln wie Ruten oder Stricken fixiert gefunden worden. Diese Moorleichen sind meist auch späteren Datums als die anderen – die Opfer an die Götter – und stammen aus dem 3. und 4. Jahrhundert der Zeitrechnung. Viele allerdings lagen völlig bekleidet und »in aller Würde« in den Mooren, oft mit einem sehr friedlichen Gesichtsausdruck. Diese Moorleichen sind im Regelfall wesentlich älter und stammen aus dem 5. und 6. Jahrhundert vor der Zeitrechnung. Sie wurden wohl im Spätherbst oder Winter getötet, was die Untersuchung der Mageninhalte ergab, was meine Hypothese von der Morrigú u. U. unterstreicht. Manche von ihnen sind allerdings auch eindeutig die Opfer von Unfällen, wie z. B. die »Frau von Fraer Mose«, deren Fuß bis zum Knöchel in einer tieferen Moorschicht festgesteckt hatte und gebrochen war. Die erste »wissenschaftliche« Untersuchung einer Moorleiche führte 1781 die irische Gräfin von Moira durch. Allerdings dauerte es noch Jahrzehnte, bis Moorleichen in der Geschichtswissenschaft und Archäologie eine stärkere Beachtung fanden.

[305] Am 1. August 1984 durch den englischen Landarbeiter Andy Gould. Man verständigte nicht nur sofort die örtliche Polizei, sondern ebenfalls den Archäologen Rick Turner. Da die Gerichtsmediziner sich umgehend darüber im Klaren waren, daß dieses »Mordopfer« nicht in ihren Zuständigkeitsbereich fiel, überließ man den »Mann von Lindow« glücklicherweise sofort Turner und seinem Expertenteam.

[306] Dr. Violaine Vanoyeke, »Le druide Diviciac, traître ou héros ?«, Historia N° 518, Februar 1990; ebenso Françoise Roux, »Notes d'histoire des religions«, XX, 53, »Nouvelles recherches sur les druides (sur le rôle de Diviciac dans la politique éduenne)«, in: Ogam 22, 1970; Christian-J. Guyonvarc'h, »Notes d'étymologie et de lexicographie gauloises et celtiques«, VII, 23, »Diviciac et Dumnorix, le ›divin‹ et le ›roi‹ «, in: Ogam 12, 1960 ; Camille Jullian, »Le druide Diviciac«, Revue des études anciennes 111, 1901 ; E. Taubler, »Bellum Helvetiaum«, Stuttgart, 1924, und H. D'Artois de Jubainville, »Les druides et les dieux celtiques à formes d'animaux«, Paris, 1908.

[307] Heute nennt man den Vorgang »Oxidation« und fürchtet sich nicht mehr!

[308] »Item ad remedium pediculi ... cortix colaenn rus dar caerdin dolgoed ... guoed folia sabuci carturaed ...«

[309] Wenn Sie einmal 100 Gramm Weidenblüten gesammelt haben, um daraus magere 50 Gramm getrockneter Droge zu erhalten, werden Sie mir Recht geben. Ein

großer Tuff Melisse im Blumenkübel am Fensterbrett oder in der Veranda ist allzeit bereit und wesentlich einfacher zu handhaben!

[310] Natürlich haben Sie in Deutschland nicht den Vorzug des milderen Wetters und der früheren Blüte, den wir in der Normandie genießen. Warten Sie also ein bißchen länger!

[311] 1922, vollständiger Text unter http://www.sacred-texts.com/pag/frazer/index.htm.

[312] Robert Graves, »The White Godess – A Historical Grammar of Poetic Myth«, Farrar, Straus, and Giroux, 1966, S. 61–73. Auf S. 143 beschreibt Graves, daß man das Haupt des geopferten Eichenkönigs im Rauch gebeizt und, so haltbar gmacht, für Orakelzwecke verwahrt hätte, während man seinen Penis als einzigen übriggebliebenen Bestandteil von ihm (der Rest ist ja geröstet, aufgefressen und verbrannt oder geräuchert in Verwahrung) auf einer Barke aus Erlenholz zu einer Insel überführt hätte, die An Avallach darstellen sollte – die Insel der Glückseligkeit!

[313] Für die Druiden stellte die Corona Borealis ein Sonnenrad dar. Die Nördliche Krone zählt zu den insgesamt 48 Sternbildern der antiken Astronomie, die bereits Ptolemäus erwähnte. Ihr südliches Gegenstück ist die Corona Australis.

[314] Storl, »Pflanzen der Kelten«, S. 246

[315] Bohren Sie, solange noch Frost in der Erde ist, vorsichtig und sich beim Baum entschuldigend ein ca. 5 cm tiefes Löchlein in die Sonnenseite. Stecken Sie in dieses Loch ein Röhrchen, vorzugsweise aus Glas, und plazieren Sie unter das Rohr ein Gefäß, in dem der Birkensaft aufgefangen werden kann.

Nach ungefähr 48 Stunden haben Sie etwa 2 Liter Birkensaft. Ziehen Sie das Rohr ab und versiegeln Sie das Loch sauber mit Gärtnermastix oder mit Honig, damit sich kein Bakterienherd bildet, der dem Baum ans Leben geht. Seien Sie nett zu Ihrer Birke und gehen Sie sorgfältig vor (auch beim Anbohren, den sauberen Bohrer in heißem Wasser sterilisieren).

Kochen Sie den Birkensaft mit 500 Gramm Zucker ab, schäumen Sie ihn ab und gießen Sie ihn durch einen Kaffeefilter. Anschließend füllen Sie ihn in zuvor sterilisierte und sehr saubere Bügelflaschen ab, und zwar exakt bis zum Ansatz des Flaschenhalses. Den Flaschenhals füllen Sie mit einem Alkohol Typ Kornschnaps oder Wodka auf. Jetzt muß das Gebräu sechs Monate an einem dunklen und kühlen Ort reifen, bevor Sie es genießen können.

Als Geschmacksverstärker können Sie ein wenig geriebene (und unbehandelte!) Zitronenschale mitkochen.

[316] 1577–1644. Das zitierte Werk, »Ortus medicinae«, wurde erst 1648, vier Jahre nach seinem Tod, veröffentlicht.

[317] U. a. Mitte der 60er Jahre in der Königsaue bei Aschersleben in Sachsen-Anhalt. Das geologische Alter der Schicht, in der man den Birkenteer fand, wurde auf 80.000 Jahre vor unserer Zeitrechnung angegeben.

[318] Zahnabdrücke auf Birkenteerklumpen zeigen, daß dieser gekaut wurde. Ob allerdings hierbei der Kaugummigenuß oder das Weichmachen zur Verarbeitung als Klebstoff im Vordergrund stand, ist nicht geklärt!

[319] Hibbert Lectures, 1886, Fonds »Rhys Papers«, GB 0982 JR, University of Wales Aberystwyth, Archiv der Hugh Owen Library

[320] Italienischer Rechtsgelehrter und Mediziner, ca. 1230–1321, Verfasser eines berühmten landwirtschaftlichen und naturkundlichen Werkes, »Ruralia commo-

da«, das, soweit ich weiß, erstmals im Jahre 1493 in Speyer von Peter Dach in »theutscher« Sprache gedruckt wurde, als »Vom Ackrbouw, Erdtwouchter und Bouwleut«. Das an der Bibliothek der Ludwig-Maximilians-Universität München vorhandene Exemplar wurde zur Freude vieler Mittelalterkundler, die sich für botanische und landwirtschaftliche Themen interessieren, eingescannt und ist über die UB-Website in den »Quellen zur Geistesgeschichte des Spätmittelalters« verfügbar, zusammen mit anderen »Schmankerln« wie z. B. Johannes Thritemius www.mgh-bibliothek.de/digilib/quellen.htm.

321 Hieß eigentlich Joseph Du Chene Sieur de la Violette, geb. 1544 in L'Esturre (Lectoure) im Armagnac, gest. 1609, wahrscheinlich in Paris. Er lebte also in einer Zeit, in der nicht nur Hermetik und Alchimie große Mode waren, sondern auch das Latinisieren von Namen, wenn man sich als Gelehrter ansah! Quercetanus studierte in Basel, wo er mit seinen medizinisch-spagyrischen Werken im Geiste von Paracelsus schnell bekannt wurde. Nach der Approbation ließ er sich in Genf nieder, wo er allerdings wegen seiner alchimistischen Arbeiten ziemlich schnell mit dem »Sittengericht« ins Gehege kam. Nachdem er fluchtartig die Schweiz verlassen mußte, wurde er Leibarzt von Henri IV. und in dessen Auftrag ebenfalls Geheimdiplomat. In dieser Funktion bereiste er nicht nur ganz Frankreich, sondern kam ebenso viel in den deutschen Landen herum. Quercetanus gilt bei den Franzosen als ein großer Pionier der chemischen Medizin. Sein aufschlußreichstes Werk, »Pharmacopoea dogmaticorum restituta«, aus dem hier zitiert wird, befindet sich in der französischen Nationalbibliothek in Paris.

322 Weißdornblüten und -blätter sind als Tee genossen bedauerlicherweise nicht gerade eine »Geschmacksbombe«, die den verwöhnten Gaumen kitzelt. Ich mische deswegen immer »schmackigere« Sachen in den Weißdorn. Besonders gut bewähren sich hier getrocknete Apfelstückchen, Hagebutte, Holunderbeeren oder getrocknete Aprikosenstückchen.

323 Äpfel wurden bereits in der ausgehenden Eiszeit mit Wonne verspeist, was reichliche archäologische Funde von Apfelkernen in den Pfahlbautenanlagen Süddeutschlands beweisen.

324 Das »Vie de Saint Guinolé et Sainte Radegonde« aus dem 6. Jahrhundert der Zeitrechnung erwähnt, daß Cidre damals noch sehr sauer schmeckte. Während eines Banketts des Merowingerkönigs Thierry II. im 7. Jahrhundert der Zeitrechnung durfte der irische Nationalheilige Columba erstmals von dem Trunk kosten. Auf den Britischen Inseln wurde Cidre allerdings erst 400 Jahre später eingeführt, nämlich von Wilhelm, dem normannischen Eroberer, der offensichtlich auf sein Lieblingsgetränk auch in seinem neuen Königreich nicht verzichten wollte. In England heißt Cidre heute immer noch »Cider«. Er hat allerdings im Vergleich zum kontinentalkeltischen Getränk einen sehr viel höheren Alkoholgehalt, und zwar bis zu 12 %.

325 Maurice Mességué, geb. 1921, ist ein »guerriseur«, der von seinem Vater, einem Bauern, gelernt hat. Er ist einer der ganz wenigen »guerriseurs«, die vor Gericht gegen das Ärzte-Establishment und den »Ordere des Médécins« gewonnen haben. Seit 1994 existiert das Institut Maurice Mességué, das sein Werk fortsetzt. Seine Kräuterhandbücher findet man in so gut wie jedem (französischen) Haushalt.

326 Frei übersetzt: »Nach der Birne Pipi, nach dem Apfel Kaka!«

327 Wo das berühmte keltische Oppidum von Entremont liegt. Entremont befindet sich im Tal der Arc am See Berre und damit genau auf der »voie héracléenne«, also der Roue, die den mythischen Halbgott der Griechen, Herakles, nach dem Diebstahl der roten Ochsen von Géryon während seiner Flucht von Iberien nach Etrurien geführt haben soll!

328 Tiberius Catius Asconius Silius Italicus, Punica, XV, 169–172

Vierter Teil Die Apotheke der Druiden

Kapitel 9 Wundersame Rezeptsammlung aus vormittelalterlicher Zeit

329 Das Leydener Manuskript kam zusammengebunden mit drei Handschriften aus Fleury in die Sammlung von Issac Vossian. Zum ersten Mal wurde es in den Jahren 1895 bis 1897 gründlich studiert, nach dem der Kurator der Rijksuniversitet von Leyden, Mynheer de Vries, es nach London gebracht hatte, um es dem berühmten Keltologen Whitley Stokes vorzulegen. W. Stokes hat seine Übersetzung und Interpretation des Manuskripts im ersten Band der »Zeitschrift für Celtische Philologie« veröffentlicht (1897: 17–25). Allerdings bezogen sich seine Studien in erster Linie auf den sprachwissenschaftlichen Aspekt der Handschrift und nicht auf ihren medizinischen Inhalt. Nichtsdestoweniger schlußfolgerte bereits Stokes, daß der besondere Wert des damals noch als »Celtic Leechbook« bekannten Textes in der Auflistung der altbretonischen Bezeichnungen für Bäume und Heilkräuter liege. Aus diesem Grund wäre das »Leechbook« vor allem für jene von Interesse, die sich mit dem Studium der Geschichte der Medizin befaßten.

330 »The Leiden Leechbook: A study on the Earliest Neo-Brittonic Medical Compilation«, Insbrucker Beiträge zur Kulturwissenschaft, 2005, ISBN 3-85124-215-7; Bezug nur über den Herausgeber: Universität Innsbruck, Prof. Dr. Wolfgang Meid, Innrain 52, A-6020 Innsbruck.

331 Ohne hierbei die griechischen und römischen Einflüße zu verleugnen!

332 Die Etablierung der Medizin als eigenständige wissenschaftliche Disziplin ist auf das Engste mit dem Namen Hippokrates verknüpft. Sie wollte sich nicht nur von der magischen, sondern auch von der empirischen Medizin abheben. Doch hundertprozentig ist dies bis zum Beginn der Neuzeit und der Konzeption des klinischen Experiments nie gelungen.

333 Auch wenn im Leydener Manuskript keine Seiten erhalten sind, die Fragen der Chirurgie behandeln, so wird diese Annahme erhärtet durch vielfältige archäologische Funde von chirurgischen Instrumenten in Gallien, die auf die Zeit vor der römischen Herrschaft über das Land datiert werden können.

334 Eigentlich ist es ein bißchen Sprachengemisch, denn auch in diesen Text haben sich gelegentlich lateinische Worte bzw. gebräuchliche lateinische Abkürzungen eingeschlichen.

335 Der wohl bekannteste Vertreter ist Hahnemann, der Begründer der Homöopathie. Paracelsus' Signaturenlehre gehört gleichfalls in diesen Bereich. Nach dieser Lehre kann man vom Äußeren einer Pflanze auf ihre Heilwirkung schließen.

336 Wenn Sie sich für das Gesamtwerk von Marcellus Empiricus interessieren: Es gibt eine exzellente Übersetzung von Max Niedermann (Hrsg.), »Marcellus. Über die Heilmittel«, 2 Bände, Akademie Verlag, die 1995 im Corpus Medicorum Latino-

rum erschienen ist. Für Band 1 lautet die ISBN-Nr. 3–05–001195–5, für den zweiten 3–05–001196–0. Sie finden hier den Orginaltext zusammen mit der Übersetzung. Außerdem ist das Werk stellenweise kommentiert. Es ist nicht ganz billig, aber für Amateure sehr lohnend.

[337] Carmen Mirum ad Glandulas

[338] Interessierte Leser können sich die Rezepte in der Originalsprache bei der Universität Innsbruck bestellen: »The Leiden Leechbook«, Innsbrucker Beiträge zur Kulturwissenschaft, 2005, ISBN 3–85124–215–7, zu beziehen über den Lehrstuhl Prof. Dr. W. Meid (sprachwissenschaften@uibk.ac.at).

Zum einfacheren Verständnis verwenden wir in diesem Kapitel die umgangssprachlichen deutschen Bezeichnungen der Heilkräuter und ihre wissenschaftlichen lateinischen Namen. Der Text wurde so weit der modernen deutschen Sprache angepaßt, daß er leicht verständlich ist.

[339] Dies ist höchstwahrscheinlich die Bedeutung des Wortes arcet sal – lat.: »scoria« bzw. engl.: »silver dross«.

[340] In der Tat enthält der Saft der Schwarzen Maulbeere außer Fructose, Glucose und Mineralien auch viel Eisen und findet deshalb heute noch bei Eisenmangelanämie Anwendung. Eisenmangel macht müde und schlapp! Obwohl der Maulbeerbaum ursprünglich aus Asien stammt, wurde er schon vor langer Zeit in Europa heimisch gemacht.

Kapitel 10 Rezepte für die Hausapotheke – Bewährtes für Mensch und Tier aus meinem »Garten der Druiden«

[341] Die generische Herstellung einer Kräutersalbe, einer Kräutercreme und eines Heilkräuterumschlags wird im Anhang dieses Buches erklärt.

[342] Meist sind die Tiere gegen die Aspergilus-Milbe, die sich im Heustaub befindet, und gegen gewisse Kribbelmücken allergisch. Eine solche Allergie zeigt sich häufig in verminderter Leistung, Nasenausfluß oder Atembeschwerden, die an ein Emphysem erinnern. Abgesehen vom sorgsamen Wässern des Heus oder einer Futterumstellung auf Silage, dem Aufstallen auf Holzstreu statt Stroh und einer Desensibilisierung (funktioniert bei rund 50 % der Tiere) helfen die Zugabe als Trockenkräutermischung ins Futter oder das Übergießen des Futters mit 1 l Tee aus der Mischung ausgesprochen gut.

[343] Ekzem ist ein Sammelbegriff für entzündliche Hautveränderungen. Im akuten Zustand oft mit starkem Juckreiz verbunden, schwillt die Haut an, rötet sich und bildet Bläschen. Wird ein Ekzem chronisch, können sich Schwellungen der obersten Hautschicht bilden, und die Haut wird trocken und rissig. Wird ein Ekzem durch einen äußeren Einfluß hervorgerufen (z. B. eine Verbrennung der Haut an Brennesseln), nennt man es exogen. Liegen organische Ursachen vor, handelt es sich um ein endogenes Ekzem. Beim exogenen Ekzem unterscheidet man noch zwischen irritativ und allergisch. Irritative Ekzeme entstehen durch immer wiederkehrenden Kontakt mit aggressiven Substanzen. Allergische Ekzeme entstehen durch die Einwirkung sensibilisierender Stoffe wie z. B. Sonnenlicht. Ein Test beim Hautarzt sollte Klarheit über den Typ Ihres Ekzems verschaffen, bevor Sie sich daranmachen, herumzudoktern.

[344] Sorgfältig heißt »pingelich, kleinlich, genau und bis ins letzte Körnchen«: Ich

habe im vergangenen Jahr bei meinem »Monster« gepfuscht und einen Stachel infolge einer Verletzung durch eine Brombeerschlinge übersehen. Am nächsten Tag war das Bein – dank der prima Tinktur hatte sich oben schon alles geschlossen – so dick wie ein normannischer Telefonmast von France Telecom und kochendheiß. Wie die Geschichte ausgegangen ist, brauche ich wohl nicht zu erzählen. Aber mein Haustierärztin Dr. Inge Tack, mit der ich gewöhnlich zusammenarbeite, hat mir gehörig den Kopf gewaschen!

[345] Pro kg Hund gebe ich für gewöhnlich 3 Tropfen der Tinktur, die ich sorgsam 2 Mal täglich unters Futter mische. Für ein 450 kg schweres Reitpferd verabreiche ich 2 Mal täglich 80 Tropfen im Futter. In Ausnahmefällen, z. B. bei Pferden, die sich während des Verladens/Transports aufregen oder sehr empfindlich auf Unwetter/Sturm reagieren, gebe ich einmalig zwischen 160 und 210 Tropfen, beim Verladen für gewöhnlich 30 Min. vor der »Aktion«. Sie können beim Einreiten Ihres jungen Pferdes, um es in einen »positiven Gemütszustand« zu versetzen, auch ruhig ca. 30 Min. vor dem Arbeiten 50 bis 60 Tropfen in etwas Futter geben. Die Mischung macht nicht müde, schlapp oder unaufmerksam. Sie versetzt die Pferde nur in einen gelassenen Zustand, so daß sie dem, was sie erwartet, positiver entgegensehen. Da diese Mischung keine Nebenwirkungen hat, solange Sie vernünftig dosieren, spricht nichts gegen eine Dauerverabreichung bei besonders »hibbeligen« Tieren. Allerdings ersetzen die Kräuter niemals das Verständnis und die Liebe des Reiters für sein Tier!

[346] Falls Sie Rückfragen haben, konsultieren Sie bitte Ihren Tierarzt oder Tierheilpraktiker. Sie können mich auch gerne per E-Mail kontaktieren, ich werde Ihnen im Rahmen meiner Möglichkeiten antworten: ferme.la-bastiere@laposte.net

[347] Stellen Sie sicher, daß Sie keine Allergie gegen dieses Kraut haben!

[348] Hier bitte nicht im Sinne einer sinnlosen und nur optisch ansprechenden Dekoration verstehen, sondern als »Beimischung«, die einen Heilkräutertee, bei dem das »Heil« im Vordergrund steht und oftmals das »Schmecken« auf der Strecke bleibt, attraktiver und leichter trinkbar macht. Denn wenn man den Tee nur mit großem Widerwillen trinkt, wirkt sich das natürlich auch auf die »geistigen« Selbstheilungskräfte aus.

BIBLIOGRAPHIE

Amann, M.: »Dem Geist auf die Sprünge helfen«, München, 2000
Aschenbrenner, E.: »Die Kräuterapotheke Gottes«, 2. Aufl., Kosmos Verlag, 2004
Baugh A. C., Cable T.: »Foreign Influences on Old English« in: »A History of the English Language«, 3. Auflage, 1978
Bilimoff, M.: »Promenade dans des Jardins Disparus«, Editions Ouest-France, 2004
Bock, H.: »Kreuterbuch«, Straßburg 1577, Kölbl Reprint, 1964
Boullard, B.: »Plantes Médicinales du Monde«, Ed. Estem, 2001

Caesar, C. J.: »De Bello Gallico«, IntraTextLibrary, Eulogos, 2005, http://www.intratext.com/X/LAT0044.htm
Carrichter, B.: »Horn deß Heils menschlicher Blödigkeit oder Kreutterbuch«, Straßburg 1606, Kölbl Reprint, 1981
Cayot-Delandre,F.: Le Morbihan-Son Histoire et ses Monuments, Vannes, 1847
Crescentiis de, P.: »Ruralia commoda« (Vom Ackrbouw, Erdtwouchter und Bouwleut), Peter Dach, Speyer, 1493, Bibliothek der Ludwig-Maximilians-Universität München, www.mgh-bibliothek.de/digilib/quellen.htm
Culpeper, N.: »The Complete Herbal«, 1653, Faksimile R. Evans Publ., 1814

Delatte, Prof., A.: »Herbarius – Recherches sur le Cérémonial usité chez les Anciens pour la Cueillette des Simples et des Plantes Magiques«, »Fasicule LXXXI«, Delatte-Herbarius, 1938, Ed. Lehrstuhl für Philosophie an der Universität Liege (Belgien)
Diodor von Sizilien: »Historische Bibliothek«, Übersetzt von J. F. Wurm, Stuttgart, 1827

Eichberger, C.: »Die Eibe (Taxus baccata) in Salzburg. Versuch einer monographischen Bearbeitung«, Diplomarbeit, Naturwissenschaftliche Universität, Salzburg, 1993

Falileyev, A., Owen, M.: »The Leyden Leechbook«, IBS, Innsbruck, 2005
Frazer, Sir J.: »The Golden Bough«, 1922
Fuchs, L.: »Kreuterbuch«, Nachdruck der Basler Ausgabe von 1534 durch Michael Isingrin, VMA-Verlag, 2002

Graichen, G.: »Das Kultplatzbuch«, 2. Aufl., Hoffmann & Campe, Hamburg, 1988
Graves, R.: »The White Goddes – A Historical Grammar of Poetic Myth«, Farrar, Straus and Giroux Ed., 1966, http://www.sacred-texts.com/pag/frazer/index.htm
Guyonvarc'h, C.-J., Le Roux, F.: »Les Druides«, Ed.Ouest-France, 4. Aufl., Rennes, 1986
»Magie, médecin et divination chez les Celtes«, Ed .Payot & Rivages, Paris, 1997

Helmont van, J.: »Ortus medicinae«, Vilvoorde, 1648
Hill, J.: »The British Herbal«, 1756, (in der Sammlung »Arsenal« der französischen Nationalbibliothek)
Höfler, M.: »Deutsches Krankheitsnamenbuch«, 1899, Reprint Olms, 1979
»Volksmedizinische Botanik der Kelten«, Archiv für Geschichte der Medizin, Bd. V, Berlin, 1911

Italicus, S.: »La Guerre punique«, 4 Bände, übersetzt von Pierre Miniconi, Georges Devallet, Josée Volpilhac-Lenthéric, Michel Martin, 2. Aufl., Les Belles Lettres 5, Paris, 2003

Jubainville, de, D'Artois, H.: »Les druides et les dieux celtiques à formes d«animaux«, Paris 1908

Küttner, M.: »Der Geist aus der Flasche – Psychedelische Handlungselemente in den Märchen der Gebrüder Grimm«, W. Pieper & Die Grüne Kraft, Löhrbach, 1998

Kukowa, A.: »Baderbuch«, AG Medizinische Wissenschaften, Berlin, 1952

Laudert, D.: »Mythos Baum«, BLV, München, 1998

Le Scouëzec Dr., Gwenc'hlan: »La médecine en Gaulle«, Ed. Kelenn, Guipavas, 1976
»La Science des Druides«, Ed. L'Arbre d'Or, 2005
»La Tradition des Druides«, 3 Bände, Ed. Beltan, 2001
»Bretagne-Terre Sacrée«, Ed. Beltan, 1986
»Guide de la Bretagne mystérieuse«, Ed. Tchou, Paris, 1966
»Pierres Sacrées de Bretagne«, 2 Bände, Le Seuil, Paris, 1982 und 1983
»Bretagne mégalithique«, Le Seuil, Paris, 1987
»La Bretagne«, Ed. Sun, 1967
»Arthur, roi des Bretons d«Armorique«, Ed. Manoir du Tertre, Paimpont, 1998

Lonicerus, A.: »Kreuterbuch«, Ulm, 1679, Kölbl Reprint, 1962

Lukan: »De Bello Civili I«, in A. Bourgery, Les Belles Lettres, 2 Bände, Paris, 1947

Madaus, Dr. G.: »Lehrbuch der Biologischen Heilmittel, Teil 1 Heilpflanzen«, Georg Thieme Verlag, Leipzig, 1935

Marcellus Burdigalensis (Marcellus Empiricus): »De Medicamentis Empiricis Physicis ac Rationalibus« – «Über Heilmittel«, 2 Bände, Hrsg. Prof. Dr. Max Niedermann, 2. Aufl., Akademie-Verlag, Berlin, 1968

Maier, Dr. Bernhard: »Die Religion der Kelten«, CH. Beck Verlag, München, 2001

Mcalister, Dr. J. C.: »The Symphytium officinale and its contained Allantoin«, London, 1936

Macrobe (Übersetzung Ch. Guittard): »Saturnalien«, Les Belles Lettres, Paris, 1997

Marcellinus Ammianus: »Römische Geschichte«, Übers. von W. Seyfarth, Berlin, 1978

Markale, Jean: »Die Druiden – Gesellschaft und Götter der Kelten«, Stb, 2005 (im TB)

Mela, Pomponius: »De Chorographia«, Übersetzung von Karl Frick, Teubner Verlag, Leipzig, 1880

Melas: »De Chorographia«

Monroe, Douglas: »The 21 Lessons of Merlyn – A Study in Druid Magic and Lore«, Llewellyn Publications, 2002
«The Lost Books of Merlyn«, Llewellyn Publications, 1951

Morganwg, Iolo: »The Barddas of Iolo Morganwg«, Vol. 1 and 2, Ed. J. Williams ab Ithel, Welsh Manuscripts Society 1862, Theological Triads

Morrenti, Pino: »Cinq mille ans de cuisine aphrodisiaque«, Robert Laffont, Paris, 1992

Murray, Prof. M. A.: »The Witch Cult in Western Europe«, 1921
http://www.sacred-texts.com/pag/wcwe/index.htm

Murray, Prof. M. A.: »The God of the Witches«, Oxford University Press, Oxford, 1952

Nauck, C. W.: »Griechische Tragödie –Sämtliche Werke für den Schulgebrauch erklärt«, Band 1, Teubner, Leipzig, 1860

Neuhold, M.: »Zauberkräuter«, Steirische Verlagsgesellschaft, 2000

Paracelsus, Theophrastus Germanus Bombastus: »Archidoxa«, Münchner Ausgabe von 1583, (z. Zt. in der Bibliothek u. Datenbank der Louis Pasteur Universität, Straßburg)
»Drei Prinzipien, Spiritus vitae ... Archidoxen und Zugehöriges, Vita longa, preparationes ... Brief an Erasmus ...«, Band III Sämtliche Werke, Hrsg. Karl Sudhoff, Universitätsbibliothek Braunschweig, 2005, Virtuelle Fachbibliothek Pharmazie, http://www.digibib.tu-bs.de/?docid=00000704
»Die große Wundarznei und anderes Schriftwerk des Jahres 1536 aus Schwaben und Bayern«, Band X Sämtliche Werke, Hrsg. Karl Sudhoff, Universitätsbibliothek Braunschweig, 2005, Virtuelle Fachbibliothek Pharmazie, http://www.digibib.tu-bs.de/?docid=00000698

Pietschmann, Prof. Dr. Herbert: »Phänomenologie der Naturwissenschaft«, Springer, Berlin, 1996

Plinius der Ältere: »Die Kraft der Pflanzen«, aus dem Lateinischen übersetzt von François Rosso, Arléa Verlag, 1995
»Naturalis Historia«, Liber XXIII – Liber XXXII, Edidit Carolus Mayhoff, Teubner/Lipsiae, 1892–1909,
http://penelope.uchicago.edu/Thayer/E/Roman/Texts/Pliny_the_Elder/home.html

Porta, della, G.: »Magiae naturalis sive de miraculis rerum naturalium«, Buch I–IV, (Orginalmanuskript Neapel, 1558), Transkript von Dr. Laura Balbiani, http://homepages.tscnet.com/omard1/jportab1.html

Quercetanus, J. (Joseph Du Chene Sieur de la Violette): »Pharmacopoea dogmaticorum restituta«, 1604, Franz. Nationalbibliothek
»Pharmacopoea dogmaticorum restituta«, ohne Datum, Franz. Nationalbibliothek

Questin, Marc: »Le Médecine Druidique«, Editions du Rocher, 1997
»La Connaissance Sacrée des Druides«, Ed. Fernand Lanore, 1996

Rätsch, Müller-Ebeling; Storl: »Hexenmedizin«, 4. Aufl., AT Verlag, Arau, 2002

Rätsch, Müller-Ebeling: »Lexikon der Liebesmittel«, AT Verlag, Aarau, 2003

Rätsch, C.: »Räucherstoffe – Der Atem des Drachen«, AT Verlag, Aarau, 1996
»Enzyklopädie der psychoaktiven Pflanzen«, AT Verlag, Aarau, 1998

Redfield, R.: »The Folk Culture of the Yucatan«, Uni. of Chicago Press, Chicago, 1941

Ricochon, J.: »La Tablette de Poitiers«, Wien und Paris, 1901

Rippe, O., Madejski, M., Amann, M., Ochsner, P., Rätsch, C.: »Paracelsusmedizin«, AT Verlag, Aarau, 2001

Savoret, A.: »Visage du Druidisme«, Ed. Dervy, 1996

Storl, W-D.: »Die Pflanzen der Kelten«, AT Verlag, Arau, 2000
»Pflanzendevas – Die geistig-seelische Dimension der Pflanzen«, AT Verlag, Arau, 2002

Strabo, Walahfried: »Der Garten der Gesundheit – Hortus Sanitatis«, pdf-Version der Ausgabe von 1485, Universitätsbibliothek Marburg
Strabon: »Erdbeschreibung (Geografia) in 17 Büchern«, übersetzt von C. Gottlieb, Berlin, 1831, Neuauflage Hildesheim 1988

Tabernaemontanus, J.: »Neu vollkommen Kräuterbuch«, Erstauflage 1588, (im Internet vollständig unter: www.kräuter.ch)
Tacitus: »Annalen«, übersetzt von E. Heller, Düsseldorf, 1997
Taliésin: »Hanes Taliesin«, Ed. Patrick K. Ford
Taubler, E.: »Bellum Helvetiaum«, Stuttgart, 1924
Theoprast: »Naturgeschichte der Gewächse«, erhaltenes Gesamtwerk von Theoprast, herausgegeben von V. Schneider in 5 Bänden, Leipzig, 1818–1821
Titus, Flavius Clemens (Clemens von Alexandria): »Stromateis«, Übersetzung von O. Stählin, Bibliothek d. Kirchenväter, 2. Reihe, Bd. 17, 19, 20, München, 1936–1938
Toutain, J.: »Les Cultes Païens dans l'empire romain«, Ed. Leroux, Paris, 1920
Treben, M.: »Gesundheit aus der Apotheke Gottes«, 1. Aufl., Verlag Wilhelm Ennsthaler, 1980

Zachen/Adlersflügel-Handschrift: »Wolerfahrner Ross Artzt, oder Vollständige Ross-Artzney-Kunst, in 3 Buechern verabfasset«, 1772, Handschrift an der Freien Universität Berlin, Fachbereich Veterinärmedizin (pdf-Ausgabe)
Zwicker, K.: »Fontes Historiae Religionis Celticae«, Berlin, 1934

Ohne Autor:
»La Legende Arthurienne«, Bd. III, G. de Monmouth, Vita Merlini', Ed. Faral
»Lacnunga«, MS Brit. Mus. Harley, 585, Britisches Museum, London
»Manuscrit de Montpellier«, Archivnummer 277, Bibliothek der Universität von Montpellier, Fakultät für Medizin
»Manuskript von Leyden«, Ms Leyden Cod. Voss. Lat F96A, Bibliothek der Universität Leiden
»Meddygon Myddfai« (als Autor gewöhnlich angegeben: John Ab Ithel Williams), Ed. Llanerch Publishers, Facsimile Edition, 1993
»Real-Encyclopädie der klassischen Altertumswissenschaften in alphabetischer Ordnung in. 83 Bände«, Hrsg. (u. a.) Pauly, Wissowa, Kroll, Teuffel, Ed. Metzler, Stuttgart, 1839–1852
»Welsh Triads«, Bromwich, 1978

Zeitschriften:
»Zeitschrift für Celtische Philologie«, W. Stokes: »Das Manuskript von Leyden«, ZCP I, 17–28, 1897
»Eurasisches Magazin Ausgabe 12, 2003«, Prof. Dr. Peter Schrijver: »Das Große Rätsel der indogermanischen Sprache – Neuer Disput um Alter und Herkunft«
Walter, D.: »Eine neue Forschungsmethode in der Parapsychologie« in: »Transactions of the Forth International Congress for Psychic Research«, Athen 1930, Ed. Th. Besterman, The Society for Psychical Research London. On behalf of the International Congress Committee: pg. 177–183
Arzel Even: »Magie et Divination celtique« in: »Ogam 3, fasc. 8 (Hors serie)«, 1951